Für

Leon und Leona

Alyssa Constantin

Karma und Kartoffelbrei

Unterhaltung der besonderen Art
mit Maria-Julia, Emma, Antonia & Co.

Dieses Werk ist kein Selbsthilfe-Handbuch.

Alle Geschichten sind Einzelfälle. Alle Geschichten sind wahr. Alle Namen wurden verändert. Ähnlichkeiten sind rein zufällig.
Im Fall einer Erkrankung wenden Sie sich bitte an den Therapeuten Ihres Vertrauens.
Eine Haftung der Autorin, des Herausgebers oder des Verlags und seiner Beauftragten, für Personen-, Sach- und Vermögensschäden ist ausgeschlossen

Bibliografische Information der Deutschen Nationalbibliothek:
Die Deutsche Nationalbibliothek verzeichnet diese Publikation in der Deutschen Nationalbibliografie; detaillierte bibliografische Daten sind im Internet über http://dnb.dnb.de abrufbar.

© 2016 Hrsg. Eckhard Bürger
Autor: Alyssa Constantin

Illustration Titelbild: Alyssa Constantin

Herstellung und Verlag: BoD – Books on Demand, Norderstedt

ISBN: 978-3-7431-3886-5

Inhaltsverzeichnis

Vorgeschichte..9
Geburtstagsfeier...19
Das Naheliegende ist oft..20
Das Konzept 22
Eine Spritze und ein Gespräch..23
Eins und eins macht zwei...26
Störungen der Befindlichkeit 36
Los geht es...37
Gut geschüttelt..41
Der Geburtsstern...48
Nun erzählen Sie mal...54
Emma, das kleine Luder...59
Summen macht frei...64
Energie!..78
Pralle Haut, bitte..88
Das Tupfen...98
Das mit der Laus..111
Die Leber verzeiht viel, aber nicht alles....................................120
Die kleinen Helfer..132
Lachen kostet nichts..138
Müdigkeit ist der Schmerz der Leber.......................................146
Knutschen und Küssen – Atmen nicht vergessen....................148
Darmhygiene im Weltraum...153
Das Engelhemd..163
Das innere Meer..166
Zufälle gibt es nicht..169
Lebe(n) 173
Gefühl und Gefühle...174
Erkältung kommt von kalt...176
Ich bin doch nicht aggressiv...188
Liebe Deinen Nächsten – wie Dich selbst................................196
Mein Problem?..197
Erfolgsgeheimnis..199
Koffein kontra Milchsäure..208
Kaffee anal...211

Erkenntnis	214
Der heiße Hunger	216
Die Säure des Harns	217
Sauer macht lustig?	231
Die Blumenfee	235
Der Babyspeck	238
Ein kleiner Brilli, vielleicht	250
Rauf und runter	251
Am Ende ist alles gut?	257
Kultur mal anders	261
Besonders chic vergiftet	262
Die besondere Lichtung	265
'Vertan', 'vertan'!	268
Gift raus	270
Kompliment der besonderen Art	273
Was tun?	274
Lass Dich von mir nicht täuschen	279
Das ewige Rad	281
Ich war tot	282
Auch eine Wirkung	285
Für mich allein	290
Verhungern am vollen Regal	293
Immer dieser Mangel	296
Hilfe zur Selbsthilfe	304
Die Zeichen	307
Die besondere Art	308
Der Knack	309
Ohne Fleiß kein Preis	311
Drahtseile sollen es sein	314
Pallets	322
Kalt gestellt	326
Wasser und Salz	328
Die halbe Ernährung	331
Das Süppchen	343
Zucker direkt und indirekt	345
Seelenlust	350
Der kleine Unterschied	352
Gutes Mastfutter	354

Wärme ist gleich Leben	356
Das Arbeitspferd	361
Gemüse mal anders	363
Das Butterbrot	367
Ich habe satt	371
Die Kräutlein	372
Apfelduft	374
Ayurveda-Champagner	379
Verdauungsfeuer	381
Eine Portion nährt	382
Apropos Frischkost	388
Träume sind Schäume?	393
Acht gleich kreativ	396
Lachsack	400
Der große Trick	401
Brief an den Geliebten	407
Das Herzzentrum	407
Das Herz aus Stein	409
Indirekte Rede	417
Qualität des Blutes	423
Herz vor Hirn	428
Traum und Wirklichkeit	433

Vorgeschichte

Es war Mittwoch. Ein grauer Vormittag im September mit verhangenem Himmel und leichten Sturmböen. Unfreundlich, feucht und kühl. Ein paar dünne abgebrochene Äste lagen auf dem Gehweg und dem dunklen Asphalt der Straße. Emmas Gedanken kreisten um ihren Termin beim Arbeitsamt. Am Nachmittag würde sich ihr weiteres Berufsleben entscheiden. Bereits den ganzen Morgen war Emma nervös und ihr Bauch kribbelte wie immer, wenn das Schicksal etwas Besonderes mit ihr vorhatte.

Bislang arbeitete sie als MTA bei ihrem lieben Doktor in einer Privatpraxis in Bochum. Nächsten Monat würde die Praxis aus Altersgründen geschlossen. Emma interessierte sich seit einem Schlüsselerlebnis vor drei Jahren für alternative Medizin, Gesundheitsvorsorge und Hilfe zur Selbsthilfe. Nach reiflicher Überlegung hatte sie den Entschluss gefasst, sich keine Arbeit mehr in normalen Arztpraxen mit Massenandrang anzutun. Emma beschloss, irgendwo in der Stadt eine Kleinigkeit zu essen. Sie war gerade losgefahren, als ihr ein Erlebnis in den Sinn kam. Vor einiger Zeit waren Emma und ihre Freundin Maria-Julia ins Stadtgartenrestaurant eingekehrt. Auf dem Rückweg fiel Emmas Handtasche auf den Rasen. Emma bückte sich, entdeckte ein vierblättriges Kleeblatt, riss es ab und schenkte es ihrer Freundin. Ein Glücksbringer könnte nützlich sein, beschloss sie, und bog in Richtung Stadtgarten ab. Tatsächlich fand sie eines. Sorgfältig umhüllte Emma das vierblättrige Kleeblatt mit einem Taschentuch und verstaute das kleine Päckchen in ihrer Handtasche. „Ein gutes Omen?", fragte sie sich. Sie hoffte es, obwohl sie ansonsten eher skeptisch solchen Dingen gegenüberstand. Sie überquerte die belebte Straße.

Eine Staubwolke wirbelte auf und hüllte Emma ein. Sie hustete, bekam Sand in die Augen, taumelte ein wenig, rutschte aus und schlug der Länge nach hin. „Sheet!", fluchte sie leise. Ihr rechtes Knie tat lausig weh. Eine Abschürfung, stellte sie fachkundig fest.

Ihre Ellbogen waren ebenfalls aufgeschlagen. Ihre schönen neuen Jeans hatten jetzt ein Loch am Knie. „Ausgerechnet die neue Jeans!", zischte sie angeknatscht. Die Bluse hatte tüchtig was abgekriegt und war jetzt an beiden Ärmeln kaputt. „Sheet!", fluchte sie noch einmal. Allerdings... Emma grinste. Glück im Unglück sozusagen. Die Bluse, die ihr ihre Tante Lissi geschenkt hatte, als sie in Deutschland zu Besuch war, entsprach ohnehin nicht ihrem Geschmack. Sie bevorzugte ausgefallene Oberteile, die sie mit sportlichen Jeans kombinierte. Diese brave Bluse durfte sie nun offiziell aussortieren – ohne schlechtes Gewissen. In ihre Überlegungen hinein schoss ein brennender Schmerz durch ihr Knie. Irgendwas musste jetzt passieren. Aber was? Da sah sie ein Schild: Naturheilpraxis Heilpraktikerin Antonia Talbach. „Was für ein Zufall!" Sie humpelte zur Eingangstür und klingelte. Sie war gespannt, was genau geschehen würde. Was ihr Doktor jetzt gemacht hätte, das wusste Emma. Nichts geschah. Emma klingelte noch einmal. Endlich öffnete ein großer langer schmaler junger Mann die Tür und fragte: "Was ist das denn? Tut das weh?" Ohne eine Antwort abzuwarten, schob er Emma den Gang weiter in einen größeren durch Trennwände unterteilten Behandlungsraum und bot ihr einen Sitz an. Dann rief er über den Gang: "Ich brauche hier mal HP-Hilfe. Ein kleiner Notfall! Und zu Emma gewandt: Ich bin der Ravidas".

„Aha...", sagte Emma und vergaß sich vorzustellen. Ein angenehmer Duft stieg ihr in die Nase. Vielleicht Pinie und Zitrone? In ihre Überlegungen hinein hörte sie ein mehrstimmiges Lachen und Stimmen vom Gang. „Ein kleiner Notfall?", fragte eine sympathische Frauenstimme mit leichtem Akzent. „Ich bin hier eine der Heilpraktikerinnen. Mein Name ist Anna-Maria." „Ich heiße Emma", sagte sie schnell, bevor sie es noch einmal versäumte sich vorzustellen. „Ich bin gerade eben quasi vor Ihrer Eingangstür hingeschlagen. Es brennt fürchterlich und tut lausig weh!" „Ach, das haben wir gleich. Ist ja Gottlob nur eine leichte kleine Abschürfung", meinte Anna-Maria und verschwand im Nebengang. Kurz darauf kehrte sie zurück, streckte Emma eine geöffnete Hand entgegen und bat diese, es ihr gleichzutun. Sie hielt inzwischen ein kleines braunes Fläschchen in ihrer Hand und streute ihr einige kleine weiße Kügelchen in die Handfläche. „Lassen Sie die Arnika Globuli bitte in Ihrem Mund zergehen. Das tut Ihnen gut. Jetzt reinige ich die kleine Schürfwunde noch und anschließend versorge ich sie mit Traumeel Salbe und gebe ein Pflaster darüber."

„Bitte noch ins Magnetfeld", rief eine Stimme, die zu einer anderen Frau gehörte. „Das nimmt die Schmerzen. Bitte einstellen 40/7/30". Da war die Frau auch schon bei Emma, gab ihr die Hand, strahlte sie an und fragte: „Haben Sie Metallteile im Körper? Ein künstliches Knie, Hüften, Herzschrittmacher oder einen Defibrilator?" Emma schüttelte verneinend den Kopf. „Ihr Handy, Autoschlüssel oder Ihre Kreditkarten müssen außer Reichweite gebracht werden. Anna-Maria wird ihnen die Dinge weglegen, sonst werden sie durch das Magnetfeld unbrauchbar." Emma ließ sich in das Magnetfeld helfen, nachdem sie Anna-Maria Handy und Autoschlüssel abgeliefert hatte. Beide Teile waren für sie in gebührendem Abstand sichtbar. „Schön, dass Sie so glimpflich davongekommen sind. Das hätte anders ausfallen können. Ich habe mich Ihnen noch gar nicht vorgestellt. Ich bin Antonia. Heute ist für uns ein besonderer Tag. Offiziell sind wir schon seit 10:30 Uhr gar nicht mehr da. Wir feiern heute zwei Geburtstage und einen Ausstand. Vielleicht trinken Sie gleich nach Ihrer Behandlung ein Gläschen Sekt mit uns?"

In der Zwischenzeit prüfte Anna-Maria bereits mit einem Magneten die Funktion des Magnetfeldgerätes. Emma spürte allerdings nichts und schaute Anna-Maria ein wenig ungläubig an. Daraufhin drückte diese ihr eine kleine graue Scheibe, die sich als Magnet herausstellte, mit den Worten in die Hand: „Halten Sie das bitte ins Magnetfeld". Damit war die Röhre gemeint, in der Emma gerade lag. Es vibrierte kräftig in ihrer Hand. „Sie befinden sich jetzt in einem magnetischen Kokon. Wenn Sie den Magneten über oder hinter Ihren Kopf halten, spüren Sie das pulsierende Magnetfeld immer noch. Allerdings etwas weniger stark..." Emma war überrascht und tief beeindruckt, als der Wecker kurz läutete. Ihre Schmerzen waren weg. Sie wartete nicht auf Hilfe, sondern stand mühelos alleine auf und gesellte sich zum Team, das um Antonia versammelt war. Ravidas reichte ihr ein gefülltes Glas Sekt. „Wem sollte ich gratulieren und wer geht weg? Oder ist das geheim?", fragte Emma die beiden Frauen.

„Nein, antwortete Antonia. Vorab eine Information. Zuerst einmal: Ravidas und Franka hatten Geburtstag. Ravidas kennen Sie bereits und Franka kommt erst heute Mittag dazu. Milva verlässt uns. Das kann sie Ihnen selbst erzählen, wenn sie mag", und schob eine nette kleine Frau in Emmas Blickfeld. „Ich bin gerne hier und hatte mich gut eingelebt in der Probezeit. Ich komme gut mit allen aus, aber mein Freund ist überraschend nach Süddeutschland versetzt worden. Wir werden dort eine Familie gründen. Meinetwegen muss die Praxis wieder eine MTA finden und ich bin schuld", erklärte Milva etwas bedröppelt. „Aber Milva. Ich habe Dir schon einmal gesagt, dass das sicherlich in Ordnung kommt. Das Universum sorgt für uns - auch für unsere Praxis. Irgendein kleines Wunder geschieht und die oder der Richtige kommt zu uns", erklärte Antonia. Emma hatte das Gefühl, dass Antonia sie genau taxierte. Sie spürte ein spezielles Kribbeln in ihrem Magen und zeitgleich ein Glücksgefühl, was sie zwar wahrnahm, aber nicht weiter hätte zuordnen können.

„Liebes Team", begann Emma ihre Rede. Ich nehme gerne das Angebot an und stoße mit Ihnen an. Herzlichen Glückwunsch, Ravidas!" Emma erhob ihr Glas, trank einen kleinen Schluck und sprach Milva an: „Vielleicht bin ich die Neue - wenn ihre Chefin und das Team mich wollen... Ich stelle mich mal kurz vor: Mein Name ist Emma Unterberg. Ich bin MTA und mega neugierig, wenn es um Gesundheit, Gesundheitsvorsorge und Hilfe zur Selbsthilfe geht". Emmas Wangen waren inzwischen zart gerötet, aber sie schämte sich nicht. Sie war aufgeregt und wusste, dass etwas ganz Besonderes in ihr Leben getreten war. Etwas, was sie morgens noch nicht geahnt oder vermutet hatte. Plötzlich fiel Emma wieder ihr vierblättriges Kleeblatt ein. „Ich muss meine Behandlung von heute noch bezahlen." Antonia lächelte und sagte: „Die Praxis ist geschlossen und Sie, Emma Unterberg, sind unser Überraschungsgast!" Emma errötete zart und sprach kehlig in die Richtung von Antonia „Dankeschön für alles." „Gern. Bitte, Ravidas, schenken Sie allen noch einmal nach!" Ravidas tat, wie ihm geheißen. Antonia erhob ihr Glas und sprach: "Auf eine gute Zeit!" Sie schaute Emma nachdenklich an. Passte diese Emma ins Boot? Antonia spürte in sich hinein. Ja, sie würde Emma gleich bitten, ein Gespräch unter vier Augen zu führen.

*

Emma saß in Antonias Zimmer und wartete ungeduldig auf ihr Gespräch mit Antonia. Sie registrierte erneut diesen angenehmen Duft eine Mischung aus Pinie und Zitrone. Insbesondere gefielen ihr die vielen bunten Blumenbilder und ein goldener Buddha, der sie breit angrinste. Antonia und Emma saßen sich bald gegenüber. Emma erwartete ein normales Einstellungsgespräch. Es kam anders. Als Emma anfing sich vorzustellen und so in ihren Redeschwall vertieft war, signalisierte ihr Antonia mit dem Zeigefinger, den sie an ihren geschlossenen Mund hielt, dass sie schweigen solle. „Bitte, Emma, ich darf doch Emma zu Ihnen sagen?" Emma nickte. Antonia fuhr fort: „Bitte, sagen Sie mir erst einmal ihr Geburtsdatum." Emma antworte: „12.4.1974". Und war überrascht. Antonia hatte inzwischen einen Stern auf ein Blatt Papier gemalt und übertrug Zahlen darauf. „Emma, das hier ist eine der Säulen unserer Praxis. Dieses System, der Geburtsstern, ist eine interessante Angelegenheit. Ich habe auf diesen Stern die Zahlen Ihres Geburtsdatums und deren Quersumme geschrieben. Dieser Stern erfasst den ganzen Menschen mit seinen Stärken und Schwächen. Deshalb hat dieser Stern für mich einen hohen Aussagewert. Jetzt will ich mir das mal anschauen. Gönnen Sie mir bitte eine kleine Weile." Emma kam das wie eine Ewigkeit vor. Endlich schaute Antonia sie wieder an, räusperte sich und sagte: „Interessant. Sie sind ein Menschenkind, das intelligent ist und gerne kommuniziert. Eine Arbeit in einem abgeschlossenen Zimmer mit wenig oder kaum Kontakt zu anderen Menschen ist absolut ungeeignet für Sie. Sie sind intuitiv. Ihre Berufswahl macht Sinn." Eine kurze Weile verstrich. Dann stellte Antonia eine Frage, die sie sich sogleich selbst beantwortete: „Was können Sie zu Ihrer gesundheitlichen Unterstützung tun? Für Sie, liebe

Emma, ist es sinnvoll, Ihre Nerven zu stärken. Auf der Körperebene ist Ihr Nervenkostüm das Wichtigste, was gefördert und unterstützt werden sollte. Einerseits brauchen Nerven Nahrung und andererseits muss ein Nervensystem durch Ruhepausen unterstützt und gefördert werden. Das bedeutet, dass Sie eine Person sind, deren Organe sich über Befindlichkeitsstörungen bemerkbar machen, wenn ihre Nerven überlastet sind. Egal, was es je sein wird, was Sie plagt, Ihre Nerven spielen dabei die Hauptrolle: ob als nervöser Magen, Schlafstörungen, nervöses Herz usw. Ihre Geburtszahlen zeigen als Schwachstelle ebenso Ihre Wirbelsäule an. An diese sollten Sie in zweiter Linie denken bei gesundheitlichen Störungen. Bei Herzproblemen beispielsweise ist vielleicht lediglich die Brustwirbelsäule der Auslöser. Trifft das zu, hören die Attacken des Herzens sofort auf, wenn der Wirbel wieder ordentlich disponiert ist." Emma saß da mit geröteten Wangen und ganz auf Antonia fixiert. „Das ist spannend, nicht wahr?"

Emma nickte. Antonia fuhr fort. „Als weiterer Schwerpunkt Ihrer Konstitution ist das Verdauungssystem erkennbar. Bitte pflegen Sie Ihre Verdauungsorgane. Dieselben brauchen Ihre Unterstützung. Leicht verdauliches, aber inhaltsreiches Essen sollte täglich auf Ihrem Speiseplan stehen. Sie merken zur Zeit wahrscheinlich nichts, es sei denn Sie haben derzeit eine energetische Schwäche von Magen und Bauchspeicheldrüse, verursacht vielleicht über eine Grippe oder Antibiotika... Diese Störung macht sich bemerkbar durch Heißhungerattacken auf Süßes. Bemerkbar macht sich eine Schwächung des Magens oftmals sichtbar über glühende Wangen." Emma errötete gerade noch einmal. „Ich habe tatsächlich gerade eine Grippe durchgestanden und im Augenblick immerzu Hunger auf Süßes," antwortete sie. „Interessant, Emma, schauen wir weiter. Sie probieren wahrscheinlich gerne einmal etwas Neues aus. Vielleicht erfinden Sie sogar etwas. Als Kind bereiteten Sie Ihren Eltern Schwierigkeiten. Der Merksatz dazu: Rebell als Kind und Reformer als Erwachsener." Emma atmete tief durch. Alles stimmte ganz genau. „Das ist mega, mega interessant!," ereiferte sich Emma.

„Darf ich fortfahren?", fragte Antonia. Emma nickte. „Eine sinnvolle Behandlung beginnt bei Ihnen mit den Nerven." „Frau Talbach, darf ich Sie noch etwas fragen?", meldete Emma sich. „Aber natürlich, Emma. Nur zu," ermutigte sie Antonia. „Mit den Nerven, das hat noch keiner zu mir gesagt. Ich wirke auf die Menschen normalerweise robust. Jeder packt mir gerne zusätzlich noch ein paar Dinge auf die Schultern... Geht das mit den Nerven ausschließlich aus den Zahlen des Geburtsdatums hervor?" „Nein Emma. Ihr Haar zeigt das gleiche an. Sie tragen viele zarte Antennen auf dem Kopf. Hinzu kommen Ihre feinen Augenbrauen und die dunklen Schatten unter Ihren Augen bestätigen das ebenfalls." „Aha," räusperte sich Emma. „Ganz wichtig für Sie, Emma: Sie besitzen neben Ihrem Verstand gleichermaßen Intuition, weshalb Sie bei wichtigen Entscheidungen sowohl ihren Verstand, als auch Ihre innere Wahrnehmung wichtig nehmen sollten. Nur wenn beide – Intellekt und Intuition auf ein Ergebnis kommen – ist die Entscheidung richtig." „Das muss ich jetzt aber glauben?", fragte Emma keck. „Hat denn bislang etwas nicht gestimmt?", wollte Antonia von ihr wissen. „Kann ich so nicht sagen."

„Die Auslegung sollte logischerweise vollständig stimmen, ansonsten ist Ihr Geburtsdatum falsch. Hier sind wir nicht in der Kirche. Die ist für Glaubensfragen zuständig. Wir wenden ausnahmslos Methoden an, die auf Erfahrung beruhen und jeder nachvollziehen kann, der sie erlernt hat." „So habe ich das nicht gemeint...," antwortete Emma klein laut. „Für heute dienen mir diese Fakten als Einstieg in unser Einstellungsgespräch. Bei einem Patienten schaue ich Gesicht und Körperbau genauer an. Zusätzlich veranlasse ich ein Blutbild mit speziellen Einzelwerten und einen Urinbefund. Nach Auswertung von Blut und Urin bearbeite ich einen Fragenkatalog zur aktuellen Befindlichkeit, um ein qualifiziertes Beratungsgespräch zu führen." Emma rutschte auf ihrem Stuhl hin und her. „Mein Doktor war ja schon verrückt, aber das hier ist schlicht die Härte! Wie kann ich das lernen, was muss ich lesen, welche Seminare soll ich besuchen, um so etwas auch zu können?", wollte Emma wissen. Antonia lachte herzlich. „Das ist interessant. Sie erinnern mich an eine Geschichte aus meiner Vergangenheit, Emma. Übrigens, ich brauche jetzt einen Tee. Möchten Sie auch eine Tasse?" Emma bejahte und Antonia schenkte ihnen beiden ein. „Vor einigen Jahren bin ich zu einem Kurzurlaub an den Achensee gefahren. Es war Winter, bitter kalt und ungemütlich. Durch diese Eisesskälte draußen hatte ich auf rein gar nichts Lust. Schon gar nicht auf Sport oder ähnliches. Deshalb war ich hoch erfreut, als mir ein hübsch aufgemachter Prospekt einer Schönheitsfarm aus dem Nachbarort in die Hände fiel. Ich stellte mir vor, wie schön es sein müsse, mich mit wohlriechenden Essenzen von Kopf bis Fuß verwöhnen zu lassen und eine Tasse heißen dampfenden Kräutertee zu trinken. Kurz entschlossen rief ich dort an und hatte Glück. Mein Termin war bereits am nächsten Tag.

Die Kosmetikerin hieß damals Petra. Sie verstand ihr Handwerk und bald schon schnurrte ich unter ihren Händen wie ein kleines eingerolltes Kätzchen. Ich fühlte mich richtig wohl. Der Behandlungstermin verlief harmonisch, wir plauderten ungezwungen und lachten herzlich miteinander. Irgendwann fragte sie mich nach meinem Beruf. „Ich bin Heilpraktikerin," antwortete ich wahrheitsgemäß. „So eine Art Kräuterhexe mit schwarzer Katze auf der Schulter?", fragte Petra spitzbübisch. „Na, ja," habe ich lachend geantwortet. Einige Menschen halten meine Arbeit wahrscheinlich schon für eine Art Hexerei. Manchmal kenne ich meinen Patienten gar nicht und ich arbeite ausschließlich mit einem Foto von ihm. Oder ein Patient erlebt den Praxisbesuch auf folgende Weise: Ich nehme die Personalien auf und notiere sein Anliegen. In diesem Fall plagen diesen Patienten beispielsweise immer öfter und in immer kürzeren Abständen wiederkehrende Kniebeschwerden, die ihm zu schaffen machen. Ich behandle nicht zuerst sein Knie, sondern ich mache ein Foto von ihm und schicke ihn erst einmal ins Wartezimmer zurück. Ich teste derweil in Ruhe den energetischen Status aus. Wenn ich den Patienten wieder hereinhole, ist er erstaunt, wenn ich ihm sage, dass seine Schmerzen am Knie an seiner Magenschwäche liegen. Ich zeige diesem Patienten an einer großen Schautafel den Verlauf des Magenmeridians – der auch über das Knie führt - und erkläre ihm, dass ausschließlich eine ursächliche Behandlung seines schwachen Magens zur Ausheilung seines Knies führen kann."

„Da kann man so ohne weiteres wirklich nicht drauf kommen. Ist ja hoch spannend! Man merkt, sie mögen Ihren Beruf!" „Das ist fast richtig, Petra. Ich mag ihn nicht nur, ich liebe meinen Beruf. Er bietet viele Möglichkeiten, einem Menschen Hilfe zukommen zu lassen - wenn er diese Hilfe zulässt. Vielleicht kennen Sie den Begriff Reflexzonen. Davon sind die bekanntesten an Füßen und Ohren. Man kann solche Zeichen ebenfalls in den Händen, am Rücken und am Kopf finden. Ich lese besonders gern in einem Gesicht. Auch hier gibt es klar angeordnete Zonen. 'Können Sie vielleicht etwas zu mir sagen?,' hat Petra damals gebettelt. Ich habe den Stern gemalt, ihre Geburtszahlen und deren Quersumme eingetragen, Petra angeschaut, etwas nachgedacht und ihr anschließend etwas zu ihren Gewohnheiten, ihrer leichten Verletzlichkeit und ihrem Naturell gesagt. Ich erinnere mich noch genau, dass ich ihr geraten habe, ihre Gefühle immer wichtig und ernst zu nehmen. 'Wie kann ich das lernen, was muss ich lesen und welche Seminare soll ich besuchen, um so etwas auch zu können?,' hat mich damals Petra gefragt. Ich antwortete: 'Sie studieren die Methode der vier Charaktere, machen sich mit der Bedeutung der vier Elemente vertraut, lesen sich in die Fünf-Elemente der Chinesen und die Typenlehre ein, studieren Antlitzdiagnostik, lernen Blut und Urin auszuwerten, schulen Ihre mantischen Fähigkeiten ...' Petra schaute mich mit ihren schönen Augen erstaunt an und ich musste erst einmal tief durch atmen. Dann fuhr ich fort: 'Zum Schluss, liebe Petra, packen Sie die Systeme wie ein Raster übereinander und finden heraus, was gerade für den Patienten, der da vertrauensvoll vor Ihnen sitzt, richtig ist.'" Emma saß ruhig auf ihrem Stuhl und schaute Antonia groß an. „Kommt Ihnen da vielleicht etwas bekannt vor, Emma?"

*

Emma wurde tatsächlich die Neue. Das war inzwischen schon drei Monate her. Ihre neue Chefin Antonia saß gerade genervt in ihrem Büro über der allmonatlichen Abrechnung. Das bedeutete für sie und ihre Kollegen, dass alle normalerweise auf leisen Sohlen an ihrer Chefin vorbei schlichen. Deshalb schaute Antonia sie über ihre Brille hinweg verwundert und erstaunt an, als sie nach leisem Klopfen, ohne ein Herein abzuwarten, ins Zimmer trat. „Ich weiß, dass Sie insbesondere an so einem Tag nicht gestört werden wollen. Aber es pressiert wirklich. Meine Freundin ist in großer Not. Ich wollte Sie fragen, ob Sie ihr hier in der Praxis helfen können." Emma verhaspelte sich in ihrer Erregung gleich ein paar Mal und musste husten. „Maria-Julia kommt aus Kuba und ist eine gute Freundin von mir. Eine tolle, vor Kraft strotzende Frau, ursprünglich. Eine chice gepflegte Erscheinung. Aber so was von fix und fertig! Absolut platt! Ich kenne sie nur mit von Natur aus gebräuntem Teint. Jetzt sieht sie fahl und faltig aus. Und das mit vierzig! Maria-Julia hat einen Macho als Mann, der keinen Handschlag zu Hause macht, eine Schwiegermutter im Heim und zwei rotzfreche Weiber, ich meine Töchter, die meiner Freundin richtig zusetzen. Zusätzlich das große Haus mit einem Riesengarten. Ich hab ihr immer schon gesagt, dass sie sich viel zu viel zumutet. Sie wollte nicht auf mich hören. Meine Freundin ist nur noch ein Schatten ihrer selbst, so was von ausgebrannt, genervt und sie wirkt so durchscheinend und hilflos… Ich möchte, dass sie Hilfe bekommt. Glauben Sie, dass Maria-Julia das ohne Psychopharmaka schaffen kann? Diesen Vorschlag hat ihr ihr Hausarzt gemacht. Chefin, Sie sind mir bitte nicht böse, dass ich Sie von der Arbeit abgehalten habe?"

„Emma, es ist okay. Ich denke, ich sollte ihre Freundin in Augenschein nehmen. Wenn sie es wünscht, machen Sie bitte einen Termin aus." „Ich habe mir gedacht, dass Sie ihr helfen werden und ihr für nächsten Donnerstag einen Termin gegeben". „Wie ist das möglich? Bei unserer Warteliste?" „Ich habe ein wenig getrickst," gab Emma zu. Antonia musterte sie scharf, Emma zuckte kurz zusammen und begann erneut zu husten. „Ich lasse Ihnen das durchgehen," sagte Antonia ernst. „Ich habe das Gefühl, dass dieser Termin richtig und wichtig ist. Das nächste Mal entscheiden wir solche Dinge bitte gemeinsam!" „Ich weiß gar nicht, was mich geritten hat. Es ist einfach mit mir durchgegangen und ich weiß, das musste so sein," versuchte Emma das Geschehene wieder hinzu biegen. „Ja, ja, aber jetzt ist Schluss." Damit winkte sie Emma mit einer Handbewegung hinaus.

Geburtstagsfeier

Auf Kuba kommen die Gäste unangemeldet über den Tag verteilt, um zu gratulieren. Jeder ist willkommen. In Deutschland ticken die Uhren anders, da weiß man, wer wann zum Geburtstag kommt. Etliche Gäste haben sich angesagt. Ich spüre in mich hinein und lächele. Ja, ich freue mich auf meine Feier mit Familie und Freunden! Ich erinnere mich an meinen Geburtstag im vorangegangenen Jahr. Ich spitze meinen Mund, nicke und seufze. Ja, letztes Jahr war alles trist und grau. Stephan hatte mich nur schwer überreden können, mit ihm in ein kleines Café zu gehen. Wie war der Name? Ich erinnere mich nicht mehr. Das macht gar nichts, beschließe ich. Ja, dieses Jahr fühlt sich mein Geburtstag wieder an wie in alten Zeiten... Emma sei Dank!!! Überraschend hat sich ein besonderer Gast angemeldet: Angelo. Er kommt geradewegs aus Amerika und will seine Verwandten in Deutschland besuchen, um danach in sein Heimatland Italien zu reisen. Genauer gesagt nach Sizilien. Seinerzeit war er zu Besuch auf Kuba gewesen. Mein damaliger Freund Roberto und ich waren über viele Woche lang mit ihm quer durchs Land gereist... Ich dachte gern an diese Zeit zurück. Alles ging damals wahnsinnig schnell. Kurz nach seiner Abreise lernte ich Stephan kennen. Ich verliebte mich Hals über Kopf in ihn, entlobte mich von Roberto und bald darauf heiratete ich Stephan. Roberto wiederum hatte der Blitz auf meiner Hochzeitsfeier getroffen, als er die jüngere Schwester von Stephan sah, Nicole. Die beiden waren inzwischen ebenfalls ein Paar. Verrückt! Angelo hatte immer mal wieder angerufen. Es war seinerzeit schwierig gewesen, aus dem Ausland Telefonate zu erhalten. Aber irgend wie hatte der dunkelhaarige drahtige Kerl das immer mal wieder hin gekriegt. Angelo war inzwischen Ehemann und stolzer Vater einer Tochter und eines Sohnes. Ich freute mich, ihn heute wiederzusehen und Neuigkeiten auszutauschen.

Mein Blick fällt auf meinen Schlafanzug. Ich seufze und mache mich auf den Weg. Im ersten Stock setze ich mich vor meinen großen Spiegel im Ankleidezimmer und betrachte voller Freude meinen neuen herrlichen Chiffonschal von Omi Hilde, meiner Schwiegermutter, der malerisch über meinem matt glänzenden schwarzen Schlafanzug zu schweben scheint. Während ich mich zufrieden im Spiegel betrachte, kommt mir meine Freundin Emma in den Sinn. Emmas Initiative war es zu verdanken, dass ich wieder lachte. Ich hatte in relativ kurzer Zeit gelernt, mich abzugrenzen und meine Bedürfnisse und Wünsche wichtig und ernst zu nehmen, kurzum meinen Weg zu gehen... Dieses Jahr in der Naturheilpraxis hat mich gelehrt, dass ich mein Leben gleichermaßen als Akteur, Publikum und Regisseur erlebe. Ich fühlte mich wie neugeboren. Wie war das gleich? Meine Stirn kräuselt sich. Ich erinnere mich...

Das Naheliegende ist oft

Ich sitze allein im Wartezimmer. Es ist später Nachmittag. Ich habe mich zart geschminkt. Trotzdem gefällt mir das Ergebnis nicht. Meine Haut wirkt trotz vieler Tricks leblos, trocken und zerknittert. Furchtbar! Viele kleine Längsfältchen laufen über meine Wangen. Die dunkel unterschatteten Augen liegen in tiefen Höhlen, unter den Augen beuteln sich kleine Tränensäcke. Emma erscheint. Wir umarmen uns. Sie führt mich in einen hellen, freundlichen Raum. Ihre Chefin erwartet mich bereits. Emma gibt ihr eine schon vorbereitete Karteikarte von mir. „Herzlich Willkommen, Frau Winter. Schön, dass Sie zu uns gefunden haben!", begrüßt Antonia mich freundlich. „Emma wollte schon lange, dass ich diesen Schritt in ihre Naturheilpraxis mache. Aber irgendwie habe ich immer wieder gezögert und jetzt kann ich nicht mehr." Ich schaue mich unsicher um. „Frau Winter, alles bleibt ausnahmslos in diesen vier Wänden... Entschuldigen Sie bitte die Bemerkung, die jetzt folgt. Ich bewundere Ihr hübsches Kinn!" Antonia strahlt mich an. Ich schaue etwas verunsichert drein.

„Ihr Kinn zeigt einen ausgeprägten Sinn für Humor und Frohsinn..." „Früher stimmte das. Ich habe oft die Stimmung gerettet und viel gelacht. Das ist vorbei..." Ich schaue traurig zu Boden. „Heute ist ein Neuanfang! Das wünschen Sie sich doch?" Ich nicke. „Ja, deshalb bin ich gekommen. Sie haben mich neugierig gemacht, Frau Talbach. Können Sie bitte noch etwas sagen, was Sie in meinem Gesicht erkennen können?"

„Beispielsweise, dass Sie ein Gefühlsnaturell sind." Ich staune Antonia an. „Frau Winter, Sie vereinbarten diesen Termin aus einem bestimmten Grund, nehme ich an. Welche Beschwerden quälen Sie?" Antonia schaut mich eindringlich an. „Ich fühle mich schwach, bin schrecklich nervös, kann mich schlecht konzentrieren, habe oft Kopfschmerzen und nachts finde ich keinen Schlaf mehr. Jetzt habe ich schon seit vier Tagen nicht mehr geschlafen." „Wie hat das angefangen?", will Antonia wissen. „Schon seit langer Zeit konnte ich schlecht einschlafen und fühlte mich morgens wie gerädert." Tränen laufen über mein Gesicht. Ich kann nichts dagegen machen. „Was mache ich mit Ihnen, Frau Winter? Ihre Hände zittern?" Antonia schaut mich besorgt an. „Ja, seit kurzem", schluchze ich. „Aha. Erst einmal: Schlaf ist wichtig, Ausschlafen ist ganz wichtig. Ich teste gleich einmal aus, was ich Ihnen zur Stärkung als Spritze verabreichen kann." „Machen Sie nur alles, wenn es mir gut tut." Antonia stellt drei Varianten von Mitteln zusammen, die zu mir passen. Sie wählt 'Infi China', ein homöopathisches Komplexmittel, als Ampulle zur Stärkung für mich aus. „Bitte einmal den Popo..." Ich kenne solche Spritzen von früher. Ich stelle mich fest auf ein Bein und warte auf den Einstich. „Fertig", höre ich nur. „Tatsächlich? Ich habe gar nichts gemerkt", wundere ich mich. „Jetzt noch einen Klapps auf den Po, um die Wirkstoffe im Gewebe zu verteilen..." Das spürte ich hingegen deutlich. „Aha." Ich ziehe mein Höschen in Form.

„Habe ich das richtig verstanden, dass Sie schlecht bis gar nicht schlafen können?", will Antonia wissen. „Ja, bis neulich bin ich meistens schlecht eingeschlafen und habe mich im Bett gewälzt. Zu viele Gedanken schwirren mir durch den Kopf... Ich habe mir Lektüre ans Bett gelegt, um mich müde zu lesen. Aber seit vier Tagen habe ich überhaupt kein Auge mehr zu getan. Ich bin völlig fix und foxi, wie Emma das ausdrücken würde. Nur, wenn ich mich im Freien aufhalte oder im Freien umher gehe, fühle ich mich besser." „Danke für das Stichwort. Ich nehme an, dass ich Ihnen helfen kann. Ich hole Ihnen aus dem Nachbarzimmer ein paar Globuli." Antonia verschwindet kurz im Nebenzimmer, kommt zurück und sagt: „Ich habe für Sie 'Pulsatilla' ausgesucht. Sie gibt mir einige Kügelchen. „Bitte im Mund zergehen lassen." Ich gehorche. „Dieses homöopathische Mittel wirkt zwar nicht wie eine übliche Schaftablette. Es reguliert vielmehr den gestörten Schlaf- und Wachrhythmus. Mit etwas Glück schlafen Sie dieses Wochenende."

„Können Sie morgen früh um 8:00 Uhr nüchtern zur Blutentnahme und Sonnabend Nachmittag um 16:00 Uhr wiederkommen? Am Sonnabend kommen meistens Patienten aus Orten, die weiter entfernt sind... Einer dieser Patienten ist Sonnabend ausgefallen. Den Termin können Sie übernehmen - wenn Sie mögen?" „Welch ein glücklicher Zufall. Ja, das geht in Ordnung. Schön, dass es klappt." „Sie glauben an Zufälle?" „Wenn ich meiner Gänsehaut vertraue, nicht wirklich." Antonia und ich lächeln. „Frau Winter, ich habe noch einen Tipp für Sie. Essen Sie bitte vor dem Zubettgehen zwei kleine Biobananen. Diese leicht verdaulichen Früchte enthalten viel Magnesium und Tryptophan. Magnesium entspannt die Muskeln und die Aminosäure Tryptophan ist eine Vorstufe von Melatonin, einem Schlafhormon, das als Jungbrunnen bekannt ist." „Das probiere ich gerne aus. Danke."

Das Konzept

„Frau Winter, das Behandlungskonzept beginnt mit einem aktuellen Blutbild bestehend aus neununddreißig Parametern. Bitte vor der Blutentnahme ab 20.00 Uhr heute Abend nichts mehr essen und trinken - außer Wasser. Morgen früh 'keinen' Kaffee trinken. Bringen Sie zusätzlich Ihren Nüchternurin mit. Emma gibt Ihnen einen Plastikbecher." „Bitte, ein Frühstück mitbringen. Das nehmen Sie nach der Blutentnahme zu sich. Leckeren warmen Kräutertee zum Frühstück bekommen Sie hier in der Heilpraxis. Frühstücken muss sein! Ihr Gefährt braucht Treibstoff! Damit meine ich Ihren Körper." Ich registriere, dass ein Frühstück besonders wichtig sein muss. „Mir ist wichtig, dass Sie etwas zu sich nehmen, damit Sie nicht unter zuckern. Zu gegebener Zeit halte ich Ihnen zu diesem Thema einen Vortrag." Ich frage nach. „Reicht ein belegtes Brötchen?" Antonia nickt. „Wir machen nach zwei Monaten erneut ein Blutbild - zum Vergleich. Damit ergibt sich eine offizielle gedruckte Aussage für uns beide... Gezielte Anwendungen in der Praxis - verbunden mit ihrer aktiven Mitarbeit zu Hause - verbessern ihr Blutbild, ihre Befindlichkeit, ihre Stimmung sowie ihr Aussehen. Dafür lohnt sich der Aufwand, nicht wahr?" Ein kleines Lächeln umspielt meinen akkurat konturierten rot geschminkten Mund. „Das stimmt, Frau Talbach. Blut und Blutwerte sind besonders wichtig?" Antonia nickt. „Blut ist in der Tat sehr wichtig! Das Blut transportiert und versorgt über feinste Gefäße - die Kapillaren – die Zellen. Wir werten die Blutwerte beider Blutentnahmen aus und vergleichen sie miteinander. Ich nicke und atme tief durch. „Frau Winter, ich möchte Sie jetzt nach Hause schicken. Vielleicht ruhen Sie sich ein wenig aus?" Emma wartet bereits an der Tür auf mich. „Ich soll morgen zur Blutentnahme wiederkommen." Emma nickt. „Maria-Julia, das trifft sich gut. Morgen habe ich Dienst. Heute solltest Du bitte sofort ins Bettchen! Frage: Kommst Du allein nach hause oder soll ich Dich bringen?" Ich lächele. „Emma, danke für Dein Angebot. Stephan wartet draußen auf mich." Emma reicht mir einen Zettel. „Maria-Julia, ich habe einen tollen Spruch für Dich!" Ich lese: Ab jetzt bin ich aufmerksam, achtsam und liebevoll zu mir!

Eine Spritze und ein Gespräch

Freitag Morgen erscheine ich nüchtern zur Blutentnahme. Ich habe meinen Nüchternurin mitgebracht, damit er ebenfalls analysiert werden kann. Antonia kommt mir entgegen, nimmt und begrüßt mich. „Ihre Hände sind eiskalt! Ihre Durchblutung stimmt nicht. Seit wann haben Sie kalte Hände, Frau Winter?" Ich überlege kurz. „Drei, vier Jahre vielleicht... Vor der Blutentnahme fürchte ich mich ein wenig. Beim Blutspenden letztes Jahr hatte ich wegen meiner schlechten Venen ganz blaue Arme nach der Blutentnahme." Antonia begleitet mich in einen Behandlungsraum. „Frau Winter, ich erledige kurz etwas." Mit diesen Worten verschwindet Antonia kurz und kommt mit einer Wärmflasche zurück. Diese legt sie auf meinen Arm. „Damit geht es für uns beide gleich leichter!" Nach zirka zehn Minuten kontrolliert sie meine Hände und Arme.„Die Durchblutung ist angeregt. Ich werde jetzt Blut abnehmen."Das geht reibungslos. Antonia lächelt mich an. „Die Wärmflasche hat Ihnen gut getan! Jetzt wartet Ihr Frühstück auf Sie. Guten Appetit!" Nach einer Weile schaut Antonia wieder nach mir. „Frau Winter, darf ich stören und Sie etwas fragen?" Ich nicke, mümmele mein belegtes Croissant und nehme einen Schluck des heiß dampfenden Tees. „Wie wäre es damit? Frau Winter, haben Sie Lust, dass wir hier und jetzt etwas zur Stärkung Ihrer Nerven tun?" Ich finde das prinzipiell gut. „Kann ich dabei liegen bleiben und mich ausruhen?" Antonia lächelt. „Demnächst – wenn Sie eine Infusion bekommen - können Sie generell liegen bleiben. Das wird Ihrer Leber gut tun. Die Leber erholt sich ausschließlich im Liegen. Heute mache ich Ihnen zuerst eine Spritze für Ihr Nervenkostüm in Ihren Po und danach können Sie sich ein wenig ausruhen." Ich bin erstaunt. „Das mit der Leber im Liegen ist mir ganz neu. Was bekomme ich heute Gutes?" Antonia überlegt nicht, sondern antwortet prompt: „Eine Kombination von Hevert: 'Vitamin B12 und Folsäure'." Ich bin neugierig. „Was bewirkt diese Kombination?" Antonia räuspert sich.„Sämtliche B-Vitamine unterstützen viele wichtige Stoffwechselprozesse. Sie sind insbesondere notwendig, damit das Nervensystem seine Funktionen optimal erfüllen kann. Wenn sich Patienten schwach fühlen, vergesslich sind oder sich schlecht konzentrieren können, ist das ein Mangel an B-Vitaminen und Magnesium." Ich beschließe, mir das zu merken und gleich nach der Spritze aufzuschreiben. Antonia zieht zügig meine Spritze auf.

„Heute bekommen Sie diese B-Kombination intramuskulär gespritzt. Das nächste Mal bekommen Sie eine Infusion für die Nerven mit dem Wirkstoff 'Cholin'." Mir schwirrt etwas der Kopf. „Was macht dieses Cholin?" Ich wundere mich, was mir alles unbekannt ist und schaue Antonia groß an. „Cholin, die frühere Bezeichnung dafür war Vitamin B4, hilft Ihrem Vegetativum wieder ins Lot zu kommen. Jetzt bekommen Sie zuerst einmal die Spritze. Wenn Sie so lieb wären, mir ein wenig Po zu gönnen?" Wir beide müssen lachen. Ich bekomme die Spritze und danach den mir bekannten Klapps auf den Po. „Um die Wirkstoffe im Gewebe zu verteilen", sage ich laut und ziehe mein Höschen wieder in Form. „Sehr gut!", Frau Winter. Sie bleiben ein wenig hier und ruhen sich aus?" Ich nehme das Angebot gern an. „Zehn Minuten Ruhe werden mir gut tun." Antonia schaltet die Musikanlage mit leichter Entspannungsmusik ein. „Ist diese Musik für Sie angenehm?" Ich nicke, fühle mich plötzlich todmüde und schließe meine Augen. „Bitte entspannen Sie sich." Antonia legt mir eine Wärmflasche an meine eiskalten Füße und hüllt mich in eine Decke. Ich blicke noch einmal kurz auf und bemerke, dass es eine rosa Decke ist. Ich seufze noch einmal und bin anschließend wohl eingenickt. Nach einer Weile wache ich von einem Räuspern auf. Emma steht vor mir. „Die zehn Minuten haben mir gut getan." Emma grinst. „Deine zehn Minuten sind eine gute halbe Stunde geworden, liebe Maria-Julia. Du hast richtig Farbe bekommen!" Emma berührt meine Wangen, Hände und Füße. „Die Wärmflasche war wohl richtig. Alles fühlbar warm. Irgendwas haben wir richtig gemacht!" Sie hat recht. „Emma, ich fühle mich gut. Nein, das ist zu wenig. Ich fühle mich sehr gut!" Emma strahlt.

„Schön, das von Dir zu hören, Maria-Julia. Habt ihr die nächsten Termine vereinbart?" Ich schüttele den Kopf. „Jein. Ich komme morgen früh zur Blutentnahme sowie Samstag Nachmittag zur Behandlung." Emma schaut mich fragend an. „Soll ich Dir vielleicht für morgen etwas mitgeben, Maria-Julia?" Ich erinnere mich. „Bitte, gib mir einen Becher für meinen Urin mit, Emma!" Emma grinst. „Klappt doch! Ich wette, Du hast Schwermetalle im Urin!" Ich bin verunsichert. „Das wird sich herausstellen. Erfreulich ist in jedem Fall, dass ich den Termin von einem Patienten übernehmen kann, der ausgefallen ist. Ich möchte Folgetermine mit Deiner Chefin vereinbaren. Geht das?" Emma nickt. „Ich schaue einmal kurz nach." Emma verschwindet und kommt mit Antonia und dem Anmeldebuch zurück.

Antonia lächelt mich an. „Frau Winter, wie fühlen Sie sich?" Ich räuspere mich kurz. „Frau Talbach, ich sagte bereits Emma, dass ich mich augenblicklich sehr wohl fühle. Was schlagen Sie vor? Wie oft sollte ich wiederkommen?" Antonia überlegt eine kurze Weile. „Wenn Blut und Urin sowie die Fragebogen zur Befindlichkeit ausgewertet sind, kann ich Ihre Frage präzise beantworten. Erfahrungsgemäß empfehle ich eine Kur mit jeweils drei Terminen pro Woche. Der Einfachheit halber immer zur gleichen Zeit. Frau Winter, ab wann könnten Sie mit den Terminen dreimal die Woche beginnen?" Die Antwort fällt mir leicht. „Ich könnte in der nächsten Woche starten. Ich halte mich an einen Spruch, den mir Emma gestern zugesteckt hat. 'Ab jetzt bin ich aufmerksam, achtsam und liebevoll zu mir!' Antonia wendet sich Emma zu. „Gut gemacht, Emma!" Emma errötet leicht und verschwindet ins Nebenzimmer. Antonia schaut auf den Terminplan. „Mein Vorschlag zu den Folgeterminen ist jeweils Montag, Mittwoch und Freitag, generell um 11:30 Uhr?" Ich nicke. „Das trifft sich gut. Dann kann ich hinterher mit Emma einen Kaffee trinken gehen." Antonia lächelt. „Wir sehen uns morgen Nachmittag wieder."

Eins und eins macht zwei

„Frau Winter, wie fühlen Sie sich heute nach der Behandlung?" Ich überlege nicht lange. „Wunderbar. Genau wie gestern habe ich die Zeit genossen. Drei Worte fallen mir dazu ein: Ruhig, warm und angenehm. Ich fühle mich wohl und behaglich, sogar kraftvoller als zuvor." Antonia sieht mich freundlich an. „Mögen Sie eine Tasse Kräutertee mit trinken, Frau Winter?" Ich nicke. „Gerne, Frau Talbach." Antonia scheint sich zu freuen, dass es mir gut geht. „Frau Winter, ich habe eine Bitte an Sie: Nutzen Sie den Aufbau Ihres Körpers weise. Starke körperliche Anstrengung ist in den nächsten vier Wochen tabu. Ruhen Sie sich aus, selbst wenn Sie meinen, sich fit zu fühlen. Diese neu erworbene Kraft fühlt sich zwar richtig gut an, ist allerdings eine 'ausgeliehene' Kraft. Diese Kraftquelle ist ausschließlich zur Erholung Ihres Körpers gedacht!" Ich bin erstaunt. „Sie meinen, ich soll mich schonen, um mich nicht sofort wieder zu verausgaben?" Antonia nickt. „Richtig. Ihr Körper benötigt Ruhe zur Regeneration. Ein Auspowern der vermeintlich neuen Stärke wirft Sie zurück und alles wird deutlich schlimmer, als es zur Zeit ist." Ich hatte mir bereits zu hause meine Gedanken gemacht, atme tief durch und schaue Antonia direkt an. „Eine Auszeit wäre gut, nicht wahr?" Ich kenne die Antwort. „Ja. Sehr gut sogar, Frau Winter. Es braucht Zeit, seinen inneren Rhythmus zu finden..." Es klopft kurz und Emma kommt herein. „Störe ich gerade?" Emma schaut Antonia unsicher an. „Jein. Vielleicht warten Sie demnächst ein kurzes Ja ab, bevor Sie hereinstürmen?"

Emma errötet leicht. „Tut mir leid, Chefin!" Antonia seufzt kurz auf. „Frau Winter, ist es Ihnen recht, wenn Emma bei unserem Gespräch mit dabei ist?" Ich nicke. „Emma ist meine Freundin. Sie kennt mein Leben." Emma strahlt. „Sie haben Ihre Freundin gehört, Emma. Möchten Sie bei diesem Gespräch mit dabei sein?" Emma nickt und nimmt Platz. „Gerne, Chefin." Antonia fährt fort. „Grundvoraussetzung, damit ein Körper gut funktioniert, stellt eine solide Wärme dar. Diese Wärme ist äußerst wichtig. Erkältung kommt von kalt. Zugluft oder kalte Füße reizen die Blase und begünstigen eine Infektion. Bekanntlich ist Vorbeugen besser als Heilen." Emma meldet sich zu Wort. „Gibt es vielleicht ein Mittel, das man unterstützend einnehmen kann?" Antonia überlegt kurz. „Ja, einen beerenstarken Schutz sozusagen. Die Kranichbeere ist ein Heidegewächs und nennt sich englisch Cranberry. Diese Beere in Kombination mit Kürbiskernen stärkt die Blasenmuskulatur." Emma hüstelt. „Chefin, ich weiß noch etwas zu den Beeren. Darf ich?" Antonia nickt Emma aufmunternd zu. „War ein Beitrag im Fernsehen. Seither weiß ich, dass es eine 'ungeteilte' Frucht aus dem Bioanbau sein muss." Antonia schaut Emma interessiert an. Ich will es genauer wissen. „Sagtest Du ungeteilt?" Emma nickt. „Ja wohl! Die großen Betriebe teilen die Beeren, entziehen ihnen ihren Saft, um ihn mit stark gezuckertem Sirup aus derselben Beere - die ursprünglich eher sauer schmeckt - oder anderen Früchten 'umzufruchten'. Danach schmeckt die Cranberry süß oder nach Kirsche, Blaubeere oder etwas, was gerade gewünscht wird. Übrigens ist 'Umfruchten' nicht ein unmöglicher Ausdruck? Das sollte man zum Unwort des Jahres erklären!" Das finde ich auch.

„Eine Nachfrage, Emma. Als Endverbraucher kannst Du wirklich nicht heraus schmecken, ob das Produkt aus Kirsche besteht?" Emma ist zart errötet und nickt. „Maria-Julia, Du hast es erfasst. Du meinst, Kirschen zu schmecken. Aber wenn Du die Brille dabei hast, kannst Du in der klitzeklein gedruckten Inhaltsangabe nachlesen, dass eventuell nur ein Prozent Kirschen drin ist. Ansonsten eben Cranberries." „Warum wird das so gemacht?" Emma hebt ihre Schultern. „Diese Beeren sind schlicht billiger..." „Claro. Es ist erstaunlich, auf welche interessanten Informationen Du immer wieder stößt. Emma, Du bist ein erstaunliches Geschöpf..." Emma räuspert sich. „Maria-Julia, das hast Du hübsch formuliert. Ich bin ganz normal, jedoch allseitig interessiert und gehöre keinem Geheimzirkel an. Das muss hier mal gesagt werden!" Antonia räuspert sich.

„Bitte kehren wir zu unserem heutigen Thema zurück. Es geht darum, die Wärme des Körpers zu bewahren. Frau Winter fragte nach, ob es neben vorbeugenden Maßnahmen eventuell vorbeugende Mittel gibt." Ich melde mich zu Wort. „Frau Talbach, bis vor kurzem hatte ich mit meiner Blase noch keine Last. Zur Zeit allerdings merke ich sofort, wenn ich kalt werde." Antonia nickt. „Frau Winter, von einer empfindlichen Blase bis zu einer Harnwegsinfektion ist es nicht weit. Dieselbe ist verbunden mit unangenehmem, ständigem Harndrang, der anstelle einer erleichternden Blasenentleerung lediglich ein paar Tropfen Urin folgen, verbunden mit einem starken Brennen. Um einer Harnwegsinfektion vorzubeugen, sollten Sie als Blasenspülung 'von oben' reichlich warmes Wasser trinken - so lange die Empfindlichkeit besteht. Hierdurch verringert sich das Risiko, dass sich in der Blase Bakterien festsetzen. Weiterhin rate ich Ihnen, sich bei kühlen Temperaturen warm anzuziehen. Kalte Füße sind strengstens verboten! Ich empfehle, warme Sohlen in Schuhe einzulegen und/oder Strümpfe aus einem wärmenden Gemisch von Fasern zu tragen; Wollsocken sind Baumwollstrümpfen vorzuziehen." Ich nicke. „Ich habe nicht vermutet, dass ich meine Empfindlichkeit der Blase selbst provoziert habe. Ich laufe zu hause bis zum heutigen Gespräch fast ausnahmslos mit nackten Füßen herum..." Emma meldet sich zu Wort.

„Unterkühlung ist bestimmt ebenfalls ein wichtiges Thema im Freibad! Ich habe oft schon beobachtet, dass gerade Frauen ihre feuchten Badesachen anbehalten. Besser wird es sein, feuchte Badesachen gleich nach dem Schwimmen abzulegen, nicht wahr, Chefin?" Antonia stimmt Emma zu. „Durch das Verdunsten von Wasser entsteht Kälte. Verdunstungskälte liegt bei acht Grad Celsius. Derohalben gibt es Erkältungen des Unterleibs auch im Sommer. Um einer Unterkühlung Einhalt zu gebieten, ist genau diese Maßnahme wichtig, Emma. Herzlichen Dank für Ihre Wortmeldung. Eine andere Möglichkeit, eine Harnwegsinfektion zu bekommen ist gegeben, wenn jemand seinen Bus verpasst hat und im kalten Regen auf den nächsten Bus wartet." Ich nicke. „Ich denke, wenn Menschen kapieren, dass ihnen der Arsch ab friert ..." Antonia sieht meine Freundin scharf an. „Emma!" Emma nagt an ihrer Unterlippe. „Chefin, ich meinte lediglich, dass es interessant ist, dass Menschen, wenn ihnen klar wird was läuft, richtig reagieren..."

Antonia atmet tief durch. „Frau Winter, ich wiederhole mich. Sie sollten sich bei kühlem Wetter und insbesondere in der kälteren Jahreszeit warm ankleiden. Außerdem empfehle ich Ihnen, den Großteil Ihres Essens und der Getränke warm zu sich nehmen. Allerdings nicht aus der Mikrowelle." Ich bin erstaunt. „Frau Talbach, Sie meinen größtenteils warmes Essen und Trinken?" Antonia nickt. „Ja, das meine ich. Warmes Essen und Trinken macht warm. Noch eine weitere Bitte an Sie. Sollte von einer Gemüsebeilage etwas übrig bleiben, bitte das Gemüse nicht aufwärmen. Verwenden Sie zum Beispiel ihren Gemüserest zimmer warm als Zutat für frisch gekochte Beilagen wie Nudeln, Reis oder Kartoffeln. Übrigens: Nudeln und Kartoffeln benötigen reichlich Meersalz ins Kochwasser. Kartoffeln sind besser verträglich, Nudeln schmecken ansonsten fade. Das kann kein Gewürz im Nachhinein wettmachen." Ich freue mich. „Das mit dem Meersalz ins Kochwasser von Nudeln und Kartoffeln habe ich instinktiv richtig gemacht!" Antonia lächelt mich an. „Das freut mich, Frau Winter."

Emma meldet sich zu Wort. „Eine Freundin von mir nimmt einen Topf zum Warmhalten mit ins Büro und dadurch isst sie mittags generell eine warme Mahlzeit." Eine gute Idee, finde ich. „Danke, Emma. Vor noch nicht langer Zeit nahmen Bergleute einen 'Henkelmann' mit, um ihr zu hause zubereitetes Essen am Arbeitsplatz warm einzunehmen. Ich verrate Ihnen eine erprobte einfache Möglichkeit, sich beispielsweise im Büro eine schmackhafte Suppe zuzubereiten. Sie benötigen vegetarische Gemüsebrühe, bereits fertig zubereitetes Gemüse, gekochten Vollreis und/oder Hülsenfrüchte und Gewürze. Am Arbeitsplatz wird heißes Wasser gekocht und darin je Teller ein Teelöffel vegetarische Gemüsebrühe aufgelöst. Dazu gegeben werden kleine Portionen von Resten des Gemüses plus einer kleinen Menge Vollreis oder Hülsenfrüchte. Zusammengestellt ergibt das eine schmackhafte Suppe. Abgeschmeckt wird mit Salz und Pfeffer, dazu kommt eventuell etwas frische Begrünung durch Petersilie, Koriander usw.. Petersilie – glatt oder kraus – hat einen hohen Gehalt an Kalium und stärkt Herz und Kreislauf. Außerdem werte ich die Suppe noch mit Hefeflocken auf, die ich über die Suppe streue." Emma hat eine Frage. „Ich meine zu wissen, Chefin, dass Hefeflocken Vitamin B enthalten und zusätzlich Eiweiß, nicht wahr?" Antonia nickt. „Das ist richtig, Emma. Es entsteht eine kurze Pause.

„Chefin, ich darf bitte noch einmal wiederholen. Ich zaubere eine schmackhafte warme Suppe aus zimmer warmen Zutaten – es können auch Reste vom Vortag sein - und einer heißen Gemüsebrühe, die ich frisch im Büro zubereite. Das hilft mir, eine warme Mahlzeit zu mir zu nehmen. Richtig?" Antonia nickt. „Genau, Emma. Für die Arbeitsstelle schlage ich gewöhnlich folgende Bevorratung vor: Meersalz, ein gutes Öl, Senf und Pfeffer für rotes oder weißes Fleisch sowie Meerrettich für Lachs. Ich lege meinen Patienten insbesondere frische Kräuter ans Herz. Frische Kräuter geben den Kick! Es schmeckt viel besser, wenn ein wenig Dill oder Koriander im Salat oder Gemüse verwendet werden." Ich bin begeistert. „Das werde ich meinen anderen Freundinnen erzählen!" Als Antonia sich kurz die Nase putzt, kommt Anna-Maria ins Zimmer und flüstert ihrer

Chefin etwas ins Ohr. „Nein, im Augenblick nicht, Anna-Maria. Ich erkläre gerade etwas Wichtiges." Anna-Maria verlässt den Raum. „Frau Winter, ich habe vorhin betont, dass es für Sie momentan wichtig ist, nur Warmes zu essen und zu trinken. Ich empfehle Ihnen außerdem, tierische Produkte mit Verdauungshilfen zu sich zu nehmen. Wie gerade angesprochen: Lachs mit Meerrettich, Fleisch mit Senf usw." Ich habe mir inzwischen reichlich Notizen gemacht. „Chefin, eine andere Frage. Weißes Fleisch ist doch besser als rotes, nicht wahr?" Antonia sieht Emma an. „Sie meinen leichter verdaulich, Emma?" Emma nickt. „Stimmt es auch, dass das weiße Fleisch weniger Säure hat, Chefin?"

Antonia schaut uns ernst an. „Richtig. Danke, Emma. Durch Ihre Nachfrage komme ich zu einem besonderen Anliegen. Oft stellt sich heraus, dass Patienten quasi vergessen, bei der Zusammenstellung Ihrer Mahlzeiten an Eiweiß zu denken. Es reicht absolut nicht, ausschließlich gesundes Gemüse mit Reis, Kartoffeln oder ausschließlich Salat zu essen. Gut verwertbares Eiweiß muss dazu gegessen werden, sonst stellt sich kurz nach dem Essen wieder Hunger ein. Essen Sie ab heute bitte pro Mahlzeit je eine Sorte unterschiedliches Eiweiß." Ich frage nach. „Muss ich das so verstehen, dass ich zu jeder Mahlzeit generell Eiweiß essen soll, allerdings generell verschiedene Sorten?" Antonia nickt. „Frau Winter, genau so habe ich das gemeint. Werden zum Beispiel mehrere Fleischsorten zu einer Mahlzeit verzehrt, entstehen durch die unterschiedlichen biologischen Wertigkeiten der Eiweißsorten im Körper Probleme mit den Abbauprodukten, was zu einer Übersäuerung führt." Ich hake nach. „Frau Winter, ich entscheide mich bei jeder Mahlzeit für eine Sorte Fleisch?" Ich bewundere inzwischen Antonias ruhige Art, auf unsere Fragen zu antworten. „Ja. Zu jeder Mahlzeit gehört Eiweiß, und zwar lediglich 'eine' Sorte davon. Das kann beispielsweise Fleisch oder Fisch sein. Wird das beachtet, entsteht keine Unterzuckerung und der Heißhunger bleibt aus. In den meisten Fällen wird Heißhunger tendenziell ungesund befriedigt..."

Emma platzt dazwischen. „Pudding-Vegetarier, Chefin?" „Emma, Sie sagen es." seufzt Antonia „Bei Vegetariern kommt das häufig vor. Grünzeug allein macht nicht satt. Zum Verständnis: Unverarbeitete, also rohe Lebensmittel, enthalten jeweils in unterschiedlichen Mengen Eiweiß, Fett und Kohlenhydrate. Die meisten Menschen allerdings essen nicht ausschließlich Frisches, sondern ebenfalls erwärmte Lebensmittel. Beim Erhitzen - wie Kochen, Braten, Frittieren usw. - tierischer Produkte wie Fleisch und Fisch, ergibt sich bei der Umwandlung in körpereigenes Eiweiß ein Verlust an Qualität. Das Eiweiß denaturiert und wird minderwertiger. Nur allerbestes Eiweiß ist in der Lage, unsere Nerven aufzubauen sowie optimal für den gesamten Körperaufbau zu sorgen." Emma hat ein weiteres Anliegen. „Wie ist das mit Katzen und Hunden? Was sollte man füttern? Meine Überlegung dahin gehend ist, dass ein wildes fleischfressendes Tier die Beute sofort frisst, nachdem sie erlegt wurde. Das ist frisch und sicher gutes Eiweiß, nicht wahr? Hunde und Katzen haben Reißzähne und keine Dosenöffner im Mund?" Antonia lacht. „Emma, eine treffende Bemerkung! Des Menschen bester Freund sollte gutes Futter bekommen. Katzen und Hunde sind auf frische Nahrung angewiesen. Emma, Sie sind wahrhaftig eine Bereicherung. Zurück zum Thema. Gutes Eiweiß ist wichtig."

Einen Moment herrscht Stille. Ich frage nach. „Was kann ich außer Fleisch und Fisch auf den Tisch bringen?" Antonia schaut mich an. „Frau Winter, weitere tierische Produkte sind Eier, Käse wie Feta und Frischkäse oder Quark von Schaf oder Ziege." Hat Antonia etwas vergessen? „Und die Produkte aus Kuhmilch?" „Die habe ich bewusst weggelassen. Wir reden in naher Zukunft ausführlich darüber." Emma meldet sich zu Wort. „Wie wäre es mit Tofu?" Antonia nickt. „Gut, Emma. Pflanzliche Produkte wie Tofu oder Sojaquark wurden vor langer Zeit bereits von Mönchen gegessen, um die sexuelle Energie zu dämpfen..." Ich muss lachen, Emma kichert. Antonia bleibt ernst. „Außer Soja gibt es etliche andere pflanzliche Quellen, die reich an verwertbarem guten Eiweiß sind. Meine Damen, welche könnten das sein?"

Ich melde mich zu Wort. „Frau Talbach, Hülsenfrüchte sind mir gerade eingefallen. Die gehören ebenfalls dazu, nicht wahr?" Antonia nickt und beißt sich kurz auf die Unterlippe. „Richtig, Frau Winter. Sehr wichtig sogar. Hülsenfrüchte wie Kichererbsen, Linsen, rote Linsen, weiße, braune, schwarze Bohnen, Kidneybohnen, Limabohnen, Mungbohnennudeln... Hinzu kommen Haselnüsse, Walnüsse, Mandeln, Cashewkerne, Sonnenblumenkerne, Kürbiskerne oder blanchierte Sprossen von Alfalfa, Mungbohnen, Weizen oder anderem Getreide und und und. Übrigens: Alfalfasprossen sind reich an sekundären Pflanzenstoffen, die vor Entzündungen schützen können. Noch etwas: Im östlichen Kulturkreis werden zwei Pilze als besonders Eiweißreich gehandelt, nämlich Austernpilze und Shitakepilze." Eine kurze Pause entsteht.

„Hat mir viel gebracht gerade, Chefin. Dankeschön. Kurz darauf wendet sie sich mir zu. „Maria-Julia, hast Du alles mitgeschrieben?" Ich nicke. „Chefin, seinerzeit fand ich Ihre Senfsprossen voll lecker. Die waren richtig gut scharf... Welchen besonderen Tofu habe ich mal von Ihnen probieren dürfen? Der war ebenfalls voll lecker." Antonia lächelt Emma an. „Sie meinen sicher den Räuchertofu?" Emma zieht ihre Schultern hoch. „Mag sein. Was genau war so knackig bei dem geräucherten Teil?" Antonia schmunzelt. „Das sind Sonnenblumenkerne. Außerdem sind in diesem Tofu Basilikum und Petersilie. Ein exzellenter Tofu, der auch Menschen schmeckt, denen ein neutraler Tofu zu langweilig ist. Ein Tofu ist im Rohzustand völlig geschmacksneutral und nimmt ausnahmslos alle Geschmacksrichtungen an."

Antonia schmunzelt. „Ich erinnere mich an eine Patientin, ich nenne sie mal Marlise. Marlise liebte Hummer. Bei einem dieser Festessen blieb noch ein wenig Hummersud übrig. Sie steckte einen Tofu in den verbliebenen Sud und ließ ihn über Nacht durchziehen. Das Ergebnis war ein exzellenter Hummertofu. Marlise war begeistert und hat diesen Tipp bereits mit etlichen Menschen geteilt. Ich selbst köchele Tofu kurz in Gemüsebrühe oder lasse ihn mit meinem Gemüsegericht die letzten fünf Minuten durchziehen..." Ich genehmige mir einen Schluck Tee und bemerke Emmas leicht gerötete Wangen. „Emma, bitte fassen Sie kurz zusammen, was wir besprochen haben?" Emma räuspert sich. „Will ich versuchen, Chefin. Vorbeugung vor Erkältungen durch Warmhalten mit Kleidung und wärmendem Essen. Nährendes Essen durch gutes verwertbares Eiweiß. Richtig?" Antonia nickt. „Nach dem wärmenden Essen nun zu den Getränken: Zu vermeiden sind Obstsaft, eisgekühlte Mixgetränke, kaltes Bier oder Eis. Diese Getränke oder Eis kühlen die Körpertemperatur herunter und belasten die untere Wirbelsäule. Wärmendes Essen und Vermeiden von kühlen Getränken oder Eis in der kälteren Jahreszeit entlastet die Nieren. Emma, Sie wissen warum?"

Emma nickt. „Ja, Chefin. Wir erben ein gewisses Quantum Nierenkraft und das verwalten wir mehr oder weniger weise im Laufe eines Lebens. Unwissenheit schützt bekanntlich nicht vor Strafe. Oder?" Antonia räuspert sich. „Das ist richtig. Jeder Mensch sollte seine Nieren pfleglich behandeln." Mir geht das Papier aus. „Frau Talbach, darf ich bitte noch ein Blatt Papier bekommen?" Antonia zieht Papier und eine feste Unterlage aus eine ihrer Schreibtischschubladen. „Hier bitte, Frau Winter. Vielleicht noch eine feste Unterlage?" Ich nehme beides in Empfang und beschließe, demnächst eine kleine Kladde mitzunehmen. Es klingelt. „Das ist eine Patientin für die Colon-Hydro-Behandlung, Chefin." Emma erhebt sich von ihrem Stuhl. „Maria-Julia, ich sehe Dich nachher." Sie winkt mir kurz zu. „Frau Winter. Zum nächsten Punkt. Es geht weiterhin um die Erhaltung der Körperwärme. Kühle oder eiskalte Getränke senken die Körpertemperatur. Insbesondere warmes Wasser hilft, die Körpertemperatur ohne Anstrengung zu bewahren. Der Körper muss warmes Wasser im Gegensatz zu kaltem oder eisgekühltem Wasser nicht erst auf Körpertemperatur bringen." Ich verstehe Antonia. „Frau Talbach, das kann ich nachvollziehen. Sie meinen, in kühlen und kälteren Zeiten sollte ich vorzugsweise warmes Wasser trinken?"

Antonia nickt. „Eine Frage, Frau Winter: Wie viel Wasser trinken Sie?" Ich überlege. „Wahrscheinlich zu wenig. Vor kaltem Wasser habe ich mich in letzter Zeit immer gegraust..." Ich schüttele mich. Antonia sieht mich belustigt an. „Das wärmere Wasser wird Ihnen gut tun. Wasser ist das zentrale Medium für alle Prozesse im Stoffwechsel. Der Körper besteht etwa zu siebzig Prozent aus Wasser." Ich staune. „Dieses Wasser soll nach der Astrologie der alten Schule in siebenundzwanzig Tagen ausgetauscht sein. Frau Winter, eine kleine Hausaufgabe. Siebzig Prozent des Körpergewichtes geteilt durch siebenundzwanzig Tage ergibt die Trinkmenge pro Tag. Ein kleines Plus der aufgenommenen Flüssigkeit ergibt sich dadurch, dass zusätzlich Wasser über Lebensmittel aufgenommen wird. Abhängig von der Ernährung kann das bis zu zwanzig Prozent des täglichen Flüssigkeitsbedarf sein. Melonen, Sellerie, Salat, Orangen und Gurken bestehen größtenteils aus Wasser. Ein Apfel beispielsweise enthält über achtzig Prozent Wasser. Nichts jedoch geht über ein Glas wohl temperiertes reines Wasser oder bei kühlerem oder kaltem Wetter über ein Glas gut warmes bis heißes Wasser." Fast alles, was ich gehört habe, ist neu für mich. Ich seufze.

„Ich habe die Formel notiert. Mit einem Rechner geht es besser zur Zeit, im Kopf klappen die einfachsten Aufgaben nicht..." Antonia schaut mich aufmunternd an. „Seien Sie unbesorgt, Frau Winter. Am Ende ist alles gut." Ich lächle. „Das Trinken von Wasser ist wichtig, weil Schlacken nur aus geschwemmt werden, wenn genügend Flüssigkeit im Körper ist. Wenn der Mensch zur Heilung angeregt wird, braucht er insbesondere für diese Heilbestrebungen ausreichend Wasser, sonst kommt es zu Rückvergiftungen im Körper. Dehydration zeigt sich in Symptomen wie Verwirrung, trockenem oder klebrigen Mund, wenig Urin, Herzrasen und Lethargie. Desweiteren über Kopfschmerzen. Waren Kopfschmerzen nicht ein Thema von Ihnen?" Ich nicke. „Frau Winter, Sie werden sich freuen, was ich Ihnen jetzt sagen werde. Regelmäßige Zufuhr von Wasser in der notwendigen Menge verbessert das Wohlbefinden eines jeden Menschen. Wasser hält Gelenke geschmeidig, versorgt Augen, Nase und Mund mit Feuchtigkeit. Außerdem gibt es eine kosmetische Wirkung: Haut und Hautbild werden verbessert!" Ich habe aufmerksam zugehört und nehme mir vor, diszipliniert zu sein. „Gibt es eine Möglichkeit zu erkennen, ob ich genug trinke?" Ich bin auf die Antwort gespannt. „Ja wohl, Frau Winter. Es gibt eine einfache Kontrolle für die Trinkmenge. Ein dünnflüssiger, heller, geruchsneutraler Urin im mehrstündigen Abstand ist ein guter Kontrollmechanismus." Ich schaue auf meine Notizen. „Frau Talbach, ich wiederhole: Hell, dünnflüssig, geruchsneutral, mehrstündig?" Antonia nickt. „Ich habe noch etwas für Sie." Ich schaue Antonia fragend an. Antonia schmunzelt. „Ihren Nachtisch, Ihre zweite Gabe. Die Globuli - wie gestern." Antonia hält inzwischen das braune Fläschchen in ihrer Hand. Ich strecke meine Hand aus, um meine Kügelchen in Empfang zu nehmen. Ich gebe sie in meinen Mund, um sie langsam darin zergehen zu lassen.

Störungen der Befindlichkeit

Kurz darauf händigt mir Antonia etliche Blätter aus. Ich lese die Aufschrift: 'Befindlichkeitsstörungen'. „Frau Winter, das sind Fragebögen. Zur Erklärung: Organe, Gefühle und Vorlieben bilden eine Einheit. Wird beispielsweise unangemessen mit Emotionen umgegangen, beeinflusst das die Organe und damit den gesundheitlichen Zustand. Ist es zu einer Schwächung der Organe gekommen, verändern sich synchron die Gefühle. Ein kleines Beispiel. Wenn Sie an eine Zitrone denken, sind Sie zweifellos in der Lage, sich vorzustellen, hinein zu beißen. Allein durch die Vorstellung läuft Ihnen das Wasser im Mund zusammen. Jeder Mensch reagiert grundsätzlich sowohl auf der Körperebene, als auch mental." Ich nicke. „Das kann ich nachvollziehen, Frau Talbach." Antonia lächelt mich freundlich an. „Manchmal stören Verletzungen, die Narben verursacht haben. Bereits uralte Narben können schwächend auf Organe wirken." Ich bin erstaunt. „Frau Winter, es gibt viele Vernetzungen untereinander. Bitte, füllen Sie die Seiten in Ruhe zu hause aus und geben Sie sie mir nach dem Wochenende ausgefüllt zurück." Ich schaue Antonia eindringlich an. „Ich werde bestimmt wieder schöner, Frau Talbach?" Die Frage hätte ich auch lassen können. Ich knabbere an meiner Unterlippe. „Frau Winter, niemand ist zu alt, um jünger zu werden." Diese diplomatische Antwort gefällt mir. Antonia begleitet mich zur Tür. Mir schwirrt der Kopf.

Los geht es

„Grüße Dich, Emma! Komm rein. Möchtest Du etwas trinken?" Emma überlegt kurz. „Ein Glas Apfelschorle vielleicht? Habt Ihr?" Ich nicke. „Haben wir, Emma. In der Küche stehen Apfelsaft und Wasser. Magst Du Dir das Getränk selbst mixen oder soll ich das für Dich tun?" Emma brummelt kaum hörbar: „Mach ich selbst!" und verschwindet in der Küche. Es dauert nicht lange bis sie mit ihrer Apfelschorle zurück kommt. „Maria-Julia, nun sag schon. Wie geht es Dir? Ich war zu Deinem Behandlungstermin leider die ganze Zeit verhindert." Emma schaut mich erwartungsvoll an. „Schön ruhig und nacheinander, liebe Emma. Zuallererst finde ich wichtig, dass Du folgendes wissen solltest: Hätte mein Wecker heute Morgen nicht laut und ohrenbetäubend geklingelt, hätte ich den Termin heute Nachmittag vermutlich verpasst. Unglaublich! Und das von ein paar weißen Kügelchen!" Ich habe Emmas Interesse geweckt. „Welche genau?" Ich habe mir den Namen gemerkt. „Pulsatilla, Emma." Emma ist erfreut. „Das nenne ich eine schöne Neuigkeit, Maria-Julia." Emma zeigt mir ihren erhobenen rechten Daumen. „Finde ich auch, Emma. Zurück zu Deiner Frage. Die Spritzen haben mir gut getan. Gestern und heute bin ich danach sofort eingeschlafen. Aber wie ich Dich kenne, Emma, hast Du das wahrscheinlich bereits geahnt? Immerhin hast Du mich gestern nach der Spritze aufgeweckt." Ich ahne, was mir meine Freundin antworten wird. „Selbstverfreilich erinnere ich mich an diesen historischen Moment, meine Liebe! Was erblickte ich, als ich an Dich heran trat? Bei angenehmer leiser Hintergrundmusik schliefest Du 'wonniglich', in eine rosa Kuscheldecke gehüllt. Meine Prinzessin erwachte alsbald aus ihren süßen Träumen mit rosigem Gesicht und - warmen Füßen!" Emmas Grinsen grenzt an Unverschämtheit. Ich protestiere. „Emma, Du solltest Dich mit mir freuen. Schlicht freuen." Emma wird ernst. „Lass gut sein, Maria-Julia. Ich freue mich selbstverständlich mit Dir! Ab jetzt geht es aufwärts. Ich freue mich übrigens ebenfalls darüber, dass wir uns demnächst des öfteren sehen können. Wenn Du magst, nach jeder Behandlung, Maria-Julia." Ich nicke erfreut. „Una buena idea, Emma. Die Behandlungen werden jeweils montags, mittwochs und freitags sein. Danach könnten wir einen Kaffee trinken. Aber, was wird aus

Deiner Mittagspause?" Emma signalisiert mir 'Give me five'. Es klatscht. Das lass bitte meine Sorge sein, Maria-Julia!" Ich seufze. „Emma, ich freue mich bereits jetzt auf unsere Treffen. Ich weiß nicht, ob ich alles verstehe, was mir Antonia erzählen wird. Magst Du mir eventuell einige Fragen nach meinen Besprechungen mit Antonia beantworten? Emma grinst. „Selbstverfreilich, meine Liebe. Frage: Ist es heute bei dem Thema Kälte/Wärme geblieben?" Ich nicke. „Leider konnte ich nicht bei euch bleiben, Maria-Julia. Mir sind im Nachhinein einige wie ich meine wichtige Dinge durch den Kopf gegangen. Wenn Du magst?" Emma schaut mich erwartungsvoll an. „Gerne, Emma! Ich bin gespannt auf Deinen Nachschlag sozusagen…" Emma lächelt. „Danke für Dein Interesse. Immerhin bin ich noch kein Profi in der Naturheilkunde." Ich protestiere. „Emma, ich bin ein Fan von Dir!"

Emma strahlt. „Maria-Julia, Du kennst das Sprichwort: 'Halte Kopf und Füße warm, das macht den besten Doktor arm!' Gerade dazu eine wahre Geschichte: Eine jüngere Bekannte hatte generell kalte Füße, verbunden mit Blasenreizungen und Blasenentzündungen. Mehrmals bekam sie Antibiotika verordnet. Gebracht hat das relativ wenig." Ich schaue Emma fragend an. „Gibt es Deiner Meinung nach eine Alternative?" Emma nickt. „Klar. Ich empfehle als Hausapotheke bei Reizungen und Entzündungen der harnbildenden und harnableitenden Wege drei Mittel: Cantharis und Berberis als homöopathische Globuli in niedrigen Potenzen und dazu das Schüßler Salz Nummer 3, Ferrum phosphoricum. Dieses Trio bewirkt oft wahre Wunder!" Ich habe inzwischen meine neu erworbene Kladde hervor geholt und schreibe mir die Mittel auf. Emma trinkt einen Schluck Schorle. „Ein weiteres Mittel, was nicht vergessen werden darf ist Sabal serrulatum. Das sollte ebenfalls in keiner Hausapotheke fehlen." Ich bin neugierig. „Was verbirgt sich hinter dem Namen Sabal serrulatum?" Emma räuspert sich. „Die Stechpalme, Maria-Julia. Ein tolles Mittel übrigens bei erschwertem Harnfluss bei Männern durch Vergrößerung der Prostata." Ich bin mir fast sicher, dass ich kaum in die Lage kommen werde, eine neue Blasenreizung zu provozieren. Immerhin werde ich mich warmhalten. Aber ich möchte sicher gehen, dass ich alles richtig mache, falls ich mir vielleicht trotz aller

Vorsichtsmaßnahmen eine Blasenreizung zuziehen sollte. „Hat Deine Bekannte das Trio genommen?" Emma schüttelt den Kopf.

„Sie hat nichts dergleichen eingeworfen. Meiner Bekannten habe ich etwas ganz anderes empfohlen." Emma macht eine Schnute. „Was genau war das, Emma?" Emma trinkt noch einen Schluck. „Gemach. Gemach, Maria-Julia. Meine Bekannte hatte bereits viele Antibiotika geschluckt – ohne Erfolg. Deshalb habe ich ihr einen anderen Vorschlag gemacht. Es gibt einen Test, den man in der Apotheke kaufen kann, den 'punctomed Urintest'. Dieser Selbsttest zeigt an, ob Antibiotika oder wahlweise Bärentraubenblätterextrakt eingesetzt werden kann. Ein natürliches Pflanzenmittel ist das." Dieser Test interessiert mich. „Aha. Wo genau besorgt man sich so etwas. Vielleicht in der Apotheke?" Emma nickt. „Ja wohl. Die Handhabung ist einfach. Und wenn der Test entsprechend ausfällt, kann man mit der natürlichen Variante beginnen. Das Mittel nennt sich Uvalysat und gibt es als Dragees oder Lösung. Diese Rezeptur hat schon oft geholfen." Ich habe alles notiert. Emma sorgt für Umsatz. Mein Apotheker wird sich freuen.

„In der Naturheilkunde hat man mehr als ein Ass im Ärmel, sage ich Dir. Noch einmal zum Thema Blasenschwäche. Allerdings in fortgeschrittener Form. Ein uralter Mann, der Vater einer Bekannten, hatte das. Der musste nachts jede geschlagene Stunde urinieren. Jetzt allerdings nicht mehr. Durch eine spezielle Maßnahme. Der Greis hat einen Blasenkatheder mit einem Ventil bekommen. Schaltet er das Teil ein, wird sein nächtlicher Urin in einen Beutel geleitet. Feine Sache, Maria-Julia! Hätte ich auch gern." Ich bin entrüstet. „Emma, versündige Dich nicht. Wie funktioniert solch ein Katheder tagsüber?" Emma kennt das Procedere. „Nun, tagsüber wird das Ventil umgestellt. Die Blase sammelt den Urin und leitet ihn aus. Die Muskulatur der Blase wird dadurch regelmäßig tagsüber trainiert und erschlafft nicht. Ein ideales Training." Eine Pause entsteht. „Maria-Julia, ich fasse zusammen. Heute ging es um die Erhaltung der Körperwärme durch entsprechende Kleidung und richtiges Essen und Trinken, ich meine wärmendes Essen und Trinken. Oder andererseits um die Vermeidung von kalt machenden Speisen und Getränken." Ich nicke. „Es ist unumstritten, dass es wichtig ist, nicht zu unterkühlen. Denn bevor ein Körper nicht richtig warm ist, läuft kaum etwas. Stellt sich die Frage, wann oder wodurch wird einem kühler oder kalt? Bisheriges Ergebnis: durch Unterkühlung." Ich nicke erneut.

„Jetzt will ich Dir sagen, was mir zu diesem Thema zusätzlich eingefallen ist. Ebenfalls Übermüdung sowie emotionaler Stress sind in der Lage, die Körpertemperatur zu senken. Und da gab es noch einen anderen Grund..." Emma nagt an ihrer Unterlippe. „Ach ja, es fällt mir gerade wieder ein. Die Unterzuckerung beispielsweise ist eine weitere Möglichkeit, dass einem kalt wird." Ich bin erstaunt. „Emma, das ist hochinteressant." Emma atmet tief aus. „Finde ich auch, Maria-Julia. Vielleicht erzählst Du mir jetzt einmal, was ihr besprochen habt, als ich fort war?" Ich kann Emma Auskunft geben, ohne in meine Notizen zu schauen. „Als Du gegangen warst, hat Antonia über die die Getränke gesprochen, die bei kälterem Wetter auf der Negativliste stehen. Das waren eiskalte Mixgetränke, Obstsäfte, eiskaltes Bier und Eis." Emma räuspert sich. „Aha. Wahrscheinlich weißt Du jedoch nicht, dass insbesondere leckeres Speiseeis auf den unteren Rücken geht." Meine Antwort bereitet mir Freude. „Ich muss Dich enttäuschen, Emma. Das kam vor. Aber ich bin immer wieder überrascht, was Du alles weißt..." Emma hebt die Schultern. „Das gehört zu meinem Beruf." Ich weiß es besser. „Wohl eher zu Deiner Berufung?" Wir lächeln uns an. „Übrigens habe ich Hausaufgaben fürs Wochenende mitbekommen." Ich krame die Bögen mit den 'Befindlichkeitsstörungen' heraus. „Erst einmal geht es um Allgemeinbefinden, Energieniveau, Körperwärme, Stimmung und Schlaf. Weiter geht es mit Fragen: Gibt es Narben, entstanden durch Operationen oder Unfälle? Sind diese gut verheilt? Wie steht es mit Aggressionen, Wut und Ärger? Haben Sie Angst vor Entscheidungen? Haben Sie Vertrauen in das Leben? Gibt es Besenreißer oder Krampfadern? Sind Sie Geräusch empfindlich? Haben Sie Gelüste auf scharf? Ich mache eine Pause und atme erst einmal tief aus. Mir schwirrt der Kopf, Emma. Können wir vielleicht gemeinsam?..."

Emmas Gesicht bekommt einen ernsten Eindruck. „Maria-Julia, meine Antwort wird Dir missfallen. Diese vielen Fragen hängen mit Organen, Gefühlen und Vorlieben zusammen. Ich nenne ein Beispiel. Wird unangemessen mit Emotionen umgegangen, beeinflusst das die Organe und damit den Gesundheitszustand. Liegen Narben auf den Energiebahnen oder sind Organe geschwächt, verändern sich die Emotionen. Alles und jedes ist miteinander verbunden und reflektiert einander. Bitte, fülle diese Seiten hier alleine zu hause in Ruhe aus und gib Sie am Montag der Chefin zurück. Das solltest Du bitte wirklich und wahrhaftig alleine machen. Die Antworten sind Grundlage für die Therapie bei uns. Deshalb ist Ehrlichkeit bei der Beantwortung der Fragen absolut wichtig und notwendig! Bitte nichts auslassen oder schönen!" Mir gefällt nicht, was ich gerade gehört habe. Trotzdem bin ich Emma dankbar für ihre ausführliche Erklärung. „Danke, dass Du mir das mit Nachdruck sagst, Emma." Emma seufzt. „Ist schon okay. Nicht böse sein, Maria-Julia. Dieser Feedback-Bogen kommt irgendwann noch ein zweites Mal auf Dich zu. Dann beantwortest Du, was sich wie verändert hat. Huch, ich sollte jetzt gehen. Ich bin schon spät dran. Maria-Julia, wir sehen uns." Ich schaue auf meine Armbanduhr. „Tatsächlich! Es ist schon spät." Wir umarmen uns. „Emma,'hasta luego'."

Gut geschüttelt

„Frau Winter, heute haben Sie ihre erste Kurbehandlung bekommen. Wie fühlen Sie sich?" Ich strahle Antonia an. „Ich fühle mich wie neugeboren, heute. Die Ruhe, die Wärmflasche an meinen Füßen, die rosa Kuscheldecke, die schöne Musik..." Antonia schmunzelt. „Da spricht die Genießerin!" Ich lächele. „Frau Winter, haben Sie am Wochenende Schlaf finden können?" Ich nicke. „Ja, Frau Talbach, ich kann es kaum glauben. Ich habe tatsächlich acht Stunden durchgehend geschlafen. Ich fühle wohl und erfrischt wie lange nicht mehr. Herzlichen Dank!" Antonia ist freudig überrascht. „Wunderbar, Frau Winter. Ein Grund zur Freude. Darf ich Ihnen eine Tasse Tee einschenken?" Ich nicke, Antonia schenkt mir ein. „Was bekomme ich eigentlich Gutes in meiner Kur?" Antonia schaut mich voll an. „Frau Winter, die Behandlungen stärken die Nerven. Ihre heutige und nächste Behandlung bestehen aus einer Spritze mit 'Infi China' und einer Infusion mit 'Cholin'. Für Ihre dritte Behandlung ist eine Infusion mit einem Aufbaucocktail aus Vitaminen und Magnesium geplant. Die weiteren Zusammenstellungen der Kurbehandlungen stimme ich jeweils wochenweise ab. Momentan sind Infusionen wechselweise mit Cholin, 'Nervoregin' und einem Aufbaucocktail vorgesehen."

Ich trinke einen Schluck Tee. „Frau Talbach, können Sie mir bitte etwas zur Homöopathie sagen? Für meinen eher ungläubigen Mann. Der vermutet dahinter eher ein Placebo. Er sagt immer: 'Homöopathie ist ohnehin nur ein Gläschen Wirkstoff in den Bodensee geschüttet, einmal symbolisch umgerührt und fest dran glauben'." Antonia seufzt. „Alle Lebensprozesse sind energetischer Natur. Materie ist letztendlich verdichtete Energie. Ich zitiere Bond, James Bond: '(Gut) geschüttelt und nicht gerührt!' Im Beispiel von James Bond geht es um einen Martini, der geschüttelt werden soll, in unserem Fall geht es um eine 'Dynamisierung' durch das Schütteln. Die Übertragung der Information kommt allein über das Schütteln zustande und hat absolut gar nichts mit einer Verdünnung zu tun!" Ich meine zu hören, dass Antonia sagt: Von wegen ein Gläschen in den Bodensee geschüttet! „Aus der Material-Forschung weiß man inzwischen, dass bestimmte Stoffe in der Schwerelosigkeit reiner herzustellen sind. Manche Stoffe können ausschließlich in der Schwerelosigkeit ohne Katalysator hergestellt werden. Im Bereich der Pharmazie werden solche Experimente im Weltraum forciert. Manche Stoffe können ausschließlich in der Schwerelosigkeit in einer absolut reinen Form hergestellt werden. Manche Substanzen reagieren - ohne jeglichen Einfluss der Erdanziehung oder Gravitation - in der Schwerelosigkeit besser und verbinden sich leichter." Antonia schenkt sich noch eine Tasse Tee ein. „Sie haben noch?" Ich nicke. „Absolut spannend, was Sie da erzählen." Antonia nickt.

„Apropos Schwerelosigkeit, Astronauten und Weltraum. Manche guten Dinge gibt es erst seit es bemannte Fahrten in den Weltraum gegeben hat. Unser Colon-Hydro-Gerät zum Beispiel, die Klettverschlüsse und ebenfalls die Teflonpfannen..." Ich bin einmal wieder erstaunt, was ich alles nicht weiß. „Schauen wir uns die Herstellung homöopathischer Mittel an, sieht man, dass bei den Schüttelschlägen Lösungen empor geschleudert werden, um danach im freien Fall den Flaschenboden zu erreichen. Im freien Fall wirken die Kräfte der Gravitation nicht mehr auf die Substanz ein. An dieser Stelle findet eine 'Reaktion' statt: Information wird übertragen. Dies ist ein physikalischer und kein chemischer Vorgang. Deswegen sind Chemiker ungeeignet, Aussagen über Homöopathie zu treffen. Homöopathische Mittel sowie persönliche Informationen sind absolut ungeeignet für chemische Analysen." Eine Pause entsteht. Ich trinke einen Schluck des wohlschmeckenden Kräutertees. „Frau Winter, ein Beispiel: Jemand fragt mich nach meinen Personalien wie Name, Anschrift, Telefon, Handy. Eine Möglichkeit, dem Gegenüber die gewünschten Daten zu geben, ist eine Visitenkarte. Eine andere ist ein kleines Schiefertäfelchen, auf das ich meine Daten mit Kreide schreibe."

Antonia zieht ihre Augenbrauen hoch und grinst mich an. Noch weiß ich nicht, worauf sie hinaus will. „Frau Winter, ein weiteres Beispiel. Ich brenne meine Daten mit dem Brenneisen in ein Stück Holz. Es ist gleichgültig, welche Form ich gewählt habe, um meine persönlichen Daten mitzuteilen: Mein Gegenüber ist sowohl über eine Visitenkarte, eine beschriebene Schiefertafel oder ein mit meinen Daten eingebranntes Stück Holz durchaus in der Lage, mit mir Kontakt aufzunehmen." Ich nicke. „Deshalb hatten Sie die Kontaktdaten abgegeben..." Antonia räuspert sich und trinkt einen Schluck Tee. „So ist es, Frau Winter. Es geht um meine Kontaktdaten. Was geschieht jedoch, wenn ich genau diese unterschiedlichen Dinge mit meinen persönlichen Daten ins Labor zur chemischen Analyse gebe? Was wird in diesem Labor als Ergebnis heraus kommen?" Ich schaue Antonia unsicher an. „In jedem Fall erhalte ich schöne Diagramme von den Materialien: Papier, Kreide, Schiefer und Holz. Jedoch ergibt sich das Problem, das bei der chemischen Analyse diese realen Gegenstände nicht mit mir in Verbindung gebracht werden können." Ich fange an zu verstehen, was Antonia mir sagen will.

„Diese chemische, analytische Betrachtungsweise eignet sich rein gar nicht zur Kontaktaufnahme und ebenfalls nicht, um meine persönlichen Daten herauszufinden. Der Abschlussbericht würde ausweisen - und das hoch wissenschaftlich exakt – dass Visitenkarte, Schiefertafel und Holzstück unterschiedliche Dinge sind und eines mit dem anderen rein gar nichts zu tun hat. Man höre und staune: Meine Kontaktdaten lassen sich chemisch 'nicht' analysieren!" Ich seufze. „Frau Talbach, ich verstehe. Ich weiß allerdings nicht, ob ich das meinem Mann erklären kann." Antonia lacht kurz auf.

„Vielleicht mit dem drastischen Beispiel eines lebendigen Menschen und einer frischen Leiche. Für einen Chemiker ergeben sich in beiden Fällen ähnliche oder gar gleiche Daten. Analytisch enthalten beide Körper Mineralien, Spurenelemente und weitere messbaren Werte. Für einen Naturheilkundigen jedoch ist das Lebendige ein Komplex und besteht nicht nur aus messbaren Einzelwerten..." Ich seufze erneut. „Im Moment finde ich das alles ganz logisch. Später zu Hause fällt es mir jedoch schwer, die Dinge richtig zu benennen..." Eine kleine Pause entsteht. „Zugegeben, die Thematik ist komplex. Wir hören heute auf. Mittwoch machen wir weiter. Wir fangen mit Ihrer Behandlung an und danach erzählen sie mir bitte ausführlich, was Ihnen auf dem Herzen liegt." Mein Magen knurrt. Ich habe unüberhörbar Hunger. „Danke, dass wir jetzt Schluss machen." Ich entnehme meiner Tasche die ausgefüllten Fragebogen und übergebe sie Antonia. „Sehr gut, Frau Winter. Hand aufs Herz. Sie haben die Blätter ganz alleine ausgefüllt?" Ich nicke. „Ja wohl, Frau Talbach. Emma war standhaft."

*

„Emma, mein Schätzchen! Was ist los? Normalerweise verwöhnst Du mich mit Deiner Frohnatur. Sage mir bitte, was geschehen muss, damit Du mich anlächelst?" Emma zuckt mit den Schultern. „Ich summe den Song der Beatles: All you need is love." Kurz darauf hört Emma mit dem kaum hörbaren Summen auf und gleichzeitig verwandelt sich ihr Flunsch in ein Grinsen. „Emma, ein bisschen Schokolade kann hin und wieder bestimmt nicht schaden! Vielleicht eine Schokolade mit Sahnehäubchen?" Ich bin überrascht, dass Emma immer noch herum knatscht. „Nee, nach Kapuzinerhaube ist mir heute nicht. Bitte einen schlichten Kaffee." Ich beschließe, Emmas offenbar schlechte Laune zu ignorieren. Ich bestelle zwei Tassen Kaffee und zwei kleine Flaschen Evian und warte mit meinem Anliegen, bis der Kellner uns die Getränke gebracht hat. Ich trinke ein Glas Wasser. „Bevor Du Nachfragen zum heutigen Thema stellst, bitte ich Dich, mir ehrlich Deine Meinung zu sagen. Du kennst meine fast krankhafte Eitelkeit. Obwohl ich inzwischen bereits weniger verzweifelt bin, wenn ich mein Spiegelbild anschaue…" Emma zieht ihre Brauen hoch. „Maria-Julia, ich drücke es mal ganz krass aus! Ärger wird es kaum auszudrücken sein!" In diesem Moment bin ich mir absolut unsicher, ob ich das, was jetzt kommen wird, wirklich hören möchte. „Maria-Julia, Dir ist inzwischen bestimmt ins Bewusstsein gedrungen, dass die letzten Jahre Deine ursprüngliche schier unendliche Fülle von Kraft aufgezehrt haben. Deine mehr als unvernünftige Verhaltensweise in der Vergangenheit und Deine Dir gegenüber absolut lieblose Art waren aller Wahrscheinlichkeit nach Ursache für Deine welke Haut mit den vielen scharfen Linien im Gesicht! Deutlich genug?" Emma schnauft und trinkt ihr Wasser direkt aus der Flasche. Anschließend schlürft sie ihren Kaffee. Ich sitze mit zusammen gepressten Lippen auf meinem Stuhl. „Wie sagte schon Goethe, Maria-Julia: 'Nichts ist drinnen, nichts ist draußen. Denn was innen ist, ist außen'. Ich seufze. Emma lächelt mich an, tätschelt meine Hände und mir wird warm ums Herz.

„Maria-Julia, magst Du mir bitte verraten, was Euer heutiges Thema gewesen ist?" Ich nicke und nippe an meiner Tasse Kaffee. „Um die Homöopathie ging es, Emma." Damit ist Emmas Stichwort gefallen. „Die Homöopathie ist quasi ein Lieblingsthema von mir." Emma ist in ihrem Element. „Viele Idioten behaupten, dass Globuli nur Placebos sind. Ich habe eine homöopathische Hausapotheke und Dir haben Globuli geholfen, Deine Schlafstörungen weg zu bekommen. Inzwischen müsste sich bei diesen Deppen herum gesprochen haben, dass homöopathische Mittel nicht nur Erwachsenen, sondern ebenfalls Babys, Tieren und Pflanzen helfen! Was rege ich mich auf! Damit treibe ich nur meinen Blutdruck in die Höhe. Maria-Julia, weitere Fragen zum Thema?" Genau so liebe ich meine Emma. Gerade heraus und blitzgescheit. „Emma, ich habe erfahren, dass homöopathische Mittel durch Dynamisierung entstehen und nicht durch Verdünnung." Emma nickt. „Emma, Kannst Du mir bitte erklären, was die Buchstaben und Zahlen auf den Fläschchen bedeuten?"

„Dir, meine Liebe, meine persönliche Kurzfassung zu den Buchstaben und Zahlen auf den Fläschchen. Bei den Buchstaben handelt es sich um die Potenzierung, die auf das Herstellungsverfahren zurückgeht. Ich wähle das Arzneimittel 'Belladonna', ein giftiges Nachtschattengewächs. Damit die zum Teil giftigen Substanzen der Tollkirsche bedenkenlos eingenommen werden können, hat Hahnemann die Stoffe stufenweise mit Alkohol oder Milchzucker potenziert. Das geschieht durch verschütteln oder verreiben – am häufigsten in Zehnerschritten, den Dezimalpotenzen. Die beliebtesten Potenzen sind D6 und D12. Zur Erklärung. Eine D1 entspricht einer Verdünnung von 1:10. Das wäre etwa ein Tropfen einer Ursubstanz auf das Volumen einer Erbse. D6 entspricht einer Eins mit sechs!!! Nullen, gleich 1:1Million. Das entspricht in etwa einem Tropfen auf den Inhalt einer kleinen Mülltonne."

Ich kann mir das kaum vorstellen und trinke meine Flasche Wasser leer, bevor ich meinen Kaffee genieße. „Emma, welch genialer Geist!" Emma nickt. „Du hast völlig recht. Um beispielsweise eine D6 Potenz herzustellen, verwendet man einen Milliliter Urtinktur auf neun Milliliter Alkohol. Das ergibt die D1 Potenz. Davon nimmt man wiederum einen Milliliter, den man mit neun Milliliter Alkohol vermischt. Diesen Prozess wiederholt man sechs Mal..." Ich bin beeindruckt. „Phänomenal! Solchermaßen aufwendig habe ich mir dieses Procedere gar nicht vorgestellt, Emma." Meine Freundin nickt erneut. „Das ist es. Mehr als beeindruckend! Außen den 'D' Potenzen gibt es noch eine C-Reihe. Das sind Centesimalpotenzen oder Hunderterschritte. Also 1:100. Und außerdem eine LM- oder Q-Reihe. Dieses Verhältnis entspricht 1:50.000. Zusammenfassend kann man sagen: Je niedriger die Zahl hinter dem Buchstaben ist, desto mehr Ursubstanz ist in dem Mittel vorhanden. Hohe Potenzen wirken oft sanfter und tief greifender als niedrige." Emma kann mir bestimmt mit einem Beispiel weiter helfen. „Emma, kannst Du die Wirkung des Prinzips der Ähnlichkeit beschreiben?" Emma nickt. „Klar doch. Beim Zwiebelschneiden läuft beim Gesunden die Nase und die Augen tränen. Wenn Du jedoch keine Zwiebeln schneidest und Dir läuft sozusagen ohne Grund die Nase und Deine Augen tränen, dann kann genau die Zwiebel - als homöopathisches Mittel - diese Störung lindern oder gar abstellen. War Dir diese Erklärung genug?" Hört sich plausibel an.

„Vielleicht noch etwas Wissenswertes, Maria-Julia. Der französische Nobelpreisträger von 2008 Luc Montagnier betont die wissenschaftliche Basis der Homöopathie. Trotzdem werden die Behandlungserfolge der Homöopathie immer noch in ein fragwürdiges Licht gestellt." Darüber wüsste ich gerne mehr. „Emma, was genau hat dieser Nobelpreisträger herausgefunden?" Emma genießt einen Schluck Kaffee. Ich kenne keinen Menschen, der das solchermaßen Filmreif schafft... „Unser solider Wissenschaftler hat ein überraschendes Phänomen entdeckt. In bestimmten Lösungen von Mikroorganismen - pathogene Bakterien und Viren - ist deren DNS in der Lage, 'niederfrequente Radiowellen' auszusenden. Die umgebenden Wassermoleküle ordnen sich in Nanostrukturen und können dann ebenfalls Radiowellen aussenden. Das überraschendste Phänomen: Diese Eigenschaft behält das Wasser auch bei, wenn die Lösung massiv verdünnt wird – selbst bei einer Verdünnung, in bei welcher kein einziges DNS-Molekül mehr enthalten sein kann. Das Wasser behält die 'Erinnerung' an die DNS-Substanzen bei. Wenn das keine Erklärung der Homöopathie sein soll..." Ich klopfe Emma auf ihre Schulter. „Herzlichen Dank für Deine ausführliche Kurzfassung, Emma. Ich finde toll, was dieser Forscher alles herausgefunden hat!" Emma strahlt mich an. „Das finde ich auch, Maria-Julia." Vielleicht noch etwas zum Merken. Man unterscheidet die Begriffe Homöopathie, Isopathie und Allopathie. Homöopathie als Therapie mit Ähnlichem, Isopathie als Therapie mit Gleichem und Allopathie als Therapie mit Entgegengesetztem." Es reicht mir. Ich kann nicht mehr! Ich will nicht mehr. „Lass heute gut sein, Emma. Emma scheint überrascht zu sein. „Ich wollte Dich nicht überfordern, meine Süße." Ich seufze. „Meinst Du, ich kann mir alles merken, Emma?" Ich bin gespannt, was jetzt kommt. „Entschuldigung, Maria-Julia. Eine Zeit lang hat das bei mir auch schon gedauert..." Emmas Antwort kann ich nehmen.

Der Geburtsstern

„Frau Winter, ich beginne heute mit einer Kurzfassung Ihres Geburtssterns." Antonia malt einen Stern auf meine Karteikarte. „Ihr Geburtstag ist der 11.8.66. Ich übertrage die Zahlen ihres Geburtsdatums und deren Quersumme. Sie enthalten zweimal die Eins, eine Acht, zweimal die Sechs und als Quersumme die Fünf. Diese Zahlen und deren Anordnung verraten mir sowohl etwas über ihre Stärken, als auch über Schwächen, die Sie in dieses Leben mitbrachten." Ich kann mir zwar nicht vorstellen, dass Antonia zwei Zahlen vergessen haben könnte. Ich frage nach. „Frau Talbach, ich sehe keine Eins oder Neun des Geburtsjahres?" Antonia lächelt mich an. „Diese beiden Zahlen sind zwar zur Errechnung der Quersumme von Bedeutung, allerdings berücksichtige ich sie kaum. Diese Zahlen betreffen nicht den betreffenden Menschen, den ich auswerte, sondern alle Menschen dieses Jahrhunderts." Ich bin froh, dass ich nachgefragt habe. Andererseits hätte sie es mit vielleicht später erzählt? „Hat dieser Geburtsstern etwas mit Astrologie zu tun? Sind Sie Astrologin, Frau Talbach?" Antonia zeigt auf ihre gefüllte Teetasse und schaut mich fragend an. Ich nicke und bald schon reicht sie mir ebenfalls einen Tee. „Ich will Ihnen gern auf beide Fragen antworten. In schwierigen Fällen reichen Zehnstern, Befindlichkeitsstörungen und die diversen anderen Untersuchungen nicht aus. In einem solchen Fall bemühen wir zusätzlich auch einen Astrologen. Michael ist bereits in der dritten Generation Astrologe. Zu einem späteren Zeitpunkt vielleicht interessiert Sie einmal ein persönliches Horoskop." Ich nicke. „Emma hat mir schon von diesen Horoskopen erzählt und dabei betont, dass solch ein Horoskop etwas ganz Besonderes ist und über viele Stunden dauert..."Antonia lächelt. „Ihre Freundin hat recht. Zeit und Muße braucht es allerdings, um sich mit sich selbst auseinander zu setzen..." Sie schaut aus dem Fenster und scheint mich vergessen zu haben... Sie räuspert sich. „Unser Thema heute ist Ihr Geburtsstern. Diesen Geburtsstern erforschten und entwickelten Michaels Eltern mit einer Gruppe von Ärzten und Lehrern anhand von Patientendaten und Schülerkarteien. Zur zweiten Frage. Ich bin keine Astrologin. Ich beschäftige mich lediglich mit Astrologie. Übrigens: In alten Zeiten war ein Arzt ebenfalls ein Astrologe, weil Tierkreiszeichen und Planeten als Schlüssel zur Welt galten. Zusammen mit der Auswertung der aktuellen Befindlichkeitsstörungen ergibt sich ein guter Ansatz. Wie Sie selbst inzwischen wissen, gibt es bei jedem Patienten unterschiedlichste Symptome, die behandelt werden könnten..." Das kann ich nachvollziehen. „Frau Talbach, es scheint mir undenkbar, für meine vielen Zipperlein jeweils ein Mittel einnehmen zu müssen..."

Antonia nickt. „Gerade aus diesem Grund ist dieses System - Originalton Emma - 'wirklich Spitze!'" Wir lächeln uns an. „Frau Winter, etwas Grundsätzliches vorweg. Jeder Mensch trägt alle Zahlen in sich, nur durch das Geburtsdatum werden sie unterschiedlich gewichtet. Daraus ergibt sich ein grober Überblick, der mir als Entscheidungshilfe dient." Antonia nimmt sich einen Schluck Tee. Ich erinnere mich. Ich habe ebenfalls eine Tasse Tee, die immer noch unberührt vor mir steht...

„Frau Winter, die 'Eins' steht für Intelligenz. Entscheidungen wollen aus dem Verstand heraus getroffen werden. Diese Zahl Eins sagt ebenfalls aus, dass Ihnen die Kommunikation mit anderen Menschen wichtig ist." Ich habe zwei davon. Das wird etwas aussagen. „Und was sagt die doppelte Eins aus, Frau Talbach?" Antonia scheint erstaunt. „Die Verstärkung des Gesagten, Frau Winter." Das macht Sinn. „Frau Talbach, mit unlogischen Dingen kann ich wirklich schlecht umgehen. Mir gefällt, dass ich als Patient die Möglichkeit bekomme, bislang unbekannte Fakten und Zusammenhänge kennenzulernen. Nichts, aber auch gar nichts wird mit einem rosa Mäntelchen zugedeckt..." Wir lächeln uns an. „Frau Winter! Die Zahl

Eins steht für den Verstand, das logische Denken, die Kommunikation und außerdem für die 'Nerven', insbesondere die doppelte eins. Egal welches Zipperlein Sie plagt: Immer sollten die Nerven mit berücksichtigt werden. Das befallene Organ könnte klinisch ohne Befund sein und Ihnen trotzdem zu schaffen machen. Wenn die Nerven geschwächt sind, die diese Organe versorgen, ergeben sich daraus beispielsweise ein nervöser Magen oder ein nervöses Herz." Das finde ich mehr als interessant. „Frau Talbach, seit einiger Zeit höre ich mich sagen: 'Meine Nerven sind so dünn wie Seidenpapier!" Antonia schaut mich interessiert an. „Frau Winter, das war sicher nicht immer so?" Ich schüttele verneinend den Kopf. „Nein, früher waren meine Nerven so stark wie Stahlseile, wie es so schön in Deutschland heißt." Antonia lächelt.

„Zu Beginn eines Lebens steht die Bildung des Nervensystems. Am achten Tag unserer Existenz setzt die Zellteilung ein. Es entwickeln sich Rückenmark und Stammhirn. Von diesem Zentrum aus werden im Laufe unseres Lebens wichtige Nervenbahnen zu unseren Organen geleitet. Wir spiegeln mit unserem Befinden unser Nervensystem. Sind unsere Nerven gesund, sind wir gesund und bleiben wir gesund!" Ich hänge gebannt an Antonias Lippen. „Frau Winter, es ist die Aufgabe unseres Nervensystems, ein Höchstmaß an Wohlbefinden für uns zu bewirken und zu bewahren. Sind die Nerven erst einmal geschwächt, bedarf es viel Schlaf, Geduld und Ausdauer, um wieder den natürlichen Zustand zu erreichen." Ich erinnere mich. „Frau Talbach, von meiner Oma weiß ich, dass sie rohe Eier in Rotwein verquirlt hat, wenn ein Familienmitglied total erschöpft war." Antonia nickt. „Ihre Oma hat recht. Nerven benötigen Lecithin. 'Nerven brauchen Möhrensaft mit einem Tropfen Öl und gute Butter zum Schutz. Das gab meine Oma zum besten. Auch sie hat recht." Ich lerne einmal wieder dazu und notiere mir alles. „Frau Winter, außerdem benötigen Nerven Vitamine aus der B-Gruppe und Ruhe. Ich möchte behaupten, dass es eine meiner vordringlichen Aufgaben hier in der Praxis ist, bei den Patienten das Verständnis für ihr Nervenkostüm aufzubauen und mithilfe von Vitalstoffen, geschwächte Nerven zu stärken." Ich bin erstaunt. „Frau Talbach, dass Nerven eine so entscheidende Rolle spielen, war mir bis gerade eben absolut nicht bewusst!" Antonia seufzt. „Ja, das wird oft verkannt. Darf ich fortfahren, Frau Winter?" Ich nicke. „Die Sechs steht für das Urogenitalsystem: Blase, Nieren und Geschlechtsorgane. Frau Winter, um Ihre Nierenkraft zu bewahren, sollten wir Ihren Darm zur Ausleitung nutzen.

Jeder Tropfen Urin wird von den Nieren bearbeitet, bevor er ausgeschieden wird. Diese Arbeit verbraucht Energie. Weniger anstrengend kann man Gifte über den Darm ausleiten. In Deutschland war es vor den beiden Weltkriegen noch üblich, Kindern unverzüglich bei den ersten Anzeichen eines Infektes einen Einlauf zu machen. Das war weise. Darm und Immunsystem sind aufs engste miteinander verbunden. Es ist nicht erstaunlich, dass diese Behandlung meistens erfolgreich war. Ich kenne den Einlauf von meiner Mutter und die kannte die Methode noch von ihrer Uroma. Leider scheint dieses Wissen über die beiden Weltkriege verschüttet zu sein." Wir schweigen eine kleine Weile. „Frau Winter, ich bin noch bei der Sechs Ihrer Geburtszahlen. Ein anderer Aspekt dieser Zahl sagt aus, dass Aussagen wie 'Du sollst nicht', 'Du darfst nicht' - überhaupt Vorschriften - bei Ihnen an der falschen Adresse sind. Es ist für alle Beteiligten besser, dass zu akzeptieren." „Das passt zu hundert Prozent. Mein Stephan beklagt sich oft gerade darüber. Er tut das mit Stur sein ab." Antonia lächelt. „Noch eine Anmerkung zu der Sechs. Stress vertragen Sie einerseits nur wenig, andererseits: Wenn eine Zeit droht, die lähmend langweilig anmutet, schaffen Sie es bestimmt, wieder Stress zu erzeugen, Frau Winter?" Antonia lächelt. „Bingo! Genau so verhalte ich mich." Irgendwie finde ich dieses System überzeugend...

„Frau Winter, es fehlt noch die Acht, die Zahl der Kreativität und des Herzens. Wichtig sind für Sie zwei Dinge: Zum einen, wichtige Entscheidungen mit Ihrem Verstand abzusegnen, aber letztendlich - an jedem wichtigen Punkt, bei jeder wichtigen Entscheidung in Ihrem Leben - auch Ihr Herz zu befragen. Die entscheidende Frage sollte deshalb sein: 'Was sagt mein Herz dazu?'" Ich sitze ganz still auf meinem Stuhl und weiß ganz genau, dass das mit der Entscheidung des Herzens für mich von allererster Bedeutung ist. Auch Antonia schweigt. Erst nach einer kleinen Ewigkeit erklärt Antonia mir: Die Acht besitzt noch eine andere Stärke: Kreativität! Frau Winter, Ihre Kreativität muss voll gelebt und befriedigt werden. Das schützt Ihr Herz und Ihren Kreislauf. Sollte es dennoch einmal zu einer Herz- und Kreislauferkrankung kommen, so kann dieselbe durch Ausleben Ihrer Kreativität auskuriert werden. Mein Tipp an Sie lautet: Tun Sie, was Ihnen Freude bereitet! Sorgen Sie dafür, dass Sie generell bei allem, was Sie tun, mit vollem Herzen dabei sind!" Ich bin tief beeindruckt, bleibe jedoch stumm.

„Frau Winter, im Augenblick ist Stärkung angesagt. Erst wenn Sie wieder fit sind, ist der richtige Zeitpunkt gekommen, um über 'Knackpunkte' in Ihrem Leben nachzudenken." Ich atme tief durch. Ganz schön heftig, was ich da höre... „Es fehlt noch eine Zahl, nämlich die der Quersumme, und zwar die Fünf. Das rechte Standbein. Eine Zahl, die aussagt, dass sie gelegentlich mal faul sind. Aber ebenfalls, dass Sie, wenn es darauf ankommt, allen Verpflichtungen in der vereinbarten Zeit nachkommen." Ich nicke. „Ja, das war schon früher als noch junges Mädchen in der Schule so und später an der Uni. Letztendlich habe ich meine Termine immer pünktlich geschafft!" Antonia schaut auf die Uhr. „Frau Winter. Genug für heute. Wir machen beim nächsten Termin weiter. Ich nehme an, dass ist in Ihrem Sinn?" So ist es. Ich seufze. „Frau Talbach, ich freue mich auf meinen Kaffee mit Emma! Auf Wiedersehen." Wir geben uns zum Abschied die Hand.

*

Ich treffe mich mit meiner Freundin Emma erneut bei Claudio, einem kleinen und feinen Eiscafé. „Erzähl schon, Maria-Julia." Meine ungeduldige Freundin... „Erst einmal - bitteschön - meinen Kaffee. Du sollst ihn nicht umsonst bestellt haben, Emma.." Ich genieße einen ersten Schluck. „Genieße Deinen Kaffee, meine Prinzessin. Ich werde es Dir gleichtun. Maria-Julia, der Espresso schmeckt irre gut. Kann ich nur empfehlen!" Emma ist einzigartig. Ich kenne niemanden, der sich gleichermaßen begeistern oder aufregen kann. „Emma, Du hattest recht. Es ging heute um meinen Geburtsstern. Du kennst ihn?" Emma grinst. „Selbstverfreilich. Dieser Stern ist etwas ganz Besonderes. Irgendwann in den Sechzigern entwickelten die Eltern von Antonias Freund Michael dieses Zahlensystem. Beide Elternteile waren Astrologen. Dieses System hat jedoch mit Astrologie wenig zu tun. Die medizinische Astrologie ziehen wir als Hilfe heran, wenn es um wirklich schwierige Fälle geht. Zurück zum Geburtsstern. Ein absolut idealer Ansatz für eine Therapie, sag ich Dir. Die über die Veranlagung mitgebrachten Stärken oder Schwächen werden für den Therapeuten sozusagen sichtbar und helfen, erfolgreiche Empfehlungen zu geben. Der Patient kann daraus größtmöglichen Nutzen ziehen."

Mir kommt eine Idee. „Emma. diese Methode würde ich gern einmal lernen." Emma nickt. „Das ist möglich. Michael unterrichtet Astrologie und die Auswertung der Geburtszahlen." Das interessiert mich. „Emma, Du denkst an mich, wenn Kurse angeboten werden, nicht wahr? Ich würde sie gern buchen, am liebsten mit Dir zusammen?" Emma macht eine Schnute. „In meinem Fall ist das Kursthema eine Frage der Finanzen. Wenn etwas gesegnet ist, klappt es bekanntlich!" Emma seufzt. „Zurück zu Dir, meine Holde. Was hast Du erfahren? Kriegst Du es noch zusammen?" Ich ziehe meine Brauen hoch. „Liebe Emma! Das mit dem Zusammenkriegen ist genau der Grund, weshalb ich bei den Sitzungen mitschreibe." Ich hole meine Notizen aus meiner Tasche. „Zum Geburtsstern: Die Eins. Nerven, Verstand, Logik. Meine Nerven sind das Wichtigste. Habe ich Dir nicht oft genug gesagt, Emma, dass alles logisch für mich sein muss? Du erinnerst Dich?" Emma nickt. „Die Acht. Herz und Kreativität. Mich hat am allermeisten das mit dem Herzen fasziniert und berührt. Meine Kreativität soll ich pflegen, wenn ich wieder besser drauf bin. Alle Entscheidungen, die wichtig sind, sollten immer von meinem Herzen abgesegnet werden." Emma nickt. „Kann ich alles nach vollziehen. Früher hattest Du bestimmt etliche Hobbys... Ich weiß gar nicht, was Du früher alles 'sozusagen kreativ' angestellt hast. Du wirst wissen, dass ich rein gar nicht neugierig bin. Halt wissen will ich alles!" Emma lacht. „Vielleicht sollte ich mich an einem der Späße beteiligen?" Meine Emma. Das passt. „Gute Idee, Emma. Sollten wir tun." Ich schaue auf meine Notizen und seufze. „Die Sechs: Nieren, Urogenitalsystem, Eigensinn." Ich bestelle Wasser für Emma und mich. Als es kommt, trinke ich mein Glas zügig aus. „Außerdem meint Antonia, dass ich mir nichts vorschreiben lasse..."

Emma lacht. „Wer hätte das gedacht..." Ich bin wie ich bin. So bin ich halt! „Du hast es gut, Emma. Du weißt bereits vieles von dem, was ich erst einmal kennen lernen und sortieren darf. Ist ganz schön kniffelig ab und zu." Emma streckt sich. „Weiß ich, Maria-Julia. Sieht allerdings nur so aus, als stünde ich über allem. Es gibt immer wieder neue Dinge, die mich ganz schön zum Nachdenken zwingen." Emma trinkt ihre kleine Flasche Wasser zügig aus und wischt sich den Mund mit dem Handrücken ab. Ich lächele. „Das tut meinem Selbstbewusstsein richtig gut, dass Du das zu gibst, Emma." Emma seufzt. „Ach, Maria-Julia!" Eines steht für mich fest: Sobald Michael wieder ein Seminar anbietet für den Geburtsstern, bin ich dieses Mal dabei. Ich muss das unbedingt lernen..." Ich nicke. „Wie vorhin schon gesagt, auch ich bin daran interessiert. Das könnte ich für die ganze Familie nutzen." Emma klopft mir zart auf meine rechte Schulter. „Das stimmt, Du soziales Wesen. Denkst Du jetzt bitte erst einmal an Dich, meine Liebe?"

Nun erzählen Sie mal

„Eine Tasse Tee?" Ich nicke und Antonia schenkt mir ein. „Frau Winter, heute komme ich zur Auswertung Ihrer beantworteten Fragebögen." Antonia schaut mich ernst an. „Ich bitte Sie, mir folgende Frage zu beantworten: Seit wann quälen Sie sich?" Ich hole tief Luft. „Vor ungefähr drei, vier Jahren fing es an, dass ich mich gelegentlich und mit fortschreitender Zeit immer kraftloser fühlte. Aber ich habe mir gesagt: 'Reiß Dich zusammen, Maria-Julia. Das geht wieder vorbei!'. Und, je schlechter ich mich fühlte, desto mehr habe ich die Zähne aufeinander gebissen. 'Was soll das?', habe ich mich gefragt. 'Du bekommst bislang immer alles auf die Reihe! Also, stell Dich nicht so an!'" Ich nage an meiner trockenen Unterlippe. Eine Pause entsteht.

„Frau Winter, verraten Sie mir bitte einmal Näheres über sich und ihren Tagesablauf." Ich überlege nicht lange. „Ich bin verheiratet, habe zwei Mädchen, einen liebenswerten Mann, eine interessante Arbeit und nette Kollegen. Und außerdem gibt es meine Schwiegermutter, die seit ungefähr vier Jahren im Altenheim ist." Ich seufze und muss leicht hüsteln. „Morgens gehe ich relativ früh aus dem Haus. Ich arbeite im Reisebüro und kann mir meine Zeit einteilen. Meistens schaffe ich es, bereits am frühen Nachmittag wieder zu Hause zu sein. Für die Mädchen koche ich abends vor. Das wärmen sie sich mittags auf und essen abends meistens nur noch Brote und etwas Obst. Das reicht ihnen. Mein Mann mag mittags nur Obst mit Joghurt und liebt es, abends warm zu essen." Einen Moment lang zögere ich. Ich habe mir immer mal vorstellt, wie herrlich es wäre, ein duftendes Essen an einem schön gedeckten Tisch vorzufinden, wenn ich heimkomme..."

Antonia fasst meinen Lagebericht zusammen. „Sie sind verheiratet, arbeiten bis nachmittags in einem Reisebüro, versorgen zwei Kinder und einen berufstätigen Mann?" Ich nicke. „Das stimmt. Wissen Sie, mein Mann ist Architekt und hat seinen Betrieb im Haus. Er kann sich die Zeit einrichten. Ich freue mich für meinen Mann und natürlich für die ganze Familie, dass er viel zu tun hat. Gott sei dank. Dafür muss man dankbar sein in der heutigen Zeit, nicht wahr? Mein Mann müsste ebenfalls mal herkommen. Er hatte schon zweimal Nierensteine, was entsetzlich schmerzhaft war..." Ich seufze. „Frau Winter, in welchem Alter sind Ihre Töchter?" Ich atme tief aus. „Kathy und Sonja sind vierzehn und siebzehn Jahre alt. Im Augenblick schaffen mich die beiden. Ich kann mich noch an bessere Zeiten erinnern. Ich nehme an, dass ihr Verhalten mit ihrem Alter zusammen hängt und wahrscheinlich 'normal' ist." Ich seufze erneut. „Die beiden sind schrecklich zickig und verletzend. Sie verschanzen sich in ihren Zimmern, reden kaum mit mir... Dabei würde ich ihnen gerne etwas von meiner Lebenserfahrung weitergeben. Aber jeder Ansatz, eigentlich alles, was ich ihnen sage, scheint zu viel zu sein. Meistens sind sie sich beide einig, wenn es um mich geht. Ich stehe auf der Abschussliste. Mama nervt und hat Null Ahnung..." Ich rutsche auf meinem Stuhl hin und her und reibe meine schmerzende linke Schulter. Antonia beobachtet mich aufmerksam. „Frau Talbach! Schluss damit! Ich werde sentimental... Eines steht fest: Wenn meine Grazien etwas von mir wollen, können sie absolut freundlich sein. Aber wie ich gehört habe, ist das in anderen Familien wohl ähnlich... " Antonia sagt nichts dazu, macht sich jedoch ab und zu Notizen. Mich würde interessieren, was sie sich aufschreibt. Mir fällt auf, dass in meinem Bericht zur Lage etwas fehlt. „Ich habe einmal die Woche eine Zugehefrau. Sie ist fleißig... Für mich bleibt allerdings jede Menge Arbeit übrig... Früher hatte ich Freude daran, alles so gut alleine auf die Reihe zu bekommen. Inzwischen bin ich unkonzentriert und mich stört bereits ein schmutziges Wäschestück, das neben einem der Wäschekörbe liegt." Mir wird bewusst, dass ich schon wieder auf meinem Stuhl hin und her rutsche. Ich korrigiere meine Haltung und setze mich aufrecht hin.

„Frau Winter, ich ergänze Ihren Lagebericht: Sie gehen täglich bis nachmittags ins Reisebüro, versorgen ihren Mann und ihre beiden Töchter und zusätzlich - mit etwas Unterstützung durch eine Hilfe, die einmal die Woche kommt - ein großes Haus und einen Garten." Antonia hat recht. „Das stimmt. Der Garten ist ziemlich groß." Ich seufze erneut. „Frau Talbach, ich brauche eine gewisse Ordnung um mich herum. Das gibt mir Kraft!" Ich habe meine Tasse Tee ausgetrunken. Antonia schenkt sich nach und ich nicke, als sie mir mit einer Geste anbietet nach zu schenken. Wir trinken unseren Tee. „Frau Winter, sie erwähnten ihre Schwiegermutter?" Ich nicke und hole tief Luft, bevor ich weiter spreche. „Hilde!" Ich atme schwer. „Meine Schwiegermutter Hilde war eine patente, lebenslustige, humorvolle Frau. Sie hat selbst ihr Heim geputzt, aufs Feinste mit Gewürzen experimentiert und mit frischen Kräutern aus dem eigenen Garten gekocht. Außerdem hatte sie viele Hobbys und traf sich mit Freundinnen. Mein Mann und ich hatten gelegentlich Mühe, einen Termin zum Kaffee trinken zu organisieren. Das alles änderte sich schlagartig, als sie die Pflege ihres schwer erkrankten Mannes übernommen hat. Hilde lehnte rigoros anderweitige Hilfe ab, war mit dieser Pflege völlig überfordert. Sie vernachlässigte sich, ging nicht mehr zum Friseur und band ihre Haare mit einem Gummi zusammen. Hilde aß Fertiggerichte, trank riesige Mengen Kaffee und Cola, um sich wach zu halten. Nach fast vier Jahren ist ihr Mann in Ruhe bei ihr zu Hause eingeschlafen."

Ich atme tief durch. „Genau so hatte meine Schwiegermutter sich das gewünscht. Nachdem er beigesetzt worden war, hatten wir gehofft, dass sie sich wieder erholen würde. Dazu kam es nicht mehr. Sie brach kurz nach dem Tod ihres Mannes selbst zusammen. Urplötzlich war sie schrecklich durcheinander. Der Hausarzt diagnostizierte Demenz." Antonia schaut mich ernst an. „Was haben Sie unternommen?" Ich erinnere mich und werde nervös und kribbelig. „Mein Mann und ich waren ununterbrochen in Alarmbereitschaft. Meine Schwiegermutter vergaß mehr als einmal, den Herd auszumachen..." Ich muss schlucken und spüre einen Kloß im Hals. „Von heute auf morgen war sie nicht mehr in der Lage, ihren Haushalt zu führen und konnte sich nicht erinnern, über was wir gerade gesprochen haben. Wir wussten keinen Rat mehr. Eine fürchterliche Situation! Schrecklich!" Während ich erzähle, beginnt meine rechte Schulter weh zu tun. Ich reibe sie im Reflex.

„In meiner Heimat in Kuba ist alles anders. Die Familie wohnt zusammen und passt aufeinander auf. Hier in Deutschland war die Schwiegermutter täglich über viele Stunden allein in ihrer Wohnung. Ich meine, das Altenheim ist wahrscheinlich die beste Lösung gewesen. Dort ist sie sicher untergebracht..." Antonia schaut mich fragend an. „Frau Winter, Sie fassten wahrscheinlich keinen schnellen Entschluss?" Ich schüttele den Kopf. „So ist es. Wir, will sagen meine Familie und ich, haben natürlich reiflich überlegt, ob wir sie nicht in unser Haus holen sollten. Das Haus ist groß genug. Aber wie hätte ich das schaffen sollen? Ich habe einen verantwortungsvollen Beruf, versorge meinen Mann, die Mädchen, das Haus, den Garten..." Ich schaue traurig aus dem Fenster auf die grünen Blätter der Sträucher und atme schwer... „Frau Winter, soll ich kurz ein Fenster öffnen?" Ich nicke. Antonia macht das Fenster weit auf. Kühle Luft weht ins Zimmer. Die frische Luft tut mir gut... Ich räuspere mich.

„Mein Mann ist Architekt und hat oftmals seine Termine außer Haus. Die Mädchen kommen meistens erst nachmittags aus der Schule.

Wer hätte auf die Schwiegermutter aufpassen sollen? Nein, nein, das hätte nicht funktioniert! Das Heim ist vernünftig und gut!" Tränen treten in meine Augen. Es dauert eine kleine Weile, bis ich fortfahre. Antonia schließt das Fenster wieder. „Was schlimm ist, ist die Atmosphäre dort im Heim. Alte Menschen, die unbeteiligt zur Decke starren oder mit offenem Mund im Bett liegen... Auf den Gängen und am Eingang alte Leute in Rollstühlen... Ich erinnere mich gerade an eine nette Frau im Nachbarzimmer meiner Schwiegermutter. Diese Frau wird von Mal zu Mal stiller. Und die Haare dieser Frau! Früher waren sie fein und lagen wie glänzende Seide zart an ihrem Köpfchen. Jetzt stehen sie ganz stumpf und leblos wie Fremdkörper von ihrem Kopf ab. Absolut ungepflegt und unschön..."

Ich atme schwer. Antonia schaut mich aufmerksam an. „Ich habe früher bereits eine Bekannte in demselben Heim besucht. Die Atmosphäre habe ich seinerzeit ganz anders empfunden... Damals hörte ich Lachen auf den Gängen. Die Heimbewohner wirkten völlig normal..." Ich seufze. „Ich habe die Krankenschwester, die meine Schwiegermutter meistens betreut dazu befragt. Diese Frau hat mir berichtet, dass das Pflegepersonal seit geraumer Zeit furchtbar überlastet ist. Zum einen haben sie wohl Personal abgebaut und die verbliebenen Schwestern dürfen neuerdings ganz viel zusätzliche Bürokratie erledigen. Furchtbare Zustände! Deswegen bleibt kaum Zeit für die alten Leute. Ich habe mit meinem Mann darüber gesprochen und wir vermuten, dass schwerere Fälle ruhig gestellt werden." Ich höre die Uhr im Besprechungszimmer ticken und registriere, dass ich meine Schulter reibe. War es dieses Mal vielleicht die andere Seite? Antonia räuspert sich.

„Frau Winter, ich schreibe Ihnen jetzt ein Mittel auf, dass Ihnen helfen wird, sich besser zu fühlen. Hier bitte." Ich atme hörbar aus. „Dankeschön, Frau Talbach." Ich lese: Iso, 'Viscum album Fluid'. „Infolge psychischer Belastungen wie Stress und Konfliktsituationen treten oftmals nervöse Erschöpfungserscheinungen auf. Damit einher gehen funktionelle Störungen, die vor allem an Organen auftreten, die vom vegetativen Nervensystem gesteuert werden. Darunter finden wir auch Belastungen, die am Herzen auftreten. Durch die unterschiedlichen Komponenten des Mittels entfaltet es seine Wirkung sowohl bei Übermüdungserscheinungen, als auch bei körperlicher Überlastung." Ich frage nach der Dosierung. „Geben Sie fünf Tropfen davon in ein Glas Tee und trinken es im Laufe des Tages aus." Ich frage nach. „Ich habe Tee verstanden? Welchen Tee?" Antonia schaut mich freundlich an. „Frau Talbach, einen dünnen Kräutertee. In Ihrem Fall vielleicht einen Weißdorntee im täglichen Wechsel mit Melissentee."

Emma, das kleine Luder

In Emmas Mittagspause erwarte ich meine Freundin bereits mit Kaffee und dazu einem leckeren Stück Schmandkuchen, wie sie diese Kreation aus luftigem Teig, Sahne und Mandarinenstückchen nennt. Emma ist begeistert und lobt meine Backkunst mit halb vollen Backen. So gut schmeckt es ihr. „Was war heute dran, Maria-Julia?" Ich schenke ihr Kaffee nach. „Heute habe ich Antonia erzählt, wie mein Leben zur Zeit abläuft. Das fand ich überraschender Weise ziemlich anstrengend, muss ich zugeben." Emma nickt und leckt sich gleichzeitig die Lippen. „Kann ich mir vorstellen!" Emma sieht mich mit großen Augen an. „Maria-Julia, ich habe eine Überraschung für Dich! Als Du gegangen warst, blieb Antonia noch eine lange Weile ruhig auf ihrem Stuhl sitzen. Sie hat Euer Gespräch noch einmal an sich vorbeiziehen lassen, denke ich mir. Ich habe die Gunst der Stunde genutzt…" Emma grinst breit. „Was hast Du getan, Emma?" Ich ahne rein gar nichts. „Willst Du nicht wissen… Nun, ich habe ihre Notizen kopiert. Interessiert?" Emma wedelt mit einer Fotokopie wild umher. Ich wusste es immer schon: Emma ist ein kleines Luder! Hätte ich dieses Blatt Papier ungelesen zerreißen müssen? Nein, ich war schwach und habe Emma das Papier förmlich aus der Hand gerissen und las voller Ungeduld, was da handschriftlich stand:

Maria-Julia Winter
Frau Winter ist ursprünglich eine sehr starke, gefühlvolle Frau.
Zur Zeit sind ihre Kräfte erschöpft.
Schultern schmerzen. Last auf Schultern.
Sauer. Aggressiv.
Nerven liegen blank. Stärkung ist angesagt.
Rezept: ISO Viscum album, Fluid zur Regulation der vitalen Grundstimmung.
Muss lernen, ihre Gefühle ernst und wichtig zu nehmen. Sich Ruhepausen gönnen.
Auf der Rückseite des Blattes:
Lebensumstände sind ihr zu Herzen gegangen.
Energiedefizit: Aussehen

Antonia hatte in allen Punkten recht. Das mit der starken Frau war ungewöhnlich, aber sonst... Es stellte sich für mich die Frage: Wann hätte ich in der Vergangenheit, in meinem durch und durch organisierten Leben, Zeit für mich selbst finden können? „Was sagst Du, Maria-Julia?" Ich zweifele nicht an dem, was ich gerade gelesen habe. „Dankeschön, Emma. Antonia hat Recht, nicht wahr?" Emma nickt. „Hat sie. Es gibt etliche Baustellen, die Dein Körper stemmen muss. Vielleicht ein Quantum Trost: Es geht selten um ein einzelnes Symptom - meistens jedenfalls nicht." „Antonia hat Dir etwas aufgeschrieben, um Deine vitale Grundstimmung anzuheben. Das ist bei jeder Erkrankung von großer Bedeutung. Plötzlich erledigen sich über einen Zuggewinn an Kraft etliche Störungen - von allein sozusagen." Ich mache eine krause Stirn. „Vielleicht ein wenig einfacher, Emma?" Emma denkt kurz nach. „Wenn Körper, Geist und Seele harmonisch miteinander verbunden sind, läuft alles rund. Der Mensch ist vital und stark. Deshalb hast Du etwas Sinnvolles zur Regulierung Deiner vitalen Grundstimmung verordnet bekommen." Ich frage nach. „Du meinst das Mittel von ISO?" Emma nickt. „Genau. Das Viscum album Fluid. Noch etwas zum besseren Verständnis, vielleicht. Diesen fachchinesischen Ausdruck hast Du bestimmt schon mal gehört, er nennt sich 'Vegetative Dystonie', was vielleicht einer Verstimmung der Psyche gleichkommt..."

Ich nicke. „Emma, Du meinst, dass ich schlecht drauf bin und mein halbes Glas Wasser zur Zeit eher halb leer ist und nicht halb voll?" Emma grinst. „Genau so habe ich das gemeint, Maria-Julia." Ich lächele Emma an. „Kann ich annehmen, Emma." Emma schmatzt genüsslich. „Vielleicht noch ein Stück Schmandkuchen, Emma?" Meine Freundin schüttelt ihre blonde Mähne. „Nein, Maria-Julia. Einmal ist keinmal. Zweimal ist einmal zu viel. Weißt du doch! Ich habe noch ein Schmankerl für Dich. Eine wahre kleine Geschichte aus der Praxis zum letzten Thema, der Homöopathie. Willst Du?" Ich schaue Emma erstaunt an. „Gerne. Weißt Du doch!" Emma putzt sich den Mund mit der Serviette ab und stellt ihr Geschirr zusammen. Ein Töchterlein wird von ihrer Mama ausgeschimpft. Jeden Morgen, wenn die Mutter nach ihr schaut, das gleiche Bild. Ihre kleine Tochter schläft mit entblößtem Bäuchlein, selbst bei geöffnetem Fenster. Sie fürchtet um die Gesundheit ihrer Tochter. Alle Bemühungen, das zu verändern, schlagen fehl.

Eines Tages erzählt diese Mutter Antonia während ihrer Sitzung von ihrer Tochter. Antonia verabreichte der Tochter dreimal in kurzen Abständen ein homöopathisches Mittel - und der Spuk war vorbei!" Ich schaue Emma fragend an. „Verstehe ich nicht. Bitte etwas genauer, Emma." Emma räuspert sich. „Ein Leitsymptom eines homöopathischen Mittels ist 'Schlafen mit entblößtem Bauch'. Deshalb passte Tabaccum. Beide Eltern rauchen stark und die Tochter hat 'passiv' mit geraucht. Was sagst Du dazu, Maria-Julia?" Ich bin überrascht. „Ich finde fantastisch, dass ihr habt helfen können. Ich bin erstaunt, was Du alles in eurer Praxis erlebst, Emma!" Emma strahlt. „Maria-Julia, noch Zeit für eine wahre Geschichte?" Ich nicke. „Bei dieser Geschichte geht es um Puna, eine hübsche junge Hündin. Puna war für ihr Herrchen bis zu seinem Herzinfarkt 'sein' Mädchen. Nach dem Krankenhaus allerdings fremdelte Puna urplötzlich und schien den Hundehalter nicht mehr wieder zu erkennen." Ich frage nach. „Wie ist passiert, dass es zu diesem Verhalten gekommen ist?" Emma klärt mich auf. „Es gibt unterschiedliche Möglichkeiten, Maria-Julia: Puna fremdelte vielleicht, weil der Hundehalter nach dem Infarkt anders sprach oder anders ging oder vielleicht anders gerochen hat? Etwas in der Art wird es gewesen sein. Solche

Dinge passieren über Medikamente, die jemand einwirft." Ich bin überrascht. „Das wusste ich nicht... Emma, spann mich nicht auf die Folter. Was habt ihr mit Puna gemacht?" Emma macht eine Kunstpause. „Wir haben der Hündin ebenfalls ein paar Kügelchen gegeben. Dreimal, um genau zu sein." Ich werde ungeduldig. „Emma, nicht, dass ich was damit etwas anfangen könnte, aber welche Kügelchen genau waren das?" Emma freut sich über meine Ungeduld. Das ist normalerweise ihr Part... „Als homöopathisches Mittel hat Antonia sowohl dem Hundehalter, als auch der Hündin 'Calcium carbonicum' gegeben." Emma nagt an ihrer Unterlippe. „Du verstehst immer besser, warum ich meinen Beruf liebe, Maria Julia?" Was für eine Frage!!! „Claro, mein Schätzchen. Jeden Tag immer noch ein bisschen mehr, Emma."

*

Im Wartezimmer sitzt eine sympathische junge blonde Frau. 'Grüß Gott' wünscht sie mir. „Das habe ich schon lange nicht mehr gehört. Ich lächele die Frau an. „Auch von mir ein 'Grüß Gott'. Ich bin Maria-Julia Winter." Ich bemerke, die schönen großen blauen Augen dieser jungen Frau. „Mein Name ist Magdalene Schwan." Ich bin daran interessiert, mehr von ihr in Erfahrung zu bringen. Frau Schwan, sind Sie zufrieden?" Sie nickt und stellt eine Gegenfrage. „Wie lange hier sind Sie in Behandlung, Frau Winter?" Ich räuspere mich. „Erst seit kurzem, Frau Schwan. Ich bin wahrhaftig froh, dass ich diesen Weg eingeschlagen habe. Ich konnte nachts keine Erholung mehr finden. Für mich ist das ein Wunder... Ich schlafe wieder besser durch und fühle mich allein dadurch bereits kräftiger". Frau Schwan schaut mich freundlich an. „Das hört sich gut an." Ich nicke und frage Sie nach Ihrer Praxiserfahrung. „Frau Winter, ich bin bereits ein halbes Jahr in Behandlung, etliche Zipperlein sind bereits Vergangenheit. Heute wird mir Antonia eine Alternative zu meinem 'Püster' vorschlagen. Dieses Gerät macht mich schrecklich müde, wissen Sie. Ich habe von einer anderen Patientin erfahren, dass es ein Umstellungsprogramm gibt. Ich bin voller Zuversicht. Bei ihr hat es funktioniert. Allerdings stehen neue Hausaufgaben von Antonia an... Frau Schwan seufzt. „Ich lasse mich überraschen. Machen Sie schon Hausaufgaben, Frau Winter?" Ich schüttele meinen Kopf. „Nein, aber meine Freundin hat mich bereits gewarnt." Sie schaut mich fragend an. „Frau Schwan, meine Freundin ist Emma." Sie nickt und lacht. „Besser geht es wohl kaum..." Ich stimme ihr zu.

„Wie sind Sie hergekommen?", will ich noch wissen. „Ein Gang in eine Naturheilpraxis gleicht einem letzten Strohhalm, an den man sich klammert. Bevor Patienten in einer Heilpraxis landen, sind sie meistens bereits bei vielen anderen Behandlern gewesen – allerdings mit wenig oder gar keinem durchschlagendem Erfolg. Auch ich hatte eine lange Wegstrecke an Versuchen hinter mir, ehe ich hier angekommen bin." Ich bin überrascht. „Ich dachte in Deutschland wären die meisten Patienten von Kleinauf an Naturheilmittel und Naturheilpraxen gewöhnt.""Das ist ein Trugschluss. Leider. Kleine Kinder bekommen heute bei Fieber keine lauwarmen Wadenwickel mehr angelegt oder Zwiebelsäckchen bei Ohrenschmerzen, sondern sofort Schmerz- und Fieberzäpfchen. So sieht das aus. Die alten Methoden und Hausmittel wirken nach wie vor. Das ist außer Frage. Welche junge Frau in dieser Generation kennt noch die alten Hausmittel? Die Großfamilie existiert nicht mehr. Großmütter leben oftmals weit entfernt von ihren Töchtern oder Enkelinnen. Die jungen Frauen greifen zur Fieber senkenden Schmerztablette oder zum Fieberzäpfchen..."

„Das ist schade. Meine Mädchen reagierten bei hohem Fieber immer gut auf ein kurz aufgelegtes kühles Tuch um den Hals. Das senkte das Fieber augenblicklich. War aber mehr eine Maßnahme für den Notfall, weil ganz genau darauf zu achten war, dass der Hals nicht zu kalt wurde, sonst hätte es neue Halsschmerzen verursacht." „Eine Frage: Warum lauwarme Wadenwickel?" Es bereitet mir Freude, mit ihr meine Erfahrungen zu teilen. „Kühl bis lauwarm, weil durch den Verdunstungsprozess ausreichend Kälte entsteht, um das Fieber zu senken. Man muss darauf achten, dass man den Wadenwickel abmacht, wenn die Temperatur deutlich abgesunken ist." Emma kommt in Begleitung von Ines ins Wartezimmer. „Maria-Julia, darf ich Dir meine Kollegin Ines vorstellen? Ich bin gerade beschäftigt, deshalb vertraue ich Euch meiner Kollegin Ines an." Emma verschwindet und Ines bittet Frau Schwan und mich, ihr zu folgen. Magdalene Schwan landet im Behandlungsraum, ich im Besprechungszimmer von Antonia.

Summen macht frei

„Haben Sie heute etwas Zeit mitgebracht?" Ich lächele Antonia an. „Ich habe den ganzen Tag frei, wenn Sie wollen..." Antonia nickt. „Das trifft sich gut. Ich möchte mit Ihnen nach ihrer Behandlung noch einen Test durchführen." Das hört sich interessant an. „Gerne." Dieses Mal kenne ich bereits das Procedere. Nach der Spritze folgt eine Infusion. Ich bekomme wieder eine Wärmflasche an meine eiskalten Füße, schlüpfe unter eine kuschelweiche Decke und entspanne mich bei leiser Hintergrundmusik. Ich schlafe erneut ein. Irgendwann werde ich leise von Ines an getippt. „Ihre Infusion ist durchgelaufen!" Ich blinzele träge unter meinen noch halb geschlossenen Augenlidern hervor. „Schon? „wie viel Zeit ist vergangen?" „Neunzig Minuten." Ich kann es kaum fassen... Das habe ich nicht vermutet. Mir ist wohlig warm, ich fühle mich gut und innerlich ganz ruhig. „Frau Winter, ich erlöse sie jetzt und versorge die kleine Miniwunde noch mit Creme und Pflaster." Warum das denn, frage ich mich. „Ist doch nicht nötig." Ines lächelt mich an. „Anordnung von oben. Muss sein. Sonst bekomme ich Ärger. Sie haben noch einen Termin heute bei der Chefin?" Ich nicke. „Ja, Sie wollte mit mir noch einen Test machen." Ines informiert mich, dass sie ihrer Chefin ausrichten wird, dass meine Infusion beendet ist und entfernt sich kurz.

„Frau Winter, folgen Sie mir bitte in das Zimmer von Frau Talbach." Ich folge ihr. Als ich im Beratungszimmer Platz genommen habe, sehe ich direkt an der gegenüberliegenden Wand einen lachenden goldenen Buddha und muss lächeln." Mir fällt spontan ein indisches Sprichwort ein: 'Unsere Freude beginnt dort, wo wir andere zum Lächeln bringen'. Antonia kommt herein. „Frau Talbach, wo kann man einen solchen Buddha erwerben?" Antonia strahlt. „Ich habe den Buddha seinerzeit in Heidelberg gesehen, spontan Lächeln müssen und ihn sofort für die Praxis gekauft. Er tut hier gute Dienste..." Das kann ich mir vorstellen. „Frau Talbach, eine gute Investition. Mit hat dieser lachende Buddha ebenfalls ein Lächeln entlockt." Antonia nickt. „Wunderbar. Frau Winter, geht es Ihnen gut? Die Behandlung hat Ihnen rosige Wangen gezaubert!" Ich habe versäumt in einen Spiegel zu schauen, stelle ich verwundert fest. „Tatsächlich? Heute ist mir herrlich warm geworden."

„So ist es richtig. Jetzt, Frau Winter, möchte ich einen Test mit Ihnen durchführen. Bevor ich Sie teste, möchte ich Ihnen etwas zeigen. Bitte, kommen Sie einmal kurz mit." Antonia führt mich in den langen Flur, der die Behandlungszimmer verbindet. Fast am Ende des Ganges erblicke ich ein beeindruckendes farbiges Poster, worauf ein Mensch abgebildet ist mit der Überschrift: 'Chakren des Menschen'. Komisch, dass mir dieses Poster vorher gar nicht aufgefallen ist. Ich registriere verschieden farbige Kreise in der Mitte eines menschlichen Körpers und rechts und links am Rand lese ich unterschiedlichste Bezüge zu diesen Zentren: Organe, Stimmungen, Töne usw. Noch bevor ich etwas dazu erfragen kann, erklärt Antonia: „Frau Winter, Sie sehen sieben verschiedene Kreise, die Chakren oder Chakras genannt werden. Der Begriff Chakra heißt wörtlich ‚Rad', ‚Diskus' oder ‚Kreis' und kommt aus dem Sanskrit. Jedes einzelne Chakra hat einen Bezug zu einer Farbe, einem Organ, einem speziellen Ton usw. Ich teste gleich nachher, ob Ihre Energie im Augenblick frei fließen kann oder ob es Blockaden bei Ihnen gibt."

Dieses Poster fasziniert mich. Meine Gedanken schweifen ab. Antonia tippt zart auf meine Schulter, um mich wieder in die Gegenwart zurück zu holen. „Frau Winter, ich gehe voran? Bitte folgen Sie mir in mein Zimmer." Ich betrete ihren Raum und setze mich. Antonia bittet mich aufzustehen und schließt die Tür. „Wie besprochen, möchte ich heute Ihre Energielage austesten. Es gibt die unterschiedlichsten Möglichkeiten der Testung. Meistens geschieht das mit fast unerschwinglich teuren Messinstrumenten. Gottlob verfügt jeder feinfühlige Behandler über seine ihm eigenen Möglichkeiten, einen Patienten auszutesten und zu bewerten." Ich höre interessiert zu. „Ich glaube zu wissen, dass Ihnen gefallen wird, was wir heute machen. Ihre Stimme hilft mir, ein klares Bild über Ihren energetischen Zustand im allgemeinen, als auch über Ihre sieben Hauptenergiezentren zu bekommen. Ich nutze Ihre eigene Stimme, um darüber hinaus Ihren Energiehaushalt auszuloten." Jede Disharmonie wird mit einer dem gestörten Chakra zugeordneten 'Silbe' ausgeglichen. Diese vom Patienten verwendete Silbe harmonisiert das zuvor getestete Defizit im Energiehaushalt. Diese Übung entspricht praktizierter Hilfe zur Selbsthilfe." Ich schaute Antonia groß und fragend an. „Habe ich das richtig verstanden? Ich nutze eine Silbe, um meinen gestörten Energiehaushalt auszugleichen. Aber was genau mache ich mit der Silbe?" Antonia entschuldigt sich. „Dankeschön für die Nachfrage. Das Wichtigste fehlt: Die Silbe wird ausgesprochen oder gesungen!"

Beginnen wir. Frau Winter, bitte stellen Sie sich an die Tür, damit ich Sie austesten kann. Antonia testet mich mit einer Einhandrute. So etwas habe ich bereits bei Emma gesehen... Antonia hält den metallenen Stab in ihrer rechten Hand und steht im Abstand von zirka zwei Metern vor mir. Sie testet mich von Kopf bis Fuß, sowohl von vorne, als auch von hinten. „Frau Winter, ich teste mit dem Biotensor oder der Einhandrute energetische Störungen aus. Die Einhandrute oder der Biotensor fällt unter die Kategorie der Wünschelruten und dient dazu, intuitive Eindrücke sichtbar zu machen. Ich arbeite gern damit. Sie schauen ein wenig irritiert? Sind Sie zuvor bereits einmal mit einer Einhandrute ausgetestet worden?" Ich passe. „Nein, ich selbst bin noch nie selbst ausgetestet worden. Ich kenne solch ein Instrument von Emma und aus dem Fernsehen. In dem Beitrag damals hat jemand mit solch einer Rute eine Wasserader gesucht und gefunden."

„Ich bitte Sie, fahren Sie fort. Ich bin in diese Praxis gekommen, damit mir geholfen wird. Ich glaube, nein, ich vertraue darauf, dass Sie mir helfen werden. Es macht rein gar nichts, wenn ich zur Zeit noch nicht alles verstehen kann. Ich bin zuversichtlich, dass sich das ändern wird." Antonia antwortet spontan. „Dankeschön für Ihren Vertrauensbonus. Frau Winter, bei Ihnen habe ich zwei Ungleichgewichte ausgetestet. Heute werden wir mithilfe der Testung ihrer energetisch gestörten Chakren genau dort einen Ausgleich erreichen." Ich frage nach. „Frau Talbach, allein über den Klang meiner eigenen Stimme lösen sich die zuvor gefundenen energetischen Störungen auf?" Antonia nickt. „Genau so verhält es sich. Fantastisch, nicht wahr?" Ich nicke und staune Antonia an.

„Frau Winter. Bitte, summen Sie mir jetzt nach: 'RUM' . Das ist die Silbe für eine energetisch gestörte Schilddrüse. Danach summen Sie eine kleine Weile mit mir zusammen die Silbe 'WOL' für das Herz." Eine leichte Übung, finde ich. Allerdings völlig ungewohnt. Nach unserer Übung kontrolliert Antonia erneut meine Energie mit der Einhandrute. „Glückwunsch, Frau Winter, die energetischen Störungen sind aufgehoben. Um die Wirkung sicher zu stellen, wiederholen Sie bitte eine Zeit lang täglich diese Übung." Ich lächele und nicke zustimmend. Antonia fährt fort: „Ihre erste Hausaufgabe sind allabendlichen Summ-Übungen. Die Silben 'RUM' und 'WOL' stärken Schilddrüse und Herz. Bitte summen Sie jeweils zwei bis drei Minuten lang. Werden Sie das machen?" Ich lächele verschmitzt. „Mein Mann wird etwas irritiert sein, nehme ich an. Aber - ich werde summen!" Stephan wird das nicht kennen oder gar verstehen, aber ich werde summen, beschließe ich. „Frau Winter, ich freue mich, dass Sie ab heute bewusst anfangen, etwas für sich selbst zu tun. Ich bedanke mich für Ihr Vertrauen. Die nächste Zeit werden Sie bestimmt viele Dinge erfahren, die wahrscheinlich heute noch Neuland sind. Aber, es lohnt sich..."

*

Ich bestelle. Für Emma einen kleinen Espresso und für mich Zimteis mit heißem Kaffee, Sahnehäubchen und Zimtzucker. Außerdem zwei kleine Flaschen Wasser. Emma muss mal. Als sie wieder zurück ist, krame ich meine Notizen aus meiner Handtasche, die ich mir während meines Termins mit Antonia gemacht habe. „Emma, kannst Du mir bitte etwas zu Eurem Programm bei Heuschnupfen sagen? Eine Patientin von Euch hat etwas verordnet bekommen, was ich auch für Kathy passend finde." Emma setzt sich aufrecht hin. „Mal ganz langsam, Maria-Julia. Zuerst einmal gibt es sozusagen mannigfache Möglichkeiten einer Rezeptur bei Patienten, die unter Heuschnupfen leiden…" Emma rutscht auf ihrem Stuhl hin und her. „Bei Pollenflug empfiehlt die Chefin fast immer eine Nasenspülung, und zwar einmal bis dreimal täglich mit 'Emser Nasenspülsalz'. Das Salz kommt tief aus der Erde und besitzt eine natürliche Reinheit. Die Anwendungen entlasten und befeuchten die Nase. Die Spülung ist insbesondere vor dem Zubettgehen wichtig. Das befreit die Nasenhöhlen von Pollen." Etwas genauer möchte ich die Nasenspülung schon erklärt haben… „Wie funktioniert das, Emma?" Emma stöhnt.

„Du willst es ganz genau wissen. Klar, doch! Maria-Julia, ein kleiner Beutel Emser Nasenspülsalz auf zweihundert fünfzig Milliliter warmes Quellwasser ergibt eine isotonische, sprich dem Mineralstoffgehalt des Blutes angepasste Salzlösung. Für diese Lösung gibt es eine Nasendusche der gleichen Firma. Lösung und Dusche sind okay." Wie war das gleich? Ach ja, das ist meine Eins, die das fordert. Alles muss logisch sein! Ich will alles genau erklärt haben mit Vorteilen und mit Nachteilen… „Gibt es eventuell auch Kontraindikationen?" Emma räuspert sich. „Normalerweise eher nicht, Maria-Julia. Bei Nasenbluten jedoch nicht und wahrscheinlich logischerweise auch nicht, wenn Verletzungen am Nasendach oder an den Nebenhöhlenwänden vorhanden sind. Dabei könnte ja Flüssigkeit ins Gehirn laufen…" Das wird bei Patienten abgeklärt werden und bei meiner Kleinen ist alles normal. Kathy könnte die Nasenspülung machen… Emma stupst mich an. „Du wolltest bitte alles genau wissen!" Ich entschuldige mich. „Weiter im Text, meine Teure. Es gibt Tipps: Leidet man unter Heuschnupfen ist es wichtig, sich jeden Abend die Haare zu waschen. Dort sammeln sich besonders viele Allergene. Der Deutsche Allergie- und Asthmabund (DAAB) rät, vor den Fenstern Pollenschutzgitter anzubringen und außerdem die Lüftungszeiten dem Wohnort anzupassen." Das hört sich plausibel an, aber… „Emma, was verstehst Du unter 'Anpassen der Lüftungszeiten an den Wohnort'?" Emma stöhnt.

„Maria-Julia, in ländlichen Gegenden ist der Pollenflug morgens besonders stark, in der Stadt hingegen am Abend. Straßenkleidung gehört deshalb nicht ins Schlafzimmer!" Ich habe alles notiert und beschlossen, meine Tipps demnächst an eine Bekannte von mir weiterzugeben... „Maria-Julia, noch etwas. Etwas, was wahrscheinlich für die meisten Menschen der Knackpunkt schlechthin ist. Für die meisten Patienten ist eine strenge Umstellung des Essens notwendig, und zwar von eher minderwertigen Fertigprodukten und 'Nahrungsmitteln' auf hochwertige 'Lebensmittel'. Zuallererst werden Milchprodukte und kaltmachende Lebensmittel und Getränke gestrichen..." Emma kratzt sich am Kopf. „Du wirst recht haben, Emma. Sicherlich gibt es noch weitere Dinge, die beachtet werden sollten..." Emma nickt. „Du sagst es, Maria-Julia, und zwar unterschiedlich - je nach Beschwerdelage des Patienten." Ich ziehe einen kleinen Zettel aus meiner Jackentasche. „Emma, ich habe zusätzlich diesen Zettel geschrieben, als ich von den 'Spenglersanen' gehört habe. Ich habe zwei Sorten aufgeschrieben. 'Spenglersan Kolloid K' und 'Spenglersan Kolloid G'. Die würde ich gern für Kathy besorgen. Macht das Sinn?" Emma räuspert sich. „Jein, Maria-Julia. Die Mittel sind gut. Zugegeben. Die kann man bedenkenlos auch Kindern verordnen oder Schwangeren. Das sind immer gute Voraussetzungen für ein Rezept!"

Ich hake nach. „Was genau sind das für Mittel?" Emma atmet tief durch. „Die Spenglersan Kolloide sind biologische Umstimmungsmittel, die über die Haut eingerieben oder als Pumpspray verwendet werden - ohne Nebenwirkungen. Unsere Patienten machen gute Erfahrungen damit. Die Nasenscheimhäute schwellen ab, der lästige Dauerschnupfen hört auf, die Allergiebereitschaft geht zurück. Die Wirkungen entlasten den Patient relativ bald nach den ersten Anwendungen." Das hört sich gut an. „Und wie nimmt man so was? Du sagtest eben 'Spray', richtig?" Emma nickt. „Richtig. Als Vorbeugung 'vor' der Pollenflugzeit reichen zweimal täglich je zwei Sprühstöße in jedes Nasenloch. Die werden einfach hochgeschnaubt." Aha... „Wie sieht es aus, wenn jemand gerade Probleme mit den Pollen hat?" Emma seufzt. „Von Heuschnupfen geplagte Patienten schnupfen während der Pollenflugzeit manchmal fünfmal täglich drei Sprühstöße hoch. Und wenn ein Heuschnupfen bereits länger besteht, kombiniert Antonia gerne das 'Spenglersan Kolloid K' mit dem 'Spenglersan Kolloid G'. Das bringt den Betroffenen zusätzliche Erleichterung." Ich stelle mir meine Tochter in Aktion vor. „Emma, was denkst Du? Kathy ist relativ oft erkältet und immer ist die Nase mit beteiligt. Ich könnte mir vorstellen, dass Kathy eventuell Schwierigkeiten damit haben könnte, die Tropfen in ihre Nase zu bekommen?" Emma macht eine abwehrende Handbewegung. „Man kann auch alternativ dreimal, viermal täglich jeweils fünf oder mehr Sprühstöße davon in die Innenseite der Ellenbeuge einreiben. Das ordnet Antonia alternativ an. Das Mittel wirkt ebenso über die dünne Haut in den Ellenbeugen oder in den Kniekehlen." Ich bin erstaunt. „Emma, meinst Du, ich sollte Kathy die Kolloide besorgen?" Emma schüttelt energisch den Kopf. „Bevor Du Geld in die Hand nimmst, frage bitte erst Antonia. Ich bin keine Heilpraktikerin. Meine Erfahrung: Sieben Patienten mit gleicher Diagnose bekommen möglicherweise sieben verschiedene Rezepte, weil ihre Erkrankung in den meisten Fällen 'ursächlich' anders ist." Diese Erklärung macht Sinn. „Ich werde Antonia wegen der Kolloide fragen."

Wir genießen Eis und Espresso und trinken unser Wasser. „Was ich Dich schon seit langem fragen wollte: Wonach riecht es in eurer Praxis so angenehm? Ich tippe auf Pinie und Zitrone?" Emma grinst. „Maria Julia, drei Gummipunkte. Es sind Pinus sylvestris sowie Citrus limon. Beide ätherischen Öle werden bei uns mittels Vernebler gleichmäßig in die Luft gegeben. Du bist bestimmt daran interessiert, etwas über die Wirkung zu erfahren?" Ich nicke. „'Pine' oder Kiefer eignet sich hervorragend zur Entspannung strapazierter Muskeln und Gelenke sowie bei emotionaler Erschöpfung. 'Lemon' oder Zitrone reinigt die Luft und erhellt das Gemüt. Ich liebe diese Mischung! Irgendwann leiste ich mir auch einen Diffuser." Emma atmet schwer. „Wie schön, dass es Geburtstage gibt. Hast Du übrigens mein leckeres Eis registriert, was ich gerade genieße?" Emma klatscht in ihre Hände. „Was macht jetzt bitte Deine Begeisterung aus, Emma?" Emma grinst. „Es geht um Dein Eis, was Du Dir bestellt hast, Maria-Julia. Dein Eis ist geil! Mehr als geil sozusagen. Wie

Du weißt, versuche ich inzwischen bereits 'hinter die Dinge' zu schauen." Ich schaue Emma fragend an. „Lass mich ausholen... Es geht um lebensnotwendige Entgiftungsorgane: Nieren und Leber. Sie schaffen die Abfallprodukte unseres Körpers wieder hinaus. Denn nicht alles, was wir zu uns nehmen, kann verwertet werden...

Mir geht es im Augenblick speziell um die Leber. Dazu solltest Du wissen: Es gibt verschiedene Möglichkeiten, eine Leber ins Aus zu schicken. Entweder über zu viel Alkohol, Gifte, unvernünftiges oder falsches Essen. Dazu kommen aufbauende und kraft zehrende Gefühle. Wenn Wut zum Beispiel nicht ausreichend oder zu intensiv ausgelebt wird, gerät eine Leber schon mal ins Stocken. 'Mir ist eine Laus über die Leber gelaufen' oder eben 'eine große Familie von Läusen'. Das äußert sich auf der einen Seite in Gestalt eines super angepassten Menschen oder auf der anderen Seite als Choleriker, der schnell Kleinholz macht und es hinterher bedauert, was er da angerichtet hat..." Emma schaut mich ernst an. „Jeder Körper signalisiert, was er gerade braucht." Ich überlege, wie Emma meine Wahrnehmung ausdrücken würde. 'Ich hör Dir tapsen!', würde sie sagen. Ich lächele. „Du meinst, Emma, ich signalisiere mit meinem leckeren Eis, was mir gerade fehlt?" Ich schaue wahrscheinlich etwas ungläubig drein. „Genau das meine ich, Maria-Julia. Wenn es Dir nicht besonders prickelnd geht mit Deiner Wut, stellt sich die Frage nach einer Lösung des Problems."

Ich werde ungeduldig. „Ja und? Sind sich die Experten einig, was da zu tun ist, Emma?" „Kommt sofort. Ich bin noch nicht fertig mit meinem kleinen Vortrag! Die 'Weisen' sind schon vor fünftausend Jahren drauf gekommen. Es geht um 'Verständnis für mich selbst' und ebenfalls für das 'Verständnis für andere Menschen'. Meine Chefin würde sagen: 'Zum Wohle aller!'. Die Frage stellt sich, 'was Dir Deine Wut sagen möchte'? Was bedeutet diese fortwährende Aggression, die hemmt, das Feuerelement belastet und letzten Endes das Erdelement dauerhaft schwächt? Oder anders ausgedrückt: Wut schlägt auf den Magen und raubt dem Herzen Energie. Die Lösung: Verständnis und Vergebung!" Eine kleine Pause entsteht. „Maria-Julia, jetzt das Wichtigste: 'Jeder' sollte lernen, sich zu vergeben! Ich sollte lernen, mich zu öffnen - für mich selbst, mein Unverständnis und meinen blinden Fleck..." Ich bin begeistert und nehme Emma in meine Arme. „Emma, was für ein Vortrag!" Ich schaue meine Freundin bewundernd an. „Danke, Maria-Julia. Ich habe gerade noch ein Gespräch mit Antonia in meinem Gedächtnis. Denke mal ja nicht, dass Du Dich allein mit solchen Sachen quälst..." Wir beide schweigen eine Weile. „Seit ich zu Euch in die Praxis komme, bist Du viel offener geworden, Emma. Ich dachte immer, ich kenne Dich gut..." Ich bin auf Emmas Antwort gespannt. „Ist doch klar. Wenn wir so wichtige Inhalte bereden, geht es ans Eingemachte..." So wird es sein. „Emma, ich möchte Dir sagen, dass Du meine allerbeste Freundin bist. In Kuba hatte ich Freundinnen wie schöne Schuhe. Wahnsinnig viele also. Inzwischen habe ich festgestellt, dass es nur wenige sind, mit denen ich mich richtig verbunden fühle!" Emma strahlt. „Das ist ein wunderschönes Kompliment. Herzlichen Dank!"

Emma ist ein wenig errötet. „Maria-Julia, mir fällt gerade etwas Wichtiges ein. Wenn Du einer blinden Frau begegnest, die über eine befahrene Straße gehen möchte und dabei unsicher wirkt, wirst Du ihr wahrscheinlich Deine Hilfe anbieten, damit sie sicher auf die andere Straßenseite gelangt, nicht wahr?" Ich nicke. „Maria-Julia, ich kenne Frauen, denen Deine Hilfe ebenfalls gut täte, um sicher 'auf die andere Straßenseite zu gelangen'." Ich schaue Emma fragend an. Die macht eine kleine Kunstpause. „Maria-Julia, stelle Dir bitte eine Frau vor, die jemanden entsetzlich laut anschreit. Du weißt zwar nicht, um was es bei diesem Gebrüll geht, aber wahrscheinlich reagierst Du eher ablehnend der zeternden Frau gegenüber?" Ich nicke erneut. „Jetzt verrate ich Dir mal etwas ganz Wichtiges. Du wirst Dich wundern. Es gibt nämlich unterschiedlich ursächliche Wutausbrüche. Die eine Frau schreit ihren Frust aus einer 'Herzschwäche' heraus und reagiert 'hysterisch'. Der anderen Frau ist die berühmte Laus über die 'Leber' gelaufen. In diesem Fall ist die Leber das Erfolgsorgan und die Reaktion cholerisch." Das ist interessant.

„Gibt es eine Möglichkeit herauszufinden, welches Organ der Auslöser für den Gefühlsausbruch gewesen ist?" Emma nickt. „Gibt es. Der heraus geschriene Gallenfrust macht zufrieden. Der Choleriker hat auf lautstarke Art und Weise seinem Gegenüber die Wahrheit gesagt. Damit ist alles wieder in Ordnung. Beim geschwächten Herzen ist es anders. Für einen Außenstehenden hört sich die Art und Weise ähnlich an. Da schreit jemand seinen Frust heraus. Dieser Jemand jedoch leidet unter seinem Wutausbruch und fühlt sich anschließend eher schwach und elend." Ich überlege. „Emma, Du willst mir damit sagen, dass Blindsein genauso eine Schwäche ist wie ein belastetes Herz oder eine vergiftete Leber?" Emma nickt. „Du verstehst mich, Maria-Julia. Verständnis für sich und andere zu entwickeln macht den Umgang miteinander leichter, nicht wahr?" Ich atme tief durch. „Emma. Du erstaunst mich immer wieder. Wer außer Dir weiß über solche Dinge Bescheid?" Emma lächelt mich an. „Maria-Julia, Du fängst gerade an... Jetzt bitte die richtige Antwort, Maria-Julia. Willst und wirst Du in Zukunft schreienden und zeternden Menschen 'über die Straße helfen'?" Ich seufze. „Emma, Emma. Welch ein interessanter Ansatz! Ich werde es versuchen. Versprochen!"

Wir schweigen beide eine Weile. Emma unterbricht unser Schweigen. „Maria-Julia, ich komme auf Dein geiles Eis zu sprechen. Du hast mit Deiner Wahl signalisiert, dass Du Appetit auf 'Süß' und 'Zimt' hast, nicht wahr?" Ich nicke. „Ja, habe ich. Oft sogar, allerdings unterschiedlich: Im Sommer mag ich die Kombination Zimt plus Eis und in der Weihnachtszeit die Kombination Zimt und Schokolade oder Kakao. Übrigens:. Ich habe bei Dir neulich den 'orientalischen Konfekt' gegessen, Emma. Köstlich, allerdings viel zu süß für meinen Geschmack..." Emma überlegt. „Du meinst wahrscheinlich die längs aufgeschnittenen Datteln mit der halben Walnuss darin?" Ich nicke. „Ja, ja, die Orientalen, liebe Maria-Julia. Datteln lieben sie und Feigen. Die scheinen zu wissen, was gut ist. Wissenschaftlich strotzen getrocknete Feigen vor Tryptophan. Und genau daraus bildet der Körper Glückshormone..." Ich nicke. „Von Tryptophan habe ich bereits von Deiner Chefin gehört. Deswegen esse ich vorm Schlafen zwei kleine Biobananen..."

Emma freut sich. „Meine Maria.Julia, Du bist toll!" Ich lächele. „Am besten ungeschwefelte Feigen, Emma?" Emma nickt. „Genau, Maria-Julia." Hätte ich mir sparen können. Egal! „Maria-Julia, Du hast gerade den gehaltvollen Ersatz für Schleckereien angesprochen, den Du bei mir gegessen hast. Normale Naschereien und Knabbereien belasten eher – wie Du weißt - und haben im bewussten Speiseplan nichts verloren. Jetzt halte Dich fest! Schon zwei Negerküsse entsprechen einer Tagesdosis Zucker!!! Voll wissenschaftlich, sage ich Dir. Frage: Machen die eher ungesunden Snacks satt? Nee, überhaupt nicht! Im Vergleich zu den normalen Süßigkeiten ist meine orientalische Variante etwas ganz Besonderes. Dieser Konfekt hat es in sich, nicht wahr?" Emma wartet auf meine Antwort. „Mir war Dein Konfekt eher zu süß!" Emma sieht mich erstaunt an. „Interessant. Eins steht fest, Maria-Julia. Süchtig bist Du nicht! Ich kann das beurteilen. Als ich mal Gras geraucht habe, liebte ich es, viel, viel süßer zu essen als heutzutage." Ich schaue Emma groß an. „Willst Du damit sagen, dass Du? Und dass im Orient viel konsumiert wird von dem Zeug?" Emma hebt ihre Schultern. „Wahrscheinlich. Ich erinnere mich an süßes klebriges Gebäck, das vor Zucker trieft und Joghurt mit massig viel Honig..." Emma kratzt sich am Kopf. „Noch etwas Interessantes, Maria-Julia. Ich habe gehört, dass das Gehirn bei dieser Art von Bewusstseinserweiterung viel mehr Brennstoff als normal benötigt." Das wäre eine plausible Erklärung dafür... „Emma, Du forderst mich mal wieder. Deshalb bitte ich Dich um Folgendes: Bevor Du mit Deinen vielen Inputs weiter machst, denke daran, dass ich eventuell etliches von dem, was Du von Dir gibst, vielleicht noch nicht ganz verstehen kann?" Emma seufzt. „Hat bei mir auch einige Zeit gedauert. Wird schon, Maria-Julia. Bei den Chinesen, ich meine die mit den fünf Elementen, bedeutet Deine Bestellung - wenn sie denn öfter mal vor käme - ein Ungleichgewicht im Erdelement. Dazu zählen die Organe Magen, Milz und Bauchspeicheldrüse. Wobei das nicht nur auf die tatsächlichen Organe begrenzt ist, sondern weit gefasst ist."

Ich bin verunsichert. „Hört sich ja mächtig schlau an, Emma. Darf ich mir mein Eis dennoch weiter schmecken lassen?" Emma lenkt ein. „Nichts für ungut, mein Zuckerschnütchen. Was immer Du magst und Dir bestellst ist okay! Außerdem gilt der Spruch: Einmal ist keinmal!" Ich seufze. „Und 'zweimal ist einmal zu viel', ich weiß! Übrigens, kannst Du mir erklären, warum ich ein Pflaster auf die Einstichstelle bekommen habe?" Emma nickt. „Kann ich. Gefäße sind sensibel. Deshalb pflegen wir sie. Dadurch bleiben sie uns für intravenöse Spritzen und Infusionen erhalten und verhärten nicht." Darauf wäre ich nicht von alleine gekommen. „Maria-Julia, wir lieben unsere Patienten, betreiben Vorsorge und verwenden ausschließlich beste Materialien. Kannst Du Dir vorstellen, dass die Butterflys von Hand geschliffen werden?" Ich bin erstaunt. „Was du nicht sagst!" Emma nuschelt. „Manchmal ist es ärgerlich! Es ist zwar selten, aber es passiert gelegentlich: Da bist Du im Gefäß und trotzdem klappt es nicht, weil die Nadel nicht offen ist und deshalb kein Blut zurück laufen kann."

Ich freue mich. „Bei mir hat es beim ersten Anlauf geklappt." Emma schaut zufrieden aus. „Das ist ideal, wenn Können auf gutes Material trifft. Ich weiß von einem Pharmavertreter, dass gerade in den Krankenhäusern oft hitzige Debatten wegen der Preise laufen. Da gab es erst kürzlich ein Gerangel um den Preis von Zellstoffbinden. Als der Vertreter des Krankenhauses den Referenten noch mehr mit dem Preis drücken wollte, rastete der mit hochrotem Kopf und Schaum im Mund aus mit den Worten: 'Warum unser Qualitätsstandard um jeden Preis? Holen Sie Ihren Kram doch bei irgend einem Billiganbieter. Da finden Sie vielleicht Mäusekacke drin. Die können Sie dann ja im Container sterilisieren!'" Scharfe Geschütze! „Uff! Und was genau ist anschließend passiert?" Emma macht eine Kunstpause. „Der Pharmavertreter hat den Auftrag bekommen. Höchste Qualität hat nun mal ihren Preis! Was ganz anderes, Maria-Julia. Was in aller Welt habt Ihr heute gemacht? Ich meine so komische Laute gehört zu haben? Was war das?" Ich muss lachen. „Kann das sein, Emma? Du kennst etwas noch nicht?" Emma zieht ihre Stirn kraus. „Scheint so. Erzähl bitte!" Ich lasse mir mit der Erklärung Zeit. „Wenn ich das richtig verstanden habe, Emma, wurde heute mein Energielevel ausgetestet. Es ging um Chakren. Die Chakren – oder heißt es Chakras? - hat mir Antonia auf Eurem großen farbigen Poster im Flur gezeigt." Emma erklärt: „Chakren oder Chakras. Beides stimmt. Und weiter?" Meine Freundin schaut mich interessiert an. „Bei mir waren zwei Chakren nicht in Ordnung. Dafür habe ich gesummt: 'RUM' und 'WOL'. Nach einer kurzen Weile hat Antonia meine Energiezentren nach getestet und befunden, dass ich jetzt harmonisch schwinge. Und damit das so bleibt, muss ich zu hause täglich die Silben wiederholen. Ich meine summen." Emma schaut mich fragend an. „Wirst Du? Von wegen Stephan?" Ich lache. „Das fällt mir leicht. Der kennt Dich doch, Emma. Der wird verstehen, dass ich einiges mache, was er kaum nachvollziehen kann..." Emma grinst. „Danke für die Blumen, meine Teure. Aber vielleicht lässt Du Dir noch einmal von Antonia etwas über die Aura erzählen und vielleicht ebenfalls über andere Testmöglichkeiten. Das ist interessant, glaub mir." Das glaube ich Emma sofort. „Sag mal Emma, ist Deine Chefin vielleicht ein Medium?" Emma nagt an ihrer Unterlippe. „Das ist eine Definitionsfrage. Mir hat einmal eine Patientin erzählt, wie Antonia anfangs in ihrer Heilpraxis gearbeitet hat. Das war ungewöhnlich, Maria-Julia. Hammer! Ich kenne eine kleine wahre Geschichte dazu. Soll ich?" Ich seufze.

„Spanne mich bitte nicht auf die Folter, Emma." Emma genießt meine Spannung und macht langsam. „Nun. Diese Patientin kam auf Empfehlung eines Mannes, den Antonia nicht persönlich kannte. Dieser Mann wiederum hatte über eine Kundin von ihm von Antonia gehört und er hatte sich vorgenommen, irgend wann ebenfalls einmal in ihre Praxis zu kommen... Du kennst das: Da kennt jemand jemanden, der jemand kennt, der..." Ich grinse. Meine Emma! „Die Geschichte: Antonia begrüßte die neue Patientin, schoss ein Polaroidfoto von ihr und entschwand. Elke – so hieß die Frau – blieb derweil im Wartezimmer mit vielen Büchern und einem duftenden Tee zurück. Eine gute Viertelstunde hörte Elke immer wieder ein Geräusch, das sie für würfeln hielt." Ich bin gespannt. „Hat Antonia gewürfelt?" Emma ist entrüstet. „Nein, natürlich nicht. Elke hat das Geräusch eines Biotensors gehört, das mit Schwung auf die Platte eines Schreibtisches aufgeschlagen ist. Ein solches Gerät liegt übrigens in Antonias Zimmer hinter ihrem Rücken auf der Anrichte. Achte mal drauf." Emma zögert. „Du kennst den Biotensor bereits, Maria-Julia! Antonia hat damit Deine Chakren ausgetestet, nicht wahr?"

Ich nicke. „Sorry! Jedenfalls teilte Elke nach der relativ kurzen Wartezeit das Ergebnis ihrer Testung mit und wunderte sich. Antonia hat ihr die gleiche Diagnose wie dieser Berufskollege gestellt. Dieser Kollege hat seinerzeit Blut und Urin ausgewertet und vier Gespräche im Wochenrhythmus gebraucht." Emma hüstelt. „Maria-Julia, ist es nicht erstaunlich, dass eine präzise Diagnose mit einfachsten Mitteln möglich ist?" Ich nicke. „Die Diagnostik von Antonia hat sich offensichtlich verändert. Ihr macht inzwischen ebenfalls Blutbilder und Auswertungen des Urins. Kannst Du mir beantworten 'Warum', Emma?" Emma nickt. „In der Zwischenzeit hat Antonia ihre Praxis umgestellt und geändert. Sie möchte, dass die Patienten etwas zum Anfassen und Nachvollziehen bekommen. Sie testet im Verhältnis zu früheren Zeiten nur noch wenig auf diese Art aus, soviel mir bekannt ist." „Ist irgendwie schade, Emma, oder?" Emma leckt sich die Lippen. „Du, sie weiß es einfach – auch ohne Testung, Maria-Julia." Ich nicke.

„Wahrscheinlich. Übrigens wollte ich Dir noch eine nette Geschichte erzählen. Es geht um Stephan und mich." Ich atme tief durch. „Leg los, Maria-Julia." Ich erinnere mich. „Also, ich liege in der Wanne, als Stephan ins Badezimmer kommt und mich fragt: 'Hast Du auch die Geräusche unten gehört?' Ich verneine. Normalerweise höre ich gut. 'Du sprichst eher leiser als früher. Was immer das auch heißen mag...' Ich entschuldige mich. 'Ich habe allerdings die meiste Zeit unter Wasser verbracht.' Stephan ist erstaunt. 'Unter Wasser?', fragt er. 'Ja, ich bade doch liebend gerne in Salzwasser. Dabei tauche ich immer auch meinen Kopf mit unter Wasser." Und zu Emma gewandt: „Ein wenig Nostalgie sozusagen. Wenn ich schon nicht wegkomme..." Emma versucht, mich zu trösten. „Ach, mein Schätzchen. Bald bist Du wieder fit und bald darauf geht es los in ferne Länder und zu den Meeren, die Du so liebst!" Ich bin gerührt. „Ach Emma. Das will ich gerne glauben..." Ich bin überzeugt davon, dass das passieren wird." Emma ist besonders. 'Schwerhörig' bist Du jedenfalls nicht, mein Schatz." „Warum, Emma?", wundere ich mich. „Dein Mann sagt es und ich finde das auch: Du sprichst nicht mehr so laut wie früher, aber auch nicht leise."

„Inzwischen weiß ich ja von Dir, dass das Letztere auf eine Herzschwäche hinweisen könnte. Aber das weiß mein Schätzchen nicht. Also hab ich geantwortet: 'Vielleicht sind wir ja beide schwerhörig und Du empfindest mich deshalb als leiser?'" Emma grinst. 'Daraufhin schallendes Gelächter von meinem Götterich. Plötzlich nimmt er meine Hand in die seine und haucht eine sanften Kuss darauf'" Emma seufzt. „Hat Dich ja mächtig beeindruckt, Maria-Julia!" Jetzt seufze ich. „Hat es, Emma. Da klang ein wenig der Romantiker durch von früher... Es war leider eher kühl mit uns beiden in letzter Zeit. Ich habe mir gewünscht, dass sich das normalisiert. Ich bin hoffnungsfroh! Komm, freue Dich bitte mit mir, Emma!" Emma lächelt mich an. „Freu, freu, mein Schätzchen!" Sie umarmt mich.

„Übrigens – was ich Dich schon lange fragen wollte: Du hast irgendwann einmal vom Cleopatra-Bad gesprochen. Klär mich bitte auf." Ich nehme das als indirektes Kompliment. „Ins Cleopatra-Bad gehören fünf Esslöffel gutes Badeöl, die ins laufende Badewasser gegeben werden. Anschließend bitte vorsichtig in den vom einlaufenden Badewasser hervorgerufenen Strudel fünf gehäufte Esslöffel Molkepulver streuen, das entspricht ungefähr einhundert Gramm, so dass sich das Pulver vollständig auflösen kann. Zusätzlich gebe ich drei bis fünf Esslöffel Mandelöl hinzu. Nach dem Bad tupfe ich die Haut lediglich sanft ab. Willst Du wissen, wie ich mich anschließend fühle?" Emma nickt. „Ich fühle mich wie einst Cleopatra. Auch wenn es keine Eselsmilch, sondern nur Molke von einer wahrscheinlich glücklichen Milchkuh ist..." Emma kann vielleicht einmal mit mir in ein Spa gehen... „Kosmetisch hast Du richtig was drauf, Maria-Julia."

Energie!

„Wie summt es sich?", fragt mich Antonia schmunzelnd, als sie mir auf dem Gang entgegen kommt. Ich lächele Antonia an. „Ich nehme mir die Zeit abends und mein Mann respektiert zur Zeit alles, was mir hilft..." Ich bin froh, solche Antworten ehrlich beantworten zu können. „Wie fühlen Sie sich dabei, Frau Winter? Tut es Ihnen gut?" Ich nicke zur Bestätigung. „Als ich gestern meinem Mann Stephan erzählen wollte, was mit mir passiert ist, konnte ich das gar nicht richtig in Worte fassen. Das will ich in Zukunft besser machen! Für heute habe ich mir drei Fragen notiert." Antonia lächelt. „Frau Winter, eine gute Idee. Wir sehen uns gleich." Ich nicke. „Ja, nach Ihrer Infusion. Übrigens: Nach einer Behandlung ist mir nicht nur immer schön warm, sondern mein Gedächtnis scheint danach irgendwie besser zu funktionieren..." Antonia lächelt erneut. „Das freut mich für Sie. Bis nachher, Frau Winter." Nach einer guten Stunde sitze ich gut gelaunt und mit rosigen Wangen Antonia gegenüber. „Frau Winter, darf ich Ihnen einen Kräutertee anbieten?" Ich freue mich auf den schmackhaften Tee. „Gerne, Frau Talbach." Antonia schaut mich fragend an. „Sie haben etwas vorbereitet, Frau Winter?" Ich nippe an meinem heißen Kräutertee. „Richtig, Frau Talbach. Zuallererst mein wichtigstes Anliegen: Wie ist das mit den Kosten? Ich habe eine Privatversicherung, die auch Heilpraktiker mit einschließt. Wie viel muss ich dazu zahlen?" Antonias Antwort ist klar und deutlich. „Frau Winter, Ihre Privatversicherung erstattet gemäß Ihres Tarifes. Sie reichen die Rechnungen ein. Einen eventuellen kleinen Rest müssen Sie aus eigener Tasche bezahlen. Ist diese Frage damit beantwortet?" Ich atme hörbar aus. „Jetzt bin ich beruhigt." Antonia trinkt einen Schluck Tee.

„Frau Talbach, ich habe mich bei meinem letzten Termin vor meiner Behandlung mit einer anderen Patientin unterhalten. Diese Frau erzählte mir von ihrem Heuschnupfen. Sie haben ihr einen Spray verordnet, den man auch kleinen Kindern geben kann. Ist dieses Mittel eventuell etwas für meine jüngere Tochter?" Antonia nickt. „Frau Winter, der Spray, von dem Sie reden, ist sogar ein besonderer Spray. Er ist gänzlich ohne Treibgas und auf mannigfache Weise einsetzbar. Für eine Verordnung allerdings hätte ich Ihre Tochter bitte gerne einmal persönlich in Augenschein genommen und gesprochen. Frau Talbach, das verstehen Sie? Machen Sie bitte einen Besprechungstermin mit Emma aus." Ich beschließe, Kathy einen Termin zu machen. „Selbstverständlich." Antonia wartet auf weitere Fragen. „Frau Talbach, können Sie mit bitte erklären, was es mit der Energie eines Menschen auf sich hat?" Antonia nickt. „Frau Winter, eine sehr gute Frage, die Frage zur Energie eines Menschen. Eine gute Energielage bedeutet Gesundheit. Es gibt nur 'eine' Gesundheit. Tausende von Symptomen gibt es - jedoch nur 'eine' Krankheit!" Antonia trinkt einen Schluck. „Schlichtweg gesagt ist 'Krankheit' ein Mangel an 'Lebensenergie." Ich höre fasziniert zu. Warum auch immer, verstehe ich, was sie sagt.

„Frau Winter, zur Erklärung: Alle Zellen sind elektrisch aufgeladen. Gesunde Zellen haben eine hohe Zellspannung, erkrankte Zellen lediglich eine geringe. So hat eine gesunde Zelle achtzig bis hundert Millivolt. Bei Arthritis sinkt die Zellspannung auf noch fünfzig bis siebzig Millivolt, bei Arthrose auf vierzig bis fünfzig Millivolt und bei Krebs auf nur noch fünfzehn bis zwanzig Millivolt." Ich schreibe mit und mir fallen spontan etliche Leute ein... Mir wird klar, warum sich manche Menschen schwach fühlen... Sie haben unzureichende oder kaum noch ausreichende Energie! „Manche naturheilkundliche Verfahren regulieren ausschließlich die Energielage eines Menschen und unterstützen damit dessen Selbstheilungskräfte. Diese Anwendungen laden die Batterie auf. Auf diese Weise werden gute Ergebnisse bei den unterschiedlichsten Symptomen möglich." Auch das kann ich gut nachvollziehen. „Frau Talbach, im deutschen Sprachgebrauch gibt es doch den Ausdruck 'Funken sprühen', nicht wahr?" Antonia lächelt. „Frau Winter, das muss ich mir merken in diesem Zusammenhang. Dankeschön." Antonia lächelt mich an. „Mögen Sie noch einen Tee, Frau Winter?" Ich nicke. „Seit Urzeiten wissen die Menschen, dass sie von einem strahlenden Energiefeld, einer Art farbigem Lichtring, der Aura umgeben sind. Aura kommt aus dem griechischen und heißt übersetzt 'Hauch'. Im Sprachgebrauch nennt man das 'Ausstrahlung'. Durch die Kernphysik und Zellbiologie, aber auch über moderne Messapparate ist es inzwischen möglich, diese Energiestrahlung für jedermann sichtbar zu machen. Ein strahlender Mensch hat eine große, ein Mensch mit wenig Lebensenergie eine geringe Ausstrahlung." Das kann ich gut nachvollziehen. Ich nicke. „Lebensenergie ist jene Kraft, die uns gesund macht und gesund erhält. Es ist die Energie, die Pflanzen wachsen und Babys gedeihen lässt. Lebenskraft ist die Essenz!

Deshalb Lebensmittel und nicht Nahrungsmittel. Was wir jedoch heutzutage aus den Regalen entnehmen, sind im Normalfall Nahrungsmittel..." Das muss ich hinterfragen... „Frau Talbach, welche Chance habe ich als Laie denn, Nahrungsmittel von Lebensmitteln zu unterscheiden?" Antonia überlegt. „Es ist inzwischen tatsächlich möglich, die lebendige Wertigkeit eines Lebensmittels darzustellen. Mit speziellen Apparaten versteht sich. So wird ein biologischer Apfel wertvoll, weil er viel Lebenskraft enthält, ein A-Klasse Apfel aus normalem Anbau - der zusätzlich Energie eingebüßt hat durch lange Lagerung - fällt eventuell aus diesem Rahmen. Solche Daten sind wertvoll. Viele Missstände lösen sich mit messbaren Werten sozusagen sofort in Luft auf. Es wird ganz klar abgelesen und für jedermann nachvollziehbar, was etwas taugt. Leider hat sich diese teure Methode noch nicht durchgesetzt." Ich finde das 'exorbitant' wie Stephan das ausdrücken würde. „Frau Talbach, wahrscheinlich wäre das eine kleine Sensation, wenn die biologische Wertigkeit auf allen Verpackungen stünde und jedermann sofort schauen könnte, was wertvoll und was weniger oder keinen Wert besitzt?" Ich bin auf die Antwort gespannt. „Sie haben recht, das wäre es. Wenn ich beispielsweise an die Werbung denke, was ausnahmslos gesund und kinderfreundlich sein soll..." Antonia seufzt. „Über so etwas habe ich bisher noch gar nicht nachgedacht." Antonia seufzt erneut.

„Es geht noch einmal um Energie, oder um die Darstellung von Energie, Frau Winter. Es handelt sich um eine ältere Methode, die Kirlianfotografie. 1937 bereits entdeckte der russische Elektrotechnik-Ingenieur mit Namen Semjon Davidowitsch Kirlian diese Art der Fotografie durch Zufall, als er einen medizinischen Apparat reparieren sollte. Er ließ das Verfahren 1949 mehrmals patentieren. Später forschte er gemeinsam mit seiner Ehefrau Walentina Kirliana und dem Arzt Ruben Stepanow. Die Kirlianfotografie zeigt das Energieniveau eines Menschen über eine spezielle Fototechnik im Hochfrequenzfeld sichtbar an. Frau Winter, ich zeige Ihnen einmal eine Abbildung dazu, bevor ich weit aushole." Antonia kramt in ihrer Schublade. „Hier, Frau Winter. Sehen Sie! Speziell an Zehen und Fingern wird die physische Befindlichkeit über einen Strahlenkranz sichtbar. Und wie Sie sehen, gibt es auf diesem Bild Farbveränderungen oder dunkle Löcher. Das sind energetische Störungen dieses Menschen. Diese Störungen treten bereits etliche Tage früher auf, bevor letztlich eine Krankheit oder Beschwerden körperlich ausbrechen." Ich habe so etwas noch nie gesehen. „Frau Winter, solche Technik ist übrigens nicht nur ausschließlich für Menschen anwendbar, sondern auch für Tiere und Pflanzen. Hier sehen Sie ein abgepflücktes Blatt. Auch hier ist die Lebenskraft gut sichtbar." Unglaublich ist das. „Frau Talbach, so etwas habe ich noch nie gesehen!" Ich frage mich, warum diese Methode nicht bekannter ist... „Sehen Sie hier, Frau Winter. Auf der nächsten Abbildung ist das Blatt verletzt, man hat es angesengt." Ich schaue genau hin. „Der Lichtkranz ist beschädigt?" Kann das sein? „Richtig, Frau Winter... Das kommt gut raus auf dem Foto. Es kommt noch besser. Schauen Sie auf das nächste Bild und die Unterschrift, bitte." Ich lese: 'Das Blatt wurde in die Handflächen genommen, Liebe geschickt und gebetet'. Ich schüttele den Kopf und seufze.

„Frau Winter, was genau sehen Sie auf der nächsten Seite?" Ich schaue ganz genau hin. „Kann das sein? Ist das möglich, Frau Talbach?" Antonia nickt. „Ja, das ist es, Frau Winter. Der Strahlenkranz dieser verletzten Pflanze, die mental bearbeitetet wurde, ist größer als vor der Beschädigung." Ich bin beeindruckt. „Unglaublich! Das muss ich meinem Mann erzählen..." Antonia lächelt mich an. „Wie schaut es aus? Noch einen Tee?" Ich nicke. „Eine halbe Tasse, bitte." Antonia schenkt mir nach ich atme tief durch. „Frau Talbach, ich wollte mich heute einmal in aller Form bei Ihnen bedanken. Seit ich hier in der Praxis zur Behandlung bin, kann ich wieder Informationen aufnehmen und denken – fast wie in den guten alten Zeiten. Wie Sie wissen, notiere ich mir immer alles. Ich referiere nach jeder Behandlung in der Praxis gleich zweimal darüber. Erst einmal erzähle ich Emma, was ich gehört habe und danach meinem Mann... Am nächsten Tag bin ich immer noch gut drauf, aber schon ein wenig weniger. Zum Glück bin ich am übernächsten Tag wieder hier..." Wir lachen beide. „Herzlichen Dank. Frau Winter, das Thema 'Energie' ist noch nicht ganz abgeschlossen. Ich habe Ihnen von der Aura erzählt und von der Kirlianfotografie. Einer Möglichkeit, Energie sichtbar zu machen. Und ich habe betont, dass unsere Energie uns hilft, gesund zu bleiben. Das ist etwas, was nicht erst neuerdings, sondern schon vor langer Zeit bekannt war.

Energie zu erhalten und zu pflegen ist 'Vorsorge'. In anderen Kulturen - wie zum Beispiel im alten China - war diese Vorbeugung bereits vor fünftausend Jahren ein Thema. Deshalb gab es dort weitaus mehr Rezepturen zur Gesunderhaltung als für Krankheitssymptome. Das ist bei den gesundheitlich aufgeschlossenen Chinesen bis heute so geblieben. Damals wie heute stehen das tägliche Essen, Kräuterkunde, Tai Chi und Chi Gong in der Rangfolge 'vor' der Akupunktur. Die wurde seinerzeit generell erst dann angewendet, wenn sich die Prävention allein als unzureichend erwies. Es ging grundsätzlich darum, die Selbstheilungskräfte des Körpers zu aktivieren, um körperliche, geistige oder seelische Gesundheit wieder zu gewinnen, im besten Fall stabil zu erhalten. Die Zauberformel hieß Energie oder im chinesischen Vokabular Qi." Diese Bezeichnung kenne ich. „Ist nicht hier im Westen gerade die Akupunktur am bekanntesten, Frau Talbach?" Antonia nickt. „Da gebe ich Ihnen recht, Frau Winter. Wie gesagt, vorbeugend wurden das Essen, Kräuter, Tai Chi und Chi Gong angewendet." Ich schreibe mit. "Wieder etwas für meinen Stephan." Antonia schmunzelt. „Alle Organe und Systeme werden mit Lebenskraft versorgt. Die Energieverläufe nennen sich Meridiane. Die Energien, die durch den Körper eines Menschen fließen, sind unterschiedlich beschaffen. Das kann man ausmessen. Über die eigene Sensibilität oder zum Beispiel ein Elektro-Akupunktur-Messgerät. Eine Möglichkeit zur Messung bieten Finger und Zehen, weil dort die Endpunkte der Energiebahnen herlaufen." Ich bin unsicher. „Wie erkläre ich das meinem Mann, Frau Talbach?" Antonia überlegt einen kurzen Moment. „Zugegeben, Frau Winter. Das Thema ist komplexer Natur. Aber vielleicht klappt das über dieses Denkmodell..." Ich höre aufmerksam zu.

„Frau Winter, diese Energiebahnen oder Meridiane können über eine Reizung eines Endpunktes einer Energiebahn - zum Beispiel des Meridians der Leber - sichtbar gemacht werden. Dieser Endpunkt des Lebermeridians befindet sich am großen Zeh an der Außenseite. Mithilfe von 'Moxen' ist ein solcher Reiz möglich. Unter

Moxen versteht man das Abbrennen einer Kräutermischung auf oder an einem Punkt. Über eine solche Maßnahme wird der gesamte Verlauf des Meridians sichtbar. Allerdings benötigt man dafür eine spezielle Kamera." Was es alles gibt. Ich bin erstaunt. „Ich habe noch nie davon gehört." Antonia lächelt. „Frau Winter, diese Methode wird den meisten Menschen unbekannt sein." Das glaube ich ebenfalls. „Frau Winter, unsere Körperzellen kommunizieren mit kohärentem oder anders ausgedrückt mit geordnetem Licht - Laserlicht - im infraroten, als auch im ultravioletten Bereich. Für die Darstellung des Meridians benötigt man deshalb ebenfalls eine spezielle Kamera: Eine Kamera, die chaotische Wärmestrahlung aus filtert und ausschließlich kohärentes Infrarotlicht aufnimmt." Antonia beendet die Sitzung. Ich habe viel notiert...

*

Als Emma erscheint hat der Kellner gerade ihren Espresso, meinen Kaffee und das Wasser gebracht. Wir nehmen uns in die Arme und geben uns Küsschen auf beide Wangen. „Chices Outfit, Emma! Ist der Rock neu?" Emma schaut an sich herunter. „Neu nicht, vielleicht etwas zu eng?" Ich schüttele verneinend den Kopf. „Eher sexy, meine Liebe. Jetzt etwas ganz anderes. Du, Emma, hast mich animiert, nach der Energie zu fragen. Und ich bin Deinem Rat gefolgt!" Emma schaut mich groß an. „War doch bestimmt spannend und einiges wahrscheinlich unbekannt, Maria-Julia, nicht wahr?" Das will ich meinen... „Emma, es ist tatsächlich bereits möglich, die Energie eines Apfels zu ermitteln. Leider sind entsprechende Apparate sündhaft teuer. Meinst Du nicht auch, dass das eine tolle Möglichkeit wäre, generell qualitativ gute Lebensmittel einzukaufen?" Emma fragt nach. „Wie meinst Du das, Maria-Julia?" Ich überlege kurz. „Stell Dir vor, Emma, auf jeder Packung stünde die Energie. Hier auf der Kekspackung zum Beispiel stünde zehn Prozent Energie. Vielleicht würde ich mir überlegen, ob ich die Kekse esse?" Emma grinst. „Meinst Du wirklich, Maria-Julia? Wir beide wissen bereits seit einiger Zeit, dass vieles Mist ist, was wir essen und was tun wir? Wir essen es trotzdem! Oder?" Emma knabbert an ihrer Unterlippe. „Hast Du auch wieder recht, Emma. Aber nur ganz selten!" Ich stelle fest, dass mein Kaffee zu heiß ist und trinke ein Glas Wasser. Emma trinkt ihr Wasser wie üblich direkt aus der Flasche in einem Zug aus. Emma rülpst. „Maria-Julia, wenn man meistens das richtige isst, ist das okay. Meistens richtig, gelegentlich ein Griff ins Klo." „Das mag richtig sein, Emma. Ich freue mich trotzdem heute schon auf den Tag, wo es solche Möglichkeiten zur Überprüfung der Energie geben wird. Und die absolute Steigerung wäre, wenn die Lebensqualität in Form von Energie 'generell' angezeigt würde!" Ich trinke meinen abgekühlten Kaffee. „Na ja, das hätte schon was, Maria-Julia. Muss ich zugeben. Derzeit ist wahrscheinlich noch keine große Nachfrage da und die Apparate dafür sind deshalb noch sündhaft teuer. Erinnere Dich an die ersten Fernsehapparate, wie teuer die anfangs gewesen sind..." Emma hat recht. Erst über eine vermehrte Nachfrage reduzieren sich Preise.

„Du hast es gut, Emma. Du kennst bereits vieles von dem, was ich erst einmal kennen lernen und sortieren darf. Ist ganz schön kniffelig ab und zu." Emma nippt an ihrem Espresso. „Weiß ich, Maria-Julia. Sieht bei mir nur so aus, als stünde ich über allem. Es gibt immer wieder Dinge, wo ich ganz schön ans Nachdenken komme..." Eine weitere gute Eigenschaft meiner Freundin. Emma ist ehrlich. „Das freut mich zu hören. Ein Thema heute waren die Kosten, die auf mich zukommen. Gottlob habe ich bereits vor Jahren einmal eine Privatversicherung für Heilpraktiker abgeschlossen. Ich werde kaum etwas dazu zahlen müssen." Ich lächele. „Ja, ja, die pekuniären Gründe. Das liebe Geld, mal wieder. Du hast Glück mit Deiner Versicherung. Die normalen Krankenkassen könnten mal so etwas Vernünftiges fördern. 'Vorsorge' wird allgemein als Versicherungsleistung verstanden. Wir praktizieren Vorsorge. Wir ersparen den Kassen oftmals teure Operationen und Patienten einen Krankenhausaufenthalt. Außerdem entwickeln die Patienten mehr Lebensfreude!!!" Emma grinst breit. „Vorteil: Die Krankenkasse hätte sicher infolge auch wieder mehr Kohle zur Verfügung und müsste die Beiträge nicht erhöhen. Nachteil: das Krankenhaus hätte wahrscheinlich weniger zu tun..." Ich seufze. „Emma, es reicht." Emma wirkt verlegen.

„Mmh, hast ja recht, Maria-Julia. Übrigens, gestern habe ich mich entsetzlich über eine Werbung aufgeregt." Emma steht kurz auf und nestelt an ihrem engen Rock herum. „Was genau hat Dich aufgeregt, Emma?" Emma setzt sich. „Maria-Julia, ich beschreibe Dir den Fernsehspot: Gesundes Grünzeug wird von zwei 'Superhelden' im präpubertären Stadium zuerst in eine Vase verfrachtet, dann – das ist allerdings nicht erkennbar – wahrscheinlich in den nächsten Mülleimer geworfen und das Wasser aus der Sprudelflasche landet direkt bei den Fischen im Aquarium. Mit einer Gabel wird eine kleine Figur katapultiert und zerstört. Wohl nach der Devise: 'So was brauchen 'wir' nicht'." Emma schnaubt. „Maria-Julia, dann siehst Du den zwei Kerlen zu, wie sie zwei Superburger in der Mikrowelle garen und dieses Fastfood letztendlich mit Hochgenuss ohne Besteck oder Serviette vertilgen. Wie hieß es gleich in der Werbung? Richtig: 'Fingerfood für Fäuste'! Frei nach dem Motto: 'Starke Männer sind blöd und kindisch'!" Emma schnaubt gleich noch einmal. „Ich gebe Dir recht, Emma. Wenn jemand auch nur ein wenig begriffen hat, was der Ausdruck Lebensmittel beinhaltet, hört sich Deine Wiedergabe des Spots im Fernsehen wahrlich schaurig an." Ich finde, dass Emma sich weniger aufregen sollte. Ihr Adrenalinspiegel ist wahrscheinlich an der Obergrenze... „Das kannst Du laut sagen, Maria-Julia. Ich gebe dem Spot ab sofort einen neuen Titel!" Emma grient feindselig. „Was genau hast Du Dir ausgedacht, meine pfiffige Freundin?" Was kommt jetzt? „Hach! 'Muskelmasse ersetzt Hirn'!" Wir lachen. „Maria-Julia, ich gebe zu bedenken, dass vielleicht genau diese Zielgruppe nicht unbedingt die reinlichste ist." Ich bin überrascht.„Emma, was genau meinst Du?" Emma trinkt ihren Espresso aus. „Maria-Julia, ich meine nicht, sondern habe gelesen, dass sich nur wenige Männer nach dem Toilettengang die Hände gründlich waschen. Ich kontrolliere männliche Reinlichkeit folgendermaßen. Wenn ich männlichen Besuch erwarte, den ich nicht kenne, gibt es auf dem Gästeklo kein Handtuch – erst auf Nachfrage." Ich bin sprachlos und schaue Emma groß an. „Schau nicht so ungläubig, Maria-Julia. Ich finde mein Interesse angemessen." Wir lachen. „Übrigens, zum Essen per Hand der beiden Männer aus dem Werbebeitrag fällt mir gerade eine super geile Formulierung ein, Maria-Julia. 'Alle eventuell vorhandenen Nährstoffe absolut gekillt und zusätzlich - über mangelnde Hygiene - hochgradig bakteriell belastet! Wenn das nicht schaurig ist!" Emma hat einen roten Kopf bekommen. „Emma! Lass es gut sein." Emma lenkt ein. „In Ordnung. Ich höre auf damit." Wir sitzen uns eine Weile schweigend gegenüber.

„Magst Du bitte noch etwas von Deinem Gespräch mit Antonia erzählen?" Ich schaue auf meine Notizen. „Immer wieder gern, meine temperamentvolle Emma. Gesundheit ist messbar. Elektrische Ladung und Millivolt..." Emma hilft mir weiter. „Maria-Julia, ein Mehr an Millivolt bedeutet ein Mehr an Blutqualität oder Lebensqualität. Gesundheitsvorsorge bekommt eine andere Bedeutung?" Ich atme tief aus. „Emma, nicht ganz so schwierig bitte!" Emma nickt. „Okay, und was war für Dich bisher noch wenig bekannt?" Ich überlege kurz. „Das mit der Lichtenergie, Emma. Ich kannte das Farblicht aus der Sauna und dem neuen Duschkopf, den ich letzten Geburtstag von Stephan geschenkt bekommen habe." Emma schaut mich groß an. „Den Duschkopf darfst Du mir ruhig mal vorstellen. Ich wusste gar nicht, dass Du so etwas Tolles besitzt. Und weiter?" Ich überlege. „Ich finde es wunderbar, dass es möglich ist, dass Lebensenergie übertragen werden kann. Womit auch immer." Ich denke an die Fotos, die mir Antonia gezeigt hat. „Ich konnte mich davon überzeugen, dass eine Veränderung von Energie über die Kirlianfotografie sichtbar zu machen ist. Beeindruckt hat mich insbesondere das Foto von einem verletzten Blatt. Ist es nicht fantastisch, Emma, dass mithilfe einer Kirlianfotografie ein verletztes Blatt auf ein Gebet für jedermann sichtbar reagiert oder sich Krankheit schon einige Zeit 'vor' Auftreten von Symptomen oder Krankheit auf Fotos abbildet? Das alles finde ich wirklich und wahrhaftig fantastisch. Ich bin mehr als beeindruckt, Emma!" Emma schaut mich ernst an. „Ja, das finde ich auch fantastisch, Maria-Julia!" Ich bemerke erfreut, dass Emmas Gesicht wieder eine normale Färbung angenommen hat. „Emma, es gab außerdem eine spezielle Kamera, die die Meridiane sichtbar macht. Ich habe mir speziell für Stephan dazu Notizen gemacht. Von wegen wissenschaftlich... Ich hoffe, ich bekomme die Wiedergabe irgendwie zustande." Emma nickt. „Ich finde, Du hast alles prima begriffen fürs erste. Dein Mann kann ins Internet schauen, wenn er mehr Genaues wissen will, oder?

Noch ein Kaffee?" Ich schüttele den Kopf. „Lieber nicht. Einer reicht mir. Dankeschön." Emma beugt sich zu mir. „Ihr habt ihr über Quantenphysik geredet?" Ich kenne den Begriff. „Nein, Emma. Heute nicht. Was meinst du denn damit in diesem Zusammenhang?" Emma lächelt verschmitzt. „Ich habe zu hause ein schönes Buch für Dich. Die 'What the Bleep...' Geschichte von Barbara Singer. Ist eigentlich für Kinder. Es geht darum, dass unser Unterbewusstsein am stärksten auf innere Bilder reagiert und die damit verbundenen Gefühle. In diesem Buch zeigt ein Junge namens Oliver wie das geht. Seine Botschaft für den Leser könnte lauten: Durchhalten, weitermachen und üben, damit Träume und Wünsche sich realisieren." Ich habe eine Idee. „Das Buch darfst Du mir gerne leihen. Vielleicht ist es für meine Damen zu hause geeignet?" Emma schaut mich groß an. „Allemal, aber gedacht habe ich zuerst an Dich, mein Schätzchen. Ich schreibe Dir gerade noch einen anderen Titel auf. Ein spannender Roman, der ebenfalls von Metaphysik handelt: 'Die Prophezeihungen von Celestine'. Musst du unbedingt lesen. Die erste Prophezeiung gibst Du übrigens bereits schon öfter mal von Dir..." Ich bin neugierig. „Nämlich?" „Es gibt 'keine' Zufälle!" Ich atme tief durch. „Wie gesagt, Maria-Julia, musst Du unbedingt lesen! Unbedingt! Ist sozusagen Pflichtlektüre." Emma strahlt und nimmt mich herzlich in ihre Arme.

Pralle Haut, bitte.

Ich treffe Antonia im Gang auf dem Weg zur Toilette. „Frau Winter, wie fühlen Sie sich heute?" Ich schmunzele. „Frau Talbach, ich habe gut und lange geschlafen und in Ruhe lecker gefrühstückt. Ich habe heute sogar zusammen mit meinem Mann am Kaffeetisch gesessen. Heute war er eher schweigsam, aber trotzdem hat es sich richtig an gefühlt und gut getan." Antonia scheint sich zu freuen. „Schön! Richtig rosig sehen Sie aus, Frau Winter!" Ich nicke. „Das machen die Anwendungen in Kombination mit der Wärmflasche, nehme ich an." „Einen Tee?" Ich nicke. „Gerne, wie immer. Ich bin gespannt wie ein Flitzebogen, würde meine Freundin Emma sagen." Antonia schmunzelt. „Ja, das könnte aus Emmas Mund kommen. Recht hat sie. Eine Auswertung ist immer interessant, Frau Winter." Wir beide trinken einen Schluck Tee und Antonia setzt eine rosa Brille auf. „Heute besprechen wir Ihre Blutwerte und die Ergebnisse Ihres Urin-Befundes. Durch Ihre Blutwerte wird klar, dass Sie zur Zeit stark übersäuert sind. Sie merken das beispielsweise an Schulterbeschwerden?" Ich bestätige das mit einem Kopfnicken. „Ja, meine Schultern fühlen sich schwer an, als läge Blei auf ihnen." Antonia schaut mich ernst an. „Das bedeutet, dass ihre Schultern den negativen Stress bereits gespeichert haben. Stress ist nicht gleich Stress. Der Begriff Stress geht auf das lateinische 'stringere' zurück und bedeutet straff anziehen. Ein gutes anschauliches Bild, nicht wahr?" Ich nicke zustimmend.

„Frau Winter, Stress wird unterschieden in 'Eustress' und 'Disstress'. Unter Eustress verstehen wir einen ausgewogenen Wechsel von Anspannung und Entspannung. Erholungsphasen verursachen positive Auswirkungen auf die Gemütslage. Überfordernde Reize allerdings belasten das emotionale Gleichgewicht und schwächen die Gesundheit. Diesen belastenden Stress nennt man Disstress." Ich seufze. „Frau Talbach, den Ausdruck Disstress kenne ich. Das alles kann man aus Blutwerten erkennen?" Ich höre Antonia wie immer aufmerksam zu. „Ja, Frau Winter. Im Blutbild bestätigt das unter anderem der hohe 'Homocysteinwert'. Der ist verbunden mit einem Mangel an Vitamin B6, B12 und Folsäure. Homocystein, als auch das Cholesterin sind grenzwertig bei Ihnen. Solche Werte sollten uns veranlassen, bald möglichst etwas Präventives für Ihre Gefäße zu tun. Arteriosklerose und Bluthochdruck können verhindert werden. Die Zusammenhänge von belastenden Plaques in Verbindung mit einem Mangel an Vitamin C, sich verändernden kollagenen Fasern usw. erkläre ich Ihnen in Kürze. " Mir schwirrt der Kopf und ich atme tief aus. „Frau Winter, ich habe über ihre Antworten in den Fragebögen erkannt, dass Sie bereits eine längere Zeit überfordert und gestresst sind." Antonia schaut mich fragend an. „Das wird stimmen", gebe ich zu. „Frau Winter, fehlen in einem arbeitsamen Leben Pausen zur Regeneration werden Befindlichkeitsstörungen herauf beschworen. Mein Anliegen ist, dass Ihre Lebensenergie und Lebensfreude wiederkehren. Vielleicht notieren Sie sich den Namen meines Kalenders, der auf meinem Schreibtisch einen Ehrenplatz hat. Der Kalender nennt sich: 'Lebensfreude für jeden Tag'." Das hört sich gut an, finde ich. „Wer hat den Kalender heraus gebracht?" Antonia untersucht ihr Exemplar. „Hier steht nichts, Frau Winter. Ich meine, die Tagessprüche wären im Groh Verlag erschienen." Ich werde nachforschen.

„Frau Talbach, Sie sprachen gerade von Lebensenergie und Lebensfreude. Genau das ist es, was mir fehlt. Mal wieder unbeschwert lachen oder blödeln. Kaum zu glauben, dass mir das völlig abhanden gekommen ist..." Ich seufze. „Frau Winter, chronische Erkrankungen sind unheilbar. Sie müssen zuerst in ein akutes Stadium überführt werden. Nur dadurch ist eine Genesung möglich. Ein Anliegen meiner Naturheilpraxis ist es, dabei Erstverschlimmerungen zu vermeiden. Erstverschlimmerungen bedeuten, dass bestehende Befindlichkeitsstörungen sich verstärken. Zusätzlich kann es über frei werdende Gifte zu Übelkeit, Erbrechen, Schweißausbrüchen oder Durchfall kommen." Ich bin überrascht. „Frau Talbach, gibt es Möglichkeiten, das zu vermeiden?" Antonia lächelt mich an. „Genau darin besteht die Kunst, Frau Winter!" Wir schweigen eine Weile.

„Frau Winter, nun zum Urinbefund." Antonia nimmt sich einen Schluck Tee. Mir kommt in den Sinn, dass Emma überzeugt davon war, dass ich Rückstände von Schwermetallen im Urin habe. Die Unsicherheit hat ein Ende, Antonia wird mich aufklären. „Im Normalfall ist Urin gänzlich frei von Schwermetallen. Zeigen sich jedoch Rückstände von Schwermetallen im Urin, bedeutet das, dass der Stoffwechsel empfindlich beeinträchtigt ist. Heutzutage gibt es des öfteren chronische Schwermetall-Belastungen. Verursacht wird das wahrscheinlich durch die zunehmende Verschmutzung der Umwelt und die Schadstoffbelastung. Vor der Industrialisierung war die Belastung der Bevölkerung nachweislich wesentlich geringer als heute. Über diese Belastungen hat sich eine schleichende Vergiftung von Geweben und Organen mit Schwermetallen ergeben, die zu toxischen Reaktionen, d.h. zu gesundheitlichen Störungen führt. Zudem stellen diese Belastungen eine massive Blockade in jeder Therapie dar, da sie sehr oft an den Symptomen der Erkrankung beteiligt sind. Allerdings gibt es mehrere Stufen der Belastung. Frau Winter, in Ihrem Urin sind Zinkspuren, glücklicherweise hat sich in der Auswertung erst in der letzten Stufe eine Belastung gezeigt. Das werde ich in Ihrem Plan berücksichtigen." Ich verstehe das zwar nicht ganz, frage allerdings nicht nach. Antonia schaut interessiert auf die Bögen, die ich zu Hause ausgefüllt habe.

Sie rückt ihre Brille zurecht und schaut auf die Beantwortung der allerersten Frage. 'Was stört sie am meisten?' „Frau Winter, hier steht es schwarz auf weiß und ich nehme das ernst, was laut Fragebogen Ihr wichtiges Anliegen ist: 'Meine Falten sollen wieder flacher werden und ich möchte wieder eine pralle Haut haben'. Respekt! Mutig und ehrlich beantwortet! Nichts beschönigt, sondern auf den Punkt gebracht! Wenn ich das richtig interpretiere, Frau Winter, hätten Sie 'ohne' kosmetische Gründe wahrscheinlich immer noch keine Hilfe in Anspruch genommen?" Ich nicke. „Ja, so könnte es sein, Frau Talbach. Das ist für Sie vielleicht schwer zu verstehen..." Antonia schaut mich mitfühlend an. „Frau Winter, ich selbst kann gut nachempfinden. Als ich mich vor einigen Jahren total verausgabt hatte, konnte ich ebenfalls kaum fassen, was aus meiner Haut geworden war, obwohl ich die Zusammenhänge zwischen Energiehaushalt und Optik bereits kannte. Ich war damals ebenfalls verzweifelt und habe unter diesem Zustand gelitten. Allerdings brachte mir meine geschundene Optik einen großen Vorteil. Ab dieser Zeit habe ich mich selbst wieder wichtig genommen und gelernt, auch einmal Nein zu sagen." Jetzt weiß ich, dass Antonia mich versteht. „Das tut mir gut, dass zu hören. Ich bedanke mich dafür, dass Sie mir das anvertrauen." Antonia lächelt mich an. „Ich darf Sie trösten. Die Zeichen im Gesicht weichen, wenn es den Organen wieder gut geht. Das ist das Geschenk an die Frauen, die sich uns anvertrauen. Bei den Männern ist es anders. Männer genießen eher, dass ihr

Bauch verschwindet. Auch Sie, Frau Winter, werden wieder 'erblühen'... Ich freue mich, dass ich Ihnen dabei helfen kann." Ich schaue Antonia dankbar an. „Mein Mann sagt immer, dass er mich immer liebt, egal wie ich aussehe." Antonia freut sich offensichtlich über das Gesagte. „Frau Winter, das ist eine Liebeserklärung, die sich sehen oder besser gesagt hören lassen kann." Wir schweigen einen Augenblick lang und trinken Tee.

„Frau Winter, kennen Sie das Gel aus Silizium? Ich schüttele verneinend den Kopf. „Was ist das? Siliziumgel ist die Verbindung aus Silizium, Sauerstoff und Wasser. Silizium ist ein Lebensbaustein, ein wichtiges Spurenelement. Der Hersteller spricht bei seinem Produkt von einem Multitalent und hat es 'Silicea Balsam' genannt. Dieser Balsam wird innerlich und äußerlich eingesetzt. Zum einen für ein festes und gesundes Bindegewebe innerlich, denn Silizium ist hauptsächlich verantwortlich für eine straffe Haut, kräftige Haare und Fingernägel. Andererseits eignet sich Kieselsäure-Gel für die Hausapotheke, und zwar bei Hautreizungen, nach der Rasur oder Sonnenbrand." Ich habe eifrig alles notiert. „Wo kann ich das Gel kaufen, Frau Talbach?" „Erwerben können Sie das Gel im Reformhaus, Bioladen oder der Apotheke. Auf dem Beipackzettel steht, was Sie wissen müssen." „Danke." Warum hat mir Emma noch nie etwas davon erzählt. Ob Sie es vielleicht nicht kennt? Antonia schreckt mich aus meinen Gedanken auf. „Übrigens: Hirse und Haferflocken enthalten ebenfalls viel Silizium." Ich freue mich. Hirse esse ich gerne. „Sind Sie an einer Gesichtsmaske interessiert?" Ich nicke und strahle Antonia an. „Frau Winter, dafür schreibe ich Ihnen ein Rezept aus. Es handelt sich um eine Maske aus den 'Schüßler Salzen' Nummer 1 und Nummer 11 oder Calcium fluoratum D12 und Silicea D12. Das sind keine homöopathische Tabletten, sondern zwei Mineralstoffcremes, die Sie als Gesichtskompresse einsetzen können. Die Cremes würde ich im Wechsel auftragen und mit einer eher heißen Gesichtskompresse unterstützen. Als Abschluss bitte mit einer kühlen Kompresse nacharbeiten." Ich lasse mich überraschen. „Hört sich gut an. Danke." Antonia schreibt ein Rezept mit den Cremes auf und überreicht es mir.

„Ihre Haarfarbe? Sie benutzen eventuell...?" Bevor Antonia hat zuende sprechen können, beantworte ich Ihre Frage. „Mit meiner Haarfarbe habe ich Glück. Die ist immer noch echt." Warum will das Antonia wissen? „Ich freue mich für Sie. Sie haben gute Gene. Sie betrifft es dann nicht..." Bitte weiter!„Frau Talbach, klären Sie mich auf. Ich kenne eine Reihe von Bekannten, die regelmäßig die Haare färben, um ihren grauen Ansatz zu retuschieren. Ich will gerne weitergeben, was Sie mir dazu sagen." Antonia schmunzelt. „Das ist ehrenhaft. Es ist wichtig zu wissen, dass der Friseur generell 'nur' den Ansatz färben sollte, um zu vermeiden, dass das Haar strohig und unansehnlich wird." Bitte weiter! „Warum?" Antonia trinkt ihre Tasse aus und schenkt sich nach. Ich bemerke, dass ich über das intensive Zuhören meinen Tee vergessen habe. Ich trinke meinen inzwischen kalten Tee aus. Antonia schenkt mir nach. „Frau Talbach, Haarfarbe quillt das Haar auf. Wenn die Farbe des Ansatzes auf die bereits gefärbten Längen gelangt, quellen diese Haarlängen durch den alkalischen Anteil der Farbe vermehrt auf, lassen mehr Pigmente ein und verschlechtern die Qualität der Haare und ebenfalls die Optik. Die Haarpigmente fallen heraus, die Haare werden porös, was bedeutet, dass die Farbe nicht langen wird. But last not least: Die Schattierung der unteren Haarlängen sind von Natur aus eher heller und nicht dunkler."

Antonia setzt ihre Brille wieder auf und schaut erneut in die ausgefüllten Blätter von mir. „Interessant. Einige schwerwiegende Störungen, wurden von Ihnen kaum negativ bewertet." Was meint Antonia? Es geht mir beispielsweise um Ihre Bewertung der Frage: 'Haben Sie generell kalte Hände und/oder Füße?'" Ich seufze. „Stimmt, Frau Talbach. Ich habe mich mit dieser Plage abgefunden... Ist das nicht normal? Ich kenne viele Frauen mit kalten Hände oder Füßen." Antonia sieht mich über ihre Brille genau an. „Frau Talbach, Sie haben sicher bemerkt, dass Sie für Ihre eiskalten Füße in der Behandlung eine Wärmflasche an die kalten Füße bekommen. Außerdem bekommen Sie eine Decke, die Sie warm hält. Warme Hände und Füße erhalten Kraft und Gesundheit." 'Eigentlich' weiß ich das. Sofort höre ich Emma fragen: Und 'Uneigentlich'? Genug davon. Ich fasse mich. „Claro. Ich habe begriffen, dass Wärme mir gut tut." Antonia blättert in den von mir beantworteten Bögen und wird fündig.

„Frau Talbach, die 'Nerven' sind oberste Priorität. Nerven müssen zuerst gestärkt werden. Wenn die Überreizung weg ist, laufen viele Vorgänge wieder harmonisch im Körper ab. Gifte - wahrscheinlich auch Gefühlsgifte - spielen bei Ihnen ebenfalls eine Rolle. Dazu ein schlauer Spruch: 'Müdigkeit ist der Schmerz der Leber'." Antonia schaut mich über ihre Brille an. „Müde war ich ständig, das habe ich auch angekreuzt. Selbst morgens noch, wenn ich ausgeschlafen sein sollte. Einfach ausgedrückt: Seinerzeit war ich immer müde. Dazu das ständige Gähnen. Richtig lästig." Antonia macht eine kleine Pause. Ich trinke derweil von meinem Kräutertee. „Ich werde nachher eine Atemübung mit Ihnen machen. Es geht dabei um bewusstes Atmen..." Hört sich interessant an.

„Frau Winter, ich lese Ihnen einmal vor, was ich am Rand notiert habe." Ich versuche die Randnotizen zu erkennen. Ich erkenne, dass mir das nicht möglich ist. Ich seufze. „Frau Winter, 'Nierenzeichen' verursachen Ängste unterschiedlichster Art, kalte Füße, Schwierigkeit, wichtige Entscheidungen allein zu treffen; Ansätze von Tränensäcken. Und 'Magenzeichen' verursachen Ständiges Grübeln, Blähbauch und gelegentlich Schmerzen 'nach' dem Essen, gelegentlich saures Aufstoßen, Verdauungsbeschwerden. Die Oberlippe wenig besaftet. Leichte Couperose. Die Nasenspitze etwas geschwollen. Blinddarmnarbe 'tuckert' gelegentlich." Ich atme hörbar aus. „Frau Winter. Noch eine sehr persönliche Nachfrage. Zur Zeit, steht hier, dass Sie so gut wie keine Lust auf Sex haben. Sie lieben Ihren Mann, nicht wahr?" Ich bin überrascht. Uff! „Ja, ich liebe meinen Mann. Stephan war, ist und wird wohl immer mein Traummann sein!" Antonia scheint meine Antwort zu erleichtern. „Wunderbar, Frau Winter. Ich werde Ihnen erklären, warum sie weniger Lust auf Sex mit ihrem Mann haben. Wahrscheinlich wundern Sie sich darüber, dass Sie sich zur Zeit sexuell zurückhaltender verhalten, als Sie das von sich kennen?" Ich nicke. „Ja, das stimmt. Ich bin mir allerdings keiner Schuld bewusst. Ich kann mir das rein gar nicht erklären..." Antonia sieht mich aufmunternd an. „Liebe Frau Winter, bei Frauen mit geringer Lebensenergie sinkt die Lust und wird zum Frust. Bei Männern führt ein solcher Mangel zur Impotenz. Zusammengefasst gilt bei Energiemangel:

 Für die Frau: Lust schon, aber ich ziehe mich zurück.
 Für den Mann: Lust schon, aber es klappt nicht.

„Nur Zuversicht, Frau Winter!" Ich bin schlicht sprachlos. „Frau Winter, darf ich Ihnen zu diesem Thema eine wahre Geschichte aus der Praxis erzählen?" Ich nicke. „Diese Geschichte ist etwas schrill, aber trotzdem erzähle ich sie Ihnen. Vor einiger Zeit frage ich einen Patienten - ich nenne ihn mal Gustav - nach seinem Energielevel. Gustav antwortet leise: 'Zehn Prozent - wenn es hoch kommt'. 'Das kann nicht stimmen, weil mit zehn Prozent säßen Sie gar nicht auf Ihrem Stuhl vor mir.' Eine weitere Frage an Sie, Gustav: 'Wie steht es mit dem Sex?' Gustav antwortete: 'Ach, da läuft es nicht so gut. Mehr als zweimal morgens schaffe ich nicht mehr!'" Mein Gott! Gibt es so etwas tatsächlich? Ich pruste unkontrolliert los. „Ich kann Ihre Reaktion gut verstehen, Frau Winter. Es ist offensichtlich, dass bei diesem Patienten eine absolute Fehleinschätzung vorlag. Denn erst das Erreichen eines Energielevels über fünfzig!!! Prozent macht Sex überhaupt möglich bei einem Mann." Antonia schüttelt sich. „Schluss damit!

Zurück zu Ihnen, Frau Winter. Mit der Zeit ist das leidliche Thema aus der Welt. Sie lieben ihren Mann. Damit ist eine wichtige Voraussetzung erfüllt. Außerdem gibt es hier in der Heilpraxis noch spezielle Methoden und Mittel... Diese Möglichkeiten werden Sie nicht benötigen, nehme ich an. Mit einem höheren Energielevel kehrt die Lust auf ihren Mann zurück!" Ich bin spürbar erregt und habe sicherlich einen leicht rosigen Teint unter meiner natürlichen Bräune. Irgendwie fühle mich mich erleichtert. Scheinbar hat mich das mit dem Sex belastet. „Frau Winter, ich stelle jetzt einmal die Wertigkeit Ihrer Befindlichkeitsstörungen nebeneinander. Es gibt ererbte Schwächen an Magen und Darm und zusätzliche Störungen an Leber und Nieren." Antonia hat recht. „Frau Talbach, ich erinnere mich. In meiner Familie gab es mütterlicherseits immer Magenthemen und väterlicherseits immer Probleme mit der Leber und den

Nieren..." Es folgen weitere Nachfragen. „Verspüren Sie gelegentlich einen Nüchternschmerz in der Magengegend?" Ich verneine. „Direkt nach dem Essen? Verspüren Sie zu diesem Zeitpunkt vielleicht Schmerzen?" Ich überlege kurz. „Schmerzen nicht, aber manchmal spüre ich ein Unwohlsein direkt nach dem Essen. Was sagt das aus?" Antonia konzentriert sich. „Das bedeutet, dass der Magen unter der Dehnung der Magenwände nach der Aufnahme der Speisen reagiert. Das könnte ein Reizmagen, eine Schleimhautentzündung bis hin zu einem sogenannten Magengeschwür sein. Das Gute: Sie hatten jedoch bislang keine Schmerzen nach dem Essen. Ihr Blutbild und Ihr Gesicht bestätigen: Sie produzieren zu viel Magensäure. Organe und Organsysteme tut ihr Bestes, um weiter zu funktionieren." Ich schaue Antonia fragend an.

„Um das 'Warum' in diesem Fall zu verstehen, hier eine kurze Erklärung. Normalerweise bewirkt die in den Dünndarm abgegebene Galle auf reflektorischem Weg eine Abgabe von Enzymen der Bauchspeicheldrüse. Wird jedoch zu wenig Galle gebildet, so tritt eine Hemmung der Abgabe von Enzymen ein. Der Magen kompensiert. Er ist geschaffen, um Salzsäure standzuhalten. Diese Salzsäure ist unabdingbar, um Nahrung aufzuspalten. Wird zu wenig von ihr produziert, entstehen andere Säuren, die den Magen schädigen und den Verdauungsprozess ungünstig beeinflussen." Das verstehe ich. „Aber warum produziere ich zu 'wenig' Galle?" Ich werde gleich erfahren warum... Antonia nimmt sich einen Schluck Tee. „Frau Winter, das kann bereits über Gefühle ausgelöst werden, jedoch ebenso durch Gallengrieß oder einen Gallenstein, der den Fluss der Galle behindert..." Ich verstehe erstmalig, dass Gefühle oder Steine gleichermaßen als Auslöser in frage kommen. Interessant! „Dieses kristallisierte Abfallprodukt der Galle ist fest, befindet sich im Gallengang oder der Gallenblase und behindert - wenn er eingeklemmt ist – den Abfluss der Galle. Das verursacht oft schmerzhafte Koliken und ruft in jedem Fall ein Ungleichgewicht der Leber hervor." Ergibt sich eine Frage. „Frau Talbach, meine Leberwerte waren in Ordnung?" Antonia nickt. „Richtig. Wir besprechen schon bald einige Möglichkeiten, mit Ihrer Leber liebevoll umzugehen. Da gibt es beispielsweise eine wirksame geistige Methode, die schon etlichen Patienten vor Ihnen hat helfen können. Ich bin auch in Ihrem Fall zuversichtlich." Wir schweigen eine Weile und trinken unseren Tee.

„Frau Winter, ahnen Sie, wann ein Mensch normalerweise erstmalig den Wunsch verspürt, seine Gesundheit checken zu lassen? Bei wie viel runter gefahrenen Prozenten könnte das sein?" Ich rate. „Normalerweise geht keiner zum Arzt, wenn er nichts hat. Oder? Ich nehme an, dass das schon über die Hälfte sein wird, bis jemand etwas merkt?" Antonia lacht auf. „Es ist viel schlimmer. Das Neugeborene bekommt bei seiner Geburt sagen wir einhundert Prozent Gesundheit mit. Der Leidensdruck beginnt jedoch erst bei dreißig Prozent. Inzwischen sind sechzig bis siebzig Prozent Vitalität und Gesundheit verloren gegangen. Dieser geschwächte Mensch fühlt sich erstmalig ernsthaft krank, möchte in diesem Stadium dringend etwas verändern und sucht nach einer Alternative. Vorher hat er sich 'eingerichtet'. Hier eine Tablette gegen, hier eine Tablette für etwas. Oder der Mensch war willensstark, hat die Zähne aufeinander gebissen und wollte unbedingt durchhalten - frei nach dem Motto: wenn die ganze Erde bebt, 'ich bin immer fit und stark'. Das kommt Ihnen wahrscheinlich bekannt vor, Frau Winter?" Ich seufze. „Ja, allerdings, Frau Talbach. Ich war ebenfalls mit meiner Energie am Ende. Meine Batterie war – da bin ich mir sicher - in keinem Idealzustand." Antonia nickt. „Das bedarf keiner Nachprüfung. Was mir wichtig ist: Diese Befindlichkeitsstörungen sind zur Zeit ausschließlich 'Störungen' und noch keine 'Erkrankung'. Das kann in Richtung Krankheit gehen, muss es jedoch nicht. Frau Winter, Sie nutzen Ihre Chance, das abzuwenden." Ich freue mich, meinen Trott aufgegeben zu haben. Ich freue mich, dass ich anfange, bewusst mein Leben zu gestalten. „Frau Talbach, bevor ich die Bögen ausgefüllt habe, wusste ich gar nicht, was mich alles stört!" Irgendwie habe ich vieles verdrängt... Antonia nickt. „So geht es fast allen Patienten." Ich bin erleichtert.

„Frau Talbach, ich habe mit Emma gesprochen und mich gewundert, wie viele Befindlichkeitsstörungen sich über Vergiftungen ergeben." Antonia nickt. „Das stimmt. Ähnliche Störungen und Veränderungen kann man bei Fischen beobachten, deren Biotop über Gifte 'sozusagen schleichend' belastet wird. Sie werden träger, antriebsarm und wirken apathisch. Nimmt die Vergiftung weiterhin zu, müssen sie sterben." Das leuchtet mir ein. „Diese kleinen Fischkörper können längst nicht so viel einlagern wie ein menschlicher Körper, nicht wahr?" Antonia nickt. „Frau Winter, Sie erwähnten soeben eine Vergiftung als Ursache für Beschwerden. Das ist denkbar. Es kommen weitere Möglichkeiten hinzu wie ein ungesunder Lebensstil, ein erlittener Unfall... Gleichermaßen ist es möglich, dass 'belastende Gefühle' Beschwerden auslösen. Angenehme wie belastende Emotionen wirken sich generell auf den Körper aus. Die Verbindung von Psyche und Körper gilt für beide Richtungen." Mein Teeglas ist leer. Ich strecke es Antonia entgegen. Sie schenkt mir Tee nach.

Das Tupfen

„Frau Winter, ein gesundes oder ein belastetes Organ löst Verhaltensweisen aus. Wenn die Leber mit täglich getrunkenem Alkohol oder falsches Essensgewohnheiten überlastet wird, leiden Leber und Umwelt. Die 'berühmte Laus' wandert in diesem Fall öfter als normal über die Leber, weshalb aufbrausendes und zorniges Verhalten entstehen. In der Leber wird die Galle gebildet. Über belastende Gefühle bilden sich Gallensteine Gallensteine bezeichnet man als materialisierte Wut. Zuerst sammelt sich Gallengrieß an und verhärtet zu Gallensteinen. Zusammengefasst: Sowohl über falsches Essen, als auch über Wut, die nicht raus gelassen wurde, kommt es zu Gallengrieß und Gallensteinen." Ich erinnere mich. „Frau Talbach, das kommt mir bekannt vor. Es nützt nichts, etwas in sich reinzufressen. Irgendwann holt uns alles wieder ein..." Das weiß ich wahrscheinlich von Emma. „Frau Winter, ich möchte Ihnen dazu eine Geschichte erzählen?" Ich liebe wahre Geschichten! „Gerne, Frau Talbach!"

„Diese Geschichte hat sich im Rheinland ereignet. Dort gibt es einen Masseur, der eine alte Methode wieder belebt hat: das 'Tupfen'. Es gab wegen der Erfolge sogar eine Studie dazu von zwei Universitäten." Ich frage nach. Stephan wird das wissen wollen. „Wurde das Tupfen wissenschaftlich anerkannt?" Antonia rückt ihre Brille zurecht. „Dazu komme ich gleich noch, Frau Winter. Die Patienten dieser Studie waren an ein Überwachungssystem angeschlossen. Auf dem Monitor konnten die Heilpraktiker das Ergebnis ihrer Handlung anhand der spezifischen Kurven deutlich erkennen. Das war richtig spannend. Insbesondere für die Behandler selbst. Sie waren über dieses System in der Lage mitzuverfolgen, was ihre Arbeit beim Patienten bewirkte. Das Erstaunlichste war: Die Kurve veränderte sich über die Behandlung in Richtung Normalität." Ich bin beeindruckt. „Hört sich toll an. Was passierte mit den Patienten, Frau Talbach?"

Antonia denkt kurz nach. „Ich will es einmal vereinfachen. Voraussetzung für das Gelingen einer solchen Behandlung war, dass sowohl Behandler, als auch der Patient selbst in einem ruhigen und gelassenen Zustand waren. Die Behandlung bestand aus tupfenden Bewegungen über die Meridiane des Patienten. Über die Schwingbewegung lösten sich Blockaden und Erinnerungen stiegen auf. Diese Erinnerungen wurden nach der manuellen Behandlung mündlich aufgearbeitet. Im Idealfall veränderte sich die Kurve in Richtung Normalität." Antonia schaut aus dem Fenster. „Frau Talbach, konnte man eine Verbesserung der Erkrankungen feststellen?" Antonia nickt. „Ja. Das wahr möglich. Bei den Spastikern klappte es am besten. Sie kamen für einige Stunden aus ihrer Verkrampfung heraus." Spannend. Oberaffentittengeil! Das genau würde Emma sagen... Ich räuspere mich. „Interessant. Wie verhielten sich die Universitäten?" Antonia zieht ihre Schultern hoch. „Ja, das ist eher traurig, Frau Winter. Als die Arbeit offensichtlich erfolgreich war, wurden die Studien sofort abgebrochen. Eine offizielle Stellungnahme gab es nicht. Hinter vorgehaltener Hand wurde damals gemunkelt, dass durch diese Arbeit bestimmte Therapien nicht mehr weiter verkauft werden könnten..." Ich bin entsetzt. „Nein!" Antonia schaut plötzlich traurig aus. „Leider. Ich habe seinerzeit das Handtuch geworfen." Antonia seufzt. „Warum, Frau Talbach? Die Arbeit hatte doch offensichtlich Erfolg!" Antonia nickt. „Das stimmt! Solche intensive Arbeit macht Spaß, wenn auch der Patient mitmacht. Diese Patienten jedoch haben weiterhin Cola wie Wasser getrunken, viel geraucht und sogar mittendrin mit der Therapie aufgehört..." Das verstehe ich nicht. „Warum denn das, Frau Talbach?" Antonia überlegt kurz. „Wohl aus Angst, auf Dauer keine Rente mehr zu beziehen, Frau Winter!" Was alles möglich ist... „Unglaublich, Frau Talbach!" Antonia trinkt einen Schluck Tee. „Sie haben Recht! Eines steht fest: Dieses 'Tupfen' hat mich enorm angestrengt. Nach den Behandlungen fühlte ich mich jedes Mal völlig ausgelaugt. Die Ergebnisse allerdings waren seinerzeit beachtlich, fast unglaublich!" Das kann ich mir gut vorstellen. „Frau Winter, ich erinnere mich in diesem Zusammenhang an ein besonders schönes Erlebnis. Soll ich es erzählen?"

Ich schmunzele Antonia an. „Wir Behandler haben uns zuerst einmal selbst betupft, um die Wirkung am eigenen Körper zu erfahren. Die Ruhe und fast heilige Stille in diesen Momenten führt einen ziemlich 'weit weg'. In solch einem Augenblick habe ich plötzlich starken Rosenduft gerochen." Interessant. „Haben die anderen Behandler den Rosenduft ebenfalls wahrgenommen?" Antonia nickt. „Ja. Jeder von uns hat diesen Duft wahrgenommen." Ich bin erstaunt. „Haben die Patienten ebenfalls irgendwie gerochen?" „Ja, Frau Winter. Allerdings roch das weniger angenehm. Richtig gestunken hat das manchmal. Ich hatte das Gefühl, dass - insbesondere aus den Füßen – der ganze Mist der Vergangenheit raus kam..." Solche Worte von Antonia. Huch! „Frau Talbach, war es möglich, unter diesen 'erschwerten' Umständen an solch einem Patienten arbeiten?" Antonia atmet tief aus. „Ich habe seinerzeit den üblen Geruch nur am Ende einer Behandlung registriert. Die ganze Aufmerksamkeit war im Moment des Tupfens der Patient als Ganzes. Auch die übrigen Behandler empfanden das ähnlich..." Bemerkenswerte Geschichte, finde ich. „Frau Talbach, ich bin übrigens ein Rosenfreak. Ich liebe Rosenduft, seit ich zurückdenken kann. Meine Familie hat sich daran gewöhnt, dass ich überall mit Rosenwasser arbeite. Ob beim Bügeln oder Putzen..." Antonia strahlt mich an. „Frau Winter, darüber reden wir noch mal ein andermal. Einverstanden?"

*

Meine Freundin und ich treffen uns im Eiscafé. Inzwischen genügt es, dass ich Claudio oder dem Kellner zuwinke, um meine Bestellung aufzugeben. Jeweils einen Espresso, einen Kaffee und zwei Wasser. „Was habt ihr heute beredet?", will Emma wissen. „Erst einmal habe ich ein Rezept für zwei Gesichtsmasken bekommen!" Emma scheint interessiert zu sein. „Hört sich gut an. Antonia wird das wissen. Sie hat immerhin fünfundzwanzig Jahre im Dienste der Schönheit gewirkt... Woraus bestehen die Masken?" Ich öffne meine Tasche, nehme die Kladde heraus und schaue auf meine Notizen. „Emma, die Masken bestehen aus Cremes von Schüßler. Nummer 1 und Nummer 11." Emma ist erstaunt. „Diese Rezepturen kenne ich gar nicht. Du wirst die Masken sicherlich ausprobieren?" Was für eine Frage! „Claro, Emma. Ich werde die Masken in naher Zukunft ausprobieren! Hast Du schlechte Laune? So kenne ich Dich ja gar nicht..." Emma scheint geknickt zu sein. „Ach, lass mal. Zum einen liege ich in Essig...", brummelt Emma vor sich hin. „Emma, was liegst Du?" Sie schaut mich ausdruckslos an. „In Essig. Das will sagen, dass ich gestern Abend versackt bin und viel zu wenig geschlafen habe." Was mir alles bisher entgangen ist... „Bildungslücke geschlossen. Danke, Emma." Der Kellner bringt die Getränke und unverzüglich trinkt Emma ihre Flasche Wasser aus. „Gern geschehen, Maria-Julia." Ich lasse nicht locker. „Aber da ist noch etwas anderes? Raus damit, Emma! Was ist los?"

Emma zieht eine Schnute. „Ich habe gerade an das vergangene Wochenende gedacht. Ich habe Tomm gesehen. Mit der dusseligen Matschkuh, dieser auf getakelten Blondine, dieser Mia..." Das überrascht mich. „Emma, ich dachte, Du bist drüber weg?" Emma schmollt. „Hab ich auch gedacht, Maria-Julia. Da bin ich wohl nachtragend. Warum denn auch nur so eine schrille..." Emmas Gesicht fängt an sich zu verfärben. „Emma! Denke bitte an etwas anderes. Es lohnt sich nicht. Denke an Deine Gesundheit. Tomm lebt sein Leben. Du lebst Dein Leben. Lass ihn endgültig los. Freue Dich, dass Du inzwischen machen kannst, was immer Du willst. Oder soll ich Dich erinnern?" Emma schüttelt energisch verneinend ihren Kopf. „Vielleicht schreibst Du mal etwas über Dich und Tomm auf?" Emma verändert ihre Haltung. Plötzlich sitzt sie aufrecht und scheinbar etwas aufgeregt vor mir. „Du bringst mich auf eine Idee, Maria-Julia. Ich schreibe eine Geschichte über Tomm und mich! Das wird gut... Vielleicht über die Zeit, als wir zusammen in Spanien waren. Das kriege ich hin. Damals habe ich Tagebuch geführt..." Die Geschichte interessiert mich bereits jetzt. Ich bin gespannt. „Schreib Dich frei, meine Liebe!" Emma schaut mich dankbar an. „Maria-Julia, das war sicher eine 'buena idea' von Dir. Jetzt bin ich wieder ganz bei Dir." Emma atmet ein paar Mal tief ein und aus und lächelt mich an. „Also, was habt Ihr heute noch beredet?"

Ich schaue auf meine Notizen. „Alles war mal wieder ziemlich komplex. Zuerst einmal ging es um das Blutbild. Da war der Homocyst....? Emma hilft mir. „Der 'Homocysteinwert' wahrscheinlich?" Ich nicke. „Genau. Der Homocysteinwert war zu hoch und der Wert vom Cholesterin ebenfalls. Ich habe wohl einen Mangel an Vitaminen?" Emma kommt langsam in Fahrt. Genau so liebe ich meine Freundin. „An B-Vitaminen, und zwar an B6, B12 und Folsäure, nicht wahr?" Ich nicke. „Mag sein, Emma." Emma sieht mich prüfend an. „Könnte es sein, dass Du bereits seit längerer Zeit Disstress hattest?" Nach Antonias Gespräch ist mir genau das bereits klar geworden. „Emma, wie war das mit dem Homocystein?" Emma versteht mein Ablenkungsmanöver und lächelt mich an. „Homocystein entsteht als Abbauprodukt beim Stoffwechsel. Hat ein Mensch zu wenig B-Vitamine, wird es mulmig. Dieser falsche Homocysteinspiegel ist Gift fürs Herz und oft verbunden mit Durchblutungsproblemen des gesamten Gefäßsystems: Bluthochdruck, Verengung der Gefäße und Verschlusskrankheiten wie Thrombose, Blutgerinnsel im Gehirn... Wir beginnen hier in der Praxis meist mit Infusionen und später nehmen die Patienten die Vitalstoffe als Pillen. Noch was Interessantes in diesem Zusammenhang: Früher gab es Schmerzmittel fast immer in der Kombination mit B Vitaminen," hat Antonia mir erzählt. „Habe ich etwas falsch verstanden? Was heißt früher?" Emma seufzt.

„Maria-Julia, Du hast alles richtig verstanden. Als Antonia mit ihrer Praxis angefangen hat, gab es viele Rezepturen für Infusionen und Medikamente mit B Vitaminen. Irgendwann wurden die raus genommen. Wohl wegen der Einheitlichkeit in ganz Europa." Ich bin verwirrt. „Emma, mir ist absolut nicht klar, warum jetzt keine B-Vitamine mehr in den Mitteln sind, aber ich muss nicht alles verstehen, oder?" Emma nickt. „Genau, Maria-Julia. Was war mit dem Urin?" Hatte ich recht damit, dass Dein Urin belastet ist?" Mir war von vornherein klar, dass meine Freundin das um mit ihren Worten zu reden 'auf dem Schirm' hatte. „Emma, großes Lob! Du hattest recht. Mein Urin hatte Zinkspuren. Das darf wohl nicht sein?" Emma schüttelt den Kopf. „Nein. Das zeigt, dass wahrscheinlich Schwermetalle die Aufnahme von Zink vereiteln. In solch einem Fall kannst Zink einwerfen, soviel Du willst, aber es wird nicht angedockt. Das bedeutet eine Ausleitung von Giften ist in Zukunft ebenfalls bei Dir angesagt. Und nach den Urinwerten habt ihr was besprochen, Maria-Julia?"

„Anschließend kamen wir zu den Auswertungsbögen." Ich bin auf Emmas Ausführungen gespannt. „Du meinst die Befindlichkeitsstörungen oder auf Neudeutsch Deinen 'Feedback Bogen' mit Rang eins, zwei und drei?" So ist es. „Genau. Antonia hat sich gewundert, warum ich letztendlich in ihre Praxis für Naturheilkunde gekommen bin..." Ich mache eine Kunstpause und schlürfe meinen Kaffee. „Maria-Julia, sag schon..." Ich atme tief durch. „Kannst Du Dir das nicht denken, Emma?" Emma nagt an ihrer Unterlippe. „Wahrscheinlich hast Du die Optik genommen?" Na also... „So ist es, Emma. Ich fühle mich Abgrund hässlich in meiner Haut. Das war ja früher einmal anders!" Emma beugt zu mir und streichelt sanft meine Wange. „Schätzelein, Du kannst gar nicht fürchterlich aussehen. Du bist schön. Wirklich schön. Nur abgekämpft bist Du. Und das änderst Du gerade. Du wirst wie der berühmte Phönix aus der Asche steigen und die Menschen werden sich fragen, wie Du das gemacht hast. Vertraue mir." Ich atme hörbar aus. „Das nenne ich Freundin. Dankeschön, Emma." Emma strahlt. Eine Weile sitzen wir uns schweigend gegenüber.

„Emma, ich finde erstaunlich, dass sowohl falsches Essen, als auch belastende Gefühle die Galle blockieren. In jedem Fall spielt die Galle verrückt und augenblicklich reagiert der Magen darauf.

Ehe Du Dich versiehst, hast Du schwuppdiwupp zu viel Magensäure, obwohl es ursächlich eine Störung der Galle ist." Emma scheint beeindruckt zu sein. „Tolle Wiedergabe, meine Süße. Genau das ist richtig! Wird – egal aus welchem Grund - zu wenig Galle produziert, hat das Nachwirkungen auf die Ausschüttung von Enzymen. Um das Essen verdauen zu können, stellt der weise Körper eine größere Menge Magensäure her. Wird das dann unterbunden oder im neuen Sprachgebrauch 'geblockt', gibt es allerdings - ohne Wahrsager zu sein - weitere Probleme in der Zukunft. Ist doch logisch, oder?" Ich seufze. „Absolut. Aber wer weiß denn so etwas, Emma..." Emma schaut mich mit großen Augen an. „Du zum Beispiel, Maria-Julia. Du gehörst ab sofort zu den Mitwissern!" Ich schüttele den Kopf.

„Sag mal Emma, ist Deine Chefin immer so ruhig und ausgeglichen?" Emma überlegt. „Meistens schon. Ich habe nur ein einziges Mal erlebt, dass sie sich aufgeregt hat mit Wort und Gestik! Es ging um das Thema Schmerzen. Sie erklärte mir die Behandlung mit unserem Ultraschallgerät. Ich sollte eine indirekte Behandlung vornehmen bei der Patientin, und zwar mit 'Olibanum'. Das ist Weihrauch." Ich bin erstaunt. „Weihrauch – wie in der Kirche?" Emma nickt. „Wenn Du es sagst! Weihrauch ist ein Allheilmittel. Unser Weihrauch ist in einem Gel enthalten, womit wir das Produkt ein schallen. Normalerweise unterscheiden sich die Schmerzbehandlungen, je nachdem, ob eine entzündliche oder degenerative Form der Erkrankung zugrunde liegt. Die Silbe 'itis' steht für Entzündungen, die Silbe 'ose' für eine degenerative Form der Erkrankung. In der Praxis gehen wir in beiden Fällen anfangs sanft an die Behandlungen heran. Wir wählen die 'indirekte Behandlung'." Wieder etwas Neues...

„Du sagtest indirekte Behandlung. Was meintest Du damit, Emma?" Emma seufzt. „Entschuldigung. Ich bin Dir eine Erklärung schuldig, Maria-Julia. Normalerweise würde die schmerzende Stelle behandelt, der 'Dawos-Punkt'." Ich schlucke. „Welcher Punkt?" Emma denkt kurz nach. „Maria-Julia, dazu eine wahre Geschichte. Meine Chefin war ganz am Anfang ihrer Ausbildung zur Heilpraktikerin in einem Kurs, wo der Referent immer wieder von diesem Dawos-Punkt sprach. Sie schaute sich verzweifelt um, aber die Teilnehmer um sie herum schienen diesen Punkt zu kennen, denn kein einziger Mithörer stellte eine Frage diesbezüglich. Vielleicht hatte der Name etwas mit der Stadt Davos zu tun? Sie nahm all ihren Mut zusammen und fragte am Ende des Vortrags die Frau neben sich. Die schaute sie verwundert an, schmunzelte ein wenig – was die Chefin ihr hoch anrechnete - und gab Auskunft: Da wo's weh tut. Das ist der Dawos-Punkt."

Ich lache. „Herrlich, Emma!" Emma spielt an ihrer lockigen Strähne. „Maria-Julia, ich vergesse mal wieder das Wichtigste! Über die Füße und deren Reflexzonen erreichen wir den ganzen Menschen – sozusagen indirekt auch die schmerzende Zone. Im Idealfall wird über diese Behandlung nach mehreren Anwendungen überhaupt keine Behandlung des Dawos-Punktes mehr nötig sein..." Ich bin beeindruckt. „Das hört sich gut an. Eine interessante Methode!" Emma nickt und trinkt ihren Espresso aus. „Maria-Julia, Recht hast Du. Zurück zum Entgleisen. Antonia muss sich wahnsinnig aufgeregt haben... Es ging um eben diesen Weihrauch. Den verordnete sie erfolgreich bei starken Problemen mit dem Magen, gerade auch chronischen Beschwerden. Plötzlich, von einem Tag auf den nächsten, stand dieser Weihrauch auf der Verbotsliste und war nicht mehr über den Großhandel der Apotheken zu bestellen. Was tun? Sie hat Gott und die Welt auf das Mittel angesetzt und es letztendlich für ihre Patienten über Indien bekommen und später auch über Holland. Ein Affentheater! Etliche Zeit später, sozusagen wie durch ein Wunder, war der Spuk wohl vorbei..." Habe ich etwas nicht verstanden? „Wie meinst Du das?" „Na, ja. Urplötzlich - ohne Ankündigung auf irgendeine Art - war Weihrauch wieder ganz normal über den Großhandel zu bestellen. Die meisten Kranken hatten den Weihrauch in der Zwischenzeit abgehakt und vergessen, nehme ich an. Die nehmen jetzt wahrscheinlich Säureblocker..." Emma seufzt.

„Zurück zu Dir und Deiner Sitzung heute, Maria-Julia. Was hast Du außerdem erfahren?" Ich schaue in meine Aufzeichnungen. „Interessant fand ich, ab wann ein Mensch überhaupt anfängt, etwas für seine Gesundheit investieren zu wollen." Ich trinke mein Wasser aus. „Du meinst die Tatsache, Maria-Julia, dass ein Mensch erst einmal am Limit sein muss, bevor er überhaupt auf den Gedanken kommt, vielleicht etwas ändern zu wollen?" Ich nicke. „Genau, Emma! Das ist doch kaum zu glauben!" Emma zieht ihre Stirn kraus. „Schätzelein, darf ich Dich vielleicht erinnern, wie es bei Dir selbst gewesen ist?" Jetzt seufze ich. „Hast ja Recht, Emma." Emma klopft zart auf meine Schulter. „Lass gut sein, Maria-Julia."

Unerwartet überzieht mich eine leichte Röte – wie auch vorhin bei Antonia. „Jetzt sprich. Was Erotisches?" Ich schlucke. „Nein, etwas Sexistisches. Antonia hat mir klar auf den Kopf zugesagt, dass ich zur Zeit wenig Sex mit meinem Mann habe." Emma zieht ihre Stirn kraus. „Hast Du...?" Ich schüttele verneinend mit dem Kopf. „Zur Zeit läuft nichts, um mit Deinen Worten zu reden, Emma. Früher haben wir außerdem so oft es sich einrichten ließ beieinander gesessen und geredet. Beides ist versandet und beides vermisse ich. Als mir Antonia allerdings diese Frage nach 'Sex mit meinem Mann' gestellt hat, war ich im Moment richtig baff!" Ich muss schlucken. „Ach, das kann ich Dir erklären... Magst Du das wissen, Maria-Julia?" Ich nicke. „Frauen und Männer reagieren beim Sex je nach Energielage unterschiedlich. Wenn Frauen mit ihrer Energie runter gefahren sind, versagen sie sich..." „... und Männern ist Sex in so einem geschwächten Zustand erst gar nicht möglich. Das habe ich schon von Antonia gehört, Emma." Emma nagt an ihrer Unterlippe. „Finde ich gut, dass Du das mit dem Sex jetzt einordnen kannst! Emma fängt an zu grinsen. „Verzeih mir, Maria-Julia, aber den fach chinesischen Ausdruck für Impotenz muss ich einfach loswerden. Er lautet 'Erektile Dysfunktion'." Ich schmunzele. Meine Emma mal wieder... „Zusammengefasst lässt sich sagen: Ein Körper reagiert bei Mann und Frau bei einem Mangel an Energie absolut sinnvoll! Zu wenig Energie ist gleichbedeutend mit 'kein Sex'!" Emma grinst breit. „Ich habe Dich unterbrochen, Maria-Julia. Entschuldige!" „Macht nichts, Emma. Ich habe von einem Patienten erfahren, der sich in dieser heiklen Angelegenheit absolut falsch eingeschätzt hat. Kennst Du die Geschichte?" Emma drängelt. „Welche Geschichte? Nein, diese Geschichte kenne ich nicht." Ich bin erstaunt. „Erzähl bitte, Maria-Julia." Ich räuspere mich.

„Antonia hat einen Patienten gefragt, wie hoch er seine Lebensenergie einschätzt. Nur noch zehn Prozent, hat der kaum hörbar geantwortet. So schwach hat er sich gefühlt. Der Mann gab an, er sei so schwach, dass er morgens seine Frau lediglich 'zweimal' beglücken könnte." Ich pruste los. Tränen steigen in meine Augen. Emma lacht mit. „Daraufhin hat Deine Chefin den Mann darauf hingewiesen, dass es erst ab fünfzig Prozent Lebensenergie für einen Mann möglich ist, Sex zu haben." Wir schweigen eine Weile. „Dieser Held definiert sich über Sex, keine Frage. Immerhin geben fast fünf Millionen deutsche Männer an, an einer 'erektilen Dysfunktion' zu leiden. Wer von denen denkt wohl daran, einen Mangel an Energie zu haben?" Emma seufzt. „Wahrscheinlich kaum einer, Emma!" Emma nickt. „So wird es sein, Maria-Julia. Bei Verlust des Standvermögens werfen deshalb richtig harte Männer oder solche, die sich dafür halten, die blaue Pille ein. Du verstehst? Die wissen gar nicht, wie sie an der Schraube ihrer Lebensqualität drehen!"

Emmas ernstes Gesicht verwandelt sich in ein breites Grinsen. „Apropos blaue Pille. Mir ist gerade eine alte Werbung mit der Pille von Fiat in den Sinn gekommen..." „Welche Werbung meinst Du, Emma?" Emma ist in ihrem Element. „Spot an: Eine italienische vollschlanke gepflegte Mama liegt mit glatt rasierten angewinkelten Beinen auf dem Bett und haucht ihrem schmalen älteren Mann zu: 'Amore'. Der freut sich und wirft sich in aller Eile eine blaue Pille ein, trifft aber leider nicht seinen weit geöffneten Mund. Die Tablette fliegt im hohen Bogen aus dem geöffneten Fenster hinaus, hinab in die Tiefe und trifft genau einen geöffneten Tank. Das Auto plustert sich auf und wird in Folge auch von hübschen jungen Frauen bewundert. Ein richtig guter Werbespot." Ich habe den Werbespot deutlich vor mir gesehen. „Deine Beschreibung hat mir gefallen, Emma. Die Werbung war bestimmt erfolgreich!" Emma nickt. „Dieser Werbespot ganz sicher. Maria Julia, ich sehe noch Notizen auf Deinem Blatt?"
Ich folge ihrem Blick. „Hier steht noch: Tupfen als Therapie." Emma nickt. „Kenne ich. Eine uralte Methode. Die Geschichte mit den Spastikern..." Ich nicke. „Genau. Die Spastiker haben mit der Therapie aufgehört, weil es geholfen hat. Unglaublich." Emma

seufzt. „Unglaublich traurig, Maria-Julia." Das ist unglaublich traurig. Ich trinke meinen Kaffee aus. „Das finde ich auch. Antonia hat außerdem von ihrer Dufterscheinung gesprochen. Dem Rosenduft. Das fand ich schön..." Emma nagt an ihrer Unterlippe. „Maria-Julia, mir ist so etwas leider noch nicht vorgekommen... Apropos Rosen. Mir ist etwas zu Deinem Garten eingefallen. Ich meine, Dein Garten sah neulich irgendwie ungepflegt aus, in jedem Fall anders als die Jahre zuvor. Oder irre ich mich, Maria-Julia?" Ich seufze. „Nein, Emma, Du irrst Dich nicht. Das einzige, was sprießt ist das Unkraut. Um den Garten habe ich mich so gut wie gar nicht mehr gekümmert. Wann und wie auch? Ich war mit Beruf und Familie überfordert. Ich habe nie vermutet, dass ich so etwas je sagen würde... Jetzt bin ich bei Euch und meine Kraft wird zurückkehren. Der Garten kann warten!" Emma lächelt mich an. „Das Unkraut ist Giersch. Das kannst Du nicht ausrotten, es kommt immer wieder. Das kannst Du nur aufessen!" Ich habe aufmerksam zugehört. „Meinst Du?" Emma nickt. „Eine Bekannte von mir isst das Kraut regelmäßig... Ich hab mal eine Frage. Würdest Du einem Rentner Deinen Garten anvertrauen wollen?" Ich nicke. „Warum nicht? Du meinst, ein Rentner hätte eventuell Spaß daran, sich mit meinem Garten etwas nebenbei zu verdienen?" Emma nickt. „Ich weiß über seinen Sohn, den Marcel, dass er ziemlich traurig zu hause rumhängt, seit er seine Erde nicht mehr hat, wie er immer sagt. Vielleicht kann er Dir im Garten helfen. Soll ich mal einen Kontakt machen?" Ich überlege nicht lange. „Gerne, Emma. Ich würde mich freuen, eine Hilfe für meinen Garten zu bekommen. Wenn Dein Rentner und ich uns mögen, kann er sofort anfangen." Emma nickt. „Okay. Ich werde das weitergeben. Ich weiß, dass Du wahre Geschichten liebst....

Meine Geschichte handelt von dem Rentner, den ich Dir vermitteln möchte. Vater Roland ist das, ein ehemaliger Ossi aus Thüringen. Er ist immer stolz mit einer Harley und seinen drei Söhnen zu allen Motorradsport-Treffen gegangen. Schlank und sportlich hatte er selbst der vierte Sohn sein können mit seinem vollen dunklen, lockigen Haar. Irgendwann wurden die Grenzen geöffnet. Fleisch, Kaffee und andere sauer machenden Nahrungsmittel kamen billig in die Geschäfte. Roland probierte vieles aus. Plötzlich hatte er von jetzt auf gleich starke Beschwerden. In relativ kurzer Zeit wurde aus dem jugendlichen Mann mit frischem Teint und schwarzen Locken ein griesgrämiger, mürrischer unglücklicher Mann mit kreisrundem Haarausfall und grauem Teint. Die Schulterpartie war hart wie ein Brett. Roland rannte brav zu seinem Hausarzt und probierte auch einige Pülverchen aus, aber alles, was er probierte, half absolut gar nicht. 'Nun mach doch endlich mal was Gescheites mit Dir!,' provozierte ihn sein Sohn Marcel. Roland tickte völlig aus. 'Was soll ich denn 'noch' machen? Ich habe mich wahrlich angestrengt! Ich finde Dich anmaßend, mein Sohn!' 'Komm mal wieder runter und hol mal Luft. Melde Dich bei Deiner Uschi ab und danach kommst Du mit zu mir nach Hause. Vertrau mir bitte. Ich habe Dich immer unterstützt, wenn ich es konnte. Ich kenne eine Heilpraxis. Allerdings in Bochum. Wirst sehen...' Roland folgte, kam in unsere Praxis und wohnte in der Zeit bei seinem Sohn. In einem Jahr dreimal - je drei Wochen lang." Mir ist dieser Roland nicht nur sympathisch, er ist mir bereits ans Herz gewachsen...

„Beachtlich! Was muss dieser Roland gelitten haben, um so viele Kilometer in Kauf zu nehmen. Immerhin ist das ein langer Weg von Thüringen nach Bochum?" Emma nickt. „Genau. Er hatte Not, wollte aus der Misere raus und änderte sein Leben..." Ich frage nach. „Emma, was genau änderte er?" Emma überlegt. „Er trank viel gutes Wasser, benutzte nur noch Meersalz und frische Kräuter. Er kaufte auch keine Dose mehr oder Tütensuppen. Roland bereitete die Lebensmittel frisch zu. Auf dem Einkaufszettel standen fortan gute Butter und kalt geschlagene Öle. Salate, Gemüse und Sprossen wurden bevorzugt gegessen. Schweinefleisch wurde absolut gestrichen, überhaupt nur noch wenig Fleisch gab es, absolut keine Wurst mehr, sondern Hülsenfrüchte. Eine Drehung um 360 Grad hat er damals durchgemacht. Unser Praxisteam bewundert Roland!" Ich finde die Verhaltensweise dieses Menschen bewundernswert. „Ist Thüringen nicht das Land mit den speziellen Wurstsorten, Emma?" „So sagt man." Roland hatte einen bissigen Kommentar, wenn man ihn auf die gute Thüringer Wurst ansprach: 'Ich esse keine Wurst mehr! Genau betrachtet sind das in Därme gepresste Kadaver!'

Vater Roland freundete sich relativ bald mit Vitalstoffen an. Er begriff, dass Vorbeugen mit Vitaminen, Mineralien und Spurenelementen usw. zwar Geld kostet, aber im Verhältnis zu den Kosten bei einer Erkrankung eher günstig abschneidet. Soweit zu Roland und seiner Einsicht. Wie Du bereits in Erfahrung gebracht hast, Maria-Julia, ist jede noch so kleine Befindlichkeitsstörung lästig und jede leichte bis schwere Erkrankung eventuell gefährlich. Du hast Glück. Du bist versichert. Dieser Mann besaß weder eine Versicherung noch eine Zusatzversicherung für Heilpraktiker, sondern hat die Behandlungen und Heilmittel aus eigener Tasche bezahlt!" Ich seufze. „Ich bewundere diesen Mann, Emma. Gesundheit war ihm wichtig und heilig!" Emma grinst. „Wahrscheinlich war der plötzliche Verlust seiner Haarpracht der Grund für seine Einsicht! Ich stelle die Behauptung auf: Männer sind eitel, nicht nur Frauen!" Meine Emma... Ich seufze. „Die Geschichte geht weiter. Sogar die gerade erworbene Mikrowelle wurde an eine Kosmetikerin verschenkt. Die wärmt jetzt Handtücher damit." Ich horche auf. „Die Mikrowelle..." „...ist eine Möglichkeit das Essen zu verändern, Maria-Julia, und zwar in einer Form, dass Saft und Kraft des Inhaltes absolut zerstört werden. Die Untersuchungen, die laufen, beziehen sich auf die chemische Analyse. Die bleibt unverändert. Nur die Geometrie der Moleküle verändert sich drastisch zum Nachteil für Säugetiere und Menschen. Zuguterletzt auch noch das mit dem Eiweiß: Soviel ich weiß, werden die meisten L-Formen der Aminosäuren in D-Formen umgewandelt, die teilweise sogar giftig sind für den Körper. Was bleibt positiv übrig? Du hast lediglich die Wärmeenergie über das Erhitzen, aber ansonsten keinerlei Vorteil!" Ich habe Glück gehabt. Ich wollte nie eine Mikrowelle... „Wie ging es mit Roland weiter?"

Emma denkt nach. „In der Heilpraxis bekam er Infusionen, besondere Colon-Hydro-Behandlungen und seine vielen Narben wurden entstört. Und was soll ich Dir sagen. Inzwischen lacht er wieder gern, sieht prima aus - selbst sein Haar ist nachgewachsen. Er könnte glatt wieder als vierter Bub ins Rennen gehen!" Emma grinst. „Was meinst Du mit 'besonderen' Darmspülungen?" Eine Seite Notizen habe ich bereits gemacht. Mal sehen, was noch kommen mag. „Maria-Julia, das war in seinem Fall ein zusätzlicher Einlauf mit Kaffee. Dieser Einlauf tut seinem trägen Darm gut." „Wieviel Kaffee denn?" Emma zeigt auf meinen Kaffeelöffel. „In einen Einlauf kommen fünf gestrichene davon mit biologischer Bohnenkaffee auf einen Liter Wasser." Ich frage noch einmal nach. „Muss der Kaffee entkoffeiniert sein?" Emma schüttelt ihre Mähne. „Nein, normaler guter Bohnenkaffee. Koffein freier Kaffee beinhaltet chemische Reste des Mittels, welche das Koffein entfernen..." Das ist mir neu. „Interessant. Weiß das jemand?" Emma zuckt mit ihren Schultern. „Deine Frage ist berechtigt, Maria-Julia. Das weiß kaum einer. Diese chemischen Reste sind Chemie, ziemlich schädlich für die Nerven - und die Potenz!" Das muss ich Stephan erzählen. „Oh je. Das ist ja grauslich..." Ich verziehe mein Gesicht. „Wenden wir uns ab vom Kommerz und wieder erfreulicheren Dingen zu.

Magst Du über Vater Roland nachdenken?" Ich mag. „Ja, Emma. Ist dieser Roland öfter einmal hier im Gebiet?" Emma nickt. „So viel ich weiß sogar regelmäßig. Er besucht seinen Sohn, um ihm bei der Buchhaltung zu helfen. Er genießt außerdem diesen Wechsel Thüringen – Bochum. In Thüringen hat er sich wohl kleiner gesetzt und da fällt ihm die Decke auf den Kopf. Sein großer Garten fehlt ihm wahrscheinlich ebenfalls." Das kann ich gut verstehen. „Emma, sei so nett und stelle uns einmal einander vor. Ich freue mich jetzt schon, diesen Roland kennenzulernen." Emma schaut auf ihre Armbanduhr. „Upps, nicht böse sein, Maria-Julia. Wir sind inzwischen spät dran. Ich muss wieder in die Praxis."

Das mit der Laus

Ich sitze wieder Antonia gegenüber. Vor uns beiden steht eine dampfende Tasse Kräutertee. „Frau Winter, ich habe für Sie eine Urtinktur aus Weißdorn rezeptiert. Diese wird Sie physisch und psychisch unterstützen. Weißdorn oder Crataegus hat sich schon seit mehr als zweitausend Jahren als Heilpflanze bewährt. Bei den Urtinkturen finden sich besonders wertvolle Heilpflanzen zur Harmonisierung. Das macht die ausgewählte Heilpflanze der Urtinktur zu Ihrer Seelenpflanze. Beginnen Sie die Tropfen einmal abends vorm

Abendessen einzunehmen. Einen Tropfen auf eine kleine Menge Wasser. Schluck weise im Mund zergehen lassen. Vielleicht eine Woche. Danach steigern Sie das auf zweimal täglich vor dem Essen. Wir sehen uns im Augenblick mehrmals in der Woche. Ich bekomme demnächst eine genaueste Rückmeldung von Ihnen, Frau Winter?" Ich bin erstaunt. „Eine Wirkung von so wenigen Tropfen?" Antonia nickt. „Ja, die Seelenpflanzen sollten besonders fein abgestimmt werden. Frau Winter, Sie 'sind' ein zartes Geschöpf. Das berücksichtige ich bei der Dosierung. Eine Frage: Kannten Sie die Werbung für 'Rotbäckchen'?" Der Service der 'Rotkäppchen' bei Lufthansa ist mir bekannt. Etwas anderes kommt mir in den Sinn. „Frau Talbach, meinen Sie das rotbäckige kleine Mädchen, das Werbung macht für einen aufbauenden Saft für blasse Kinder?" Antonia nickt. „Genau das kleine Mädchen meine ich. Das, was ich Ihnen jetzt sage, wird Sie begeistern! Eine gute Verfassung vom Herzen zeigt sich in einem Gesicht als hohe Bäckchen wie bei Rotbäckchen. Der Magen lohnt uns sein Wohlsein mit einer straffen Kontur der Wangenpartie, einer schlanken Nasenspitze und gut durchbluteten Lippen. Bei Ihnen wird ebenfalls das saure Aufstoßen nachlassen oder aber Sie bei Auftreten sofort an einen Ernährungsfehler erinnern." Ich freue mich, das aus Antonias Mund zu hören. „Eine Frage bitte noch, Frau Talbach. Was passiert mit meinen erweiterten Äderchen?" Antonia lächelt mich an. „Frau Winter, Ihre Couperose wird ebenfalls zurückgehen. Alles in allem schöne Aussichten, nicht wahr?" Ich strahle wahrscheinlich, wie Emma sagen würde, wie ein Honigkuchenpferd.

„Frau Winter, ich habe einen weiteren kleinen Wunsch an Sie. Zusätzlich schreibe ich Ihnen einen Einschlaftee aus Melisse, Baldrian und Passionsblume auf. Melisse tut dem Herzen und dem Magen wohl, Baldrian verkürzt die Einschlafphase und lässt Sie in der Nacht seltener aufwachen. Die Passionsblume schenkt innere Ruhe und hat sich in angespannten Lebenssituationen bewährt, um den Alltag mit Ruhe und Gelassenheit zu meistern." „Der Kräutertee wird mir bestimmt gut tun." „Denke ich auch, Frau Winter. Noch ein Tipp: Bitte waschen Sie ab heute jeden Abend Ihre Füße gründlich mit Seife und spülen Sie sie anschließend mit fließend kaltem Wasser ab." Ich notiere alle Einzelheiten. „Frau Talbach, meine Füße sind in letzter

Zeit tatsächlich etwas feucht..." Antonia ist erstaunt. „Tragen Sie eventuell Schuhe mit Gummisohlen?" Ertappt! „Ja, das stimmt. Meine Lieblingsschuhe haben eine Gummisohle." Warum fragt Antonia danach?

„Die Füße produzieren bis zu einhundert Liter Schweiß im Jahr. Der Fuß reagiert auf eine Gummisohle so, als hätten Sie um ihn eine Plastiktüte gewickelt. Wie reagiert der Fuß? Der Arme kann nur seinen Unmut kundtun, indem er viel schwitzt!" Wir lachen. „Ich habe Sie gebeten, die Füße abends gründlich mit Seife zu reinigen, um sowohl die vielen Fremdenergien des vergangenen Tages, als auch die Schlacken des eingeleiteten Entgiftungsprozesses weg zu schaffen." Ich staune. „Frau Talbach, diese Aspekte sind mir neu. Interessant..." „ „Darf ich bitte noch einen Tee haben?" Antonia schenkt mir erneut Tee ein. „Ich fasse noch einmal zusammen: Zuerst waschen Sie Ihre Füße und nach dem Abseifen spülen Sie sie gründlich ab. Eine Kanne Tee steht bereit. Sie trinken davon eine Tasse und verwenden den Rest für ihr Fußbad. Anschließend sorgen Sie für warme Füße. In der Praxis benutzen wir eine Wärmflasche. Etliche Patienten lieben ihr Dinkelkissen oder wärmen einen Kirschkernsack im Backofen auf." Ich melde mich. „Bitte noch einmal!" Ich konzentriere mich. „Frau Winter, zuerst Kräutertee zubereiten: Eine Tasse zum genießen, den Rest mit Wasser auffüllen für ein schönes warmes wohltuendes Fußbad von einer Viertelstunde in etwa. Sie waschen Ihre Füße mit Seife, spülen diese mit fließendem kühlen Wasser ab und steigen anschließend ins vorbereitete Fußbad. Bitte den Küchenwecker auf fünfzehn Minuten stellen." Jetzt kann ich das Procedere nachvollziehen. „Frau Talbach, ich habe tatsächlich Aussichten, dass meine extrem kalten Füße der Vergangenheit angehören?" Antonia nickt. „In der Tat. Wenn Ihre Füße allerdings nach drei Wochen Anwendung zu hause immer noch kalt sind, weil Wärmflasche und Fußbäder zu hause es nicht schafften, diesen Zustand zu beenden, folgt eine Kur in der Praxis. Die schafft es immer, chronisch kalten Füßen den Gar aus zu machen." Antonia trinkt ihren Tee aus und schenkt sich nach. „Um welche Kur handelt es sich?"

„Frau Winter, die Kur nennt sich 'Schiele Badekur' und ist unsere Geheimwaffe bei notorisch kalten Füßen. Dieses Teilbad sorgt für ein Mehr an Durchblutung. Dadurch verbessert sich sowohl die Versorgung der Zellen, als auch die Entsorgung ihrer Stoffwechselendprodukte oder Schlacken. Ihr Mann mag recherchieren unter schiele-baeder.de." Das hört sich gut an. „Die Temperatur des Wassers wird während der Zeit genau kontrolliert, insbesondere bei allgemeiner Neigung zu Venenleiden wie Krampfadern. Der maximale Temperaturanstieg beträgt zehn Grad. Das geschieht behutsam und langsam. In dieser Zeit des ansteigenden Fußbades wird die Mikrozirkulation angeregt. Die ist bei gestauten Venen vermindert. Wenn die Körperoberfläche durch eine Erweiterung der Gefäße mehr Blut aufnimmt, müssen in der Tiefe gelegene Blutspeicher entleert worden sein. Der Effekt ist eine Verschiebung des Blutvolumens und eine Entlastung der entsprechenden Organe. Stoffwechselendprodukte werden entfernt, Sauerstoff und Aufbaustoffe zugeführt." Das will ich genauer wissen. „Frau Talbach, ist die Anwendung anstrengend? Und wie oft macht man das Fußbad?" Antonia räuspert sich. „Anstrengend ist das Fußbad nicht. Normalerweise machen wir die Bäder hintereinander weg fünf mal wöchentlich, zirka zwanzig Minuten. Das Schiele Bad entspricht einem 'passiven' Kreislauftraining. Zusätzlich entspannt das Bad. Danach verwöhnen wir Ihre Füße - wenn Sie mögen - mit einem wohlriechenden Öl. Sie hören in dieser Zeit angenehme Musik." Antonia lächelt mir zu. „Aber wir warten noch zwei Wochen ab, einverstanden?" Antonias Haltung finde ich gut. Zwei Wochen gehen schnell vorbei... „Ich finde gut, dass die Naturheilkunde immer noch ein Ass im Ärmel hat. Zitat Emma!" Antonia lächelt. „Das ist wahr. Die Naturheilkunde bietet viele Variationen, um Vitalität, Belastbarkeit und Lebensfreude zurück zu gewinnen. Frau meine Empfehlung an Sie: 'In der Ruhe liegt die Kraft!'

„Frau Talbach, ich gehe aus dem Wohnzimmer, wenn mein Mann sich noch die Spätnachrichten oder Boxen anschauen will. Das regt mich inzwischen alles nur auf". Ich verdrehe die Augen. „Ich 'summe' lieber in meinem stillen Kämmerchen. Übrigens habe ich wieder angefangen, Tagebuch zu schreiben." „Ich bewundere Sie für Ihre Disziplin, Frau Winter. Alle Achtung!" Ich lächele Antonia an und freue mich, dass ich von ihr gelobt werde. „Machen Sie weiter, Frau Talbach! Es lohnt sich, an sich zu arbeiten. Über das Summen, bewusste Atmung oder Meditation werden Ihre Energiezentren größer. Inzwischen ist das sogar wissenschaftlich belegt. Ein russischer Forscher – der Name ist mir im Augenblick entfallen - hat das mit seinen Kirlianfotografien für jedermann sichtbar belegt. Der Test war sogar farbig und nicht schwarz-weiß wie üblich. Dieser russische Forscher hat auch interessante Wassertests gemacht. Davon berichte ich Ihnen, wenn wir über die Qualität von Wasser sprechen, einverstanden?" Ich nicke. „Gerne. Ich freue mich darauf."

*

Ich warte noch im Wartezimmer auf meine Freundin Emma. Eine Patientin setzt sich neben mich. Sie schaut mich freundlich an. „Warten Sie auf Simona?" „Nein. Was genau macht Simona?" „Simona macht hier in der Praxis die Massagen. Insbesondere eine gute Lymphdrainage. Hatten Sie schon einmal eine Lymphdrainage bei ihr?" „Nein. Die Lymphdrainage kenne ich nicht." Die Frau seufzt. „Ich hatte nach meiner schwierigen OP große Erleichterung davon. Simona ist sehr einfühlsam, müssen Sie wissen." Während sie davon berichtet, hat sich ihre Stirn in Falten gelegt. „Sie warten auf wen genau?" „Ich warte auf meine Freundin Emma." „Sie sind Patientin?" „Das stimmt. Ich bin in diese Praxis gekommen, weil ich total erschöpft war. Irgendwann habe ich begriffen, dass ich mir professionelle Hilfe holen musste. Heute weiß ich: Von allein hätte ich das wohl nicht geschafft." Ich schaue aus dem Fenster. „Immer diese Tendenz zum Unglücklich sein... Die Freude war mir abhanden gekommen. Lachen wurde zum Fremdwort... Das ist gottlob vorbei. Inzwischen geht es mir wieder viel besser." Die Frau stimmt mir zu und sieht dabei traurig aus... „Ich kenne diese Tiefphase. Ich habe das Jammertal ebenfalls hinter mir gelassen. Mir hat seinerzeit das Singen sehr geholfen. Ich freue mich jedes Mal wieder neu auf meine Truppe. Ich singe im Chor." Die kleine Frau strahlt übers ganze Gesicht. „Chor singen. Singen. Da hätte ich auch Spaß daran. In meiner Jugend in der Karibik hat sich die ganze Familie aufgeregt, weil ich ununterbrochen gesungen habe. Ich hätte vielleicht Sängerin werden sollen." Ich lache. „Ernsthaft? Mögen Sie Gospelgesang?" Ich nicke. „Wollen Sie einmal mitkommen?" „Schrecklich gerne!" Ich freue mich. Ein wunderbares Angebot! Ein Dankeschön an meinen Schutzengel! „Wir sind inzwischen ein stimmgewaltiger Chor mit vielen Erwachsenen und Teenies und ganz Kleinen. Man lernt nette Menschen kennen und hat viel Spaß. Wenn ich beim Gospel bin, geht es mir schlicht gut! Übrigens: ich bin die Christel." „Und ich bin Maria-Julia. Vielleicht sollten wir die Telefonnummern aus tauschen?" Christel und ich lächeln uns an. Ich weiß: Das ist der Beginn einer Freundschaft!" Christel verabschiedet sich. Nach kurzer Zeit erscheint Emma und nimmt mich in die Arme. „War es heute wieder spannend?" „Was denkst Du?" Wir gehen zum Ausgang. „Emma, lass uns erst einmal im Café sein. Dort reden wir weiter. Einverstanden?"

*

Wir hängen beide unseren Gedanken nach bis wir im Café Platz genommen haben. Die Getränke stehen bald vor uns. Emma leert wie immer ihre Flasche Wasser in einem Zug. Ich schaue mir das schmunzelnd an. Emma räuspert sich. „Maria-Julia, ich wiederhole meine Frage von vorhin: War es heute wieder spannend?" „Ja, liebe ungeduldige Emma. Ich habe bei Euch Christel kennen gelernt. Sie saß neben mir und hatte sich gerade von mir verabschiedet, als Du kamst. Sie geht zu Simona und bekommt Lymphdrainage bei ihr." Emma nickt. „Die Lymphdrainage ist eine besonders sanfte Technik. Diese Behandlung entstaut und entlastet, und zwar wird über sanfte kreisförmige Verschiebungen die Flüssigkeit im Gewebe in das Lymphsystem verschoben." Meine Emma! Ich lächele und bin stolz auf meine Freundin. „Emma, Christel nimmt mich demnächst mit zum Gospelchor. Muss ziemlich groß sein dieser Chor." Emma überlegt. „Wahrscheinlich, nein, eher bestimmt das Gospel Projekt Ruhr..." „Mag sein. Jedenfalls freue ich mich darauf. Musik machen bringt

Freude!" Ich strahle meine Freundin an. Singen und ich sind eins! „Was ich übers Chor singen wissenschaftlich weiß, ist, dass das in jedem Fall das Wohlbefinden fördert. Verschiedene Untersuchungen belegen, ich meine es war eine Studie von der Uni Göteborg in Schweden, dass sich beim Chor singen die Herzschläge mit der Musik synchronisieren und sich der Herzrhythmus der Sänger angleicht. Irre?" „Einfach unglaublich, was Du alles weißt!" Emma kratzt sich am Hinterkopf und errötet leicht. Ich muss lächeln. Ja, ja, meine Emma...

„Ich habe von Deiner Chefin ein Rezept bekommen. Etwas Pflanzliches für den Magen und eine Tinktur fürs Herz. Ich muss anfangs nur 'einen' Tropfen einnehmen. Das finde ich ziemlich ungewöhnlich..." Emma räuspert sich. „Es handelt sich in diesem Fall um eine 'Urtinktur'. Die Urtinkturen haben es in sich, musst Du wissen. Sie sind Gold für die Seele. Wir erzielen hier in der Praxis unglaublich schöne Resultate. Aber davon soll Dir Antonia selbst erzählen..." Ich nicke. „Was habt ihr außerdem besprochen, Maria-Julia?" Ich schaue in meine Unterlagen. „Wir haben davon geredet, dass ich Chancen habe auf hohe Bäckchen, wie Rotbäckchen welche hat. Du kennst den Kindersaft, Emma?" „Klar, Maria-Julia. Den können übrigens auch Erwachsene trinken. Du übrigens auch!" Das werde ich ausprobieren. „Den Saft gab es früher nur in Reformhäusern und Apotheken, inzwischen bereits in Supermärkten. Da sind tolle Sachen drin: Trauben, Äpfel, Brombeeren, Orangen, Kirschen, Acerola, Honig und Eisen. Das Oberlandesgericht – ich meine es war in Koblenz – untersagte dem Hersteller die Aussage, dass dieser Saft über das enthaltene Eisen die Konzentrationskraft fördern würde. Es gäbe keine wissenschaftliche Grundlage. Ich rege mich auf, wenn ich von solchen Unterlassungsaufforderungen höre. Welche Aussagen über Medikamente werden in der Werbung im Fernsehen verbreitet? Wird je einer rot? Glaub mal ja nicht!" Emma schnauft. „Arme Emma. Denk an Deine Gesundheit. Behalte Ruhe!" „Schon gut, Maria Julia. Stopp! Ich korrigiere mich. Allerdings immer gegen Ende des Spots gibt es den Hinweis: Zu Risiken und Nebenwirkungen fragen Sie bitte Ihren Arzt oder Apotheker!" Ich atme tief durch.

„Ach, Emma. Ich probiere den Saft. Vielleicht kann ich mich dadurch wieder besser erinnern und konzentrieren.

Themawechsel. Demnächst habe zu hause auch einen Einschlaftee. Eine Tasse davon trinke ich und mit dem Rest der Kanne bereite ich mir ein Fußbad. Lustig fand ich, dass ich mir vor meinem Fußbad die Füße gründlich mit Seife waschen und danach tüchtig mit kühlem Wasser abspülen soll." Ich schaue Emma fragend an. „Das sollte Dich nicht befremden, Maria-Julia. Es geht da weniger um den hygienischen Aspekt, sondern den energetischen. An den Füßen sammeln sich schlechte Energien. Den ganzen Tag lang." Ich unterbreche Emma. „Jetzt, wo Du mir das sagst, erinnere ich mich. Antonia hat von in dem Zusammenhang von Fremdenergien und dem energetischen Aspekt gesprochen." Emma räuspert sich. „Hätte mich auch gewundert. Ich beispielsweise mache das Ritual sofort nach der Praxis. Ich gehe direkt unter die Dusche und ziehe mich danach komplett um, wenn ich heimkomme. Vergesse ich das mal, komme ich von meinen Gedanken an die Patienten gar nicht los und schlafe auch schlechter, Maria-Julia." „Emma, das hast Du mir noch nie erzählt." Emma seufzt. „Ach, Maria-Julia. „So viele Dinge gibt es zwischen Himmel und Erde... Meine Friseurin zum Beispiel ist ein Sensibelchen. Sie hat mir erzählt, dass sie die Gefühle der Kunden fühlt und manchmal sogar deren Schmerzen. Ich habe das Antonia erzählt und die hat mir glaubhaft versichert, dass das über die Haare, die sie von den Kunden an der Kleidung hat, ausgelöst werden kann. Als ich das weiter gegeben habe, hat meine Friseuse mir das anfangs nicht geglaubt. Inzwischen allerdings trägt sie 'vorsorglich' einen hübschen Kittel über ihrer Kleidung. Noch etwas: Ich dusche abends und morgens wasche ich mich nur. Da kommt mir ein Gedanke, Maria-Julia. Das funktioniert hier in diesen eher kühlen Regionen... Wahrscheinlich eher nicht in der Karibik..." Emma seufzt.

„Warum gehst du morgens nicht unter die Dusche? Du hast dafür sicher einen guten Grund?" Emma nickt. „Die aufgetankte Energie der Nacht bleibt auf diese Weise erst einmal erhalten. Jedenfalls ist das bei mir so. Es mag Ausnahmen geben. Schlechte Träume sollten in jedem Fall weg geduscht werden! Und es wird Menschen geben, die erst nach dem Duschen richtig wach werden. Jeder muss das vielleicht für sich ausprobieren!" „Ach, Emma. Ich kann mir das mit dem Energiezuwachs morgens vorstellen. Allerdings graust mich die Vorstellung, auf meine Dusche morgens zu verzichten? Muss ich???" „Nein, Maria-Julia, selbstverständlich nicht! Ich bequatsche Dich mal wieder. Erzähl Du mal lieber weiter... Nein, warte mal gerade... Über das Fußbad ist mir gerade noch etwas zum Thema Füße eingefallen, und zwar den schwitzenden Füßen. Manchmal ist so etwas mit üblem Geruch verbunden. Da gibt es ein Mittel dafür oder dagegen!" „Emma, Du kennst ein Mittel, das schwitzende Füße nicht mehr übel riechen?" Emma grinst. „Ja, Maria-Julia, es gibt ein uraltes Hausmittel, damit die Mauken nicht mehr stinken müssen. Ich spaße darüber. Eigentlich ist es ausschließlich lästig und unangenehm." Emma ist wieder ernst. „Dieses Mittel empfehlen wir allen Patienten, die durch Ausleitungsprozesse über die Haut genau dieses Problem bekommen. Das gute alte 'Kaiser Natron'. Ich spreche von diesen grünen Tütchen, die man fast in jedem Supermarkt oder im Drogeriemarkt kaufen kann. Natron kennt man als Backpulver, zum Bleichen von Gardinen, als Priese zum Weichkochen von Hülsenfrüchten oder als Brausegetränk bei saurem Aufstoßen. Nur wenige wissen allerdings, dass man Natron anstelle von Seife oder Duschgel nutzen kann. Das hilft sofort bei üblem Geruch!" „Danke Emma. Ich glaube, es aus Spanien zu kennen. Dort heißt es: 'Bicarbonato Sodico'." „Hört sich richtig an. Und, was war heute noch?" Ich schaue in meine Aufzeichnungen. „Ach, ja. Nach dem Fußbad soll ich noch eine Wärmflasche oder einen Kirschkernsack mit ins Bett nehmen. Nach zwei Wochen sollte das Thema 'kalte Füße' ausgestanden sein, hat Antonia gemeint, sonst gibt es etwas Spezielles bei Euch in der Praxis gegen oder für meine Pillefüßchen." Emma nickt. „Wahrscheinlich das Schielebad. Ein ansteigendes Fußbad, was noch jedes Eisbein warm bekommen hat in einer Kur. Willst Du dazu noch mehr wissen?" Emma grinst mich an. „Ach nein. Lass mal. Nichts für ungut. Heute ist es mal wieder genug mit den Infos." Emma schaut mich spitzbübisch an. „Maria-Julia, vielleicht etwas Schönes - speziell für Dich?" Willst Du es hören?" „War das eine ernsthafte Frage, Emma?" Emma knabbert an ihrer Unterlippe. „Als Du Dich nach dem Gespräch mit Antonia ins Wartezimmer gesetzt hast, hat die Chefin noch eine Weile still in ihrem Zimmer gesessen. Wahrscheinlich hat sie sich vorgestellt, wie Du wieder lächelst..." „Wie kommst Du denn darauf?" „Nun, neulich hat sie zu mir gesagt. 'Ich freue mich schon auf ihr erstes Lächeln. Mal schauen, wie lange es dauert, bis es auf ihrem schönen feinen Gesicht wieder erscheint.' „Emma, Du schaffst mich. Wirklich!"

Die Leber verzeiht viel, aber nicht alles

„Was für ein schönes Kostüm! Kompliment!", meint Antonia als sie mich sieht. Ich freue mich wie ein Teenager! Komplimente tun gut. Sehr gut sogar! Ich seufze. „Dankeschön, Frau Talbach. Make-up, Rouge und Lippenstift sind wieder im Einsatz..." „Frau Winter, daran können Sie Ihre erweckten Lebensgeistern erkennen. In Krankenhäusern, in denen Patientinnen mit Make up 'gehübscht' worden sind, stellte man fest, dass erkrankte Frauen schneller wieder gesundeten. Und das offensichtlich ausschließlich über die geschönte Optik im Spiegel und die darauf folgenden aufmunternden Komplimente!" Ich kann das tut nachvollziehen. „Frau Winter, ich habe mir notiert, dass ich heute mit den Befindlichkeitsstörungen weitermache und anfange, über die 'Pflege' Ihrer Leber zu sprechen." Ich frage nach. „Eine 'Vorbeugung' für die Leber?" „Besser ist der Ausdruck 'Pflege'. Mir ist ein altes Hausmittel eingefallen: Der 'Leberwickel'. Frau Winter, kennen Sie solch einen Wickel für die Leber?" Was es alles gibt... „Nein, gar nicht. Was macht solch ein Wickel?", frage ich Antonia. „Solch ein Wickel ist basisch, spendet wohlige Wärme, wirkt krampflösend, durchblutend, unterstützt die Leber bei ihrer Arbeit und entlastet die Leber. Frau Winter, Sie machen bereits von Montag bis Freitag jeden Abend ihr Fußbad. Wie gefällt Ihnen folgender Vorschlag? An einem der beiden Tage am Wochenende - idealerweise nach dem Mittagessen - legen sie sich mit einem Leberwickel ins Bett. Könnten Sie sich damit anfreunden, Frau Winter?" Ich nicke. „Das kann ich mir sogar gut vorstellen. Frau Talbach, verraten mir Sie bitte, wie ich das machen soll?" Antonia schaut mich prüfend an. „Frau Winter, verlange ich zu viel im Augenblick?" „Nein, Entschuldigung, wenn sich das so anhört... " Antonia lächelt mich an.

„Leberwickel kann man mit unterschiedlichsten Heilmitteln ausführen. Ich empfehle Ihnen einen Leberwickel mit 'Retterspitz äußerlich'. Ich beschreibe mal das Procedere. Frau Winter, zuallererst legen Sie sich ein großes Badetuch quer ins Bett, damit Sie es hinterher um ihren Oberkörper wickeln können. Außerdem brauchen Sie ein kleines Abtrockenhandtuch für den Wickel. Der kommt getränkt mit der Retterspitz-Mischung auf die Lebergegend. Darüber ein trockenes Gästetuch oder normales Handtuch und zusätzlich noch eine Wärmflasche, die den Wickel warm hält. Zum Schluss schlagen Sie das große Badetuch darüber, auf dem sie liegen und vielleicht zusätzlich eine Wolldecke oder ihr Bett. Bis hierher ist es verständlich für Sie?" Ich nicke.

„Nun zur Mischung der Lösung. Die Mischung für Sie, Frau Winter, ist 1:2. Ein Teil Retterspitz äußerlich und zwei Teile normal temperiertes Wasser. Für die Menge der Lösung Retterspitz reicht schon ein Schnapsglas. Ein wenig Assistenz ist am Anfang solcher Anwendungen schön. Vielleicht kann Ihnen Emma helfen?" „Nein, das bekomme ich alleine hin, Frau Talbach." „Gut. Ich möchte Ihnen noch eine andere Variation des Leberwickels vorstellen. Sie haben die Wahl. Eine zweite Möglichkeit bietet der 'Kartoffelwickel'. Dazu brauchen Sie drei oder vier kleine unbehandelte Pellkartoffeln – möglichst aus ökologischem Anbau. Die gekochten zerdrückten Kartoffeln werden in ein Abtrockenhandtuch eingeschlagen. Dieses kleine Paket wird auf den Leberbereich aufgelegt. Bei diesem Wickel legen Sie zusätzlich ein kleines mit warmem Wasser durchfeuchtetes Handtuch über das Kartoffelpäckchen. Auf Kartoffelpäckchen und durchfeuchtetes Handtuch zusätzlich noch eine Wärmflasche sowie ein kleines, trockenes Handtuch darüber. Nach zirka zehn Minuten wird die Wärmflasche weggenommen und das nun erwärmte Tuch allein anstelle der Wärmflasche auf die Leber-Gegend gegeben. Frau Winter, Sie haben die Wahl. Retterspitz äußerlich schreibe ich Ihnen als Rezept auf, gute Kartoffeln gibt es im Handel. Was meinen Sie?" „Schreiben Sie mir bitte diesen Retterspitz auf. Ich werde gelegentlich einmal beide Wickel ausprobieren." „Frau Winter, das ist eine gute Idee. Ich gebe Ihnen hinterher ein Rezept mit.

Eine wichtige Frage: Wohin gehört der Wickel appliziert?" Ich zucke mit den Schultern. „Frau Winter, das ist 'hier'!" Antonia zeigt auf ihre rechte äußere Oberkörperseite. „Die Leber hört am Rippenbogen auf." Ich bin überrascht. „Ich dachte bisher, der Bereich wäre unter den Rippen." Antonia zieht ihre Stirn kraus. „Das wäre ein Problem... Die Leber wird von den Rippen geschützt. Sie wird besonders stark durchblutet und man würde bei Verletzungen jede Menge Blut verlieren..." „Frau Talbach, das ist mir neu..."

„Wo war ich gleich? Ach, ja. Frau Winter, ich habe etwas vergessen. Damit der Wickel die richtige Temperatur hat, sollte er nach dem Anfertigen etwas abkühlen. Probieren Sie es aus. Ich sollte mir keine diesbezüglichen Sorgen machen, nicht wahr? Sie kennen den Test von den Fläschchen fürs Baby? Sie haben zwei Töchter! Sie sind mit dem Pulstest bestens vertraut!" Ich nicke. „Was fehlt noch...? Antonia schaut mich an und beantwortet sich die Frage selbst: „Die Einwirkzeit fehlt noch. Eine Stunde sollte der Leberwickel wirken dürfen." „Frage dazu: Kann ich den Wickel auch abends anlegen, Frau Talbach?" „Das geht. Wenn Sie abends Lust auf einen Leberwickel haben, achten Sie bitte darauf, das er sie wärmt. Wenn er anfängt abzukühlen, nehmen Sie ihn bitte sofort ab.

Es empfiehlt sich, wach zu bleiben. Sicherheitshalber könnten Sie sich einen Wecker stellen, Frau Winter!" Ich seufze. „Diese Anwendung ist ziemlich anspruchsvoll. Andererseits, Frau Talbach, ist diese Übung - wenn ich Sie richtig verstehe – eine Möglichkeit, meiner Leber etwas Gutes zu tun?" „Ja, das tun Sie mit dem Leberwickel, Frau Winter. Sie verschaffen Ihrer Leber eine verdiente Entlastung. Diese feucht-warmen Leberwickel steigern die Durchblutung und die Stoffwechselleistung Ihrer Leber und bewirken eine wohltuende Entlastung Ihres Körper. Sie profitieren von diesem Leberwickel! Dieser Leberwickel macht Ihnen ein Geschenk. Ihre Stimmung wird in jedem Fall günstig beeinflusst." Ich freue mich. „Frau Talbach, das hört sich gut an." Ich werde mit dem Wickel am nächsten Wochenende starten. „Frau Winter, ich kenne einen passenden

Spruch: 'Die Leber steht für Glücklichsein, wenn es ihr gut geht'." Das habe ich schon einmal von Emma gehört... „Frau Winter, die Leber ist das Zentrum des Glücks. All die Substanzen, die der Körper zur Produktion des Glückshormons Serotonin benötigt, werden hier gebildet. Entgiftung entlastet die Leber. Im Gegenzug eine Frage. Was belastet die Leber und was muss die Leber entgiften?

Fleischreiche Ernährung und meistens über längere Zeit aufgenommene, giftige Fremdstoffe, Farbstoffe, E-Nummern in Nahrungsmitteln, Tütensuppen, Light-Produkte und und und. Die Liste der Gifte ist lang inzwischen." Antonia seufzt „Kann ich mir vorstellen, Frau Talbach. Wie schafft die Leber das? Und welche Stimmung entsteht bei einem belasteten, vergifteten Menschen, wenn die unbelastete Leber für Glücklichsein steht?" „Gute Fragen, Frau Winter. Die Leber ist ein bemerkenswertes Organ. Dazu komme ich gleich noch... Zuerst der Stimmungswandel. In einem schleichenden Prozess verwandeln sich unbeschwerte fröhliche Menschen nach und nach in traurige, unglückliche Wesen. So werden aus Light-Konsumenten Leid-Konsumenten." Antonia trinkt einen Schluck Tee. Ich verdaue erst einmal die letzte Aussage: Aus Light-Konsumenten werden Leid-Konsumenten... „Frau Talbach, zuerst ändert sich die Stimmung über das Zu viel an belastenden Dingen aus Essen und giftigen Fremdstoffen im allgemeinen über einen längeren Zeitraum. Dazu kommen toxisch wirkende Medikamente. Da kommt einiges zusammen. Zwei wichtige Punkte fehlen. Nicht zu vergessen sind regelmäßiger Missbrauch von Alkohol und ein noch unerkannter, also latenter Diabetes, dem oft ein Diabetes mellitus folgt oder sogar eine Entzündung der Leber. Diese gesamten Faktoren bilden letztendlich vermehrt Neutralfettablagerungen oder Triglyceride in den Leberzellen. Irgendwann hat die Leber genug. Sie wird zur Fettleber."

Ich seufze. „Frau Talbach, das ist erschreckend. Hat die Leber überhaupt eine Chance, diese ganzen Belastungen, die ihr zugemutet werden, zu überstehen? Gibt es darüber Angaben?" „Allerdings. Interessant ist in diesem Zusammenhang, dass aufgrund des rasanten Anstiegs der schlechten Leberwerte in der Vergangenheit die Normwerte um fast das Dreifache nach oben korrigiert worden sind.

Heute sollen bereits siebzig Prozent der Bevölkerung nachweislich eine Fettleber oder erhöhte Leberwerte haben. Vor noch zwanzig Jahren waren das unter zehn Prozent." Mir schwirrt der Kopf. Ich schaue wahrscheinlich ein wenig unglücklich drein. Antonia macht mir Mut. „Frau Winter, selbst eine Fettleber kann zurück gebaut werden." „Tatsächlich? Wie stellt man das an?" „Frau Winter, durch konsequente Abstinenz, gutes natürliches Essen im vegetarischen Sinn, eine Gewichtsreduktion..." „Das wissen sicherlich nicht viele Menschen?" „Mag sein. Aber die Möglichkeiten dazu, sich kundig zu machen in der Welt der Naturheilkunde besteht derzeit noch." „Wieso 'noch', Frau Talbach ?" Antonia atmet tief durch. „Ein besonderes Kapitel. Bitte fragen Sie Ihre Freundin nach der EU-Verordnung 1924/2006. Sie kann Ihnen etwas dazu sagen."

Antonia schaut mich ernst an. Wir schweigen eine Weile. „Wie merkt man, dass eine Leber in Schwierigkeiten ist, Frau Talbach?" „Gute Frage. Da steckt das Problem. Die Leber leistet bei jedem Menschen Unglaubliches. Müdigkeit ist fast das einzige Symptom, wenn man einer Leber zu viel zumutet – selbst über längere Zeit. Wussten Sie, dass wenn bereits der größte Teil der Leberzellen ausgefallen ist - durch einen schweren Unfall oder eine Operation - selbst ein kleines Stück von ihr ausreicht, um sich wieder zu einem neuen Ganzen zu regenerieren?" Ich schüttele verneinend meinen Kopf. „Frau Winter, erst bei Ausfall von dreiundneunzig Prozent der Leberzellen gibt die Leber auf!!! Kein anderes Organ im menschlichen Körper verfügt über solche Reserven. Selbst bei Leberzirrhose gibt es inzwischen über ein neuartiges Verfahren Überlebenschancen. Wäre vielleicht für ihren Mann interessant." Ich nicke. Antonia schaut in ihr kleines Notizbuch. „Hier steht es. Bitte nachschauen unter humanautocoll.de." „Dankeschön, Frau Talbach. Habe alles notiert. Wahnsinn.

Leberzirrhose bekommen ausschließlich Trinker, oder?" „Nein, so einfach ist das nicht. Zu den bereits vorhin erwähnten Möglichkeiten, die Leber zu belasten, kommen noch hinzu: regelmäßige Inhalation von Zigarettenrauch und massive Umweltgifte, wie sie in Lackierereien, den Abgasen des Straßenverkehrs, den Müllverbrennungsanlagen oder den chemischen Reinigungen vorkommen. Dies sorgt ebenfalls für eine starke Belastung der Leber. Es gibt übrigens bereits zehn!!! Millionen registrierter Chemikalien... Und jeder einzelne von uns kommt mit täglich tausenden davon in Kontakt. Aber, wie schon erwähnt, die Leber ist ein bemerkenswertes Organ!!!" Ich atme tief durch. „Frau Talbach, ich schließe mich Ihrer Meinung an!" „Mir fällt zum Thema 'Belastung der Leber' gerade ein Beipackzettel einer naturheilkundlichen Firma ein. Da wird gebeten, die Tropfen nach Möglichkeit nicht in der Nähe starker elektromagnetischer Felder zu lagern, weil diese die Wirkung des Mittels abschwächen könnten." Ich frage nach. „Elektromagnetische Felder? Was ist mit starken elektromagnetischen Feldern gemeint, Frau Talbach?" „Frau Winter, dazu gehören Computerbildschirme, Handies, Mikrowellenherde oder beispielsweise Fernsehgeräte." Das wusste ich auch noch nicht..." „Ich wüsste gern, was Umfragen über ein solches Thema ergeben würden, Frau Winter." „Frau Talbach, dabei wird kaum etwas Gutes heraus kommen. Ich bin bislang meistens auch unwissend durch mein Leben gegangen... Aber – ich bin auf dem Weg, nicht wahr?" Antonia lächelt mich an. „Frau Talbach, ich möchte meinem Frustorgan etwas Gutes tun. Gibt es zusätzlich zum Leberwickel vielleicht eine Möglichkeit, meine Leber zu unterstützen?" „Wirklich fantastisch, wie Sie mitgehen, Frau Winter. Wenn Sie wollen, verordne ich Ihnen ein Heilmittel zur Unterstützung für Ihre Leber.

Frühling und Herbst eignen sich insbesondere für eine Entlastungskur. Frau Talbach, Winston Churchill hat gesagt: 'Man soll dem Körper etwas Gutes bieten, damit die Seele Lust hat, darin zu wohnen.'" Ich lächele. „Mariendistel und Löwenzahn gehören seit altersher zur Phytotherapie. Diese altbewährten Heilpflanzen stärken sowohl Leber und Galle, als auch die Bauchspeicheldrüse. Sogar bei schweren Lebervergiftungen - zum Beispiel der Knollenblätterpilzvergiftung - wird das in der Mariendistel enthaltene Silymarin mit großem Erfolg eingesetzt. Ich überlege mir für das nächste Mal, welche Heilmittel ich Ihnen aufschreibe. Sie bekommen beim nächsten Termin Ihr Rezept. Einverstanden, Frau Winter?" „Selbstverständlich. Wächst die Mariendistel auch bei uns?" Antonia denkt kurz nach. „Die Mariendistel Silybum marianum stammt aus Vorderasien und dem Mittelmeerraum und wurde sogar schon im vorigen Jahrhundert als Tinktur angewandt. Reicht Ihnen diese Information?"

Ich nicke. „Frau Winter, aus Ihren Befindlichkeitsstörungen in Verbindung mit Ihren Zahlen des Geburtstags bestehen Anlage bedingte Störungen: Schwachen Nerven, die Themen rund um die Nieren wie kalte Füße, kleine Tränensäcke sowie Ängste unterschiedlichster Art. Zusätzlich aber auch Befindlichkeitsstörungen, die sozusagen gezüchtet worden sind: Zeichen Ihrer Leber, die über ständige Müdigkeit klagt sowie Wut über sich selbst und andere, wenn etwas nicht so richtig läuft..." „Ja, das ist richtig." „Frau Winter, außerdem habe ich unter Befindlichkeitsstörungen des Magens notiert: einen Blähbauch oder Säure und gelegentliche Schmerzen nach dem Essen. Ihre Blinddarmnarbe, die gelegentlich tuckert. An feuchten Tagen Beschwerden an den Knien. Das waren die Befindlichkeitsstörungen des Magens, die sich am Körper bemerkbar machen. Von den Zeichen im Gesicht habe ich bereits gesprochen." Ich nicke zustimmend. „Es ist immer nur das rechte Knie, was sich beschwert..." „Habe ich korrigiert. Danke. Frau Winter, erwarten Sie das Beste. Die gesamten Befindlichkeitsstörungen am Körper, als auch die Zeichen im Gesicht werden sich zurück entwickeln oder gar verschwinden, wenn die Energie des Magens wieder stimmt." „Frau Talbach, das hört sich gut an..." „...erfordert allerdings Ihre Mitarbeit Frau Winter! Ich habe etwas vergessen. 'Grübeln' müsste ebenfalls ein Thema von Ihnen sein. Wie ein 'Hamster im Tretrad' ist die Aussage bei einem geschwächten Magen..." „Das mit dem Grübeln stimmt. Ich meine, es ist inzwischen bereits weniger geworden... Kann das sein?" „Wenn es gut läuft, wird sich das meiste in relativ kurzer Zeit erledigen. Ein wenig Glück gehört jedoch ebenfalls dazu. Und das wünsche ich Ihnen von ganzem Herzen!" „Dankeschön." Ich freue mich...„Das Gähnen werden wir mit bewusstem Atmen angehen. Darüber mehr in Kürze?" „Das soll mir recht sein. Frau Talbach, habe ich Sie richtig verstanden? Nerven und Nieren machen derzeit Probleme, weil ich sozusagen disponiert in der Richtung bin? Und die Beschwerden von Magen und Leber sind quasi 'an gezüchtet'?" „Ja, Frau Winter, das könnte man vereinfacht so ausdrücken. Sie erinnern sich an das, was ich vorhin zur Leber gesagt habe. Menschen schwächen sich durch zu viel Alkohol und über falsche Ernährung, aber gleichermaßen über Gefühle, die Sie belasten. Beide Richtungen setzen den Menschen zu. Dazu nächstes Mal mehr. Für heute machen wir Schluss?"

*

Verzeih, aber ich muss was loswerden, Maria-Julia. Ich habe mich vorhin vielleicht aufgeregt! Stell Dir vor, heute saß ein Patient im Wartezimmer und hat sich dort schon mal auf Vorrat ein paar Glühstängel gedreht. In unseren heiligen Hallen... Er meint, seine Zigaretten lässt er sich bestimmt nicht wegnehmen. Dann würde sich sein Leben nicht mehr lohnen... So ein Griff ins Klo! Soll er doch zum Viehdoktor gehen und sich einschläfern lassen!" „Emma! „Wieso? Der Mensch ist auch nur ein Säugetier." „Emma!" „Ist doch wahr, Maria-Julia. Soviel Unvernunft. Der hat doch nicht mehr alle Tassen im Schrank! Hat es mit den Lungen, bekommt bereits kaum noch Luft und raucht immer noch munter drauf los. Ist doch nicht zu fassen! Emma ist sichtbar erregt. „So ein Quatsch!" Emma schüttelt ihren Kopf. „Es kann nicht angehen, dass die Lebensqualität definiert wird über die Anzahl Zigaretten, die täglich geraucht wird!" Ich nicke zur Bestätigung. „Beruhige Dich, Emma. Du hast ja recht. Aber es ist wirklich schwer, davon los zukommen. Ich habe auch mal geraucht - wie Du weißt. „Klar ist das schwer. Ich habe dem Mann jedenfalls gewünscht, dass Antonia ihm die Leviten liest. Was will so einer hier bei uns?"„Und was hat es gegeben?" „Ich habe nichts gehört, nur mitgekriegt, dass Monsieur mit feuchten Augen aus dem Termin raus kam. Wiederkommen wird er auch. Antonia wird Hypnose als Therapie einsetzen." Emma schürzt skeptisch ihren Mund.

„Wusstest Du, Maria-Julia, dass Hypnose Schmerzen lindern kann und das inzwischen fachkundig belegt wird?" „Wie meinst Du das Emma?" „Nun, Hypnose kann Schmerzen lindern, weil sie die Aktivität von Hirnregionen dämpft, die am Erleben des Schmerzes beteiligt sind. Das habe ich im Spektrum der Wissenschaft gelesen und interessante Aufnahmen von einem Versuch gesehen. Die Hirnrinde veränderte sich sichtbar bei Gefühlen, die als leicht unangenehm oder gar als schmerzhaft empfunden wurden." „Interessant." Eine Weile schweigen wir und hängen unseren Gedanken nach. „Du bist dran, Maria-Julia. Also, was hast Du heute erfahren? Heute hattest Du doch Deinen Termin zur Auswertung der Befindlichkeitsstörungen?" „Hatte ich. Übrigens, heute möchte ich einen Eisbecher mit Baileys. Etwas Nettes muss her!" „So schlimm?" „Irgendwie schon. Uff! Ganz schön anstrengend, alles auf die Reihe zu bekommen..." „Soll ich Dich in Ruhe lassen?" „Nein, so nun wieder auch nicht, Emma. Lass mir nur eine kleine Weile." Eine kurze Zeit sitzen wir schweigend nebeneinander. Emma trinkt ihren Espresso und ich löffle mein Eis mit Baileys. „Darf ich mal probieren?", unterbricht Emma die ungewohnte Stille. „Claro, nimm meinen Kaffeelöffel. Den habe ich nicht benutzt." „Muchas gracias, Maria-Julia." Emma genießt sichtbar das Eis und schaut mich neugierig an. „Du weißt, Maria-Julia, dass ich gespannt bin wie ein Flitzebogen?" „Weiß ich. Ich rede gleich." Emma wird sich ein wenig gedulden müssen. Ich lasse mir meinen Eisbecher nicht vermiesen.

„Emma, krank bin ich nicht. Jedoch sollte ich die Schwächen an Magen und Darm, Leber und Nieren unterstützen. Insgesamt bin ich wohl zu 'sauer'; um Gifte ging es auch noch. Rauchen habe ich mir abgewöhnt, das war mein früheres Laster." „Kopf hoch, meine Liebe." Ich bestelle mir nachträglich eine Flasche Wasser und leere sie in kurzer Zeit. Emma schaut mich neugierig an. „Maria-Julia!" Was in aller Welt..." „Schon gut, Emma. Zu Deiner Info: Einen Leberwickel werde ich machen. Mit Retterspitz äußerlich." Emma überlegt. „Wenn Du magst, Maria-Julia, gebe ich Dir mein Kräuterkissen für Deinen Leberwickel. Das habe ich noch als Vorrat im Schrank." „Mein Vorteil ist?" „Das Kräuterkissen gibt es gratis!" Emma grinst breit und ich muss lachen. „Außerdem riecht das Kräuterkissen viel besser, Du Schönchen! Wobei ich die Retterspitz Anwendungen ebenfalls toll und wirksam finde. Wann fängst Du mit dem Wickel an, Maria-Julia?" „Am Wochenende wollte ich damit anfangen."

Emma schaut mich fragend an. „Schaffst Du das überhaupt noch? Du machst ja bereits einige Übungen..." Ich nicke. „Stimmt, Emma. Sag mal, wie geht das mit dem Kräuterkissen denn?" „Maria-Julia, Du hängst das Kräuterkissen in ein Sieb über einen Topf mit kochendem Wasser, bis das Kissen feucht warm ist. Anschließend legst Du es auf die rechte Körperseite, packst zuerst ein Handtuch und darüber eine Decke, damit Du warm eingepackt bist. Dauer so zwanzig bis dreißig Minuten. Wecker stellen empfiehlt sich, denn ein Leberwickel macht schläfrig." Ich stöhne. „Nichts für ungut, Emma. Das Kräuterkissen reizt mich. Aber die Zubereitung ist mir zu aufwendig im Moment. Ich komme gern darauf zurück..." Emma schmollt. „Wie Du willst, Maria-Julia."

„Übrigens, ich sollte Dich noch nach einer EU-Verordnung fragen." Emma seufzt. „Oh je! Jetzt wirst Du infiziert, meine Teure! Mit Umsetzung dieser EU-Verordnung wird es auf Dauer schwierig - wenn nicht unmöglich - sich über Naturheilverfahren oder adäquate Naturheilmittel zu informieren. Es ist dann unter Androhung von Gefängnisstrafe sogar untersagt, Naturheilmittel wie Kamillentee, Pflaumen oder Petersilie bei entsprechenden Beschwerden zu empfehlen oder gar Vitamine, eine Aminosäure, Mineralien oder Spurenelemente zu verordnen. Aber das geht in diesem Fall ohnehin nicht mehr, weil der Vertrieb davon komplett verboten sein wird..." Ich kann es nicht glauben. Das darf doch nicht wahr sein. „Das kann und will ich mir jetzt nicht alles merken müssen oder aufschreiben. Emma, das musst Du persönlich meinem Stephan erzählen." Emma sieht mich ernst an und seufzt erneut. „Lass Deinen Stephan selbst recherchieren. Lassen wir dieses Thema erst einmal außen vor. Einverstanden? Ich atme tief ein und aus. „Einverstanden, Emma." Wir hängen eine Weile unseren Gedanken nach.

„Es war zwar heute wieder einmal unglaublich interessant, aber ich brauche erst mal ein wenig Ruhe, um das Ganze zu verarbeiten. Übrigens bekomme ich das nächste Mal ein Rezept ausgestellt, um etwas Stärkendes für mein Frustorgan zu tun." Emma lächelt und streichelt meine Schulter. „Ich habe mir etwas ausgedacht für Dich, Maria-Julia: Ein kleines Geschenk! Es steckt in meiner Handtasche.

Willst Du es sofort auspacken oder erst später?" „War das eine Frage, Emma? Claro, jetzt gleich. Was ist es?" Emma reicht mir ein Päckchen aus rot gelacktem Geschenkpapier. „Schön, das Papier. Was ist das denn? Fühlt sich weich an...." Emma grinst. In dem Päckchen steckt ein rotes Säckchen. Ich knüpfe dasselbe auf und heraus kommen weiche Bälle in weiß und schwarz. Auf jedem von ihnen steht 'Crazy Bowl'. „Maria-Julia, ich dachte, Du willst wahrscheinlich keine Bäume fällen oder Holz für den Kamin klein schlagen. Deshalb diese Bälle. Damit kannst Du die Wände bombardieren. Ohne Schaden. Frust weg schleudern, sozusagen. Vielleicht machen wir das gelegentlich zusammen?" Meine Freundin!!! „Emma, Du bist wie immer originell und wunderbar." „Nicht vergessen, Maria-Julia. Wir machen irgendwann einmal ein Crazy Bowl Happening, versprochen?" Ich nicke. „Versprochen, Emma.

Ich habe noch eine Frage. Ich stoße mich in letzter Zeit immer mal wieder. Kannst Du mir dazu etwas sagen?" „Wenn ich bereits im Astrologiekurs beim Michael gewesen wäre, könnte ich Dir die passende Planetenkonstellation dazu sagen..." Ich schaue Emma irritiert an. „Emma, ich verstehe mal gerade gar nichts!" „Maria-Julia, jeder Mensch trägt Verantwortung für sein Leben. In jedem persönlichen Horoskop gibt es zwölf Planeten, die ein Prinzip verkörpern. Diese Prinzipien kann man auf Organe oder Symptome anwenden. Ich will sagen, dass man Symptome auch anschauen kann - aus der Sicht des Planeten, den die Symptome verkörpern."

Ein Beispiel. Dein Rücken bereitet Probleme. Hat er mit den Knochen zu tun, ist der zugeordnete Planet Saturn. Der steht für Halt – Inhalt – Aufrichtigkeit. Wäre es ein Thema des Selbstbetruges, spricht das für den Planeten Mond. Der steht für alles Weibliche, Flüssigkeiten oder für die Spiegelung. Der Spiegel zeigt uns die Seiten verkehrt herum und täuscht uns Realität vor..." Emma sprudelt weiter und ich komme kaum mit. „Ich entscheide mich für den Planeten Saturn. Beispielsweise ist ein Wirbel herausgesprungen und macht Probleme. Hier wird mit Gewalt eine innere Fehlhaltung, die sich im Außen ausdrückt, eingerenkt, zu Recht gerückt. Gemeint ist im übertragenen Sinn: Etwas muss an seinen angestammten Platz zurück gebracht werden. Grund für diese Fehlhaltung ist in diesem Beispiel eine überspannte Haltung. Dadurch verzieht die Muskulatur die Wirbel in eine falsche Position. Der Wirbel folgt der Überspannung und springt heraus."

Emma atmet tief durch. „Das äußere Thema verlangt ein inneres Anschauen. Maria-Julia, finde Dein Dich belastendes Thema heraus und stelle es ab. Dann wird sich im außen die Störung ebenfalls abstellen. Wir leben in einer polaren Welt. Jeder Dir entstandene Nachteil birgt auch einen Vorteil. Welcher Vorteil entsteht Dir durch diese Störung? Deshalb vielleicht die Fragen: 'Was kann ich 'nicht' machen mit dieser Störung?' beziehungsweise 'Was 'muss' ich machen mit dieser Störung?'.

Mag sein, dass es im Augenblick noch zu früh ist, derartig tiefsinnige Überlegungen anzustellen, Maria-Julia." Ich habe aufmerksam zugehört und mitgeschrieben. Ich kann mir vorstellen, dass mir diese Fragen im Gedächtnis bleiben werden. Ich atme tief durch. „Emma, in diesem Moment verstehe ich, was Du mir sagst. Aber ich könnte das Gehörte keinesfalls weitergeben. Dafür reicht es noch nicht." „Okay, meine Liebe. Wenn ich im Astrologiekurs von Michael gewesen bin, kann ich die Zusammenhänge sicher viel besser verstehen und erklären." „Das kommt, Maria-Julia. Das kommt! Als Special habe ich ein Schmankerl für Dich. Du hast gerade eben erzählt, dass Du Dich in letzter Zeit oft stößt. Es stellt sich die Frage: Wenn Du Dich stößt, bist Du eventuell anstößig?" Ich weiß nicht recht, was ich davon nun wieder halten soll. Emma lacht. „Nicht ernst gemeint, Maria-Julia! Der hübsche Ausspruch von Antonia zu Deinem Stoßen würde lauten: Das sind 'mechanische Lernprozesse'." Ich schmunzele und schüttele den Kopf.

„Mir fällt gerade noch etwas ein. Immer sofort Arnicakügelchen nehmen und - wenn es arg weh getan hat und ein dicker Bluterguss zu erwarten ist - bitte sofort Enzyme einnehmen. Dann bleibt Dir der Bluterguss meistens erspart." „Emma, Du meinst damit, dass es erst gar keinen blauen Flecken gibt?" „Richtig, Maria Julia. Fach chinesisch ergibt das sofortige Einnehmen von Enzymen nach einem

Desaster erst gar kein 'Hämatom'!" „Ich bin beeindruckt, Emma!" Emma scheint irritiert zu sein. „Wenn Du nicht willst, dass ich weitermache, Maria-Julia?" „'Quatsch mit Soße', um mit Deinen Worten zu reden. Großes Lob! Emma, ich genieße Dein Fachwissen." Emma schaut mich groß an. „Wenn dem so ist, noch ein klein wenig Nachhilfe für Dich." Emma hüstelt. „Enzyme werden auch Biokatalysatoren genannt. Enzyme steuern biochemische Vorgänge. Sie erkennen, beeinflussen und verändern Zellgeschehen. Aber die Enzyme selbst kommen unbeschadet davon." „Emma, Emma. Ich staune immer wieder!" Emma lächelt stolz.

„Passend zu meinem kleinen Vortrag erzähle ich Dir gerne eine kleine wahre Geschichte. Magst Du?" Ich nicke. „Eine Tochter einer Patientin trug Zeitungen aus und wurde dabei tätlich angegriffen. Sie bekam einen dicken Schlag aufs Auge und das Auge schwoll sofort an. Das junge Mädchen zierte zusätzlich eine kleine Platzwunde am Kopf. Aber, das arme Geschöpf hatte Glück im Unglück sozusagen. Es bekam innerhalb einer Stunde Notfalltropfen, Arnicakügelchen, etwas Wundversorgung und zehn Enzymdragees. Ich meine es war 'Regazym'. Das wird nicht aus einer Bauchspeicheldrüse vom Schwein oder dergleichen hergestellt, sondern besteht aus pflanzlichen Enzymen. Das war nachmittags." Emma räkelt sich. „Nun die Frage an Dich, Maria-Julia. Was kann so eine naturheilkundliche Versorgung erreichen? Was glaubst Du?" „Ich habe keine Ahnung, Emma. Sag schon!" „Na gut. Am nächsten Morgen gab es kaum noch etwas zu schauen. Das Auge war ab geschwollen, sah ziemlich normal aus – also 'kein' Veilchen – und die kleine Platzwunde am Kopf war nur noch ein Minihaarriss. Toll, oder?" „Einfach fantastisch. Enzyme muss ich sofort besorgen. Die gehören in unsere Hausapotheke."

Die kleinen Helfer

„Wie geht es Ihnen heute, Frau Winter?" „Gut, Frau Talbach. Dankeschön der Nachfrage. Regelmäßiger Schlaf ist durch nichts zu ersetzen, oder?" Antonia nickt zustimmend und schenkt uns Tee ein. „Frau Talbach, wodurch entstehen Schlafstörungen? „Frau Winter, auslösende Ursachen sind häufig familiäre Belastungen, Sorgen, Stress im Beruf, Zukunftsängste, aber auch Einsamkeit oder die Wechseljahre." „Da trifft wohl einiges auch auf mich zu, denke ich mir?" „Frau Winter, das besprechen wir bald ausführlich. Zur Unterstützung Ihres Schlafes schreibe ich Ihnen heute erst einmal zwei Schüßler Salze als Tabletten auf, Frau Winter. Sie haben die Cremes von Schüßler kennen gelernt." „Frau Talbach, diese Crememasken oder vielleicht besser 'Masken aus Cremes' sind fantastisch. Ich bedanke mich für diesen Schönheitstipp!" Ich lächele Antonia an. „Die Salze für die Tabletten werden meistens aus Quellwasser gewonnen, worin diese verstärkt enthalten sind. Wir hier in der Naturheilpraxis reden von Lebenssalzen. Zwei von diesen Salzen schreibe ich Ihnen gleich auf. Silicea D12 oder Schüßler Salz Nummer 11 und Magnesium phosphoricum D6 oder Schüßler Salz Nummer 7. Nummer 11 fördert einen erholsamen Schlaf, die Nummer 7 sorgt für Entspannung und Regeneration." „Frau Talbach, wie nehme ich diese Tabletten?" „Frau Winter, das geht einfach. Abends lösen Sie 10 Tabletten der Nummer 11 in heißem Wasser auf und behalten jeden Schluck eine Weile im Mund. Dann, kurz vorm Schlafen gehen, machen Sie das mit der Nummer 7 genauso." Ich bin zuversichtlich. „Das werde ich hin bekommen." Antonia hat inzwischen ein Rezept geschrieben und überreicht es mir. Die Kur tun Ihnen sichtbar gut, nicht wahr?"Ich nicke. „Frau Talbach, sehr gut sogar! Mir geht es bereits in diesem Augenblick relativ gut, obwohl ich meine 'Dröhnung' heute noch gar nicht bekommen habe. Eine Frage. Emma hat mir erzählt, dass es eine Möglichkeit gibt, bei Prellungen und Verletzungen einen schnelleren Heilungsverlauf zu forcieren. Es ging um 'Enzyme'." Antonia schenkt uns Tee ein.

„Frau Winter, auf den Punkt gebracht: Ohne Enzyme kein Leben! Der Begriff 'Enzyme' stammt aus dem griechischen. 'En zyme', übersetzt: in der Hefe. Enzyme sind für den Stoffwechsel aller Organismen unentbehrliche Eiweißkörper. Enzyme ermöglichen, Vorgängen die notwendige Energie zuzuführen, damit Abläufe beschleunigt oder reduziert werden. Enzyme spielen eine zentrale Rolle im Stoffwechsel aller lebenden Organismen. Nahezu jede biochemische Reaktion wird von Enzymen gesteuert." Antonia trinkt einen Schluck. „Enzyme unterstützen beispielsweise das Immunsystem. Jede Krankheit greift in das Immunsystem ein. Dementsprechend besteht des öfteren Bedarf, das Immunsystem zu stärken, um Vorsorge zu treffen. Dabei sind die Enzyme wichtige Helfer. Sie sind es, die die entsprechenden Mechanismen im Körper anstoßen, um selbst gegen unbekannte Viren eine starke Abwehr zu bieten. Heilungsprozesse beschleunigen sich." Ich notiere: Enzyme stellen eine Möglichkeit dar, das Immunsystem zu unterstützen. „Es gibt wahrscheinlich unterschiedliche Enzyme. Können, Sie mir dazu etwas sagen, Frau Talbach?" Antonia nickt. „Es gibt Präparate tierischen und pflanzlichen Ursprungs. Weil Enzyme aus der Nahrung teilweise schon im Magen durch die Magensäure zerstört werden und dadurch nicht dorthin gelangen, wo sie benötigt werden, verordne ich pflanzliche Präparate wie Bromelain oder Regazym. Von diesen Enzymen gelangt ein Teil ins Blut." Ich trinke von meinem Tee.

„Enzyme verordne ich bei Bewegungsschmerz, Rheuma, Arthrosen oder Sportverletzungen. Des weiteren nutze ich Enzyme für akute oder chronische Atemwegserkrankungen. Die Entzündung stoppt, Schwellung und Hitze gehen zurück und damit wird auch den Schmerz gelindert... Was mir wichtig erscheint: Bemerkenswert ist, dass sich mithilfe der Enzyme Nebenwirkungen von Arzneimitteln verringern! Mit Verschwinden der Nebenwirkungen reduziert sich auf wunderbare Weise ebenfalls die Menge der einzunehmenden Arzneimittel!" Antonias Augen funkeln schelmisch. „Frau Talbach, das ist wunderbar!" Ich finde erstaunlich, dass mir bis zum gestrigen Tag Enzyme nie über den Weg gelaufen sind. Oder wie würde Emma das ausdrücken? „Frau Talbach, Emma hat mir nie von Enzymen erzählt..." Antonia lächelt mich an. „Frau Winter, Ihre Freundin, hätte Ihnen bestimmt Enzyme empfohlen, wenn Bedarf angesagt gewesen wäre. Zurück zum Produkt. Zur Einnahme der Enzyme habe ich noch Anmerkungen. Mir fallen spontan drei wichtige Punkte dazu ein. Mineralien und Spurenelemente sollten mit verordnet werden, dazu ist die Dosierung der Enzyme wichtig und last not least: in der Zeit der Einnahme von Enzymen sollte 'kein' Blutbild gemacht werden. Die Werte des Blutbildes sind wegen der starken Arbeit des Immunsystems meist enorm erhöht und es zeigt sich ein für Nichtwisser unverständliches Blutbild." Antonia räuspert sich.

„Frau Winter, dazu eine kleine wahre Geschichte aus der Praxis. Ich erinnere mich an eine Patientin. Ich nenne Sie mal Gisela. Gisela war von Beruf Krankenschwester. Ein befreundeter Arzt im Krankenhaus veranlasste ein Blutbild. Der Grund dafür ist mir entfallen. Gisela nahm in dieser Zeit Enzyme, versäumte allerdings, das ihrem Arzt und Freund zu sagen. Es kam, wie es kommen musste. Die Blutwerte waren absolut nicht in der Norm und sie selbst und der Arzt gerieten in Panik." Antonia räuspert sich. „Gisela rief mich besorgt an. Allem Anschein nach hatte ich nicht eindringlich genug darauf hingewiesen, dass bei jeder Kur das Immunsystem verstärkt arbeitet und ein Blutbild wenig Sinn macht. Als ich Gisela bei unserem Telefonat erneut darauf aufmerksam machte, war sie ist erleichtert. Ihr fiel der berühmte Stein vom Herzen!" Antonia nimmt sich Tee und schenkt mir nach. Ich verstehe. „Das kann ich mir gut vorstellen... Gisela ging es bestimmt viel, viel besser nach dem Telefonat... „Gibt es einen idealen Zeitpunkt für ein Blutbild im Rahmen einer Kur?" Antonia nickt. „Frau Winter, zwei Wochen sollte eine Kur, die von Enzymen begleitet wird, bereits beendet sein, um normale, 'ehrliche' Resultate zu erhalten. Noch etwas: Die Dosierung der Enzyme ist ein weiterer, wichtiger Punkt. Eine kleine wahre Geschichte dazu?"

„Frau Talbach, Ihre wahren Geschichten finde ich immer wieder gut. Sie helfen mir, die neuen Dinge, die ich erfahre, besser zu behalten und meinem Stephan gegenüber anschaulich darzustellen." Antonia lächelt. „Das freut mich. Zum Thema Enzyme und deren Dosierung eine weitere Geschichte. Bei dieser Geschichte geht es um eine Patientin. Ich nenne sie mal Andrea. Andrea kam zu mir in die Praxis, weil sie seit geraumer Zeit eine chronische Zahnfleischentzündung plagte. Außerdem hatte sie gerade eine schwierige Halsinfektion überstanden. Ich schlug Andrea eine Kur mit Enzymen vor und sie begann sofort mit der Therapie. Wie bereits erwähnt, ist die Dosierung der Enzyme äußerst wichtig für das Wohlbefinden des

Patienten. Aus diesem Grund hatte ich Andrea gebeten, nach Ablauf von zwei Tagen anzurufen, um die Dosierung ihrer Kur anzupassen. Andrea rief jedoch nicht an und hielt die hohe Dosierung bei. Andrea lag durch dieses versäumte Telefonat fast drei Wochen im Bett. Eine Rosskur sozusagen." Ich verstehe das nicht und frage nach. „Die Enzyme sollten Andrea helfen, eine chronische Zahnfleischentzündung zu kurieren, aber stattdessen hat sie drei Wochen im Bett gelegen?" Antonia nickt. „Enzyme beschleunigen Heilungsprozesse. Heilungsprozesse sind genau betrachtet keine Krankheit! Andrea hatte seit Ewigkeiten nicht 'krank' im Bett gelegen. Ein Quantum Trost: Nach diesen drei Wochen waren Zahnfleisch und Halsinfektion absolut ausgeheilt! Es empfiehlt sich, die Dosierung von Enzymen abzustimmen, denn es gibt wohl niemanden, der drei Wochen lang krank im Bett verbringen möchte?" Ich atme tief durch.

„Ich habe schon Glück, dass ich im Zweifelsfall immer noch Emma fragen kann!" Antonia lächelt mich an. „Das ist wohl wahr. Für Sie, Frau Winter, noch ein besonderer Aspekt. Verringert sich die eigene Produktion von Enzymen im Organismus oder die Fähigkeit, Enzyme aufzuspalten, altert der Mensch. Umgekehrt kann man sagen. Die Winzlinge von Enzymen helfen uns, jünger zu bleiben. Sie sind die Zündfunken zur Aktivierung des Stoffwechsels." Ich verstehe. „Schön zu bleiben ist ein weiterer Grund, die Enzyme ins Repertoire aufzunehmen, nicht wahr, Frau Talbach?" Antonia schmunzelt. „Gibt es Menschen, die regelmäßig Enzyme einnehmen, Frau Talbach?" „Ja wohl, Frau Winter. Schmerzpatienten wie Rheumapatienten zum Beispiel. Rheuma ist eine Immunerkrankung. Zur Stärkung der Abwehrkräfte verordne ich Enzyme, hinzu kommen im Wechsel Aufbau- und Entgiftungsinfusionen. Die Resultate sind verblüffend! Und alles ganz 'frei' von Nebenwirkungen." Ich bin beeindruckt.

„Frau Winter, haben Sie sich vielleicht schon einen Leberwickel gemacht?" Ich bin stolz! „Habe ich, Frau Talbach, und zwar mit drei kleinen Pellkartoffeln. Der Wickel hat richtig gut getan! Sagen Sie, kann ich das Summen vielleicht mit dem Wickel kombinieren?" „Wie heißt es bei Radio Erivan? Im Prinzip ja, aber... Der Wickel stellt eine gute Möglichkeit dar, um in Ruhe zu sein. Nutzen Sie das. Unter Umständen aktivieren Sie mit dem Summen und dem Wickel zur gleichen Zeit den Entgiftungsprozeß der Leber so stark, dass eine Rückvergiftung möglich ist." Danke. Gut, dass ich nachgefragt habe, Frau Talbach. Das hat mir wahrscheinlich Schmerzen erspart." Antonia schaut aus dem Fenster. „Liebe Frau Winter, es gibt Möglichkeiten, Nieren und Leber zu stärken, indem man spezielle Zutaten aus der 'Makrobiotik' bei der Zubereitung von Speisen einsetzt. Ich leihe Ihnen dieses kleine Büchlein aus. Das ist gedacht als kleine Warenkunde mit Rezepten." „Dankeschön." „Sie bekommen makrobiotische Produkte im Biomarkt oder in Reformhäusern. Inzwischen sind alle recht gut sortiert, das war noch vor dreißig Jahren etwas anderes..." Ich frage nach. „Um genau welche Produkte handelt es sich?" Antonia räuspert sich. „Zum Verständnis: In der 'TCM', der Traditionellen Chinesischen Medizin stehen fünf Elemente für fünf Geschmacksrichtungen, die den Organen zugeordnet werden. Frau Winter, ich gebe Ihnen dazu eine kleine Tabelle." Antonia zieht ein Blatt aus meiner Akte und überreicht es mir. Ich lese:

Organpaare	Geschmack
Leber/Galle	Sauer
Herz/Dünndarm	Bitter
Magen, Milz, Bauchspeicheldrüse	Süß
Lunge/Dickdarm	Scharf
Blase/Nieren	Salzig

„Frau Winter, den Nieren wird beispielsweise der Geschmack 'salzig' zugeordnet. Wenn Sie Ihre Nieren unterstützen möchten, sollten Sie generell Meersalz verwenden, am besten frisch aus der Salzmühle. Damit ordnen Sie sich in die Reihe der Feinschmecker und Spitzenköche ein. Die schätzen das unvergleichliche Aroma der feinen Mineralsalze. Nur darauf ist zu achten: das Meersalz bitte ohne jegliche weitere Zutat. Weder Rieselhilfen, die bringen einen zusätzlichen B-Mangel. Noch einen Zusatz von Jod. Im Meersalz selbst ist Jod für den Menschen in ausreichendem Maße vorhanden. Eine zweite Möglichkeit, um die Nieren zu stärken, ist ein Produkt aus der Makrobiotik: 'Tamari'. Das ist ein flüssiges, milchsauer vergorenes Produkt, welches salzig schmeckt." Ich kombiniere. In der Liste wird dem Organpaar 'Blase/Nieren' der Geschmack 'salzig' zugeordnet.

„Ume Su ist eine weitere Möglichkeit, sich Gutes anzutun. Mirabellen werden ähnlich wie unser Weißkraut milchsauer vergoren. Sie lagern zwei Jahre und sondern in dieser Zeit rotfarbenen Saft ab. Es empfiehlt sich, diesen Saft im Verhältnis 1:2 oder 1:3 mit Quellwasser zu vermischen. Das ergibt einen interessanten sauer-salzigen Geschmack. 'Salzig' ist der Geschmack des Organpaares Blase/Nieren, 'sauer' ist der Geschmack des Organpaares Leber/Galle. Die makrobiotischen Produkte sind natürlichen Ursprungs. Deshalb unterstützt die unverfälschte Zusammensetzung von salzig und sauer in diesem Produkt sowohl die Nieren, als auch die Leber. Dieses Ume Su anstelle Essig ist übrigens ein Geheimtipp für Linsengerichte. Himmlisch!, sage ich Ihnen. Darüber hinaus sind generell milchsauer vergorene Produkte besonders wertvoll, um zusätzliche Energie auch für den Darm bereitzustellen." Ich habe alles mitgeschrieben. „Muss ich meine Familie vorwarnen wegen des Geschmacks?" Antonia lächelt. „Nein, Frau Winter, Ihre Familie wird es entweder gar nicht bemerken oder aber denken, sie hätten besonders fein abgeschmeckt." „Meinen Sie...?" „Weiß ich!, Frau Winter."

Lachen kostet nichts

„Darf ich bitte schnell mal für kleine Mädchen?" Ich erröte leicht. „Frau Talbach, ich übernehme Emma immer mehr. Ich meine natürlich, ob ich kurz bitte austreten darf? Ich meine wegen der Unterbrechung?" „Was für eine Frage. Selbstverständlich!" Als ich wieder zurückkomme, grinst Antonia. „Sie werden sich wundern, Frau Winter. Ich denke mir, Sie brauchen zusätzlich etwas, was Ihnen hilft, sich selbst zu überlisten." Ich schaue Antonia fragend an. „Ein solcher

Trick ist ihr eigenes 'Lachen'. Diese Übung beansprucht gerade mal zehn Muskeln. Für ein ernstes Gesicht hingegen braucht jeder Mensch fünfundsechzig Muskeln." Das wusste ich nicht. Interessant! „Frau Winter, ab heute versuchen Sie bitte, diese mimische Überanstrengung zu vermeiden? Wir lächeln und Antonia drückt mir zehn selbstklebende Smilies in die Hand. „Die kleben Sie bitte an strategisch wichtigen Orten als Aufmunterung hin, Frau Winter." Ich bin überrascht. „Dankeschön..." „Inzwischen ist die heilsame Wirkung des Lachens bewiesen. Eine Zaubermedizin sozusagen. Eine Minute Lachen soll zehn Minuten joggen gleichkommen. Das Lachen lockert bereits in dieser kleinen Rekordzeit die Muskeln. Seinerzeit hat sich ein Chefredakteur aus Amerika buchstäblich gesund gelacht: Norman Cousins. Er war schwer krank und Schmerz geplagt. Er kurierte sich selbst – durch Lachen." „Tatsächlich? Wie ist dieser Mann darauf gekommen, Frau Talbach?" Antonia schließt kurz ihre Augen. „Norman Cousins hatte gelesen, dass negative Gefühle und Stimmungen die Ausschüttung körper eigener Hormone ungünstig beeinflussen. Er drehte die Aussage um und suchte nach Möglichkeiten, positive Stimmungen zu erzeugen. Er bemerkte, dass ihm das Lachen gut tat. Er entdeckte - wie schon vorhin gesagt - die heilsame Wirkung des Lachens! Bereits nach zehn Minuten herzhaften Lachens spürte er so gut wie keine Schmerzen mehr. Er schrieb sogar ein Buch über seine Selbstheilung." „Sagen Sie mir bitte den Verlag, Titel und Autor? Ich will es mir notieren."

„Es ist im ro-ro-ro Verlag erschienen und heißt: Der Arzt in uns selbst. Der Autor ist Norman Cousins." „Das werde ich mir kaufen." „Eine gute Investition.

Einen Trick vorab, um kreisende Gedanken schnell zum Verschwinden zu bringen: Klopfen Sie bitte mit Zeige- und Mittelfinger auf die Mitte eines Ihrer Schlüsselbeine." Ich höre einen dumpfen Klang in der Brust – und muss lächeln. „Sehen Sie, genau das ist es! Das Lächeln produziert Glückshormone. Übrigens: Die Ursache für das Lachen ist dem Lachen egal. Also: ob man aus Freunde lacht oder es künstlich herbeiführt, das ist gleichgültig. „Künstlich lachen?" „So ist es. In diesem Fall ist das okay. Das Lachzentrum wird stimuliert, der Körper schaltet auf 'glücklich' und und harmonisiert die gesamte Chemie des Körpers." Das will ich genau wissen. „Wie kriege ich das bitte hin?" „Maria-Julia Winter, das schaffen Sie. Ich habe vor langer Zeit einmal einen kleinen Schnellkurs bei einer Messe für Heilpraktiker mitgemacht. Mir fällt gerade etwas ein..." Antonia geht in den Nebenraum, kommt mit einem Handspiegel zurück und gibt ihn mir. „Frau Winter, schauen Sie bitte in diesen Spiegel und lächeln sich an. Zuerst mit den Augen." „Ist das so richtig?" „Wundervoll. Nun lassen Sie bitte Ihren Mund lächeln. Prima! Und jetzt lachen Sie bitte los, was das Zeug hält."

Ich lache erst zögerlich, dann immer kräftiger. Bald schon lachen wir zwei so laut, dass Emma plötzlich verdutzt in der offen stehenden Tür erscheint – und mitlacht. „Jede Minute, die man lacht, verlängert das Leben um eine Stunde, sagt ein chinesisches Sprichwort." „Wieder Lachen, das ist es. Das erinnert mich daran, dass ich noch vor zwei Jahren mit Emma oft ausgelassen herum geblödelt habe. Wir zwei haben gegackert, dass Menschen in unserer Nähe uns erstaunt angesehen haben. Immerhin gingen wir als Erwachsene durch... Albern sein fand ich gut, die Kontrolle war außen vor. Mich hat das Albern sein glücklich gemacht. Und wehren kann man sich nicht dagegen, es bricht sich Bahn - wie ein Orkan..." „Ich bin zuversichtlich, Frau Winter. Ihr Lachen kommt wieder. 'Lachen ohne Grund ist pure Freude und Glückseligkeit'." „Frau Talbach, wissen Sie wer das gesagt hat?" Antonia nickt. „Der Spruch ist von Ben Mennert." „Schon notiert!"

„Ein Mehr an Energie bedeutet mehr Lebensfreude. Herum blödeln ohne Sinn beweist, dass jemand den Mut und die Stärke besitzt, schwachsinnig sein zu können, ohne es zu sein. Hat ein berühmter Professor gesagt. Ich komme gerade nicht drauf, wer es war. Ich kenne noch einen weisen Spruch dazu von Heinrich Böll: 'Man muss Geist haben, bevor man ihn aufgibt.'" Ich schreibe beide Sprüche auf. „Frau Winter, Lachen kann trainiert werden. Vielleicht geben Sie diese kleine Übung an liebe Mitmenschen, die Ihnen am Herzen liegen, öfter mal weiter?" „Das wird mir eine Freude sein." Antonia lächelt mich an und wird ernst. „Mir fällt gerade etwas ein, und zwar eine Übung für kranke Menschen. Soll ich Sie Ihnen zeigen?" „Bitte. Vielleicht kann ich damit jemandem helfen irgendwann..." „Sehr gut!" Antonia zieht ihre Mundwinkel mit ihren Zeigefingern nach oben. „Selbst diese Andeutung eines Lachens zeigt bereits eine Wirkung!" Ich bin erstaunt. „Kaum zu glauben. Eine mehr als einfache Übung ist das! Mir ist gerade jemand eingefallen... Ich werde nachher einen kleinen unangemeldeten Besuch abstatten."

*

„Maria-Julia, lass mich bitte nicht dumm sterben. Was hat es heute gegeben?" „Meine kleine, neugierige Emma. Ich starte gleich durch, versprochen." Ich muss kichern. Das erste Mal seit langer Zeit... „Vielleicht darf ich gerade mal an meinem Kaffee nippen?" „Du darfst ihn gerne in Ruhe schlürfen und wir reden anschließend miteinander." Emma druckst herum. „Ich bin heute ein wenig gereizt. Meine Mens, das kenne ich schon... „Emma, Du darfst mir alles sagen, was immer Dir auf dem Herzen liegt." „Maria-Julia. Es ist wirklich nichts, außer dass ich gereizt bin..." „Claro. Ich mag Dich! Sogar sehr!" Ich lächele meine Freundin an. Der Flunsch verwandelt sich in ein Strahlen. „Mir ist heute was Komisches passiert, Emma!" „Was genau war das?" Emma zieht eine krause Stirn. „Ich musste heute tatsächlich meinen Besprechungstermin bei Antonia unterbrechen. In Deiner Ausdrucksweise musste ich 'richtig aus dem Höschen'." „Ich finde lustig, wenn Du meine Worte wiedergibst." Emma grinst breit. „Maria-Julia, willst Du eine Erklärung für Dein 'aus dem Höschen' müssen?" Emma hat inzwischen ihre Augenbrauen hochgezogen und schaut mich ernst an. Ich nicke. „Du warst heute morgen bereits auf dem Töpfchen? Hast Du etwas gegessen, was Dir nicht bekommen ist?" Zur ersten Frage: Ich war auf dem Töpfchen heute morgen – wie jeden Morgen. Und gegessen oder getrunken habe ich nichts Besonderes. Warum fragst Du danach?" „Maria-Julia, eine Ursache könnte psychischer Natur sein. Darm und Selbstwertgefühl gehören zusammen. Ein Spruch, wenn das Selbstwertgefühl hakt: 'Entschuldigung, dass ich geboren bin'..." Ich bin mir unsicher.

„Wenn Du meinst, Emma..." „Mach Dir nichts daraus. Das hat jeder mal. Außerdem bekommst Du noch etliche Anwendungen. Vielleicht sogar Darmbäder. Du hast Glück, ehrlich!" Ich tröste mich, dass ich irgendwann einmal, Emma besser folgen kann. Vorerst bin ich verunsichert und nippe an meinem Kaffee. Emma trinkt ihren Espresso aus.

„Warum habt ihr so gegackert?", will Emma wissen. „Es ging um das Lachen als Lebenshilfe. Als Du ins Besprechungszimmer gekommen bist und uns lachen hörtest, hast Du spontan mit gelacht. Übrigens: Antonia hat mir zehn selbstklebende Smilies geschenkt. Nett, nicht wahr?" Emma nickt. „Finde ich auch, Maria-Julia. Gute Idee! Wusstest Du übrigens, dass es bei What's App die Möglichkeit gibt, unterschiedliche Smilies anzuklicken?" „Tatsächlich?" „Ja. Es gibt Smilies die lächeln oder weinen, die Stirn runzeln, die Zunge raus strecken, cool sind und und und..." Ich seufze. „Wahrscheinlich wissen das alle in meiner Familie außer mir..." „Mach Dir nichts daraus, Maria-Julia. Etwas wissenschaftlich Erfreuliches zu dem Thema Lachen kann ich beisteuern." Emma lächelt mich an. „Die Apotheken Rundschau beruft sich auf Forscher der Norwegischen Universität der Wissenschaft und Technologie in Trondheim. Die haben herausgefunden: Wer viel lacht, lebt gesünder und länger! Mit einer Einschränkung. Nur derjenige lebt über das häufige Lachen länger, der einen gesunden Humor an den Tag legt und sich nicht auf Kosten anderer amüsiert! Zum Wohle aller, bitte schön!!" Emma räuspert sich. „Daten von über fünfzigtausend Menschen wurden ausgewertet, die zu Beginn der Untersuchung Auskunft über ihren Sinn für Humor geben mussten. Die anschließende Beobachtung der Befragten über sieben Jahre hinweg zeigte: Personen, die über einen gesunden Humor verfügten, hatten eine deutlich höhere Lebenserwartung als die, die nur sehr selten lachen oder deren Humor ausschließlich auf Kosten anderer geht." Emma hat einen trockenen Hals bekommen. Sie setzt ihre Flasche Wasser an und leert sie in einem Zug. „Emma, das sind schöne Aussichten. Wir beide haben Humor, oder etwa nicht?" „Du speziell, Maria-Julia. Das verrät Dein humoreskes Kinn!" Ich bin unsicher, ob ich mich freuen soll. „Maria-

Julia, mir fällt gerade noch etwas ganz anderes zu den unterschiedlichen Smilies ein.

Hab ich aus dem 'Spiegel'. Das Verteidigungsministerium der Amerikaner gibt wohl Unsummen aus, um anhand von Mimik, Gestik und Haltung der Staats- und Regierungschefs zu erkennen, was diese im Schilde führen könnten. Es geht wohl darum zu verstehen, wie sie ihre Entscheidungen treffen werden." „Stefan hat mir mal was erzählt in diesem Zusammenhang. Es ging dabei auch um unterschiedliche Mimik bei den Menschen. Da gibt es Aufnahmen bei der Kripo, die ganz schnell hintereinander gemacht werden, während ein Mensch vernommen wird. Durch diese schnelle Technik ist es über Einzelfotos gelungen, Entgleisungen der Mimik für Bruchteile von Sekunden während der Vernehmung aufzuzeigen. Das hilft offensichtlich den Ermittlern, einen Täter zu überführen: ein kurzes Zwinkern, Entsetzen usw...." „Huch, Emma, bei diesem Thema bekomme ich Gänsehaut. Mir sind meine Smilies lieber!" „Kann ich verstehen, Schätzchen.

Apropos Lachen. Ich wollte immer schon mal einen Kursus in Lachyoga mitmachen. Kennst Du das?" „Nein. Emma, kläre mich auf. Wo gibt es einen solchen Kurs?" Ich trinke meinen Kaffee aus und bemerke, dass auch meine Wasserflasche leer ist. Eine Weile wird unsere Unterhaltung sicher noch dauern. Ich bestelle noch eine Flasche Wasser für mich. Emma schließt sich an. „Maria-Julia, just for info: Wir bekommen gelegentlich Flyer in die Praxis. Ich glaube, es gibt sogar einen Kurs in der VHS. Magst Du mitkommen, Maria-Julia?" Ich bin ernsthaft interessiert, Emma. „Finde heraus, ob und wann ein Kursus in Lachyoga stattfindet!" „Ich kümmere mich. Apropos: Es gibt sogar eine Lachforschung, die sogenannte Gelotologie. Das Lachyoga wurde 1995 von einem indischen Arzt entwickelt. Eine ganzheitliche Methode mit Klatschen, Atem- und Dehnübungen. Stell ich mir spannend vor. Wie findest Du das, Maria-Julia?" „In jedem Fall interessant." Das Wasser kommt. Ich stelle fest, dass ich aus welchem Grund auch immer heute durstig bin. Ich schenke mir ein Glas Wasser ein und beobachte, dass mir das gut tut. Emma leert ihre Flasche wie immer in einem Zug. „Was war außer 'Lachen' dran, Maria-Julia?"

Ich angele meinen Notizblock aus meiner Tasche. „Ich habe zweimal Schüßler Salze für einen Nachttrunk bekommen, Emma." „Das waren?" „Die Nummer 11 und die Nummer 7, Emma." Emma nickt. „Das macht Sinn. Sie werden mit Erfolg zur Unterstützung vieler körperlicher Funktionen eingesetzt. Was immer wichtig ist: Bei diesen biochemischen Funktionsmitteln sind absolut keine Nebenwirkungen bekannt." „Meine Emma!" Ich lächele meine Freundin an. „Maria-Julia, ich nehme das als Kompliment." „Das ist absolut ehrlich gemeint, Emma! Weißt Du, nach welchem System die Nummern angeordnet sind?" Emma nickt. „Soviel mir bekannt ist, wurde die Nummerierung erst nach dem Tod des Erfinders entsprechend der Nomenklatur eingeführt. Ich finde interessant, dass die Schüßler Salze hauptsächlich aus Quellwasser gemacht werden." „Das hat mir Antonia bereits gesagt, Emma." „Okay! Magst Du vielleicht etwas Ausgeflipptes erfahren, Maria-Julia?" Ich nicke. „Es gibt Salze aus Quellwasser und..." Emma räuspert sich. „Auch bei der Veraschung entstehen Salze. Genau wie bei der Bestattung von Mensch oder Tier. Es gibt eine Methode, die aus den Salzen vom kleinen toten Liebling einen Diamanten macht." „Emma, ich weiß nicht... Du meinst ein verstorbener Hund wird..." Emma nickt. „Maria-Julia, es ist heutzutage möglich, seinen kleinen oder großen toten Liebling am Hals zu tragen!" „Emma hör schon auf damit. Was Du so mitbekommst..." „Ist ja gut, meine Teure. Ich bin artig!" Ich trinke mein restliches Wasser aus. „Maria-Julia, was hat es noch gegeben?" Ich schaue in meinen Aufzeichnungen nach.

„Emma, heute hat Antonia noch über Enzyme und Makrobiotik gesprochen. Beide Begriffe kannte ich nicht. Mir hat es insbesondere die Makrobiotik angetan. Kennst Du diesen Ansatz, Emma?" Emma nickt. „Im Altertum kannte man bereits den Begriff vom übersetzt 'Großen Leben'. Im Westen hat der Japaner Georges Oshawa die Makrobiotik geprägt. Seiner Meinung nach bedingen Glück und Gesundheit einander unmittelbar. Da gibt es fünf Merkmale fürs Glück. Mal sehen, ob ich die zusammen bekomme. Willst Du sie überhaupt hören?" „Claro, Emma." „Maria-Julia, erstens die Fähigkeit, sich freuen zu können. Zweitens, die Fähigkeit zu lieben, verbunden mit dem Verständnis der unendlichen Ordnung des Universums. Drittens, eine angeborene Selbstlosigkeit sowie gute Manieren." Emma überlegt. Ich melde mich. „Das waren drei. Zwei Merkmale stehen noch aus, Emma." „Gemach, Gemach, Maria-Julia." Emma spielt an ihrer Haarlocke. „Es ist mir wieder eingefallen! Freu, freu! „Viertens, ein Leben ohne Angst und Sorge, insbesondere wenn es ums Geld geht. „Und als fünftes, die instinktive Überlebensfähigkeit zur Vermeidung von Unfällen, Krankheit und frühzeitigem Tod." Ich habe alles notiert. Darüber werde ich in Ruhe reflektieren, beschließe ich. „Gesundheit und Glück bedingen sich. Ein wunderbarer Gedanke! Danke, Emma! Herzlichen Dank! Ich habe die Makrobiotik heute über Lebensmittel kennengelernt, die helfen, einzelne Organe beziehungsweise Organpaare zu unterstützen. Zwei Produkte habe ich notiert: Tamari und Ume Su. Mithilfe dieser beiden makrobiotischen Lebensmittel ist man in der Lage, sowohl die Nieren, als auch die Leber zu unterstützen. Das erspart mir in jedem Fall Pillen oder Tropfen. Zum Studieren habe ich eine kleine Warenkunde als Broschüre bekommen. Kennst Du die Lebensmittel, Emma?" Emma nickt. „Allerdings bislang nur theoretisch." Ich wundere mich. „Ist das möglich? Du lernst in diesem speziellen Fall etwas von mir?" „Maria-Julia, was denkst Du? Ich lerne stündlich immer Neues hinzu. Ich bin offen für alles." Ich räuspere mich. „Alles gut, Emma. Die makrobiotischen Zutaten sollen schmackhaft sein. Ich will das ausprobieren. Heute Nachmittag werde ich die beiden Teile einkaufen. Antonia hat etwas von einer tollen Linsensuppe erzählt. Die gibt es morgen."

„Maria-Julia, wenn Dir die Suppe mundet, verrätst Du mir bitte, wie Du sie zubereitet hast?" „Versprochen, Emma!" „Ich revanchiere mich mal im voraus. Das wird Dir gefallen. Ich habe gerade vor ein paar Tagen gelesen, dass Linsensuppe hilft, den Zinkhaushalt – insbesondere am Ende eines Winters – wieder aufzufüllen. Bereits zweihundert Gramm der Hülsenfrüchte decken laut der Vebu in Berlin die empfohlene Tagesdosis von fünfzehn Milligramm." „Wer oder was ist die Vebu?" „Entschuldige, Maria-Julia. Das ist der Vegetarierbund Deutschland, abgekürzt Vebu." Mir schwirrt der Kopf. Emma muss belohnt werden für ihre Mühe! „Emma, was hältst Du von einer kleinen Brotzeit bei mir zu hause, wenn Du magst verbunden mit einem kleinen Meeting?" „Hört sich gut an, Maria-Julia. Ich komme sofort nach Ende der Praxis. Freu, freu!"

Müdigkeit ist der Schmerz der Leber

„Dankeschön, Maria-Julia, für die leckeren Brote und den Kräutertee. Hat gut getan! Jetzt darfst Du mich fragen. Ich verrate Dir gerne, was ich weiß." Ich schmunzele. „Meine liebe Emma, Du bist mein liebstes Lexikon!" Emma grinst. „Um was genau geht es, Maria-Julia?" „Ich bin richtig fasziniert von der Leber. Antonia hat mir schon einiges dazu erklärt. Aber 'doppelt gemoppelt hält besser' – so heißt das doch? Wie schwer ist eigentlich eine menschliche Leber?" Emma sammelt sich. „Die Leber ist mit 1,5 Kilogramm zusammen mit ihrem Anhängsel Gallenblase die größte Drüse des Körpers und erfüllt als Zentrallabor über fünfhundert lebenswichtige Funktionen." „Bemerkenswert." „Weil die Leber derart lebenswichtig und unersetzlich ist, sind ihre besonderen Eigenschaften und Funktionen mit einer enormen Überkapazität ausgestattet. Selbst wenn bereits der größte Teil der Leberzellen ausgefallen ist, genügt noch ein winziger Rest von fünfzehn Prozent, um weiterhin die lebenswichtigen Aufgaben im Stoffwechsel zu erfüllen. Die einzigartige Eigenschaft der Leber ist ihre phänomenale Fähigkeit, sich vollkommen zu regenerieren. Erst bei Ausfall von mehr als dreiundneunzig Prozent der Leberzellen gibt die Leber auf. Kein anderes Organ im menschlichen Körper verfügt über solche Reserven. Wenn beispielsweise durch einen Unfall oder eine Operation achtzig!!! Prozent der Leberzellen zerstört oder entfernt wurden, wächst dieses einmalige Organ trotz der enormen Schädigung wieder zu voller Größe heran." Ich bin beeindruckt. „Das ist unglaublich, Emma! „Mega!, Maria-Julia. Ein geiles Organ, die Leber..." „Emma, magst Du noch was trinken? „Wein sollst Du nicht trinken. Allein Saufen macht ohnehin wenig Spaß! Bin ich anständig und nehme mir noch Kräutertee." Emma grinst. „Lieb von Dir, Emma." „Weiter im Text, Maria-Julia. Die Leber stellt das zentrale Organ des Energiestoffwechsels dar. Die Zellen der Leber sind besonders reich an Mitochondrien, den Energiekraftwerken des Körpers. Eine Überlastung der Leber macht sich in jedem Fall durch 'Müdigkeit' bemerkbar." „Hab ich schon gehört, registriert und behalten, Emma: 'Müdigkeit ist der Schmerz der Leber'!"

„Ich bin stolz auf Dich, richtig stolz, Maria-Julia. Drei Gummipunkte! Die Leber ist Produktionsfirma von Hormonen, Enzymen, Proteinen und Gerinnungsfaktoren - aber die Leber dient auch als Klärwerk. Damit entsorgt sie überschüssige Säuren und Stoffwechselprodukte, Alkohol und Medikamente." Emma trinkt einen Schluck. „Zu den Medikamenten fällt mir gerade etwas Witziges ein: Die Menschen schlucken jede Menge chemische Medikamente. Wenn sie Glück haben, haben sie einen Nutzen davon, in vielen Fällen allerdings machen ihnen die Nebenwirkungen so viel zu schaffen, dass sie kaum einen Nutzen haben. „Ich bitte um Aufklärung, Emma. Was ist daran witzig?" „Nun ja. Es gibt doch immer diesen Beipackzettel bei den Medikamenten. Dazu hat 'mein liebster Zahnarzt der Welt' in seinem Wartezimmer ein Video laufen mit dem Text: bei Risiken und Nebenwirkungen erschlagen Sie Ihren Arzt oder Apotheker! Und?" „Das findest Du lustig, Emma?" Emma seufzt. „Du hast bisher nicht verstanden, was ich sagen möchte. Die Nebenwirkungen der meisten Medikamente sind in Wirklichkeit die Hauptwirkung! Die Hauptwirkung ist sozusagen eine seltene Nebenwirkung!" Ich überlege. „Was für eine Behauptung! Wie ich Dich kenne, hast Du Dir zu dieser Thematik bestimmt viele gescheite Gedanken gemacht..." Emma stöhnt. „Da kommst Du auch noch hin, Maria-Julia.

Mal wieder zurück zur Leber. Die Leber verdaut über die Galle die Fette und entsorgt als chemische Fabrik unsere Gifte. Einmal die, die bei nicht vorhandener Kapazität vom Darm zurück an die Leber geschickt werden, als auch die, die man über Atmung, Essen oder Einnahme von Medikamenten zu sich nimmt. Außerdem verursachen schlechte Fette im Essen, dass die Fettverdauung zulasten der Entgiftungsleistung geht." Emma ist etwas außer Atem und macht eine kleine Pause. Ich schaue Emma bewundernd an. „Habe ich schon mehr als mehrmals gesagt, Emma. Wozu brauche ich ein Lexikon?" Emma grinst. „Danke, Maria-Julia. Einige Fakten sind enorm wichtig. Die werden des öfteren in der Praxis nachgefragt..." „Entschuldige Dich bitte nicht für Dein Wissen. Ich finde großartig, was Du so alles drauf hast. Für heute allerdings ist es wirklich genug, Emma. Lass uns einfach noch ein wenig gemütlich dasitzen." „Wirklich, Maria-Julia?" „'Verdad', Emma!"

Knutschen und Küssen – Atmen nicht vergessen

Antonia schenkt uns Tee ein und nimmt sich einen Schluck. „Frau Winter, ich habe mir für Sie heute etwas Spezielles ausgedacht!" Sie schaut mich schelmisch an. Ein ungewohntes Bild. Ich lasse mich überraschen. „Liebe Frau Winter, Sie haben mir gesagt, dass Sie Ihren Mann immer noch lieben wie am ersten Tag. Das genau ist der Grund, weshalb Ihnen meine Übung zusagen wird." Antonia lächelt verschmitzt, macht eine Kunstpause - und spannt mich auf die Folter. „Es geht um den 'Kuss' oder besser ausgedrückt, um ein Mehr an Energie durchs 'Küssen'. Das Küssen hat eine spektakuläre Wirkung auf den Energiehaushalt!" Ich sitze staunend vor Antonia. „Stellen Sie sich ein sich innig küssendes, frisch verliebtes Pärchen auf einer Parkbank vor. Setzt diesen beiden glücklichen Menschen Regen, Wind oder Zugluft zu? Nein, tut es nicht. Diese beiden frisch verliebten, sich küssenden Menschenkinder werden sich nicht erkälten! Wie kann das sein? Die Antwort lautet: Die Energielage dieser beiden ist enorm hoch, zu hoch, um sich einen Infekt zu zuziehen. Ich gebe zu bedenken, dass es schwierig ist, sich immer wieder neu zu verlieben. Es sei denn, man küsst den Mann, in den man immer noch verliebt ist – wie am ersten Tag!" Ich schmunzele. „Das haben Wissenschaftler erforscht." „Interessant!, Frau Talbach. Was genau haben Wissenschaftler erforscht?" Antonias Gesicht hat einen ernsten Ausdruck bekommen. „Küssen beugt Krankheiten vor! Über den Speichelaustausch verbessern sich die Abwehrkräfte und sogar der Zahnschmelz härtet sich. Die Mundhygiene wird außerdem verbessert, weil die Bakterien des Partners den Aufbau von Antikörpern anregen." Ich bin beeindruckt. „Das ist fantastisch!" „Ist es in der Tat, Frau Winter. Darüber hinaus wirkt sich jedes „Bussi" positiv auf die Stimmung aus. Stress, Ärger und Frust verschwinden beim Küssen und sogar die Produktion von Glückshormonen wie Endorphin wird erhöht!" „Frau Talbach, was Herzen und Küssen nicht alles bewirken. Ich bin gespannt, was mein Mann sagen wird, wenn ich ihm davon erzähle..." Antonia schmunzelt.

„Frau Winter, die Erfahrung zeigt, dass es Sinn macht, praktische Übungen mit einzubeziehen. Das bringt bessere Resultate hervor, als ausschließlich Theorie zu vermitteln. Theorie und Praxis gehören zusammen!" Antonia räuspert sich. „Entspannung will durch regelmäßige Ruhepausen erfahren werden. Heute zeige ich Ihnen eine Übung, die Ihnen hilft, bei sich anzukommen und in Ihre eigene Welt einzutauchen." Das hört sich gut an. „Frau Winter, bei dieser Übung handelt sich um 'bewusstes Atmen'. Der Atem hat einen zentralen Stellenwert und läuft sozusagen unbewusst bewusst ab. Bewusstes Atmen entspannt. Wir machen jetzt eine gemeinsame Atemübung. Sind Sie bereit für Ihre Atemübung?" Ich nicke.

„Frau Winter, bitte setzen Sie sich entspannt hin. Die Wirbelsäule gerade, Haltung und Beine in Pharaonen-Stellung, Füße geerdet auf dem Boden." Ich nehme eine kerzengerade Position ein. „Genau diese Haltung ist richtig! Bitte halten Sie Ihre Augen geschlossen, sitzen entspannt, die Wirbelsäule gerade, die Füße geerdet auf dem Boden. Die Hände liegen auf Ihrem Unterbauch. Sie atmen über die Nase langsam ein und atmen mit leicht geöffnetem Mund hörbar aus. Langsam, ganz langsam ein und aus. Ein und aus." Ich sitzt kerzengerade auf meinem Stuhl mit beiden Händen auf meinem Bauch, atme langsam ein und aus - wie es sein soll. Meine Augen sind geschlossen. Ich komme mir vor wie ein junges Mädchen - vollkommen unbeschwert. Plötzlich schrecke ich auf. Etwas hat geklingelt. „Ist die Zeit schon vorbei, Frau Talbach? Wie viele Minuten waren das?" „Frau Winter, gerade mal zwei Minuten." „Kaum zu glauben. Das hat mir richtig gut getan. Das mache ich zu hause nach. Wann ist denn die beste Zeit für diese Atemübung, Frau Talbach?"

„Frau Winter, für eine Atemübung ist immer mal Zeit. Oder besser ausgedrückt: für eine Atemübung zwischendurch sollte man sich immer einmal wieder Zeit nehmen. Beispielsweise, wenn Sie aufgeregt sind oder sich geärgert haben. Oder abschalten wollen. Das wirkt viel besser als eine Zigarette, die Sie sonst vielleicht anzünden würden." „Das kann ich mir vorstellen. Ich starte gleich heute Abend, vielleicht beim Fußbad?" „Es spricht alles dafür und nichts dagegen, Frau Winter. Ich finde fantastisch, wie Sie meine Vorschläge sofort ausprobieren. 'Richtig gut', würde Emma sagen. Noch eine Bitte in dem Zusammenhang. Ein paar Mal jeden Tag sollte man 'bewusst' frische Luft tief einatmen…" Ich pflichte Antonia bei. Wir verabschieden uns. Im Hinausgehen frage ich: „Frau Talbach, klären Sie mich bitte das nächste Mal über die Darmspülungen auf? Das interessiert mich." „Gern, Frau Winter. Einen schönen Tag."

*

„Was soll es heute sein, Maria-Julia?" „Ein Prosecco wäre nicht schlecht, Emma!" „Das kommt nicht gut, Maria-Julia, nach einer Behandlung. Einen Kaffee?" „Überredet, Emma." Emma war vor mir im Café eingetroffen und hatte bereits ihren Espresso, meinen Kaffee und Wasser für uns beide bestellt. Claudio bringt alles und lächelt uns freundlich an. Emma räuspert sich. „Maria-Julia, worüber habt Ihr zwei so gelacht? War ja nicht zu überhören! Erzähle mal." „Heute habe ich schon arg schmunzeln müssen, Emma. Es ging ums Knutschen und Küssen. Inzwischen ist das sogar wissenschaftlich abgesichert." Emma sieht mich interessiert an. „Aha? Wie ist Antonia wohl darauf gekommen?" Emma kratzt sich am Hinterkopf. „Es ging um Möglichkeiten, an zusätzliche Energie zu kommen, Emma. Eine Form, an Energie zu kommen ist das Küssen. Wusstest Du das nicht?" Nein, Maria-Julia. Das nicht! Ich weiß von Wettbewerben, in denen sich Paare stundenlang - oder waren es Tage? - küssen." Kaum zu glauben…„Was genau hat Antonia erzählt, Maria-Julia?" „Antonia erzählte ein Beispiel. Ein sich küssendes, innig ineinander verliebtes Pärchen auf einer Parkbank ist energetisch geschützt vor

Wind und Wetter. Dieses Pärchen ist vor schlechtestem Wetter geschützt und wird sich nicht erkälten. So in etwa." „Ja, das mit dem Verlieben habe ich irgendwann einmal gehört... Interessant, Maria-Julia. Es scheint tatsächlich etwas dran zu sein! Mmh!" „Emma, jetzt weißt Du, was zu tun ist?" Emma brummelt etwas undeutlich vor sich hin, zieht ihre Brauen hoch und seufzt. „Mal im Ernst! Ich kenne eine japanische Studie, die herausgefunden hat, dass nach einer halben Stunde Knutschen die Immunwerte deutlich besser waren. Diese Studie hat sich mit dem Thema 'Heuschnupfen' auseinandergesetzt." „Dreißig Minuten Dauerknutschen. Eine stramme Leistung, Emma, nicht wahr?" „Allerdings, Maria-Julia. Du hast gesagt, Du hast von Möglichkeiten!!! erfahren, an zusätzliche Energie zu kommen. Bisher hast Du mir von eine Möglichkeit erzählt. Spuck's aus, meine Teure! Was war noch?"

„Eine weitere Möglichkeit, an Energie zu kommen, war das Atmen. Das 'bewusste' Atmen. Dazu gab es eine Atemübung mit aufrechtem Sitzen und in den Bauch atmen. Mir leuchtet das ein, was ich heute gehört und gemacht habe." „Hast Du richtig geübt, Maria-Julia?", will Emma wissen. „Das habe ich getan, Emma. Ich habe richtig geübt! Und ich habe beschlossen, das Gelernte zu hause weiter zu praktizieren. Mein Stephan wundert sich bald über rein gar nichts mehr, sage ich Dir." Emma sieht mich aufmerksam an. „Maria-Julia, ich bewundere Dich dafür, was Du sozusagen in die Tat umsetzt. Hochachtung! Es lohnt sich, richtig zu atmen und dabei in eine meditative Haltung zu kommen! Danke, dass Du mich daran erinnert hast, Maria-Julia. Sollte ich mal wieder machen... Die Steigerung der Übung wäre, ganz am Anfang das Bewusstsein auf das Atmen zu lenken." „Bitte etwas genauer, Emma." „Magst Du?" Ich nicke. Emma schaut sich um und scheint zufrieden zu sein. „Maria-Julia, schließe bitte kurz die Augen." „Ich schließe meine Augen, Emma." „Bitte nicht mehr reden, einfach tun..." Ich nicke.

„Noch einmal. Bitte schließe Deine Augen. Spüre, wie ein leichter Luftstrom Deines Atems an die Nasenspitze kommt und geht. Dabei lässt Du Gedanken und Geräusche vorbeiziehen, ohne sie zu beurteilen. Du hältst die Augen geschlossen, sitzt völlig entspannt, die

Wirbelsäule gerade und die Füße geerdet auf dem Boden. Deine Hände liegen auf dem Unterbauch. Du atmest über die Nase langsam ein und atmest mit leicht geöffnetem Mund hörbar aus. Langsam, ganz langsam ein und aus. Ein und aus. Nach einer kleinen Weile öffne ich meine Augen. „Emma, das war fantastisch. Das machst Du richtig gut." „Ich habe schon einmal einen Meditationskurs besucht..." „Aha. Das ist mir neu.

Ich habe eine Frage an Dich, Emma. Vielleicht kannst Du mir die beantworten. Warum wohl musste ich eine Zeit lang immer Gähnen?" Emma überlegt kurz. „Maria-Julia, in Kurzform bekomme ich das nicht hin. Ich hole einmal aus: Im Gehirn gibt es das Atemzentrum, das über Chemorezeptoren auf den Kohlenstoffdioxidgehalt des Blutes reagiert. Wird ein Schwellenwert erreicht, setzt der Atemreiz ein. Besonders interessant finde ich, dass wir einundzwanzig Prozent Sauerstoff einatmen und siebzehn Prozent wieder ausatmen. Lediglich 'vier' Prozent nehmen wir auf. Beim Kohlendioxid atmen wir 0,04 Prozent ein und atmen vier Prozent wieder aus. Logische Schlussfolgerung?" Ich zucke mit den Schultern. „Emma, das Gähnen entsteht nicht ausschließlich dadurch, wie allgemein immer behauptet wird, dass es dem Körper an Sauerstoff mangelt. Wichtig ist die 'Botschaft', die dahinter steckt. Ursächlich will der Körper beim Gähnen etwas loswerden, und zwar das Kohlenstoffdioxid!" „Danke. Das kann ich nachvollziehen. Übrigens, ich habe neulich gehört, dass Meditation den Herzschlag und den Puls ausgleicht. Kann das stimmen, Emma?" „Ja, natürlich, Maria-Julia. Ich weiß, dass ein zu hoher Blutdruck und ein zu hoher Puls allein oft schon über die Meditation und die neuen Essensgewohnheiten zu beheben sind. Das klingt unglaublich. Ich habe das bereits des öfteren in der Praxis erlebt. Die betroffenen Patienten waren auch immer ganz platt, dass das funktioniert hat!" „Mein Stephan sollte unbedingt zu Euch kommen..." „Ach, Maria-Julia. Lass ihn. Er wird schon kommen. Vertrau mir!" Ich seufze. Ich trinke Wasser und Kaffee. Emma leert ihre Wasserflasche und nippt an ihrem Espresso.

„Übrigens Maria-Julia, ich habe einen interessanten wissenschaftlichen Beitrag auf Arte gesehen. Da ging es um Stress und dessen

Abbau. In Boston, USA, haben sie Probanden acht Wochen lang meditieren lassen und vorher und nachher Aufnahmen vom Gehirn gemacht. Stress lässt Neuronen oder Nervenzellen im Gehirn absterben. Über die Meditation allerdings war das Gedächtniszentrum sogar dichter geworden und selbst die Gehirnmasse hatte zugenommen!" Emma grinst und streckt mir ihren aufgestellten Daumen entgegen. „Außerdem hat man festgestellt, dass die Probanden weniger anfällig auf Stress reagierten, dass sie bewusster Dinge erlebten, die Dinge in einem größeren Zusammenhang sehen konnten und man staune, dass die regelmäßige Meditation das Wohlergehen der Probanden besserte. Ich meine, sie hätten sogar etwas von Verjüngung gesagt, Maria-Julia." „Emma, Du willst mir sagen, dass ich mit den Atemübungen oder Meditationen richtig liege?" „Maria-Julia, Du liegst goldrichtig!"

Darmhygiene im Weltraum

„So wie immer, Frau Winter? Sie lassen sich verwöhnen und kommen anschließend zu mir?" „Genau, Frau Talbach. Diese Reihenfolge hat sich bestens bewährt!" Antonia entfernt sich. Nach der Behandlung empfängt mich Antonia mit heißem Tee. „Frau Winter, haben Sie bewusst geatmet? Hat es gut geklappt?" Ich berichte. „Frau Talbach, ich habe eine kerzengerade Haltung eingenommen. Wahrscheinlich bin ich im früheren Leben einmal Pharao gewesen. Selbst mein Mann hat erstaunt geschaut, als ich mich bei leiser Musik in meinem Fußbad entspannte und ruhig wurde. Ich sehnte mich nach den zwei Minuten bewusster Atmung danach, weiter in dieser friedvollen Stille zu bleiben. Am liebsten wäre ich direkt ins Bett gegangen. Das wäre vor einiger Zeit undenkbar gewesen!" Antonia lächelt mich an. „Es ist erstaunlich, was man mit bewusstem Atmen erreicht! Die Bauchatmung schenkt inneren Frieden. 'In der Ruhe liegt die Kraft', sagte bereits Konfuzius. Nur in Ruhe erlangt man innere Klarheit, kommt an seine Gefühle heran und lernt darauf zu achten." Wir schweigen eine Weile und genießen unseren Tee.

„Frau Talbach, sind Sie bitte so freundlich und sagen mir etwas zu den Darmspülungen hier im Hause?" Antonia räuspert sich.

„Frau Winter, das Colon-Hydro-Bad oder unsere Darmspülung ist eine feine Sache. Der Darm hat einen direkten Bezug zur Beschaffenheit der Haut. Geht es dem Darm gut, geht das einher mit klarer, straffer Haut. Nach einer Colon-Hydro-Behandlung sieht ein Gesicht rosiger aus." „Der Darm ist sozusagen ein Hüter der Schönheit?"" „Frau Winter, das stimmt. Der Darm ist ein Hüter der Schönheit, aber darüber hinaus ist der Darm ein Hüter der Gesundheit! Darmspülungen entlasten andere Entgiftungsorgane. Im Darm selbst befinden sich mit der Zeit beachtliche Mengen von Substanzen, die den Darm belasten, weil sie sich in ihm festgesetzt haben oder bereits darin verrotten: Fuselalkohol oder Pilze, Kotsteine, verwesendes Eiweiß usw. Jeglicher Unrat, der über eine Colon-Hydro-Behandlung weg gespült wird, muss nicht über andere Therapien entsorgt werden. Weg ist weg. Das ist einleuchtend, nicht wahr?" Ich nicke. „Ein Werbespruch in einem Flyer hat es mal auf den Punkt gebracht: 'Gönnen Sie sich ein 'erleichtertes' Leben'." Ich muss schmunzeln. Antonia fährt fort.

„Der Aufbau und die Leistungsfähigkeit des Darms sind bemerkenswert. Während eines Lebens von fünfundsiebzig Jahren wandern zirka dreißig tausend Tonnen Nahrung und fünfzig tausend Liter Flüssigkeit durch den Verdauungstrakt. Die Zahl der im Darm lebenden Mikroorganismen ist noch größer als die Zahl unserer Körperzellen. Sie stehen in einem Wechselspiel mit unserem Immunsystem, das zu 'achtzig' Prozent in der Darmschleimhaut angesiedelt ist." Das habe ich nicht gewusst. „Frau Talbach, ich finde dieses Thema absolut beeindruckend..." „Frau Winter, Kompliment an Sie. Nur wenige Menschen zeigen soviel Interesse." Ich genieße dieses Lob und lächele.

„Frau Winter, interessant ist der Aspekt, dass der Darm mit dem Selbstwertgefühl eines Menschen zu tun hat. Man könnte deshalb nach jeder Darmspülung behaupten: Gut, dass der 'alte Scheiß' draußen ist! Es gibt übrigens Therapeuten, die psychische Belange ausschließlich über Darmspülungen behandeln." „Tatsächlich!" Antonia trinkt einen Schluck Tee. „Frau Winter, es gibt die 'Gerda Boyesen – Methode'. Über diese spezielle Technik der Massage äußern sich beim Patienten verdrängte Gefühle über Darmgeräusche, über die der Therapeut Rückschlüsse auf die unbewussten Prozesse des Patienten zieht." „Frau Talbach, ich kann mir gar nicht vorstellen, wie eine solche Technik aussehen könnte..." Antonia schließt die Augen. „Frau Winter, Sie kennen ein Stethoskop, das beispielsweise ein Internist benutzt. Bei dieser Behandlung kommen zwei davon zur Anwendung. Um die Geräusche im Darm besser wahrnehmen zu kennen, legt der Behandler dem Patienten diese beiden Stethoskope auf den Bauch. Anschließend dreht sich der Patient mit den beiden Stethoskopen auf dem Bauch um. Der Patient liegt nun auf dem Bauch, mit dem Rücken nach oben. Am Rücken befinden sich Segmente, die Organen zugeordnet werden.

Die Behandlung sieht folgendermaßen aus: Der Behandler massiert den Rücken. Plötzlich ertönt ein Signal: es 'piepst', während der Behandler ein Segment behandelt. Der Darm hat sich gemeldet. Der Behandler ist über dieses Signal in der Lage, das Organ zu bestimmen, dem dieses Segment zugeordnet wird. Er weiß, welche psychische Störung diesem Organ zuzuordnen ist und seinen Beistand braucht. Ich wähle ein Beispiel. Der Darm hat sich gemeldet, als der Therapeut die Region des Magens auf dem Rücken massiert hat. Der 'Magen' steht für 'Zufriedenheit' oder 'Unzufriedenheit'. Eine Frage des Psychotherapeuten könnte sein: 'Warum sind Sie momentan unzufrieden?' Der Patient ist höchst wahrscheinlich überrascht, weshalb der Therapeut ihn danach gefragt hat. Er wird dem Behandler wahrscheinlich recht geben. 'Grübeln' gehört ebenfalls zum Magen. Grübeln entspricht einer erfolglosen Mühe, immer wieder bereits gestellte Fragen erneut zu hinterfragen. Deshalb ist es möglich, dass der Therapeut hier den Vergleich mit dem 'Hamster im Tretrad' anbringen wird." Ich staune. „Frau Talbach, eine bemerkenswerte Methode." Antonia nickt.

„Frau Winter, inzwischen ist es wissenschaftlich bewiesen, dass sich im Darm einhundert Millionen Nervenzellen befinden. Der Darm hat damit genau soviel Neuronen wie das Gehirn. Man spricht vom 'Bauchhirn' des Menschen. Das passt zu der Behandlung von gerade eben, nicht wahr?" Ich muss das Stephan berichten. „Das wird im Internet stehen?" „Setzen Sie Ihren Mann darauf an. Er wird fündig werden." „Das passt gut. Noch eine Frage, Frau Talbach. Was ist eigentlich ein 'Reizdarm'?" „Frau Winter, eine gute Frage. Der Reizdarm ist mit unangenehmen Beschwerden verbunden, die beileibe nicht eingebildet sind. Mit einem Reizdarm gehen oft wechselnde Symptome einher. Zum einen hartnäckige Verstopfung bis hin zu sturzartigen Durchfällen. Reizüberflutung kann eine Ursache sein oder Sinneseindrücke, die letztlich 'verdaut' werden müssen. Vielleicht hat der Betroffene eine schwerwiegende Nachricht erhalten! Es gibt viele Gründe, einen Reizdarm zu provozieren. Gottseidank stehen die Chancen gut für einen Patienten: auf der einen Seite Energie und Vitalstoffe zuführen, andererseits belastende Stoffe schonend ausscheiden." „Danke, Frau Talbach. Ich konnte mir bislang nicht vorstellen, was mit dem Ausdruck gemeint ist." „Gern geschehen, Frau Winter.

Wieder zurück zur Darmspülung. In der Industrie reinigt man ein verschmutztes Rohr mit Chemie, Bürste und Hochdruckreiniger. Gläser, Geschirr, schmutzige Töpfe und verkrustete Töpfe landen im Geschirrspülautomaten und werden blitzblank und sauber. Der Darm ist mit zarter Schleimhaut ausgekleidet. Er benötigt eine sanfte Methode, um seinen Unrat zu beseitigen. Die Methode in der Naturheilpraxis ist aus diesem Grund schonend, beseitigt jedoch ebenfalls hartnäckige Verkrustungen. Die Vorgehensweise gleicht der Methode, die früher üblich war. Verschmutztes Geschirr oder ein verkrusteter Topf wurden zuallererst eingeweicht. Danach war es ein Leichtes, Geschirr oder Topf zu spülen." Ich habe eine Spülmaschine, weiche aber trotzdem Töpfe ein, wenn etwas versehentlich angebrannt ist. Sicher ist sicher! „Frau Talbach, das kann ich nachvollziehen. Darf ich noch eine Tasse Tee haben?" Antonia schenkt mir nach.

„Frau Winter, Umweltgifte, Medikamente, negativer täglicher Stress, Schlafmangel und inzwischen viele Kunstprodukte in Tütchen, Tuben und Dosen machen 'sauer'. Der Körper schafft es bemerkenswert lange, fast unauffällig zu sein. Hier und da ein Zipperlein vielleicht. Das lebensnotwendige Blut wird vom Körper ohnehin bevorzugt sauber gehalten. Deshalb ist das Blutbild noch lange Zeit im normalen Bereich." „Das mit dem normalen Blutbild trotz Belastung war mir bislang noch nicht klar..." „Frau Winter, das ist auch kaum bekannt. Mir, Frau Winter, ist vor allem die Sauberkeit des Darms wichtig, weil damit das Immunsystem unterstützt wird. Das Gemüt entledigt sich seiner Schwermut und die Haut wird klar und rosig." Wir schweigen einen Moment. „Wie groß ist ein Darm?", frage ich. „Frau Winter, so groß wie ein Fußballfeld, wenn man ihn ausbügeln würde. Ein normaler Einlauf entspricht einigen Eimern Wasser im Vergleich. Die Darmspülungen leisten wahrlich gute Dienste." „Frau Talbach, seit wann gibt es die Colonbehandlungen?" „Das ist interessant. Die heutige Colon-Hydro-Behandlung geht zurück auf die bemannten Weltraumflüge in Amerika. Dort stellte sich die Frage nach einem Weg, die Astronauten gründlich und schonend von altem Ballast im Darm zu befreien. Einläufe gab es. Aber für diesen Zweck reichte diese Maßnahme nicht aus. Das war die Geburtsstunde dieser Therapie." „Frau Talbach, das werde ich meinem Mann erzählen. Das wird er nicht wissen."

„Zurück zur Darmspülung. Eine Behandlung ist einfach, angenehm, wirkt wohltuend und befreiend. Über die Behandlung helfen wir dem Darm auf natürliche Weise zu entsäuern, zu entgiften sowie neue und alte Schlacken zu entsorgen." „Das hört sich gut an." Antonia nickt. „Ist es auch, Frau Winter. Was außerdem wichtig ist. Der Darm benötigt Faserstoffe, um Schlacken wie Eiweißreste zu binden und letztendlich auszuscheiden. Desweiteren benötigt der Darm für ein gesundes Milieu Mineralien und Spurenelemente. Sind genug Vitalstoffe vorhanden, wird die Übersäuerung gepuffert. Zu einem hohen Prozentsatz normalisiert sich mühelos ebenfalls hartnäckiger Stuhlgang, selbst nach Gebrauch von Abführmitteln über eine längere Zeit." „Frau Talbach, was passiert, wenn der Darm nicht genügend Mineralien usw. bekommt?" „Eine gute Frage, Frau Winter. Stehen dem Darm zu wenig Mineralstoffe und Spurenelemente zur Verfügung, entsteht ein Mangel. Der Körper versucht, diesen Mangel auszugleichen, und zwar über einen Abbau der Basen-Reserven in den Depots: Knochen, Knorpel, Sehnen Bänder, Haut usw. Dieselben werden durch diesen Abbau geschwächt. Außerdem verschlechtert sich das Milieu im Körper und das zeigt sich über Verstimmungen, Erkrankungen und chronischen Erkrankungen." Inzwischen sitze ich ernst und gerade auf meinem Stuhl. „Frau Winter, solche Schwächungen nennt man üblicherweise 'Verschleiß'..." Ich bin nachdenklich geworden. Antonia trinkt ihren Tee aus und räuspert sich.

„Frau Winter, eine kurze Zusammenfassung der Colon-Hydro-Behandlung: Über das Darmbad werden Stoffwechselreste, Pilznester oder kleine Kotsteine entsorgt, Verkrustungen lösen sich von den Darmwänden und Galle wird ausgeschieden. Die Laborwerte der Leber werden besser. Außerdem können Entsorgung und Entgiftung über den Darm den Rückstau zur Leber beheben, und damit die Rückvergiftung vom Darm zur Leber. Soweit die Kurzfassung. „Wie gerne hätte ich meinen Mann an meiner Seite. Dann könnten wir besser darüber reden..." „Frau Winter, Ihr Mann darf bitte alleine entscheiden, nicht wahr?" „Frau Talbach, ich weiß das. Emma sagt das ebenfalls." Ich seufze. Antonia sieht mich aufmunternd an. „Ein wichtiger Punkt: der Stuhlgang. Ich hole ein wenig aus. Ein Baby nuckelt an der Mutterbrust und löst damit automatisch einen Reflex aus. Sie haben seinerzeit wahrscheinlich schnell herausgefunden, dass nach dem Stillen eine Windel zum Wechseln bereit liegen sollte. Frei nach dem Motto:' Wird oben genuckelt, gibt es bald unten etwas zu tun.' Ich schmunzele. Dieses Szenario ist mir vertraut. „Frau Talbach, genau so war das." „Nicht nur bei den Menschenkindern ist das so. Hundehalter und Pferdebesitzer wissen das ebenfalls. Nach dem Fresserchen steht das Gassi gehen an. Ein Pferd lässt seine Äpfel bereits fallen, während es frisst. Achtung ist geboten! Menschen indes sind inzwischen bereits stolz, wenn sie 'einmal' täglich morgens aufs Örtchen kommen. Frage: Essen die Menschen nicht mehrmals am Tag?" Ich bin erstaunt. „Frau Talbach, das ist eine völlig neue Sicht der Dinge..." „Frau Winter. Ich erinnere mich in diesem Zusammenhang an eine wahre Geschichte aus der Praxis.

Eine Patientin hatte ihren Mann gebeten, seinen Stuhl untersuchen zu lassen. Der Mann – ich nenne ihn mal Hubert - kam in meine Sprechstunde. Zuerst fragte ich ihn nach Stuhl und Urin. Ich war mehr als erstaunt, als ich seine Antwort hörte. 'Immer wenn ich was esse, gehe ich anschließend aufs Klo! Meine Frau findet das bedenklich! Soviel zum Wissen um diese Thematik. Ich habe seinerzeit zusätzlich nach dem Geruch und der Konsistenz seines Stuhls gefragt, für beides für normal erachtet und Hubert zu seiner regelmäßigen Verdauung beglückwünscht." „Frau Talbach, was versteht man unter normaler Verdauung? Wie oft sollte man denn auf den berühmten Ort gehen?" „Normalerweise werden mit jeder neu aufgenommenen Nahrung, die in einen Körper gelangt, jeweils verdaute Reste ausgeschieden. Genau so wäre das ideal. Heutzutage allerdings redet man von normaler Verdauung, wenn Menschen einmal täglich ihre Notdurft verrichten – immerhin 'ohne' jedwelche Hilfsmittel." Ich bin beeindruckt. „Frau Talbach, ein ganz neuer Ansatz!" Ich atme tief aus. „Frau Winter, ein Anliegen dieses Hauses ist es, unseren Körper zu kennen oder kennen zu lernen, ihn besser zu verstehen und auf ihn zu achten, vorsorglich zu achten." Ich trinke einen Schluck. „Frau Winter gibt es noch eine weitere Frage?" „Ich habe mich gerade gefragt, ob ich in der Zeit der Darmkur vielleicht etwas essensmäßig beachten könnte?" „Danke. Das war mein Stichwort, Frau Winter. Während der Zeit einer Colon-Hydro-Kur empfehle ich eine 'tierisch eiweißlose Diät'. „Wie oft soll ich eine Darmspülung machen?" „Ich empfehle Ihnen, eine Probebehandlung zu machen. Sie entscheiden, ob Ihnen eine Darmspülung zusagt. Starten wir mit einer Probebehandlung. Ist Ihnen Mittwoch Nachmittag um 17:00 Uhr recht?" „Abgemacht."

*

„Und? Was gibt es Neues, Maria-Julia?" „Mittwoch Nachmittag habe ich einen Termin zwecks Darmspülung. Ein wenig aufgeregt bin ich schon, Emma." „Musst Du aber nicht. Hier, magst Du eine von meinen Wahlnusspralinen?" „Mmh, gerne. Hat einer Deiner Patienten Dir was Gutes getan?" „So ist es. Lass Dir meine Lieblingspraline schmecken, mein Zuckerschnütchen!" „Du lenkst vom Thema ab. Bitte sag schon, wie funktioniert eine Darmspülung?" Emma grinst breit.

„Maria-Julia, Du bekommst einen Schlauch in den Hintern - wie beim Einlauf. Nur dicker und länger, einen Gartenschlauch eben. Was glaubst Du denn?" „Emma, nun mal im Ernst, bitte." „Also gut. Übrigens wir sprechen in der Praxis auch von Darmtraining. Wie sieht die Behandlung aus? Deine Bauchdecke wird massiert, Temperaturreize von kurz kühl und körperwarm kommen zum Einsatz, manchmal werden auch Kaffee oder Sauerstoff als zusätzlicher Reiz eingesetzt. Ich weiß nicht, was Du bekommst, Maria-Julia. Wirst ja sehen." Ich hake nach. „Emma, warum gibt man manchmal keinen Kaffee oder Sauerstoff? „Wenn es Patienten mit Blähungen oder einem Blähbauch zu tun haben, gibt es keinen Kaffee oder Sauerstoff." „Aha. Wahrscheinlich werde ich keine Extras bekommen..." „Alles wird besser mit der Zeit, Maria-Julia. Noch was Witziges: Es gibt ein Schauglas am Gerät! Da wird sichtbar, was im einzelnen weg gespült wird. Fernsehen live sozusagen." „Muss ich mir das anschauen, Emma?" „Musst Du nicht, ist jedoch hochinteressant!" Emma zieht eine Schnute. „Bei mir seinerzeit waren dicke, verfilzte Pilznester drin. Schaurig! Quitte gelb war die Brühe am Anfang... Ich habe eine Zeit lang Schmerzmittel genommen. Das Gelbe war wohl Galle. Abartig, sage ich Dir. Aber irgendwann war der Spuk vorbei und alles nur noch gut. Das Beste: Meine Haut ist mit den Behandlungen wieder klar und sauber geworden. Auch am Rücken." „Schöne Aussichten sozusagen?" Emma nickt. „Hast Du schon bestellt, Emma?" „Klar doch. Wird wahrscheinlich gleich kommen." Kaum hat sie es ausgesprochen, kommt der Kellner mit dem Tablett und entschuldigt sich. Manche Dinge wiederholen sich. Ich schenke mir Wasser ein, Emma setzt ihre Wasserflasche an und trinkt sie aus. „Heute habe ich von einer Rückenbehandlung gehört. Am Dickdarm werden zwei Stethoskope fixiert. Magst Du mir weiterhelfen, Emma?" „Maria-Julia, immer wieder gern." Emma lächelt mich an. „Es handelt sich um die Gerda Boyesen Methode. Der Patient liegt auf dem Bauch mit zwei fixierten Stethoskopen. Der Behandler führt eine Rückenbehandlung aus. Bei Störungen an Segmenten des

Rückens piepst es. Diese Signale vermitteln dem Behandler eine Störung des reflektierenden Organs. Psychoperistaltik ist der schlaue Begriff dafür. Hochspannend, die Methode. Diese Behandlung machen wir in unserer Praxis nicht. Alternativ sind unsere Behandlungen mit Ultraschall auch nicht ohne, sag ich Dir. Ultraschall kennen die meisten Menschen ausschließlich als bildgebende Methode. Wir arbeiten damit therapeutisch, allerdings mit anderen Frequenzen. Das nennt sich Sonophorese. Jetzt wird es spannend für Dich, Maria-Julia. Wenn wir am Rücken mit Ultraschall arbeiten, bildet sich ein gestörtes Segment immer sofort heraus. Manchmal kann man sogar schon ohne jegliche Behandlung eine Störung an einem Segment am Rücken erkennen. Dieses gut sichtbare Segment weist generell eine marmorierte Struktur auf und zeigt eine Organstörung an, die dringend therapeutische Unterstützung benötigt. In unserer Heilpraxis habe ich bereits des öfteren miterlebt, dass sich hartnäckige Rückenschmerzen auflösen, wenn die Ursache behoben ist. Ohne jegliche kostspielige Untersuchung wird während einer Ultraschallbehandlung eine Organstörung sichtbar, die in den meisten Fällen die Ursache der Schmerzen im Rücken ist." „Unglaublich, Emma."

„Maria-Julia, das ist die Härte! Glaub mir, es kommt noch besser! Rückenschmerzen bleiben das Thema. Eine andere Möglichkeit, einem Schmerzpatienten zu helfen, ist eine Bauchbehandlung. Bei einer Bauchbehandlung mit Ultraschall normalisiert sich nicht nur die Verdauung, sondern ebenfalls die Organe, die reflektorisch mit dem Darm verbunden sind. Jetzt kommt der Begriff 'Psychoperistaltik' ins Spiel. Diese indirekte Organbehandlung über den Bauch bietet den Vorteil, dass insbesondere die Gefühlswelt positiv angesprochen wird." Ich muss zu hause erst noch einmal sortieren, was ich bereits in meiner Sitzung erfahren habe und Emma mir gerade zusätzlich erzählt...„Hat Antonia Dir vom Bauchhirn erzählt?" „Jein. Ich werde Stephan, den ungläubigen Thomas, darauf ansetzen. Er darf das recherchieren.

Ich fand heute noch etwas hochinteressant, Emma! Ich habe erfahren, dass ein Blutbild erstaunlich lange 'normal' ausfällt, obwohl die Patienten bereits 'sauer' und 'vergiftet' sind." „Maria-Julia, Du bist nicht die einzige, die sich darüber wundert. Fast alle neuen Patienten sind darüber erstaunt. Außerdem bewertet Antonia ein Blutbild anders." Ich trinke meinen Kaffee und direkt mein Glas Wasser hinterher, Emma nippt genüsslich an ihrem Espresso. „Maria-Julia, da gibt es etwas, was manchen Patienten zu schaffen macht. Patienten bemühen sich beispielsweise ihren Konsum von Alkohol zu beschränken, richtig zu essen, werfen Vitalstoffe ein usw. und kennen irgendwelche Bekannte, die sich damit brüsten, immer putzmunter und gesund zu sein, obwohl sie offensichtlich Vieles falsch machen. Diesen Personen sind mit einer robusten Natur auf die Welt gekommen und wahrscheinlich fehlt ihnen gerade deshalb jegliches Verständnis für Menschen, die bewusst einen anderen Weg wählen. Diese Robustos lachen solche 'Weicheier' aus!" Emma seufzt. „Irgendwann jedoch schafft es selbst ein noch so robuster Körper nicht mehr, soviel Unvernunft über lange Zeitstrecken hinweg zu verkraften. Zu ende gelacht!!! Der Blödel fällt um und ist tot!!! Die Angehörigen allerdings sind überrascht und völlig entsetzt, dass ein offensichtlich immer gesunder Mensch so mir nichts Dir nichts umgefallen und tot ist. 'Plötzlich und unerwartet' steht in der Todesanzeige."

„Da kenne ich auch einige, die meinen, sie dürften sich über alle Vernunft hinwegsetzen, Emma. Reden hilft da nicht. Das weiß ich längst..." „Maria-Julia, so ist das, punktum. Übrigens, hast Du mal die makrobiotische Linsensuppe gekocht?" „Habe ich, Emma." Emma schaut mich fragend an. „Nun spucke es schon aus, Maria-Julia. Bitte, ein paar Tipps. Du bist die Köchin von uns beiden!" Ich lächele meine Freundin an. „Das ist relativ einfach. Tüchtig waschen ist wichtig, Emma, damit die Suppe nicht so leicht überschäumt. Du kochst die Linsen mit der dreifachen Menge Wasser, wenn es eine Beilage werden soll oder Du vergrößerst die Wassermenge und zauberst eine Suppe. Ich habe das mit der Suppe bereits ausprobiert. Das geht so: Einen klaren Brühwürfel im Wasser für die Suppe auflösen. In die fertige Brühe den verbliebenen Rest der Beilage vom Vortag geben und mit dem neuen Essig abschmecken. Den Meinigen hat es gut geschmeckt. Es ist nichts übrig geblieben." „Haben

Dir haben die roten Linsen auch gemundet, Maria-Julia?" Meine Freundin mal wieder... „Ja wohl, haben sie. Sowohl die Beilage, als auch die Suppe. Die Beilage habe ich übrigens direkt am Samstag ausprobiert und am Sonntag dann die neue Version der Suppe. Ich habe Ume Su genommen. Dieses Ume Su schmeckt mir besser als Essig." „Und ist besser, weil es ein milchsauer vergorenes Produkt
ist und über den Geschmack sauer und salzig Leber und Nieren unterstützt." Meine Emma. „Das wusste ich, Emma. Ich habe mich übrigens im Geschäft kundig gemacht und mir zusätzlich 'Gomasio' gekauft. Das Gomasio verwendet man großzügig. Das ist gesund und schmeckt., hab ich mir sagen lassen. Emma runzelt ihre Stirn. „Was ist nun wieder 'Gomasio'?" „Eine Mischung aus geröstetem Meersalz und Sesam, Emma. Das probiere ich gleich morgen aus." Ich trinke meinen Kaffee und mein restliches Wasser aus. „Noch etwas Besonderes hat sich ereignet, Emma. Meine Mannschaft hat sich übrigens daran erinnert, dass Oma Hildes Sonntagsessen seinerzeit immer mit einer kleinen Suppe angefangen hat und einheitlich für gut befunden, diese Tradition wieder aufleben zu lassen. Ab jetzt gibt es also wieder Suppe..." Emma seufzt. „Ich esse auch gern Suppe. Nein, mal ernsthaft: Seit Du zu hause bist, kochst Du wieder regelmäßig zu Mittag, nicht wahr? Und die jungen Damen verzichten auf ausgefallene Nettigkeiten, Maria-Julia?" Ich atme tief durch. „Alles regelt sich irgendwie, Emma, seit ich mir eine Auszeit gönne. Meine Mädchen sind kaum wieder zu erkennen. Sie sind beide viel, viel netter zu mir!" Emma strahlt mich an. „Schön für Dich, Maria-Julia. Ich muss wieder, die Pflicht ruft. Wir sehen uns."

Das Engelhemd

Nach meiner Behandlung am nächsten Mittwoch wartet Emma bereits im leeren Wartezimmer auf mich. Ich nehme neben ihr Platz. „Hast Du Dir Sorgen um mich gemacht, meine Liebe?" Emma protestiert. „Nun, das nicht gerade, Maria-Julia. Aber ich wollte kurz nach Dir schauen." Ich muss grinsen. „Neugierde ist Dir völlig fremd,Emma, nicht wahr?" "Emma schaut mich ungeduldig an. „Sag schon. Wie war es, Maria-Julia?" Ich überlege einen Moment. „Anders, als ich mir das vorgestellt habe. Theorie und Praxis sind eben zweierlei. Ich hatte den Flyer gelesen und die Beschreibungen von Dir und Antonia gehört. Trotzdem war es ganz anders..." Emma schaut mich mit ihren großen Augen an. „Sag schon, Maria-Julia, wie war es für Dich?" Eine kurze Pause entsteht. Ich überlege. „Also. Zuallererst roch es gut. Das half mir, mich zu entspannen..." Ich bin wohl abwesend. Jedenfalls unterbricht Emma meine Gedanken. „Bitte, Maria-Julia, weiter..." „Entschuldige bitte, Emma. Ich wurde vor Betreten des Behandlungszimmers gebeten, meine lange Hose auszuziehen. Das tat ich, streifte ein Engelhemd in hellem Grün über. Plötzlich fing ich an zu lachen und muss mich zwingen, wieder aufzuhören. Vor meinem inneren Auge sah ich die Szene aus dem Film, in der Jack Nicholson im Krankenhaus mit eben solch einem Engelhemd aus einem Behandlungszimmer torkelt und man dabei einen Teil von seinem nackten Po bewundern kann..." „Maria-Julia, Du meinst den Film 'Was das Herz begehrt'. Nicholson bekommt einen Infarkt und landet im Krankenhaus, in das ihn Diane Keaton alias Erica mit ihrer Filmschwester und Filmtochter bringt." Genau diesen Film meine ich, Emma. „Vielleicht könnten wir einmal gemeinsam eine DVD mit diesem Film ansehen. Maria-Julia, ich liebe diesen Film, wo der ewige Junggeselle Harry seine Erica findet, die nicht nur altersmäßig so gut zu ihm passt. Sonst flirtet Harry nur mit Frauen unter dreißig. Übrigens, es gibt etwas ganz Besonderes in dem Film. Etliche Szenen handeln davon, dass er nach dem Aufenthalt im Krankenhaus erneut wegen akuter Herzbeschwerden im Krankenhaus landet und feststellt, dass es kein erneuter Herzinfarkt ist und er 'eigentlich' nichts am Herzen hat. Lediglich sein Seelenleben und seine Herzensangelegenheiten die Aussetzer am Herzen bewirken." Ich erinnere mich. „Genau. Jetzt, wo Du es sagst, Emma." Ich stelle fest, dass ich mir seinerzeit um die Herzproblematik kaum Gedanken gemacht habe...

„Emma, zurück zu meiner Colon. So nennt ihr doch die Behandlung?" Emma nickt.„Meine Colon war toll. Du glaubst gar nicht, was alles aus mir raus gekommen ist. Obwohl ich heute Morgen und heute Mittag, also schon zweimal, auf dem berühmten Örtchen gewesen bin." Emma grinst. „Unglaublich, diese Mengen. Unglaublich..." Emma grinst immer noch. „Hast Du etwas unangenehm empfunden, Maria-Julia?" „Du kennst die Behandlung, Emma. Na ja, unangenehm weniger. Für mich war halt diese Prozedur erst einmal neu. Das Stauen fand ich gewöhnungsbedürftig. Aber mithilfe des Atmens klappt das relativ gut bei mir. Das Variieren mit der Temperatur: Kurz kälter, dann wieder Körpertemperatur... Das ist erst mal ziemlich ungewohnt und irgendwie komisch vom Gefühl." Emma zeigt mir ihren ausgestreckten Zeigefinger. „Irgendwie muss man den Darm locken, etwas abzugeben..." Ich mache eine krause Stirn ganz gegen meine Gewohnheit. „Ines hat gesagt, dass die wesentlichen Dinge die alten Plaques sind, die sich über das Stauen langsam von der Darmwand lösen und ebenso die Säuren, die der Körper auf diesem Weg raus lässt. Sie meint, meine 'schweren Schultern' könnte ich über die Colons relativ schnell loswerden." Emma nickt. „Wahrscheinlich hat sie recht. Du hast keine Ahnung, was manche Patienten so alles loswerden... Der Behandler schafft es, den Sachverhalt ohne jegliche kriminalistische Vorbildung zu verstehen. Aufgepasst!" Emma klatscht in die Hände und grinst breit. „Der Darm hat keine Zähne. Derohalben geschieht es, dass Unzerkautes oder schnell runter geschlucktes Essen auf dem Bildschirm zu bewundern ist: Sonnenblumenkerne, unverdaute Haut von Tomaten, Champignonscheiben u.v.a.m." Ich bin erstaunt und muss schlucken. „Du mal wieder, Emma. Die Haut der Tomaten ziehe ich generell ab, genau wie die Haut der Paprika, aber Sonnenblumenkerne?" „Manche Patienten nehmen die Kerne gerne anstelle von Käse zum Überbacken von Gemüseaufläufen. Antonia empfiehlt deshalb auch, die Sonnenblumenkerne kurz im Mixer zu zerkleinern, bevor sie zur Anwendung kommen." Ich bin erstaunt und nehme mir vor, dass einmal auszuprobieren. „Danke für den Tipp, Emma." Ich überlege, ob ich noch Sonnenblumenkerne besorgen muss. Emma räuspert sich. „Maria-Julia, habt ihr was mit Sauerstoff, Ozon oder Kaffee gemacht?" Ich räuspere mich. „Nein, Emma. Aber ein Pilznest bin ich heute losgeworden! Sieht irgendwie futuristisch aus. Übrigens: Ich habe angedacht, vielleicht zwanzig Darmbäder zu machen. Anfangs vielleicht einmal die Woche zur Entlastung." Emma klopft mir sanft auf meine Schulter.

„Maria-Julia, ich bin stolz auf Dich. Antonia wird Dich mit den Terminen für die Colons gut beraten. Wir sehen uns morgen hier in der Praxis und später auf einen Kaffee?" Daran habe ich im Moment gar nicht mehr gedacht. „Richtig, Emma. Übrigens, ich habe für Montag auch mit Kathy einen Termin bei Antonia ausgemacht. Wegen ihrer Allergie. Wir sehen uns dann gleich zwei Mal an einem Tag." Emma lacht. „Ich empfinde das nicht als Drohung. Sollte ich?" Ich lächele. „Unsinn. Mein Humor kommt übrigens wieder. Merkst Du das?" Emma strahlt. „Ich habe es wohlwollend zur Kenntnis genommen! Nur weiter so, Du Süße."

Das innere Meer

„Liebe Frau Winter, Ihre Spritzen und Infusionen schlagen an wie ich sehe. Antonia schaut mich fragend an. Welche Verbesserungen sind Ihnen aufgefallen?" Ich überlege nicht lange. „Ich bin froh, dass ich wieder besser schlafe... Ich fühle mich kräftiger und finde meinen Humor langsam wieder." „Das freut mich für Sie, Frau Winter." Antonia überlegt. „Zur Zeit sind Sie jeden zweiten Tag hier. Zusätzlich absolvieren Sie zu hause ein strammes Programm. Mehr möchte ich Ihnen nicht zumuten. Heute hatten Sie eine Probebehandlung. Wie war Ihre Colon-Hydro-Behandlung bei Ines?" Ich überlege nicht lange. „Ines ist sehr einfühlsam. Danke für die Nachfrage, Frau Talbach. Ich möchte Darmspülungen machen. Können wir bald damit anfangen?" Antonia seufzt. „Ich schlage vor, Frau Winter, dass Sie Ihre Darmkur zu einem späteren Zeitpunkt beginnen. Wahrscheinlich werden sich Ihre Termine bald reduzieren und das schafft Platz für regelmäßige Darmbehandlungen." Ich bin überrascht. „Frau Talbach, Sie meinen, ich soll die Colonkur aufschieben?" Antonia nickt. Ich werde mich fügen. Antonia hat Erfahrung. „Frau Talbach, ich werde Ihrem Rat folgen. Kann ich bitte einen Tee haben?" Antonia nickt und schenkt uns beiden Tee ein.

„Frau Winter, der Mensch besteht - so sagt man - aus siebzig Prozent, manche sagen zu achtzig Prozent aus Wasser. Benötigt wird das Wasser als Transportmittel und Kühlmittel, als Baustoff und Lösungsmittel. Jeden Tag verliert ein Mensch ungefähr Zwei Liter Flüssigkeit oder mehr über Schweiß, Atemluft, Stuhl und Harn. Manchmal sogar mehr, beispielsweise an einem heißen Sommertag oder bei Tätigkeiten im Freien wie Gartenarbeit oder Fahrrad fahren. Generell und speziell bei Gelegenheiten, die Schweiß treiben, ist Trinken wichtig. Ich meine das Trinken von klarem Wasser!" Ich glaube zu wissen, was sie meint. „Frau Talbach, Sie meinen Wasser anstelle von Limonade oder Saft?" Antonia nickt. „Leider dehydrieren Getränke wie Limonade, Kaffee, schwarzer Tee oder alkoholische Getränke. Da hilft nur, zusätzlich Quellwasser zu trinken." Das hat mir Emma schon einmal erklärt... „Frau Talbach, ich habe inzwischen gelernt, dass Getränke eher zimmer warm und nicht kalt aus dem Kühlschrank kommen sollen." Ich räuspere mich. „Bei Kälte sollte man Wasser eher warm bis heiß trinken!" Antonia lächelt.„Exzellent, Frau Winter. Sie sprachen gerade vom 'Ayurveda Champagner'. In dem Bewusstsein, Champagner zu sich zu nehmen, fällt es leicht, heißes Wasser zu trinken, nicht wahr?" Wir lächeln uns an. „Noch etwas Wichtiges, Frau Winter. Das Gehirn besteht man höre und staune aus 'neunzig' Prozent Wasser. Fehlt Wasser, werden die Funktionen im Gehirn gestört..." Ich horche auf. „Das ist mir neu. Ich habe allerdings bemerkt, dass mir das Trinken von Wasser gut tut und wichtig für mich ist. Meine Kopfschmerzen verschwinden wie von selbst, wenn ich mehr Wasser trinke..." Antonia lächelt erneut. „Frau Winter, eine gute Erfahrung. Das bestätigen ebenfalls andere Patienten mit Kopfschmerzen.

Mir liegt noch etwas am Herzen. Ich finde es wichtig, das Nächste, was ich sage, zu verinnerlichen." Eine Pause entsteht. „Es geht um das Milieu in einem menschlichen Körper. Ich versuche einmal, das Milieu zu beschreiben. Ein lebendiger Mensch entspricht einem Gefäß mit dem Inhalt von fünfzig Litern lauwarmem Meerwasser. Vergleichbar mit einem Aquarium. Darin leben allerdings keine Fische, sondern Billionen von Zellen. Jede dieser Zellen in unserem Körper wird von diesem 'inneren Meer' umspült." Ich bin entzückt. „Welch anschaulicher und hübscher Vergleich, Frau Talbach." Antonia nickt. „Mein Mann hatte früher ein Aquarium. Er hat mir erzählt, wie schwierig es ist, das Wasser in einem für die Fische guten Zustand zu halten..."

Antonia seufzt. „Genau das ist der Punkt, Frau Winter. Erstaunlich allerdings ist die Tatsache, dass dieses in unserem Körper eingeschlossene innere Meer trotz vieler Sünden normalerweise sauber und in seiner Zusammensetzung konstant bleibt." Eine kurze Pause entsteht. „Der Vergleich wird meinem Mann gefallen, Frau Talbach."Antonia räuspert sich. „Speziell für Ihren Mann: Das Milieu wird 'Pischinger Milieu' genannt. Die klassische Medizin kennt die grundlegenden biochemischen Vorgänge. Über die Lungen wird die flüchtige Kohlensäure ausgeschieden, nicht flüchtige Säuren über die Nieren. Daneben spielen sich weitreichende Vorgänge im Bindegewebe ab, neuerdings 'Matrix' genannt. Säuren werden bei aktueller großer Säurebelastung dort zwischen gelagert und in ruhigen Zeiten über die Nieren ausgeschieden. Zum Mitschreiben: Säuren entstehen übers Essen und Trinken, jedoch auch über Lebensstress." Ich seufze und gönne mir einen Schluck Kräutertee.

„Wenn man bedenkt, was alles in dieses Wasser hinein kommt: Kaffee, Alkohol, zuckerhaltige Getränke, Pillen für Kopfschmerzen oder Schmerzmittel anderer Art u.v.a.m. Der Aufwand für den Körper ist enorm, um dieses menschliche Aquarium in einem guten Zustand zu erhalten. Trotzdem dauert es relativ lange, bis sich etwas ändert. Jedoch irgendwann einmal - ähnlich wie bei den Weltenmeeren im außen - kommt es im Laufe der Zeit auch in unserem inneren Meer zu Belastungen und Verschmutzungen. In der Naturheilpraxis sprechen wir von einer Verschlackung und Übersäuerung des Zwischenzellraumes oder des extra zellulären Raums oder - wie schon vorhin gesagt - dem Pischinger Raum." Ich seufze erneut. „Frau Winter, Sie haben die Chance, mich zu stoppen, wenn ich zu viel oder zu schnell oder unverständlich vortrage. Okay?" Ich nicke und höre mich sagen: „Ich schreibe mit." „Gut. Sie kennen das. Sie kneten Ihre Schultern, wenn Ihnen dort Verhärtungen zu schaffen machen. Das sind Myogelosen oder übersäuertes Muskelgewebe. Selbst unter Narkose bleibt diese Muskelhärte noch erhalten im Gegensatz zum Hartspann." Automatisch reibe ich nacheinander meine beiden Schultern, die leicht schmerzen. Antonia beobachtet mich und nickt. „Beim Baby fühlen sich Haut und Körper weich an und das Gewebe kann leicht verschoben werden. Beim Erwachsenen allerdings sind etliche Partien des Körpers mehr oder weniger stark verhärtet." Ich reibe meine rechte Schulter und nicke. „Wie wird man die unangenehmen Verhärtungen wieder los?"

„Frau Winter, um einen bereits gebeutelten Körper von seinen Schlacken und Giftstoffen zu entlasten, muss er zuerst in eine Reaktionsfähigkeit versetzt werden. Dies erreicht man insbesondere durch Aktivierung der Ausscheidungsorgane Haut, Lungen, Nieren, Darm und Lymphsystem. Die Lymphe ist für mich das wichtigste Transportmedium mit einem System aus Lymphgefäßen und Lymphknoten. Die Lymphflüssigkeit wird durch Lymphgefäße transportiert. Die Lymphknoten sind Filterorgane, entfernen Mikroorganismen und leiten Schadstoffe über die Lymphbahnen ab." Wir leeren unsere Tassen. Antonia schaut mich ernst an. „Der Lymphstimulation kommt in der Heilpraxis eine Schlüsselrolle zu, weil darüber hauptsächlich in der extra zellulären Matrix abgelagerte Schlacken und Gifte abtransportiert werden. Die Ausscheidungsorgane beseitigen den Unrat, soweit sie dazu in der Lage sind. Es gibt weitere Möglichkeiten, dem geschundenen Körper zu helfen. Aber hier höre ich heute auf. Es dürfte für reichen, nehme ich an? Ich seufze. „Mmh. Dankeschön."

Zufälle gibt es nicht

Antonia begleitet mich noch an die Tür. „Frau Winter, Sie haben heute viele Einkaufstüten dabei. Emma ist gerade beschäftigt. Ich helfe Ihnen beim Tragen und bringe Sie ans Auto. Draußen strahlt die Sonne. Wir beide recken fast synchron unseren Hals hoch und halten unser Gesicht in die wohlige Wärme. Wir erreichen das Auto. Da sieht Antonia etwas. Sie zieht ihre Augenbrauen hoch. „Frau Talbach, es gibt immer wieder Situationen, in denen mir klar wird, dass es Zufälle nicht gibt. Ich bin nicht umsonst mit ans Auto gegangen. Denn gerade jetzt sehe ich etwas, was dringend geändert gehört und generell unterlassen werden sollte." Ich schaue Antonia erstaunt an. Antonia zeigt auf die Flasche Quellwasser in der Aufhängung direkt vorne am Armaturenbrett. Die pralle Sonne scheint darauf. „Ich verstehe nicht…"

„Frau Talbach, oft schon bin ich in ein Geschäft gegangen, wo trotz der Sommersonne im Eingangsbereich Wasserflaschen aus Kunststoff aufgestapelt waren. Diese Plastikflaschen wurden trotz dieser Bestrahlung verkauft und getrunken!" Ich bin überrascht. „Was macht denn diese Bestrahlung speziell?" Antonia seufzt. „Frau Winter, durch diese direkte Bestrahlung werden giftige Bestandteile des Materials an das Wasser abgegeben. Wenn noch ein Rest Flüssigkeit in einer Flasche ist, die zu lange der Sonne ausgesetzt war, verändert sich sogar der Geschmack des Wassers. Darüber könnte man aufmerksam werden. Aber…" Antonia seufzt erneut. „Das wusste ich nicht! Das Wasser ist über die Bestrahlung sozusagen vergiftet?" „Frau Winter, das könnte man so ausdrücken. Mein Rat: Nutzen sie das restliche Wasser vielleicht als Nachfüllung für die Scheibenwaschanlage. Es zu trinken ist falsch und fahrlässig. Leider hat sich das noch nicht herum gesprochen. Das ist ein Problem. „Antonia hüstelt. „Man könnte darauf kommen, dass es nicht gut sein kann, Wasser aus Kunststoffflaschen zu trinken. In den 'Entsorgungsvorschriften' steht rechtsverbindlich, dass sich Kunststoffe, auch Flaschen daraus, wieder auflösen und zersetzen 'müssen'. Und das tun sie auch. Der Umwelt zuliebe…" Ich bin entsetzt. „Frau Talbach, das habe ich verstanden!" Ich verstaue die Tüten im Auto.

„Frau Winter, mir fällt noch etwas ein: Letzten Winter hatten wir einmal ungemütliche zehn Grad unter Null." Ich erinnere mich und nicke. „Damals, Frau Winter, hatte ich meine Plastikflasche Mineralwasser, die seitlich meines Fahrersitzes platziert war, vergessen. Was glauben Sie, was genau ich am nächsten Morgen vorfand?" Ich zucke mit den Schultern. „Ich kann gar nicht genau beschreiben, was in der Flasche herum schwamm. Irgendwann früher einmal war eine Glasflasche vor mir mit einem Rest Mineralwasser im Auto vergessen worden. Die Flasche war insgesamt steinhart eingefroren.

Dieses Mal jedoch glich das Wasser einer gelartigen Masse, ähnlich zerstoßenem Eis..." Antonia schaut mich ernst an.

„Sonnenstrahlung, als auch Temperaturen unter dem Gefrierpunkt, vergiften und belasten Trinkwasser, wenn es sich in Plastikflaschen befindet. Zum Trinken ist es beides ungeeignet. Ich habe für mich entschieden, dass in beiden Fällen dieses belastete Wasser als Nachschub für die Scheibenwaschanlage aufgebraucht wird." Ich seufze. „Darüber habe ich mir bisher überhaupt keine Gedanken gemacht. Ich werde ab heute umsichtig sein und meinen Freundinnen davon erzählen. Mal sehen, ob die das wissen und richtig machen..."

*

„Maria-Julia. Heute muss es schnell gehen. Ich trink nur eben meinen Kaffee aus..." „Das trifft sich gut, Emma. Ich muss heute ebenfalls schnell nach Hause." Ich hole meinen Block aus meiner Tasche. „Ich berichte: Antonia hat mir noch einmal eindringlich das Trinken von Wasser nahe gelegt. Das Gehirn besteht zu 90 Prozent aus Wasser! Aber das wusstest Du bereits?" Emma nickt. „Wieso frage ich eigentlich! Da ich das nun auch weiß, wäre ich dumm, das nicht zu beherzigen. Immerhin hat mir die Einsicht, mehr Wasser zu trinken geholfen, meinen Kopfschmerzen Lebewohl zu sagen." Ich schaue Emma voll ins Gesicht. „Meine Maria-Julia! Erfahrung macht klug, nicht wahr? Übrigens: Ein Wasserverlust von lediglich zwei Prozent des Körpergewichts führt zum Verblöden!" „Woher weißt Du das, Emma?" „Wahrscheinlich aus einer Wissensdatenbank im Internet. 60 Kilogramm Körpergewicht benötigen 1,2 Liter. Werden diese nicht regelmäßig täglich getrunken, lässt die Denkleistung merklich nach. Wir schwitzen, atmen auch Wasserdampf aus usw." Ich seufze. „Emma! Ich kann keine langen Kommentare gebrauchen. Heute geht das nicht! Also: Darmspülungen waren ein weiteres Thema heute. Ich hatte mir vorgestellt, baldmöglichst mit den Darmspülungen zu beginnen, Antonia allerdings hat mir empfohlen so lange damit zu warten, bis ich lediglich zweimal die Woche zu Euch in die

Praxis komme. Der freiwerdende Termin kann für die Colon-Hydro-Behandlung genutzt werden." Emma atmet hörbar aus. „Weise Empfehlung! Immerhin lernst Du just in dieser Zeit, mit Dir und Deiner Kraft weise umzugehen." Wo Sie Recht hat...

„Maria-Julia, ich verstehe Deine Ungeduld. Ich finde Darmspülungen ebenfalls fantastisch. Mit Colons kann man ohne viel Gedöns wie weitere Verschreibungen, Spritzen oder Infusionen sowohl einen Teil der Übersäuerung, als auch der Vergiftung loswerden. Du scheißt Deinen Mist schlicht aus." „Emma! Auf den Punkt gebracht, wie immer." Emma grinst. „Was war noch?" „Es ging um das Milieu im Körper. Ich weiß endlich, warum ich diese harten schmerzenden Knubbel an meinen Schultern habe..." Emma zieht eine Schnute. „Klar doch, Maria-Julia. Die Lymphe, das Bindegewebe und die extra zelluläre Matrix. Super sind die! Sie schaffen unseren Mist weg. Ein unschuldiges Baby hat noch 'sauberes' Gewebe..." Emma überlegt. „Es dauert relativ lange, bis sich Knubbel, fachchinesisch 'Myogelosen' bilden..." Ich stöhne auf. „Emma, Du und Dein Fachchinesisch." „Soll ich ...?" „Nichts für ungut, Emma. Alles ist gut! Übrigens hat Antonia mir heute geholfen, meine vielen Einkaufstüten ins Auto zu schaffen. Dabei hat sie meine Wasserflasche in der Halterung am Fahrersitz entdeckt. Das war eine Plastikflasche." Ich seufze. „Emma, wusstest Du das mit der Vergiftung über die Sonnenstrahlen?" „Jetzt, wo Du es sagst. Die giftigen Weichmacher, die freiwerden, nennt man übrigens 'Phtalate', Maria-Julia. Ich stelle gerade diesem Augenblick fest, dass ich diesen wichtigen Sachverhalt bislang gar nicht richtig verinnerlicht habe. Mir schmeckt glücklicherweise kein Wasser aus Plastikflaschen. Ich kaufe mir das gute Quellwasser in Glasflaschen, das Lauretana." Ich ziehe meine Stirn kraus. „Das mit dem Gift, was über die Sonne in das Wasser übergeht, berührt mich schon sehr. Ich muss das unbedingt einigen Frauen aus meinem Bekanntenkreis erzählen!" „Guter Vorsatz!" Emma schaut auf ihre Armbanduhr. „Manno! Ich muss weg. Lass dich umarmen", Maria-Julia."

*

Heute habe ich zwei Termine. Vormittags werde ich behandelt, nachmittags stelle ich Kathy vor. Als ich von der Toilette komme, sehe ich Emma auf dem Gang. „Emma, wir lassen nachher das Kaffee trinken ausfallen, nicht wahr? Ich bin etwas in Eile. Heute Nachmittag bin ich noch einmal in eurer Praxis, und zwar mit Kathy." „Hab ich auf meinem Schirm, Maria-Julia." Wir umarmen uns.

Lebe(n)

„Kann ich bitte einen Tee haben?" Antonia schenkt mir und sich ein. Ich habe ein Buch für Sie heraus gesucht: Sorge Dich nicht, lebe. Von Dale Carnegie. Es geht um den Druck im Leben. Ein plötzlich erhöhter Lebensdruck bedingt einen erhöhten Blutdruck. Wie der Titel des Buches schon ausdrückt, handelt es sich um eine Lebenshilfe. Mit zwei Hauptthesen. 'Was kann schlimmstenfalls passieren?' und 'Was kannst Du dagegen tun?' Hat man sich diese beiden Fragen beantwortet, kann es nur noch bergauf gehen. Meine Oma war eine gescheite Frau. Sie riet mir als Kind schon: Male Dir aus, was das, worüber Du Dich jetzt gerade aufregst, in zwei Jahren für einen Stellenwert hat! Sie hatte völlig recht. Durch diesen Denkansatz verlieren die meisten Dinge an Wichtigkeit." Ich schreibe mit... „Frau Talbach, zusätzlichen Stress vermeiden, damit kein erhöhter Lebensdruck entsteht, ist eine gute Sache. Antonia zieht ein kleines Kärtchen aus meiner Akte und überreicht es mir. „Dieses Kärtchen hilft, Stress zu vermeiden. Bitte, lesen Sie." Ich lese.

1. Regen Sie sich nicht über Kleinigkeiten auf!
2. Immer nur eine Sache auf einmal erledigen!
3. Erledigen Sie die Dinge nach Wichtigkeit!
4. Lösen Sie die Probleme sofort, wenn sie die entscheidenden Tatsachen kennen!
5. Ungerechte Kritik enthält oft ein verstecktes Kompliment!
6. Räumen Sie Ihren Schreibtisch auf!

7. Bringen Sie Begeisterung in Ihre Arbeit!

„Fast alles stimmt." Ich schaue Antonia erstaunt an. „Wieso fast alles?" „Frau Talbach, wenn der Patient eine Sieben in seinen Geburtszahlen hat, müsste der Rat geändert werden, der empfiehlt, immer nur eine Sache auf einmal zu erledigen. Die Menschen mit einer Sieben sind gut beraten, immer parallel an mehreren Projekten zu arbeiten und zu Ende zu bringen."

Gefühl und Gefühle

Heute wollte ich Ihnen zusätzlich noch eine weitere Möglichkeit verschaffen, an mehr Energie heranzukommen. An Energie, die bislang ungenutzt darauf wartet, gelebt zu werden." „Hört sich spannend an." „Ist es auch, Frau Winter. Diese Methode dient zur Erhaltung des Gleichgewichts von seelischem und körperlichem Befinden. Es geht um die Gefühle: Negative Gefühle verringern die Lebensenergie, positive erhöhen sie und helfen seelischen und körperlichen Stress im Leben zu bewältigen." „So ähnlich wie mit dem Summen?" „Jein. Sie haben recht, es geht auch hier um Energiezuwachs. Getestet werden bei dieser Methode jedoch nicht auf die Chakren, sondern beide Gehirnhälften und die zwölf Akupunktur-Meridiane. Diese Meridiane korrespondieren mit je einem speziellen Gefühlszustand." „Das ist ja mehr als interessant!" „Sie sagen es Frau Winter. Mit den Gefühlen ist das so eine Sache. Es sind keine Krankheitskeime, die sich unter einem Mikroskop beobachten und bestimmen lassen. Negative Gefühle müssen herausgefunden werden. Man kann man belastende Gefühle mit dem Biotensor austesten, Dr. Diamond findet die Störungen in der Gefühlswelt mit Hilfe eines einfachen Muskeltests heraus." „Wie schreibt sich dieser Dr. Diamond?" „Frau Winter, er ist ein Diamant, dieser Dr. Diamond. Er könnte also berechtigt ein 't' am Ende des Namens führen, aber er schreibt sich mit 'd', weil er Amerikaner ist. Ein amerikanischer Diamant sozusagen." Antonia lächelt mich an. „Danke. Das kann ich mir gut merken. Und wie geht dieser Muskeltest?"

„Frau Winter, Sie lernen ihn gleich kennen. Bevor wir praktisch starten, machen wir zwei noch eine kleine Ausgleichsübung aus dem Brain Gym. Diese Überkreuzübungen machen zwei Patientinnen von mir, die als Lehrerinnen kleine Schulkinder unterrichten. Sie praktizieren das vor dem Unterricht. Das erleichtert den Lehrerinnen den Unterricht der sonst mehr als quirligen Kinder. Überkreuzübungen koordinieren beide Gehirnhälften optimal. Nun zur Praxis. Schauen Sie, Frau Winter: Linke Hand an das rechte Ohr, rechte Hand an Ihre Nasenspitze. Im Anschluss bitte: rechte Hand an das linke Ohr, linke Hand an Ihre Nasenspitze. Diese Überkreuzübung bitte ein paar Mal etwas schneller hintereinander. Wollen wir beide einmal zusammen üben?" Wir machen die Übung in schneller Folge, bis wir zu lachen anfangen. „Genau. So ist es richtig. Was wir tun, sollten wir gerne tun." „Ich bekomme etwas Schriftliches mit?" „Was denken Sie, Frau Winter?" Ich lächele Antonia an. „War unnötig. Sorry." Bevor wir weitermachen, noch etwas Tee vielleicht?" „Gerne."

„Heute widmen wir uns den Emotionen. Es geht darum, die eigenen Gefühle in den Griff zu bekommen. 'Dr. Diamond' hat zur Beherrschung negativer Gefühle Sätze entwickelt, die er das 'tägliche Meditationsprogramm' nennt. Diese tagtäglich gesprochenen Sätze bauen ein hohes Maß an Lebensenergie auf. Er findet belastende Gefühle mit einem Armtest heraus. Dieser Test wird 'Kinesiologie' genannt. In der nächsten Besprechung werde ich mithilfe dieser Methode Ihre Thymusdrüse, beide Gehirnhälften und die Akupunktur-Meridiane testen." „Das hört sich interessant an." „In der Tat, Frau Talbach, das ist es. Die linke und rechte Gehirnhälfte haben getrennte Aufgaben: Die linke Gehirnhälfte kontrolliert unsere täglichen Körperfunktionen wie Atmung, Herzschlag, Verdauung usw. Sie steht für Intellekt und Logik. Die rechte Gehirnhälfte ist für die Intuition und ästhetischen Aspekte verantwortlich. Arbeiten beide Gehirnhälften ideal zusammen, geht man beschwingt durch den Tag, hat eine kraftvolle Stimme, vereint Denken und Logik, Intuition und räumliche Wahrnehmung. Das führt zur Kreativität, zum Idealzustand eines Menschen. Wir machen wir vor jeder Testung eine Ausgleichsübung aus dem Brain Gym." Ich nicke. „Die

Überkreuzübung!" „Richtig, Frau Talbach. Mit dieser Übung beginnen wir nächstes Mal." Antonia trinkt ihren Tee aus und schenkt sich neu ein. „Bevor wir mit der nächsten Übung weitermachen, noch etwas Tee vielleicht?" „Gerne." „Frau Talbach, stellen Sie sich bitte hier her. Genau. Danke."

Ich schaue Antonia erwartungsvoll an. „Bitte lassen Sie Ihren rechten Arm locker hängen und drücken den linken Arm mit durchgedrücktem Ellenbogen waagerecht und seitlich vom Körper hinaus. Ich lege jetzt meine linke Hand zum Stabilisieren auf Ihre rechte Schulter und drücke mit meiner rechten Hand den ausgestreckten Arm von Ihnen, hier hinter dem Handgelenk. Gleich werde ich Ihren ausgestreckten Arm nach unten drücken. Halten Sie meinem Druck bitte stand und lassen Sie den Arm in ausgestreckter Stellung. Verstanden?"Ich nicke. Antonia drückt kräftig auf meinen ausgestreckten Arm. „So das war der erste Streich. Der Muskel war stark." „Manchmal testet ein Muskel schwach?" „Genau. Das probieren wir jetzt aus. Frau Winter, denken Sie bitte an eine unangenehme Situation. Geht das?" „Ungern. Aber wenn das für den Test hilfreich ist..." „Konzentration, bitte!" Ich schließe kurz meine Augen. Antonia testet den Muskel. Das Ergebnis ist beeindruckend. Der Arm geht nach unten, obwohl der gleiche Druck ausgeübt worden ist. Ich verstehe es zwar nicht, warum ich nicht dem Druck habe standhalten können. Die negativen Gefühle haben den Muskel geschwächt?" Antonia nickt. „Dasselbe wäre auch passiert, wenn ich Sie ein wenig weißen Zucker hätte essen lassen oder Sie in eine Leuchtstoffröhre geschaut hätten. Es gibt diverse Möglichkeiten, einen Menschen zu schwächen..." Hoch spannend finde ich diese Thematik...

Erkältung kommt von kalt

Am Nachmittag erscheine ich mit Kathy bei Antonia. Kathy wollte erst gar nicht mitkommen. Sie hat festgestellt, dass ich schon besser drauf bin, seit ich behandelt werde. Das hat wohl den Ausschlag gegeben und ihr Mut gemacht. Antonia holt uns beide persönlich aus dem Wartezimmer in ihren Besprechungsraum. „Cool," sagt Kathy leise, als sie den goldenen Buddha ansieht, der sie mit seinen Augen verfolgt, wohin sie den Kopf auch drehen und wenden mag... Antonia sieht Kathy liebevoll an. Und auch ich blicke liebevoll auf Kathy mit ihrem zarten, schönen Teint und strahlenden Augen... „Darf ich Du sagen?", fragt Antonia. Kathy überzieht eine leichte Röte und sie nickt mit dem Kopf. Ich beginne die Behandlung mit einer Frage an Antonia. „Wir zwei haben eine Bitte. Kathy hatte schon mal öfter eine Reizung am Blinddarm. Es war aber immer falscher Alarm. Heute Morgen hatte sie wieder Schmerzen. Können Sie mal nach schauen?" „Dann komm mal bitte hier her auf die Liege, Kathy." „Darf ich die Schuhe anbehalten?" Antonia nickt. Kathy kommt langsam und unsicher näher und streckt sich auf der Liege aus. Ich schaue den beiden zu, kann allerdings nichts Genaues erkennen. Nach einer Weile darf Kathy wieder aufstehen. „Ihre Tochter hat wahrscheinlich etwas Falsches gegessen oder getrunken. Dadurch ist der Blinddarm gereizt. Eine Entzündung schließe ich aus." Ich sehe Antonia fragend an. „Es gibt einen kleinen Bereich unter den Knien, der dem Blinddarm zugeordnet wird. Dieser Punkt hat bei Kathy nicht auf den ausgeübten Druck mit meinem Daumen reagiert. Ich bin mir sicher, dass sie außer Gefahr ist. Wäre ich mir unsicher, hätte ich in diesen Punkt ein homöopathisches Mittel hinein gespritzt. Damit sollten die Schmerzen sofort aufhören, was eine Entzündung ausschließt. Bestehen trotz Injektion weiterhin Schmerzen, 'muss' der Patient in ein Krankenhaus eingewiesen werden. Verdacht auf Blinddarmentzündung!" Antonia setzt sich wieder und trinkt ihren Tee. „Ich kann das Gesagte schwer nachvollziehen, bin aber irgendwie mit der Aussage zufrieden.

„Über Essen und Trinken reden wir gleich. Zuerst allerdings habe ich noch eine Bitte." Antonia reicht Kathy ein Papiertaschentuch. „Bitte entsorge doch bitte Deinen Kaugummi?" Als Kathy zögert und sie fragend anschaut, entgegnet Antonia: „Ich kenne die Aussage, dass Kaugummi vor Karies schützt und das Kauen die Bildung von Speichel anregt, der zum einen den pH-Wert im Mund wieder herstellt und zusätzlich noch über Mineralstoffe den Zahnschmelz härtet. Empfohlen wird der richtige Kaugummi, ganz ohne Zucker und künstliche Farbstoffe. Das ist die eine Seite der Medaille. Die andere Seite zeigt, dass der Kaumechanismus dem Magen signalisiert, dass da gleich Essen verdaut werden soll und deshalb der Magen mit der verstärkten Produktion von Magensäure beginnt. Diese 'Blindversuche' verursachen auf Dauer einen empfindlichen Magen. Der Magen wiederum ist mit den Nebenhöhlen verbunden. Deshalb bitte ich Dich, das Kauen von Kaugummi vorerst einzustellen." Kathy spuckt artig den Kaugummi aus, wickelt ihn ins Taschentuch und gibt ihn Antonia in die Hand.

„Fangen wir an. Erzähle doch mal, Kathy!" Kathy schaut mich fragend an und als ich ihr nickend zustimme, beginnt sie: „Es fing so vor ungefähr zwei Jahren an. Nachdem Oma Hilde ins Heim kam.... „Ich schaue meine Tochter für einen kurzen Moment fragend an, überlege kurz und muss mir eingestehen, dass die Aussage von Kathy stimmt. Ich bestätige mehr unbewusst: „Tatsächlich. Als Oma ins Heim gekommen ist, hattest Du Deinen ersten starken Infekt. Komisch." Kathy schaut mich irritiert an. „Ich bin oft erkältet und allergisch reagiere ich auf alles Mögliche." „Sind Deine Füße eher kalt oder warm?", fragt Antonia „Frau Talbach, meistens habe ich kalte Füße und auch einen kalten Po. Früher hatte ich das nicht! Kathy stöhnt. Am besten wäre ein Tropfenfänger unter der Nase. Das ist vielleicht peinlich, sage ich Ihnen!" Antonia nickt.„Erkältungskrankheiten und grippale Infekte mit und ohne Fieber entstehen fast immer als Folge eines Kälteerlebnisses. Eine Erkältung kann sowohl durch Unterkühlung, ständige Überforderung oder seelisch bedingt sein... Unangenehm ist dieser Zustand in jedem Fall. Ich empfehle Dir dazu ein kleines Büchlein zu lesen. Es heißt: 'Erkältet?' von Dr. Bruker." Ich notiere die Empfehlung und nehme mir vor, mich gleich morgen darum zu kümmern. „Was meinst Du Kathy? Hilfst Du mir dabei, den Tropfenfänger zu verbannen?" Kathy schaut mich erneut hilfesuchend an und zuckt mit ihren Schultern. „Klar, wenn es was dafür gibt. Was soll ich denn machen?" „Einen Fragebogen ausfüllen, Blut abnehmen lassen und Urin abgeben. Deine Mama kennt das Programm und kann Dich genau instruieren. Ich brauche jetzt noch Dein Geburtsdatum, bitte." „Mein Geburtstag ist am 4. September 1995."

Antonia trägt die Zahlen auf die neue Karteikarte ein, malt den Stern und trägt die Zahlen sowie die Quersumme des Geburtstages ein." „Kathy, Du bist jetzt 14 Jahre alt..." Kathy nickt. „Können Sie uns beiden dazu etwas sagen?", bitte ich Antonia. „Gern. Kathy hat an erster Stelle die Vier. Du kannst mehr, als Du Dir zutraust... Du hast ein großes Aufnahmevermögen. Das gilt für Nahrung über Essen und Trinken und ebenfalls für intellektuelle Dinge. Auf der körperlichen Ebene steht die Vier für das gesamte Verdauungssystem. Du wirst lernen, Maß zu halten, was das Essen betrifft." Antonia räuspert sich. „Wenn es um geistige Inhalte geht, solltest Du lernen, Dir die Zeit nehmen, die unterschiedlichen Themen nacheinander zu verarbeiten. Das wird in späteren Zeiten wichtig werden. Ich kenne Menschen, die von einem Seminar zum anderen gehen und die einzelnen Inhalte gar nicht verinnerlichen...

Deine zweite Zahl ist die Neun. Die hast Du gleich zweimal. Die steht für 'Schwierigkeiten mit Giftbelastung'. Bei Kleinkindern finde ich beispielsweise des öfteren Vergiftungen als Ursache von Ernährungsstörungen. Im Gespräch mit den Eltern stellt sich heraus, dass das Kind mitgeholfen hat, den Gartenzaun zu streichen. Das reicht schon für so ein kleines Geschöpf, um sich zu vergiften. Oder stellen Sie sich Kleinkinder im Kinderwagen vor. Der Kinderwagen steht vielleicht des öfteren kurz im Parkhaus neben dem Auto oder an einer Verkehrskreuzung. Nicht umsonst gibt es im Parkhaus ein Schild mit der Warnung : 'Im Stand Motor abstellen!' Achtsamkeit ist angesagt..." Kathy schaut mich und Antonia nacheinander an. Ich merke, wie meine Kleine das Gesagte beeindruckt. Antonia schaut auf den Stern.

„Aus der Zahl Fünf geht hervor, dass Du bodenständig bist. Manchmal auch faul. Aber, wenn Du willst, schaffst Du alles - zur rechten Zeit." Kathy grinst und schaut zu Boden. „Aus der Quersumme ergibt sich noch die Eins und die Null. Da haben wir – etwas abgeschwächt – noch einmal das Nervensystem und das Hormonsystem. Aber dazu mehr wenn nötig, wenn ich die Daten insgesamt habe? Kathy, in jedem Fall brauchst Du Menschen, mit denen Du reden kannst..." „Muss ich denn noch einmal herkommen?", fragt Kathy. So ist es. Ganz so schnell geht es nicht, mein liebes Kind!" „Ich hole das Anmeldebuch. Einen Augenblick, bitte," und damit verschwindet Antonia aus unserem Blickfeld. „Meinst Du, dass Du hier am richtigen Ort bist, um wieder fit zu werden?" Ich schaue Kathy in ihre schönen grünen Augen. „Klar, Mama. Kommst Du das nächste Mal bitte mit?" „Selbstverständlich, wenn Du das wünschst."

„Kathy, ich habe Dir ein Muster mitgebracht. 'Das Zink mit der Eule', 'Unizink 50'. Der Wirkstoff Zink ist bei diesen Tabletten an Aminosäuren gebunden. Entschuldigung es ist nur 'eine' Aminosäure, und zwar die Aminosäure Asparaginsäure. Diese Aminosäure gewährleistet, dass das Zink direkt in den Dünndarm gelangt und auf diese Weise den Magen schont. Kurzum dieses Zink hat sich bewährt, weil es nicht als Kombiprodukt mit anderen Mineralien wie Calcium, Magnesium, Kupfer oder Eisen dem Körper angeboten wird, was sich für die Aufnahme von Zink als ungünstig erweist. Zusammenfassend kann ich sagen: Unizink 50 wird vom Körper gut aufgenommen und hilft dabei, Dein Immunsystem zu stärken. Es gibt noch einen Praxis-Tipp für die Zukunft: Beim ersten Kratzen im Hals schlückchenweise mit Unizink Kombikraft gurgeln. Das schmeckt besonders lecker, weil da nicht nur Zink und Vitamin C, sondern auch Heidelbeerextakt drin ist..." „Vielleicht sollte ich das für die Reiseapotheke besorgen?", frage ich nach. Antonia bestätigt das mit Kopfnicken. „Ja, gerade im Sommer hat das Immunsystem viel zu tun: Temperaturschwankungen, Klimaanlagen, Zugluft, nasse Badekleidung..."

„Kathy, Du fragst Dich, was das hier soll und was es Dir bringt?" Kathy lächelt etwas unsicher und rutscht auf ihrem Stuhl hin und her. „Nun, mit etwas Glück fällt in naher Zukunft ein Infekt von Dir weniger heftig aus und die Dauer der Erkältung verkürzt sich. Auch lindert das Zink die Symptome des Infektes... Ich schreibe Dir ein Rezept für das Original als Kur auf. Die Kur dauert sechzig Tage. Anfangs nur eine Tablette, nach vier, fünf Tagen erhöhe bitte auf zwei Tabletten, bis zwei Monate herum sind." Kathy schaut mich mit ihren großen schönen fragend Augen an.

„Wird schon klappen, meinst Du nicht auch?" Kathy nickt mir erleichtert zu. „Kathy, ich schreibe Dir zusätzlich Tropfen auf. Von denen bitte jeden Tag fünf Tropfen morgens nüchtern und abends vorm Schlafen in ein kleines Glas Quellwasser geben.Immer etwas im Mund zergehen lassen und anschließend hinunter herunter (???)schlucken. Vielleicht stellst Du die Tropfen direkt auf Deinen Nachttisch. Die Tropfen heißen 'Viola Tricolor Urtinktur'. Und sind von Alcea." Antonia reicht mir das Rezept. Plötzlich lacht sie kurz auf. „Ansonsten lernen Sie demnächst meinen Kartoffelbrei und meine Pasta mit dem Namen 'Tricolor' kennen..."„Das bedeutet, dass Kartoffelbrei und Nudeln unterschiedliche Farben haben?" „Genau, Frau Winter.. Gefärbt wird mit Spinat, Tomate und Kurkuma."

Das Suppenhuhn

„Grüß Dich, Maria-Julia." Emma und ich umarmen uns. „Grüß Dich ebenfalls, meine Liebe. Was hast Du denn gemacht?" Emma schaut mich besorgt an. „Das ist schrecklich, ich weiß. Ich habe mich heute Nacht total zerkratzt. Irgendein Moskito war scharf auf mich. Hat richtig geblutet!" Emma inspiziert mich. „Du Arme! Hat es geblutet?" Sie schaut mich interessiert an. „Maria-Julia, Du weißt schon: Eigenblut berechnen wir in der Praxis extra!" Emma grinst und ich schüttele mein weises Haupt. „Emma!" Auf solche Gedanken soll erst mal einer kommen. Ich seufze. „Zur Linderung habe ich was von meinem besten Olivenöl drauf gegeben, Emma. Das hat den Juckreiz abgestellt und ich konnte weiter schlafen." Wahrscheinlich bekomme ich gleich eine Lektion zum Thema 'Mückenstich'... „„Apis Globuli hast Du genommen?" Ich nicke. „Habe ich, Emma. Aber richtig gebracht hat das auch nichts." Emma überlegt. „Ledum D6 könntest Du Dir noch besorgen. Das wirkt vorbeugend gegen Stiche. Ich werde Dir gleich etwas demonstrieren.

Emma bestellt ein Glas heißes Wasser. Ich bin überrascht. Als der Ober das Gewünschte vor Emma hingestellt hat, taucht sie ihren Kaffeelöffel in das Glas. Nach einer kurzen Weile zieht sie ihn heraus. „Achtung, Maria-Julia! Sag, wenn der Teelöffel zu heiß ist, ja?" Emma drückt mir den heißen Löffel kurz auf meine Hand." „Huch, das ist gerade so meine Schmerzgrenze, Emma! Du verbrennst mich!" Emma protestiert. „Quatsch mit Soße! Ist ausschließlich gerötet, was einer Verbrennung ersten Grades entspricht. Kurz und schmerzlos! Ist schon vorbei der Zauber, mein Herzblatt. War es schlimm?" Ich schüttele den Kopf. „Nein, gar nicht, Emma. „Maria-Julia, wenn es zu viel gewesen wäre, hättest Du jetzt Brandblasen, was einer Verbrennung zweiten Grades entspricht! Dafür allerdings hättest Du keine juckenden Mückenstiche mehr!" Emma grinst. Demnächst wendest Du diese Methode bitte zusätzlich an, wenn Dich ein Stich quält und juckt. Jucken ist eine gesunde Reaktion auf eingedrungenes Fremdeiweiß. Das Immunsystem geht gegen dieses Eiweiß vor. Dadurch ist es zum Jucken gekommen. Du tötest das Fremdeiweiß über die Hitze ab. Jedes Eiweiß erstarrt ab 42 Grad. Normalerweise bekommt es ein jeder mit der Angst zu tun, wenn das Fieberthermometer auf diesen Wert hoch schnellt. Das Blut ist Eiweiß. Sehr hohes Fieber ist genau aus diesem Grund nach kurzer Zeit gefährlich für den Erkrankten. Was ich Dir jetzt sage, weißt Du bereits, Maria-Julia. Kühle Wadenwickel oder Halswickel sollten ausschließlich bei warmen Füßen gemacht werden. Und ein Fieberzäpfchen muss her bei kalten Füßen und andauerndem hohem Fieber. Allerdings ist es blöd, Fieberzäpfchen bei 37,5 Grad zu geben."

Ich nicke. „Maria-Julia, zurück zum Thema Stiche. Dank des Hitzeschocks geht das Fremdeiweiß kaputt und ein Körper ist in der Lage, das Gift abzutransportieren. Wenn man einen Stich über Hitze ins Aus schickt, ist man gut beraten, zusätzlich noch etwas mehr als normal zu trinken. Das Gute ist: der Stich wird aller Wahrscheinlichkeit nach am nächsten Tag bereits auf die Hälfte geschrumpft sein. Herbe gut, was?" Ich nicke anerkennend. „Es gibt inzwischen ein kleines Gerät mit Batterieantrieb mit einer keramischen Kontaktfläche. 'Bite away' nennt sich das. In der Praxis behandeln wir damit Insektenstiche und Insektenbisse. Das wirkt 'sofort' gegen Juckreiz, Schmerz und Schwellung! Dieselbe Firma vertreibt ebenfalls einen Herpotherm zur Behandlung von Herpes simplex. Wenn Stephan mag, kann er Kontakt aufnehmen unter: www.herpotherm.de." Ich lächele Emma an. „Schon notiert. Dankeschön. Ich werde Stephan bitten, das zu recherchieren. Eine Frage Emma. Hast Du ausschließlich heißes Wasser bestellt?" Wir lachen und Emma bestellt endlich unsere Getränke. Wir schweigen eine Weile. „Maria-Julia. Du hattest gestern einen Mammuttag. Vormittags Deine Behandlung und nachmittags der Termin mit Kathy." Ich seufze. „Ja doch, Du ungeduldiges Frauenzimmer!"

Ich werde ernst. „Emma, ich habe mich oft gefragt, welchen Grund es dafür gibt, dass Kathy so häufig stark erkältet ist? Mir ist mir beim Gespräch von Kathy und Antonia etwas wie mir scheint Wichtiges aufgefallen: Antonia hat Kathy gefragt, seit wann sie ihre Beschwerden denn plagen. mein Kind hat darauf spontan geantwortet: 'Seit Oma Hilde im Heim ist'. Fällt Dir was auf? Ich meine, die ganze Schwächung hat doch mit diesen Gefühlen zu tun. Kathy hatte schon immer ein besonderes Verhältnis zu Oma Hilde. Und dann plötzlich war die Oma weg, 'weg gesperrt'. Das muss ein Schock gewesen sein für das arme Kind." Ich atme schwer. „Nicht nur für die Kleine. Für Dich doch auch. Wie oft hast Du mich seinerzeit nach meiner Meinung gefragt in dieser Angelegenheit..." Ich schlucke. „Ich werde dieses brisante Thema 'Pflegeheim' aufgreifen, so bald mir das möglich ist. Das habe ich mir fest vorgenommen!" „Okay. Deine Lebensgeister scheinen zu erwachen. Prima, Maria-Julia.

Ich denke Kathy bekommt bald schon ein gutes Konzept, um ihre Beschwerden loszuwerden. Maria-Julia, Du und Deine Familie liegen mir am Herzen. Ich habe mir Gedanken zu Deiner Tochter gemacht!" Ich schaue Emma interessiert an. Mir ist für Kathy die berühmte Hühnersuppe für solche Fälle in den Sinn gekommen. Die Suppe wärmt durch und lindert die Beschwerden von Infekten." Hühnersuppe bei Infekten sind mir neu, Emma. Sollte ich etwas beachten beim Zubereiten oder Kochen?" Emma räuspert sich. „Soviel ich weiß wird ein 'Suppenhuhn aus gutem Haus in Wasser mit Meersalz, Pfefferkörnern, Lorbeerblatt, Möhren, Pore, Sellerie und Nudeln weich gekocht..." Etwas genauer hätte ich es schon gern. „Wie dick sind die Scheiben oder Stückchen vom Gemüse?" Ich warte. Emma schaut an die Decke. „Kann ich Dir nicht sagen. Ich bereite das Essen meistens ohne Kontaktlinsen zu!" „Und was sollte ich vielleicht noch wissen?" „Manno, Emma! Genau so heißt das doch, Emma?" Emma zieht ihre Stirn kraus. „Mehr weiß ich wirklich nicht, Maria-Julia. Das Motto der Suppe könnte heißen: 'Je länger, je lieber'! Die zugeführter Hitze über das längere Kochen hilft dem Körper, die eigene Körpertemperatur zu stabilisieren. Von wegen kalte Hände und Füße oder kalter Po..." Ich schaue Emma erstaunt an. „Ach, Du hast die Akte studiert?" Emma ist entrüstet. „Sollte ich sowieso – auf Anweisung sozusagen..." Ich seufze und Emma leert ihre Flasche Wasser in einem Zug und räuspert sich. „Emma, ich habe noch etwas, was das Suppenhuhn betrifft. Die Beine und Füße sollen sogar genau wie entsprechende chemische Medikamente Bluthochdruck senkend wirken. So japanische Wissenschaftler." Ich bin erstaunt. „Emma, hätte ja auch das Brüstchen vom Huhn sein können, oder?" Wir beide kichern albern. „Übrigens : Noch was Ernstes. Beine und Füße vom Suppenhuhn haben aus meiner Sicht den Vorrang vor irgendwelchen Betablockern..."

Ich bin erstaunt. „Wieso Emma?" Emma denkt einen Moment nach. Ich trinke Kaffee und Wasser, Emma nippt an ihrem Espresso. „Ich kenne eine amerikanische Studie, die mit 5.000 Menschen - ich wiederhole mit fünftausend Menschen - mit hohem Blutdruck durchgeführt wurde. Hier wurde das Kalzium hoch gesetzt auf 1.700 Milligramm bis 2.500 Milligramm täglich. Dieser Versuch wurde nach sechs Wochen abgebrochen. Warum wohl? Was vermutest Du, Emma?" Ich ziehe die Schultern hoch. „Weil es vielleicht nichts gebracht hat?" Ich warte auf Emmas Antwort. Emma macht jedoch eine Kunstpause.„Nein! Nein, Maria-Julia. Es ist genau anderes herum. Fünfundachtzig!!! Prozent der Probanden hatten nach nur sechs Wochen 'keinen' Bluthochdruck mehr!" Ich bin sprachlos und sage erst einmal gar nichts. „Du darfst weiter staunen, meine Liebe! Eine Kontrollgruppe – ebenfalls fünftausend Menschen - hat übrigens das Salz weg gelassen. Das allerdings hat gar nichts gebracht. Ich frage Dich, Maria-Julia, glaubst Du, dass das Ergebnis an die Öffentlichkeit gedrungen ist? Welcher Patient mit hohem Blutdruck hat je gehört, dass ihm gutes, bioverfügbares Kalzium fehlt. Oder wie vielen Patienten könnte die Angst genommen werden, seine Gemüse und Salate mit gutem Meersalz abzuschmecken?" Ich atme tief aus. „Du wirst recht haben, Emma. Üblicherweise nehmen die Patienten wohl Betablocker?" Emma regt sich auf. „Wahrscheinlich? Mehr als wahrscheinlich. Ich schüttele ungläubig meinen Kopf. „Ein Mangel an Kalzium wird gar nicht erst in Erwägung gezogen!" Ich seufze. Wir schweigen eine Weile.

„Da gibt es noch etwas hochinteressantes, Maria-Julia. Meistens ist bei den Blutwerten nicht nur der Blutdruck zu hoch, sondern ebenfalls der Wert des Cholesterins. Als Lipidsenker auf dem Markt erschienen, wurde parallel dazu – jetzt staunst Du - offiziell der Grenzwert für Cholesterin korrigiert. Von Stunde an wurde er auf 200 gesenkt. Von einem Tag auf den anderen wurden viele Menschen dazu verurteilt, ein Leben lang Lipidsenker einzuwerfen. Um den Irrsinn zu verstehen, solltest Du wissen: Die Schutzschicht der Nerven besteht aus Myelin, das wiederum aus Cholesterin besteht. Fazit: Nervenschäden sind - ohne hellsichtig zu sein - vorprogrammiert." Emma räuspert sich. Ich schüttele den Kopf. „Maria-Julia, das Cholesterin ist ebenfalls ein Grundbaustein für etliche Hormone. Der Hormonhaushalt gerät mit dieser senkenden Maßnahme ins Schleudern. Bei Unfruchtbarkeit und Impotenz sind solche Zusammenhänge zu bedenken..." „Ach Emma, ich bin richtig traurig. In meiner Kladde stehen noch zwei Punkte, die ich mit Dir bereden möchte. Leider, habe ich es heute eilig. Kommst Du morgen Abend auf eine Brotzeit zu mir?" „Immer wieder gern, Maria-Julia!" Ich trinke meinen Kaffee aus und nehme Emma zum Abschied in meine Arme.

*

Wir begrüßen uns. Emma sieht durch die geöffnete Wohnzimmertür die kleine Brotzeit, die ich für sie angerichtet habe, bedankt sich schnell mit einem Küsschen auf meine Wange und verschwindet auf der Gästetoilette, um sich die Hände zu waschen. Ich trinke eine Tasse Kräutertee und warte auf sie. Als Emma zurückkommt, setzt sie sich neben mich, stürzt sie sich auf das erste Brot und fragt mich mit vollem Mund: „Maria-Julia, hast Du Deine Behandlung genossen?" „Habe ich, Emma." „Was war noch?" Vor mir liegt meine Kladde. Ich schlage sie auf und lese 'Sorgen vermeiden'." Emma hat mit gelesen. „Aha, es ging um 'Dale Carnegie', Maria-Julia?" Ich nicke. „Zuerst allerdings haben wir 'Brain Gym' geübt." Ich denke an die Übungen und schmunzele. „Du meinst die Überkreuzübungen, Maria-Julia. Es gibt ganze Schulen, die mit den Kindern jeweils vor dem Unterricht genau diese Übungen anwenden. Diese Methode hat schon viele Anhänger." Ich bin beeindruckt. „Und weiter, Maria Julia?"„Ich habe den Muskeltest kennen gelernt. Ich wollte mir auch das Buch von Dr. John Diamond kaufen, um noch mehr zu erfahren. Was ich bisher gehört und erlebt habe…" Emma fällt mir ins Wort. „Dr. John Diamond. Die heilende Kraft der Emotionen. Tolle Methode." „Claro, Du kennst diese Methode natürlich…" „Es wäre traurig, Maria-Julia, wenn ich diese Methode nicht kennen würde… Das ist eine der Methoden, die sich in der ganzen Welt durchgesetzt hat. Habt ihr mit dem Deltamuskel gearbeitet?" Ich schaue Emma unsicher an. Emma berührt mit ihrem Zeigefinger meinen Oberarm. „Man könnte das mit jedem anderen Muskel am Körper tun, aber der Muskel am Oberarm geht besonders leicht zu testen." „ Ja es war der Oberarm."

„Antonia hat mir einige Sätze von Dr. Diamond vorgelesen…" „Im Fachjargon heißen diese Sätze 'Affirmationen'. Die sind wirklich außergewöhnlich! Die Patienten üben zu hause, bis sie diese Sätze im Brustton der Überzeugung aussprechen. Mithilfe dieser Affirmationen bereinigen die Patienten ihre negativen Emotionen. Meistens war den Patienten gar nicht bewusst, was sie tatsächlich stört… Ja, der Verstand! Ab und an sollte man ihn abschalten!" „Wenn das so einfach wäre, Emma!" „Hast Du auch wieder recht. Das Stärkste, was mir zur Problematik einfällt, ist die 'Entlobungstuberkulose'!" Ich frage nach. „Was meinst Du, Emma?" „Hast richtig gehört. Vor noch wenigen Generationen hatten die Herren Offiziere meistens ein 'Spusi' in ihrer Garnison. Das war ein bis dahin unbescholtenes hübsches Mädchen, mit dem sie ihre Freizeit verbrachten. Sie verlobten sich offiziell. Man ließ sich ein aufeinander. Der Herr Offizier wurde versetzt. Das Unglück nahm seinen Lauf: Die Verlobung wurde gelöst – das arme Mädchen, das sich entehrt und benutzt fühlte, bekam – Tbc. Offiziell als 'Entlobungstuberkulose' nachzulesen. Soweit die Gefühle. Beachtlich, nicht?" „Wahnsinn! Die armen Geschöpfe..."

„Ich habe noch was Interessantes gerade vor ein paar Tagen in einer Apothekenzeitung gelesen. Folgender Sachverhalt: Seit zirka zwanzig Jahren gibt es Berichte vom „Broken-Heart-Syndrom", wie das die Kardiologen nennen. Dieses Symptom wird als Pseudo-Herzinfarkt gewertet. Der Volksmund spricht vom 'gebrochenen Herzen'." „Emma, dieses Mal bezieht sich die Krankheit auf das Herz und nicht auf die die Lunge?" „Gut aufgepasst, Maria-Julia. Einige Details sind bei mir hängen geblieben. Emma räuspert sich. „Meistens ist die muskelreichere linke Herzkammer betroffen. Die Kranzgefäße erwiesen sich bei einer Kathederuntersuchung unversehrt, die Muskelzellen waren jedoch völlig verkrampft. Im Akutfall ist die Menge an nachgewiesenen Stresshormonen zehnfach erhöht!" „Wahnsinn, Emma!" Emma nickt. „Empfinde ich auch so."

Wenn sich das Herz zusammenzieht, um Blut herauszupumpen, ist das in diesem Zustand ein Problem. Dadurch, dass die Muskelzellen des Herzens sich nicht mehr entspannen können, reißen die Zellmembranen. In Japan gab es wohl auch Untersuchungen dazu und dort fiel den Wissenschaftlern eine merkwürdige Verformung der linken Kammer auf." „Emma, mal langsam. Es geht hier um Stress am Herzen, richtig?" „Richtig. Drei Gummipunkte, mein Schätzchen. Was ebenfalls anders ist als bei der Entlobungstuberkulose ist die Altersgruppe der Patienten. Hierbei handelt es sich in wohl neunzig Prozent der Fälle um Frauen, die bereits die Wechseljahre hinter sich gelassen haben." „Also nicht wie im Kitschroman, Emma. Da ist es ja immer ein junges Herz, das zerbricht." Emma stimmt mir zu. „Man ist in der Lage, die Schädigung der Herzmuskulatur wieder weg zu therapieren. Das geht sogar relativ schnell." Ich bin erstaunt. „Ist denn die Ursache bekannt, warum gerade diese Frauengruppe solch ein gebrochenes Herz entwickelt hat? Wäre interessant zu wissen, oder?" „Hab ich das gar nicht erzählt, Maria-Julia?" „Nein!" „Es war jeweils ein Schock. In einem Fall war das Enkelkind einer Frau entführt worden. Danach wurde die Großmutter mit Verdacht auf Herzinfarkt in die Klinik eingeliefert. Aber es war eben kein Verschluss an einem Gefäß. Des weiteren gibt es Berichte nach familiären Todesfällen, heftigem Streit oder schweren Unfällen. Das Muster war immer das Gleiche: Heftige Schmerzen in der Brust und Atemnot wie eben oft beim Infarkt. Auch das EKG glich dem eines Patienten, der einen Infarkt erlitten hat. Genug davon, Maria-Julia." Emma atmet laut aus.

Ich sehe, dass Emma noch nicht aufgegessen hat. „Emma, entschuldige, dass ich Dich von Deinem Abendbrot abgehalten habe. Bitte, lass es Dir in Ruhe schmecken!" Emma greift spontan zu und trinkt ihren Kräutertee. Ich bin froh, dass Emma meine Brotzeit schmeckt. „An dieser Stelle möchte ich mich bei Dir bedanken, liebe Emma. Du machst mir mit Deinen Ausführungen wirklich und wahrhaftig immer wieder ein wertvolles Geschenk. Darf ich Dich kurz mal in meine Arme nehmen?" Emma lächelt etwas verlegen. „Ärmeln lass ich mich immer gerne. Weißt Du doch."

Ich bin doch nicht aggressiv

„Wie sieht es aus, Frau Winter? Bereit zu neuen Taten?" „Ja. Ich bin wieder aufnahmefähig inzwischen. Das Wochenende war harmonisch. Ich war sogar im Altenheim. Ich habe meine Schwiegermutter besucht. Anfang nächster Woche wollte ich dort einmal vorsprechen. Ich hoffe, Hilde ist nicht wirklich verwirrt oder dement... Frau Talbach, unterschiedlichste Gründe können Schuld daran sein, Zustände zu schaffen, die auf Außenstehende wie Verwirrung und Demenz wirken. Das Gehirn besteht zu mehr als 80 Prozent aus Wasser. Vielleicht trinkt ein ansonsten patent wirkender alte Mensch viel zu wenig Wasser. Mit dem Wassermangel stellen sich mit der Zeit Symptome ein, die als 'Verwirrung' oder als 'Demenz' ausgelegt. Die dafür verordneten Medikamente vergiften den ohnehin strapazierten Körper und verschlimmern den Zustand noch..." Ich schlucke. „Frau Winter, ich lüfte kurz einmal und erledige kurz noch etwas. Ich komme gleich zurück. Bedienen Sie sich bitte, wenn Sie etwas trinken möchten..." Antonia geht aus dem Zimmer. Ich bleibe still auf meinem Stuhl sitzen und mache meine Atemübung.

„Frau Winter, als erstes werden wir heute Ihre Gehirnhälften austesten. Es folgt der Thymus. Das ist hier!" Antonia zeigt auf ihr Brustbein. „Der Thymus ist die Schaltstelle unserer Gefühle. Dieser wird noch vor den Meridianen getestet. Ein schwacher Thymus verweist immer auf ein Ungleichgewicht in den Meridianen. Sind die Gehirnhälften und der Thymus ausgeglichen, werden anschließend die Meridiane getestet." „Ziemlich aufwendig." „Ja und nein, Frau Winter. Gefühle sind am schwersten zu knacken. Dr. Diamond hat mit dieser Methode sehr vielen Menschen helfen können, herauszufinden, was sie tatsächlich stört und ihnen zusetzt. Mit relativ geringen Mitteln..." Ich bin beeindruckt. Antonia hat nacheinander in Ruhe meine Gehirnhälften und den Thymus getestet. Bei mir dominiert die rechte Gehirnhälfte.

„Schauen Sie hier. Das sind die Testpunkte der Meridiane." Antonia zeigt mir ein DIN A 4 Blatt mit markierten Punkten für die Organe. „Auf diese einzelnen Punkte werde ich nun Ihren rechten Zeigefinger positionieren und den Muskeltest mit Ihnen machen. Erst testen wir die Schwachstellen aus, danach sehen wir weiter." Schwach testen Gallenblase, Milz-Bauchspeicheldrüse und Dickdarm. „Was sagt Ihnen das, Frau Talbach?" „Gallenblase und Aggression sind ihr Thema, Frau Winter." Ich setze eine Unschuldsmiene auf und antworte: „Ich bin doch nicht aggressiv!" Überraschenderweise setzt Antonia daraufhin einen strengen Blick auf. In mir kommen Gefühle der Unsicherheit auf und meine Überzeugungen geraten ins Wanken. Ich bin aggressiv? „Frau Winter, schauen Sie mich bitte an." Antonia rückt ihren Stuhl hinterm Schreibtisch beiseite und setzt sich direkt neben mich. „Schauen Sie mich an, bitte. Sie schlägt die Beine übereinander, verschränkt die Arme und wiederholt meine Worte, indem sie dabei leicht mit dem Kopf schüttelt: „Ich bin doch nicht aggressiv!" Ich bin bestürzt, verunsichert, meine Gesichtsfarbe wechselt, mir wird es insgesamt heiß, ich fühle mich ertappt... „Wieso bin ich aggressiv?"

„Frau Winter, kann ich weitermachen oder hören wir jetzt erst einmal auf für heute?" „Ich möchte das klären mit meinen Aggressionen..." Antonia demonstriert erneut, was ich nun ein zweites Mal zum Ausdruck gebracht habe. Sie schlägt wieder die Beine übereinander, verschränkt die Arme erneut vor der Brust und wendet sich zusätzlich auch noch von mir ab. Ich bin mehr als überrascht. Warum verhalte ich mich so? Was bedeutet das? „Aggressionen erwachsen immer und ausschließlich aus Unverständnis. Denn habe ich Verständnis, weiß ich ganz genau, was ich tun oder lassen muss, was ich sagen oder zurückhalten muss..." „Ich habe wirklich immer für alle Verständnis! Antonia guckt mich streng an, erhebt ihre Stimme und sagt: „Frau Winter, Sie lügen!" Mir wird siedend heiß, dann wieder eiskalt und ich höre mich sie laut anblaffen: „Wie sprechen Sie mit mir?" Antonia strahlt mich an und lächelt: „Geht doch!" Ich verstehe, was sie mir sagen will. Ich hole tief Atem und nicke bejahend mit dem Kopf. „Um Verständnis für andere zu haben, sollte man 'seine' Lebenssituation anschauen. Das setzt voraus, sich eigene Bedürfnisse und Wünsche einzugestehen. Die Bedürfnisse anderer sind erst einmal völlig gleichgültig. Ist diese Innenschau erfolgreich abgeschlossen, gelingt es, Verständnis für andere Menschen aufzubringen. Zum besseren Verständnis noch ein bekannter Spruch: 'Liebe Deinen Nächsten – wie Dich selbst!'" Ich stöhne. „Claro!" Antonia nimmt wieder auf ihrem Stuhl hinter dem Schreibtisch Platz. Sie schaut mich entspannt an.

„Die Gallenblase ist der Meridian der Verehrung. Negativ besetzt entstehen Wut und Jähzorn. Ich gehe nun einmal für kurze Zeit aus dem Zimmer. Bitte, schließen Sie vielleicht die Augen und versuchen sich vorzustellen, welches Thema Sie hat blockieren können. Vielleicht etwas, was schon längere Zeit schief läuft? Übrigens: Die ersten Gedanken bringen oft schon die Lösung ..." Antonia geht aus dem Zimmer, ich atme in meinen Bauch und schließe meine Augen. Erst einmal tut sich nichts und plötzlich sehe ich mich als junge Frau in Kuba. Ich muss unwillkürlich lächeln, als ich mich da so sehe... In Kuba war ich ein verrücktes Huhn. Ich sehe flippig aus, mache Fotos von romantischen Motiven meiner Heimat, die eine Agentur übernimmt und als Postkarten an Touristen verkauft. Dieselben Motive dienen als Vorlage für Ölbilder, die ich male. Ein Hotel hängt meine Bilder auf und ab und an verkauft sich eines...Es gibt eine Galerie, die mir was abkauft. Ich entwerfe und nähe meine Kleider selbst und sehe irgendwie stark aus... Etliche Modelle verkaufe ich. Von diesem Nebenerwerb kaufe ich meinem langjährigen Freund sogar ein Motorrad. Dafür allerdings habe ich unter den gegebenen Umständen seinerzeit in Kuba einige Jahre gebraucht. Bald darauf kam ich nach Deutschland. Meine Sonne fehlte mir. Mein Teint wurde heller, Besuche bei der Kosmetikerin, Fußpflegerin und Friseurin wurden normal, meine Kostüme und Kleider immer eleganter und klassischer. aus Kuba gab es nicht mehr. Ich war inzwischen die hübsche Frau von Stephan, dem erfolgreichen Architekten.

Anfangs habe ich noch Fotos gemacht und gemalt.... Irgendwann hat sich Stephan an einem Reisebüro beteiligt, um mir eine Freude zu machen. Das ist ihm gelungen. Aber die Zeit für mich und meine Interessen wurde immer weniger. Letztendlich verlor ich mich im Tagesgeschehen und was mich früher ausmachte ist untergegangen. Wenn ich es recht bedenke, habe ich mich angepasst, umgestellt und letztendlich verleugnet.

Das ist eine Erklärung für meine Unzufriedenheit. Ich bekam sogar Wut auf meine Kinder, meinen Mann und meine Schwiegermutter. Die Entscheidung von Stephan, dass seine Mutter ins Altenheim kommt, hat mich entsetzt. Ich fühlte mich jedoch außerstande, etwas dagegen zu sagen oder gar zu unternehmen. Ich fühlte mich wie gelähmt und absolut machtlos. War ich vielleicht einfach nur wütend auf mich selbst? Claro! Ich war im Laufe der Zeit geschwächt und mir fehlte die Kraft, um aufzubegehren. Ich habe mich selbst verleugnet und immer mehr vereinnahmen lassen..." Antonia kommt zurück und nimmt mir gegenüber Platz. „Wichtig ist der erste Schritt, damit sich etwas verändern kann." Ich nicke zustimmend. „Sind Sie so nett und schauen nach Omi Hilde? Vielleicht können wir sie so sehr stabilisieren, dass sie wieder nach Hause kommen kann?" „Versprechen kann ich nichts. Sie geben mir nachher bitte die genaue Adresse?" Ich nicke. „Ich bete jeden Abend für Hilde. Mit geschlossenen Augen sehe ich meine Schwiegermutter vor mir, putzmunter und wunderschön..." „Machen Sie das weiter. Das ist eine gute Sache!" Ich trinke einen Schluck Tee.

„Frau Talbach, ich weiß jetzt, dass Gallenblase und Aggression in Zusammenhang stehen. Darf ich Sie fragen, wofür die Bauchspeicheldrüse steht?" „Frau Winter, der Meridian der Bauchspeicheldrüse hängt mit dem Gefühlen der Zuversicht und des Vertrauens zusammen. Gestört drückt sich der Meridian in Angst vor der Zukunft aus..." „Das ist interessant, Frau Talbach. Noch vor wenigen Wochen hatte ich Zukunftsängste. Seit ich in die Heilpraxis komme, werde ich zusehend kraftvoller und ich beginne, zuversichtlich in meine Zukunft zu schauen. Ich vertraue darauf, dass sich alles irgendwie regeln wird. Kann das sein? Ist das möglich?" Antonia lächelt. „Ja. Das ist so. Blockaden, die aus Ängsten und Stress gebildet worden sind, werden gelöst. Dadurch hat ein Mensch mehr Kraft, kommen Mut und Vertrauen in das Leben zurück, sogar das Vertrauen in sich selbst." Ich schaue Antonia ernst an. Antonia öffnet eine Tür ihres Schreibtischs und zieht einen Ordner heraus. Sie blättert darin herum und zieht ein Blatt heraus. „Ich habe hier eine aufbauende Geschichte für Sie. Hier, lesen Sie sie bitte. Ich mache danach weiter mit dem Thema Blockaden und Schwachstellen." Ich trinke meinen Tee aus, Antonia schenkt mir nach.

Ich lese: Gisela Baltes: 'Das Leben umarmen'. Nie habe ich eine lebenslustigere Frau kennen gelernt als meine Großmutter. Sie war spontan, temperamentvoll und immer für eine Überraschung gut. Großvater schien das Leben oft eine Last zu sein. 'Du musst das Leben umarmen', sagte ihm meine Großmutter. Aber mein Großvater zuckte darauf hin hilflos mit den Schultern. 'Du musst das Leben umarmen'. Wie oft habe ich diesen Spruch von meiner Großmutter gehört. Was das bedeuten sollte, war mit völlig klar. Über dem Sofa meiner Großeltern hing nämlich seit eh und je ein Foto. Es zeigte Oma und Opa in herzlicher Umarmung beim Ehrentanz als Schützenkönigspaar. Für mich war es völlig selbstverständlich, dass es so aussah, wenn man das Leben umarmt. Hin und wieder versuchte ich das mit meinem Bruder nachzumachen, was der allerdings gar nicht schätzte. Aber ich war stärker als er... Eines Tages, als Oma wieder ihr Lebensmotto zum Besten gab, wollte ich mit meinem Wissen punkten und sagte: 'Stimmt das Oma? Das Leben umarmen, das ist so wie auf dem Bild da'? Oma stutzte einen Moment. Dann lachte sie und sagte: 'Ja, manchmal ist das so wie Tanzen. Aber nicht immer'. Ich muss sie wohl sehr verständnislos angesehen haben. Da zog sie mich auf ihren Schoß und machte aus ihren Armen ein Nest, wie das niemand besser konnte. 'Warum nehme ich dich wohl in den Arm, Schätzchen'?, fragte sie. 'Weil du mich lieb hast'. 'Genau', sagte die Oma. 'Das Leben umarmen heißt: das Leben lieb haben'. Da kamen mir die vergeblichen Versuche mit meinem Bruder in den Sinn: 'Aber der Benno mag das gar nicht, wenn ich ihn umarme'. Oma lachte: 'Ja, wenn er das nicht mag, dann musst du ihn wieder loslassen. Umarmen heißt nicht festhalten. Das wird die im Leben immer wieder passieren. Dass du wieder loslassen musst, was du umarmst'. 'Warum, weil ich das nicht mehr lieb habe'? 'Nein, lieb hast du das dennoch weiter. Ich hab dich lieb, selbst dann, wenn du nicht auf meinem Schoß sitzt, sondern lieber herumlaufen und spielen möchtest'. Das war das Stichwort für unser 'Ich-hab-dich-dennoch-lieb-Spiel', das wir oft spielten, wenn ich bei ihr kuschelte. Großmutter begann: 'Du weißt, ich habe dich immer lieb', und ich fuhr fort: 'Wenn ich manchmal freche Worte sage'. Jetzt war Oma wieder dran. 'Selbst dann hab ich dich lieb'. Nun musste ich mir wieder etwas ausdenken: '... als ich deine schöne Vase zerdeppert habe'. Oma schmunzelte: 'Trotzdem habe ich dich lieb'.

Dieses Spiel setzten wir sonst endlos fort. Aber diesmal machte Oma nicht weiter, weil es ihr wohl am Herzen lag, mir ihr Lebensmotto noch ein bisschen mehr zu erklären. 'Ja, mein Schatz, auch wenn du manchmal Sachen machst, die mich traurig machen, nehme ich dich in den Arm, weil ich dich dennoch lieb habe. Genauso kann man das Leben lieb haben, selbst wenn einem da manchmal traurige Sachen passieren'. Was sie mir damit sagen wollte, verstand ich erst einige Jahre später richtig, als bei meinem Großvater Parkinson diagnostiziert wurde. Sein Zustand verschlechterte sich bei jedem neuen Schub. Über Jahre hinweg versorgte ihn meine Großmutter mit der ihr eigenen Vitalität, ohne je zu klagen. So wie sie früher fröhliche und gute Zeiten genossen hatte, so umarmte sie nun diese schweren Zeiten. Als Großvater schließlich starb, sah ich sie zum ersten und einzigen Mal weinen. Etwas unbeholfen umarmte ich sie und versuchte sie zu trösten. 'Ich hab dich lieb Oma und Opa hatte ich auch lieb'. Oma schnäuzte sich und sagte: 'Ja, mein Schatz, ich weiß, ich muss ihn loslassen'. Nach einer Pause fuhr sie fort: 'Ich werde weiterhin das Leben wieder lieb haben, selbst wenn es mich traurig macht. In den letzten Jahren hab ich gelernt, wie schwer es ist, in traurigen Zeiten das Leben zu umarmen. Oft hatte ich einfach nicht mehr die Kraft dazu, hab losgelassen und gedacht, dass nun alles aus ist. Irgendwann allerdings habe ich gemerkt, dass das Leben mich umarmt und mir Menschen schickt, die mir wieder Kraft geben. So wie Du jetzt gerade'. Ich bin gerührt. „So eine schöne Geschichte. Darf ich dieses Blatt behalten?" „Gerne. Nun geht es weiter?", fragt mich Antonia und stellt ihre Teetasse ab. Ich nicke.

„Ihre dritte Schwachstelle war der Dickdarm. Das Ungleichgewicht des Dickdarms drückt sich im Selbstwertgefühl aus. Es geht um Selbstwert und Schuld." Dazu fällt mir spontan Hilde ein. „Wenn ich an meine Schwiegermutter denke, werde ich traurig. Das letzte Wörtchen ist noch nicht gesprochen in dieser Angelegenheit. Ich habe mich bisher damit getröstet, dass es irgendwie gut werden wird... Ich suche bereits einige Tage nach einer anderen Lösung. Früher war ich immer sehr erfindungsreich...Schaun wir mal, würde Emma meinen..." Antonia nickt mir zu und lächelt. Sie nimmt aus meiner Akte ein bedrucktes Blatt Papier und gibt es mir. „Das sind ihre Hausaufgaben. Diese Affirmationen werden Sie und Ihre Meridiane wieder friedlich stimmen. Wichtig ist das Herzblut, mit dem die Sätze ausgesprochen werden. Die Affirmationen beginnen mit 'Ich bin'. Das will ausdrücken: Mein innerer Kern 'ist' heil und gesund. 'Ich bin gesund'. Ich bin mir klar darüber: Ursächlich ist mein jetziges Sein durcheinander. Habe ich die Ursache für diesen Misston erkannt, ändern sich zeitgleich meine Gefühle. Mit all diesen Sätzen wird einiges leichter in Ihrem Leben. Ihr innerer Arzt wird aktiv werden. In jedem Fall gibt das sofort einen Energieschub, wenn Sie die Sätze morgens und abends sprechen!" Ich atme tief durch. „Dankeschön." „Frau Winter, stellen Sie sich ihr Auto vor mit einer dicken Schramme. Egal wie lange es dauert, da ist niemand, der diese Macke beseitigt. Es sei denn, Sie geben die Schönheitsreparatur in Auftrag oder führen sie selbst durch. Wenn man sich verletzt und eine dicke Schramme abbekommt ist das anders. Wie selbstverständlich heilt die Verletzung. Wie immer – von kaum jemandem beachtet – tut ein innerer Arzt seinen Dienst." „Das ist wohl wahr." „Ich habe noch ein kleines Geschenk für Sie. Eine Geschichte, die von einem jungen Adler handelt." Antonia erhebt sich und überreicht mir einen rot versiegelten Umschlag. „Darf ich die Geschichte sofort lesen?" Antonia nickt und setzt sich wieder auf ihren Stuhl. „Gerne, Frau Winter. Laut vorlesen, bitte." Ich breche das Siegel auf, lese und spreche den Text:

Ein Bauer hat den kleinen Vogel gefunden und mit sich genommen. Der kleine junge Adler war aus dem Nest gefallen und nun wuchs er auf einem Bauernhof mit etlichen Hühnern auf. Der junge Adler lernte, sich wie ein Huhn zu verhalten und Hühnerfutter zu fressen. Eines Tages kam ein Zoologe des Wegs, sah den kleinen Adler, nahm ihn in seine Arme und sagte zu ihm: 'Was machst Du hier? Du gehörst den Lüften und nicht der Erde. Breite Deine Flügel aus und fliege'! Der Adler aber war ängstlich und pickte verlegen etwas Hühnerfutter. Der Zoologe gab trotz einiger Fehlversuche nicht auf. Er nahm den jungen Adler mit auf einen hohen Berg und redete ihm lange gut zu. Der Adler sah abwechselnd zurück auf den Hühnerhof und wieder hinauf zum Himmel. Er traute sich einfach nicht.

Da folgte der Zoologe einer Eingabe. Er hielt den jungen Adler direkt gegen die Sonne. da geschah es, tatsächlich: Der Adler begann zu zittern und langsam, ganz langsam breitete er seine Flügel aus. endlich schwang er sich mit einem triumphierenden Schrei hinauf gen Himmel. Ich weiß nicht, was aus dem kleinen Kerl geworden ist. Es mag sein, dass der Adler immer noch mit Heimweh an die Hühner denkt. Es mag sogar sein, dass er hin und wieder den Hühnerhof besucht. doch soweit bekannt ist, ist der Adler nie wieder dorthin zurückgekehrt und hat das Leben eines Huhns wieder aufgenommen. Ich habe rosige Wangen bekommen. „Darf ich Sie umarmen und Antonia zu Ihnen sagen?! Antonia atmet tief durch geht auf mich zu. Wir umarmen uns und Antonia sagt herzlich: „Maria-Julia, es ist mir eine Freude!"

Liebe Deinen Nächsten – wie Dich selbst

„Ich habe mir heute ein Herz gefasst und Antonia gefragt, ob ich Sie mit dem Vornamen anreden kann." „Und?" „Es ist ihr eine Freude." „Warum genau hast Du gerade heute gewählt?" „Ich denke es liegt daran, dass ich heute auf meinen Knackpunkt gestoßen bin, warum ich überhaupt Störungen gesundheitlicher Art bekommen habe." „Du spannst mich auf die Folter.." „Emma, zum Schluss ging es um den Dickdarm, zu dem das Selbstbewusstsein gehört. Dazu hat mir Antonia die Geschichte vom Adler geschenkt..." „Die Geschichte kenne ich. Der Hühnervogel, der erst ganz zum Schluss – nach vielen Fehlversuchen eines Zoologen – sich der Sonne zuwendet und zum Adler wird... Schöne Geschichte." Mein Kaffee und Emmas Espresso werden von Claudio abgestellt. Emma leert ihre Flasche wie üblich, ich trinke mein Wasser aus meinem Glas. Ich hole meine Kladde aus meiner Tasche und räuspere mich.

„Zuerst ging es um Aggressionen, um meine Aggressionen." „Ach nee. Hast Du die Bälle von mir eigentlich schon mal ausprobiert?" „Claro. Immer mal wieder. Das war ein guter Einfall, mir Bälle zu schenken, die ich weg schleudern kann, um Frust zu überwinden. Wobei mir der Frust nur an der Oberfläche bewusst war. Aber in der heutigen Sitzung habe ich den Grund hinter dem Grund richtig plastisch vor mir gesehen, als mich Antonia bewusst einige Momente allein in ihrem Zimmer zurückgelassen hat..." Ich trinke mein Wasser aus, nippe an meinem Kaffee aus und bestelle mir noch ein Wasser. „Weiter bitte, Maria-Julia." „Ich wollte das klären mit meinen Aggressionen..." „Hast Du?" „Allerdings, Emma! Ich bin und war mehr als beeindruckt... Antonia hat mir bewusst gemacht, was ich bei den ersten Antworten auf ihre Fragen mit meinem Körper unbewusst zum Ausdruck gebracht habe. Sie schlägt die Beine übereinander, verschränkt die Arme vor der Brust und wendet sich von mir ab. Ich bin mehr als überrascht. Warum verhalte ich mich so? Was bedeutet das?" Emma schaut mich mit großen Augen an. „Sag schon, Maria-Julia! Warum diese Aggressionen?"

„Antonia hat mir erklärt, dass Aggressionen generell aus Unverständnis erwachsen. Darauf habe ich geantwortet, dass gerade ich immer für alle Verständnis habe. Und jetzt kommt es: Deine Chefin schaut mich durchdringend an und sagt mit ungewöhnlich lauter Stimme: „Sie lügen!" „Nein!" „Doch, Emma! Mir wird ganz heiß, dann wieder eiskalt und ich blaffe zurück:'Wie sprechen Sie mit mir'? Daraufhin stahlt Antonia mich an, lächelt und sagt:'Geht doch'! „Ich kann nur sagen: Emma, Mannomann! Einfach toll! Ich hinterfragte meine Vision, den Grund hinter dem Grund. Ich sah mich in Kuba, als ich jung war. Voller Aktivität und Freude an Malen und Fotografieren, Kleider entwerfen und schneidern, Geschäfte machen. Hinzu kamen Bilder der jungen Frau in Deutschland. Die Frau des erfolgreichen Architekten, die sich und ihre Bedürfnisse zurückgestellt und letztendlich zu vergessen scheint. Ich spürte mit einmal Frust auf meine Lieben. Frust, der wahrscheinlich nur mich selbst betrifft. Mir war klar, dass mir die Kraft fehlte, um Handeln zu können. Das war es." Emma sinniert. „Die Überschrift Deines Lebens sollte heißen: 'Liebe Deinen Nächsten – wie Dich selbst'?'"„So ist es! Darf ich uns einen Baileys bestellen, zur Feier des Tages?" „Darfst Du..."

Mein Problem?

„Übrigens, ein Patient hat mir heute etwas Spannendes erzählt. Es ging um Brücken. Dieser Patient baut welche. Er hat behauptet, dass Brücken und Hochhäuser heutzutage nach zwanzig bis vierzig Jahren renoviert werden müssen. Das wäre eigentlich gar nicht nötig, hat er mir gesagt. Man könnte den Alterungsprozess von Beton auf zweitausend Jahre bringen!!! ihn außerdem besonders hitzebeständig machen."„Ach. Womit das denn?" „Er hat von levitiertem Wasser gesprochen. Der Erfinder heißt Hacheney." „Muss ich Stephan mal wieder ins Internet schicken. Aber was ist denn levitiertes

Wasser?" „Er hat mir erklärt, dass das Wasser dem natürlichen Wasserkreislauf entsprechend bearbeitet wird. Wasser regnet ab, fließt auf einer Oberfläche zusammen, verdunstet wieder, schwebt in feinsten Tröpfchen hoch in die Atmosphäre bis auf soundso viel Kilometer. Bei einer Temperatur von minus 80 Grad existiert es noch in flüssigem Zustand – was eigentlich ein Wunder ist bei der Temperatur." „Emma, das ist hochinteressant. Immer wieder was Neues!" Der Baileys ist serviert worden. Ich erhebe mein Glas und Emma tut es mir gleich. Wir genießen unseren leckeren Likör.

„Da gibt es noch etwas, Maria-Julia. Hildegard hat mich angesprochen. Du kennst Sie?" Ich schüttele verneinend den Kopf. „Nun ja. Sie hat sich schon viel mit allen möglichen Sinnfragen beschäftigt. Sie sagt, dass Beschwerden mit den Nieren etwas mit einem Partner zu tun haben. Partner kann der Lebenspartner sein oder aber die Firma.... Seit ihr Mann an Nierenkrebs erkrankt ist, macht sie sich große Vorwürfe und fragt sich, was 'sie' eventuell falsch gemacht hat... Das hat sie mir gestern Abend wahrscheinlich nicht zufällig erzählt... Von wegen Zufälle, nicht wahr, meine Liebe? Jedenfalls habe ich mich sehr darüber gefreut, dass ich ihr habe helfen dürfen."

„Womit? Was hast Du ihr gesagt?" „Ich habe ihr erklärt, dass die Erkrankung ihres Mannes mit ihm selbst und seiner Haltung zum Leben zusammenhängt. Sie selbst ist ausschließlich für 'ihre' Nieren verantwortlich, nicht für die Nieren ihres Mannes..." „Ihrem Mann ist also etwas sehr, sehr stark an die Nieren gegangen?" „Genau. 'Er' hat es nicht annehmen können. Er hätte sich äußern können, beispielsweise sich trennen können von Freunden, Mitarbeitern oder oder oder. Jedenfalls hat dieser Mann irgendeinen Lebensbereich nicht managen können, das macht Stress und schafft gesundheitliche Probleme. Ein Lebensmotto sollte generell beinhalten, dass zusätzlicher Stress zu vermeiden ist, damit kein erhöhter Lebensdruck entsteht. Aber was rede ich. Ich sollte nicht im Glashaus sitzend mit Steinen werfen..." „Ach, Emma! Lass uns unseren Baileys austrinken!"

Erfolgsgeheimnis

Vor mir sitzt eine Frau im Wartezimmer und schaut interessiert in einen Ordner, auf dem in rosa Großbuchstaben 'Antonia' steht. Ich bin neugierig, rutsche unruhig auf meinem Stuhl hin und her. Was wohl in dem Ordner sein mag? Ob ich die nette Frau danach fragen kann? Ich überwinde mich schließlich und beginne mit leichtem Hüsteln: „Entschuldigung. Ich bin schrecklich neugierig. Sie schauen die ganze Zeit über in den Ordner auf ihrem... Mein Name ist Maria Julia Winter." „Enna Wagner, angenehm." Sie lächelt. „Ja, dieser Ordner. Der ist schon was Spezielles, sage ich Ihnen." Die Frau streicht liebevoll über den Deckel des Ordners. „Er beinhaltet im Detail schon zwölf Jahre Arbeit an mir selbst. Jedes Mal, wenn ich hierher komme, notiere ich mir, was ich gerade gehört habe und was ich berücksichtigen soll, welches Buch ich lesen könnte und und und. Zwölf Jahre lang mache ich das schon.

Solange gehe ich bereits diesen Weg mit Antonia. Sie, wie lange sind Sie dabei?" „Erst seit kürzerer Zeit," gestehe ich. „Sind Sie froh darüber, dass Sie diesen Weg eingeschlagen haben? Ich meine, Antonia verlangt einem ja schon was ab an täglichen Verpflichtungen... Oder?" „Das ist richtig." „Aber, mal ehrlich, Frau Winter, wie soll Gesunden funktionieren? Nur mit Spritzen und Einläufen wäre es doch schlicht zu einfach, ein Leben umkrempeln und den alten Trott und Ballast abwerfen zu wollen. Ich habe das bald eingesehen. selbst mein Mann hat seine Sicht der Dinge erweitert und hält fast gar nichts mehr für unmöglich..." Ich muss kichern. „Können Sie mir bitte etwas von Ihren Erfahrungen in der Praxis erzählen? Frau Wagner schaut auf ihre Armbanduhr. „Von der Zeit passt es... Ich warte gerade noch auf meine Rückenbehandlung mit Ultraschall. Die tut mir immer gut. Kann ich nur empfehlen! Kennen Sie die Behandlung?" „Nein. Was ist das Besondere daran?"

„Erst habe ich Spritzen in die Schmerzpunkte bekommen. Aber ich mag Spritzen in den Rücken nicht besonders. Die helfen mir zwar sofort, sind mir aber eher unangenehm. Ich bin über meinen Männe auf die Behandlung mit Ultraschall gekommen. Da gleitet ein

Schallkopf aus Titan sanft über meinen Rücken, der vorher mit einem besonderen Gel bestrichen wurde. Das Titan hat wohl eine besonders hohe Schwingungsenergie…Das gleiche Gel verwende ich ebenfalls zu hause." „Aha." „Nun zu Ihrer Frage. Ja, das war schon speziell seinerzeit. Damals hat Antonia noch mehr mit dem Biotensor gearbeitet. Das fand ich spannend und bat sie, mir das beizubringen. Antonia hat mir einen Kurs empfohlen und auf diese Weise habe ich den Umgang mit dem Biotensor gelernt. Seit dem Kurs teste ich für meinen Mann und mich die Heilmittel aus meiner Hausapotheke, die Lebensmittel usw. selbst aus. Testen Sie auch schon?" Ich verneine mit einem Kopfnicken. „Zu ihr hingekommen bin ich auf Empfehlung. Aber das ist ja immer so. Wegen des angenehmen Duftes in der Praxis oder wegen Antonias schöner Augen wird wohl keiner hingehen… Obwohl… Frau Wagner lacht kurz auf und räuspert sich.

„Ich musste wegen der 'schönen Augen' lachen. Ich komme später darauf zurück… Meinen Beinen ging es ausgesprochen schlecht, damals. Ich konnte kaum die beiden Treppen zu Antonias Heilpraxis schaffen. Sie hatte ja noch die kleine Praxis in dem Hexenhäuschen damals." „Was war denn mit Ihren Beinen?" „Offiziell ist nichts gefunden worden. Also hatte ich nichts – zu haben. Trotz der Beschwerden! Unglaublich ist das! Aber Gottlob sah Antonia das anders. Nach ihrer Beurteilung waren die Beschwerden, die mich plagten, die blinkende rote Lampe am Auto. Das Auto – also ich – musste aus ihrer Sicht total überholt werden. Ich höre Antonia noch sagen: 'Sie sind total übersäuert. Wenn ich helfen soll, stellen Sie sich auf ein halbes Ja r Behandlung ein. Solange braucht es erfahrungsgemäß, um zu entsäuern und/oder zu entgiften. Ich empfehle in zweiwöchigen Abständen einen Termin hier in der Praxis zur Unterstützung und Kontrolle. Dazu kommt ein tägliches Programm für daheim. Könnten Sie sich das vorstellen?' „Meine Entscheidung kam spontan. Ich sagte ja.

Daraufhin hat Sie noch hinterher geschoben: 'Ansonsten kann ich die Zeit lieber für andere Patienten verwenden!' Das fand ich ungewöhnlich, aber gerade dieser Spruch hat großen Eindruck auf mich gemacht und irgendwie gefallen. Mit dem Beginn meiner Kur hagelte es Verbote: Ich durfte ab sofort gar keinen Zucker, Kuchen usw. mehr essen. Außerdem musste ich auf Zuckerfallen verzichten." „Zuckerfallen?" „Zuckerfallen sind Fruchtjoghurt, Ananas aus der Dose, Rotkohl aus dem Glas oder Ketchup. Insbesondere Cola. Wussten Sie, dass ein Glas zwölf Zuckerstücke ausmacht?" „Ja, das weiß ich bereits. Wissen Sie noch, wie viel Zucker in den von Ihnen angeführten Zuckerfallen war?" „Das habe ich behalten. Die meisten Menschen wollen das gar nicht wissen mit den Zuckerfallen. Wie war das gleich? Ach, ja: Fruchtjoghurt beinhaltet sechs, Ananas achtzehn, Rotkohl fünfundzwanzig und Ketchup dreiundvierzig Zuckerwürfel." „Interessant. Wie haben Sie es angestellt, gesund einzukaufen?" „Das Wichtigste war die Zutatenliste auf den Produkten. Die beste Lösung ist ohnehin, frisch zu kochen. Fertiggerichte enthalten fast immer Zucker in irgendeiner Form. Der rundet den Geschmack ab. Ich habe in der Zeit meiner Kur in der Heilpraxis viel dazugelernt. Selbst nach dieser langen Zeit der Zusammenarbeit freue ich mich immer noch, irgend etwas Neues zu erhaschen. Das hört wohl nie auf, glaube ich... Es gab übrigens für ein halbes Jahr überhaupt keine kalte Küche mehr, ausschließlich warmes Essen und heißes Wasser. Die Erklärung seinerzeit dazu war simpel: Spülwasser spült besser warm als kalt. Hatte Antonia doch recht, nicht wahr? Das leuchtete mir ein. In jedem Fall war alles Kalte von da an erst einmal verboten..."

„Ist Ihnen das schwer gefallen?", will ich wissen. „Ich musste mich schon sehr umstellen. Aber es hat sich gelohnt. Schon nach kurzer Zeit konnte ich wieder besser laufen und kam leichter die Treppen hoch. Meine Gelenke wurden geschmeidiger und das Beste: Ich habe quasi nebenher in einem Jahr zirka fünfzehn Kilogramm abgenommen." „Ist doch prima! Oder?", frage ich nach. „Im Prinzip schon. Nur, Abnehmen verband ich zu der Zeit noch mit einer leidvollen Erinnerung. Meine Mama hat kurz vor ihrem Tod stark abgenommen. So etwas bleibt in der Erinnerung. Meine Schwester sorgte sich ebenfalls. 'Lass Dich röntgen!', flehte sie mich nicht nur einmal an. Du siehst im Gesicht so blass aus. Ich hatte vor den Anwendungen ein eher rötliches Kolorit, müssen Sie wissen." „Was sicherlich

Ausdruck von einer Störung war?" „Wahrscheinlich. Damals wusste ich viele Dinge noch nicht. Aber ich vertraute auf meine innere Stimme. Ich verfügte zu der Zeit bereits über insgesamt mehr Kraft, fühlte mich besser und beschloss, mich von meiner Umwelt nicht verunsichern zu lassen.

Ich war begeistert von dem, was mir da widerfuhr. Erschwerend kommt jedoch Folgendes hinzu: Ich hatte und habe so eine Ader, anderen sofort meine neu erworbenen Weisheiten vermitteln zu wollen. Die anderen wollen das scheinbar so gar nicht und blocken meistens eher ab. Worüber ich schließlich wieder enttäuscht bin. Antonia sagt immer: 'Rede nur, wenn Du darum gebeten wirst. Die Menschen müssen auf 'Dich' zukommen'. Na ja, inzwischen schaffe ich das schon besser als damals." „Da muss ich ich ebenfalls aufpassen. Aber ich habe ein Ass im Ärmel: Meine Freundin, Emma! Mit der kann ich alles bereden." „Ja, das ist natürlich toll. So eine Emma kann ein jeder gebrauchen, oder?" „Auf meine innere Stimme höre ich inzwischen auch wieder. Die hatte ich vor der Behandlung hier schon fast vergessen…" Ich seufze. „Sie waren unterwegs mit den ganzen Sonderkonditionen, was Essen und Trinken angeht?" „Ja, und zwar acht Tage lang. Mein Mann und ich machen mit einer netten Gruppe jedes Jahr unsere Moseltour im April. Damals ging es nach Zeltingen an der Mosel. Wir wohnten die ganze Zeit in einer netten kleinen Pension und ich verkostete keinen Wein, sondern hatte generell mein heißes Wasser griffbereit in einer Thermoskanne dabei. Und mittags genoss ich mein selbst zubereitetes warmes Essen. Meine Freunde meinten, mich bedauern und trösten zu müssen. Ich fand die Umstellung weniger schlimm. Alles war gut und absolut im grünen Bereich."

„Tolle Leistung. Alle Achtung! Jeder würde das nicht schaffen! Ich frage mich gerade, ob ich das schaffen könnte? „Halb so schlimm. Disziplin war angesagt. Insbesondere, wenn ich an die täglichen geistigen Aufgaben denke." „Geistige ?" „Ja, Frau Winter, ich meine die Affirmationen zur Stärkung für die einzelnen Organe, die ich seit dieser Zeit jeden Abend vorm Schlafen laut sage. Mein Mann ist Nutznießer. Er kann sie wahrscheinlich inzwischen schon auswendig.

Morgens spreche ich 'Mein Vater unser'. Beides tut mir gut und stärkt meine Energie. Spürbar. Denn wenn ich das mal nicht gemacht habe, fehlt mir richtig etwas, was ich kaum benennen kann..." „Sie sprechen von der Anleitung zur täglichen Meditation aus dem Buch von John Diamond, Die heilende Kraft der Emotionen?" „Genau. Dieser Dr. Diamond war sogar ehemaliger Präsident der internationalen Akademie für Vorsorgemedizin. Er gilt als Pionier auf dem Gebiet der psychosomatischen Medizin." „Interessant, Frau Wagner. Ich schätze die Affirmationen von ihm. Leider habe ich Schwierigkeiten mit den Sätzen von Leber und Galle. Ich meine nach dem Aufsagen der Affirmationen erst Recht Wut zu spüren. Alpträume hatte ich anfangs ebenfalls..." „Da ist wohl was hoch gekocht?" „Mag sein. Haben Sie vielleicht eine ähnliche Erfahrung gemacht, Frau Wagner?" „Bei mir waren es die Sätze von Lunge und Dickdarm, die mich belasteten. Dabei wurde ich ganz traurig, wenn ich die sagte."

„Ich habe mir seinerzeit von Antonia helfen lassen. Das würde ich Ihnen auch empfehlen. Für die Wut hat Antonia mir seinerzeit ein Päckchen mit nach Hause gegeben. Als ich das Geheimnis gelüftet habe, kamen sechs Bälle zum Vorschein. Weiche Bälle. Die sollte ich weg schleudern." „Welches Ziel haben Sie sich dafür ausgeguckt?" „Ganz lustig, irgendwie. Wir hatten gerade einen Beamer bekommen und projizierten die Fernsehbilder an die Wand. Ich hatte Ziele ohne Ende, sage ich Ihnen." „Das ist gut. Und, hat es geholfen?" „Ja, damit wurde es wirklich wieder gut. Die Alpträume waren sofort weg und die Wut etwas später. Antonia hat mir damals erklärt, dass die energetische Blockade auf dem Gallenmeridian mit diesen Übungen entladen wurde." Plötzlich lacht Frau Wagner und flüstert mir mit einem Augenzwinkern zu: „Ein quer sitzender Furz kann übrigens auch Alpträume verursachen!" Ich muss schmunzeln. „Wahrscheinlich gibt es mannigfache Gründe, Alpträume zu entwickeln. Ich nehme Ihre Erzählung als Botschaft. Gleich zu Beginn meiner Behandlung hat mir meine Freundin Emma sechs dieser weichen Bälle geschenkt. Irgendwie lustig, oder?" „Vielleicht eine Aufforderung, diese Bälle zum Einsatz zu bringen?" „Sollte ich..." „Sollten Sie! Das ist wirklich hilfreich!" „Sie erwähnten vorhin, dass auch

Ihr Mann Patient ist?" „Ja. Ein spezieller Patient, sage ich Ihnen. Alles muss logisch sein und er ist technisch gut versiert. Wenn ich ganz begeistert von etwas Neuem bin, holt er mich erst mal aus meiner enthusiastischen Wolke auf die Erde zurück. Letztendlich nähern wir uns an. Aber anstrengend ist das allemal, sage ich Ihnen Frau Winter." „Das scheint ein weit verbreitetes, vielleicht eher männliches Phänomen zu sein? Jedenfalls kommt mir das sehr bekannt vor..."

Wir grinsen. „Stellen Sie sich vor, als ich Antonia damals ein aktuelles Foto von meinem Männe gezeigt habe, ist sie sofort mit zum Auto gegangen, um kurz mit ihm zu reden. Danach, als wir wieder in ihrem Zimmer wieder gegenüber saßen sagte sie mehr zu sich: 'Er muss starke Schmerzen haben. Ihr Mann sollte dringend etwas tun. Aber ihr Mann muss es selbst wollen!' „Klar hatte er die. Und wohl fühlen tat er sich schon lange nicht mehr. Dazu kamen zu viele Kilos. Na ja. Männer dürfen ja einen Bauch haben..." „Antonia ist zu ihrem Mann ans Auto gegangen?", frage ich nach. „Ja. Mein sturer Männe ist damals noch nicht mal ausgestiegen... Aber, warum auch immer. Nur wenig Zeit ist verstrichen und irgendwann ist er mit in die Heilpraxis gekommen....

Als sie so urplötzlich vor seinem Auto aufgetaucht ist, war er angenehm überrascht. Wahrscheinlich hatte er wohl eine Ökotante erwartet und nicht eine freundliche junge hübsche modische Frau. „Am besten ist, man kommt ohne Vorstellung in eine Beratung. Obwohl... Ich selbst bin modisch orientiert und es tut mir gut, jemanden wie Antonia vor mir zu haben." Ich bestätige das mit einem Kopfnicken. Mit einem Mal fängt Frau Wagner an zu lachen, fängt sich jedoch bald wieder. Ich schaue sie erstaunt an. „Es gibt eine Begebenheit, die filmreif ist. Als mein Mann damals das erste Mal in ihr Besprechungszimmer gekommen ist, kam es nämlich zu einem spontanen Ausspruch von ihm, über den Antonia, mein Mann und ich im Nachhinein schon etliche Male herzlich gelacht haben: „Ich bin nur hier in Ihrer Praxis, weil ich mich in Sie verliebt habe!" „Oh je. Peinlich! Wie hat die Arme reagiert?" „Antonia ist damals ziemlich rot geworden. So eine Liebeserklärung mit der eigenen Ehefrau im Schlepptau kommt sicher nicht oft vor, denke ich mir." Ich schüttele energisch den Kopf. „Sie sollten wissen, mein Männe und ich kennen uns bereits seit Kindesbeinen. Wir sind eins. Ich habe über seine inbrünstige Erklärung nur herzlich lachen können. Klar fand er Antonia gut. Ich ja auch. Es war in Ordnung. Vielleicht etwas ungeschickt formuliert... Na ja. Mein Männe ist meine erste und einzige große Liebe!"

„Ihr Mann hat sich behandeln lassen?" „Ja, natürlich. Er hatte meine Erfolge gesehen. Ich denke mir, es war Futterneid." Sie lächelt spitzbübisch. „Die Diagnostik hat ihm gefallen, obwohl er kaum einen Zugang dazu finden konnte. Er hat auch ganz andere Dinge als ich gebraucht. Mein Männe ist oft in den CO_2-Sack gekommen. Dadurch hat sich seine Durchblutung stark verbessert. Außerdem hat er Infusionen für seine Gefäße bekommen. Es hat sich gelohnt. Sogar die Blutwerte sind optimal inzwischen." „Schön, dass es hier in der Praxis für die kritischen Menschen diese Ausdrucke der Blutwerte gibt in regelmäßigen Abständen. Mein Mann Stephan hat das ebenfalls wohlwollend registriert. Obwohl man die Verbesserung auch an sichtbaren Kriterien merkt, nicht wahr?"

„Ja, für uns Frauen ist natürlich gerade die Optik etwas Schönes. Nur am Rande. Als ich sechzig Jahre alt wurde, hatte Douglas gerade eine Kampagne. Sie machten ein Fotospezifisch für Ihre Kunden. Vorher wurde man geschminkt und lässig hingesetzt. Ich sage Ihnen: Die Fotos sind super geworden. Zum Geburtstag hat mich Antonia persönlich geschminkt. Als Geburtstagsgeschenk. Sie ist ja auch Visagistin. Ich glaube, ich habe das Foto dabei." Frau Wagner kramt ein Foto aus ihrer Geldbörse und zeigt es mir stolz. „Das sieht wirklich fantastisch aus. Wunderschön. Und der rote Blazer. Toll." „Ja, ich denke gern an diese Zeit zurück... Aber zurück zu Männe. Der hat 'ein' Handicap aus seiner Jugend: Seinen Rücken. Als Junge von sechs Jahren bekam sein Onkel Lungen Tbc. Einen seiner Söhne hat er an der Lunge infiziert. Bei meinem Männe ist der Erreger wohl ins Kniegelenk gekommen. In regelmäßigen Abständen plagten ihn in seiner Kindheit Entzündungen. Er konnte sein Knie zwar immer noch bewegen, allerdings mit der Zeit unter immer heftigeren Schmerzen. Mit zwanzig Jahren wurde das Gelenk versteift und darüber unbeweglicher. Als Folge dieser Fehlhaltung stellten sich Rückenschmerzen ein. Seine Schwachstelle ist geblieben, aber wenn mein Männe artig ist - im meine damit, dass er ausreichend Wasser trinkt, seinen Rücken warm hält und vernünftig ist mit der Aufteilung seiner Kraft umgeht – dann ist er ohne Schmerzen und kommt sogar ganz ohne Schmerzmittel aus."

„Ist er denn vernünftig?" „Meistens schon. Wenn ihn aber der Ehrgeiz packt, und er unvernünftig wird, weil sein Garten, seine Bienen oder diverse Umbauten an unserem schönen Haus aus seiner Sicht dringend anstehen, hilft ihm eine milde Alternative, die absolut ohne Nebenwirkungen ist." „Was für eine Alternative bekommt er?" „Wenn es mal wieder soweit ist, bekommt er in der Praxis eine Kochsalztherapie und braucht trotz des Leichtsinns keine Schmerzmittel." „Können Sie mir das etwas genauer..." „Da wird im Bereich der belasteten Wirbelsäule eine medizinische Kochsalzlösung ein gespritzt, um eine Umflutung der entzündeten Nervenwurzeln zu erreichen. Dabei kommt es auf höchste Zielgenauigkeit beim Setzen der Injektionen an. Das wird hier in der Praxis entweder ausgetestet oder ertastet. Eine wundervolle und sehr effektive Behandlung..." „Diese Behandlung wird ausschließlich bei Rückenschmerzen angewendet?" „Nein, stimmt nicht. Ich habe sie einmal bei bei Schulter-Arm-Problemen bekommen. Und soviel ich weiß, wird sie auch bei Kniegelenkbeschwerden und Rheuma angewandt." „Interessant. Danke. Ich habe Sie unterbrochen..."

„Alles gut! Wir waren bei Männes Rückenschmerzen, die er nur noch bekommt, wenn er sich verausgabt. Wie gesagt, er nimmt lange schon gar keine Schmerzmittel mehr. Die bekommen seinem Magen ganz schlecht. Da muss er aufpassen. Die Kochsalzinfusionen sind Klasse." „Die werde ich mir sofort notieren." „Ach übrigens: Blutdruckmittel braucht Männe inzwischen keine mehr. Ich denke, er ist mit dem Ergebnis der Behandlungen zufrieden. Er hat befolgt, was Antonia ihm geraten hat und durchgehalten. Manches Mal zwar mit Murren, aber...Da fällt mir gerade noch etwas ein..." Emma steckt ihren Kopf ins Wartezimmer und begrüßt Frau Wagner.

„Emma, sind Sie so lieb und holen die drei Bilder mal aus der Akte meines Mannes?" Emma eilt von dannen. „Frau Winter, Sie werden staunen. Die Bilder sind herrlich. Früher hat Antonia in irgendwelchen Abständen immer Fotos von den Patienten gemacht und in der Akte abgelegt. Das ist leider untergegangen. Ich kenne übrigens eine Aussage, die ich Ihnen weiter geben möchte." „Gerne." „Es geht um die innere Stimme. Bienen fliegen fast zwanzig Kilometer, ohne sich je zu verirren. Albatrosse über tausende von Kilometern. Es gibt ebenfalls Fluginsekten ohne Augen, die keine Probleme kennen, ihren 'Seelenpartner' zu finden. Es stellt sich uns die Frage, wie viel mehr unser Schutzengel für uns tun könnte, wenn wir auf unsere innere Stimme hören würden." „Bitte, das mit dem Schutzengel noch einmal wiederholen, ich schreibe mit..." Meine Wangen sind inzwischen leicht gerötet. Emma hat das mit dem Schutzengel wohl ebenfalls gehört. Sie lächelt und streichelt leicht über meine Schulter. „Hi, mein Schätzchen, ich freue mich auf nachher." „Ich mich auch, Emma!" „Hier, Frau Wagner, Ihre drei Fotos." Mit diesen Worten ist sie wieder weg. „Danke Emma," ruft ihr Frau Wagner hinterher.

„Das allererste Zeugnis dieser Art hat Antonia wohl vernichtet... Die drei Fotos jedoch hat sie aufgehoben. Hinten stehen die Daten drauf. Das hier ist vom 13.2.1999, das zweite vom 2.7.1999 und das dritte vom 29.11.1999. Sind die Fotos nicht herrlich?" „Wirklich bemerkenswert, der Unterschied. Oh je! Da war jemand aber ziemlich fix und fertig. Das gibt es doch gar nicht. Ein richtiger Lichtblick auf dem zweiten Foto. Beim dritten Foto... Das ist ja kaum zu glauben. In welcher Zeit?" „Nach einem dreiviertel Jahr. Sieht er nicht fantastisch aus? Ein Mann mit Humor und toller Ausstrahlung, nicht wahr?" „Ja, viel schlanker sieht er aus." „Fast wie früher, sage ich Ihnen. Das Doppelkinn ist seither auch ganz weg." „Habe ich Ihren Mann nicht gerade vorhin gesehen? Herzlichen Glückwunsch!" „Wie gesagt. Er ist zufrieden..." Frau Wagner zwinkert mir spitzbübisch zu. „Das einzig Unerfreuliche war im ersten Jahr der Behandlung der Tatbestand, dass wir beide eine vollständig neue Garderobe gebraucht haben." „Sie beide haben ihr Gewicht gehalten seither?" „Ja. Da ist nichts mehr passiert. Wir beide haben bis zum heutigen

Tag unser Gewicht gehalten. Allerdings halten wir uns auch immer noch an die Regieanweisungen von Antonia." „Sie sind beide also zufrieden? Kann man das so sagen?" „Durchaus. Inzwischen sind wir mit Antonia befreundet und ..."

Emma kommt ins Wartezimmer, um Frau Wagner zur Behandlung zu holen. „Noch eine letzte Frage. In welchen Abständen haben Sie beide denn zur Zeit einen Termin in der Praxis?" „Im Normalfall kommen wir beide einmal im Monat hier her. Nur wenn etwas Akutes dazwischen kommt, buchen wir dafür zusätzlich einen Termin. Übrigens, hier in der Praxis gibt es einen guten Spruch dazu: „Jeder hat das Recht zu leiden. Ist aber nicht dazu verpflichtet!" „Dieser Spruch gehört notiert! Dankeschön Frau Wagner für das nette informative Gespräch. Drücken Sie mir bitte die Daumen. Es geht um meinen Mann Stephan. Sie haben gesagt, man muss auf die innere Stimme hören. Ich spüre es ganz deutlich. Irgendwann ist auch er soweit, dass er mich fragt, ob ich ihn anmelden kann..."

Koffein kontra Milchsäure

„Frau Winter, Entschuldigung, Maria-Julia, hast Du mit den Affirmationen angefangen?" „Habe ich, sogar mit Betonung. Aber erst mal im stillen Kämmerchen. Genau wie beim Singen oder Summen zuvor. Mit beiden Übungen habe ich mich noch nicht zu meinem Mann ins Bett getraut. Ich wollte keine Fragen beantworten müssen..." „Kann ich verstehen... Heute noch einmal Theorie. Die Kunst in der Heilpraxis besteht darin, Energieaufbau und Abbau von Störfaktoren - wie Übersäuerung oder Gifte – für einen Körper abzugleichen. Bei dem Begriff Gift stellt sich ein jeder etwas konkret vor... Antonia bietet mir Tee an. Ich reiche ihr meine Tasse und Antonia schenkt mir ein und stellt eine rhetorische Frage: Was meint der Begriff 'Übersäuerung'? Prinzipiell wird in der Heilpraxis zwischen Harnsäure und Milchsäure unterschieden. Heute nun will ich über die Milchsäure reden. Milchsäure kennen Sie von der Überanstrengung nach zu viel sportlicher Aktivität. Allgemein Muskelkater genannt." „Claro, Antonia." „Maria-Julia, ist Ihnen bewusst, dass jedes Herz ein Muskel ist? Und genau wie ein anderer Muskel eines menschlichen Körpers bei Überanstrengung mit Verkrampfung und Übersäuerung reagiert?" Darüber habe ich nie nach gedacht. Ich schüttele den Kopf. „Das beachtet kaum jemand.

Auch am Herzmuskel bildet sich Milchsäure! Beim Herzmuskel ist es kompliziert. Ein spezieller Muskelkater sozusagen. Bei normalem Muskelkater durch sportliche Überanstrengung hilft oftmals eine heiße Dusche, um die Beschwerden zu lindern. Bei einer Milchsäurebelastung des Herzens reicht das nicht aus. Eine Muskelüberanstrengung dieser speziellen Art - wie sie beispielsweise nach überstandenen Infekten eintritt - verursacht oftmals das Gefühl, einen zu engen Panzer um die Brust geschnürt zu haben, der sogar das Durch atmen erschweren kann." „Genau. Ich bin mir nicht sicher. Aber ich fühle mich, als ob ich einen Panzer um meine Brust hätte. Ich fühle mich wie eingeklemmt oder in ein zu enges Mieder gepresst. Ich habe vergessen, wie sich 'in der eigenen Haut wohl fühlen' an spürt..." „Das wird schon wieder, Maria-Julia!" „Kann das unangenehme Körpergefühl von dieser Milchsäure kommen?" „Ja, das macht Sinn. Insbesondere deshalb, weil Dauerstress und Mangel an wichtigen Dingen Ihnen zusetzen." „Wahrscheinlich haben Sie recht, Antonia. Welche Anstrengungen hat meine Freundin auf sich genommen, um mich letztlich hierher in die Praxis zu bringen! Ich bin Emma dankbar..." Ich seufze. „Ich bin Ihnen selbstverständlich ebenfalls dankbar!" Ich räuspere mich. „Ich vertraue Ihnen und ich vertraue Emma!" Antonia schmunzelt. Sie nimmt sich einen Schluck Tee und ich mache es ihr nach.

„Mit der Milchsäure ist das so eine Sache. Vielleicht kennen Sie die Situation. Der Zahnarzt nimmt einen Abdruck. Man sperrt den Mund relativ lange weit auf und der Kiefer ist damit oft überfordert. Das bringt jedem armen Sünder hinterher einen Muskelkater im Kieferbereich ein. Da hilft weder heißes Wasser, noch Magnesium. Und wenn, nicht wirklich befriedigend. Auch bei unserem Königsmuskel, dem Herzen, gestaltet sich das schwierig. Die Dusche hilft gar nicht und Magnesium nur bedingt. Da braucht es etwas Anderes. In der Homöopathie gibt es die rechts drehende Form der Milchsäure oder 'Acidum L (+) sarcolacticum' in unterschiedlichen Potenzen als weitreichendes und tief greifendes Mittel. Es kommt hier in der Praxis in Ihren Infusionen zur Entsäuerung zum Einsatz." „Antonia, Sie meinen, diese Infusionen tun mir sichtbar gut?" „Maria-Julia, Sie haben 'sichtbar' gesagt. Freud'scher Versprecher?" Wir grinsen. „Das Herz gehört in der Traditionellen Chinesischen Medizin - abgekürzt TCM - zum Element Feuer. Das Herz regeneriert sich zur Mittagszeit. 'Hitze' belastet dieses Element. Will meinen: Hitze generell - insbesondere die Mittagshitze - schwächen das Herz energetisch." Ich bin überrascht.

„Schauen wir in den Süden. In Italien ist es ziemlich heiß. Dort ist der Stress fürs Herz über die dort herrschenden Temperaturen und die Mittagshitze generell größer als in kühleren Ländern. Mir ist seinerzeit in Italien aufgefallen, dass es auffällig viele Möglichkeiten gab, an einen Espresso zu kommen. Italiener genießen auf die Schnelle ein kleines Tässchen im Sitzen oder im Stehen. Im Stehen ist der Trank sogar preiswerter." „Antonia, das ist mir damals im Urlaub in Italien ebenfalls aufgefallen." „Maria-Julia, ist es ein Zufall, dass so viele Espresso getrunken werden? Sicherlich nicht. Es ist gut möglich, dass den Italienern nicht klar ist, warum sie so viel Kaffeedurst entwickeln. Sie folgen ihrem Instinkt. Ihnen schmeckt Kaffee einfach, basta." „Ist das nicht ein schöner Klang, Antonia? Basta!" Ich muss lächeln. Italia. Bella Italia.... Antonia fährt unbeeindruckt fort. „Und – welch Wunder - es gibt tatsächlich eine Erklärung für den Dauerdurst auf diesen edlen Trank. Chemisch gesehen 'neutralisiert' Koffein die Milchsäure. Einen Pferdefuß hat das Ganze jedoch. Beim Neutralisieren entsteht Harnsäure. Diese Harnsäure ergibt auf Dauer eine Belastung in Richtung Rheuma. Interessant?" „Das ist ja vielleicht... Wenn ich das meinem Stephan erzähle!" Antonia lächelt mich an. „Zur Unterscheidung eine Anmerkung: Bei einer Milchsäurebelastung reagiert der Mensch mit Steifheit, sodass er sich kaum noch rühren oder gehen kann. Bei einer Harnsäurebelastung hilft Bewegung. Die bessert. Beides behandeln wir in der Praxis. In Ihrem Fall sind beide Belastungen vorhanden. Deshalb teste ich vor den Infusionen aus, welches Mittel Sie jeweils bekommen." Ich schaue Antonia dankbar an. „Ich wünsche Ihnen ein erholsames Wochenende, Maria-Julia!" „Ihnen auch, Antonia."

Kaffee anal

„Na, was hat es gegeben?", will Emma wissen. „Übersäuerung war das übergeordnete Thema. Wir haben heute über die Milchsäure gesprochen." „Gut, dann wollen wir mal Kaffee und Espresso bestellen, um die Milchsäure zu neutralisieren, nicht wahr?" Emma grinst breit und bestellt für uns Wasser, Espresso und Kaffee. „Maria-Julia. Zu diesem Thema gibt es eine persönliche heiße Geschichte. Soll ich?" Ich nicke. „Ich arbeitete bereits in der Praxis und besuchte meine Tante Lissi, die damals noch in Deutschland wohnte. Ich kannte sie bis zu diesem Ereignis als vitale Frau. Meine Tante Lissi hatte enormen Stress mit den Vorbereitungen für den Umzug nach Spanien zu der Zeit. Plötzlich – wie aus heiterem Himmel - wurde ihr schlecht, Schweiß stand in feinen Perlen über ihrer Oberlippe, schneeweiß saß sie auf ihrem Stuhl. Nach meinem ersten Schreck wusste ich, was ich tun musste. Ich kochte meiner Tante eine Tasse Kaffee – und der Spuk war vorüber. Soweit mein Erlebnis mit Milchsäure." Emma holt tief Luft und ich schaue sie verwundert an. „Du sagst, Stress produziert Milchsäure." Emma nickt. „Maria-Julia, wie Du gerade gesagt hast: Stress produziert Milchsäure. Und Kaffee neutralisiert Milchsäure durch sein in ihm enthaltenes Koffein. Dem Kreislauf meiner Tante ging es bereits nach einer Tasse Kaffee viel besser und dem Herzen auch..." „Toll Emma. Bis zu dem heutigen Gespräch mit Antonia war mir das mit dem Herzen als Muskel überhaupt nicht bewusst oder dem Kaffee als Gegenspieler zur Milchsäure..." „Ich erinnere mich gerade in diesem Moment daran, dass Antonia meiner Tante 'L-Carnitin' als Nahrungsergänzung empfohlen hat, als ich ihr von dem Vorfall berichtet habe." „Und was ist L-Carnitin genau Emma?" „Maria-Julia, L-Carnitin ist eine Aminosäure. Diese liefert den 'Kraftwerken' in unserer Zellen oder fachchinesisch ausgedrückt den 'Mitochondrien' Energie . Alle Muskeln, insbesondere auch das Herz, bekommen durch diese Aminosäure neue Kraft." „Interessant, Emma. Wer weiß denn so was?" „Jetzt auch Du, meine Liebe. Und Du trägst das bitte in die weite Welt?" „Emma. Ich wollte normal mit Dir reden, bitte." „Ist doch wahr. Ich bin gefrustet, wenn ich daran denke, wie wenig Menschen davon wissen, Maria-Julia.

Überlege mal, wie viele Leute den ganzen Tag die Kaffeemaschine im Büro gar nicht erst ausmachen. Eben noch mal eine Tasse... Manchmal möchte ich schreien... Gelegentlich denke ich daran, ein Buch zu schreiben, damit mehr Menschen kapieren, was mit ihnen und überhaupt alles passiert." „Ich gebe Dir recht, Emma Unterberg: Mach Dir Notizen und schreib Dir alles von der Seele, was Dich quält! Aber bitte so, dass man Lust hat, es zu lesen. Nicht mit erhobenem Zeigefinger! So wie bei mir!" „Meinst Du ich behandle Dich falsch, vielleicht rechthaberisch oder...?" „Nein. War nicht ernst gemeint, Emma! Alles ist gut! Ich nehme Dich jetzt einmal 'in' meinen Arm. Komm her! Und nicht mehr 'auf' denselben." Ich muss lachen. Emma knufft mich leicht in den Arm. „Pass auf! Weißt Du eigentlich, dass ich Dich zu meiner Schülerin erklärt habe?" „Nein, bis jetzt eben wusste ich das nicht. Aber Du hast völlig Recht. Du gibst mir geduldig Erklärungen zu meinen vielen Fragen. Du entwirrst die Dinge, die ich zum Teil das allererste Mal höre. Vielen Dank dafür. Du hilfst mir, in eine völlig neue Welt einzutauchen und ich fange bereits an, einiges zu verstehen, von dem ich bis vor kurzem noch nicht einmal eine Ahnung hatte, dass es überhaupt existiert..." „Danke. Das hast Du hübsch formuliert.

Ich komme zurück auf den 'Kaffee anal'." „Emma, wie bitte? Habe ich richtig gehört? 'Anal'?" „Hast Du, meine Liebe. Einmal wieder eine wahre Geschichte dazu. Meine Chefin hat eine Patientin, die an Trigeminus Neuralgie leidet. Die Arme hat das ziemlich oft, und zwar immer gleich alle drei Äste in Aktion... Ein Ast geht zum Auge, der zweite zum Ohr und der dritte zum Kiefer. In Schmerzen ausgedrückt bedeutet das: stärkste Kopfschmerzen, höllische Ohrenschmerzen und wahnsinnige Zahnschmerzen auf einmal. Der Statistik nach ist es die Erkrankung mit den meisten Selbstmorden.

Vorige Woche hat Antonia die Patientin mit einer speziellen Ergänzung zu ihrer üblichen Behandlung tatsächlich in nur vier Tagen wieder hin gekriegt. Normalerweise dauert eine solche Behandlung zwei bis drei Wochen. Da helfen anstelle einer Behandlung bei uns normalerweise nur richtig schwere Schmerzmittel! Jedenfalls hast Du, Maria-Julia, mit dieser Geschichte zu tun." „Ich? Wieso das denn?" Emma lächelt. „Antonia hat sich über einen Lacher in der Praxis an die Lachübung mit Dir erinnert.

Von wegen Lachen entspannt, tut gut, baut auf und so. Und an die Tatsache, dass das Lachen lediglich 'zehn Muskeln', wohingegen die normale Mimik im Gesicht jedoch 'fünfundsechzig Muskeln' in Anspruch nimmt. Blinkt nichts auf? Keine rotes Lämpchen in Sicht, Maria-Julia?" „Ich verstehe im Moment erst einmal gar nichts, Emma..." „Diese Patientin war verzweifelt, total verkrampft, hatte Schmerzen und konnte nicht lachen, weshalb...? Logische Folgerung? Wenn Muskeln verspannt und verkrampft sind, stecken sie voller 'Milchsäure'!!! Genau diese Milchsäure musste raus, damit das Gesicht sich wieder entspannen konnte. Damit lag Antonia goldrichtig. Die Attacken hörten auf!" Ich schaue in meine Kladde. „Emma, Du hast recht. Ich hätte es wissen können. Unter 'Milchsäure' habe ich geschrieben: Stress und Steifheit..." Ich seufze. „Emma, ich habe in diesem Zusammenhang etwas für Dich: 'Man hört 'zu', aber nicht 'hin'." Ich halte mir dabei beide Ohren demonstrativ zu. Emma schnippst mit den Fingern.

„Richtig gut, Maria-Julia. Merke ich mir! Ich habe hingehört..." „Emma, hat Deine Chefin vielleicht etwas Ergänzendes...?" Emma nickt. „Antonia hat der Patientin wegen der Milchsäurebelastung empfohlen, Kaffee zu trinken. Aber Kaffee vertrug sie nicht. Aus diesem Grund empfahl ihr meine Chefin ein zwei Liter Klistier beziehungsweise einen Einlauf mit Kaffee: einen 'Kaffee anal'." Ich nicke. „Woraus genau besteht ein solcher Einlauf?", will ich wissen. „Antonia empfiehlt, fünf Teelöffel Biokaffee mit Quellwasser und einem Teelöffel Meersalz nach alter Manier aufzubrühen und abkühlen zu lassen. Nach dem Einlauf hat die Patientin ein Vollbad mit einem Kilo Meersalz verordnet bekommen mit anschließender Bettruhe von einer Stunde." „Hört sich aufwendig an. Hat die Patientin das gemacht, Emma?" „Maria-Julia, was glaubst Du? Natürlich hat sie! War voll der Hammer! Der Spuk war in vier Tagen vorbei! Klasse, nicht?" „Das ist unglaublich! Wahrhaft eine tolle Geschichte, Emma. Ich freue mich für die Patientin!" Wir schweigen eine Weile und trinken unseren Kaffee. „Ich erinnere mich an Deinen Kaffee im Zusammenhang mit Roland, dem Gärtner. Da habt ihr Colon-Hydro-Behandlungen mit dem Biokaffee gemacht?" „Richtig. Das hat damals auch gut geholfen..." Ich seufze. „Emma, Du erfährst die unglaublichsten Dinge, ich staune immer wieder."

Erkenntnis

„Ich staune selbst immer wieder. Gerade heute Vormittag noch. Ein neuer Patient hat mich auf seinen Geburtsstern angesprochen. Es ging um die Zahl Null. Ihm war es wichtig, das zuvor von Antonia Gehörte noch einmal zu vertiefen." „Emma, nimm das als Kompliment, dass er Dich darauf angesprochen hat." Emma errötet leicht. „Vielleicht..." Emma räuspert sich. „Antonia hatte ihm zur Null gesagt, dass es drei Wege der Erkenntnis gibt..." „Das Thema finde ich spannend, Emma. Bitte, nicht ganz so flott! Ich will mitschreiben." „Okay, Maria-Julia. Ich wiederhole, was ich dem Patienten gesagt habe. Es geht bei der Null um die drei Möglichkeiten der Erkenntnis: Erstens den intellektuellen Weg, die Erkenntnis über logisch analytisches Denken. Zweitens gibt es den intuitiven Weg, die Erkenntnis über das Gefühl. Zu fühlen, was richtig und was verkehrt ist. Und drittens gibt es Menschen, die haben einen direkten Zugang zur Erkenntnis. Diese Menschen brauchen weder denken noch fühlen. Diese Menschen wissen einfach, was richtig ist." „Damit sollte ich mich vielleicht später noch einmal genau auseinandersetzen, Emma. Bitte, rede weiter..."

Emma räuspert sich. „Dieser Patient hat diese dritte Gabe, die es einer Person ermöglicht, zu wissen, was richtig ist. Urplötzlich hat er sich an eine Sache aus seiner Kindheit erinnert...." Ich hänge an Emmas Lippen. „Es handelt sich um eine Geschichte, die vor etlichen Jahren in Spanien passiert ist. Als Schuljunge im Alter von sieben Jahren lernt der Mann im Erdkundeunterricht das Land Deutschland kennen. Er blättert mit seinem Tischnachbarn ein bebildertes Buch durch und stolpert über ein Foto. Ganz aufgeregt ruft er laut in die Klasse: 'Dort werde ich wohnen und meine spätere Frau treffen!' Seine Schulkollegen lachen, der Lehrer schaut verwundert. Dem Kleinen ist es ernst. Er weiß, dass das stimmt... Nun, meine Frage an Dich, Maria-Julia. Wo wohnt der Kleine von damals wohl heute?" „Genau in dieser Stadt? Mit seiner späteren Frau?" „So ist es. Eine Null ist zu haben toll – birgt allerdings ein Risiko: Kaum quatscht der Verstand dazwischen, geht es schief! Mal im Ernst: So jemand mit einer starken Null-Besetzung weiß einfach!" „Emma, Du mal wieder! Um welche deutsche Stadt hat es sich auf dem Foto gehandelt? „Um Duisburg." „Dort wohnt er tatsächlich? „Genau dort. Voll krass, nicht wahr, Maria-Julia?" „Immer wieder faszinierend, diese Geburtszahlen..." „Weißt Du, wer das lehrt?" „Michael bietet einen solchen Kurs an." „Wann war das denn das letzte Mal, Emma?" „In jedem Fall vor meiner Zeit. Liebend gern würde ich ebenfalls Kurse bei Michael machen: Geburtsstern und auch Astrologie, insbesondere nach dem Grundkurs die medizinische Astrologie. Ich werde meine Chefin darauf ansprechen." „Du sagst mir bitte Bescheid?" „Ich werde Dich schlau machen, meine Teure. Mir fällt noch etwas ein, Maria-Julia. Du hast neulich mein Quellwasser nicht gemocht und behauptet, das würde 'fischig' schmecken. Ich habe Antonia darauf angesprochen und die hat mir direkt eine Liste mitgegeben. Ich habe sie Dir kopiert. Hier!" Emma gibt mir eine Liste mit der Überschrift 'Geschmacksrichtungen'. Ich lese 'Bei Übersäuerung der Organe möglicher Geschmack von Quellwasser'.

Ort der Übersäuerung	Geschmack
Magen, Bindegewebe und Muskulatur	salzig bis stark salzig
Galle, Nieren	bitter, metallisch
Nieren (zu viel Harnsäure)	nach Urin, Ammoniak
Leber	nach Fisch
Bauchspeicheldrüse	süß

„Emma, das ist faszinierend! Dankeschön!" „Ist es. Du solltest Antonia noch einmal darauf ansprechen, denke ich mir?" „Das finde ich sehr aufmerksam von Dir. Dankeschön. Übrigens, hast Du was am Wochenende vor, Emma? Und warst Du eigentlich letzte Woche im Kino? Du wolltest doch ins UCI?" „Nee. War ich nicht. Ich weiß noch nicht..." „Wenn Du magst, kannst Du Sonnabend zum Kaffee kommen. Ich backe Dir zu Ehren Schmandkuchen" „Überredet! Freu, freu! Wie immer um 16:00 Uhr?"

Der heiße Hunger

„Wie geht es Ihnen, Maria-Julia?" „Schon besser. Nach einer Behandlung generell! Heute geht es weiter mit der Übersäuerung?" „Ja. Heute ist die Harnsäure dran..." „Darf ich bitte noch eine Frage stellen, bevor Sie weiter fortfahren, Antonia?" „Selbstverständlich." „Ich habe mit Emma über meinen veränderten Geschmack gesprochen. Mein Wasser schmeckte mit einmal 'fischig'. Emma hatte zuerst wohl auch keine Erklärung, hat Sie angesprochen und Sie haben ihr freundlicherweise eine Liste mit unterschiedlichen Geschmacksrichtungen und deren Bedeutung für mich mit gegeben..." „Gut, dass Sie mich daran erinnern. Ein veränderter Geschmack gibt einen Hinweis auf Belastungen. In Ihrem Fall ergibt sich ein Hinweis auf die Leber, die sich zur Zeit stark engagiert. Ihr Tonikum der Mariendistel unterstützt die Leber bei ihrer Regeneration. Das ist vorteilhaft. Zusatzaktivitäten sollten eingeschränkt werden. Deshalb für den Rest dieser Woche und auch die nächste Woche bitte keinen Leberwickel machen! Ihre Leber darf sich für eine Weile ausruhen." Ich nicke. „Noch etwas zum Verständnis. Ich habe Ihnen seinerzeit Ume Su und Tamari empfohlen... " „Soll ich Ume Su auch absetzen?" „Nein. Sie unterstützen mit den vergorenen Lebensmitteln Darm, Leber und Nieren. Maria-Julia, schmecken Ihrer Familie die makrobiotischen Lebensmittel?" „Ausnahmslos. Die Linsensuppe - mit Ume Su und Gomasio üppig drauf gestreut - ist ein neues Highlight in meiner Küche!" „Wunderbar, Maria-Julia. Neues Stichwort: Heißhungerattacken. In der TCM wird 'Heißhunger' auf eine Geschmacksrichtung als Mangelerscheinung eines Organpaares bewertet. Es gibt fünf Möglichkeiten. Ist der Mangel ausgeglichen, hören die Heißhungerattacken auf:

  Süß gehört zu Magen, Milz und Bauchspeicheldrüse
  bitter zu Herz und Dünndarm
  sauer zu Leber und Galle
  scharf zu Lunge und Dickdarm
  salzig zu Blase und Nieren

„Brauchen Sie noch eine Weile, Maria-Julia?" „Nein, meine Aufzeichnungen sind erledigt, Antonia. Danke."

Die Säure des Harns

„Gut. Neues Stichwort: Belastung durch Harnsäure. Harnsäure bildet sich durch falsches Essen und Trinken, insbesondere durch zu viel tierisches Eiweiß und bei übermäßigem Kaffeegenuss... Sie erinnern sich?" „Claro. Milchsäurebelastung gleich Kaffeedurst! Apropos Durst. Bitte entschuldigen Sie!" Antonia schenkt mir Tee ein und lächelt mich an. „Helma Danner hat übrigens ein Kochbuch ohne tierisches Eiweiß geschrieben: 'Die Naturküche. Vollwertkost ohne tierisches Eiweiß'. Diese Harnsäure belastet vor allem auch die Nieren. Unsere Nieren... Ich bewundere diese unsere Schöpfung..." Antonia schaut aus dem Fenster. „Die Nieren vollbringen wirklich Unglaubliches. Innerhalb von vierundzwanzig Stunden reinigen sie tagtäglich zirka zweitausend Liter Blut. Ist das nicht beachtlich? Zweitausend Liter!!!" „Ja. Das finde ich auch. Mein Mann wundert sich inzwischen schon gar nicht mehr darüber, was ich hier alles erfahre. Man könnte meinen, er hört inzwischen interessiert zu und hätte bereits ein wenig Feuer gefangen..." „Ein Tipp von mir, Maria-Julia: Wenn sich Ihr Mann vielleicht nicht sofort dazu entschließen kann, sein Leben umzukrempeln, denken Sie immer daran, dass jeder Mensch selbst für sich entscheiden muss, was er sinnvoll findet." Ich seufze. „Das fällt mir sehr schwer. Es täte ihm wirklich gut..." „Lassen sie ihn gewähren. Er wird es dankbar annehmen."

„Antonia, wenn ich richtig hingehört habe, dann bestätigen seine vielen Espressos in letzter Zeit seine körperliche Not. Ich kann mich an Zeiten erinnern, da war ihm das Getränk viel zu bitter. Was genau passiert, wenn er viel zu viele Espressos trinkt und zu wenig Wasser dazu?" „Es ist weniger das Zu viel an dem schwarzen Gebräu, sondern das zu wenig Wasser dazu, das bedenklich ist. Harnsäure sorgt für unterschiedliche Belastungen. Der Körper braucht vermehrt Mineralien, um das Hasardeure Milieu auszugleichen. Salat und Gemüse enthalten die in den Pflanzen gespeicherten Mineralien. Die jedoch reichen im übersäuerten Zustand nicht aus. Harnsäurekristalle belasten das Gewebe, machen unbeweglich und verursachen rheumatische Schmerzen. Ich kenne einige wahre traurige Geschichten..." „Comprendo, ich verstehe...

Ich habe gehört, Sie sind des öfteren in Spanien?" „Stimmt, im Süden davon, in Andalusien. Bei schönem Wetter kann ich ein winziges Stück von Marokko sehen..." „Sprechen Sie spanisch?" „Un poquito castellano, ein wenig Spanisch..." Antonia seufzt. „Maria-Julia, Sie haben die spanische Sprache im Blut, ich habe lediglich ein Seminar beim Alpha Institut auf Mallorca gemacht. Ich kenne das Basisvokabular und die Grammatik dazu und bin in der Lage, mich verständlich zu machen. Für einen Smaltalk reicht es aus. Ich werde bei nächster Gelegenheit einen neuen Kurs buchen." Ich freue mich. Jemand lernt meine Muttersprache. Das tut gut. „Eine kleine wahre

Geschichte dazu?" Ich nicke. „Meine Schwägerin lebt seit langer Zeit in Spanien und traute sich anfangs kaum spanisch zu sprechen. Sie hatte eine grandiose Idee. Sie besorgte sich Bücher für Kleinkinder auf spanisch. Das fiel ihr leicht und so half sie sich und konnte ebenso mit ihren beiden Enkelkindern, die beide in Spanien zweisprachig aufwachsen, spanisch reden. Als sich ihre Kenntnisse verbessert hatten, besorgte sie sich ein Buch für Erwachsene: 'Don Quijote'. Eine ihrer Töchter sah das Buch und schaute ihre Mutter groß an. „Mama, das tust Du Dir wohl nicht an, das ist 'altes' Spanisch. Das ist vor langer, langer Zeit aktuell gewesen. So redet heute keiner mehr. Das ist viel zu schwer..." „Antonia, hat ihre Schwägerin das Buch umgetauscht?" „Nein, Maria-Julia, hat sie nicht. Es schmückt jetzt ihren Bücherschrank." Ich grinse. „Sie fliegen gerne nach Spanien?" Antonia nickt. „Ich liebe das Land, die Menschen und natürlich die Sonne und das Meer..." Ich sehe eine sonnen durchflutete Landschaft vor mir und strahle Antonia an. „Das würde ich gerne einmal sehen, dieses Andalusien... Heute tröste ich mich mal mit Emmas Spruch: 'Unverhofft kommt oft.'" „Recht hat sie, ihre Freundin! Wer will wissen, was da kommen mag..."

Wir schweigen beide für einen Moment. „Zurück zu den Belastungen, Maria-Julia. Vielleicht möchten Sie Ihren Urin messen?" Ich nicke und Antonia holt ein Blatt Papier aus ihrer Schublade und reicht es mir. „Ich gebe Ihnen ein Testblatt dafür mit. Sie benötigen für den täglichen Urintest Indikatorpapier zur Bestimmung des Ph-Wertes. Teststreifen gibt es in der Apotheke. Diese werden kurz in den Urin eingetaucht. Aufgrund der Verfärbung erkennen Sie den jeweiligen Wert, den Sie bitte in die Uhrzeitspalte des jeweiligen Tages eintragen. Wichtig ist, dass mindestens 'drei' Messungen pro Tag erfolgen. Am besten jeweils ein bis zwei Stunden nach den Hauptmahlzeiten. Jeder Mensch ist morgens am sauersten, danach gibt es mittags wieder einen Säure knick und noch einmal am späteren Abend. Sehen Sie hier. Eine richtige Welle ergibt sich über den ganzen Tag." „Ich dachte, dass ich generell sauer wäre..." Antonia schüttelt den Kopf. „Maria-Julia, sämtliche Vorgänge im menschlichen Körper sind lebendig und verändern sich in Rhythmen und Zyklen. Nichts ist konstant." „Das werde ich Stephan erzählen, sobald ich daheim bin!" Ich räuspere mich. „Antonia, ich möchte mich bei Ihnen bedanken. Ich erfahre soviel Neues in jeder Sitzung. Herzlichen Dank." Antonia strahlt. „Ich bin erfreut, dass Sie die Termine schätzen und weiter geben. Sie haben eine Trumpf im Ärmel, den andere Patienten nicht haben. Sie sind mit Emma befreundet! Sie haben die Möglichkeit, Ihr Wissen zu vertiefen." „Das stimmt. Ich wundere mich, was Emma alles weiß. Das war mir vor meinem Besuch bei Ihnen gar nicht bewusst..." „Jeder Mensch bekommt nur Dinge mit, die er erkennen kann... Noch eine wahre Geschichte?" „Immer wieder gern, Antonia. Darf ich mir noch eine Tasse Tee nach schenken?" „Aber sicher. Mir bitte auch."

„Ich erinnere mich an eine anschauliche Geschichte. Eine Bäuerin kam vor einigen Jahren als Patientin zu mir. Ich nenne sie mal Erna. Ich hatte ihr erzählt, dass Verfettung oder Übersäuerung Organe belasten. Erna stimmte mir zu und berichtete wahrheitsgemäß: „Ich schlachte die Tiere in unserem Dorf. Bei der letzten Partie Schweine war wirklich alles vertreten von dem, was Sie mir gerade erzählt haben, Frau Doktor." „Ich bin Heilpraktikerin." „Weiß ich. Einige dieser Schweine hatten wirklich Organe vom Feinsten, sag ich Ihnen, Frau Doktor." „Ich habe einen Seufzer losgelassen, aber nichts mehr zur falschen Berufsbezeichnung gesagt." „Frau Doktor, wie gesagt, Organe vom Feinsten. Alles sauber. Nichts an Abfall dran. Aber es gab auch ein paar Schweine mit massig dick Fett drumherum, um die Organe. Falsche Mast, sag ich nur. Sag ich den Bauern oft, das mit der falschen Mast. Aber die hören nicht zu, sag ich Ihnen. Dann aber, Frau Doktor, kam ich ins Schleudern. Die letzten drei, die waren mir bis vorhin ein Rätsel. Bis vorhin, als Sie mir das mit der Milchsäure erklärt haben. Da hat es Klick gemacht bei mir, Frau Doktor. Die hatten so ein ganz feines Gespinst von was weißem Festen um die Organe herum. Ich hatte fast Angst, mich dran zu pieksen. Das war vielleicht die Milchsäure?"

„Das ist durchaus möglich. Wahrscheinlich hatten die Schweine viel Stress zu ertragen. Bei Vieh, was über große Strecken transportiert wird, kann man sich das leichter vorstellen, als bei Tieren aus Ihrem Dorf. Aber offensichtlich hatten die drei Stress, vielleicht haben sie ihr nahes Ende geahnt." „Erna schaute mich damals verunsichert an." „Frau Doktor, ich verstehe nun, was ich beim Schlachten gesehen habe. Ich bin nur wirklich überrascht, dass bei Tieren und Menschen gleiche Ablagerungen an den Organen sind. Menschen habe ich ja auch noch nie aufgeschlitzt, Frau Doktor." Antonia schmunzelt. „Erna war schon speziell!" Ich schaue nachdenklich in meine Tasse. „Emma hat mir erzählt, dass Sie Vegetarierin sind?" „Das stimmt. Inzwischen sind es wohl rund sieben Millionen in Deutschland. So schätzt der Vegetarierbund Deutschland... Mir fällt noch eine kleine wahre Geschichte ein. Maria-Julia, möchten Sie sie hören?" „Immer wieder gern, Antonia." „Meine Mutter lebte als kleines Mädchen in einem Dorf in Thüringen. Ein Bauer schenkte meinem Großvater ein kleines rosiges Schweinchen. Es passte nicht mehr an die Versorgungsleitungen der Schweinemama." „Nehmen Sie es mit, Herr Meier, hatte er angeboten. Sonst muss ich es entsorgen!" Mein Großvater schenkte dieses kleine Schweinchen seiner kleinen Tochter, meiner Mutter. Diese zog es liebevoll mit einem Fläschchen groß und nannte es Lotta. Lotta war besonders. Sehr anhänglich. Sie folgte dem kleinen Mädchen auf Schritt und Tritt. Machte Besorgungen im Dorf mit und holte sie sogar am Dorfrand von der Schule ab. Nur eines Tages war sie ein großes Schwein und fraß auch normale Portionen. Meine Großeltern überlegten nicht lange. Sie ließen Lotta schlachten, als meine Mutter in der Schule war. Das sensible kleine Mädchen war in der Schule schon ganz unruhig gewesen. Als sie um den Waldweg in das Dorf bog, kam ihr Lotta nicht wie sonst freudig entgegen. Kein Grunzen war zu hören. Es war eindeutig: Lotta war weg. Die Kleine weinte herzzerreißend, trauerte und verstand nicht, warum dieses liebe Tier tot gemacht worden war. Die Kleine konnte nichts mehr essen - über mindestens drei Tage. Mit dem Sonntag kam wie immer an diesem Tag - ein Sonntagsbraten auf den Tisch. Sie ahnen es. Nicht nur die Kleine, nein auch die übrige Familie meiner Mutter, hat nichts von dem Braten angerührt. Wenn die Familie sonst ein Schwein kaufte und es schlachten ließ, um die Speisekammer zu füllen, war das anders. Na ja..." Ich hüstele. „Das arme kleine Mädchen. Muss einen Rieseneindruck bei ihr hinterlassen haben." „Damals gewiss.

Allerdings, bis heute hat das nicht vorgehalten. Schweinebraten isst meine Mutter gern und ebenfalls Thüringer Blutwurst. Wenn die Blutwerte in Richtung Harnsäurebelastung gehen, reduziert sich der Fleischkonsum - bis zum nächsten Mal. Mit über achtzig ist wohl schwer einzusehen, dass einem der Schweinebraten nicht bekommt..." „Seien Sie gnädig mit Ihrer Mutter!" Antonia lächelt müde. „Versuche ich... Für eine Sache war der Vorfall in Thüringen jedoch gut. Als ich irgendwann Fleisch und Fisch ablehnte, weil ich nichts mehr essen wollte, was ich selbst nicht würde töten können, konnte meine Mutter das annehmen. Wahrscheinlich hatte das mit Lotta zu tun." „Meine beiden Grazien mögen ebenfalls kein Fleisch." „Ich respektiere das. „Meine Mutter seinerzeit weniger. Irgend jemand beobachtete, dass meine Mutter extra für mich Fleisch ganz klein püriert und zusätzlich durch ein Tuch gedrückt hat. Sie hat mir auf diese Weise 'Gutes' ins Essen gemogelt. Ohne das kräftigende Fleisch war es aus ihrer Sicht kein befriedigendes Essen. Aber - durch welchen Zufall auch immer - habe ich das einzige winzige Knöchelchen auf dem Teller gehabt, was sie übersehen hatte." „Wie haben Sie reagiert?" „Nachsichtig, Maria-Julia. Mir haben diese Zufälle letztendlich sogar geholfen, schneller für mich selbst zu kochen. Heutzutage ist es für meine Mama absolut okay, dass ich Vegetarierin bin. Da fragt sie mich gelegentlich sogar nach Rezepten von Speisen, die ihr bei mir besonders gut schmecken." „Ich kenne inzwischen einige leckere Gerichte ganz ohne Fleisch, die meine Familie mag. Gibt es ein Buch, dass Sie mir für angehende Vegetarier empfehlen können?" „'Ernährung für ein neues Jahrtausend' von John Robbins darf ich Ihnen ans Herz legen. Dieses Buch zeigt auf, dass ein Verzicht auf Fleisch sowohl wirtschaftlich wie auch gesundheitlich von Nutzen ist."

*

Wir zwei sitzen nach meinem Behandlungstermin im kleinen Café in der Nähe der Praxis und schlürfen genüsslich Espresso und Kaffee. „Maria-Julia, ich registriere mit Freuden, dass Du Dir generell

Wasser zum Kaffee dazu bestellst." „Ich trinke seit ich in der Praxis bin Wasser zum Kaffee. Ich weiß von Dir, Emma, dass in anderen Ländern wie Österreich automatisch ein Glas Wasser mit zum Kaffee serviert wird. Unentgeltlich. Hier bei uns in Deutschland muss ich es extra bezahlen. Das soll mich nicht abhalten, Wasser zum Kaffee zu trinken." Emma grinst. „Maria-Julia, ich weiß gar nicht, ob ich Dir Folgendes schon erzählt habe. Es gab eine Studie, dass Kaffee zur täglichen Wassermenge dazu gehört. Normalerweise gehören Bohnenkaffee und schwarzer Tee nicht zur Trinkmenge, wie Du weißt. Ich habe vorsorglich mal einen Urintest gemacht, bevor ich angefangen habe, eine ganze Woche lang ausschließlich Kaffee zu trinken... Und noch einmal nach einer Woche Unterbrechung."

„Wie sah Dein Urin aus?", frage ich interessiert. „Mein Körper hat anders reagiert, als es die Studie geschildert hat. Am Anfang war der Urin normal gelb und am Ende fast dunkelbraun... Ich für meinen Teil halte es seit der Zeit genau so, wie du es jetzt praktizierst. Ich trinke Wasser zum Kaffee... Merke: Trau keiner Statistik, die Du nicht selbst gefälscht hast!" „Emma! Ich verstehe Dich und danke für die Information. Heute bin ich übrigens über die Heißhungerattacken aufgeklärt worden." „Interessant, nicht wahr, Maria-Julia?" „Das will ich meinen. Heute habe ich gelernt, dass Heißhunger immer ein sicheres Zeichen von Schwäche eines Organpaares der fünf Elemente ist. „So ist es. Bei manchen Typen unserer Spezies drückt sich eine Störung auch über eine Verweigerung aus... Diese Menschen mögen den zugeordneten Geschmack partout nicht. Jedoch ist das eher selten." „Du meinst, der eine liebt einen Geschmack und der andere mag ihn gar nicht?" „Richtig. Das geht vom Ablehnen bis zum Verabscheuen eines Geschmacks." „Ich gehöre zu der weniger seltenen Sorte. 'Heißhunger' traf auf mich zu hundert Prozent zu. Darüber hinaus habe ich gelernt: Schmeckt neutrales Quellwasser nach Fisch – so wie bei mir die letzte Zeit – ist das ein Zeichen für Übersäuerung und weist auf eine Leberschwäche hin." Emma nickt.

„Anschließend haben wir über zwei unterschiedlichen Säuren gesprochen. Zuerst über die Harnsäure und anschließend über die Milchsäure. Eine wahre Geschichte aus der Praxis handelte von einer Bäuerin, die die Schweine in ihrem Dorf schlachtet. Diese Frau konnte Antonia die Belastungen der Organe dieser Tiere genau beschreiben." Emma schnippst mit den Fingern. „Ich erinnere mich an die Bäuerin. Ich habe mit Antonia über diesen Termin gesprochen. Einige Schweinchen hatten unbelastete Organe und andere eine Fettschicht um die Organe, was man fach chinesisch 'viszerales Fett' nennt. Das lag an der falschen Mästung! Seit Deiner Besprechung mit Antonia weißt Du, dass nicht nur Schweine Fett um Organe haben. Schau Dich um, Maria-Julia!" Emma grinst breit. Ich bin wieder einmal sprachlos. Meine Emma... „Antonia hatte eine weitere Übereinstimmung bei Mensch und Tier in ihrer Erzählung. Emma Du weißt das? Ich schaue Emma keck an. „Maria-Julia, dass ich ausgerechnet das Netz aus Milchsäure vergessen habe! Und das mir! Alle lebendigen Wesen setzt Stress zu. Alle reagieren bei Disstress über eine Ausschüttung von Milchsäure." Emma beugt sich zu mir. „Alles hoch spannend, nicht wahr?" Ich nicke. „Maria-Julia, Schweine sind uns Menschen so was von ähnlich: Schlau, helle Haut, blaue Augen und Allesfresser. Wusstest Du, dass die Schweine im Krieg wirklich 'alles' gefressen haben?" Ich frage nach. „Emma, was meinst Du?" Emma lehnt sich zurück. „Na ja, sogar die Eiterbinden von den Soldaten..." Ich schüttele mich. „Igittigitt." Emma atmet tief aus. „In der Tat. Schweinefleisch provoziert beim Menschen Entzündungen. Deshalb ist Schweinefleisch für die Patienten, die Entzündungen im Körper haben oder schlecht heilende Wunden, in unserer Praxis verboten!" Ich nicke. „Zur Wiederholung, Maria-Julia. Die beschriebenen Ablagerungen der geschlachteten Schweine - Fett um die Organe oder Milchsäuregitter - finden wir bei Tieren und ebenfalls beim Menschen!" Ich seufze. „Habe ich verstanden, Emma!" Emma schaut ernst drein. „Kannst Du laut sagen, Maria-Julia!" Wir schweigen eine Weile. Emmas Wasserflasche ist inzwischen leer und vor mir steht ein kläglicher Rest. Wir bestellen zwei weitere Flaschen Wasser.

„Was sagst Du übrigens zu meinen neuen Werten? Du kennst sie wahrscheinlich?" „Du sagst es. Die Auswertung des Blutbildes sagt aus, dass Du mit diesen Werten bereits im fast 'normalen' Bereich liegst. Eben nur 'fast'." „Was meinst Du ist der Grund?" „Ein wichtiger Grund ist das Milieu im Körper. Das stimmt noch nicht. Bei Kindern und Kleinkindern reichen oftmals wenige Impulse aus, um das Milieu auszugleichen und Gesundung und Gesundheit einzuleiten. Je 'verschlackter' allerdings ein Organismus ist, desto länger dauert dieser Prozess. Es ist ohnehin wunderbar, dass ein solcher Heilungsprozess möglich ist… Aber, diese Ursache Deiner Mißempfindungen ist kein unausweichliches Schicksal, das passiv erduldet werden muss. Passiv sein ist ein möglicher Weg, eine Lösung birgt dieser Weg nicht. Im Gegenteil: Aktive Mithilfe ist angesagt!" „Das hört sich logisch an, Emma." „Ist es, Maria-Julia. Lass mich weiter ausholen. Ich bin gerade so in Fahrt. Also: Von entscheidender Bedeutung ist ein ausgeglichener Säure-Basen-Status in Säften und Geweben. Alle Stoffwechselvorgänge hängen davon ab - bis ins Innerste von Billionen von Zellen. Das ist vergleichbar mit einer elektrischen Batterie, bei der der richtige Säuregrad entscheidet, ob sie leistungsfähig ist. Kannst Du das nachempfinden?" „Claro." „Das saure Milieu führt zum einen zur herabgesetzten Versorgung der feinsten Adern. Das ist ein Grund dafür, dass Blockaden entstehen und die notwendige Zufuhr von Sauerstoff und Nährstoffen herabgesetzt ist. Zum andern werden Abbauprodukte des Zellstoffwechselgeschehens nicht vollständig entsorgt. Der Körper hat generell Stress!" Emma schlürft ihren Kaffee. „Emma, ich habe neulich in der 'Mind Body Medicine' gelesen. Da ging es um Selbsthilfe gegen Stress glaube ich." Ich seufze, als Emma dazwischen redet…

„Kenne ich, Maria-Julia. In den Kliniken Essen-Mitte praktizieren sie dieses ABC als Strategie zur Selbsthilfe. Das 'A' steht für Auslöser, das 'B' für Bewertung und das 'C' für Konsequenz. Die arbeiten dort acht Wochen lang mit Atemtechnik und Meditation… Damit wollen sie zur ursprünglichen Selbstheilung zurückfinden. Hat mich mächtig beeindruckt… Übrigens, im gleichen Beitrag gab es noch ein ABC des Wohlbefindens. Eine Übung gegen Ängste, die wohl die Selbstheilung anregt. Ein Patient zog den Buchstaben 'B' und sollte nun für ihn positive Dinge assoziieren, die mit 'B beginnen. Er sagte: Beziehung, Brombeereis, Ballspiel, Bett…" „Interessant, Emma!" „Noch was Wichtiges, Maria-Julia. Wenn man zu wenig auf sein Herz hört oder zwischenmenschliche Themen ungelöst bleiben, verursacht das ein saures Milieu und die Reizleitungen des Herzens werden irritiert. Sie reagieren mit Erregbarkeit, Herzrhythmusstörungen und der Puls beschleunigt sich. Alles zusammen bereitet dem Herzen Stress, und zwar Milchsäurestress!" „Macht durchaus Sinn, Emma." Emma nickt. „Zusätzlich kommen die Ernährungsgewohnheiten mit einem relativ hohen Verzehr an tierischem Eiweiß dazu. Das verursacht Rückstände, in diesem Fall Harnsäure." „Gleichbedeutend mit weiterem Stress?" „Genau so ist es, Maria-Julia." „Nun bitte einen Ausweg aus dem Dilemma, Emma! Frage: Gibt es überhaupt einen Ausweg, das Milieu im Körper zu verbessern? Nun sag schon, wie macht man das?" Emma überlegt. „Es gibt einen Ausweg aus dem Dilemma. Die Formel heißt 'Umstimmung'!"

Emma und auch ich haben gerötete Wangen. Beide sitzen wir still auf unseren Stühlen und hängen unseren Gedanken nach... „Emma, kennst Du eigentlich die Geschichte mit Lotta?" „Ja wohl! Bei mir hat sie wahrscheinlich noch mehr Eindruck hinterlassen als bei Dir." „Warum meinst Du das?", will ich wissen. „Na, ja. Ich habe mich in dem Gespräch mit meiner Chefin seinerzeit richtig aufgeregt über das Verhalten ihrer Eltern. Ich habe meiner Chefin gegenüber inbrünstig betont, dass das kleine Schweinchen Lotta doch in dem Haus ihrer Eltern wie ein Haustier gehalten worden ist. Ich hatte sicherlich wie jetzt gerade einen roten Kopf." Emma ist sichtlich aufgeregt und spielt abwesend an ihrer Haarlocke. „Ist doch für ein kleines Mädchen eine schlimme Situation, ihr heiß und innig geliebtes rosa Schweinchen als toten Braten auf dem Tisch zu entdecken. Ist doch klar, habe ich postuliert, dass sie davon nichts gegessen hat." Emma hat beim Erzählen einen trockenen Hals bekommen und hält inne. „Ja und weiter?" Emma räuspert sich kurz. „Antonia mich mich gefragt, ob es einen Unterschied gäbe zwischen einem Schwein, das wir persönlich kennen und den vielen anderen Tieren, die auf der Welt für die Menschen geschlachtet werden. Und ob ich meinen Hund – wenn ich einen hätte – schlachten und vertilgen würde..." Emma räuspert sich erneut. „Der Gedanke hat mich seither nicht mehr losgelassen. Ich esse kaum noch Fleisch..."

Einen Augenblick schweigen wir. „Damals hat mich Antonia getröstet und mir versichert, dass wenn die Zeit dafür gekommen sei, ich ganz bestimmt keinen einzigen Bissen mehr runter bekommen könnte. So hätte sie das erlebt..." „Uff, das ist ja wirklich..." „Missionare haben übrigens vor langer Zeit geschafft, dass die Völker der Südsee - ich glaube Polynesien und Neuguinea war das - kein Menschenfleisch mehr essen. Vielleicht wird irgendwann Vegetarismus für die Westler Normalität werden... Der überwiegende Teil der Weltbevölkerung ernährt sich ohnehin vegetarisch..." „Interessant. Das wusste ich nicht." Ich trinke einen Schluck Kaffee, Emma leert ihre zweite Flasche Wasser wie üblich in einem Zug und wischt sich den Mund ab. Sie schließt kurz ihre Augen und kratzt sich am Hinterkopf.

„Übrigens: Antonia hat sich schon vor ewigen Zeiten mit diesem Thema auseinandergesetzt. Sie hat bei Dr. Bruker eine Ausbildung zur Gesundheitsberaterin gemacht. Damals war sie noch keine Heilpraktikerin. Antonia hat mir weiterhin erzählt, dass die Massentierhaltung bereits in den siebziger Jahren thematisiert wurde und heutzutage weiterhin intensiv praktiziert wird, was weit über ethisch vertretbare Grenzen hinaus geht. Die Tiere werden darüber krank, werden mit Medikamenten behandelt, des weiteren mit Impfungen und Stoffen, die zur Mästung eingesetzt werden. Das alles wird gedankenlos mit gegessen." Nachdenklich sitze ich auf meinem Stuhl, schweife mit meinen Gedanken ab... „Emma, entschuldige. Sprich weiter, bitte." „Okay. Ist Dir bekannt, dass fast ein Drittel der Landoberfläche unserer Erde für die Viehzucht genutzt wird?" Ich schüttele verneinend den Kopf. „So viel?"

„Ja wohl. Das Klima wird dadurch ungünstig beeinflusst, mehr als durch den Transportverkehr. Wälder werden für Felder abgeholzt und Mastanlagen errichtet. Diese produzieren mega viel Gülle. Apropos Gülle: Massentierhaltung verursacht über die Gülle eine hohe Belastung an Nitrat. Dadurch wird das Grundwasser vergiftet! Neulich habe ich eine Radiosendung gehört zu diesem Thema. In Norddeutschland wird das Wasser zum Teil schon verdünnt, damit man es unbeschadet trinken kann. Andererseits gibt es ein Gülle-Taxi, das die Gülle in andere Regionen schafft wie Sachsen-Anhalt, wo Bedarf besteht." „Du bist gut informiert, Emma." Emma nickt. „Eine weitere Überlegung: Auch die Ernteerträge könnten bestimmt in hohem Masse für die Menschen genutzt werden, wenn wir von der irren Viehzucht Abstand bekommen. Wahrscheinlich müssten weniger oder gar keine Kinder mehr hungern. Und auch die Tiere, die in Mastställen gehalten werden, brauchten nicht mehr zu leiden." Ich atme tief durch. „Ich esse seit dem Gespräch mit Antonia damals keine Pizza mit Thunfisch mehr." „Was hat es mit dem Thunfisch auf sich?" „Es braucht wohl ganz, ganz viele Kilogramm an Meeresbewohnern, um einen Thunfisch satt zu machen. Außerdem landen beim Fang oft Delphine im Netz...." „Emma, was alles um uns herum passiert. Und man merkt es nicht einmal..." „Wir bemühen uns, nicht wahr? Oder?"

„Ich hab gerade noch etwas. Antonia hat mich vor kurzem an einem Gespräch teilnehmen lassen. Die junge Patientin hieß Esther, war etwas älter als Deine Kathy und wurde von ihrer Tante begleitet. Ein hübsches Duo... Ich habe mir Notizen von der Besprechung gemacht." Emma kramt in ihrer Handtasche. „Ich habe das Blatt schon ein paar Tage für Dich bei mir. Warte. Nur noch einen kleinen Moment..." Sie zieht ein DIN a 4 Blatt aus der Tasche und schaut mich an. „Es geht nichts über einen ordentlichen Haushalt..." Emma räuspert sich. „Das war ein zweiter Termin. Ich fasse zusammen, was ich notiert habe. Ihr Husten war fast weg. Die Nase der Kurzen war allerdings noch immer zu. Deshalb hat sie regelmäßig Spenglersan K und Spenglersan G gesprüht, was sie wohl entlastet hat. Antonia hatte ihr Verhaltensmaßnahmen zum Essen auferlegt. Wird Dir bekannt vorkommen?" Ich nicke und Emma grinst breit. „Na ja, bei Esther war ein Knackpunkt, dass sie kein gebratenes Fleisch mit Soße und keine Wurst mehr essen durfte. Wurst wird meistens aus Schweinefleisch hergestellt. Schweinefleisch sollte prinzipiell gemieden werden. Es provoziert beim Menschen Entzündungen, unreine Haut oder Pickel. Wenn schon Wurst, vielleicht von der Pute... Was Wichtiges: Wurst bekommt seinen Geschmack durch die Gewürze. Das Fleisch selbst schmeckt kaum nach etwas. Eine Alternative stellen vegetarische Aufstriche dar, die genau mit diesen Gewürzen hergestellt worden sind..." Emma grinst. „Das alles hat Esther wenig glücklich gestimmt. Du hättest das Gesicht der Keinen sehen sollen... Atonia hat erwähnt, dass sie Patienten zur Unterstützung des Heilungsprozesses empfiehlt, für ein, zwei Monate ausschließlich pflanzliche Kost zu sich zu nehmen. Oftmals sind die Betroffenen erstaunt, dass sie sich in dieser tierisch eiweiß freien Zeit kräftiger fühlen und wesentlich wacher und klarer im Kopf sind. Wenn sie wieder in alte Gewohnheiten verfallen, merken sie, wie viel Kraft sie dieses Verhalten kostet. Immerhin reduzieren die meisten Patienten ihre Eiweißmast..." Ein Schnaps wäre jetzt gut. Der ist jedoch tabu. Ich atme tief aus.

Emma räuspert sich. „Die Härte folgte, Maria-Julia: Antonia hat mich aufgefordert, der jungen Dame zu erklären, warum sie auf gebratenes Fleisch und Wurst verzichten sollte. Ich wusste sofort, worauf Antonia hinaus wollte. Das war heftig, Maria-Julia. Immerhin esse ich gelegentlich ebenfalls noch Gebratenes oder Gekochtes aus Fleisch oder Fisch." Emma seufzt. Ich werfe ihr ein Kußhändchen zu und lächele sie an. „Erklären konnte ich das ganz gut, glaube ich. Ein Raubtier frisst frisch erlegtes Wild. Die Hähnchenkeule wird gebraten, der Entenbraten in den Backofen geschoben, das Filet medium zubereitet. Dieses wie auch immer erhitzte oder gebratene Fleisch hinterlässt Spuren im Körper. Unser Darm ist nun mal kein Raubtierdarm. Der tierische Darm ist ganz kurz und scheidet das fremde Eiweiß schnell wieder aus. Wir Menschen haben jedoch keinen kurzen Raubtierdarm, sondern einen langen Menschendarm und deshalb oft Probleme mit Fleisch oder Wurst, weil das darin enthaltene Eiweiß viel zu lange im Körper verweilt und dort regelrecht vergammelt. Ziemlich drastisch, oder?" Ich nicke. „Esther hat sich geschüttelt und mir war etwas plümerant..." Emma atmet tief aus. „Antonia hat ergänzt, dass eine zusätzliche Gefahr besteht: Ist eine bestimmte Anzahl von Fäulnisbakterien erreicht, passieren diese die Bluthirnschranke und gelangen ins Gehirn... Diese Bakterien heißen 'Kadaverinen', die Verbindung zu Kadaver ist also 'rein zufällig'. Man könnte sagen, dass die Menschen mit der Zeit 'Sheet' im Kopf haben, oder?" Ich habe eine Gänsehaut bekommen und seufze. „Antonia fragte mich nach dem Namen des Forschers, der das Kadaverin isoliert hat. Kadaverin' oder 'Diamin' wurde erstmals 1885 von Ludwig Brieger isoliert, kam es wie aus der Pistole geschossen aus meinem Mund. Und ich konnte mir nicht verkneifen zu erwähnen, dass über mikrobielle Zersetzung von Eiweiß 'Leichengift' entsteht." „Emma!" „Hat Antonia auch gemeint, Maria-Julia. Ich bin wieder harmlos. Mal im Ernst: Welche Normalos wissen das? Na ja, vielleicht ein paar... Esther und ihre Tante sind jedenfalls ziemlich blass geworden...

Esther fragte noch nach Zucker. Worauf Antonia das mit einer Gegenfrage beantwortet hat: 'Gibt es bei Euch in der Familie vielleicht einen speziellen Schnaps, den einer selbst braut?' Onkel Erwin macht Schlehenschnaps, stellte sich heraus. Antonia fragte die Kurze, ob sie wisse, wodurch die Schlehen zu Schnaps werden. Konnte sie beantworten: „Durch Zucker!" Antonia nickte. „Zucker macht durch Gärung Alkohol erst möglich. Diese Gärung im eigenen Bauch macht den Leib aufgebläht und dick, produziert außerdem Winde und hinterlässt im Darm seine Spuren. Die Darmbewohner, die uns helfen, gesund zu bleiben, weichen anderen, die uns eher schaden." Das hat sie verstanden. Aber sie fragte trotzdem, ob sie nicht mal ein Teilchen vom Bäcker oder was Süßes essen dürfte. Die Antwort ist uns beiden klar, nicht wahr, Maria-Julia?" Ich nicke. „Esther hat verstanden, dass sie weniger Zuckriges naschen soll. Geholfen hat ihr die Aussage, dass viel knackiges frisches Gemüse und Obst, Vollkornprodukte und wenig Süßes ihr helfen werden, hübsch und schlank zu bleiben." Das kann ich mehr als gut verstehen...

„Ich kann Dir zum Süßen noch was Tolles sagen, Maria-Julia. Bitte, notiere Dir das! Es gibt einen bemerkenswerten Süßstoff 'Xylitol'. Der ist unschädlich und hat zwei gute Eigenschaften. Er härtet den Zahnschmelz, erhöht die Knochendichte und ist sogar für Diabetiker geeignet." „Ist ja fantastisch. Wie ist das denn mit der Süßkraft? Ähnlich stark wie bei Stevia?" „Danke der Nachfrage. Nein. Die Süßkraft von Xylitol ist nicht so stark wie bei Stevia, sondern ähnlich wie die vom raffinierten Zucker - jedoch ohne dessen Nebenwirkungen. Man kann Xylitol mengenmäßig wie Zucker für Getränke und Gerichte einsetzen." Espresso, Kaffee und Wasser sind ausgetrunken. Als Claudio uns von weitem signalisiert, ob wir Nachschub brauchen, schütteln wir einheitlich unsere Köpfe. Ich bin stolz auf mich. In früheren Zeiten hätte ich wahrscheinlich mindestens die zweite Tasse Kaffee getrunken, und zwar mit viel Zucker... Emma tippt mich an. „Das Beste kommt noch, Maria-Julia. Antonia hat ihr von gefrusteten, kleinen Mädchen erzählt, die gerne laut sind, auf die Bäume steigen und sich dabei die Hosen zerreißen... „Und? Emma, Du hast doch noch etwas in petto?" „Allerdings. Esther hat zum Besten gegeben, dass sie sich ihren Frust weg tanzt und ihre Eltern oft ganz verzweifelt sind. Antonia hat der Kleinen nach diesem Outing gestanden, dass sie als junges Mädchen ebenfalls viel getanzt und ihre Eltern mit der Musik und dem vielen Tanzen fast an den Rand des Wahnsinns getrieben hat." Ich erinnere mich gerade in diesem Augenblick an meine getanzten leidenschaftlichen Ausbrüche und lächele still vor mich hin... Emma räuspert sich. „Irgendwann, hat Antonia Esther nach der Musik gefragt, nach der sie gerne tanzt. Im Auto der Tante befand sich eine CD dieser Musik. Die Tante holte die CD, Antonia legte sie auf und Esther hat danach getanzt. Das war vielleicht irre! Toll hat sie getanzt, diese Esther! Alle haben geklatscht und die Lütte hat gestrahlt."

Sauer macht lustig?

„Frau Winter, Entschuldigung, Maria-Julia." Antonia lächelt mich an. „Es ist kaum mehr vorgekommen, dass ich mich verbessern musste, nicht wahr, Maria-Julia?" Ich nicke und schmunzele. Antonia schenkt uns Tee ein und nimmt Platz. „Antonia, gibt es ein Entsäuerungsmittel, das man unbedenklich nehmen kann?" Antonia räuspert sich. „Die kurzzeitige Einnahme eines Basenpräparates ist gelegentlich sinnvoll. Eine Übersäuerung hat mit dem täglichen Speiseplan, als auch mit den Gefühlsempfindungen zu tun.. Maria-Julia, erinnern Sie sich? Sie selbst haben gesagt: „Ich bin sauer!" Ich erinnere mich und nicke zustimmend. „Eine Säurebelastung entsteht, wenn die herkömmlichen körpereigenen Puffer- und Ausscheidungssysteme die anfallenden sauren Stoffwechselendprodukte nicht mehr ausreichend neutralisieren können. Unterschieden wird zwischen Säuren, die über die Lunge als Kohlensäure ab geatmet werden und Säure, die im Bindegewebe zwischengelagert wird. In der

Fachsprache wird das Bindegewebe 'Vor-Niere' genannt. Letztendlich folgt die Ausscheidung über die Nieren selbst. Deshalb sind Funktionsverluste der Nieren ziemlich problematisch..." Ich höre still zu und denke an eine Freundin, die zur Dialyse muss. „Maria-Julia?"

Ich zucke kurz zusammen und höre Antonia wieder zu. „Innerhalb kurzer Zeit wird es bei mangelnder Neutralisierung der Säuren zu einer stetig wachsenden Übersäuerung kommen. Dieses kontinuierliche Manko wird dazu führen, dass Mineralien aus Knochen mobilisiert werden, um eine Änderung des chemischen Blutgleichgewichts aufzufangen. Säuren reduzieren den Mineralgehalt der Knochen. Ein chronischer Knochenabbau führt unaufhaltsam zur Entwicklung einer Osteoporose mit ansteigendem Risiko von Frakturen." Ich frage nach. „Antonia, der Körper neutralisiert die überschüssige Säure, um das Blutgleichgewicht zu erhalten? Und um das zu erreichen, zieht er Mineralien aus den Knochen?" „Maria-Julia, genau so verhält es sich.

Dazu gibt es eine ernst zu nehmende Studie. Bei dieser Studie an über eintausend Frauen, die älter als fünfundsechzig Jahre alt waren, ist heraus gekommen, dass eine vegetarische Ernährung einen erheblichen Einfluss auf die Knochendichte hat und die Kalziumbilanz deutlich besser war als bei denen, die sich mit einer Mischkost ernährten. Die Frauen mit Mischkost haben trotz gleicher Kalziumzufuhr weitaus mehr Säure und Kalzium über die Nieren ausgeschieden." „Antonia, das finde ich erstaunlich!" „Finden Sie, Maria-Julia? Interessant! Maria-Julia, ein basisches Mittel mag für kurze Zeitspannen bei einer messbaren Übersäuerung hilfreich sein. Jedoch macht es wenig Sinn, ein Puffermittel 'gegen' die Übersäuerung als Therapie aufzuschreiben. Sobald man es absetzt, ist anzunehmen, dass die Übersäuerung sofort wieder in Erscheinung tritt..." „Antonia, das verstehe ich. Aber warum produziere ich soviel Magensäure?" Antonia trinkt einen Schluck Tee. „Maria-Julia, eines ist gewiss: Ihr Körper mit all seinen Organen und Systemen tut 'immer' das Beste, um weiter zu funktionieren. Er nutzt die ihm zur Verfügung gestellten Ressourcen optimal. Maria-Julia, Sie fragten mich, warum Sie zu viel Magensäure produzieren. Normalerweise bewirkt die in den Dünndarm abgegebene Galle auf reflektorischem Weg eine Abgabe von Enzymen der Bauchspeicheldrüse. Wird jedoch 'zu wenig' Galle gebildet, so tritt eine Hemmung der Abgabe von Enzymen ein. Der Magen kommt ins Spiel. Der Magen kompensiert. Er produziert wegen der fehlenden Galle mehr Magensäure, um weiter verdauen zu können. Das schwächt ihn auf Dauer und das Mehr an Säure verätzt die Schleimhäute." „Das verstehe ich. Und der eigentliche Grund für die Übersäuerung ist zu wenig Galle?" Antonia nickt. „Das nehme ich an, Maria-Julia." „Antonia, kann es sein, dass ich deshalb im Lokal nach einem Essen inzwischen Lust auf einen bitteren Likör habe?" „Das ist denkbar. In der Praxis gibt es für den Heißhunger auf 'bitter' die Empfehlung, das URBITTER Granulat von Dr. Pandalis einzunehmen oder das 'Bitter Elixier' von Wala zu trinken." „Woraus besteht das 'Bitter Elixier'?" „Enzianwurzel, Kalmuswurzel und Wermutkraut sorgen für den bitteren Geschmack, Ingwerwurzel und Pfefferfrüchte geben Schärfe dazu." „Hört sich nach Ausprobieren wollen an, Antonia. Ich habe beide notiert." „Wunderbar." Antonia nimmt sich noch einen Schluck Tee. „Welche Wirkung hat das Bittere vor dem Essen?" „Maria-Julia, Bitterstoffe erhalten die Gesundheit. Insbesondere der Heißhunger auf 'süß' verschwindet mit der Zeit, wenn man vor dem Essen etwas von dem bitteren Granulat oder den Tropfen zu sich nimmt. Außerdem schützen diese heimischen Produkte unter anderem vor 'Überfütterung'. Ich schreibe diese Mittel gerne auf bei Blähungen, Völlegefühl und Verdauungsschwäche..." „Da fallen mir gerade Menschenkinder ein, denen ich diesen Tipp weitergeben werde..." Antonia sieht mich lächelnd an. „Maria-Julia, welche erfreuliche Aussichten: Essen und Trinken sind optimiert, ihre Atemübungen, Ihre täglich gesprochenen Affirmationen... Alle Maßnahmen, diejenigen eingeschlossen, die ich nicht aufgezählt habe, erhöhen ihren Energielevel." Ich merke am eigenen Körper, dass Antonia recht hat. „Ich freue mich auf meine Darmkur! Ich fühle, dass die Darmkur, die bald starten wird, mir zusätzlich gut tun wird." Antonia nickt. „Ich bin ganz Ihrer Meinung, Maria-Julia. Eine Colon-Hydro-Kur hilft Ihnen, das natürliche Milieu Ihres Körpers wieder herzustellen." Ich trinke meinen Tee. Mir kommt ein Gedanke.

„Antonia, ist es richtig, dass, wenn die Ursachen meiner Übersäuerung angegangen werden, langfristig betrachtet meine Falten wieder weniger werden?" „Bingo! Herr je, ich spreche bereits wie Ihre Freundin Emma." Antonia nickt. „Genau das trifft zu. Über die notwendigen Maßnahmen erhöht sich Ihre Energie, parallel dazu Ihr Wohlbefinden und Ihr Aussehen. Der Teint bekommt wieder Leuchtkraft, Falten werden zu Fältchen usw..." Wir müssen lachen. „Eitel sein ist okay, denke ich. Übrigens, Sie sehen bereits viel besser aus als zu Beginn Ihrer Termine. Weniger fahl, sichtbar glatter und straffer." „Das habe ich heute morgen ebenfalls gedacht, als ich mich im Badezimmer im Spiegel betrachtet habe. Aber ich habe das als Einbildung abgetan..." Ich muss husten und trinke einen Schluck Tee. „Maria-Julia, zum Thema Übersäuerung möchte ich Ihnen noch eine wahre Geschichte erzählen. Bei meiner Mutter hat dieser Vorgang innerhalb von nur vier Jahren zu zehn Zentimeter Längenverlust geführt." „Antonia, habe ich richtig gehört? Ihre Mutter ist zehn Zentimeter kleiner geworden?" Antonia nickt. „Genau." „Wodurch passiert denn so etwas?" „Als das passierte, waren damals extreme psychische und körperliche Belastungen als Ursache voraus gegangen. Der geliebter Bruder war schwer erkrankt. Todkrank. Das Regime im Osten Deutschlands gestatte nicht, dass er nach Westdeutschland überführt wurde. Meine Mutter reiste daraufhin zu ihm. Der schwer kranke Mann bekam trotz bestialischer Schmerzen keine Schmerzmittel verabreicht und ist - nach einigen nie zu enden scheinenden Wochen - in den Armen meiner Mutter gestorben. Als meine Mutter zurück kam, war sie eine gebrochene Frau und völlig ergraut. Das war schlimm!" Antonia seufzt. Kurz darauf folgte ein schwerer Sturz, durch den sie sich komplizierte Brüche am rechten Arm einhandelte, die mehr als mehrmals geröntgt worden sind. Zuguterletzt stach sie ein Jahr darauf noch eine Zecke. Das gestaltete sich kompliziert: Gehirnhautentzündung!" Antonia seufzt noch einmal. „Wenn man es recht bedenkt, ist meine Mutter ein lebendes Wunder! Andere Menschen hätten all das nicht überstanden. Aber diese Generation von Frauen hat wohl 'Knochen im Schnurrbart'. Ich habe der Geschichte fasziniert zugehört und und merke, dass mir eine Träne die Wange hinunter läuft. Dann jedoch – bei der Vorstellung der 'Knochen im Schnurrbart' verzieht sich mein Gesicht zu einem Grinsen. „Maria-Julia, Sie haben eine kleine wahre Geschichte zum Aufmuntern verdient?" „Gern. Ich nehme mir noch einen Tee?" „Selbstverständlich, bitte bedienen Sie sich. schenken Sie mir auch noch eine Tasse ein?"

Die Blumenfee

„Maria-Julia, zwei Dinge sind meiner Mutter heilig: Ihre Familie und ihre Blumen." „Das ist bei mir ebenfalls so. Ich bin ein Blumenkind. Das habe ich von meiner Mutter in Kuba geerbt." Antonia lächelt mich an. „Meine Mutter stellte ihre Lieblingspflanze, eine prächtig blühende Calla, vor die Balkontür im Schlafzimmer. Die Pflanze hatte bis zu diesem Zeitpunkt fast ununterbrochen herrliche rote große Dolden getrieben. Vom Frühjahr bis zu Weihnachten. Mütterlein hatte sie immer bewundernd angeschaut und sich an ihr erfreut. Sie pflegte zu sagen: 'Drei Dinge brauchen die Pflanzen: Wasser, Liebe und Licht. Denn im Dunklen gedeihen sie nicht!' Von ihr habe ich gelernt, dass Pflanzen schon ab einem Meter Lichtentzug quasi im Dunklen stehen und Not leiden. Durch diesen Tipp halten seither meine Blumensträuße immer recht lange..." Ich melde mich. „Das ist neu für mich. Das will ich gern ab heute beachten." „Wunderbar! Vielleicht dazu eine wichtige Information zum Licht an sich. Eine mittelalterliche Foltermethode bestand darin, den zum Tode Geweihten nicht nur das Licht der Sonne, sondern über Bleiplatten-Abdeckungen zusätzlich die Erdstrahlung vorzuenthalten. Die Opfer starben einen jämmerlichen Tod..." „Menschen sind grausam." „Maria-Julia, wir wissen heute, dass es dringend nötig ist, täglich etwas Sonnenlicht zu tanken - auch noch am wolkenbedeckten Himmel wirkt die Strahlkraft unseres Lebensspenders Sonne." „Antonia, das ist für die Aufnahme von Vitamin D wichtig?" „Richtig. Um das Vitamin D für unseren Körper verfügbar zu machen, bedarf es der Sonne ob direkt oder durch die Wolkendecke indirekt." Antonia räuspert sich.

„Zurück meiner Mutter. Eines Tages stellte sie die Calla vor ihre Balkontür. Die Sonne schien den ganzen Morgen ins Fenster und die Blume bekam den ganzen Tag lang Licht. Gelegentlich bekam die Calla zusätzlich eine extra Portion Spezialdünger. Es dauerte nicht lange, da fielen einzelne Blätter der Pflanze ab. Das blühende Strotzen schien vorbei zu sein. Meine Mutter fragte die Calla mit geschlossenen Augen: 'Was ist mit Dir los?'. Bald schon überzog das immer noch schöne Gesicht meiner Mutter ein zufriedenes Lächeln. Die Pflanze hatte ihr die Botschaft zukommen lassen: 'Ich hasse Zugluft'. „Wie ist es ausgegangen?", will ich wissen. „Kaum zu glauben, Maria-Julia... Meine Mutter verschaffte ihrer Lieblingspflanze ein windgeschütztes Plätzchen am Ende der Fensterbank im Wohnzimmer. Bereits nach kurzer Zeit war die alte Blütenpracht wiederhergestellt." Ich lächele. „Das ist schön. Meine Schwiegermutter kennt sich insbesondere mit Rosen und Kräutern aus... Über Emma habe ich übrigens eine tolle Hilfe im Garten vermittelt bekommen. Er heißt Roland. Ein toller Gärtner.."

*

Die Getränke stehen vor uns. Emma schaut mich fragend an. „Maria-Julia, um was ging es heute?" „Emma, ums Sauersein ging es, die überschüssige Magensäure..." „Hast Du ?" „Habe ich, Emma." „Maria-Julia, ein Quantum Trost! Dieser Zustand wird sich normalisieren. Ich finde bedauerlich, dass heutzutage normalerweise sogenannte 'Antazida' eingesetzt werden, wenn es in der Speiseröhre brennt. Diese Tütchen haben leider etliche unangenehme Nebenwirkungen. Zugegeben, eine schnelle Hilfe. Aber eine ursächliche Lösung des Zustandes ist das absolut nicht!" „Was würdest Du machen?"

„Maria-Julia, es gibt eine schnelle Hilfe - frei von Nebenwirkungen. Man nehme Heilerde! Aufgrund der optimalen mineralischen Struktur der Heilerde ist es möglich, überschüssige Säure zu binden. Übrigens war bereits in der Antike die besondere Wirkung dieser

Erde bekannt. In unserer Praxis empfehlen wir Luvos-Heilerde 'ultrafein'. Heilerde auf den Löffel, in den Mund, einspeicheln, etwas Wasser nach trinken... Diese Heilerde von Luvos kann man nicht nur gegen Sodbrennen, sondern auch bei säure bedingten Magenbeschwerden und Durchfall einsetzen." „Was meinst Du, Emma. Sollte ich mir Heilerde besorgen?" Emma nickt. „Könntest Du. Etwas Wirkungsvolles im Haus zu haben ist besser, als Stunden darauf warten zu müssen, wenn es mal zum Notfall kommt. Oder?" „Claro. Schon notiert, Emma."

Hat Antonia irgend einen Tee empfohlen?" „Nein..." „In diesem Fall übernehme ich!" Emma grinst. „Für beziehungsweise gegen das Sodbrennen kann man Wermuttee trinken. Oder einen Schluck Schlagsahne. Das hilft auch. Eine weitere Möglichkeit, um sich augenblicklich zu helfen ist, Fettkäse, Speck oder Wurst zu essen. Allerdings ganz 'ohne' Brot. Diese fettigen Nahrungsmittel saugen die überschüssige Magensäure auf." „Emma, kannst Du Dir erklären, warum diese Einschränkung besteht?" „Kann ich versuchen, Emma. Wird Brot dazu gegessen, erzeugt dieses Brot zusätzliche Magensäure und das Sodbrennen wird ärger als zuvor?" „Großes Lob, Maria-Julia!" Emma schaut mich wohlwollend an. „Ihr habt wahrscheinlich über die Tatsache geredet, dass erst die blockierte Abgabe von Galle die Magensäure auf den Plan ruft?" „Genau. Der lädierte Magen reagiert auf die verminderte Abgabe der Galle, indem er vermehrt Magensäure produziert. Damit schafft er die Grundlage, um überhaupt verdauen zu können." „Maria-Julia, ich bin begeistert. Du hast es drauf!!!" Sie stupst mich. Der lädierte Magen leidet. Dieses Zu viel an Säure verätzt die Schleimhäute und verändert das Milieu empfindlich..." Ich nicke. Emma stürzt ihr Wasser hinunter. Ich schenke mir ein Glas ein. „Antonia hat von ihrer Mutter erzählt. Hast Du das mit ihrem Bruder gewusst?" Emma nickt. „Die arme Frau hat hautnah miterlebt, wie ihr Bruder bis zum Tod so entsetzlich hat leiden müssen... Grauenhaft! Dann der Unfall mit den komplizierten Brüchen, die vielen Röntgenaufnahmen und als Krönung schließlich die Zecke. Das nenne ich Schicksal! 'Zehn' Zentimeter ist sie über die ganzen Schocks kleiner geworden. Unvorstellbar!" Emma und ich seufzen gleichzeitig. „Maria-Julia, ich habe die Mutter gesehen. Traurig ist das. Vorher war sie fit und bildschön. Nach diesem Jammertal war sie völlig 'ergraut!'. Ich lasse das Gesagte auf mich wirken...

„Ich bin mir unsicher. Ich meine, Du hast es mir schon mal gesagt… Welches Organ signalisiert das Schwäche übers Ergrauen, Emma?" „Die Nieren, mein Schatz. Der Mutter von Antonia sind all diese vielen Dinge, die ihr zugesetzt haben, im wahrsten Sinne des Wortes an die Nieren gegangen." Ich verstehe. „So wird es sein, Emma. Übrigens: Antonia hat mir anschließend noch zum Erheitern eine andere Geschichte ihrer Mutter erzählt, worin diese als Blumenfee vorkommt…" Emma lächelt. „Ich kenne die Geschichte. Die Mama redet mit der Blume, die Zugluft bekommen hat?" „Genau die Geschichte war es, Emma." „Maria-Julia, weißt Du, dass das Energieniveau eines Menschen maßgeblich am Wachstum und Gedeihen der Pflanzen zu hause beteiligt ist?" „Was meinst Du, Emma?" „Nun, wenn ein Patient krank ist, gehen oftmals seine Blumen zugrunde…" „Und weiter?" „Geht es dem Patienten wieder besser, geht es auch seinen Blumen wieder besser. Antonia sagt, dass Blumen meistens erst im zweiten Jahr der Rekonvaleszenz nach schweren Erkrankungen wieder gedeihen. Antonia bittet die Patienten, mit der Anschaffung eines Tieres bis zum dritten Jahr zu warten." „Tiere tun den Menschen gut, dachte ich bisher…" „Tun Sie, Maria-Julia. Im Normalfall. Ist ein Mensch nach einer schweren Krankheit wiederhergestellt, ist er erst im dritten Jahr soweit genesen, dass der Energiefluss für beide förderlich ist…" Wir schweigen eine Weile und hängen unseren Gedanken nach. „Heute Nachmittag kommst Du zum zweiten Mal mit Kathy?" „Oh je, genau. Das ist heute. Wir müssen Schluss machen…"

Der Babyspeck

Nachmittags erscheinen Kathy und ich pünktlich zum zweiten Besprechungstermin. Wie geht es Dir, Kathy?" „Danke," antwortet Kathy schüchtern. „Bitte, setzt Euch beide. Wollt ihr etwas trinken?" „Nein, danke. Wir kommen gerade von zu hause und sind bestens versorgt." „Sagt bitte, wenn ihr Lust auf Tee bekommt?" „Tun wir." Ich räuspere mich. Emma hat mir vor kurzem einen Rat gegeben, den ich befolgt habe. Vielleicht hat der Tipp helfen können, den Heuschnupfen zu reduzieren. Emma hat gemeint, meine übertriebene Hygiene sei eventuell auch ein Grund für die Beschwerden. Ich habe daraufhin mein Verhalten geändert, und nach dem Putzen nicht noch zusätzlich desinfiziert." Antonia nickt. „Ein guter Ansatz. Schon seit den siebziger Jahren hat man erforscht, dass bei der Pollenallergie, dem Heuschnupfen, die Vererbung zwar eine wichtige Rolle spielt, insbesondere jedoch die Umweltfaktoren - wie beispielsweise eine hohe Schadstoffbelastung in der Luft oder übertriebene Hygiene - das Immunsystem mehr als belasten. Bestimmte keimtötende Stoffe stören auf zellulärer Ebene die Fähigkeit, zwischen schädlichen und ungefährlichen Stoffen zu unterscheiden."

Antonia schaut in die Auswertungsbögen. „Kathy, ich schreibe Dir noch einmal Zink auf. Nimm das Mittel bitte weiterhin. Zusätzlich zu den anderen Verordnungen. Ist das okay für Dich?" Kathy nickt. „Das Wichtigste zuerst. Kathy, darf ich offen sprechen?" Kathy schaut Antonia voll an. „Kannst Du Dir vorstellen, wieder ganz fit zu sein? Ohne Infekte, kalte Füße, einen kalten Po, ohne eine dauernd laufende Nase?" „Ja, Frau Talbach.. Das war früher normal. Daran erinnere ich mich noch gut." „Prima. Dir ist klar, dass Du Deine Oma vermisst?" Kathy schluckt und ein kleines Tränchen schiebt sich aus einem Auge. Leise antwortet sie: „Ich vermisse Omi Hilde sehr. Ich finde schrecklich, dass sie in diesem Heim ist. Die alten Menschen wirken auf mich soooo... Ich finde keinen Ausdruck dafür... Und ich kann gar nichts machen..." Kathy ist auf ihrem Stuhl zusammen gesunken. Sie tut mir aufrichtig leid. Mir ist erst gerade bewusst geworden, wie sehr Kathy unter der Einweisung ihrer Oma in ein Pflegeheim gelitten hat. Ich vermute, dass auch ihre angeschlagene Abwehr... Ich streichele meinem Spatz sanft den Rücken. Ich stelle fest, wie sehr sich mein Mädchen verändert hat. Dieses Mädchen ist das Gegenteil von der Kathy, die noch vor relativ kurzer Zeit Sprüche in meine Richtung losließ wie: 'Du bist einfach nur schrecklich' oder 'Mama, Du bis mega peinlich!' Allein bei diesen Gedanken an die Vergangenheit muss ich schlucken... Es ist still im

Raum. „Kathy, ein Trost ist, dass es Lösungen selbst in schier aussichtslosen Situationen gibt." Kathy schaut zu Boden. „Magst Du mir zuhören? Ich habe für Dich erst einmal überlegt, was Deine Befindlichkeitsstörungen reduzieren könnte. Magst Du die Tipps hören?" Kathy nickt.

„Speziell in der kalten Jahreszeit haben viele Menschen einen Infekt. Mit dem Husten und Niesen fliegen die Viren bis zu zwölf Meter weit durch die Luft. Das mit einer Geschwindigkeit von bis zu einhundertsechzig Kilometer pro Stunde. Menschen atmen die Viren ein. Bei geschwächter Immunlage erkranken die Menschen kurz darauf an einem Infekt. Das spricht für den Mundschutz... Aber es geht weiter. Erkältungsviren übertragen sich über Taschentücher, ungewaschene Hände, ebenfalls über Türgriffe und Dinge, die von anderen Menschen berührt wurden. Achtung! Bitte, nach dem gründlichen Hände waschen, und zwar mit Seife und 'auf keinen Fall' den Lufttrockner benutzen. Der hat nicht genug Hitze, um die Keime abzutöten. Der saugt die Luft lediglich an, erwärmt sie und verteilt sie auf die Hände. Was tun?

Dieser Kreislauf lässt sich durch regelmäßiges Hände waschen unterbrechen. Bitte, die Hände gründlich mit Seife waschen, mindestens eine halbe Minute lang. Am besten unter fließendem Wasser. Hinterher bitte gründlich mit Wasser abspülen und sorgfältig abtrocknen. In öffentlichen Einrichtungen am besten mit einem Einwegtuch. Danach mit diesem Tuch den Wasserhahn zudrehen, die Eingangstür damit öffnen und das Tuch anschließend entsorgen. Ebenfalls wichtig ist es, darauf zu achten, das Gesicht nicht anzufassen. Denn mithilfe der Hände kann man die Viren in Mund, Nase und Augen bringen." Ich melde mich. „Antonia, dankeschön für die vielen Tipps. Über den Lufttrockner hatte ich mir nie Gedanken gemacht...."
„Dann ist der Tipp wichtig!

Ich habe Kathy ein Rezept geschrieben. Zur Stärkung der Nebenhöhlen gibt es Sinfrontal sowie zur Stärkung der körpereigenen Abwehr Engystol und Unizink. Mithilfe dieser natürlichen Mittel werden

Dauer und Symptome eines Infektes abgeschwächt." Antonia trinkt einen Schluck Tee. „Kathy, bei Auftreten eines Infektes jede Viertelstunde bitte jeweils ein bis zwei Sinfrontal Tabletten lutschen. Bei Besserung reduziert sich die Einnahme auf alle zwei bis drei Stunden. Du wirst feststellen, dass sich bereits nach kurzer Zeit Dein Zustand verbessert. Dadurch reduziert sich die Einnahme der Tropfen auf zweimal oder dreimal täglich." Kathy rutscht unruhig auf ihrem Stuhl hin und her. „Das hört sich schwieriger an, als es in Wirklichkeit ist." Antonia lächelt Kathy aufmunternd zu. Kathy erwidert das Lächeln verlegen. „Sinfrontal Tabletten habe ich besprochen. Nun zu den Engystol Tropfen. Davon gibst Du dreimal täglich zwanzig Tropfen in ein Glas Wasser und trinkst es schlückchenweise aus. Diese Tropfen reduzieren sich ebenfalls Woche um Woche mit eintretender Besserung. Aus den zwanzig Tropfen werden zehn, dann fünf. Ich empfehle, die Tropfen noch zwei Wochen lang nach Ende des Infektes weiterhin einzunehmen." „Und das Unizink?", will Kathy wissen. „Du hast gut aufgepasst, Kathy. Ich wollte es gerade sagen. Das Unizink 50 reicht einmal täglich."

Antonia schweigt eine kurze Weile. „Schüßler Salze schreibe ich zusätzlich auf. Gleich zu Beginn einer Erkältung haben sich Magnesium phosphoricum D 12 Tabletten bewährt. Naturheilkundige verehren dieses Schüßler Salz als 'Heiße Sieben' bei akuten Beschwerden. Insbesondere als Getränk hilft es bei Kopfweh oder Muskelschmerzen und entkrampft spürbar Magen und Darm. Meistens werden dreimal täglich jeweils 10 Tabletten oder ein fertiges Portionstütchen in heißem Wasser aufgelöst und langsam schluckweise getrunken. Auf diese Weise kann das Mittel besonders schnell vom Körper aufgenommen werden." Antonia wendet sich mir zu. „Deine Mama kennt dieses Mittel schon in Verbindung mit Silicea D12, nicht wahr?" „Richtig, Antonia. Ich nehme eine Kombination von Nummer Sieben zusammen mit Nummer Elf zur Nacht und fühle mich seither morgens erholt und entspannt." „Das hört sich gut an. Nun wieder zu Dir, Kathy. Jetzt ist es an der Zeit, Dich von Deinem Schnupfen zu verabschieden. Dafür benötigen wir die Hausapotheke folgende drei Mittel.

- Bei Fließschnupfen: Ferrum phosphoricum D 12 oder Schüßler Salz Nummer 3.
- Bei Stockschnupfen: Natrium chloratum D 6 oder Schüßler Salz Nummer 8
- und bei hartnäckigem Schnupfen mit gelblicher Sekretbildung: Kalium sulfuricum D6 oder Schüßler Salz Nummer 6."

Die nimmst Du bitte folgendermaßen: anfangs bitte jede Viertelstunde zwei Tabletten lutschen, bis die akuten Symptome verschwinden. Anschließend dreimal, schließlich zweimal täglich. Antonia reicht mir ein weiteres Rezept. „Kathy, kannst Du mir das bitte mit Deinen Worten einmal wiederholen?" „Ich habe das so verstanden: Immer wenn ich merke, dass ich einen Infekt bekomme, setze ich die 'Heiße Sieben' ein. Ich unterscheide bei der Einnahme der Lutschtabletten zwischen Fließschnupfen, Stockschnupfen und hartnäckigem Schnupfen. Die Mittel nehme ich, solange bis es wieder vorbei ist." Kathy schaut mich an. Ich lächele zurück. Gut macht sie das, finde ich. „Nimm die Mittel ruhig noch zwei Wochen länger, Kathy." Antonia schreibt ein weiteres Rezept aus...

„Kathy, Du willst Deine Allergien weg haben?" Kathy nickt. „Deshalb habe ich ein weiteres Rezept vorbereitet. Hier bitte, Maria-Julia." Ich entziffere 'Colibiogen'. „Dieses Colibiogen entspricht einer biologischen Umstimmungskur für den Darm. Sowohl für die Schleimhaut als auch für die Darmflora. In der Naturheilpraxis geht es um ursächliche Heilbehandlungen. Vielleicht kannst Du das, was du jetzt hörst, sogar später mal in Bio gebrauchen. Also: Das Immunsystem Darm ist von entscheidender Bedeutung für die Gesundheit eines Menschen. Ein Vortrag auf einem Heilpraktikerkongress hieß einmal: 'Darmflora – das vergessene Organ oder wie man hundert Billionen Freunde gewinnt'. Schön nicht?" Kathy grinst. „In der vierhundert Quadratmeter großen Darmschleimhaut befinden sich achtzig Prozent der Immunabwehr. Nur eine intakte Schleimhaut bringt eine gesunde Bakterienflora hervor und kann diese auch erhalten. Die Aufgaben: Krankheitserreger aus Nahrung und Umwelt abwehren, andererseits den Körper mit lebensnotwendigen Stoffen versorgen. Gesunde Darmschleimhautzellen produzieren gesunden

Schleim, der einen natürlichen Schutz bietet. Unverdaute Nahrungspartikel, Gifte, schädliche Bakterien usw. werden abgefangen und mit dem Stuhl ausgeschieden. Eine gestörte Darmschleimhaut verursacht Nahrungsmittelunverträglichkeiten, Allergien, verminderte Infektabwehr und natürlich Darmprobleme selbst."

Ich melde mich. „Antonia, ist es möglich, eine bestehende Allergie endgültig loszuwerden?" „Es gibt die unterschiedlichsten Auffassungen. Hier in unserer Praxis beantworte ich das mit 'ja'. Allerdings muss einiges dafür gemeinsam getan werden." „Sind doch tolle Aussichten, nicht wahr?", frage ich Kathy. Kathy nickt. Antonia räuspert sich. „Ich habe mir eine Kur überlegt, die über drei bis vier Monate geht. Die Schleimhaut wird unterstützt und entlastet und kann sich regenerieren. Dadurch siedelt sich wieder eine gesunde Darmflora an. Kathy, eine Frage. Hast Du Angst vor Spritzen?" Kathy schüttelt den Kopf. „Eine weitere Frage. Kannst Du dreimal die Woche kurz in die Praxis kommen, damit du eine Spritze bekommst?" Kathy schaut mich fragend an und wir zwei sind uns einig. Antonia registriert das und lächelt.„Aha, das wird also gehen. Sogar mit Transfer, wie es scheint. Ich schreibe gerade noch die zehn Ampullen für die Spritzen auf das Rezept mit Colibiogen als Mittel zum Einnehmen. Die Ampullen bitte in den Kühlschrank legen und zum ersten Termin mitbringen. Ich behalte die Ampullen von Dir hier in der Praxis und schreibe Deinen Namen darauf. Die Spritzen bekommst Du in der Praxis." Ich frage nach.

„Reichen Spritze und Medikamente aus, Antonia?" „Maria-Julia, im besten Fall ja. Es gibt ansonsten einen Stick für die Nase. Ich hoffe, dass wir ohne den Stick auskommen werden. Der Tropfenfänger für das hübsche Näschen wird in jedem Fall bald überflüssig sein!" Wir drei grinsen. „Kathy, alles, was jetzt folgt, dient dem Wiederaufbau Deiner Darmflora. Diese Kur dauert vier Monate. Bei dieser Kur kommen ausschließlich Darmkulturen zum Einsatz, die maßgeschneidert zum Problem der Allergie passen. Kuhmilch und Produkte daraus müssen vermieden werden! Selbstverständlich muss ebenfalls die Ursache der Allergie angeschaut werden..." Ich verstehe und muss husten.

„Im ersten Monat bekommst Du Colibiogen inject Ampullen. Das sind zehn Ampullen, die Dir hier in der Praxis injiziert werden, und zwar an drei Tagen, beispielsweise montags, mittwochs und freitags. Nach Abschluss der Ampullenkur verordne ich Dir für zwei Monate Synerga. Davon nimmst Du einmal täglich einen Teelöffel circa eine halbe Stunde vor dem Frühstück. Im vierten Monat folgen Lactobiogen Kapseln, jeweils eine bis zwei Kapseln zum Frühstück." Ich schaue etwas verunsichert drein. Antonia bemerkt das. „Maria-Julia, die Medikation nach der Ampullenkur wird peu a peu aufgeschrieben und besprochen werden. Erleichtert?" Ich nicke. Kathy schaut Antonia neugierig an. „Kathy, zu hause nimmst Du ab sofort - wie vorhin besprochen - an den Tagen ohne Spritzen die Tropfen. Ich nehme an, dass die Kombination der Medikation zu hause plus der Ampullenkur in der Praxis ausreichen wird und einen Stick für die Nase unnötig macht." Kathy strahlt.

Antonia trinkt ein Glas Wasser. „In der Natur gibt das Kamel seinem kleinen Baby Kamelmilch, das Kalb bekommt von seiner Mama Kuh die Milch und die menschlichen Babys bekommen Muttermilch von ihrer Mama. Das bekommt allen unterschiedlichen Lebewesen prächtig. Die Arten haben jeweils unterschiedlich aufgebaute Milch, weshalb Tierbabys bedeutend schneller an Gewicht zunehmen als Menschenbabys. Das Eiweiß der Tiere hat einen prozentual höheren Anteil an Eiweiß. Wegen dieses höheren Anteils an Eiweiß ist Kuhmilch für alle Allergiker ein Problem. Das Abwehrsystem stürzt sich auf dieses Fremdeiweiß wie auf einen Eindringling, den es unverzüglich zu bekämpfen beginnt. Die Polizisten, die Lymphknoten, eliminieren die Fremdkörper. Die Mandeln werden dick und entzünden sich. Häufen sich die Entzündungen der Mandeln, werden sie meistens mit einer Mandeloperation eliminiert. Um bei dem Vergleich zu bleiben: Die fleißigen Polizisten werden abgezogen... Irgendwelche Überlegungen, um Eindringlinge fern zu halten, werden gar nicht erst getroffen. Eine tolle Lösung? „Antonia, das hört sich in jedem Fall besser an als eine Operation, zu der uns bereits geraten worden ist. Kathy war oft erkältet und hatte Halsschmerzen, meistens verbunden mit dick geschwollenen Mandeln..." Antonia nickt und trinkt ihre Tasse Tee aus.

„Die Frage, die sich stellt: Wie können ständige Erkältungen, Halsschmerzen oder dicke Mandeln vermieden werden? Ein Versuch ist, auf Kuhmilchprodukte während der Darmkur zu verzichten. Nach der Kur kann man probeweise einen Versuch starten..." „Frau Talbach, Sie meinen, ich könnte nach der Kur wieder Kuhmilch trinken?" „Die Frage, die sich stellt: Was kann passieren? Die Antwort: Eventuell schwellen die Mandeln wieder an. Aber Du weißt um die Zusammenhänge und kennst die Lösung." Kathy verzieht ihr Gesicht. „Zur Zeit also gar keine Kaba mehr? Kein Müsli mit Milch?" „Genau so ist es. Aber Du könntest anstelle Deiner süßen Kaba ein Getränk aus Mandeln oder Hafer probieren. Früher nannte man das Mandelmilch oder Hafermilch." „Wo bekomme ich so etwas?" „Man könnte solche Getränke aus Quellwasser, Mandeln oder Hafer selbst herstellen. Inzwischen erhält man Getränke dieser Art fertig im Reformhaus, im Bioladen oder fast in jeder Bioecke beim Kaufmann. Diese Getränke besitzen zwar den Milchcharakter, sind jedoch rein pflanzlich."

„Es geht also nicht nur um Kuhmilch, sondern ebenfalls um Zucker?", frage ich Antonia. „Danke der Nachfrage, Maria-Julia. Das ist richtig und wichtig. Wegen des Zuckers sind verboten: Eis, Nutella, Limonaden oder Cola. Mit Zucker wird Alkohol hergestellt. Diese Mischung gärt im Bauch. Du hattest im Fragebogen bei den Befindlichkeitsstörungen 'Blähungen' angekreuzt." „Stimmt! Hatte ich! Auch keine Zero?" „Mit Süßstoffen wie Aspartam in der Zero gibt es andere Probleme. Aspartam ist sogar ein Nervengift. Für mich stellt sich die Frage, ob Süßstoff als Alternative für Zucker vielleicht sogar der Gesundheit Schaden bringt..." Kathy schaut zu Boden. „Was soll ich denn sonst trinken?", fragt sie bedröppelt. „Gut temperiertes oder zimmer warmes Wasser, vielleicht Apfelsaftschorle, gemischt aus etwas Apfelsaft und Quellwasser oder viel warmes bis heißes Wasser sowie dünne Kräutertees, wenn es etwas Warmes sein soll." „Na gut", lenkt Kathy ein. „Wie lange denn?" Antonia seufzt. „Schon eine Weile, Kathy. Du willst doch wieder fit werden. Oder?" Kathy nickt. „Was ist noch wichtig? Kein normales Speisesalz, sondern zu einhundert Prozent unraffiniertes Meersalz. Keine Margarine, sondern gute Butter, gute Öle. Das weiß und kennt Deine Mama bereits..." „Ich bin mir gar nicht sicher, ob ich alles richtig weiß. Kochen kann ich, aber über die Zutaten wüsste ich gerne mehr." „Das trifft sich gut. Ich habe mir überlegt, Sie und Emma zu mir nach Hause einzuladen. Theorie und Praxis!" „Una buena idea!" Ich strahle Antonia an. „Kathy, würde es Dir etwas ausmachen, wenn Du etwas abnimmst bei der Umstellung Deines Essens?" Kathy wird leicht rot und schüttelt den Kopf. „Es gibt nämlich einen Nebeneffekt beim Weglassen der Kuhmilch. Kuhmilch ist Mastfutter. Wenn die Mast wegfällt, schwinden automatisch Speck rollen und Doppelkinn." Ich stupse meine Tochter an. „Das müssen wir Papa unbedingt erzählen. Der nimmt immer das Müsli mit Milch, Nutella aufs Brötchen und eine kleine Kugel als Bauch hat er. Für mich ist er mein kleiner Kugelfisch." „Kathy!" „Stimmt doch, Mama!" Antonia schaut Kathy aufmerksam an. „Kathy, bekommst Du das mit dem Essen hin?" „Ja, das kann ich." „Bitte, wiederhole doch noch einmal, was Du behalten hast."

Kathy nagt an ihrer Unterlippe. „Ab sofort keine Milchprodukte, keinen Zucker mehr und so.." Sie stockt, macht sich aber selbst Mut: „Mit Mamas Unterstützung kann ich das regeln..." Kathy schaut mich vertrauensvoll an. „Das ist schön, dass Du das so siehst. Was mir noch einfällt. Um Deine kalten Füße loszuwerden, solltest Du kaltes Essen und Trinken vermeiden, dafür warme Getränke und warmes Essen bevorzugen. Deine Mama kennt sich mit dieser Thematik aus, nicht wahr?" Ich nicke. Kathy räuspert sich. „Ich bekomme in der Praxis zehn Spritzen. An den Tagen, an denen ich keine Spritzen bekomme, gibt es Tropfen. Nach der ersten Flasche für den Darm gibt es ein Rezept für andere, neue Tropfen?" „Genau. Was Du noch vergessen hast, ist eine Maßnahme, um den Tropfenfänger endgültig loszuwerden." Kathy hat rosige Wangen bekommen. „Mama hat bestimmt alles notiert..." „Stimmt. Lassen wir es gut sein!" Antonia überlegt. „Termine brauchen wir für Kathy. Dreimal die Woche: Montag, Mittwoch und Freitag nachmittags um 16:00 Uhr. Passt das?" „Nach den Spritzen sehen wir weiter. Ansonsten muss der Nasenstick her. Der hilft immer." „Warum machen wir den nicht sofort?", will Kathy von Antonia wissen. „Der Nasenstick ist die unangenehmste Möglichkeit für diesen Zweck. Probiere bitte erst einmal die Ernährungsvorschläge und Deine Medikation aus. Das reicht in den meisten Fällen vollständig aus. Ansonsten kannst Du mich gerne zwischendurch anrufen, wenn es pressiert. Das Angebot gilt, Kathy. Hier die Visitenkarte." Kathy errötet zart. „Frau Winter, ich wünsche Ihnen und Dir, Kathy, eine gute Zeit!"

*

Claudio bringt unsere Getränke. Ich ziehe meine Kladde aus meiner Tasche. Emma rutscht unruhig auf ihrem Stuhl hin und her. „Sag schon, hat Kathy die Sitzung gut überstanden?" „Hat sie. Mit dem Essen wird sie einiges ändern müssen und Rezepte hat es ebenfalls gegeben." „Maria-Julia, nerve mich nicht, berichte!" Ich schmunzele. Meine Emma, ruhig und ausgeglichen wie immer. Ich räuspere mich. „Antonia hat Kathy nach Omi Hilde gefragt. Kathy hat geweint... Sie fehlt ihr wohl sehr, ihre Omi Hilde. Antonia meinte, genau diese Thematik sei der Schlüssel zu ihren Abwehrproblemen..." „Könnte sein, oder?" „Ja wohl Emma, könnte wirklich so sein... Antonia hat ihr Engystol und ein Zinkpräparat aufgeschrieben und dazu Sinfrontal als Lutschtabletten." Emma scheint einverstanden zu sein und nickt. „Sowohl Unizink, als auch Engystol eignen sich für Kathy als Mittel der Wahl zur Stärkung Ihrer Abwehr. Und ihre Nebenhöhlen werden mit Sinfrontal erfolgreich bedient. Mit dieser Medikation wird Deine Tochter bald wieder wohlauf sein." „Emma, es gab noch ein weiteres Rezept für Kathy mit den Schüßler Salzen Nummer Drei, Sechs, Sieben und Acht. Und ein weiteres Rezept mit Colibiogen." „Macht Sinn, geeignete Mittel bei Schnupfen in seiner Hausapotheke zu haben. Prima. Colibiogen nimmt sie zu hause und bekommt sie außerdem bei uns als Spritze?" „Genau, Emma. An drei Tagen in der Woche. Insgesamt 10 Mal." „Schön, da passiert richtig was. Die Allergie müsste weggehen, wenn sich die Darmschleimhaut wieder saniert.

Auf der materiellen Ebene ist die instabile Schleimhaut die Ursache für die Allergie und die sich immer und immer wiederholenden Infekte..." „Emma, Du mal wieder..." „Ich höre ja schon auf damit Maria-Julia!." Emma seufzt. Nach den Spritzen macht Kathy mit anderen Tropfen weiter?"

„So ist es, Emma." „Maria-Julia, ich freue mich, dass Kathy die Darmkur bekommt und ich bin zuversichtlich, dass Deine Tochter in Zukunft keinen Tropfenfänger mehr für ihre Nase braucht. Wenn es wieder kalt wird, ist allerdings Vorbeugung angesagt!" „Emma, bitte etwas genauer!" „Schlicht und einfach ausgedrückt: Die kühle bis kalte Herbst- und Winterzeit solide angehen mit viel Schlaf, warmem Tee und Hühnerbrühe!" Ich seufze. „Kannst Du Dir vorstellen, warum Kathy chronischen Schnupfen hat?" Emma denkt nach. „Eventuell trifft es ein englischer Ausdruck am besten: 'I have a stinky nose'." „Emma!" „'Ich bin stinkig' passt doch - oder?" „Claro, Emma, könnte sein..." „Maria-Julia, ich bin begeistert darüber, dass Deine Tochter zu uns in die Naturheilpraxis kommt. Welcher Jugendliche hat schon einen so tollen Einstieg in alternative Heilmethoden!" „Mag sein. Mir ist wichtig, dass Kathy fit wird. Immer diese Erkältungen und das Schlapp sein." Plötzlich muss ich lachen. „Emma, ich erzähle mal, was heute während unseres Gesprächs mit Antonia passiert ist. Antonia machte deutlich, dass Kuhmilchprodukte, Zucker usw. während der Kur ausfallen. Sie erwähnte jedoch die Nebenwirkungen: Doppelkinn und überflüssige Pfunde schmelzen! Mein kleiner Spatz hört das, freut sich wahrscheinlich darüber und sagt spontan: 'Papa soll dabei mitmachen! Der hat einen kleinen Kugelbauch!' Stell Dir das mal vor! Ich bin immer noch entsetzt!" Ich schüttele meinen Kopf, Emma grinst. „Nun mal im Ernst. Wo die Lütte recht hat..." „Na ja, aber öffentlich!" „Na ja, so öffentlich auch wieder nicht..." „Hat Kathy einen Anschlusstermin?" Ich nicke. „Gut. Dann sehe ich Deine Kleine drei Wochen lang drei mal nachmittags...Übrigens: Du hast mich irgendwann einmal nach einer kleinen homöopathischen Hausapotheke für Erkältungen gefragt. Du darfst Dich freuen! Ich habe Dir bzw. Euch einen kleinen Zettel gemacht." Emma überreicht ihre Notizen. „Das ist wirklich lieb von Dir." Emma liest vor:

'Kleine homöopathische Hausapotheke': „'Aconitum' (Eisenhut, Echter Sturmhut) ist das Akutmittel und Antischockmittel. Man setzt es ein, wenn das Fieber schnell ansteigt, darüber hinaus bei Herzklopfen und bei Akutschmerzen. Die Haut fühlt sich heiß und trocken an und der Patient friert. 'Belladonna' (Tollkirsche) hat einen roten Kopf, kalte Hände und Füße, die Haut fühlt sich heiß und feucht an oder es gibt Fieberfantasien... Bei Gliederschmerzen geben wir oft 'Eupatorium' (Wasserhanf). Wenn die Nase kribbelt, eine Erkältung naht, Hände und Füße kalt sind, ist oft 'Camphora' (Kampfer) wichtig. 'Drosera' (Sonnentau) bei Reizhusten und trockenem Husten kombinieren wir manchmal mit 'Ephedra' (Meerträubchen)."

„Emma, dankeschön. Du hast Dir richtig Mühe gegeben!" „Maria-Julia, ich hoffe, dass ist meistens so?" „Claro. Mir fällt gerade etwas ein. Oma Hilde hat bei Husten immer Thymiantee gekocht und den kombiniert mit Hustensaft aus Fenchel, Thymian und Honig." „Wie bereitest Du den Thymiantee zu?", will Emma wissen. „Will ich Dir gerne sagen. Ich nehme einen kleinen Topf kochendes Wasser, schütte Thymian darauf, sodass die Oberfläche des Wassers bedeckt ist. Der Thymian ist leicht und schwimmt auf dem Wasser. Ich koche das Ganze eine ganze Stunde lang. Das Wasser verkocht. Deshalb füge ich innerhalb der Zeit nochmal heißes Wasser nach. Ich seihe den Sud ab, fülle ihn in eine Tasse, fülle mit heißem Wasser auf und gebe Fenchel und Thymian Honigsirup dazu. Den Rest des Teesuds gebe ich in eine kleine Thermoskanne zum Warmhalten. Meine Damen beschweren sich immer über den Geruch in der Küche. Na ja, riechen tut das Hausmittel gegen Husten wirklich nicht besonders, aber helfen tut das Gebräu immer. Und das zählt! Es erleichtert wirklich ungemein..." „Danke, Maria-Julia, das mit dem Thymiantee werde ich gerne an die Patienten weitergeben. Und der Thymian ist kein frisches Kraut?" „Nein, ein normales Gewürzhütchen mit gerebbeltem Thymian aus dem Bioladen." „Danke. Magst Du weiter vorlesen?"

Emmas nimmt ihren Notizzettel und liest weiter laut vor. „'Gelsemium' (Wilder Jasmin) bei Beginn von Grippe und Kopfschmerzen." „Das ist wirklich gut, liebe Emma. Gibt es Kombinationsmittel, die bereits gemischt worden sind?" „Ja. Die DHU hat solche Produkte neu aufgelegt. Es gibt sogar ein Heftchen dazu: 'Mein Junior'. Siehe da. Habe ich Dir mitgebracht." Emma strahlt und freut sich. Sie liest: Homöopathie gegen 'Erkältungsbeschwerden': Tropfende Nase, schmerzhafter Husten, Halsschmerzen usw." „Mensch, Emma. Du kennst meine Wünsche und erfüllst sie... Ich staune immer und immer wieder..."

*

Emma sieht Ines und geht auf sie zu. „Ines, magst Du zu mir nach Hause kommen? Auf einen Kaffee?" „Gibt es was zu feiern?" „So gar nicht im Augenblick. Du könntest mir helfen. Das Thema heißt Übersäuerung. Ich habe eine Freundin, für die das Thema wichtig ist. Es gibt eine einzige Geschichte, die jedem drastisch vor Augen führt, was Unvernunft auszulösen vermag. Ich möchte ihr die Geschichte mit Jon nicht erzählen. Ich fände es wunderbar, wenn Du das machen würdest." Ines schaut abwesend aus dem Fenster. „Ines, wie lange ist das her mit Jon?" „Schon zwei Jahre!" „Ines, meinst Du, Du schaffst das, uns beiden davon zu erzählen, wie das damals war mit Jon?" Ines nickt. „Ich denke, inzwischen schon. Wenn es Dir wichtig ist und ich helfen kann, mache ich es. Ich muss nur sehen, dass ich Violet unterbringe. Am Wochenende würde es bei mir passen."

Ein kleiner Brilli, vielleicht

Antonia schenkt uns Tee ein. „Antonia, können Sie mir bitte etwas zum Piercing sagen. Meine Tochter Sonja will unbedingt eins an ihren linken Nasenflügel. Das hat sie irgendwo gesehen und jetzt macht sie mich ganz verrückt damit." Antonia seufzt. „Maria-Julia, wenn Sie eine Heilpraxis haben, sind sie gehandikapt. Es beginnt mit dem schmerzhaften Stechen... Plötzlich verwandelt sich ihr ernstes Gesicht. Antonia schmunzelt. Antonia trinkt einen Schluck Tee, und räuspert sich. Maria-Julia, ich habe mich gerade an eine kleine wahre Geschichte erinnert. Bereits als kleines Mädchen liebte ich Ohrringe, hasste allerdings jegliche Form von Nadeln oder Prozeduren, die mit Blut einher gingen. Meine Ohrläppchen blieben unversehrt. Erst als mein blutjunges Töchterlein Elisabeth unbedingt kleine Herzchen als Ohrstecker hat haben wollen, habe aber letztendlich nachgegeben. 'Mach Du das mal zuerst. Ich schaue zu', hat sie gebettelt. Gesagt. Getan. Bei diesem schmerzhaften Vorgang sprangen dicke Tränen aus meinen Augen. Zugeschaut und schwuppdiwupp war sie aus dem Geschäft gelaufen. Einige Jahre später allerdings war sie mutig genug, um sich zu martern." Ich schmunzele. „Maria-Julia, ein Piercing ist und bleibt ein Hingucker und genau das ist es, warum vor allem jüngere Menschen den Schmerz der „freiwilligen Körperverletzung" hinnehmen. An eines sollte man allerdings denken: Selbst wenn steril und ordentlich gearbeitet wird, hat die Hälfte der Betroffenen mächtige Probleme. Die Meridiane der Akupunktur laufen oft genau dort her, wo gestochen wird." Ich bin erstaunt. „Maria-Julia, ich kenne zweifellos bezaubernde Ergebnisse, wie zum Beispiel kleine Brillanten am Nasenflügel…"

Rauf und runter

Das Praxistelefon läutet. Es läutet ein zweites und drittes Mal. „Maria-Julia, Sie entschuldigen mich bitte?" Ich nicke und trinke Tee. „Antonia Talbach. Naturheilpraxis. Guten Tag." Antonia schüttelt den Kopf. „Bernhard, schaue bitte einmal auf Deine Uhr. Jetzt ist Mittagszeit. Dir wird schwarz vor Augen? Aha, ich kenne Dich und meine zu wissen, was Dir fehlt. Wann hast Du letztmalig etwas gegessen? Aha, gestern Abend. Das hört sich nach Unterzuckerung an. Bernhard, Du hast die Sprüche im Eingang unserer Praxis bestimmt gelesen. Einer davon heißt: 'Das Naheliegende ist oft, das nicht so Naheliegende ist nicht so oft!' Bist Du noch dran? Aufgepasst: Bitte sofort ein Vollkornbrot essen mit dick Butter drauf und ein wenig Meersalz und bitte etwas trinken. Kaffee vielleicht oder Schwarztee.

Anschließend bitte eine Stunde - mit Wecker – hinlegen. Und danach wieder anrufen. Ist das okay, Bernhard?" Antonia legt das Telefon beiseite und atmet tief durch. „Maria-Julia, genau das passiert immer und immer wieder. Die Menschen sind pingelig darauf bedacht, ihr Auto früh genug zu betanken und achten darauf, nur den besten Treibstoff und das allerbeste Öl nach zufüllen. Ihr Gefährt „Körper" hingegen versorgen sie nur kläglich..." Ich schaue verständnislos drein. „Beispielsweise mein Gesprächspartner eben. Der ist ein Baum von einem Mann, wirklich sehr sympathisch... Der fragt mich gerade ängstlich, ob er sich um seine Gesundheit sorgen müsse. Ihm sei schwindelig und ihm werde ganz schwarz vor Augen. Ich weiß, dass er Blutdruck senkende Mittel einnimmt und andere Pillen. Wir haben jetzt Mittagszeit. Ich habe ihn – wohl intuitiv – sofort nach seinem Frühstück gefragt. 'Bingo', würde Emma sagen.

Ich weiß, dass er jeden Vormittag viele wichtige Telefonate tätigt, und dabei aller Wahrscheinlichkeit nach seine grauen Gehirnzellen anstrengt. Das kostet Energie. Die wollen bereit gestellt sein..." „Wie lautet Ihre Diagnose?" „Unterzuckerung. Davon gehe ich aus, Maria-Julia." Ich nicke. Wir beide schweigen eine kurze Weile. „Gerade gestern rief mich ein Patient an, um einen möglichst kurzfristigen Termin für seinen schmerzenden Ischias zu bekommen. Ich stellte zwei Fragen: Erstens: Was haben Sie körperlich getan, um das auszulösen? Zweitens: Wann und was haben Sie das letzte Mal gegessen?" Antonia macht eine kleine Pause und trinkt einen Schluck Tee. Maria-Julia, was bekomme ich als Antwort?" Antonia schaut mich erwartungsvoll an. Ich zucke die Schultern. „Bitte, einen Moment warten. Ich schreibe gerade noch die zweite Frage auf." Antonia wartet ab, bis ich das Schreibzeug wieder weg lege. Anschließend verrät sie mir, was der Ischiaspatient geantwortet hat. 'Ich habe schnell den Rasen gemäht, als ich spät vom Dienst nach Hause gekommen bin. Die Sonne hat gerade noch geschienen. Das habe ich ausgenutzt. Aber schon bevor ich mit dem Rasen mähen fertig war, fing das mit dem Ischias an. Und wann ich das letzte gegessen habe? Ja, und da muss ich überlegen... Ach ja, ich habe das letzte Mal eine Klitzekleinigkeit zu Mittag gegessen...'

Genau das ist es. Für geistige und körperliche Aktivitäten braucht der Körper Brennstoff, und zwar Blutzucker. Eine gewisse Blutzuckerkonzentration ist lebenswichtig und darf nicht unterschritten werden. Der Körper stellt sicher, dass das Gehirn mit dem nötigen Blutzucker versorgt wird und deshalb wird jedes Mal, sobald ein bestimmter Grenzwert unterschritten ist, von der Leber die nötige Glucose produziert, und zwar über den Abbau von Körpereiweiß. Was eine Nebenwirkung hat: das heißt eine Belastung mit Milchsäure. Milchsäure macht Muskelkater und unbeweglich! Ein Auto braucht Öl und Benzin, der Mensch braucht Blutzucker." Das kann ich nachvollziehen. Ich nicke. „Maria-Julia, insgesamt hängen drei kleine gerahmte Sprüche im Eingangsbereich. 'Das Naheliegende ist oft. Das nicht so Naheliegende ist nicht so oft! 'Woran hindert mich das?' und 'Wozu zwingt mich das!' Bei jedwelchen Beschwerden wiederhole ich „Woran hindert Sie das' und 'Wozu zwingt Sie das?'. Ich seufze.„Antonia, irgendwie habe ich die Sprüche bisher nicht gewürdigt. Jetzt notiere ich sie...„Dankeschön, Maria-Julia. Ich genieße, dass Sie so engagiert mitgehen..." Antonia schenkt uns Tee nach.

„Ich war beim 'Piercing'. Ich als Heilpraktikerin höre ausnahmslos von Schwierigkeiten, wenn es ums Piercing geht: Von Kreislaufproblemen, die nach einem Nabelpiercing auftreten, bis hin zu unerklärlichen körperlichen Beschwerden. Im vergangenen Winter gab es sogar viele großflächige Erfrierungen über eine halbe Gesichtshälfte oder eingewachsene Lippenpiercings." Ich verziehe mein Gesicht. „Einmal gab es bei einer Betroffenen sich immer wiederholende Zahnentzündungen im Mund nach einem Nabelpiercing. Aber der Spuk war sofort vorbei, als das Piercing entfernt wurde. Bei schlecht verheilenden und immer wiederkehrende Entzündungen habe ich beobachtet, dass die Betroffenen Schweinefleisch gegessen haben. Das fördert beim Menschen entzündliche Prozesse im Körper."

„Was es alles gibt, unglaublich! Wenn ich Sonja erzähle, was ich erfahren habe, wird sie nicht hinhören wollen..." „Zuhören, hinhören, begreifen... Man hört etwas, nimmt es an oder nicht. Hat man hingehört und es angenommen, ist es immer noch eine lange Wegstrecke, bis es begriffen und integriert wird..." Wir schweigen eine

Weile und trinken Tee. „Ihre Tochter Sonja ist nicht allein mit ihrem Empfinden. Sie liegt voll im Trend." Ich seufze. „Die Vorbilder indischer Anmut mit Nabelschmuck aus Perlen und Schmucksteinen am Nasenflügel sehen hinreißend aus, finde ich." „Ich befürworte kein Piercing, fühle mich jedoch ziemlich hilflos als Mutter..." „Verständlich, Maria-Julia. Wenn die Begeisterung ihrer Tochter so groß ist, dass alles, was eventuell passieren könnte, in Kauf genommen wird, weil der Wunsch, 'trendy' auszusehen überwiegt, sollten einige wenige praktische Dinge bedacht werden: Den Nabel idealerweise besser im Sommer stechen lassen! Die Heilungszeit beträgt immerhin drei bis sechs Monate und Kleidung scheuert... Im Falle einer Schwangerschaft das Nabelpiercing unbedingt entfernen lassen." „An was man alles denken muss..." „Das stimmt, Maria-Julia. Wichtig wäre noch der Hinweis, dass es Heilmittel 'ohne' Nebenwirkungen gibt bei Entzündungen der Einstichstelle oder bei Problemen nach einem Nabelpiercing." „Antonia, an was denken Sie?" „Ich denke an 'Arnika', 'Apis' und 'Staphisagria'." „Dankeschön. Mal sehen, wie sich meine Tochter verhält, wenn ich ihr berichte, was ich notiert habe."

*

Emma sitzt mir gegenüber. Unsere Getränke stehen vor uns. „Emma, unsere Sonja schwärmt neuerdings vom Piercing. Ich habe mich heute mal bei Antonia schlau machen lassen..." „Sieht zum Teil ja nett aus, Maria-Julia. Ich erinnere mich gerade an eine Patientin mit einem eingewachsenen Lippenpiercing. Das war gar nicht lustig, sage ich Dir." „Hat Antonia mir erzählt. Ich habe mir etliche Notizen zum Piercing gemacht. Mal sehen, wie mein Backfisch reagieren wird. Vielleicht ist es lediglich eine vorübergehende Laune von ihr..." „Hättest Du gern..." Emma streichelt meinen Arm. „Verständlich... "

Worüber habt ihr noch geredet, Maria Julia?" Emma trinkt ihre Flasche Wasser in einem Zug aus. „Emma, Antonia hat von Unterzuckerung gesprochen. Da war gerade bei unserem Gespräch ein Patient am Telefon, dem wurde - meine ich mitbekommen zu haben - deswegen sogar schwarz vor Augen." Emma nickt. „Das Einfachste ist ein Vergleich mit einem Auto. Ohne Treibstoff geht nichts. Unser Antrieb läuft über Essen und Trinken. Also bitte. Wenn ich mich in Bewegung setzen will, muss ich vorher etwas essen..." „Emma, das hat mir Antonia ebenfalls erklärt. Ihr beide habt recht. Beim Auto wird Vorsorge getroffen mit Inspektionen und TÜV." Emma nickt. „Maria-Julia, haben wir denn eine Chance weiter zu fahren, wenn wir nicht tanken?" „Was Du nicht sagst, Emma." „Eine weitere Frage: Würdest Du Dein Auto mit schlechtem oder falschem Benzin tanken, Maria-Julia?" „Natürlich nicht! Warum fragst Du, Emma?" „Beim Auto ist eine regelmäßige Versorgung mit Benzin notwendig, und zwar mit dem richtigen Treibstoff. Eine falsche Betankung kommt den Fahrer teuer zu stehen. Wenn die Menschen dieses Modell auf sich übertragen würden..." „Habe ich begriffen, Emma. Mir ist gerade im Augenblick bewusst, dass ich heute morgen leichtsinnig war. Ich habe warum auch immer vergessen, meine Tüte mit Nüssen einzustecken." „Tröste Dich, meine Liebe. Von denen, die es bereits besser wissen, ist jeder gelegentlich einmal leichtsinnig. Maria-Julia, noch etwas. Wusstest Du, dass über die Hälfte der Schulkinder morgens ohne Frühstück in die Schule kommen?" „Unglaublich Emma, woher hast du das?" „Uschi Glas war neulich im Fernsehen. Sie hat einen Verein gegründet: Brotzeit e.V.. Das ist richtig toll durchdacht. Rüstige Senioren bereiten morgens eine Brotzeit für die Kinder. Schach lernen können die Kids auch noch..." „Kaum zu glauben, dass die Kinder ohne Frühstück aus dem Haus gehen..." „Das Stichwort vorhin hieß Unterzuckerung, und die Unterzuckerung macht unaufmerksam und wahrscheinlich zickig im Unterricht." „Das ist anzunehmen, Emma." Wir schweigen eine Weile und genießen Espresso und Kaffee.

„Maria-Julia, es gibt noch ein weiteres Thema, was unbedingt auf den Tisch gehört. In der Praxis machen wir Patienten fit, beispielsweise über eine Kur. Die Kur schlägt an, der Patient fühlt sich, als könnte er Bäume ausreißen. Und jetzt kommt der Knackpunkt. Aufpassen ist angesagt! Zum Erholen oder fachchinesisch für die 'Rekonvaleszenz' braucht der Patient 'Ruhe', keine 'Aktion'. Da passieren immer wieder Klöpse, sag ich Dir. Ein Patient von uns hat neulich direkt nach seiner Aufbaukur eine Woche Skiurlaub gebucht. Obwohl meine Chefin ihn zuvor gewarnt und ihm vorgeschlagen hat, sich zu schonen und noch ein paar Wochen mit dem Urlaub zu warten." Emma hüstelt. „Und was ist passiert, Emma?" „Der Patient ist direkt nach seiner Kur in den Skiurlaub gefahren, hat sich prompt übernommen und einen Rückfall im Urlaub erlitten. Ist immer wieder dasselbe..." „Mmh." Emma schaut mich an. „Maria-Julia, sag schon: Was liegt Dir auf dem Herzen?" „So ganz ehrlich, Emma?" „Ja, natürlich. Ich bemerke, dass ich mich plötzlich fast senkrecht hinsetze. „Mein Herzenswunsch ist, dass Oma Hilde wieder aus dem Heim zu uns nach Hause kommt. Sie bekommt übrigens Lymphdrainage. Das tut ihren geschwollenen Beinen gut. Die Beine sind bereits sichtbar schlanker als vorher." „Gut!" Ich muss schmunzeln. „Was ist, Maria-Julia?" „Ach, ich denke gerade daran, dass sie ganz vehement ihr Waffenöl nimmt: Innerlich und äußerlich. Es heißt Ballistol. Als ich das Mittel früher mal in ihrer Wohnung gesehen habe, habe ich mich nur gewundert, aber nie vermutet, dass es für die Gesundheit sein könnte..." „Kann ich mir vorstellen. Das ist wirklich toll, dieses Waffenöl! Ein richtiges Hausmittel. Sogar bei Tieren setzt man es mit Erfolg ein. Die Katzen einer Freundin bekommen regelmäßig einen Tropfen davon ins Trinkwasser. Das hat ihrem Fell gut getan. Ich erinnere mich noch daran, dass meine Oma das gute Ballistol ins letzte Putzwasser getan hat, um Insekten fernzuhalten." „Was Du nicht sagst, Emma. Soll ich mir das kaufen?" „Ich bin mir nicht sicher, Maria-Julia. Es hat schon einen Eigengeruch. Du liebst Rosenwasser und putzt mit einem Orangenkonzentrat anstelle eines herkömmlichen Putzmittels." „Wenn es ohne Chemie geht und dabei noch gut riecht, bin ich dabei, Emma." „Ich genieße das, Maria-Julia. Es riecht immer angenehm in Deinen heiligen Hallen..."

„Dankeschön, Emma. Omi Hilde hat sich übrigens wieder an ihr Hausmittel 'Umckaloabo' erinnert. Bei den kleinsten Anzeichen eines Infektes nimmt sie die Tropfen. Bringen die was?" „Die Tropfen sind richtig gut. Nehmen den Schleim, kämpfen sowohl erfolgreich gegen Viren als auch Bakterien, lindern Symptome und verkürzen die Krankheitsdauer. Der Saft davon kann schon für Kinder ab einem Jahr wegen der guten Verträglichkeit genommen werden. Deine Schwiegermutter ist auf dem Weg. Die Zeichen stehen gut! Was sagt denn Dein Bauch dazu, Maria-Julia?" „Mein Bauch sagt mir, dass alles wieder gut werden wird..." „Maria-Julia, tue mir die Freude und vertraue Dir und Deinem Bauch auch weiterhin, bitte." Emma nimmt mich in ihre Arme. „Die Strahlen der Sonne vertreiben die Nacht!" „Schön... Wo kommt das vor?" „Zauberflöte, ich glaube der Hohe Priester sagt das..."

Am Ende ist alles gut?

Am nächsten Samstag sitze ich mit Emma in Ines hübscher kleiner Wohnung auf der Couch im Wohnzimmer. Vor uns stehen Kaffee und Baileys. „Ines, magst Du uns die Geschichte Deines Freundes erzählen? Oder willst Du vielleicht nicht..." „Ist okay, Emma." Ines räuspert sich. „Wie Du weißt, Maria-Julia, arbeiten Emma und ich beide in einer Naturheilpraxis. Dadurch wissen wir, dass Patienten, wenn sie vergiftet und sauer sind, anders denken und reagieren als beispielsweise nach einer Fastenzeit." Ines hält einen Augenblick inne. Emma und ich sitzen mucksmäuschenstill auf der Couch. Emma unterbricht das Schweigen. „Ines, Du hast mir gesagt, dass Du am liebsten eine Botschaft in Richtung 'eigene Verantwortung' an sehr, sehr viele Menschen überbringen würdest?" „Ja, Emma. Das würde ich gerne. Meiner Meinung nach sind wir Menschen mit unserem uns geschenkten Leben verpflichtet, auf unseren Körper aufzupassen und dazu gehören in jedem Fall bewusstes Essen und Trinken. Jon hat das Risiko seiner extremen Mangelernährung total unterschätzt und diese Unvernunft mit seinem Tod bezahlt..." „Ich habe ihn mal kennen gelernt. Dein Jon hat gut ausgesehen, fand ich. Ansehen konnte man ihm nichts, oder?" „Das stimmt, Emma. Obwohl Jon ein Ausbund an Unvernunft gewesen ist, war er für mich begehrenswert und sexy wie nie ein Mann vor ihm." Ines seufzt. „Dabei war Jon ein absoluter Einzelgänger. Er hatte wenige treue und ziemlich handfeste Freunde. So wie er selbst auch einer war.

Für seine Freunde war er immer da und umgekehrt. Da gab es nichts dazwischen." „Und seine Freunde? Waren die anders als er? „Nein. Diese seine Freunde verhalten sich ebenso unvernünftig, wenn es um Essen und Trinken geht. Genau wie bei Jon habe ich auch bei seinen Freunden absolut nichts ausrichten können..." Ines seufzt erneut.

„Alles was sich um den Tod von Jon rankt ist schrecklich und ..." Ines hüstelt ein paar Mal. „Willst Du vielleicht nicht...?" „Doch! Ich will! Es geht um Jon und seinen Tod. Ich wünsche mir, dass viel mehr Menschen endlich kapieren, wie wichtig es ist, auf sich aufzupassen und die Verantwortung für sich zu übernehmen. Ich arbeite in einer Naturheilpraxis und weiß um viele Zusammenhänge, die Essen und Trinken betreffen. Aber alles, wirklich alles, was ich Jon sagte, hat er missachtet. Sich sogar oft lustig darüber gemacht... Und irgendwann habe ich resigniert..." Ines sieht traurig aus. „Aber, es war definitiv sein Weg." Ines nimmt einen Schluck Kaffee. „Jon ist der Vater meines kleinen Mädchens Violet. Vier Jahre ist sie jetzt schon." Als sie eine kleine Pause macht, zeigt Emma auf ihre Tasche. „Magst Du uns das hübsche Foto von ihr zeigen, was du immer in Deiner Geldbörse hast? Ines kramt in ihrer Tasche, zieht die Geldbörse heraus und zeigt uns beiden voller Stolz das Foto ihrer kleinen Tochter. „Durch Violet habe ich mein Leben in den Griff bekommen. Ich musste meiner kleinen Tochter immer und immer wieder erzählen, was mit ihrem Papa geschehen ist. Irgendwann habe ich mir nicht nur zugehört sondern hingehört... Das hat mich gerettet..."

„Ines, in der Praxis bewundern wir Dich dafür, wie Du das alles gepackt hast." Ines schaut Emma erstaunt an. „Hilfe hatte ich schon. Antonia hat mir Bücher von Frau Elisabeth Kübler Ross zu lesen gegeben. Diese Frau hat als Ärztin viele Kranke beim Sterben begleitet. Der Tod hat eine andere Bedeutung für mich bekommen, insbesondere nach den Gesprächen mit Antonia." „Hat Jon seinen Tod gespürt?" „Jon hatte Vorahnungen, was seinen Tod betraf, Emma. Im Nachhinein nehme ich an, dass er hin und her gerissen wurde zwischen hier bleiben und gehen wollen..." Ines dreht Gedanken verloren an einer Haarsträhne. „Jon war mehr als unvernünftig und er hat so gar nicht auf seine Gesundheit geachtet. Nachts hat er fast gar nicht geschlafen. Keine Erholungsphasen also über lange Zeit. Mal hat er sich dafür mittags hingelegt und dann wieder bis nachts durch geschlafen. Das hatte zur Folge, dass er diese Nacht erneut wach da lag. Manchmal hat er sich gezwungen, mit mir zusammen ins Bett zu gehen. Meistens stand er jedoch bald wieder auf, hat Fernsehen geguckt oder vorm Computer gesessen und so." Ines Atem geht schwer. „Als Jon noch seine Firma hatte, war er regelmäßig im Fitnessstudio und hat Kraftsport gemacht. Er war richtig mit Muskeln bepackt, aber bitte ohne jegliches Doping." Ines schaut einen Augenblick versonnen aus dem Fenster. Nach einer Weile wendet sie sich uns wieder zu.

„Über Nacht veränderte sich schlagartig die Lage: Pleite, Arbeitslosigkeit und damit verbunden fehlende Finanzen. Jon kam sich plötzlich klein und hilflos vor. Seinen Sport hat er wegen der fehlenden Finanzen auch aufgegeben." „Er war traurig in Richtung Depression?", will Emma wissen.„Eher zornig und wütend, Emma. Jon hatte einem ausgeprägten Gerechtigkeitssinn. Ihm ist bitter aufgestoßen, was so alles in der Welt passiert. Er tat sich schwer damit, nichts wirklich Wichtiges verändern zu können und fühlte sich machtlos." „Jon hatte Dich und eine kleine Tochter. Ihr ward eine kleine Familie. Hat das gar nicht gezählt?" „Das schon, Emma. 'Ines und Violet sind das beste, was mir je widerfahren ist', hat er manchmal gesagt. Jon hatte eine liebevolle Beziehung zu mir und unserer Tochter. Trotzdem bin ich überzeugt davon, dass sich Jon in dieser Welt nicht wohl fühlte. Zum Ende seines Lebens wurde er zusehend übel launig, immer misstrauischer und vermutete zum Schluss seines Lebens hinter allem und jedem etwas Schlechtes. Ich habe mich damit schwer getan..." Emma und ich schweigen eine Weile. Unser Kaffee steht unberührt vor uns.

„Ines, bitte erzähle Maria-Julia und mir, was Jon zu sich genommen hat." Ines räuspert sich. „Zuallererst: Jon hat fast gar kein Gemüse oder Obst gegessen. Mal einen Gurkensalat... Jon war von Beruf Metzger und hat gern Fleisch oder Wurst gegessen. Was er allerdings in Riesenmengen zu sich genommen hat war Zucker. Zwei Teelöffel Zucker auf eine Tasse Kaffee. Von diesem gesüßten Kaffee täglich ein bis zwei Kannen mit mehr als reichlich Kondensmilch. Schokolade war ebenfalls ein Knackpunkt, normale Schokolade mit wenig Kakaoanteil und viel Zucker. War eine Tafel Schokolade gerade mal angefangen, war kurz darauf die ganze Tafel Schokolade aufgegessen. Von Genuss keine Spur. Total verrückt war das." Ines schüttelt ihren Kopf. „Jon war außerdem verrückt nach Kuchen!" „Das Zugucken hat sicherlich weh getan?" Ines nickt. „Das ist richtig. Soviel Unvernunft auf einmal. Schrecklich! Wasser hat Jon auch nicht getrunken - höchstens wenn draußen eine Bullenhitze war – dafür ausschließlich Kaffee und immer wieder Kaffee, süßer Kaffee!" Eine Weile ist es still im Wohnzimmer.

„Darf ich zusammenfassen, Ines?" Ines nickt. „Also viel zu viel Zucker, viel zu viel Kaffee und kaum Wasser, nichts Grünes und Frisches, gern Fleisch und Wurst?" „Genau so war es, Emma." „Erstaunlich, was ein Körper zu kompensieren vermag. Dennoch, vierzig Lebensjahre sind zu wenig, oder? Entschuldige Ines, ich bin hier, um Deine Geschichte zu hören und auf gar keinen Fall, um die Analyse eines wildfremden Menschen zu machen... Sorry!" Ines schaut abwesend auf den Boden und spricht leise weiter. „Ich erinnere mich genau. Einige Tage vor seinem Tod bekam Jon massiv Herzschmerzen und Luftnot. Es ging ihm schlecht. Er ist medizinisch versorgt worden und ich wollte ihn ins Krankenhaus schaffen. Jon lehnte das entschieden ab – wohl aus Angst. Seit frühester Jugend hatte Jon bereits eine Arztphobie. Ich musste ihm versprechen, ihn nicht in ein Krankenhaus einweisen zu lassen. Ich fühlte mich absolut machtlos und hilflos.

Eines Tages gab es plötzlich einen Hoffnungsschimmer." Ines räuspert sich. „Jon fühlte sich einigermaßen besser und wollte unbedingt kuscheln mit mir. Ich protestierte nicht lange. Aber ich merkte, dass es dieses Mal ganz anders und viel intensiver war als in den vorangegangenen sechzehn Jahren. 'Kleine, wir hören jetzt auf!' Jon hustete, wollte sich setzen und... Was ich sah, erschreckte mich total. Jon röchelte massiv nach Luft. Er war aber nicht in der Lage, sich zu setzen. Ich riss ihn am Arm, rollte ihn vom Bett runter, so dass er seitlich zu liegen kam. 'Schnuffel, atme doch! Bitte, atme doch!!!' Ich holte den Notarzt. Das Warten dauerte schier endlos. Ich nahm sein Handgelenk und fühlte seinen Puls: schwach, ganz schwach... In dem Moment, wo es klingelte, war der Puls erloschen... Es war ein von ihm 'bestellter' Tod'. Liebend sterben! Genau diese Art zu sterben, hat sich mein Schatz immer gewünscht..."

Im Zimmer ist es feierlich still. Die Wanduhr tickt. Aus Ines Auge perlt eine kleine Träne. Ines kümmert es nicht. Emma und ich sitzen betroffen auf der Couch. Erst nach einer geraumen Weile erheben wir uns. Tränen laufen uns unkontrolliert über die Wangen...

Kultur mal anders

Nachmittags sitzen Kathy und ich im Wartezimmer. Kathy ist aufgeregt, weil sie gleich ihre erste Spritze bekommen wird. Meine Tochter hatte mir heute beim Frühstück angekündigt, dass sie in Zukunft alleine in die Praxis fahren wollte. Emma erscheint und setzt sich zu uns. Antonia hatte Emma gebeten, Kathy noch einmal die Einnahme ihrer Mittel zu erklären. „Hi, wie läuft's, Kathy?" Kathy schaut Emma verwundert an. Emma grinst. „Joke! Immer zu Ihren Diensten! Darf ich Ihre königliche Hoheit vielleicht noch etwas schlauer machen?" Kathy grinst und hebt die Brauen. „Wenn es Euch beliebt, meine Untertänin!" Kathy grinst. „Mega! Ich freue mich für Dich, Kathy. Das, was du jetzt bekommst, ist eine spezielle 'Kur' für Allergiker. Es handelt sich um Darmkulturen, die maßgeschneidert zum Problem der Allergie passen. Wenn Du Dich an die Anweisungen für Essen und Trinken hältst, verläuft Deine Kur erfahrungsgemäß erfolgreich und das Ergebnis wird eine gesunde Darmflora sein. Eine gesunde Darmflora hilft Dir, wieder fit zu sein." Kathy schaut Emma mit großen Augen an. „Ich werde mir Mühe geben."

„Okay! Dreimal die Woche jeweils eine Spritze mit einer Ampulle Colibiogen hier in der Praxis und zu hause zusätzlich an den Tagen ohne Spritze dreimal einen Teelöffel des flüssigen Colibiogen zirka eine halbe Stunde vor dem Frühstück. Comprende?" Kathy nickt. „Mutti notiert alles." Emma grinst mich breit an. „Die Mittel im zweiten und dritten Monat müsst ihr Euch jetzt nicht merken. Die werden peu a peu aufgeschrieben und jeweils besprochen werden." Kathy und ich nicken. „Ein Highlight für Dich und mich, Antonia! Wir zwei bekommen einen Extratermin bei Antonia zu hause. Es geht um Essen und Trinken in Theorie und Praxis." Kathy bekommt ihre Spritze und ist erleichtert. 'Geschafft, Mama!', flüstert sie mir zu. Kurz darauf verlässt sie die Praxis, um sich mit einer Freundin zu treffen. Ich bitte Emma um ein kurzes Gespräch mit Antonia. Emma arrangiert das und verabschiedet sich mit einer Umarmung von mir.

„Frau Winter, Sie wollten mich kurz sprechen? Geht es um Ihre Tochter?" „Nein, Frau Talbach. Es geht um mich. Ich wollte Ihnen mitteilen, dass mein Mann und ich beschlossen haben, dass ich vorerst eine Auszeit nehme. Ich nehme an, dass Ihnen diese Neuigkeit gefallen wird?" „Frau Winter, das finde ich wundervoll! Ich freue mich für Sie!" Ich habe Antonia nie wieder so erleichtert empfunden.

Besonders chic vergiftet

Am Sonntag schaut Emma kurz auf eine Tasse Kaffee herein. Ich sitze ihr unruhig auf meinem Stuhl gegenüber. Ich räuspere mich. Und gleich darauf noch einmal. „Emma, Du wirst erstaunt sein, was ich Dir jetzt Wichtiges mitzuteilen habe!" Ich atme tief durch. Emma schaut mich mit großen Augen an. „Maria-Julia, ich werde Dir nicht nur zuhören, sondern genau hinhören! Spucke es aus! Bitte!!!" Ich atme tief durch. „Stephan und ich haben beschlossen, dass ich mir ab sofort eine Auszeit nehme!" „Mensch, Maria-Julia, das ist mega! Das ist obertittengeil! Eine mehr als 'buena idea'! Wahnsinn!!!" Emma umarmt mich leidenschaftlich und küsst mich nacheinander auf beide Wangen. „Antonia weiß es bereits?" Ich nicke. Emma ist für kurze Zeit fassungslos. „Mensch, Maria-Julia. Es kann nur gut werden!" Wir schweigen eine Weile und trinken Kaffee.

„Emma, jetzt bist Du dran. Erzähle! Was gab es Interessantes bei Dir?" „Maria-Julia, ich habe in der Tat etwas Interessantes erlebt... Emma räuspert sich. „Gestern früh habe ich meine App für das Wetter angeschaut. Ich wusste, dass der Samstag schwül wurde. Ich habe mich schnell gewaschen, gefrühstückt und mich zwecks Frischluftration auf den Weg zum Wäldchen in Stiepel gemacht. Toll war das, sag ich Dir. Weit und breit kein Mensch." „Hast Du gar keine Angst, Emma?" „Nee, eigentlich nicht. Aber ich habe vorsorglich einen Schockton und ein Pfefferspray bei mir. Nur gestern sind die Dinge zu hause liegen geblieben. Ich hatte sie vergessen. Na ja, passiert ist ja nichts. Unkraut vergeht nicht, oder?" „Emma, darf man Pfefferspray benutzen?" „Maria-Julia, grundsätzlich nicht gegen Menschen. Ausnahme: Notwehr! Es gilt als 'Tierabwehrspray'. Na ja, wo kein Kläger..." Emma seufzt. „ Wie spät war es denn, Emma?" „Ich schätze kurz vor 6:00 Uhr... Wie gesagt, ich habe mich auf den Weg zum Wäldchen gemacht, um zu joggen. Als ich auf dem Parkplatz ankam, habe ich die klare Luft tief ein gesogen und genoss für einen kurzen Augenblick die Ruhe um mich herum. Plötzlich auf der anderen Straßenseite ein Heidenkrach! Aufheulender Motor, lautes Gelächter. Ein Garagentor geht langsam auf. Rückwärts rollt ein offener Porsche mit zwei braun gebrannten johlenden jungen Männern auf die Straße. Räder quietschen, das Auto wendet und weg sind die zwei..." Emma spielt an ihrer Haarlocke und nagt an ihrer Unterlippe. „Emma, nun sag schon, was hat Dich denn wirklich gestört?" „Den Porsche fand ich gut und die beiden Jungs sahen recht knackig aus... Das war es nicht." Emma schiebt ihre Unterlippe etwas vor und schaut etwas bekümmert drein. „Vielleicht wissen die beiden das ja auch gar nicht," sinniert sie kaum hörbar. „Was wissen die beiden vielleicht auch gar nicht? Kläre mich bitte auf, Emma."

„Mmh. Ich reflektiere mal und fasse zusammen: Ein Katalysator im kalten Zustand gibt entsetzliche Gifte ab. Ergo, hat der Fahrer gestern gleich mehrere schwere Fehler gemacht. In der noch ge-

schlossenen Garage hat er das Fahrzeug gestartet und das bei offenem Verdeck. Durch das Rückwärtsfahren sind die beiden Jungs direkt in die stinkende Gaswolke hinein gefahren. Ich sag Dir, Maria-Julia: Die beiden haben ein absolut giftiges Frühstück inhaliert."
„Emma, in dieser Tragweite war mir das bisher absolut nicht klar…"
„Hast Glück gehabt, Maria-Julia, dass Du keinen offenen Porsche fährst." Emma grinst breit. „Du bist ja vielleicht drauf…"

„Apropos schnelle Autos. Habe ich Dir noch gar nicht erzählt, Maria-Julia. Ich fahre neulich auf dem Weg nach Saarbrücken in einen Riesenstau. Da überholt mich in der Baustelle ein roter Ferrari mit Züricher Kennzeichen auf der rechten Seite. Braust mit dickem Geheul nach der Baustelle nach links und jagt davon. Richtig unverschämt. Ich hab laut geflucht. So etwas gehört bestraft. Oder? Na, ja." Emma hustet ein paar Mal hintereinander. „Emma, magst Du einen Schluck Wasser haben?" „Nein. Hat schon aufgehört. Danke. Ich habe mich gerade eben in der Erinnerung daran prompt noch einmal aufgeregt über den idiotischen Fahrer…" Emma trinkt ihren Kaffee. „Irgendwann musste ich tanken. Beim Bezahlen fallen mir zwei junge Männer auf – mit amerikanischem Akzent. Sahen ganz sympathisch aus, die Beiden. Und - was sehe ich? Steigen die zwei in einen roten Ferrari ein – den roten Ferrari mit Züricher Kennzeichen. Am nächsten und übernächsten Parkplatz sehe ich beide noch einmal, als sie ihre Sitze tauschen…" „Kläre mich bitte auf, Emma?" „Maria-Julia, ich konnte mir lange Zeit ebenfalls keinen Reim darauf machen… Inzwischen habe ich mich schlau gemacht. In USA bietet ein Schweizer Unternehmen schnelle Autos an, die Du buchen kannst. Fahren darfst Du in der Schweiz, aber - absolut nicht schnell! In Deutschland kannst Du einige Strecken ohne Tempolimit fahren und die Sau so richtig raus lassen. Genau das haben die beiden wohl praktiziert und lautstark genossen. Diese beiden Jungs haben sich die Kosten wohl geteilt, nehme ich an."

Die besondere Lichtung

„Emma, sie sind in Ihrer Pause hier, Emma?" Emma nickt. „Chefin, meine Freundin kommt gleich zurück. Ich dachte, ich bleibe solange hier und lege meine Beine hoch. Heute ist herrliches Wetter und derohalben wollten wir nicht wie sonst ins Café, sondern einen kleinen Waldspaziergang machen." Antonia seufzt. „Ein Waldspaziergang täte mir auch gut!" „Chefin, wollen Sie mitkommen?" Antonia nickt. „Verbringen wir unsere Mittagspause gemeinsam an der frischen Luft!?" „Ausgesprochen gute Idee, Chefin. Bringt mich vielleicht auf andere Gedanken. Immer wenn es herbstet, neige ich zur Melancholie." „Gut dass Sie mir das erzählen. An dieser Stimmung zur dunkleren Jahreszeit arbeiten wir?" Schreiben Sie mir bitte eine kleine Memo auf, Emma". Die beiden erwarten mich. Wir fahren gemeinsam ins kleine Wäldchen in Stiepel.

„Ich liebe dieses kleine Stück Natur. Die Lichtung sieht aus wie ein 'großes V' und ist von Mischwald umgeben. Die Bäume zeigen die Jahreszeiten an. Dahinter die Hügellandschaft mit den schmucken weißen Häusern. Wenn wir nicht wüssten, dass wir in Bochum sind, könnte das auch in einem Urlaubsort sein... Letzte Woche war ich ebenfalls hier. Da lag noch kein einziges Blatt auf dem Waldweg. In der Zwischenzeit hat wohl der Wind die Blätter von den Bäumen gerüttelt. Schauen Sie, welch ein herrliches Parkett aus satten Herbstfarben die Blätter gezaubert haben..." „Sie haben recht, Chefin. Die Farben der Blätter..." „Was ist das denn? Schauen Sie beide einmal genau hin!" Antonia zeigt mit der rechten Hand auf das Feld. Emma und ich schauen auf eine große Lichtung, mittig ein umgepflügtes großes Feld. An den Rändern und in der Mitte des Feldes sind vereinzelt grüne und braune Grasbeete. „Chefin, vielleicht ein frisch gepflügtes Feld, wahrscheinlich 'Bio'." „Emma, das würde gut in diese Gegend passen. Aber etwas stimmt nicht! Schauen Sie genau hin! Der moderne Bauer hat seine Wiese mit Pflanzenschutzmitteln behandelt!" „Chefin, 'Pflanzenschutzmittel'! Der Begriff ist ein Hohn! Gift hat er gespritzt, damit auch ja kein Kräutlein überlebt..."

Antonia seufzt. „Ich habe etwas Interessantes dazu gelesen, Chefin. Studien der französischen Universität Caen ergaben, dass Unkrautvernichtungsmittel menschliche Zellen töten." „Emma, erinnern Sie sich, um welches Mittel es sich gehandelt hat?" „Ja. Um Herbizide, in diesem speziellen Fall um das Herbizid 'Roundup', das nach neuesten Erkenntnissen für menschliche Zellen tödlich sein kann, insbesondere für Embryo-, Plazenta- und Nabelschnurzellen. Das Forscherteam vermutet zudem, dass das Unkrautvernichtungsmittel durch einen Einfluss auf die Hormonproduktion Probleme bei Schwangerschaften verursachen kann, was möglicherweise zu Anomalien in der Entwicklung des Fötus, zu verringertem Geburtsgewicht oder zu Fehlgeburten führen könnte..." Ich bin sprachlos. Was alles auf dem Markt ist... „Ich frage mich, warum Verbraucher überhaupt giftige Chemikalien kaufen. Vielleicht sollten Gärtner und Bauern vorziehen, auf biologische Mittel zurück zugreifen. Das ist sinnvoller, als darauf zu achten, dass ein Produkt kein 'Glyphosphat' enthält... Emma, es gibt es dazu übrigens etwas im Internet unter: sein.de." „Werde ich recherchieren, Chefin. Habe ich auf meinem Schirm." „Meine Damen, was ist passiert? Als das hohe Gras abgemäht war, blieb lediglich eine braune Wiese zurück." „Dieser der Sommer war heiß, Antonia. Vielleicht sind die Pflanzen einfach verbrannt?, gebe ich zu bedenken." „Im Prinzip möglich, Mrs. Watson, aber in diesem Fall wäre die Wiese mittig und drum herum nicht mehr grün, oder?" Ich nicke. „Zugegeben, der Anbau im Einklang mit der Natur erfordert eine Umstellung der Anbauweise. Hierbei spielt insbesondere eine Ruhepause für das Feld eine wichtige Rolle. Was bedeutet, dass die Landwirte jedes dritte Jahr den Boden brach liegen lassen und freiwillig auf einen Ertrag verzichten. Der Boden honoriert dieses Kraftschöpfen jedoch mit Gesundheit! Wenn der Boden gesund ist, stimmt das Verhältnis von Getreide, Insekten und Unkraut. Ein gutes Milieu schafft einen garantiert guten Ertrag." „Chefin, in der Praxis reden wir von der Wichtigkeit des guten Milieus im Körper, nicht wahr?" „Völlig richtig, Emma. Bei den Menschen geht es ohne Gift und bei den Pflanzen funktioniert es ebenso. Pestizide, Herbizide, Fungizide und Insektizide müssen nicht sein!" Antonia bleibt kurz stehen, um sich die Nase zu putzen. Emma und ich stehen still beieinander.

„Zu den Giften der Landwirtschaft gesellen sich die der Lebensmittelindustrie: Aromastoffe, Geschmacksverstärker, Emulgatoren sowie Süßstoffe und Farbstoffe. Dazu kommen Schwermetallbelastungen von Blei und Kupfer durch alte Leitungssysteme sowie Asbestfasern und Medikamentenrückstände. Grundwasser und Leitungswasser werden schwer belastet." „Igitt, igitt!", meint Emma. Ich fühle mich hilflos und ausgeliefert. „Denken Sie beide an die Pille. Die ergibt inzwischen eine hohe Belastung des Trinkwassers durch Östrogen. Die Männer bekommen einen Busen und was noch schlimmer ist: Diese Belastung des Trinkwassers beeinträchtigt auf Dauer sogar die Fruchtbarkeit der nächsten Generation. Die wird vielleicht unfruchtbar sein. So die Vorhersagen." „Das sind ja tolle Aussichten, Chefin. Meinen Sie, dass jeder davon betroffen sein wird?" Antonia seufzt. „Das stimmt, Emma. Die Wasserwerke werden nicht mehr in der Lage sein, allerbestes Trinkwasser zu liefern. Sie werden eine Grundversorgung gewährleisten. In der Zukunft wird man wahrscheinlich Filtersysteme im eigenen Haushalt benötigen. Na ja, vielleicht können wir ein wenig ausrichten, indem wir einige Fakten an die Patienten weitergeben. Interessierte kümmern sich... " „Mmh," brummelt Emma. Antonia schaut auf ihre Armbanduhr. „Es wird Zeit, um zurück zu fahren." Ich nicke. Ein kleiner Spitz kommt auf uns zu. „Maria-Julia, ist der weiße Spitz nicht herzig?" „Stimmt. Ein munterer kleiner Kerl, Emma." „Tach auch, die Damen," grüßt uns der Besitzer. Wir grüßen zurück. „Letzte Woche haben sicherlich etliche Herrchen ihren Hund über die braune Wiese laufen lassen..." „Wahrscheinlich, Chefin!" „Die Hunde haben an der Erde geschnuppert und sich vergiftet." Emma bleibt stehen. „Nee, nicht wahr?" „Das wird glimpflich abgegangen sein... Wahrscheinlich haben die Tiere vom Gift direkt Durchfall bekommen.

Apropos Gift. Wissen Sie beide über das Senfgas Bescheid?" „Antonia, Sie meinen das Kampfgas vom ersten Weltkrieg?" „Ja, Maria-Julia. Das Tragische ist, dass einige Hausfrauen - ohne es zu wissen - solches zu hause herstellen. Mitunter sogar deshalb tragisch im Haushalt 'verunfallen'. Ich bin entsetzt, Emma sprachlos. „Chefin, wie das denn?" „Nun, Reinigungsmittel auf Chlorbasis als Desinfektionsmittel und welche auf Kalkbasis oder Säurereiniger..." „Sie meinen, Kombinationen von Reinigern, die entweder nach Essig oder nach Badeanstalt stinken?" „Genau, Emma. Die zwei zusammen ergeben Senfgas. Es gibt jedes Jahr etliche Hausfrauen, die aufgrund ihrer Supersauberkeit sterben. Absolut sauber muss es sein und zusätzlich auch noch desinfiziert!" „Ist ja schrecklich! Schauen Sie mal, Chefin." Emma krempelt ihren rechten Ärmel der Jacke hoch. „Schaut beide einmal! Ich habe eine richtig dicke Gänsehaut bekommen. Ich habe zu hause die beiden Flaschen nebeneinander stehen. Das muss ich sofort ändern. Unvorstellbar..." Emma zieht ihre Schultern hoch und schüttelt sich. „Überhaupt diese Wahnidee, alles immer desinfizieren zu müssen. Eine frühere Patientin hat täglich die ganze Wohnung gründlich desinfiziert und sich gewundert, dass ihr kleiner Sohn in kurzer Folge dreimal beim Spielen draußen eine Blutvergiftung bekam. Diese Frau hat begriffen, dass Menschen nur in einer 'normalen' Welt existieren können. Die Patientin gab ihren Putzwahn auf und – welch ein Wunder – der Kleine wurde wieder fit." Wir erreichen das Auto. Antonia startet und räuspert sich. „Meine Damen, wir erinnern uns, dass wir selbst Schöpfer unserer Realitäten sind."

'Vertan', 'vertan'!

Montag war mir etwas dazwischen gekommen und auch zum nächst möglichen Termin hatte ich mich nicht mit Emma, sondern mit Christine verabredet, einer Patientin aus der Praxis. Christine und ich fanden uns sofort sympathisch und tauschten spontan die Telefonnummern aus. Christine zeigte mir auf ihrem Handy Fotos einige ihrer Bilder, die sie gemalt hatte. Ich war begeistert und sie lud mich eine Woche später zu sich nach Hause ein. Christines sonnige, gepflegte Wohnung gefällt mir. Wir trinken selbst gefilterten Kaffee und genießen Obstkuchen mit Sahne. „Es war köstlich, Christine! Ich genieße die angenehme Atmosphäre bei Dir... Danke für die Einladung."

„Das freut mich, Maria-Julia. Ich werde Dir jetzt meine Schätze zeigen. Bitte folge mir." Wir gehen ins Nebenzimmer. Ich staune. „Christine, die Grashalme mit den Tautropfen oder die Wolken... Wundervoll! Und die Landschaften... Woher kannst Du so gut malen?" „Ich hatte einen tollen Lehrmeister, Maria-Julia. Der Künstler war Indianer und hatte spezielle Techniken drauf. Das ist so naturalistisch, dass selbst Tiere sich verwirren lassen." „Wie meinst Du das?" „Meine Freundin Amanda hat einen kleinen Foxterrier, Maxi. Lieb und putzig... Na ja, andererseits sehr temperamentvoll! Ein kleiner Kläffer! Maxi ist schon speziell..." Christine räuspert sich.

Folgendes ist passiert. Eines Nachmittags klingelt es und ich öffne die Tür. Kaum, dass ich Luft holen kann, stürmt Maxi meinen langen Gang im Flur hinunter..." „Und?" Christine schmunzelt. „Ich hatte das Bild in einer besonderen Technik gemalt. Einen Baumstamm mit aufgerissener Borke, Moos usw. Das wirkte schon recht plastisch." Ich hänge gespannt an Christines Lippen. „Dieser Baumstamm - beziehungsweise dieses Bild - stand an meiner Frontwand im Flur." Christine muss lachen. Ich lasse mich anstecken. „Nun sag schon, Christine. Was ist passiert?" „Sofort, Maria-Julia... Nur schnell die Nase putzen." „Maxi stürmt meinen langen Gang hinunter und - hebt ein Bein!" Ich schüttele den Kopf. „Nein, ist unmöglich!" „Das habe ich auch gedacht... Der Kleine hebt tatsächlich ein Bein an einen Baumstamm, den ich mit Acryl auf Leinwand 'gemalt' habe..." „Christine, das ist ja... Unglaublich ist das. Ich dachte bislang, Hunde sind geruchsorientiert?" „Dachte ich auch bis dahin!" „Irgendwie ein feuchtes Kompliment... In jedem Fall spricht das für Deine Malkunst, meine liebe Christine. Vielleicht malen wir ja mal was zusammen?" „Das wird sich ergeben, Maria-Julia. Gehen wir zurück ins Wohnzimmer?" Ich nicke. Ich nehme auf dem Sofa Platz und Christine fragt mich: „Darf ich Dir etwas anbieten? Einen Brandy oder einen Baileys vielleicht?" „Bitte, einen Baileys, Christine." „Du auch, Maria-Julia?" Christine lächelt und schenkt uns beiden ein. „Die richtige Zeit für eine Auszeit der besonderen Art! Dankeschön, Christine!" „Gern geschehen, Maria-Julia." Darf ich Dich etwas fragen?" Christine nickt.

Gift raus

„Weshalb gehst Du in die Heilpraxis?" „Wegen meiner Rückenprobleme, Maria-Julia. Antonia sagt, meine gesundheitlichen Probleme kommen aus meiner Haltung... Das weiß sie wohl über eine Zahl in meinem Geburtsdatum..." „Wie werden Deine Rückenprobleme behandelt?", frage ich nach. „Antonia verabreicht mir Spritzen mit homöopathischen Mitteln wie Hypericum und Traumeel, außerdem bekomme ich Injektionen mit physiologischer Kochsalzlösung und Aufbauinfusionen." „Bist Du zufrieden mit dem Ergebnis?" „Ja wohl, Maria-Julia. Mein Rücken ist meine Schwachstelle. Irgendwo meckert der immer... Letzte Woche jedoch hatte ich stärkere Probleme als sonst und ging zum Arzt.

Ich habe ausdrücklich betont, dass ich Diabetikerin bin und etwas anderes brauche als Cortison. Cortison lässt meinen Blutdruck in schwindelige Höhen ausufern. Das habe ich schon einige Male erlebt. Er setzte sich über meine Bedenken hinweg... Plötzlich geriet alles durcheinander und mein Blutdruck schnellte nach oben. Ich geriet in Panik. Ich folgte einem Impuls und rief Antonia an und kam als Notfall in die Heilpraxis." „Als Notfall?" „Richtig, Maria-Julia. Als Notfall! Ich zähle einmal die unangenehmen Begleiterscheinungen eines Kunstfehlers auf: Außer meinem verrückt spielenden Blutdruck bekam ich eine stark juckende Hautrötung beidseitig am Unterarm und Ellenbogen. Die Kniekehlen wurden heiß und das Gesicht glühte wie nach einem Sonnenbrand. Vier Stunden hat die ganze Prozedur gedauert. Erst danach durfte ich wieder nach Hause." „Christine, Du hast einen Hautausschlag nach der Spritze bekommen?" „Ja. Emma hat den Zustand folgendermaßen ausgedrückt: 'Entgiftung passiert übers Pinkeln, Scheißen, übers Schwitzen oder über Hautausschläge...' Ich schlucke. „Verstanden, Christine. Wie ging es weiter?"

„Nachdem sich mein Blutdruck langsam wieder normalisierte, die Haut aber keine Fortschritte machte, schlug Antonia mir vor, eine Entgiftung mit Toxi Loges Tropfen anzufangen. Zufällig war gerade Neumond. Emma hat mir später gesagt, dass besonders bei

Neumond Entgiftung und Entschlackung angesagt sind." „Dann passte der Zufall ja gut, Christine." Ich kann mir ein Schmunzeln nicht verkneifen. Christine bemerkt das. „Maria-Julia, an Zufälle glaube ich ebenfalls nicht mehr..." „Willkommen im Club, würde Emma sagen. Christine, wie kann ich mir eine Kur mit Entgiftungstropfen vorstellen?" „Ich hatte zwei Möglichkeiten, die Tropfen einzunehmen, Maria-Julia. Eine Möglichkeit bestand darin, die Tagesdosis von dreißig Tropfen in eine große Flasche Quellwasser zu geben. Diese Flasche sollte ich über den Tag_verteilt austrinken. Ich habe mich für die zweite Möglichkeit entschieden. Jeweils morgens nüchtern und abends vorm Schlafen habe ich zehn Tropfen 'direkt' auf die Zunge gegeben." Ich frage nach. „Tropfen direkt auf die Zunge?" „Ja wohl. Das kommt mir entgegen.

Ich nehme meine Cayenne-Pfeffertropfen für den Kreislauf ebenfalls direkt auf die Zunge." „Kurze Unterbrechung, bitte. Cayennepfeffer? Hört sich scharf an." „Maria-Julia, wenn du Pfeffer und Senf liebst, lernst Du die Pfeffertropfen lieben!" „Ich hab sie mir notiert, Christine." „Damals war ich schrecklich müde, Maria-Julia. Das kam mit der Zeitumstellung. Ich stand quasi neben mir. Antonia meinte, das sei normal. Die biologische Uhr hier würde anders ticken als die in Moskau." „Christine, kannst Du mir das erklären?" „Frau Talbach sollte Dir das mir der Zeitrechnung erklären. Ich bringe bestimmt etwas durcheinander..." „Werde ich tun, Christine. Das interessiert mich. Jetzt wieder zu Dir: Was hast Du in Deiner Kur gemacht?" „Angefangen habe ich mit den Tropfen. „Damals habe ich angefangen, in mich hinein zu hören und hinein zu fühlen. Ich habe ein Buch über meine Befindlichkeiten geführt. Es gab drei Möglichkeiten einer Antwort auf die Frage: 'Wie fühle ich mich?' Ich musste entscheiden: 'Gut?' 'Neutral?' 'Schlecht'? Das habe ich jeweils täglich angekreuzt. Maria-Julia glaube mir, meine Notizen waren Gold wert." Christine kramt in einer Schublade und wird fündig. „Du meinst, Du hast eine Art Tagebuch geschrieben, Christine?" „Maria-Julia, schau, was ich hier habe." Christine wedelt mit einigen kleinen Zetteln durch die Luft. „Ich habe kein Tagebuch angelegt, sondern halte es mit kleinen Zetteln. Siehst Du? Ich lese mal vor." „Ganz schön aufwendig Deine Kur."

„Ich würde nicht aufwendig sagen, sondern aufregend. Am ersten Tag kribbelte es im Kopf. Es fühlte sich so an, als wenn etwas im Gehirn wäre... Am zweiten Tag war der Bereich des Bauches dran mit meinem Magen. Es rumpelte und pumpelte in den Därmen. Danach entleerte sich mein Darm gleich mehrere Male gründlich und ich fühlte schlagartig besser. Selbst auf meine Gefühle schien das Auswirkungen zu haben. Ich war wieder fröhlicher und nahm alles leichter." „Interessant, Christine." „Ab dem zweiten Tag schon war meine Tagesmüdigkeit wie weggeblasen. Die hatte mich bereits eine Weile lang gequält. Am dritten Tag befiel mich ein angenehmer Muskelkater – so wie nach gutem Sport." „Christine, das weiß ich bereits. Das war Milchsäure, wegen der Anstrengung für den Körper, nehme ich an. Irgendwann war der Spuk vorbei?" „So könnte man sagen. Schau her, Du kannst noch ein wenig die Hautveränderungen sehen." „Kaum noch..." „Maria-Julia, etwas Interessantes gab es noch. Morgens um 11:00 Uhr hing ich bereits durch die ersten Tage. Du hast die sogenannte chinesische Organuhr aus der traditionellen chinesischen Medizin bereits kennen gelernt?" Ich nicke. „Christine, soviel ich weiß, regenerieren sich im Abstand von zwei Stunden unterschiedliche Organe und Systeme. Die Organuhr gibt die Zeitspannen im Verlauf von vierundzwanzig Stunden an." „Richtig. Dieses Wissen wird genutzt, um rebellierende Organe zu erkennen. Frage: Welches Organ meldet sich zur Regeneration um zirka 11:00 Uhr?" „Die Bauchspeicheldrüse?"

„Genau. Ich habe Diabetes. Die Bauchspeicheldrüse ist eine meiner Schwachstellen, meine Liebe. Ich weiß inzwischen, dass Diabetes mellitus Typ zwei eine der häufigsten chronischen Erkrankungen ist – mit wahrscheinlich großer Dunkelziffer und ansteigender Tendenz. Vitamin B-Defizite können Diabetes auslösen. Ich habe gelernt, dass die Zufuhr von B1, B6, B12 und Folsäure - anfangs als Infusion und Injektion, später als Tabletten - bei der Therapie bei Diabetes und Sensibilitätsstörungen von großer Bedeutung ist. Die Nervenleitungsgeschwindigkeit verbessert sich wohl ebenfalls... Ich habe zusätzlich 'Carduus Marianus' als Globuli bekommen. Man höre und staune: Mit nur drei Gaben täglich lässt sich mein Zuckerspiegel jetzt viel besser einstellen." „Aha. Deine Kur bestand aus Entgiftungstropfen, zusätzlich Mariendistel und einer Vitamin B-Komplex Substitution?" „Könnte man so zusammenfassen, Maria-Julia. Ich bin zusätzlich freiwillig noch ins Darmbad gegangen, zweimal die Woche." „Wie lange bist Du in der Praxis, Christine?" „Insgesamt arbeite ich fast zwei Jahre an mir. Mit Darmspülungen, Infusionen, Spritzen und Ultraschall. Das geänderte Essen nicht zu vergessen und die umgestellten Lebensgewohnheiten..." „Toll, Christine!" „Maria-Julia, richtiger wäre der Spruch: 'Von nichts kommt nichts!'" „Christine, so könnte man sagen." Wir lachen.

Kompliment der besonderen Art

„Maria-Julia, bisher habe ich Dir von meinen Pflichtübungen berichtet." Christine schmunzelt und nippt an ihrem Baileys. „Meine Kürübung erzähle ich jetzt: Ein besonderer Geburtstag wollte gefeiert werden. Immerhin mein fünfundsechzigster." „Kompliment, Christine! Kompliment!" Christine lächelt mich an. „Maria-Julia, ich liebe es zu Festtagen, von meiner Familie umgeben zu sein. Und so war es auch." „Wo hast Du gefeiert, Christine?" „Ich hatte alle zu meinem Griechen eingeladen. Ich freute mich, meinen Sohn und meine Tochter wieder einmal gemeinsam zu erleben und wir drei und die ganze Meute hatten einen Riesenspaß miteinander. Ich genoss die Stimmung, bekam schöne Geschenke und viele hübsche Komplimente über mein jugendliches, frisches Aussehen wie: Das glaubt ja wohl niemand mit den fünfundsechzig Lenzen. Was hast Du gemacht?" Christine strahlt. „Ich genoss die Komplimente, insbesondere die meiner Tochter: „Mama, Du bist so schön schlank geworden und... hast Du Dich liften lassen?" Ich war erst einmal sprachlos. „Nein, Tochterherz nichts dergleichen. Ich mache die Ernährungskur vom letzten Jahr, die Du kennst und nehme Tropfen zur Entgiftung." „Du hast nicht vielleicht andere Kosmetik genommen?," fragte mich mein Töchterlein. „Alles wie gehabt und bewährt, mein Schatz", konnte ich ungelogen entgegnen.

Die Fortsetzung des Dialoges folgte am nächsten Morgen. Mein Töchterlein rief mich an: „Ganz im Vertrauen, Mama. Bist Du inzwischen geliftet?" Ich empfand das einerseits als Kompliment, andererseits nervte meine Tochter. „Jetzt ist es gut", setzte ich dagegen. „Du kennst meine Problematik mit meinem Diabetes und meinem Blutdruck. Beides ist seit kurzem wieder okay. Ich halte mich an meinen Essensplan und damit verbessere ich meinen Stoffwechsel. Ein verbesserter Stoffwechsel lässt überflüssiges Gewicht schmelzen. So einfach ist das. Jetzt passe ich wieder in meine uralten Röcke, die Gottlob gerade wieder modern sind. Und meine Röcke passen allesamt zu meinen Stiefeletten, die ich liebe..." Eine Weile hörte ich nichts, dann gab sie von sich. „Das macht Sinn. Du sprichst von Deinem Gewicht, Deiner Figur... Dein Teint sieht auch so ganz anders aus als normalerweise: Frisch, richtig rosig!" Ich atmete tief durch, bevor ich antwortete: „Ja, meine Haut hatte wahrlich gelitten nach der Spritze gegen die Schmerzen. Die Oberarme waren schlaff an der Unterseite, dazu die Hautrötungen und das Jucken. Furchtbar! Über die Einnahme der Tropfen haben sich alle Störungen wieder entstört. Vereinfacht könnte ich sagen: Mit dem Cortison sind die Hautprobleme entstanden, über die Entgiftung hat sich das gesamte Gewebe regeneriert. Wie Du bemerkt hast, wirkt selbst meine Haut im Gesicht wieder frischer und straffer. Ein Segen, findest Du nicht auch?" „Ich bin etwas durcheinander, Mama. Vielleicht sollte ich auch einmal wieder nach dem Ernährungsplan leben? Ich überlege mir das mal. Tschüss Mama..." Christine und ich lachen. „Du hast ebenfalls Töchter, Maria-Julia, nicht wahr?" „Du sagst es."

Was tun?

Abends ist Emma bei mir. „Danke für die Brotzeit, Maria-Julia. Ich habe richtig Hunger. Hast Du einen Kräutertee für mich?" „Was für eine Frage. Ich muss nur kurz in die Küche. Mach es Dir bequem." „Maria-Julia, Du warst heute bei der Malerin? Wie war gleich der Name?" „Christine heißt sie. Sie malt mit Liebe. Ganz naturalistisch. So richtig zum Anfassen." „Ich habe einmal ein Bild von ihr gesehen.

Das hatte sie dabei. Nach ihrem Termin in der Praxis wollte sie es dem Käufer bringen. Hat mir damals gefallen, ihre Arbeit." „Emma, kennst Du die Geschichte mit dem Hund und dem Baumstamm?" „Die kenne ich, ja wohl! Ich stelle mir gerade vor, dass ein fremder Fiffi in meine Wohnung kommt, sein Bein an mein Bild stellt... Eigentlich an einen gemalten Baumstamm... Das muss in der Tat naturalistisch gemalt gewesen sein..." Ich schmunzle. Emma trinkt genüsslich ihren Tee. Wir schweigen eine Weile.

„Ich möchte Dir etwas erzählen, Maria-Julia. Vielleicht fällt Dir etwas dazu ein. Es geht um eine Freundin von mir. Du kennst sie nicht. Die Arme hat im Augenblick richtig viel Stress... Sie und ihr Mann sind Arbeitstiere. Er ist sportlich und immer gut drauf, mit einem lockeren Spruch und so. Von einem Tag auf den anderen wurde eine der Firmen verkauft, für die er arbeitete. Seine Arbeitsstelle wurde mit vielen anderen wegrationalisiert. Er hatte die Wahl, übernommen zu werden und weit weg zu ziehen oder sich auszahlen zu lassen und in Frührente zu gehen." Ich seufze. „Ich kenne das, Emma. Das wird heutzutage so gehandhabt. Schlimm!" „Die beiden sind Gott sei Dank abgesichert. Sie leben in einem eigenen hübschen Häuschen am Waldesrand, haben Freunde... Kurzum, beide haben sich für die Abfindung entschieden. Anfangs hat der Mann wohl seine Auszeit richtig genossen, aber inzwischen fällt ihm die Decke auf den Kopf. Ihm fehlt seine Arbeit, die bislang sein Lebensinhalt gewesen ist." „Emma, bist Du mit mir der gleichen Meinung, dass Arbeit kein wirklicher Lebenszweck ist?" „Natürlich, Maria-Julia. Aber dem Guten hilft diese, unsere Erkenntnis nicht weiter. Kinder haben die zwei keine. Ich weiß es nicht genau, aber ich glaube, der Grund dafür liegt bei ihm." „Emma, Du wirst meine Meinung teilen: Kinder sollten keine Pausenfüller sein!" „Ich gebe Dir recht, Maria-Julia. Inzwischen leiden beide. Er wird zusehends griesgrämiger und rutscht ab ins Depressive." „Emma, mir kommt das Bild eines alten Löwen in den Sinn, dem das Brüllen vergangen ist und der langsam die Zähne verliert..." „Dieser Vergleich ist gut, Maria-Julia.

Wenn ich mich in die Lage des Mannes versetze, finde ich es wahrhaftig nicht knackig, die Arbeitsstelle in einem vertrauten Umfeld mit befreundeten Kollegen zu verlieren und in eine ungewisse Zukunft zu schauen..." „Ist es die Arbeit, die der Mann Deiner Freundin vermisst oder fehlt ihm die Zuversicht oder Hoffnung auf eine neue Aufgabe? Vielleicht kann er sich sozial betätigen?" „Ein interessanter Aspekt, Emma. Ich habe von den 'Business angels' gehört. Die geben ihre Erfahrungen 'sozusagen gegen Spesen' an Firmen weiter, die sich eine professionelle Beratung nicht leisten können." „Interessant. Werde ich weitergeben, Maria-Julia." „Wie geht es Deiner Freundin?" „Meine Freundin ist verzweifelt. Als Pharmareferentin verdient sie in ihrem Job genug, um ihren Lebensstandard zu halten. Allerdings gleicht die wenige Freizeit, die sie hat, der Hölle auf Erden. Wenn sie abends vom Dienst nach Hause kommst, jammert der Partner und ist ruppig. " Emma seufzt. „Dabei muss die Stimmung den Bach runter gehen und letztendlich baut man ab..." „Mmh. Hat Deine Freundin herausgefunden, was ihr hilft?" „Eben nicht. Und genau deshalb hat sie mich um Rat gefragt." Emma wird leicht rot. „Maria-Julia, ich habe bemerkt, dass es bei den beiden kriselt - lange bevor sie mit mir darüber gesprochen hat. Ich denke, ich konnte den beiden helfen..." „Lass hören, Emma."

„Maria-Julia, der Einfall kam mir nach einem Traum. Ich sah die beiden am Tag ihrer Hochzeit vor mir. Glücklich hielten sie Händchen, strahlten sich an und versprachen sich, zueinander zu stehen in guten wie in schlechte Zeiten. Als ich dieses Bild an meine Freundin weitergegeben habe, erzählte mir meine Freundin unter Schluchzen, wie sie sich beide kennen gelernt hatten und wie verliebt sie seinerzeit gewesen sind. Und ich rief ihr noch einmal ins Gedächtnis, was sie mir damals gestanden hat: 'Er ist mein Traummann, den ich von Herzen liebe!' Das Treffen mit meiner Freundin hat mich sehr berührt..." Emma seufzt. „Maria-Julia, die beiden hatten früher eine Ausstrahlung, wie man sie aus kitschigen Liebesfilmen kennt. Du weißt, was ich meine?" Ich nicke. Emma schenkt sich eine Tasse Kräutertee nach. „Meine Emma! Unter der rauhen Schale immer noch romantisch. Es besteht noch Hoffnung!" Ich lächele meine Freundin an. „Erzähle bitte weiter von den beiden." „Bingo, sage ich Dir. Hat geholfen. Meine Freundin hat beschlossen, dass sie sich nicht verunsichern lässt durch sein Jammern und ruppiges Verhalten. Auseinander zu gehen betrachtet sie lediglich als Notlösung." „Gute Arbeit! Gefällt mir, Emma." „Wo kämen wir hin, wenn sich gleich alle scheiden ließen, wo es mal gerade nicht rund läuft? Ich habe ihr einen Tipp gegeben, wie sie ihren Standpunkt verändern kann." „Ich bin gespannt auf Deinen Tipp, meine Liebe." Emma räuspert sich. „Ich habe meiner Freundin geraten, dass sie es mal mit 'Lachen' und 'Auslachen' probieren soll. Das ist besser, als immer vernünftig und ernst zu sein. Über dieses lockere Verhalten gebe ich meinem Partner eine reale Chance, seinen Standpunkt neu zu überdenken und ihm mag auf diese unkonventionelle Weise bewusst werden, dass er sich vergrüßt hat..." „Guter Ansatz! Ich bin stolz auf Dich, Emma."Emma lächelt. Für eine Weile ist es still im Raum.

„Der Mann Deiner Freundin ist gesund?, frage ich nach. „Habe ich meine Freundin auch gefragt. Sie sagt ja." „Also: Wenn keine Arbeit, dann vielleicht eine Aufgabe inform einer Freizeitbeschäftigung, die ihm Spaß macht?" „Du hast recht, Maria-Julia. Das ist eine 'buena idea'. Bei den beiden prallen zwei Welten aufeinander. Er wartet den lieben langen Tag darauf, dass sein durch harte Arbeit gestresstes Weib endlich zu Hause erscheint. Meine Freundin sehnt sich einfach nach Nichtstun... Die Beste hat auf ewig keinen richtigen Urlaub mehr gemacht. Deswegen hat sie sich in den wenigen freien Stunden zu hause keinen Kopf gemacht, dass ihr Mann im Augenblick ausschließlich freie Zeit hat. Oder gerade die Freizeit für ihren Mann ein Problem ist." Emma und ich schweigen eine Weile. „Haben sie Haustiere?", frage ich nach.„Nein, Maria-Julia. Haben sie nicht. Als beide noch berufstätig gewesen sind, hätte das nicht gepasst. Ich glaube, er hatte als Kind immer einen Hund." „Vielleicht könnten sich Deine Freunde einen Hund anschaffen!"„Gute Idee, Maria-Julia. Man wäre dadurch in der Pflicht, zweimal, dreimal Gassi zu gehen..." „...und käme unters Volk, um mit Deinen Worten zu reden, Emma?" „Genau, Maria-Julia." Wir gehen unseren Gedanken nach. Mir kommt plötzlich eine Geschichte in den Sinn.

„Emma, ich möchte Dir eine kleine Geschichte erzählen, die ich gestern beim Bügeln im Radio gehört habe. Es geht um eine wahre

Begebenheit aus Frankreich. Ein fast siebzig jähriger Mann ist auf frischer Tat ertappt worden. Er montierte gerade ein Straßenschild ab. Und stell Dir vor, zu hause waren noch jede Menge anderer Straßenschilder. Deshalb fragte man ihn nach dem Grund dafür." „Was hat der Mann geantwortet, Maria-Julia?" Emma schaut mich interessiert an. „Die Straßennamen waren die Erinnerung daran, dass er dort früher mit seiner Frau spazieren gegangen ist." „Ist ihm die Frau weggelaufen?" „Nein, seine Frau ist verstorben." Emma seufzt. „Traurig. Aber voll romantisch, Maria-Julia..." „Claro, Emma." „Wahre Liebe eben..." Emma wischt sich ihren Mund mit der Serviette ab. „Danke für die leckere Brotzeit und den Kräutertee. Ich habe fertig, Maria-Julia." „Immer wieder gern, Emma." Emma lächelt mich an. „Übrigens: Was hat Dein zweites Blutbild ergeben, Maria-Julia? „Heute hatte ich nicht viel Zeit.

Deshalb hat mir Antonia vorerst einmal eine Kurzfassung gegeben. In jedem Fall ist das Ergebnis viel besser als das des ersten Blutbildes. Nur irgendwelches Gift verursacht, dass ich zu wenig Zink aufnehme." „Ach, vielleicht deshalb hast Du öfter mal einen kleinen Infekt gehabt..." „Könnte sein. Ich habe wegen Stephan nachgefragt. Wegen seiner unschönen Tränensäcke." „Die haben wahrscheinlich mit seinen Nieren etwas zu tun. Hatte er nicht schon mal Nierensteine?" „Ja, schon zwei Mal, Emma." „Maria-Julia, ich fände gut, wenn Stephan mal bei uns vorbei schauen würde." „Ich bin ganz Deiner Meinung, Emma. Antonia meint jedoch, dass Stephan selbst einen Termin machen soll." Emma seufzt. „Hat sie recht, meine Chefin." Emma seufzt. „Mal wieder!" „Emma, einmal etwas ganz anderes. Hast Du morgen Abend ein wenig für mich Zeit? Ich möchte etwas mit Dir bereden. Darf ich zu Dir nach hause kommen? „Aber natürlich, meine Liebe. Um was geht es denn?" Ich wehre ab. „Nicht jetzt, Emma. Übrigens: Ich schicke Dir nachher eine Mitteilung auf Telegram. Ein Youtube Video: 'SEOM – Hab Vertrauen'. Ich habe es bereits mit vielen meiner Bekannten geteilt..."

Lass Dich von mir nicht täuschen

Komm rein, ich bin gleich bei Dir, Maria-Julia. Muss erst noch die letzten Haare von den Beinen kratzen. Nimm schon mal Platz. Getränke sind auf dem Tisch. Nimm Dir!" Ich bediene mich, Emma kommt zurück und schaut mich an. „Was ist mir Dir, Maria-Julia? Du siehst so traurig aus... "Siehst Du mir das an, Emma?" „Maria-Julia, bitte. Selbstverständlich! Komm spucke es aus!?" Ich sitze plötzlich ganz aufrecht in meinem Sessel. „Antonia hat über Ängste gesprochen. Das ist wohl eines meiner Themen, bei denen ich mich schwer tue. Du bist fein raus Emma, ich bewundere Dich immer für Deine Schlagfertigkeit und Deine Sprüche. Was Du so alles kannst und leistest..." „Ach, meine liebe Süße! Komm in Mamas Arm." Wir halten uns in den Armen. „Du meinst, ich stecke den Stress weg, ohne dafür vorsorglich etwas zu tun?" „Was genau meinst Du, Emma?"

„Nun. Ich meine gesehen zu haben, dass Du Dich in der Praxis über meine riesige eineinhalb Literflasche gewundert hast." Ich nicke. „Stimmt. Was ist da denn drin? Kein normales Quellwasser?" „Jein. In die Flasche mit Quellwasser gebe ich jeden Wochentag zusätzlich vierzig Milchsäure Pflüger Tropfen hinein. Vorsorglich sozusagen." „Interessant. Bekomme ich nicht ebenfalls homöopathische Milchsäure als Infusion, Emma?" „Ja, das stimmt. Soviel ich weiß, testet Antonia jeweils aus, welche Ampullen Du zur Ausleitung Deiner Übersäuerung in die Infusion bekommst: Milchsäure oder Harnsäure. Nach der Kur wirst Du wahrscheinlich ebenfalls Tropfen bekommen und schätzen lernen – als Vorbeugung bei Stress. Ideal ist in jedem Fall des öfteren milchsauer vergorene Lebensmittel wie selbst gemachtes rohes Sauerkraut oder welches aus dem Reformhaus zu essen. Auch ein Kanne-Brottrunk erfüllt diesen Zweck." Emma trinkt einen Schluck. „Zurück zu mir. Glaube mir, Maria-Julia, es ist schon ab und zu mega stressig in der Praxis. Deshalb beuge ich regelmäßig vor: Ich bekomme einmal pro Woche eine Spritze B-Komplex, gebe Milchsäuretropfen in mein Wasser und nehme Vitalstoffe. Im Fachjargon: 'eine Mindestversorgung an Nahrungsergänzungsmitteln. Soviel zu meinen starken Sprüchen. Obwohl die wirklich manchmal recht stark sind, muss ich zugeben..." Emma lächelt mich an und räuspert sich. „Maria-Julia, ich habe etwas für Dich, was gerade zum Thema passt, mein Schätzchen. Aber Du musst es vorlesen. Versprochen?" „Claro, Emma. Ich verstehe nicht…"

„Kommt schon. Bin sofort wieder da. Von wegen gute Ordnung und so. Also 'hasta gleich'."Ich schüttele den Kopf und lächele. Emma mal wieder. Jetzt rückt sie mit irgend etwas heraus, was sie bislang vor mir verborgen hat. Mal sehen, was das ist… „Bin sofort wieder da. Was habe ich Dir gerade gesagt? Schnell wie der Schall bin ich. Hola! Wo bleibt mein Applaus?" Ich klatsche in meine Hände und schaue Emma belustigt an. Emma drückt mir ein Blatt Papier in die Hände mit der Überschrift: 'Lass Dich von mir nicht täuschen'. „Vorlesen, Maria-Julia, vorlesen. War so abgemacht."„Claro. Ich räusperte mich kurz. Dann wiederhole ich: 'Lass Dich von mir nicht täuschen'.

'Lass Dich von mir nicht täuschen durch die Maske, die ich trage. Ja, ich trage viele Masken, die mein wirkliches Ich verdecken, und - ich habe Angst sie abzunehmen. Vortäuschen ist mir zur zweiten Natur geworden, aber lass Dich um Himmels Willen nicht irreführen. Du meinst, ich bin so sicher und gelassen, dass ich mein Leben fest im Griff habe. Aber glaub mir bitte nicht!Meine Selbstsicherheit ist nur Schein, und darunter wohnt mein wirkliches Ich. Verwirrt, allein und voller Furcht. Aber das soll verborgen bleiben, niemand soll wissen, wie es um mich steht. Deshalb verstecke ich mich hinter der Maske von lässiger Selbstsicherheit, um mich vor wissenden Blicken zu schützen. Ich habe Angst, dass Du mich verachtest und auslachst, und das könnte ich schwer ertragen. Ich habe Angst, dass ich nichts wert bin und zu nichts tauge. Und dass Du das erkennst und mich ablehnst. Deshalb treibe ich dieses elende Spiel, äußerlich selbstsicher, innerlich verzweifelt. Du fragst, wer ich bin?' Ich sehe Emma fragend an. „Gibt es eine Antwort?"„Auf der Rückseite steht die Antwort, Maria-Julia." Ich drehe das Blatt um und lese den letzten Satz vor. 'Ich bin jeder Mann und jede Frau, die Dir begegnen.'

Ich atme hörbar aus. „Was für ein gewaltiger Text, Emma!" „Finde ich auch. Den hat mir meine Chefin mal von einer Fortbildung mitgebracht. Mir ist es damals ebenso ergangen wie Dir. Ich war beeindruckt – insbesondere von dem letzten Satz!" „Unglaublich dieser Text, Emma." „Meine Chefin und ich haben darüber nie gesprochen, fällt mir auf..." „Hast du noch einen Wunsch, Maria-Julia?" „Getränkestehen auf dem Tisch. Dankeschön! Ich möchte von Dir etwas wissen. Es geht um das Thema Karma." „Das trifft sich gut, Maria-Julia. Ich für meinen Teil kreise zur Zeit mit meinen Gedanken ebenfalls um Themen wie Karma, Tod und Wiedergeburt..."

Das ewige Rad

„Steht das mit dem Karma eigentlich irgendwo schwarz auf weiß?" „Maria-Julia, soviel ich weiß, sind im Neuen Testament sogar einige wenige Stellen da, die über das Karma sprechen. Die Päpste Vigilius und Justanian stellten sich auf dem Vatikanischen Konzil zu Konstantinopel 453 nach Christus - also vor zirka 1500 Jahren - die Frage, was wohl geschehen würde, wenn die Menschen ihr Leben fortan bewusst leben würden. Was wäre, wenn die Menschen realisierten, dass sie selbst ihr eigener Schöpfer sind? Unausdenkbar. Beide Machthaber wollten vielmehr, dass die Menschen sich klein und schuldig fühlten und Angst hatten, im Feuer der Verdammnis zu enden. Also erging der Beschluss, die Stellen, die von Karma sprachen, aus dem Buch der Bücher zu streichen." „Das wusste ich gar nicht..." „Bin selbst vor kurzem erst drauf gestoßen... Nun, meine Chefin weiß darüber besser bescheid als ich. Sie hat es mit dem 'Buddhismus'. Ist keine Religion hat sie gesagt, sondern eine Anleitung, das menschliche Potential zu nutzen. Was immer das heißen mag. Jedenfalls sind die Buddhis wohl auch der Meinung, dass es eine Wiedergeburt gibt. Viele Leben - und nicht nur das eine. Emma hebt ihre Schultern. „Ich zitiere mal Antonia im Originalton: Eines ist gewiss. Zufälle gibt es nicht. Es fällt uns zu, sozusagen. Ursache und Wirkung bedingen einander. Ich selbst trage für mein Handeln Verantwortung. Wenn ich über eine Straße gehen möchte, sollte ich vorher nach rechts und links schauen. Das Prinzip von Ursache und Wirkung betrifft nicht nur ein einzeles Individuum, sondern gilt ebenso für die Gemeinschaft, in der wir leben oder für die Politiker, die uns führen. Alle sind ethisch und moralisch verpflichtet, nach bestem Wissen und Gewissen zu handeln, zum Wohle aller."

Nach dieser Erklärung habe ich vorlaut gefragt: Sie glauben das, Chefin, nicht wahr? Antonia hat geantwortet: Nein, ich glaube das nicht! Und nach eine kleinen Pause: Ich weiß das, Emma!" „Ganz schön schwirig das Ganze, finde ich, Emma." „Finde ich auch. Ich erinnere mich genau daran, was sie mir gesagt hat, als wir uns über den Sinn des Lebens unterhalten haben: 'Wir alle – auch Sie Emma - haben die kostbare Möglichkeit, dieses Leben zum Besten aller Wesen zu verwenden. Solange sich in meinem Leben diese Chance bietet, sollte ich das bewusst nutzen.'" Ich schweige still und höre interessiert zu. „Antonia hat mir etwas gesagt, was einen bleibenden Eindruck bei mir hinterlassen hat: 'Buddha war kein Buddhist, Jesus kein Christ und Mohammed kein Muslim! Sie waren Lehrer, die Liebe lehrten. Liebe war ihre einzige Religion!' Antonia glaubt daran, dass irgendwann alle Wesen gemeinsam ihr Dasein in Frieden und Harmonie verbringen sowie bewusst und aus freiem Willen sterben. Sie denkt, dass wir uns in dieser Zeit telepathisch miteinander verständigen und sie ist überzeugt davon, dass wir in dieser Zukunft gesund und bewusst sterben und viel älter werden als heutzutage. Ganz schön abgedreht, oder?" „Abgedreht weniger..." Ich hüstele ein wenig. „Mir wird gerade deutlich, dass ich viel , viel mehr darüber erfahren möchte ..." Emma nickt. „Verstehe ich, Maria-Julia. Verstehe ich..."

Ich war tot

„Maria-Julia, übrigens: Ich glaube, Du kennst das: Du erzählst etwas, von dem Du annimmst, dass es richtig ist, bist aber unsicher. Irgendwann zweifelst Du nicht mehr, da weißt Du, dass das, was Du erzählt hast tatsächlich stimmt..." Ich nicke. „Das kenne ich gut. Immer wenn ich meiner Familie von den Beratungsgesprächen erzählt und meine Notizen verbalisiert habe, ging mir das so. Heutzutage ist mein gesprochenes Wort wesentlich akzeptabler für meine Lieben.

Ich bin überzeugt und das überträgt sich, denke ich mir..." Emma hat sich ein Glas Apfelschorle gemixt und trinkt es vor bildhaft schlückchenweise. Ich nehme an, dass sie das mir zuliebe tut. Ich muss schmunzeln. Emma räuspert sich. „Maria-Julia, mir fällt gerade ein Artikel aus der Bildzeitung ein. In fetten Buchstaben stand zu lesen: 'Ich war tot und habe meine Oma im Jenseits getroffen'. Darunter im Bericht zitierten sie den Jungen wortwörtlich: 'Ich war bei Oma Emmi im Himmel. Oma Emmi hat gesagt, ich soll ganz schnell wieder runter gehen..." „Ich erinnere mich, Emma. Paulchen aus Brandenburg war das. Der Dreijährige hatte im Garten der Großeltern gespielt und war unbemerkt in einen See gefallen. Der Opa fand den leblosen Jungen im Wasser. Mit Rettungshubschrauber gelangte er auf die Intensivstation. Und eigentlich war er bereits tot. Nach über drei Stunden begann das Herz von Paulchen wieder zu schlagen. Ein Wunder war geschehen!" „Ich habe ein Ströphchen geheult, Maria Julia." Emma schenkt sich Wasser ein. Ich bin überrascht. Normalerweise... „Maria-Julia, ich kenne von Antonia eine andere wahre Geschichte in dem Zusammenhang. Die Geschichte einer Spanierin, Aurora.

Schulmedizinisch war sie aus therapiert. Die Patientin fühlte sich bereits nach der kleinsten Anstrengung völlig kraftlos. Aurora litt an einem Phänomen. Ihre komplette linke Seite war wie gelähmt. Die Chefin versuchte etliche Anwendungen naturheilkundlicher Art. Ohne Erfolg! Letztendlich machte Antonia mit Aurora eine Rückführung. Jetzt kommt der Hammer: Ich durfte dabei sein!" „Emma, kläre mich bitte auf. Was ist das?" „Bei einer Rückführung siehst Du in die Vergangenheit. Das ist eine Realität. Du bist ebenfalls im Hier und Jetzt. Das ist die andere Realität. Beispielsweise hörst Du während der Rückführung einen Hund, der gerade im Hof bellt oder Du bekommst ein hupendes Auto auf der Straße vor Deinem Fenster mit... Nach einer Rückführung kannst Du alles genau beschreiben. Die Wahrnehmungen während der Sitzung, als auch die Ereignisse, Erlebnisse und Empfindungen aus der Vergangenheit, und zwar bis ins kleinste Detail... Mega geil, sag ich Dir. Soll ich weiter erzählen?" Ich nicke. „Antonia fragte Aurora nach dem Ursprungsereignis als Auslöser für ihr Leiden. Heraus kam folgendes:

Damals lebte Aurora in Frankreich, und zwar in Straßburg. Wann genau steht nicht fest. Es fuhren jedenfalls ausschließlich Pferdekutschen. Sie war Heilkundige und kannte sich gut mit Kräutern aus. Es gab um sie herum einen geheimen Zirkel, die Kräuter zu Medizin machten. Ein Mann aus der höheren Gesellschaft wollte ein ganz besonderes Mittel von Aurora haben: Das Elixier des langen Lebens. Dieses Mittel hatte sie nicht. Der Mann nahm ihr das nicht ab und schickte einen Folterknecht. Der übergoss sie mit heißem Öl." Emma zieht die Schultern hoch und ich verziehe mein Gesicht. „Entsetzlich!" „Das empfinde ich genau so, Maria-Julia. Ich will mir diese furchtbaren Qualen gar nicht erst vorstellen…" Emma seufzt. „Aurora litt unter unerträglichen Schmerzen! Noch bei Sinnen, konzentrierte sie sich auf eine ihr bekannte Pflanze gegen Schmerzen und visualisierte sie. Dieses Visualisieren der Pflanze gab ihr Kraft und linderte ihre Schmerzen bis sie starb…" „Unglaublich, Emma. Kannte Aurora diese Pflanze?" „In der Rückführung konnte Aurora die Pflanze ganz genau beschreiben. Antonia und ich fanden diese unbekannte Heilpflanze schließlich nach der Sitzung im Pflanzenlexikon und konnten nachlesen, dass diese Pflanze 'Aufrechte Ziest' genannt wurde, in früheren Zeiten ein schmerzstillendes Mittel war und bereits von Gladiatoren genutzt wurde, um schwere Verletzungen zu behandeln. Diese Aufrechte Ziest bewirkte, dass die Kämpfer weniger Schmerzen empfanden…" „Aufrechte Ziest. Davon habe ich bisher noch nie gehört, Emma."

„Maria-Julia, ich kannte den Namen vor der Sitzung auch nicht." „Emma, magst Du mir bitte erklären, was dieses Ereignis aus der Vergangenheit mit den heutigen Problemen von Aurora zu tun hat…" Emma räuspert sich. „Aurora und meine Chefin sind beide überzeugt, dass die Lähmungserscheinungen von heute Auswirkungen des Ereignisses aus längst vergangener Zeit gewesen sind!" „Interessant. Hat sich nach der Rückführung etwas an den Beschwerden der Patientin verändert?" „Ja wohl. Wir hatten Glück. Schon nach dieser ersten Sitzung sind die Beschwerden deutlich zurück gegangen." „Interessant. Gibt es etwas, was ich dazu lesen kann?" „Wie wäre es mit Aussagen von Kindern, die schon früh sprechen und sich noch an ein zurückliegendes Leben erinnern konnten?" „Mich interessieren diese Kinderaussagen sehr." „Ich kenne einen tollen wahren Spruch aus Kindermund zu diesem Thema: 'Wenn ich groß bin und Du wieder klein, gebe ich Dir auch keinen Kuchen!' Wir lachen beide. „Übrigens habe ich einen Buchtitel für Dich: 'Früher, als ich groß war'."

Auch eine Wirkung

Am nächsten Tag treffen wir uns nach meiner Behandlung wieder im Café. Kaffee, Espresso und Wasser stehen bereits auf dem Tisch vor uns. Ich bin verschmachtet und trinke gleich zwei Gläser Wasser nacheinander aus. Emma schaut mich erstaunt an. „Ja, dann!" Mit diesen Worten führt sie ihre Flasche Wasser an die Lippen und trinkt sie in einem Zug aus. Emma grinst mich an. „Sprich, meine Freundin. Was war los?" „Mir ist rein gar nicht nach Grinsen, Emma. In der Praxis habe ich heute eine Schmerzpatientin von Euch kennen gelernt. Diese arme Frau hat mir ihre leidvolle Geschichte vorgetragen. Schaurig! Dagegen ging es mir im Verhältnis richtig gut..." „Du, ich weiß nicht so recht. Die meisten Menschen lassen Beschwerden – selbst die, die sie beeinträchtigen - unbehandelt, ändern nichts in ihrem Leben und laufen vor der Verantwortung für sich selbst geschickt davon. Irgendwann wundern sie sich, dass sie massiv Beschwerden bekommen. Eines steht fest: Kaum ein Mensch kommt in die Praxis, weil er vorsorglich etwas für sich tun möchte." „Meinst Du, Emma?" „Ich meine es nicht nur, ich weiß es, Maria-Julia!

Mir fällt gerade zum Thema Schmerzen etwas ein, was mir kürzlich Anton erzählt hat. In Apotheken stellt er interessierten Kunden eine relativ unbekannte Behandlung mit 'Ultraschall' gegen Schmerzen unterschiedlichster Art vor. Dabei handelt es sich zum Beispiel um chronische Rückenschmerzen gegen die diese von Schmerzen gepeinigten Menschen oft schon über eine lange Zeit starke Medikamente einnehmen. Manche schon zwanzig Jahre lang!!! Zwanzig lange Jahre, Maria-Julia!" Emma seufzt. „Die Einnahme starker Medikamente über einen langen Zeitraum hat Nebenwirkungen. Apropos Nebenwirkungen. Eine Patientin erzählte mir vor kurzem dazu eine interessante Geschichte. Soll ich?" „Klar, Emma." „Diese Patientin hatte sich einen Film im Kino angeschaut und nach ungefähr einem Jahr noch einmal als DVD zu hause. Sie erinnerte sich nicht mehr an diesen Film. Überhaupt nicht. Alles war gelöscht in ihrer Erinnerung. Sie war erschüttert. Dazu muss man wissen, dass sie ein Kinofreak ist und mir bereits in früheren Zeiten schnell mal in Kurzform neue Filme erzählt hatte. Sie war richtig deprimiert..." „Emma, was glaubst Du, war der Grund, dass sie sich an den Film nicht hat erinnern können?" „Das steht außer Frage. Zu der Zeit ihrer Erinnerungslücke hat sie hoch dosiert ein starkes Medikament bekommen, sogar als Injektion, weil sie die Tropfen vom Magen nicht hat vertragen können... Das Medikament hat gewirkt – nicht nur gegen die Schmerzen..." „Das ist unglaublich!"

Ich bin entsetzt. „Anton macht also Werbung für eine Behandlung, durch die die Patienten weniger oder keine Schmerzmittel mehr auf Dauer nehmen müssen? Habe ich das richtig verstanden, Emma?" „Maria-Julia, genau so verhält es sich. Anton hat sich dazu was Spezielles ausgedacht. Er führt sein Ultraschallgerät an einer Handfläche vor. Wenn die Kunden nichts dabei spüren, weiß Anton, dass diese Menschen schon längere Zeit Schmerzmittel einnehmen. Durch die längere Einnahme der Schmerzmittel fühlen sie die Vibration des Gerätes in ihren Handinnenflächen nicht mehr." „Wie schrecklich! Die regelmäßige Einnahme der Schmerzmittel verursacht diese Taubheit?" „Das ist oft eine der Nebenwirkungen." Emma atmet schwer und trinkt ihren Espresso. Ich trinke mein Wasser aus. „Anton versucht, den Schmerzpatienten die Behandlungen schmackhaft zu machen. Sinngemäß mit den Worten: 'Wenn Sie wollen, könnte ich Ihnen helfen, mit weniger Schmerzmitteln auszukommen und auf Dauer vielleicht 'schmerzfrei' zu sein. Sie schauen ungläubig? Versuchen Sie es. Mit dem Ultraschallgerät hier gibt es die Möglichkeit, Schmerzen weg zu therapieren...' „Emma, so etwas funktioniert?" „Ja, das ist tatsächlich möglich. „Das wird sicher gern in Anspruch genommen? Wenn ich die Möglichkeit bekäme, von einer mir viele Nachteile bringenden Medikation wegzukommen, würde ich das ausprobieren!" „Maria-Julia, Du schon und ich sicherlich ebenso. Keine Frage. Für Schmerzpatienten – warum auch immer – ist das offensichtlich eine. Welche 'einzige' Frage hat der Schmerzpatient Anton gestellt? Du wirst es nicht für möglich halten, Maria-Julia. Die gestellte Frage lautet: 'Was kostet mich das?' Unglaublich oder?" Emma seufzt.

„Maria-Julia, bei chronischen Schmerzen versuche ich normalerweise herauszufinden, was mir Linderung verspricht. Und wenn eine Möglichkeit besteht, ohne Nebenwirkungen meine Schmerzen zu lindern oder gar loszuwerden, bemühe ich mich darum, das Geld dafür aufzubringen! Ja oder ja?" Ich bin überrascht und verstehe rein gar nichts. „Emma, was um Himmels Willen kostet eine Behandlung mit Ultraschall?" „Wenn Kunden privat versichert oder Beihilfe berechtigt sind, bekommen sie die Behandlungen erstattet. Eine Schmerzbehandlung in der Praxis bei uns kostet für Selbstzahler zirka zwanzig bis vierzig Euro und als Abo ist es zwanzig Prozent billiger..." „Die Kunden, die angesprochen worden sind, was waren das für Menschen?" „Normale Kunden einer Apotheke in einer normalen Gegend einer Stadt. Anton berichtet, dass bei den zuvor interessierten Kunden nach dieser Auskunft oft nachhaltiges Schweigen und Resignation folgen. Geld für sich selbst auszugeben ist nie angedacht worden..." „Es fällt mir schwer, dieses Verhalten nachzuvollziehen, Emma." Ich seufze. „Als mir Anton davon berichtet hat, war ich ebenfalls sprachlos. Es geht den Kranken ausschließlich ums Geld. Zwanzig Tabletten kosten fünf Euro. Das muss reichen. Sie vergleichen den Preis der Tabletten mit den Kosten einer oder gar mehrerer Behandlungen mit Ultraschall. Dabei schneidet die tägliche Chemie besser ab als die nebenwirkungsfreie Möglichkeit. Die Folgen dieser Entscheidung werden nicht berücksichtigt. Ist das nicht traurig?" „Das finde ich auch, Emma. Jeder Mensch trägt die Verantwortung für seine Entscheidungen, nicht wahr?" „Maria-Julia, ich erinnere Dich an den Spruch in unserer Praxis. Ein jeder hat das Recht, zu leiden..." „...ist aber nicht dazu verpflichtet, Emma." Emma lächelt mich an. Ich trinke meinen Kaffee aus. „Emma, was haben die Apotheken von so einer Vorführung? Ich meine, sie verkaufen ansonsten regelmäßig Schmerzmittel..." „Das ist richtig, Maria-Julia. Diese Apotheken stellen den Schmerzpatienten einen interessanten Ausweg aus ihrer bisher aussichtslosen Situation vor. Was ein großes Lob verdient. Sie gehen dabei nicht leer aus. Wenn Behandlungen mit Ultraschall gemacht werden, bekommt der Kunde ein Rezept für ein natürliches Mittel zum täglichen Einreiben an den Tagen, an denen kein Ultraschall gemacht wird."

*

„Das Wichtigste zuerst!" „Antonia, Sie meinen die Blutabnahme?" „Ja, Maria-Julia. Ich rufe eben Emma für Sie..." „Ich bin erstaunt, dass seit der ersten Blutabnahme bereits zwei Monate vergangen sind..." „In der Tat, Maria-Julia. Wenn Sie zustimmen, beginnen Sie nächste Woche mit den Darmspülungen an einem der frei werdenden Termine?" „Ich freue mich darauf. Ich meine, dass ich schon viel besser drauf bin, wie Emma immer sagt..." Antonia lächelt. „Wenn Sie gefrühstückt haben und Ihre Anwendungen beendet sind, möchte ich mit dem bereits begonnenen Thema fortfahren. Kommt das zeitlich hin?" Ich nicke. Nach gut zwei Stunden sitze ich Antonia in ihrem Zimmer gegenüber. Antonia schenkt uns Tee ein. „Darf ich zwei Fragen stellen?" „Maria-Julia, was um was geht es denn?" „Zur Zeit bekomme ich Infusionen mit Milchsäure und danach Tropfen mit Milchsäure?" Antonia schmunzelt. „Maria-Julia, nach den Infusionen mit homöopathischer Milchsäure schreibe ich Ihnen vorsorglich homöopathische Tropfen mit Milchsäure auf, damit Sie bei Stress sofort selbst verantwortlich agieren können. Ideal ist in jedem Fall des öfteren milchsauer vergorene Lebensmittel wie selbst gemachtes rohes Sauerkraut oder welches aus dem Reformhaus zu essen. Auch ein Kanne-Brottrunk erfüllt diesen Zweck." „Das meinte Emma ebenfalls." „Wunderbar. Und welche Frage wollten Sie noch stellen, Maria-Julia? „Es geht auch um die Zeitumstellung. Immer, wenn die Zeit umgestellt wird, stehe ich quasi neben mir. Das geht vielen Menschen so, die ich kenne. Meine Frage: Warum ist das so?" Antonia trinkt Tee und schaut aus dem Fenster.

Schließlich räuspert sie sich. „Maria-Julia, ein Tag entspricht einer Drehung der Erde um sich selbst. Vereinfacht ausgedrückt sind das 24 Stunden. Astronomisch jedoch in etwa nur 23 Stunden und 56 Minuten.Betrachtet man den Nullten Längengrad, der durch den Überseehafen von London, nämlich Greenwich führt, ist zur Tag- und Nacht-Gleiche jeder Sonnenaufgang um 6:00 Uhr morgens und jeder Sonnenuntergang um 18:00 Uhr abends. London oder Greenwich ist allerdings nicht unser Bezugspunkt für die Uhr. Unsere Zeit bezieht sich auf Görlitz. Diese Stadt liegt auf dem fünfzehnten Längengrad und ist deshalb Bezugspunkt für die mitteleuropäische Zeit ist, abgekürzt MEZ. Zur Tag- und Nacht-Gleiche geht die Sonne um 6:00 Uhr morgens auf und um 18:00 Uhr abends unter. Da Görlitz auf dem fünfzehnten Längengrad östlich liegt - und nicht auf dem Nullten Meridian wie Greenwich - entspricht das einer Differenz an Zeit von einer Stunde. Das wiederum bedeutet, dass die Sonne sowohl in London und Görlitz, als auch in Moskau jeweils um 6:00 Uhr zur Tag-und-Nacht-Gleiche aufgeht.

In London oder Greenwich ist der Sonnenaufgang eine volle Stunde später als in Görlitz, weil London oder Greenwich fünfzehn Grad weiter westlich liegt. Diese volle Stunde braucht die Erde, um sich um fünfzehn Grad weiter zu drehen. In Moskau sind es bereits zwei Stunden. Jeweils fünfzehn Längengrade entsprechen einer Stunde. Diese Änderung der Zeitumstellung hat fatale Folgen für Mensch und Nutztiere. Das Reh im Wald merkt nichts von der Zeitumstellung. Wenn es müde ist, schläft es sich aus. Es gibt keine Öffnungszeiten im Wald und keinen Ladenschluss..." Wir lachen. „Maria-Julia, biologische Rhythmen richten sich generell nach der geographischen Zeit, und nicht nach der Uhrzeit. In der Sommerzeit wird die Uhr um eine Stunde vorgestellt. Das bedeutet, dass wir im Ruhrgebiet unser Leben ausrichten, als wenn wir in Moskau leben würden. Denn das liegt fünfzehn Grad weiter östlich als Görlitz, nämlich auf dem dreißigsten Längengrad östlich.

Der inneren Uhr wird durch unsere äußere Uhr vorgegaukelt, dass wir in Moskau leben. Die innere Uhr wird unter anderem beeinflusst durch den Sonnenstand und die damit verbundene Helligkeit und Länge des Tages. Das führt zu Zeiten der Sommerzeit zu einem kleinen, aber permanenten Jet lag. Betrachtet man jetzt europäische Regionen, die westlich des Nullten Meridians liegen, dann sind diese Menschen stärker betroffen, beispielsweise die Menschen im Westen von Spanien und Frankreich. Dort summiert sich die Differenz von innerer und äußerer Uhr auf bis zu zweieinhalb Stunden!" „Jetzt verstehe ich, dass meine ganze Familie nach dem Korrigieren der Uhrzeit auf die Sommerzeit immer diese Anlaufschwierigkeiten hat..." Emma kommt herein und Antonia bittet sie, Platz zu nehmen. „Habe ich viel verpasst?," will Emma wissen. „Emma, ich habe gerade von der Sommerzeit gesprochen und ihre Freundin hat mir erzählt, dass sie diese Veränderung der Uhrzeit mit ihrer gesamten Familie spürt..." „Maria-Julia, das ist lediglich der Anfang... Auf Dauer kommen trotz ausreichenden Schlafes Müdigkeit hinzu sowie Schlafstörungen." „Chefin, genau zu diesem Thema habe ich einen interessanten Artikel gelesen. Darf ich?"

Für mich allein

Antonia nickt. Emma räuspert sich. „Professor Kenneth Wright von der Universität Colorado hat folgendes heraus gefunden: Studienteilnehmer hatten während des vorangegangenen Sommers willentlich auf Kunstlicht verzichtet und Lampen, Handys sowie Computer waren verboten. Nach nur 'einer' Woche hatte sich der Schlaftakt der Probanden von selbst an die natürlichen Tag- und Nachtphasen angepasst. Die innere Uhr war wieder im Takt. Der Schlaf natürlich und erholsam." „Interessant. Danke, Emma. Zu unseren uns störenden, uns belastenden Gewohnheiten kommt die amtlich vorgegebene Umstellung der Sommerzeit und Winterzeit. Die Sommerzeit hat sich US-Präsident Benjamin Franklin ausgedacht. Er schlug seinerzeit in einem Brief an eine Pariser Zeitschrift vor, die Uhren im Sommer eine Stunde vorzustellen, um den Verbrauch teurer Kerzen zu reduzieren. Das war allerdings eher als Scherz gemeint..." „Chefin, mir fällt noch was Witziges dazu ein. In

Afrika, ich meine Burundi war es, kommt man ganz ohne Uhren aus. 'Morgens' ist, wenn die Kühe auf die Weide ziehen und 'mittags', wenn die Kühe am Fluss trinken." Wir lachen. Antonia sammelt sich und sagt: „Bis Mitte des neunzehnten Jahrhunderts war Deutschland in Zeitzonen eingeteilt, die sich noch nach der Sonne richteten. Da Berlin östlicher liegt als München, war dort früher Mittag. Erst um 1890 wurde eine einheitlich Zeitzone wegen der Eisenbahn-Fahrpläne erstellt." „Das wusste ich bisher nicht. Du etwa, Maria-Julia?" Ich schüttele verneinend den Kopf.

„Ich habe übrigens gelesen, dass die modernen Uhren aus China stammen. Die Chinesen und nicht die Schweizer, wie man denken könnte, haben den mechanischen Zeitmesser um 1088 erfunden. Sie bauten eine moderne Uhr, die zehn Meter hoch war und ein durch Wasser angetriebenes Räderwerk hatte." „Danke, Emma. Das war mir neu. Ich darf weiter fortfahren, Emma?" Emmas Gesicht färbt sich leicht rot. Antonia beginnt von Neuem: „Unsere derzeitige Zeitrechnung oder Umstellung auf eine Zeit - die eigentlich zu Osteuropa gehört und nicht zu uns - bewirkt einen kleinen aber permanenten Jet lag für uns. Wir schlafen beispielsweise weniger..." Emma kann es nicht lassen: „Es hört sich für mich so an, als hätte ich bereits eine Menge verpasst?" „Ein Quantum Trost, Emma: Sie werden den Astrologiekurs bei Michael belegen. Das Wissen um die biologischen Rhythmen gehört zum Ausbildungsprogramm." Emma lächelt. „Chefin, das trifft sich gut! Ich habe übrigens gelesen, dass ein Mangel an Schlaf falsche Erinnerungen fördert. Übernächtigte Augenzeugen sind deutlich unzuverlässiger." „Das will ich gerne glauben. Im Volksmund kennt man das. Wenn jemand besonders gescheit ist, sagt man ihm nach, er sei besonders ausgeschlafen!" „Chefin, es gibt Schlafmangel bei Vollmond - oder nicht?" Antonia nickt.

„Allgemein bekannt ist: Bei Vollmond schlafen die Menschen zirka fünf bis zehn Minuten später ein und zirka zehn bis zwanzig Minuten eher wieder auf. Das bereits schwächt die Immunlage und verändert das Verhalten der Menschen: Sie ticken anders, etliche spielen verrückt. Selbst schwaches Licht stört die Hormonproduktion und beeinflusst Heilungsphasen." „Gibt es dazu auch Messungen?", will Emma wissen. „Gute Nachfrage, Emma. Die Qualität des Schlafes ist messbar: Studien von Schweizer Forschern aus Basel besagen, dass der Zyklus des Mondes den menschlichen Schlaf beeinflusst, auch wenn man den Mond nicht sehen kann und keine Kenntnis von der Mondphase hat. Die Forscher fanden heraus, dass das Einschlafen erschwert und die Qualität des Schlafes bei Vollmond geschwächt ist. Die Tiefschlafphasen waren um dreißig Prozent verkürzt und das Schlafhormon Melatonin wurde nur noch relativ gering ausgeschüttet."

„Chefin, meine Patientin müsste jetzt eingetroffen..." „Gehen Sie nur, Emma." Emma wirft mir eine Kusshand zu und verschwindet. Antonia fährt fort. „Bevor ich mit dem Ursprungsthema fortfahre, möchte ich vom 'Kraftplatz' sprechen. Jeder Mensch braucht einen ruhigen Ort zum Auftanken. Einen Platz, der ihm ermöglicht, nach innen zu schauen und in sich hinein zu horchen." Ich nicke zustimmend. „Beim einen geschieht das der Meditationsraum, beim anderen in der Natur. Abgeschaltet wird beim Autogenen Training und beim Angeln. Wichtig ist, einen Ausgleich zu schaffen zwischen Aktion und Entspannung." Wir trinken schweigend unseren Tee. „Maria-Julia, wenn man erkennt, dass sich etwas verändern muss, hat man sich bereits verändert und geöffnet. Plötzlich geschieht etwas, mit dem man nicht rechnen konnte, und was den Rahmen der Phantasie sprengt." Ich schaue Antonia ernst an. „Maria-Julia, lassen Sie zu, sich wichtig und wert zu fühlen. Nehmen Sie sich Zeit für sich. Lernen Sie, die Bedürfnisse und die Energie Ihres Körper zu er spüren. Das Potential dazu haben Sie! Ihr Körper tut nichts anderes, als Ihren zu Diensten zu sein - mit den Möglichkeiten, die er vorfindet." „Es geht um meinen Energielevel? Und wahrscheinlich darum, eine Art Reserve zu schaffen?" „Genau, Maria-Julia." Antonia trinkt einen Schluck Tee.

Verhungern am vollen Regal

„Genau das ist das passende Wort: 'Reserve'. Das Wort Reserve scheint unbekannt zu sein. Deshalb sind 'Mangelerscheinungen' inzwischen in unserer Praxis ein großes Thema. Ich kenne einen Kollegen, der der Meinung ist, dass jeder Mensch genügend eigene Energie hat, um gut zurecht zu kommen – wenn die Blockade gelöst ist. Diese Auffassung teile ich nicht. Ich bin der Meinung, dass jede Störung bis hin zur Krankheit eine Mangelerscheinung verursacht, die man beheben muss, um erfolgreich zu therapieren. Maria-Julia, das Schöne an dieser Form der Betrachtung und Behandlung ist, dass ein jeder der schauen kann, das auch sieht. Frauen und Männer sehen entspannt, frischer und jünger aus, wenn der Mangel behoben ist." Ich strahle.

„Unser Konzept beseitigt die Mangelerscheinungen in Form von Infusionen und Injektionen in der Praxis, und der Mitarbeit des Patienten. Der übernimmt seinen Teil zur Normalisierung des Stoffwechsels: Gesundes Essen und Trinken in Verbindung mit einer Mindestversorgung an Vitalstoffen." „Was meinen Sie mit Vitalstoffen?" „Ich meine insbesondere essentielle Stoffe, die die tägliche Nahrung ergänzen und die vor zirka hundert fünfzig Jahren noch niemand nötig hatte. Heutzutage ist das anders. Damals war die Welt - sprich der Acker - noch in Ordnung. Es gibt auch in der heutigen Zeit noch einige wenige Plätze auf der Welt, die relativ unberührt und vom Klima begünstigt sind. Ich habe so etwas in Peru gesehen." Antonia strahlt in der Erinnerung. „Diese herrliche Erde! Sie schimmert in sämtlichen Farben der Metalle. Einzigartig! Da genügt es bereits, wenn jemand etwas aussäht. Erde und Klima spielen mit. Eine gute Ernte ist normal. Dort gibt es andere Gründe, weshalb die Menschen kontinuierlich Mangel entwickeln. Seit sich Zucker, Weißmehl und Cola auf dem Speiseplan manifestiert haben, gibt es ebenfalls in diesem Land des Überflusses die gleichen Stoffwechselprobleme wie bei uns." Ich schaue wohl ungläubig drein. „Eine kleine wahre Geschichte. Es ist Jahre her, seit ich mit meinem Mann in Peru war. Wir haben einen jungen Familienvater besucht, der hier in Essen sein Maschinenbaustudium erfolgreich abgeschlossen hatte. Ich nenne ihn mal Alfredo. Seine Eltern hatten eine kleine Bäckerei in Chincha. Ich bekam mit, wie ein Kunde dort täglich – für sich - 'zwölf' Brötchen einkaufte. Normale Weißmehlbrötchen waren das. Es lag auf der Hand, dass dieser Mann von diesen normalen zwölf Weißmehlbrötchen nicht satt wurde... Wie ein Wanderprediger habe ich seinerzeit von natürlicher Düngung und Vollwertbäckerei erzählt. Alfredo verstand es und bemühte sich, seinen Eltern die Vorteile sozusagen schmackhaft zu machen." „Wie ist es ausgegangen?" Antonia seufzt. „Die Ohren der Eltern waren auf taub gestellt. Leider." Wir trinken Tee. Antonia schaut aus dem Fenster und lächelt.

„Noch eine wahre Geschichte von dieser Reise in die Anden. Eines Nachmittags waren mein Mann und ich bei Alfredos Schwester zum Kaffee trinken eingeladen. Wir erwarteten duftenden Kaffee und einen Kuchen aus der elterlichen Bäckerei... Weit gefehlt! Es kam anders. Kaum angekommen, stiegen wir zusammen in ein Taxi und fuhren im Schnelltrip in die nächst größere Stadt, in der es seit kurzem eine riesige neue Konditorei gab. So etwas hatte ich bis zu diesem Zeitpunkt noch nirgendwo gesehen, weder in Berlin, noch in London. Auf zwei Etagen ausschließlich Torten und Kuchen. Von dieser 'Auswahl' sollten wir uns etwas aussuchen. Es waren diese Torten, die vor Zuckerguss triefen... Schlicht schaurig. Wir wählten etwas aus, fuhren zurück in die Wohnung und tranken Kaffee." „Die Schwester wollte Ihnen etwas Besonderes bieten." Antonia nickt. „Genau so hat es sich verhalten. Andererseits lernten wir in dieser Zeit auch ein besonders gutes vegetarisches Restaurants kennen. Interessant waren insbesondere die Gäste dort." Antonia schaut abwesend durchs Fenster. „Wann war das?", frage ich nach. „Fünfundzwanzig Jahre ist das bestimmt her..." „Antonia, danke für Ihre interessanten Erfahrungen. Ich wollte Ihnen noch etwas sagen. Fakten - in eine wahre Geschichte verpackt – kann ich mir viel besser merken und meinem Mann wiedergeben. Er kann diese Form gut annehmen und fühlt sich nicht bedrängt von mir oder denkt vielleicht, ich erwartete von ihm, dass er sofort mitziehen muss."

Ich seufze. „So soll es sein. Zurück zu den Nahrungsergänzungen. Es gibt Schriften, die von den Europäern berichten, die nach

Amerika kamen. Zu der Zeit war die Umwelt noch in Ordnung: Bäche und Flüsse mit kristallklarem Wasser und saubere Luft, wie wir das aus dem Hochgebirge oder in Küstenregionen kennen. Diese Europäer bestellten den fruchtbaren Acker sieben bis zehn Jahre lang und zogen anschließend weiter in Richtung Westen." Antonia trinkt einen Schluck Tee. „Warum zogen sie weiter?", frage ich nach. „Maria-Julia, diese Menschen hatten erkannt, dass die Ursache der sich nach dieser Zeit einstellenden Erkrankungen die ausgelaugten Böden waren. Bei den Kindern waren es Geburtsschäden, Lungenentzündung oder Hautprobleme, bei Vater und Mutter die Schwindsucht. In späteren Zeiten nannte man diese Erkrankung Tuberkulose. Die Bauern zogen weiter, um wieder ein fruchtbares, sprich mineralhaltiges Land zu bestellen und dadurch Krankheit vorzubeugen." „Zusammengefasst: Mangel durch ausgelaugte Böden verursacht Erkrankungen. Ich höre das in dieser Form zum ersten Mal, kann das jedoch nachvollziehen. Interessant!" „Maria-Julia, Menschen in zivilisierten Ländern sind krankenversichert. Für die Tiere in der Landwirtschaft gilt das nicht. Deshalb bekommen Tiere, damit sie gesund bleiben, zusätzlich Vitamine und Mineralzusätze ins Tierfutter. Oder fertige Pallets. Die gibt es für viele Gattungen. Interessant ist folgendes: Hundefutter enthält um die vierzig Vitalstoffe, Labortiere bekommen zirka dreißig, Babynahrung üblicherweise nur zwölf Vitalstoffe..." Antonia wirkt erschöpft. „Wir sollten heute gern Schluss machen, Antonia. Das muss ich erst einmal verdauen. Ich könnte 'unterversorgt' sein... Solche Gedanken sind mir zuvor überhaupt noch nie in den Sinn gekommen. Hier im Westen leben wir in einer Welt des Überflusses..." „Ja wohl, genau das ist der Knackpunkt. Wir verhungern am vollen Regal." Als ich aus der Praxis gehe, fällt mir ein, dass ich Emma erst am folgenden Montag wiedersehen werde. Ich höre Emma sagen: 'Trost, Trost!', und muss lächeln. Ich will mir nachmittags ein Schaumbad, eine Kaffee mit einem Schuss Baileys und etwas romantische Musik gönnen."

Immer dieser Mangel

„Maria-Julia, Ihnen geht es gut?" Ich nicke und nehme Antonia gegenüber Platz. Sie schenkt uns Tee ein. Ich schaue mich im Besprechungszimmer um und entdecke ein Rosenbild, das mir bis zum heutigen Tag nie aufgefallen ist... „Antonia, die Blumenbilder sind wunderschön. Gerade habe ich mein Lieblingsbild bestimmt." Antonia zeigt auf mein Rosenbild. „Ist es eventuell das dort?" Ich lächele. „Genau das ist es." „Dieser Künstler hat die Blumenbilder jeweils vor einer wehenden Gardine gemalt. Ist Ihnen das aufgefallen, Maria-Julia?" Ich betrachte die unterschiedlichen Exemplare und stelle überrascht fest, dass mir das entgangen ist. „Interessant, was man alles nicht sieht, obwohl es direkt vor einem existiert..." Eine weise Bemerkung, Maria-Julia.

Heute geht es weiter mit dem Thema 'Mangelerscheinungen'? Ein Thema, über das ich tagelang reden könnte. Maria-Julia, wussten Sie zum Beispiel, dass seit 1936 nur noch weniger als fünfzehn Prozent der Mineralien in Gemüse und Obst sind? Das ist nicht einmal ein Fünftel, gleich zwanzig Prozent!" Ich bin erstaunt. „Antonia, warum ist das so?" „Warum das so ist? Entstanden ist dieser Missstand durch eine kontinuierlich fortschreitende Verarmung der Böden! Zur Erklärung: Eine Pflanze benötigt Sonnenlicht und Erde, um insbesondere Mineralien und Spurenelementen für sich heraus zu ziehen. Das was die Pflanze aus der Erde herauszieht, wandelt sie in eine für den Menschen ideale Form um, und zwar in eine bioverfügbare Form." Ich höre aufmerksam zu und nippe an meinem Tee. „Erschwerend kommt hinzu, dass anstelle einer idealen Mineraliendüngung die Bauern lediglich Kunstdünger auf die Felder geben. Vorteilhaft ist, dass jedes Jahr ohne Unterlass gesät und geerntet wird und die Quantität den Profit erhöht. Nachteilig ist, dass Äcker keine Ruhepausen mehr bekommen, um sich zu regenerieren. Das beeinträchtigt die Qualität. Quantität vor Qualität! Kurzsichtigkeit auf der ganzen Linie." Ich schüttele den Kopf.

„Maria-Julia, können Sie sich vorstellen, wie lange ein Mensch von dem leben kann, was ein 'Hektar Kulturland mit Viehzucht' erzeugt?" Ich schüttele den Kopf. „Antonia, keine Ahnung!" „Maria-Julia, können Sie sich vorstellen, wie lange ein Mensch von dem Leben kann, was ein 'Hektar Kulturland mit Getreide' erzeugt?" „Antonia, dazu kann ich ebenfalls nichts sagen. Ich weiß nicht..." „Ein Hektar Kulturland schafft das neunzehn Tage lang mit Viehzucht und zweihundert siebzehn Tage mit Getreide." Das habe ich nicht erwartet. „Bemerkenswert, Antonia!" „Das ist mehr als bemerkenswert, Maria-Julia. Ich erinnere mich an Märchen, wo ein Getreidebrei sättigt, glücklich und zufrieden macht... „Antonia, gibt es eine Tendenz bei den Bauern? Der Raubbau der Ackerböden wird limitiert sein..." „Maria-Julia, erstaunlich ist, dass laut Umfragen fünfundsiebzig Prozent der Bauern auf einen biologischen Anbau umsteigen würden, wenn ihnen daraus kein wirtschaftlicher Nachteil entstünde... „Das sind drei Viertel der Bauern..."

„Ja wohl. Das ist beachtlich... Ökoböden ruhen zwischendurch immer mal wieder, um sich regenerieren zu können. Die Umstellung auf biologischen Anbau macht Sinn und ist weitsichtig. Kurzsichtig ist, dem Boden Ruhepausen zu verweigern. Der Boden leidet, verarmt, wird krank und auf Dauer immer weniger widerstandsfähig gegen Unkraut und Ungeziefer. Dieser Tatbestand wiederum muss mit Herbiziden, Pestiziden, Fungiziden und Insektiziden 'bekämpft' werden.. Diese Gifte belasten zusätzlich die Böden." „Ich habe mir zu Wertigkeit und Sinnhaftigkeit des ökologischen Landbaues bisher gar keine Gedanken gemacht... Was wir Menschen den Äckern, die uns nähren heutzutage antun, muss abgestellt werden. Antonia, ich meine zu wissen, dass in früheren Epochen die Völker gerade Erde und Getreide hoch geschätzt und Rituale durchgeführt haben, nicht wahr?" „Das ist richtig, Maria-Julia. Die Azteken, Inkas und Mayas verehrten beispielsweise 'Amaranth'. Überliefert ist, dass die Azteken Amaranth für ihre religiösen Feste benutzten. Das ist zwar kein Getreide, sondern ein sogenanntes Fuchsschwanz-Gewächs. Sowohl der Anbau von Amaranth, als auch die Rituale wurden von den spanischen Eroberern verboten. Damit geriet eine der ältesten Kulturpflanzen der Welt für mehrere Jahrhunderte in Vergessenheit. Heutzutage werden Pseudogetreide wie Amaranth, Quinoa und Buchweizen insbesondere von Allergikern geschätzt, weil sie kein Gluten, sprich Klebereiweiß enthalten.

Ebenfalls kein Gluten enthalten die Getreide: Hirse, Mais und Reis. Hinzu kommt 'Kamut'." „Antonia, Kamut kenne ich gar nicht!" „Maria-Julia, da sind Sie in guter Gesellschaft." Antonia räuspert sich. „Dieses relativ unbekannte Urgetreide enthält zwar etwas Gluten, ist jedoch für Allergiker leichter verträglich, weil es unbehandelt ist. Glutenallergien entstanden durch die Überzüchtung des Weizens und dessen chemische Behandlungen in der Massenproduktion. Alte Getreidearten wie Kamut werden in einer Saatgutbibliothek aufbewahrt und vermehrt. Diese Reserven erweisen sich als nützlich, insbesondere für die Züchtung neuer Sorten. Bauern in der Türkei erzählen, dass der 'Kameslszahn' oder 'Weizen des Propheten' das Getreide war, das Noah auf seiner Arche mitbrachte." Wir schmunzeln. „Das alt ägyptische Wort Kamut ließen sich Landwirte aus Amerika für den biologische Khorasan-Weizenanbau als Marke schützen und vermarkten ihn unter dieser Bezeichnung. Kamut ist ein guter Lieferant von Proteinen, enthält Zink und Magnesium, B-Vitamine, Vitamin E, relativ viele Ballaststoffe und das Spurenelement Selen. Es gibt Kamut als ganzes Korn oder gemahlen, in Flockenform oder als Grieß. Nudeln habe ich auch schon gesehen..." „Danke. Ich werde im Reformhaus oder Bioladen einmal danach fragen." Ich habe fleißig mitgeschrieben. Antonia zeigt auf meine halb leere Tasse. Ich trinke den leckeren Kräutertee aus und Antonia schenkt mir nach.

„Maria-Julia, hinzu kommt eine sogenannte 'Wertschätzung' von Lebensmitteln, die völlig am Sinn der Wertigkeit vorbeigeht. Ein Beispiel, was die Folgen des angeblichen Fortschritts heutzutage verdeutlicht: Schöne, leuchtende, mit Schädlingsbekämpfungsmitteln besprizte, glänzend gewachste Äpfel haben das Anrecht auf die Auszeichnung Güteklasse A oder B, während die kleinen, gesunden Artgenossen abseits stehen." Emma tritt ein und hört mich sagen: „Ich habe das bis heute zwar registriert, trotzdem sind solche Gedanken von mir nie zu Ende gedacht worden. Ab heute werde ich Gemüse und Getreide aus dem Bioladen kaufen. Leckere Bioäpfel

gibt es bei uns vom eigenen Baum! Bei uns wird nicht gespritzt!"
„Wunderbar, Maria-Julia." Antonia lächelt mich an.

Inzwischen gibt es reichlich Möglichkeiten. an gute Produkte zu kommen. Inzwischen gibt es Bioangebote nicht nur Reformhäuser und Bioläden, sondern ebenfalls in Lebensmittelgeschäften. Achtung: Ein entsprechendes Gütesiegel sollte sichtbar sein. Es gibt so manches Schlitzohr, das auf den Biozug aufspringt..." „Wie lange gibt es Gütesiegel?", fragt Emma. „Im Juli 2010 wurde ein EU-weit verbindliches BIO-Siegel eingeführt. Lebensmittel, die mit diesem BIO-Siegel ausgezeichnet sind, gehören zu den Produkten mit dem höchsten gesetzlich gesicherten lebensmittelrechtlichen Standard. Die Anbieter müssen die EG-Ökoverordnung erfüllen und sich verpflichten, auf chemisch-synthetische Pflanzenschutzmittel, Kunstdünger und Gentechnik zu verzichten." „Chefin, das hört sich gut an." „Meine Damen, ich freue mich jedes Mal, wenn GEPA über dem Biosiegel auftaucht. Dann weiß ich, dass ich den biologischen Anbau für Bauern in Ländern wie Peru überhaupt erst möglich mache. Von einer Umstellung auf biologischen Anbau profitieren sowohl die Bauern, deren Existenz gesichert wird, als auch die Verbraucher, die Produkte in bester unverfälschter Qualität erhalten." Antonia, für meinen Mann eine ...." „Maria-Julia, schreiben Sie auf: gepa.de. GEPA steht für: The Fair Trade Company." Wir schweigen eine Weile.

Antonia räuspert sich. „Über eine sinnvolle Bewirtschaftung der Biobauern sind die Äcker gesund. Bei diesen Bioerzeugnissen fällt auf jeden Fall die zusätzliche Giftbelastung über die Düngung weg. Trotzdem reichen die Nährstoffe in den Böden inzwischen nicht mehr aus, um uns die entsprechenden Mineralien und Spurenelemente in ausreichendem Maße zur Verfügung zu stellen. Mangel entsteht und nimmt mit der Zeit Gestalt an." „Antonia, woran kann man erkennen, ob jemand Mangelerscheinungen hat?" Ich erinnere mich, dass Antonia bereits mit mir darüber gesprochen hat... Antonia lässt sich allerdings nichts anmerken. Dafür bin ich dankbar. „Maria-Julia, Mangelerscheinungen an der Haut und am Gewebe sind beispielsweise sichtbar über: trockene und fette Haut, Rötung,

Falten, schlaffes Gewebe, Cellulite und Glatze. Mangel lässt sich beheben. Um ein Haus zu bauen, braucht es einen Architekten, Handwerker und Material. Steht alles was notwendig ist zur Verfügung, sind Bauherr und Ausführende mit dem Ergebnis zufrieden. Das Haus des Menschen ist sein Körper. Jeder Körper benötigt zur kontinuierlichen Regeneration einundneunzig Vitalstoffe in bester bioverfügbarer Qualität: Vitamine, Mineralien, Spurenelemente, Enzyme und Aminosäuren. Die günstige Nebenwirkung: ein jugendliches Aussehen."

*

„Monday, Monday, so good to me..." Emma singt leise die uralte Melodie vor sich hin, als ich zu ihr ins Café komme. „Meine romantische Emma! Dir ist bewusst, dass heute Freitag ist?" „Claro, Maria-Julia. Aber da ist nichts zu machen. Das geht schon den ganzen Tag so. Der Ohrwurm war heute Morgen im Radio." Sie summt noch ein wenig weiter. „Hast Du schon bestellt?" „Ja, habe ich. Claudio wird gleich die Getränke bringen. Maria-Julia, was hat es heute gegeben?" Ich hole meine Kladde aus der Tasche. „Emma, es ging um Mangelerscheinungen, die durch unseren heutigen Ackerbau verursacht werden. Darum, dass Hundefutter mehr Vitalstoffe beigemischt werden als Babynahrung..." Emma seufzt. „Das ist schlimm, ich weiß. Ihr redet sicherlich noch ausführlicher über Nahrungsergänzungen, dann hake ich nach. Und worüber sonst hat Antonia mit Dir gesprochen?" „Über einen stillen Ort!" „Übers Örtchen?" „Nein, über einen Ort für meine persönliche Meditation, über einen Kraftplatz. Mir ist klar geworden, dass beispielsweise ein Angler Energie am Wasser tankt. Stundenlang verbringt dieser Mensch schweigend in der freien Natur." „Maria-Julia, mir ist gerade eingefallen, warum Meditation wichtig ist." Emma räuspert sich. „Meditation ist wichtig, weil von Google nicht alle Fragen beantwortet werden können!" Ich seufze. Meine Emma... Unsere Getränke kommen. Emma trinkt ihre Flasche Wasser aus und ich schenke mir ein Glas Wasser ein.

„Maria-Julia, Du machst inzwischen Übungen in der Art, nicht wahr meine Liebe?" „Ich bemühe mich, Emma. Und außerdem bin ich gelobt worden für meine Mitarbeit. Antonia findet übrigens, dass ich schon besser aussehe." „Sage ich Dir bereits seit zwei Wochen..." „Stimmt! Danke, Emma. Jetzt probieren wir aus, dass ich lediglich zweimal die Woche in die Praxis komme. Den freiwerdenden Termin wollen wir für die Darmbäder nutzen. Ich bin gespannt." „Maria-Julia, der Vorteil der Colons ist, dass Säurebelastung und Giftrückstände zur Ausscheidung kommen, ohne Tropfen oder andere Mittel einzusetzen. Ohne Kraftaufwand für den Körper, die er ansonsten für diesen Vorgang benötigt. Die Colon-Hydro-Methode schafft es, ohne weitere Mühen 'den alten Scheiß' zu entsorgen!" Wir beide lachen herzlich. „Du hast vorhin von 'meditierenden Anglern' gesprochen. Ich habe vor ein paar Tagen einen Artikel gelesen, wo es speziell um Angler ging. Wusstest Du, dass in Nordrhein-Westfalen ungefähr zweihundert tausend Menschen den Angelschein besitzen? Ist doch irre. Bedenke bitte, dass wir im Ruhrgebiet sind..." Ich schüttele den Kopf. „Wirklich erstaunlich. Übrigens, Emma: Immer wenn ich einen Termin bei meiner Friseurin habe, staune ich über die Ruhe, mit der Fabienne meine Haare schneidet. Ebenfalls eine Art Meditation, oder?" „Mag hinkommen, wenn sie nicht die ganze Zeit plappert wie ein Wasserfall..." „Du mal wieder, Emma. Wie könnte es anders sein..." „Maria-Julia, was gab es noch?"

Ich schenke mir ein Glas Wasser ein und trinke es aus. „Muss ich kurz nachschauen, Emma. Die Themen heute haben mich angestrengt. Das muss ich erst einmal verdauen. Solche Gedanken sind mir zuvor überhaupt noch nicht in den Sinn gekommen, dass ich unterversorgt sein könnte. Wir leben doch in einer Welt des Überflusses..." „Liebe Maria-Julia! So ist das und genau das ist der Knackpunkt. Wir verhungern am vollen Regal." „Das hat Antonia ebenfalls gesagt, Emma. Ach ja, der Mangel bei den Menschen ergibt sich über die Notstände der Äcker in der Landwirtschaft." „Ist mir klar, Maria-Julia. Ursache ist der falsche Ackerbau mit Kunstdünger und fehlenden Ruhepausen für die Böden, die schlechte Bodenbeschaffenheit, die Gifte, die zusätzlich zum Einsatz kommen und noch einmal belastend wirken. Schauerlich der ganze Kreislauf!" Emma nippt an ihrem Espresso, ich trinke einen Schluck Kaffee. Ich seufze. „Ich bin ganz Deiner Meinung, Emma. Außerdem hat Antonia die angebliche Wertigkeit eines Apfels angesprochen. Der Apfel erhält ein Gütesiegel, weil er eine gewisse genormte Größe hat. Mit Qualität hat das gar nichts zu tun. Du wirst das wissen, nicht wahr, Emma?" Emma nickt. „Klar, dass ich das weiß… Inzwischen rege ich mich kaum mehr auf! Na ja, ehrlich gesagt, ich bemühe mich darum, mich nicht mehr aufzuregen… Anfangs war das schlimm, als ich die unterschiedlichen Missstände, die uns umgeben, über die Praxis mitbekam. Ich habe richtig vor Wut geschäumt und war etliche Male kurz vor einem Tobsuchtsanfall." „Emma, wie entkommt man diesem Labyrinth als Konsument?" „Als Verbraucher hast Du die Chance, ein Produkt zu verweigern. Wenn das genug Gleichgesinnte praktizieren, wird das Produkt nach einiger Zeit vom Markt verschwinden. Andererseits besteht die Möglichkeit der stetigen Nachfrage. Wenn das genug Gleichgesinnte praktizieren, wird das von den Händlern beschafft werden." Ich muss lächeln. Ich mag Emmas Art, die Dinge auf den Punkt zu bringen. „Du hast recht. Danke für Deinen Optimismus. Der tut mir jetzt gut, Emma. Nimmst Du eigentlich regelmäßig Nahrungsergänzungen?" Emma nickt. „Was nimmst Du, Emma?" „Eine Art Mindestversorgung. Fragst Du mich nicht nach dem Warum?" „Das hatte ich gerade vor. Also Emma, warum nimmst Du Vitalstoffe?" „Ich kompensiere den Stress, den ich mit Patienten habe. Nicht alle Patienten sind so nett wie Du, liebe Maria-Julia. Böse Absicht steckt nicht dahinter! Die armen Menschenkinder sind schlicht 'alle'… Besonders am Anfang der Behandlung sind sehr kranke Patienten meistens schlecht drauf und leiden unter schlimmen Schmerzen… Unsere Therapien helfen dem inneren Arzt eines Patienten, dessen Zustand zu verbessern. Mit Verbesserung des Allgemeinzustandes kommen sowohl die guten Eigenschaften, als auch das Lächeln wieder zurück. Wem erzähle ich das?"

Ich nicke und lächele meine Freundin an. „Recht hast Du, Emma! Wo kann ich Nahrungsergänzungen erwerben?" „Maria-Julia, eine sehr gute Qualität führen leider nur wenige Geschäften. Ich bestelle meine Vitalstoffe. Wenn Du magst, kann ich Dir welche mit bestellen." „Emma, kannst Du mir bitte noch einmal sagen, was Du mit einer 'sehr guten' Qualität meist?" „Maria-Julia, am wichtigsten für den Erfolg ist die Bioverfügbarkeit der Vitalstoffe. Es ist unglaublich! Bei den Produkten, die man normalerweise kaufen kann, ist das selten der Fall. Um das zu erkennen, braucht es natürlich etwas Ahnung von den Dingen. Ich habe mich mit diesem Thema ziemlich lange auseinander gesetzt und recherchiert. Bei minderen Qualitäten lohnt es sich, eher die Verpackung zu fressen. Daneben ist es für für den Erfolg entscheidend, täglich – ich meine tagtäglich - die erforderliche Menge der Vitalstoffe einzuwerfen." Emma streckt sich.

„Mir fällt gerade noch etwas zu dem Thema ein. Es gibt eine EU-Richtlinie 2009/100/EC. Seit dieser neuen Verordnung haben sich die Mengenangaben für den empfohlenen Tagesbedarf verschiedener Vitamine und Mineralstoffe geändert. Früher standen Empfehlungen für den Verbraucher auf den Packungen. Bei den Produkten, die ich einwerfe, handelt es sich um Monatspackungen. Die Menge der Presslinge teile ich schlicht durch dreißig Tage. Das Resultat entspricht meinem Tagesbedarf." „Das ist interessant, Emma. Ich werde Stephan bitten zu recherchieren..." „Mach das, Maria-Julia." „Außerdem werde ich Antonia fragen, was ich ergänzend zu meinem Essen nehmen soll. Übrigens: Ich habe mir 'Kamut' notiert. Kennst Du das?" „Maria-Julia, das Wort Kamut stammt aus dem alten Ägypten und bedeutet 'Seele der Erde'. Kamut spricht nicht auf Kunstdünger an und ist aus diesem Grund für die konventionelle Landwirtschaft nie interessant gewesen. Ein ideales Korn für den Bio-Anbau – wenn das Klima warm und trocken ist... Übrigens: Kamut ist eines der ältesten kultivierten Getreidearten der Welt wie auch 'Emmer'. Kamut – Emmer: Ich weiß gar nicht, welche Sorte zuallererst da war. Ich meine, gelesen zu haben, dass zuerst Emmer angebaut worden ist. Aber nagele mich nicht fest. Urgetreide sind sie beide!"

Hilfe zur Selbsthilfe

„Maria-Julia, über ausgelaugte Böden und dadurch bedingten Mineralienmangel habe ich bereits gesprochen. Das Ergebnis: die Versorgung mit Vitalstoffen ist nicht mehr gegeben. Hinzu kommen Gifte: Pestizide, Fungizide, Herbizide, Insektizide. Der Mensch steht am Ende der Nahrungskette und nimmt Gifte sowohl über die Pflanzen, als auch insbesondere über tierische Produkte auf. Ergebnis: Vergiftung! Wasserlösliche Gifte werden insbesondere im Bindegewebe, fettlösliche Gifte im Fettgewebe deponiert. Wenn Gifte entsorgt werden, muss darauf geachtet werden, dass entsprechende Vitalstoffe bereit stehen, ansonsten kommt es zu Rückvergiftungen." „Antonia, habe ich das richtig verstanden: Wenn jemand abnimmt, muss er aufpassen, weil das Fettgewebe schmilzt?" „Eine nette Formulierung, Maria-Julia. Das Fettgewebe reduziert sich und Gifte werden frei." „Antonia, wie schafft unser Körper, mit all dem fertig zu werden?" „Eine gute Frage, Maria-Julia. Übersäuerung, Vergiftung und Mangelerscheinungen..." Antonia seufzt. Hat der innere Arzt genügend Baustoffe – Vitalstoffe – zur Verfügung, ist er in der Lage zu agieren: Gifte werden gebunden, Säuren gepuffert. Beides kann aus geleitet werden." Ich frage nach. „Säuren werden gepuffert?" Antonia schaut kurz aus dem Fenster. „Maria-Julia, Säuren puffert oder neutralisiert der Körper mit Hilfe von Mineralien. Stehen zu wenig Mineralien zur Verfügung, werden diese aus den vorhandenen Depots im Körper entnommen: Knochen, Sehnen, Bänder, Knorpel, Haut, Schleimhaut usw. " „Antonia was passiert, wenn die Depots nahezu abgebaut sind? Kann der Mensch auf Dauer damit weiterleben?" Antonia seufzt. „Maria-Julia, der Mensch lebt weiter – auch mit leeren Depots! Das allerdings fordert seinen Preis: Mangel verbunden mit alltäglichem Disstress bringt das Milieu des Menschen ins Ungleichgewicht."

„Stress kenne ich, was ist Disstress?" „Unterschieden wird bei Stress zwischen Disstress und Eustress. Stress, als auch Erholung haben durchaus positive Auswirkungen auf unsere Gemütslage. Das wird Eustress genannt und kommt einem ausgewogener Wechsel von Anspannung und Entspannung gleich. Kommt es zu einer ständigen Reizüberflutung, belastet das das emotionale Gleichgewicht und die physische Gesundheit. Bleiben Phasen der Erholung aus, kommt es zur Entgleisung, was Disstress genannt wird." Ich nicke und schaue auf den goldenen Buddha vor mir an der Wand. Ich höre Emma sagen: 'Ein Quantum Trost, meine Liebe?' Ich muss schmunzeln. Antonia schreckt hoch. „Wo war ich gerade?" „Es ging um die Folgen des Mangels, Antonia." „Richtig, Maria-Julia. Diese fast leeren Depots im Verbund mit Disstress verursachen auf Dauer Verkrampfungen der Muskulatur, sowohl des Körpers als auch die des Gesichts."

Ich staune und massiere meinen verspannten Nacken... Antonia bemerkt das. „Hat Ihnen Ihre Freundin Emma bereits den 'Schulter-Trick' beigebracht?" „Nein, vom Schulter-Trick habe ich noch nichts gehört, Antonia." „Dann werde ich diese Bildungslücke schließen, bevor ich wieder in die Theorie der Materie eintauche. Dieser Trick hilft, negativen Stress zu vermeiden und bietet Ihnen die Chance, auf eine Stresssituation angemessen zu reagieren. Maria-Julia, immer wenn Sie erschrecken oder sich unter Druck geraten fühlen, atmen Sie ab jetzt ganz bewusst tief ein und spannen dabei Ihre Schulter- und Nackenmuskulatur an." Ich atme ein und spanne die Muskulatur an. „Gut, Maria-Julia. Das war der erste Teil der Übung. Jetzt der zweite Teil der Übung: Sie atmen bewusst hörbar aus und lassen die Schultern dabei fallen!" Ich tue wie mir geheißen. „Auch das war vorbildlich. Noch weitere Fragen dazu?" „Nein, die Übung ist leicht. Vielleicht noch eine Bitte. Was kann ich meinem Mann noch Informatives dazu sagen?" „Ihrem Mann?" Antonia überlegt und schmunzelt. „Wie wäre es damit? Angespannte Muskeln des Nackens und der Schultern drücken Blutgefäße ab und die Muskeln bekommen aus diesem Grund zu wenig Sauerstoff. Das Resultat: Die Durchblutung ist vermindert und der Mensch wird müde."

„Dankeschön. Damit wird Stephan etwas anfangen können." Ich trinke einen Schluck Tee. „Antonia, diese Übung gefällt mir. Ich werde sie bestimmt des öfteren machen... Inzwischen ist einiges zusammen gekommen, was ich mache. Ich habe mir gerade eben vorgenommen, nachher kleine Merkzettel in der Küche und im Bad zu verteilen." „Kompliment! Maria-Julia, Sie sind mir zuvor gekommen. Gerade das wollte ich Ihnen vorschlagen." Wir lachen. „Emma hat mich überzeugt, dass Nahrungsergänzungen Stress kompensieren helfen. Ich glaube, es gibt kaum einen Menschen heutzutage, der keinen Stress hat. Inzwischen verstehe ich, dass sowohl die Bioverfügbarkeit, als auch die Menge der Vitalstoffe wichtig für den Erfolg sind. Emma hat mir gesagt, dass sie sich eine Art Mindestversorgung bestellt. Antonia, wäre das auch etwas für mich?" Antonia nickt. „In jedem Fall. Beginnen Sie und beobachten Sie, wie Sie sich damit fühlen." „Vielleicht kann ich mit Emma zusammen bestellen?" „Das ist eine gute Idee. Wo war ich gleich?

Ach, ja. 'Kurzfristig' entspannt sich die Haut auch nach jeder guten pflegenden Kosmetikbehandlung. Ein Gesicht wirkt belebt und verjüngt. Diese Erfahrung kennen Sie?" „Sicher. Ich liebe meine regelmäßigen Kosmetiktermine fürs Gesicht. Früher habe ich meinen ganzen Körper verwöhnt: Aroma-Therapie, Hot Stone, Kräuterstempel... Insbesondere liebe ich die erhitzten Lavasteine... " Ich seufze und schaue aus dem Fenster. Ich bemerke, dass ich inzwischen ganz aufrecht in meinem Stuhl sitze. Komisch! „Emma hat mir gesagt, dass bei Cellulitis ebenfalls Übersäuerung die Ursache hat. „Zum Verständnis: Maria-Julia, Sie haben mit Emma über 'Cellulite' geredet. Die Silbe „is" zeigt immer eine Entzündung an. In diesem Fall handelt es sich wahrscheinlich um das „Matrazenphänomen". „Genau, darüber haben wir gesprochen." „Übrigens wäre das männliche Gegenstück zur weiblichen Cellulite eine Glatze. Einem Mann über dreißig gehen die Haare aus, wenn er stark übersäuert ist. Ich spreche von Männern, die mit dreißig Jahren noch über Haarschmuck verfügten. Bis ungefähr zu diesem Zeitpunkt sind Hormone am Verlust des Haares maßgeblich beteiligt. Meist wird das vererbt."

Die Zeichen

„Über was habt ihr heute gesprochen, Maria-Julia?" „Emma, lass mich bitte ankommen. Ich bin ziemlich geschafft." Ich schenke mir Wasser ein und nippe an meinem Kaffee. Gottlob ist er bereits abgekühlt. Ich seufze. „Ach Emma, mir wird immer mehr klar, wie wunderbar unsere Schöpfung ist. Was muss ein Körper nicht alles aushalten..." Emma nickt. „Ich gebe Dir recht: Mangel fängt er auf, Gifte packt er weg, Übersäuerung wird gepuffert. Tolle Leistung!" Wir schweigen eine Weile. „Hast Du noch etwas auf Deinem Schirm?" Ich habe inzwischen meine Kladde aus meiner Tasche geholt und sehe nach. Ich kann jetzt Eustress und Disstress unterscheiden." Emma schmunzelt. „Eine Entgleisung unserer Gemütslage wirkt sich auf Psyche und Muskulatur aus, nicht wahr?" „Genau, Emma. Als Vorbeugung gegen Verkrampfungen von Gesicht und Körper hat mir Antonia den Schulter-Trick beigebracht." Emma seufzt. „Entschuldige, Maria-Julia. Diesen Trick hätte ich Dir bereits früher einmal zeigen können..." „Meine liebe Emma. Bitte entschuldige Dich nicht bei mir. Ich bedanke mich für Deine mehr als gute Betreuung!"

Ich lächele meine Freundin an. Emma trinkt ihre Flasche Wasser gewohnheitsmäßig in einem Zug aus. Ich trinke meinen Kaffee. Ich entdecke noch eine weitere Notiz: Sichtbare Zeichen einer Übersäuerung. „Emma, Übersäuerung zeigt sich unterschiedlich bei Frauen und Männern – als Cellulite oder Glatze." „Maria-Julia, interessant ist, dass auch Hochleistungssportlerinnen Cellulite bekommen..." Ich schaue Emma verwundert an. „...wenn sie übersäuert sind." „Was Du alles weißt. Eine gute Schülerin bist Du!" Emma strahlt. „Absolut neu war für mich, dass bis ungefähr zum dreißigsten Lebensjahr der Hormonhaushalt und das Erbgut eines Mannes am Verlust des Haares maßgeblich beteiligt sind." Emma nickt. „Die jüngeren Männer, die ihren Haarschmuck verlieren, haben heutzutage Glück. Die Mode kommt ihnen entgegen. Es gibt inzwischen die Möglichkeit, einen kahlen Kopf zu tätowieren. Der tätowierte kahle Kopf sieht aus wie ein polierter Schädel, den man kahl rasiert hat. Außerdem: Ein kahlgeschorener Kopf ist absolut in! Viele Frauen stehen drauf..." Ich frage nach. Emma, bei Männern, die die 'Dreißig' bereits einige Zeit hinter sich gelassen haben, macht die Übersäuerung die Glatze?" Emma nickt und nippt an ihrem Espresso. „Was bedeutet, dass so mancher Mann seinen Haarschmuck behalten könnte, oder?" „Genau so ist es, Maria-Julia.." „Ich habe noch eine spezielle Bitte an Dich, Emma."

Die besondere Art

„Ich habe in meiner Kladde die komischen Ausdrücke entdeckt, die Du neulich von Dir gegeben hast, konnte sie aber nicht mehr entziffern. Die standen für 'Fußballspielen' und 'Reiten'. „Im Ruhrpott sagt man 'Pöhlen auf dem Bolzplatz' und 'Abhoppeln'." Ich weiß noch etwas speziell für Dich: 'Teilacken'. Oder kennst Du den Ausdruck?" „Nie gehört. Was ist das, Emma?" „Wir zwei Grazien gehen 'shoppen'. Meine Mama mit ihrer Freundin liebten das ebenfalls. Nur hieß das seinerzeit 'teilacken'." „Nett, Emma. Etwas für meinen Stephan. Schon notiert, danke." „Maria-Julia, ich bin – wie man sagt – noch im 'schwarzen' Ruhrgebiet groß geworden. Da gab es in den siebzigern einen herrlichen Ausspruch: 'Dreimal tüchtig tief einatmen und wieder ausspucken. Und schon hast Du ein Brikett!' „Herrlich, Emma!" Emma grinst. „Ich finde die Sprechweise von unserem Ravidas ebenfalls einfallsreich. Am Handy meldet er sich beispielsweise mit 'Sprechen Sie nach dem Piepton Ihre Botschaft ein'. Oder er ruft einer Patientin nach: 'Ich komme gleich bei Ihnen bei." Gemeint ist: 'Ich komme gleich zu Ihnen'. Desweiteren gibt es ein 'vernobelt' und ein 'aufgefröhlicht' im Vokabular, herrlich!"

„Er ist aus den Niederlanden, nicht wahr?" „Ja und nein. Er ist dort aufgewachsen, geboren ist er in Amerika. Also kein waschechter Käskopp mit holländischem Akzent. Das ist lieb gemeint. Ravidas ist ein Netter und äußerst charmant... Apropos: Mit seiner ehemaligen Freundin meinte er es besonders gut. 'Du hast ein wirklich schönes Gebiss!' und 'ich stehe auf deinen tollen 'ausladenden Popo'. Wahrscheinlich hat er 'einladend' gemeint." „Und?" „Maria-Julia, die Süße hat reiß aus genommen. Die Wunden, die er dieser schönen, schlanken, durch trainierten Frau unwissend geschlagen hat, sind sicher immer noch nicht gänzlich verheilt..." „Ihr habt in der Praxis sicher öfter mal was zu lachen." „Davon kannst Du ausgehen. Und das Gesicht, das er immer zieht, wenn wir lachen müssen. Diese Mischung aus Unverständnis und Mitlachen wollen. Herrlich! Witze kennt der Tausende..." „Emma, eine kleine Kostprobe habe ich bekommen. Bei meinem letzten Termin, als ich auf meine Behandlung gewartet habe, hat er mir einen Witz erzählt. Den mit der Harfe. Kennst Du den?" Emma schüttelt den Kopf. Ich trinke mein Wasser aus. „Maria-Julia, mach!" Ich räuspere mich. „Ein Mann stirbt. Er kommt vor dem Himmelstor an, Petrus persönlich und einige Engel nehmen ihn in Empfang. Als sich der Mann umsieht, entdeckt er überall himmlische Gegenstände mit einem Preisschild. Flügel im Angebot fünfhundert Euro, eine Harfe viertausend Euro usw. Der Mann ist völlig irritiert. Petrus fragt den hilflos wirkenden Mann: „Wer hat Dir denn erzählt, dass Du nichts mitnehmen kannst?" Wir lachen.

Der Knack

„Maria-Julia, der ist gut, muss ich zugeben. Ja, unser Ravidas. Ich erzähle Dir etwas von seiner Arbeit. Magst Du?" „Was für eine Frage, Emma." Emma rückt ihren Stuhl zurecht. Jetzt sitzen wir uns genau gegenüber. „Maria-Julia, eine Patientin von Ravidas hat mir folgendes erzählt. Ich versuche Sie mal zu kopieren". Emma räuspert sich. „Vor einiger Zeit hatte ich einmal Beschwerden in meiner linken Schulter. Ich schaute mir im Telefonbuch einen Behandler aus, der in meiner Nähe praktizierte. Die Wahl fiel dabei auf Ravidas. Ein 'Holländer', wie sich herausstellte mit drahtigem Körper und eigenen Methoden, die nicht jeder deutsche Kollege kennt...

Er bat mich zuerst, ihm zu zeigen, wie weit ich den linken Arm nach hinten strecken und wie hoch ich meinen Arm seitlich heben konnte. Das tat beides wenig gut und ich verzog schmerzhaft das Gesicht. Er fragte mich, ob das schmerzhaft sei. Ich nickte mit dem

Kopf. Er begann zu meinem Erstaunen an einem Finger meiner linken Hand und knackte anschließend die Gelenke durch Richtung Ellenbogen. Ich verstand das nicht, wurde fast ein wenig ärgerlich und sagte: „Haben Sie den Befund auf meiner Überweisung nicht gelesen?" „Doch, habe ich", sagte er und fuhr schweigend mit dem Knacken fort. Nach einer Weile hörte er auf und bat sie: „Bitte noch einmal den Arm nach oben und nach hinten beugen". Ich sah ihn mit hochgezogenen Augenbrauen an und erwiderte: „Das hatten wir schon". „Weiß ich. Trotzdem, bitte noch einmal". Was für ein komischer Kauz, dachte ich bei mir. Der sieht mich nie wieder... Trotzdem kam ich seinem Wunsch nach - und war sprachlos... Wir zwei sind heute ein bisschen befreundet. Übrigens: Erst kürzlich habe ich Ravidas an eine Kollegin weiter empfohlen". „Hat er bei Dir auch an den Fingern angefangen?," fragte ich neugierig. „Nein, bei mir hat er an den 'Zehen' angefangen." „Und was hattest Du für einen Grund, ihn aufzusuchen?" „Ich wusste bereits von Dir, dass in dieser Praxis die Uhren oftmals anders ticken. Na ja, das Knacken der Gelenke fand ich gewöhnungsbedürftig..." „Was genau hattest Du?" „Ursprünglich hatte ich Rückenprobleme..." Ich schüttele den Kopf. „Was es alles gibt, Emma." Espresso, Kaffee und Wasser sind ausgetrunken. Es wird Zeit aufzubrechen.

„Wie schaut es aus, meine Süße?" „Na ja, ich warte auf die Auswertung von meinem zweiten Blutbild. Ich bin gespannt, wie die Werte sind." „Maria-Julia, die müssten sich logischerweise gebessert haben, so wie Du inzwischen wieder aussiehst." „Du meinst...?" „Ja wohl Maria-Julia, das meine ich. Innen wie außen. Außen wie innen. Sogar ganz natürlich, ich meine damit nicht mit Schminke geschönt." „Danke. Das habe ich verstanden. Du meinst das nicht persönlich, oder?" „Klar meine ich das persönlich. Als Trost: Je besser Du Dich fühlst, desto weniger gibt es zu retuschieren." Emma schaut auf ihre Armbanduhr. „Maria-Julia, ich kenne dazu eine kleine passende wahre Geschichte. Magst Du sie hören?" Ich nicke.

„Vor etlichen Jahren meldeten sich drei Freundinnen gemeinsam zu einem Termin bei Antonia. In etwas muss sich das folgendermaßen angehört haben: „Frau Talbach, Sie werden sich wundern, dass drei Frauen auf einmal einen Termin bei Ihnen gebucht haben. Das hat seinen Grund. Wir kennen Lisbeth schon seit der Grundschule und wir wissen, dass Sie Frau Stanikowski ungefähr seit einem halben Jahr behandeln. Wir drei hätten gern dieselbe Behandlung, die Frau Stanikowski bekommen hat. Lisbeth strahlt, hat abgespeckt, ist im Gesicht jünger geworden und überhaupt. So eine Kur wollen wir drei ebenfalls bei Ihnen machen." Antonia beherrschte sich, um nicht loszulachen und antwortete: „Meine Damen! Ihre Bekannte hat keine Schönheitsbehandlung bekommen, die für jedermann gleich und damit nachvollziehbar ist. Eine naturheilkundliche Behandlung berücksichtigt sehr genau die Eigenheiten eines Menschen und seine Bedürfnisse. Das erfreuliche Resultat hat immer auch sichtbare Effekte, wie Sie sich haben überzeugen können. Ihre Schulfreundin ist wieder bei sich selbst angekommen und hat Schlacken verloren. Gerne behandle ich sie drei. Selbstverständlich einzeln." Wir schmunzeln. „Was ist aus den drei Freundinnen geworden, Emma?" „Die Aussicht, ebenfalls an den richtigen Stellen abzuspecken und dabei frischer und jünger auszusehen hat wohl den Ausschlag gegeben. Sie buchten jede für sich einen Termin und wurden wie versprochen ebenfalls schöner."

Ohne Fleiß kein Preis

„Vorab bitte eine Frage. Es geht darum, ob ich meinem Mann einen Termin bei Ihnen buchen sollte. In den letzten Jahren leidet er immer wieder an kleinen Infektionen, seine Tränensäcke stören ihn und er hatte bereits zweimal Nierensteine..." „Ich kann verstehen, dass Sie Ihren Mann unterstützen möchten. Ihr Mann sollte allerdings selbst entscheiden, ob er einen Behandlungstermin möchte. Wenn er dazu bereit ist, erstellen wir ein aktuelles großes Blutbild. Mit Eigenblutbehandlungen haben wir gute Resultate bei einer geschwächten Abwehr. Weitere Maßnahmen überlegen wir zu gegebener Zeit." „Ich werde es ihm genau so weitergeben. Wenn er möchte, soll er selbst einen Termin ausmachen. Richtig?" „Genau so habe ich das gemeint, Maria-Julia. Heute möchte ich das Thema Übersäuerung gerne zu ende bringen. Das bedeutet, dass die ausführliche Auswertung beim nächsten Mal besprochen wird. Ist das für Sie in Ordnung, Maria-Julia?" Ich nicke zustimmend. „Heute nun die Kurzfassung. Das zweite Blutbild war deutlich besser als das erste. Der Urinbefund wies allerdings immer noch Spuren von Zink aus. Gifte stören wahrscheinlich die Aufnahme von Zink, was wiederum eine Abwehrschwäche provoziert." „Ich freue mich, dass das Ergebnis des zweiten Blutbildes besser ist als das erste. Ich bin gespannt auf die ausführliche Fassung." „Danke für Ihr Verständnis. Eine Tasse Tee für uns beide?" Ich lächele Antonia an und nicke zustimmend.

„Maria-Julia, und Darmspülungen helfen Ihnen, sie nach Infusionen haltig zu entlasten. Gestatten Sie mir eine Frage: Was genau hat sich in Ihrem Leben verändert?" Ich überlege nicht lange, bevor ich Antonia antworte. „Es hat sich einiges drastisch verändert. Früher habe ich rein gar nichts für mich gemacht. Inzwischen bemühe ich mich, generell auf mich zu achten, spreche täglich Affirmationen, mache regelmäßig Atemübungen... Wahrscheinlich habe ich gar nicht alles aufgezählt..." Ich schaue abwesend auf den grinsenden Buddha. Ich bemerke Antonias auf mich gerichteten Blick. „Entschuldigung. Ich habe mich gerade an mein Summen zu hause erinnert. Und ich lache wieder. Das hatte ich vergessen. Damit das nie wieder passiert, erinnern mich Smilies daran, die ich überall im Haus verteilt habe. Was mache ich noch alles? Ich nehme tagtäglich brav meine Tropfen, stecke meine Füße ins Fußbad und mache einen Leberwickel am Wochenende." „Ein mehr als volles Programm. Ein großes Kompliment an Sie, Maria-Julia. Ich freue mich, dass sie alles so perfekt umsetzen. Die Fortschritte sind sichtbar. Nur weiter so. „Antonia, finden Sie, dass ich schon besser aussehe?" „Ja wohl, das finde ich."

*

Im Hinausgehen erwischt mich Emma. Kommst Du eben an die Seite?" Ich folge ihr in das leeren Wartezimmer. „Du gefällst mir irgendwie nicht. Wie geht es Dir, Emma?" „Am liebsten sehr gut!" „Das sagt ja alles, meine Beste." „Na gut, Du hast mich erwischt, Maria-Julia." Ich habe heute einen Rüffel von Antonia bekommen." „Weshalb?" „Ich habe Antonia gebeten, 'mal eben' was zu einem Bekannten zu sagen. Stark geschwollene Mandeln hatte der. „Er hat einen dicken Hals, nicht wahr?", habe ich stolz verkündet und bin mit recht schlau dabei vorgekommen..." „Emma, erzähle! Was hat Deine Chefin genau zu Dir gesagt?" „Antonia bat mich, mich 'mal eben' hinzusetzen und ..." Emma seufzt. „Jede Befindlichkeitsstörung sollte von unterschiedlichen Ebenen betrachtet, beachtet und behandelt werden, Emma! Ihr Bekannter hat stark geschwollene Mandeln. Es ist durchaus möglich, dass ihr Bekannter wie Sie sagen 'einen dicken Hals' hat. Vielleicht ist er bereits selbst darauf gekommen, warum er gerade diese Beschwerden hat, was ich allerdings für eher unwahrscheinlich halte. In jedem Fall sollte der Patient diesen Blickwinkel reflektieren dürfen. Das allein wird wahrscheinlich nicht genügen, um seine Beschwerden zu beheben. Es sollte weitere Hilfe erfolgen.

Eine erste Möglichkeit könnte sein, erst einmal etwas gegen die Beschwerden zu verabreichen: Erfahrungsgemäß entlasten bereits - mehrmals täglich durchgeführt - fünf bis zehn Myrrhentinkur. Die gibt man in ein Glas lauwarmes Wasser und gurgelt damit. Zusätzlich würde ich Carbo Königsfeld empfehlen. Das ist Kaffeekohle. Einen Teelöffel davon gut einspeicheln, langsam runter schlucken und fünfzehn bis zwanzig Minuten lang nichts trinken. Bei geschwollenen Mandeln und Halsbeschwerden verordne ich außerdem 'Meditonsin'. Zwanzig bis dreißig Tropfen mehrmals am Tag schluckweise in einem Glas Wasser trinken." Antonia war noch nicht am Ende mit ihrem Latein. Ich allerdings, Maria-Julia, war inzwischen schon etwas kleiner geworden..." „Meine arme, kleine Emma!" Ich streichele ihre Hand. „Es ging weiter..." Emma hüstelt. „Antonia hatte noch mehr auf Lager: Mangel hat dieser Mensch wahrscheinlich an 'Vitamin C' und wenn er genervt ist zusätzlich an den 'B-Vitaminen' und 'Magnesium'. B-Vitamine würde ich verschreiben und Vitamin C sowie

Magnesium als Infusion geben. Mindestens genau so wichtig wie die Verordnungen wäre es, den Bekannten zu bitten, mindestens für einen Monat 'tierisch eiweißfrei zu leben' oder vielleicht in Zukunft gänzlich auf Kuhmilch und Produkte aus Kuhmilch zu verzichten. Soviel zu 'mal eben'." Emma atmet tief durch und zieht einen Flunsch. „Meine liebe Emma. Das hat Dir zugesetzt, nicht wahr?" Ich nehme Emma in meine Arme. Emma schließt ihre Augen und befreit sich kurz darauf aus ihrer eingeengten Lage. „Maria-Julia, heute bin ich in Zeitdruck..." Ich habe verstanden... „Wie gewünscht, liebe Emma, alles Wichtige in Kurzform. Antonia hat gemeint, Infusionen und Darmspülungen würden mir helfen." Emma unterbricht mich. „Antonia wird Deine 'acidotische Überlasung' angesprochen haben und die entsprechenden Maßnahmen einleiten, nehme ich an..." „Eine tolle Ausdrucksweise, Dein Fachchinesisch..." Emma grinst. „Was Nettes hat Antonia übrigens auch noch zu mir gesagt. Sie hat gemeint, die Anstrengungen meinerseits lohnen sich, das könne sie bereits sehen..." „Jeder, der Dich aufmerksam anschaut, Maria-Julia, kann das sehen!

Drahtseile sollen es sein

Antonia schaut mich an und schaut lächelnd in die Bögen mit den Befindlichkeitsstörungen. „Maria-Julia. Ihre Nerven sind nach wie vor das Wichtigste, was es zu stärken gilt. Sind Ihre Nerven überreizt, gibt es Disfunktionen. Ist die Überreizung vorbei, verschwinden Befindlichkeitsstörungen - nach und nach. Das habe ich sinngemäß schon einmal vor acht Wochen zu Ihnen gesagt, nicht wahr?" „Das stimmt, Antonia. Darf ich etwas dazu sagen?" „Natürlich, Maria-Julia." „Mir geht es insgesamt viel besser. Ich schaue beispielsweise wieder gerne in den Spiegel..." Antonia lächelt. Meine Eitelkeit hat mich wieder einmal erwischt! Ich hüstele und nippe an meinem Kräutertee, den mir Antonia inzwischen eingeschenkt hat. „Mir geht es körperlich relativ gut. Ich habe wieder Lust, Dinge anzupacken und muss bereits aufpassen, dass ich mich nicht verausgabe. Aber ich habe gelernt, Aktivität mit Ruhepausen auszugleichen." Antonia lächelt mich an. „Beim Ausfüllen meiner Bögen hatte ich eine Störung vergessen. Meine Fingernägel hatten starke Längsrillen, als ich mit der Kur angefangen habe. Die Längsrillen sind deutlich zurückgegangen..." „Längsrillen zu haben bedeutet, einen Mangel an Mineralien zu haben. Ihre Depots füllen sich, die Störung weicht. Ich freue mich für Sie, Maria-Julia. Herzlichen Glückwunsch! Darf ich weitermachen?" Ich nicke. „Müdigkeit und Gähnen habe ich noch nicht auf meiner Liste abgehakt, Maria-Julia.""Beides ist deutlich zurückgegangen Antonia."

„Kalte Extremitäten?" Ich schaue Antonia erstaunt an. „Richtig, Maria-Julia, das Thema haben wir erst kürzlich besprochen. Sie hatten herausgefunden, dass sie lediglich nur noch kalte Füße bekommen, wenn Sie sich überanstrengen. Stimmt das?" „Das ist richtig, Antonia. Das Beste, was ich bisher für eine optimale Durchblutung kennen gelernt habe, ist der Lachsack." Antonia lächelt. Maria-Julia, Ihnen ein großes Kompliment an dieser Stelle. Sie wissen, was sie lassen sollen und ebenso was zu tun ist oder wie Sie sich helfen können. Sie vermeiden eine Unterkühlung über eine Wärmflasche, wärmendes Essen und Trinken. Diese Mühe hat bewirkt, dass die seit Ewigkeiten chronische Kälte in Ihren Händen und Füßen der Vergangenheit angehört. Die genaue Definition dafür ist: Ihre Mikrozirkulation hat sich ohne weitere Hilfsmittel wie beispielsweise das Schielebad optimal verbessert!" Maria-Julia, Sie betreiben Gesundheitsvorsorge: Um die negativen Schwingungen des Tages zu entsorgen, waschen sie Ihre Füße abends gründlich unter fließendem Wasser mit Seife. Anschließend spülen sie Ihre Füße mit kühlem klaren Wasser nach. Das ist der körperliche Aspekt der Reinigung. Hinzu kommt der geistige Aspekt. Das sind die täglich gesprochenen gesprochenen Affirmationen. Ihre Arbeit erzielt bemerkenswerte Ergebnisse." Ich bin stolz und freue mich, dass meine Arbeit gewürdigt wird. Ich räuspere mich.

„Antonia, ein Hauptgrund, einen Termin in Ihrer Naturheilpraxis zu buchen, war seinerzeit die Optik. Aus heutiger Sicht ein absoluter Schwachsinn. Es gab wesentlich wichtigere Gründe, etwas zu verbessern. Schauen Sie mich bitte kritisch an. Ist meine Haut nicht viel praller geworden? Ich finde, dass auch die Partie unter den Augen weniger gestaut ist. Oder?" „Ja wohl, Maria-Julia. Ich fasse einmal zusammen, was ich erkennen kann: Sie haben recht, Maria-Julia. Die Minitränensäckchen unter den Augen sind inzwischen stark vermindert. Die seinerzeit geschwollene Nasenspitze ist schlanker und die Couperose auf den Wangen ist zurückgegangen. Die Oberlippe hat eine bessere Farbe bekommen und ist wieder voller. Haben Sie das sehen oder spüren können?" „Irgendwie ja, Antonia. Der Lippenstift hält inzwischen wieder besser auf den Lippen. Das ist mir aufgefallen..." Antonia lächelt.

„Mir fällt insbesondere auf, dass Ihr Turgor sich verbessert hat und ebenso der Tonus. Vereinfacht ausgedrückt sagt das, dass Ihre Haut wieder praller und straffer ist." In diesem Moment bin ich mehr als glücklich. Ich strahle wahrscheinlich - wie Emma es ausdrücken würde - wie ein Honigkuchenpferd. „Maria-Julia, diese Verbesserungen sind wunderbar. Mir sind jedoch Verbesserungen ganz anderer Art aufgefallen. Insbesondere die Tatsache, dass Ihre Hände nicht mehr zittern und Sie ihren Humor wiedergewonnenen haben." Ich muss schlucken. „Stimmt, Antonia. Das mit den Händen hatte ich total vergessen." Antonia seufzt. „Maria-Julia, das ist generell so. Ein Schmerz ist weg, jedoch erst nachdem jemand nachfragt, erinnert man sich an den ausgebliebenen Schmerz." Antonia schaut in ihre Aufzeichnungen. „Maria-Julia, wie steht es um Ihre Ängste. Sind Sie mutig genug, Entscheidungen zu treffen?" „Antonia, das finde ich jetzt hochinteressant. Ohne Ihre Nachfrage wäre das vielleicht unbemerkt..." Ich hüstele.

„Antonia, ich habe in letzter Zeit des öfteren Entscheidungen getroffen. Ich glaube, ich bin inzwischen insgesamt fast so wagemutig wie früher." „Maria-Julia, 'insgesamt' hört sich gut an. Ich darf wiederholen: Ihre Haut ist praller und straffer geworden, das Zittern der Hände gehört der Vergangenheit an und Sie treffen wieder Entscheidungen." „Antonia, das ist richtig." Ich seufze. „Eine weitere Nachfrage: Maria-Julia, Sie hatten seinerzeit gelegentliches Unwohlsein nach dem Essen angegeben. Wie sieht es inzwischen damit aus?"

„Antonia, das ist weg, und zwar völlig weg! Keine Beschwerden mehr, kein Blähbauch nach dem Essen..." „Ein gutes Ergebnis. Dem Magen geht es besser. Will heißen, Ihre Galle produziert wieder ordentlich Verdauungssaft und der Magen konnte sein Hilfsprogramm der Überproduktion an Magensäure einstellen. Die Kombination der B12 forte Injektionen mit Folsäure haben Ihnen offensichtlich gut getan." „Ich merke, dass es mir besser geht. Alles geht mir irgendwie leichter von der Hand und strengt mich weniger an als früher, Antonia." „Maria-Julia, herzlichen Glückwunsch!

Ein gutes Ergebnis. Ich fasse Ihre Aktivitäten zusammen: Maria-Julia, Sie pflegen Ihre Nerven durch ausreichenden Schlaf und bewusste Erholungsphasen zwischendurch. Gelegentlich ruhen Sie mittags für eine halbe bis dreiviertel Stunde; in der Praxis kommen Spritzen und Infusionen hinzu. Maria-Julia, Sie pflegen beziehungsweise unterstützen Ihre Nieren über wettergerechte Kleidung, Essen und Trinken sowie über das Vermeiden von kühlen oder kalten Getränken; hinzu kommt eine gute Partnerschaft. Das entlastet Ihre ererbte Nierenkraft." Ich finde beachtlich, was Einsicht bewirkt... Ich seufze. „Maria-Julia, in der TCM unterstützt man die Nieren mit Eiweiß. Es gibt insbesondere zwei Eiweißquellen, die Sie nutzen könnten." „Antonia, was meinen Sie mit Eiweißquellen?" „Gutes Eiweiß, dass die Nieren unterstützt, findet man in Kombinationen. Einerseits Kartoffeln - kombiniert mit Ei oder rote Linsen - kombiniert mit Vollreis." „Notiert! Danke! Emma meinte, dass ich ziemlich oft auf meiner faulen Haut liege. Ich nehme diese Aussage als Kompliment, weil ich früher so gar nicht untätig sein konnte." Antonia schmunzelt. „Wunderbar, Maria-Julia. Mit Ruhephasen bauen Sie Stress und Übersäuerung ab. Sie essen viel gutes Gemüse, trinken Quellwasser... Die Colon-Hydro-Kur ist eine ideale Möglichkeit, Ihre schweren Schultern weg zu schaffen." „Die fühlen sich wahrlich oft wie Blei an, Antonia..." Ich seufze. „Maria-Julia, diese Kur macht nicht nur die Schultern, sondern den gesamten Rücken wieder frei." „Emma meint, ich habe nach der Darmspülung ganz rosig ausgesehen... Wie ein Marzipanschweinchen..."

Antonia schmunzelt. „Besteht die Möglichkeit, eine 'Darmkur zu hause' zu machen? Ich denke an eine Bekannte von mir." „Ja wohl. Es gibt verschiedene gute Möglichkeiten. Eine Möglichkeit bietet die 'Kaffeekohle'. Die eignet sich besonders dazu, Gifte im Darm zu binden. Morgens und nachmittags jeweils einen Teelöffel in den Mund nehmen, einspeicheln und schlucken. Und reichlich Wasser nach trinken." „Für wie lange?", frage ich nach. „Maria-Julia, vier bis sechs Wochen lang sollten es sein." „Aha. Schreiben Sie mir das bitte auf?" Antonia notiert 'Carbo Königsfeld' und gibt mir einen kleinen Zettel. „Dankeschön. Eine andere Bekannte erzählte mir von Ihren Rückenschmerzen, die sie inzwischen mit starken Schmerzmitteln behandelt. In diesem Zusammenhang erzählte ich ihr von der Colon-Hydro-Kur. Meine Bekannte lehnte das ab und sprach offen über ihre Scham, sich vor anderen Leuten auszuziehen. Ich kann das kaum nachvollziehen. Meine Bekannte ist Mutter und hat mehrere Kinder, denen sie mal den Po abgeputzt hat und im Krankenhaus hat sie ebenfalls des öfteren gelegen... Gibt es vielleicht andere Möglichkeiten, die Übersäuerung wirklich weg zu bekommen?" „Selbstverständlich, Maria-Julia.

In der Naturheilpraxis gibt es dafür: Infusionen mit homöopathischen Mitteln zur Entsäuerung, die Behandlung mit 'galvanischen Fußbädern von Detox', 'Ultraschallbehandlungen', 'Lymphdrainage' und zur Unterstützung zu hause Tropfen, Bäder und Packungen." Ich lehne mich entspannt zurück. „Ich habe mir alles notiert und werde es meiner Nachbarin weitergeben." Antonia nickt. Wir schweigen eine Weile und trinken unseren Kräutertee. „Maria-Julia, es geht um Ihr Herz. Sie unterstützen es bereits mit stärkenden Tropfen." Ich schaue Antonia interessiert an. „Das Herz drückt sich über Kreativität aus. Wie leben Sie Ihrer Kreativität aus?" Ich lächele Antonia an. „Ich singe im Gospel Projekt Ruhr mit. Ich habe angefangen, wieder zu fotografieren und mein Garten ist ein kleines Kunstwerk..." „Wunderbar! Maria-Julia, können Sie sich mit folgendem Vorschlag anfreunden?" Zwei Termine wöchentlich mit Injektion und Infusion. Dazu einmal wöchentlich wechselnd Lachsack oder Colon-Hydro-Bad." „Könnten Sie bitte wiederholen, was ich gerade vorgeschlagen habe?" Ich räuspere mich. „Antonia, zweimal wöchentlich weiterhin Injektion und Infusion. Dazu einmal wöchentlich im Wechsel Lachsack oder Darmbad." Antonia nickt. „Maria-Julia, ist Ihnen mein Vorschlag recht?" „Antonia, mehr als recht." Im Hinausgehen treffe ich Emma. „Möchtest Du heute Abend zu mir kommen?" „Maria-Julia, vielleicht etwas später? So gegen 21:00 Uhr könnte ich. Ist Dir das recht? Gibt es etwas zu feiern?" Ich lächele. „Ja wohl, Emma."

*

„Na, mein Schätzchen? Du strahlst ja richtig, Maria-Julia! Erzähl!" „Emma nimm, wonach Dich gelüstet. Baileys steht bereits auf dem Tisch im Wohnzimmer." Emma zieht die Stirn kraus. „Würde ich gerne!" Sie seufzt. „Quatsch! Quatsch mit Soße! Ein Gläschen macht keinen Trinker aus mir... Ein Gläschen in Ehren..." Emma schenkt uns beiden ein Glas Baileys ein. Ich lächele und räuspere mich. „Liebe Emma, Antonia ist zufrieden mit mir. Heute hat sie meine Befindlichkeitsstörungen von damals und heute abgefragt und miteinander verglichen. Das Ergebnis war fantastisch! Antonia meint, das liegt daran, dass ich meine Nerven unterstütze, meine Nieren pflege..." Emma erhebt ihr Glas und wir prosten uns zu. Wir genießen unseren Lieblingslikör und schweigen eine kurze Weile, bis Emma das Wort ergreift: „Maria-Julia, Du arbeitest an Dir – sowohl körperlich, als auch geistig. Du bekommst das Beste vom Besten in der Praxis: Spritzen, Infusionen, Darmbäder. Das muss was werden! Wenn du das nach Deiner Aufbaukur weiter betreibst, nennt man das 'Vorsorge'. „Das glaube ich auch, Emma. Ich habe mir wie immer Notizen gemacht, damit ich nichts Wesentliches vergesse. Mal sehen..." Ich ziehe meine Kladde aus meiner Handtasche und lege sie auf den Tisch. „Deine Chefin hat ein 'galvanisches Fußbad' erwähnt..." Emma räuspert sich. „Maria-Julia, das galvanische Fußbad ist ebenfalls eine wunderbare Möglichkeit, Mist aus dem Körper zu schaffen. Du hältst Deine Füße in eine Wanne mit warmem Quellwasser. Das dauert eine halbe Stunde." Emma schüttelt sich. „Bereits nach einer Viertelstunde ist das Wasser meistens unansehnlich. Igittigitt" Es gibt eine Liste dazu. Darin aufgeführt sind unterschiedlichste Möglichkeiten der Verschlackung. Bei mir waren kleine Blubberbläschen wie runde Flecken auf einer dunkelbraunen Soße angeordnet. Schauerlich der Anblick. Schade, ich habe davon kein Foto gemacht."

Ich bedaure das und schaue erneut auf meine Notizen. „Für eine Bekannte habe ich mir die Kaffeekohle aufgeschrieben. Die soll sie als Kur nehmen?" „Maria-Julia, Du meinst wahrscheinlich Carbo Königsfeld. Ich nehme das Pulver manchmal, wenn ich mir den Magen vertan habe. Einen Teelöffel pur in den Mund, einspeicheln und nach spülen." Ich bin verunsichert. „Die Kur ging anders..." „Maria Julia, Du hast recht. Kur mäßig nimmt man nachmittags auch noch einen Teelöffel. Übrigens dieses Mittel setzt man ebenfalls bei Halsschmerzen oder geschwollenen Mandeln ein. Dann nimmt man einen Teelöffel in den Mund, speichelt ihn gut ein und spült erst nach fünfzehn bis zwanzig Minuten mit Wasser hinterher." Ich genehmige mir einen Schluck. „Danke für den zusätzlichen Tipp. Schon notiert! Just for info, Emma, mein Programm bei euch wird ab sofort umgestellt. Zwei normale Termine mit Injektion und Infusion. Dazu einmal wöchentlich wechselnd Lachsack oder Colon-Hydro-Bad." „Maria-Julia, das hört sich gut an!

Lies mal weiter Deine Notizen vor, bitte." „Gutes Eiweiß über zwei interessante Kombinationen könnte ich Dir anbieten, Emma!" „Nämlich?" „Einmal werden Kartoffel und Ei oder rote Linsen mit Vollreis kombiniert. Beide Möglichkeiten sollen gleichermaßen ideal für den Menschen sein. Wusstest Du das?" „Eher nicht. Sonst würde ich es regelmäßig machen..." „Gutes Eiweiß hat es mir angetan, Emma. Ein Schönmacher... Das baut Muskeln auf und die Haut... Apropos gutes Aussehen: Meine Haut ist wieder praller, meine Lippen wieder voller, die Couperose ist zurückgegangen, die Haare glänzen mehr, die Nägel brechen nicht mehr ab... Jetzt fällt mir auf, das ich Antonia gar nicht alle Verbesserungen aufgezählt habe." Emma lächelt mich an. „Maria-Julia, sie wird es registriert haben. Und die anderen Veränderungen?" Ich räuspere mich. „Mein Blähbauch und das gelegentliche Unwohlsein nach den Mahlzeiten sind zu einhundert Prozent weg." „Aha! Dem Magen geht es besser:

sichtbar über die Couperose, die zurückgegangen ist..." „Schau, meine Hände zittern nicht mehr..." „Tatsächlich! Affentittengeil! Das ich das nicht registriert habe! Komisch! Das bedeutet: Deine Nerven haben sich bereits erholt," erklärt Emma mit ruhiger Stimme. „Maria-Julia, überlege einmal, was Du alles tust! Du unterstützt Deine Nerven durch erholsamen Schlaf und Ruhepausen. Du versorgst Dich mit gesundem Essen, trinkst das Richtige in ausreichendem Maße, nimmst Vitalstoffe." Emma erhebt ihr Glas. „Du tust nicht nur Dir Gutes. Du bist eine Wohltat für alle, die Dich kennen. Deine liebevolle, ruhige Art... Dein freudvolles Herz!" Ich bin gerührt und nehme meine Freundin in die Arme.

„Emma, meinem Herzen geht es sichtbar besser. Das unterstütze ich mit Tropfen und meiner Kreativität: ich singe und fotografiere. Selbst meinen Nieren geht es besser..." „... was sich sichtbar ausdrückt! Deine kleinen Tränensäcke unter den Augen sind merklich zurückgegangen! Gut, nicht wahr?" Emma strahlt. „Maria-Julia, Ich verrate Dir ein Geheimnis: Deine Nieren profitieren von Deiner Mitarbeit und insbesondere von Deiner guten Partnerschaft, meine Liebe..." „Das wird richtig sein..." Emma räuspert sich. „Zu starken Nieren gehört Willenskraft." „Emma, inzwischen stehe ich voll hinter meinen neuen Erkenntnissen - manchmal auch gegen meine Familie." „Maria-Julia, das erleben andere Patienten ähnlich. Anfangs ist die Familie gegen die Neuerungen..." Ich seufze. „Maria-Julia, wie geht es Kathy?" „Gut, Emma. Kathy kommt zu Euch zur Injektion und wird aller Wahrscheinlichkeit nach keinen Stick für die Nase brauchen. Wir besitzen inzwischen eine kleine Hausapotheke für den Ernstfall zu hause. Dafür haben Deine Chefin und Du ja bestens gesorgt." Ich lächele Emma an. „Wie klappt es mit Kathy und Dir?", fragt Emma. „Viel besser als vor der Kur, Emma. Irgendwie habe ich das Gefühl, dass sie mich - aus welchem Grund auch immer - besser versteht..." „Maria-Julia. Das ist fantastisch! Das ist richtig gut!" Wir hängen beide eine Weile unseren Gedanken nach. Plötzlich setzt sich Emma in Positur.

Pallets

„Mal noch etwas anderes, Maria-Julia. Hast Du Dir schon einmal Gedanken dazu gemacht, dass es gar keine Tierkrankenversicherung gibt?" „Nein. Warum auch? Und überhaupt, wie kommst Du jetzt auf so etwas? „Ich habe in diesem Zusammenhang einen Vortrag von Dr. Wollek gehört. Dieser Arzt hat an einem riesigen Forschungsprojekt mitgearbeitet. Mich hat beeindruckt, was er gesagt hat. Ein Steak wäre vom Preis her nicht mehr erschwinglich für uns, wenn es eine Krankenversicherung für Tiere gäbe. Gerade deshalb - weil es keine Regelung der Krankenversicherung für Tiere gibt - beugen die Bauern vor und geben ihren Tieren gute Nährstoffe ins Fressen: Sogenannte 'Pallets'. Direkt aufs Tier abgestimmt. Ein Pferd bekommt etwas Anderes als ein Schwein. Diese artgerechten Pallets gibt es ebenfalls für Haustiere: Hunde, Katzen, Hamster oder Kanarienvögel." Wir lachen. „Realo, Maria-Julia. Für Tiere wird gut vorgesorgt, die bekommen alle wichtigen Nährstoffe, die werden richtig gut gefüttert und man staunt, seither werden Tiere werden viel älter... Es sind bereits über neunhundert Krankheiten, die ausgelöscht wurden über die Beseitigung irgendwelcher Mängel. Du weißt schon: Anämie gleich Eisenmangel, Skorbut gleich Vitamin C Mangel, Rachitis gleich Vitamin D-Mangel usw." Ich nicke. „Du meinst, die Menschen brauchen ebenfalls Pallets?" „Nun ja. Pallets nicht gerade. Aber eins steht fest. Wer sich informiert, wird belohnt. Ich könnte mir vorstellen, dass sich auch beim Menschen viele Dinge quasi von selbst in Luft auflösen, wenn der Nährstoffmangel behoben ist. Da fällt mir gerade noch ein, dass meine Chefin mir seinerzeit erzählt hat, dass sie über ihre Gürtelrose einsichtig wurde. Interessiert Dich die Geschichte?" „Claro, was für eine Frage."

„Antonia war in ihrer Jugendzeit an einer schmerzhaften Gürtelrose im Gesicht erkrankt und ging zum Hautarzt. Der verschrieb ihr eine Salbe auf ihre schmerzenden Blasen und postulierte, dass sie höchstwahrscheinlich Narben im Gesicht zurück behalten werde. Antonia reagierte erst einmal entsetzt. Sie meditierte und sah ihren alten Hausarzt vor sich, der ihr bereits des öfteren hatte helfen können. Den suchte sie auf. Dieser nette Mann gab ihr Spritzen mit Calcium und Vitamin B12. Und - welch Wunder! Die Schmerzen hörten auf, alle Blasen verschwanden und die Haut normalisierte sich. Antonia hat mir gesagt, dass dieses Erlebnis den Ausschlag gegeben hat, generell an 'Mangel' zu denken, wenn etwas die Befindlichkeit zu stören beginnt." „Das ist interessant. Mir ist bekannt, dass ein Mangel an Vitamin C Skorbut auslöst und ein Mangel an Vitamin D Rachitis. Ich bin erstaunt, dass ich bei anderen Störungen bislang nie an Mangel gedacht habe. Jetzt, in diesem Augenblick, ist mir völlig klar, dass jede gesundheitliche Störung mit einem Mangel verbunden ist." Wir beide sitzen schweigend nebeneinander. Emma dreht an ihrer Locke und schaut ins Leere. „Maria-Julia, wir zwei haben vorher nie ernsthaft über dieses Thema gesprochen. Entschuldige bitte. Irgendwie habe ich das versäumt." „Jeder Tag bietet eine neue Möglichkeit, Emma. Ich möchte starten, die Qualität der Lebensmittel mithilfe von Vitalstoffen zu unterstützen. Ich habe Antonia gesagt, dass ich die Nahrungsergänzungen mit Dir zusammen bestellen würde, wenn Du magst?" „Das war keine Frage, nicht wahr, Maria-Julia?" Ich schüttele verneinend den Kopf und muss lächeln.

„Wie ist Deine Chefin auf die Firma aufmerksam geworden, von der Du Dir Deine Vitalstoffe bestellst? Weißt Du darüber bescheid, Emma?" Emma nickt. „Als ich in der Praxis anfing, hat mir Antonia einige Vitalstoffe ans Herz gelegt. Ich habe sie damals gefragt, wie sie selbst dazu gekommen ist, Nahrungsergänzungen zu essen. Antonia hat geantwortet, dass sie insbesondere nach drei Vitalstoffen lange für sich gesucht hat, und zwar in allerbester Qualität und zu einem fairen Preis. Antonia hat beispielsweise lediglich zwei Firmen gefunden, die das echte OPC anbieten." „Emma, Du hast von drei Vitalstoffen... „Richtig! OPC, Vitamin C und eine Kombination aus Calcium und Magnesium. Diese Kombi enthält Silizium, ohne dass die beiden anderen Mineralien nicht nutzbringend verwertbar sind," klärt mich meine Freundin auf. „Kanntest Du diese Vitalstoffe bereits, Emma?" Emma nickt. „Magnesium kannte ich. Ich habe es früher generell nach körperlichen Überanstrengungen oder Sport eingeworfen, aber meistens leichten Durchfall davon bekommen. Das war voll lästig! Als mein Vorrat an Magnesiumtütchen verbraucht war, versuchte ich die Kombination von Magnesium mit Calcium und Silizium, von der Antonia erzählt hat. Bei diesen Presslingen hatte ich Null Probleme, will sagen keinen Durchfall... Volle Pulle und trotzdem alles gut, sag ich Dir!" „Das hört sich gut an. Da gibt es noch etwas... Ich habe Stephan von den Nahrungsergänzungen erzählt und davon, dass Du eine Provision bekommst, wenn ich bestelle und Dich als Empfehlung angebe. Habe ich das richtig wiedergegeben?" „Jein. Allerdings ist Provision ist ein unglücklich gewähltes Wort..."

Emma schaut ins Leere. „Stephan hat mich gefragt, ob die Provision der Grund ist, warum Du die Artikel nicht im normalen Geschäft bestellst?" Emma räuspert sich. „Anfangs hatte ich kein Konzept, als ich mir Nahrungsergänzungen kaufte. Erst als ich in der Naturheilpraxis anfing, habe ich mich mit der Bioverfügbarkeit von Mineralien, Spurenelementen und Vitaminen sowie den benötigten Tagesmengen angefangen auseinanderzusetzen. Maria-Julia, ich empfehle meinen Freunden und Patienten diese Firma, weil sie solide ist und schon lange besteht. Mir gefallen insbesondere zwei Dinge: Zum einen handelt es sich bei diesen Nahrungsergänzungen um eine gute bioverfügbare Qualität zum angemessenen Preis und zum anderen bekomme ich für einen Tipp an neue Besteller eine Belohnung." „Stephan fragte irgendwie besorgt nach einem eventuellen Schneeball-System?" „Das Stephan mir so etwas überhaupt zutraut! Um Himmels Willen! Die armen Menschen, die sich die Garagen voller unnützer Dinge packen, Ware einkaufen und teuer weiter verkaufen... Ein solches System prellt die Besteller. Seit Anbeginn bis heutzutage... Beruhige Deinen Mann. Dieses hier nennt sich 'Empfehlungsmarketing'. Die ideale Form einer neuen Volkswirtschaft. Das bedeutet für den, der die Empfehlung ausspricht, keinerlei Lagerhaltung. Empfehlungsmarketing ist eine Vernetzung vom Kunden direkt zum Hersteller. Soviel ich weiß, werden solche Ideen sogar staatlich gefördert. Wahrscheinlich ist dieses Modell in unserem Zeitalter eine der wenigen Lösungen überhaupt...

Ich hole mal aus. Wenn Du Dich selbständig machst, benötigst Du einige Mittel dazu: für Räume, Waren, Strom, Heizung, eventuell einen Mitarbeiter oder mehrere... Das alles entfällt beim Empfehlungsmarketing. Du hast keinerlei Kosten dieser Art. Normalerweise geben Firmen einen relativ großen Teil ihres Budgets für Werbung im Fernsehen, Zeitung und Rundfunk aus. Diese enormen Beträge werden ausgegeben, um ein Produkt bekannt zu machen und im Idealfall ist die Werbung erfolgreich. Beim Empfehlungsmarketing werden generell - wie der Name ahnen lässt - ausschließlich erfolgreiche Empfehlungen honoriert. Hast Du schon mal etwas dafür bekommen, dass Du einen guten Tipp weitergegeben hast, Maria-Julia?" Ich denke angestrengt nach und ich erinnere mich. „Der neue Italiener hat mir einen Grappa spendiert nach dem Essen! Recht hast Du: Normalerweise bekommst Du nichts dafür, dass Du etwas Gutes weiterempfiehlst..." „Maria-Julia, wenn ein Patient etwas bestellen möchte, helfe ich ihm. Einige Patienten finanzieren sogar ihre Bestellung über Empfehlungen, die sie aussprechen." „Emma, Du meinst, das kann sich finanziell auszahlen?" Emma nickt. „Ich rede wahnsinnig viel in der Praxis und bin abends meistens platt und alle.

Wenn ich mein Augenmerk mehr auf Empfehlungen dieser Art ausrichten würde, könnte ich mir wahrscheinlich manches mehr leisten. Vielleicht sollte ich mir genau dazu mehr Gedanken machen... Bei einer Bestellung wirst Du gefragt, wer Dich empfohlen hat. Du gibst meinen Namen und meine Kundennummer an. Diese Kundennummer nennt sich 'PIN'. Das ist alles. Du bekommst eine eigene PIN, mit der Du selbst bestellst..." „Jetzt geht es mir viel besser, Emma. Ich hätte mich auch gewundert, wenn Du ..." „Maria-Julia, ich mag schräg und verrückt sein. Aber Schneebälle werfe ich nur im Winter, wenn es wieder mal schneit!" Wir lachen. Unsere Getränke sind ausgetrunken und Emma wird nervös. „Liebe Maria-Julia, es war schön wie immer mit Dir und bei Dir. Aber, die Pflicht ruft. Lass Dich umarmen, bitte."

Kalt gestellt

Als meine Behandlung beendet ist, folge ich den höre ich Stimmen aus dem Wartezimmer. Ich sehe, dass Antonia, Emma und die anderen Mitarbeiter dort sind. „Es geht um Homöopathie, insbesondere um eine Zeitungsnotiz, Maria-Julia. Eine Versuchsreihe hat mit 'Arsenicum album' statt gefunden. Weil jedoch keine Reaktion nachgewiesen werden konnte, ist die Homöopathie mal wieder im Verruf. Von Placebo war auch die Rede," teilt mir Antonia mit. „Was für ein seltener Test muss das wohl gewesen sein, empört sich Emma. Die hätten 'Glonoinum', das bewährte Schießpulver, nehmen sollen. Dann hätte es Kopfschmerzen ohne Ende gegeben. Was wären wir in der Praxis, wenn wir diese Mittel nicht hätten? Gerade auch zur Linderung chronischer Beschwerden, wo klassische Therapien versagt haben. Oder bei Kindern als sanfte Heilmethode." „Ich bitte um weitere Meinungen!", fordert Antonia ihr Team auf.

„Ich habe vor kurzem eine tolle Sendung gesehen, gibt Anna-Maria zum Besten. „Der Beitrag lief auf Arte. Es existiert eine 'Placebo-Forschung'. Es ging unter anderem um die Bewältigung von Stress. Eine Schmerzsalbe wurde auf ein grün markiertes Rechteck gegeben. Ein Placebo bekam ein rotes Dreieck. Heraus kam, dass der Erwartungsmechanismus beim Patienten eine große Rolle spielt. Der Behandler kann Heilung fördern oder behindern." Ein einheitliches Gemurmel gibt des Gesamten recht. „Bei dem Beitrag wurde betont, dass heutzutage - insbesondere in Krankenanstalten - ein Geist herrscht, und zwar der Geist der Verwaltung. Und der geht durch ein gesamtes Krankenhaus. Da werden nicht nur Patienten verwaltet, sondern ebenfalls alle Mitarbeiter im Dienste der Gesundheit, selbst die Putzfrau. Das kostet unendlich viel und hat unseren Status, was die Gesundheit angeht, stark beansprucht." „Es gibt Lichtblicke, meine Lieben. Die Uni in Heidelberg bildet Mediziner aus, die auf die Gesprächsführung großen Wert legen. Schauspieler waren Patienten mit Sorgen, Ängsten und Beschwerden.
Der Satz fiel: 'Ist das Vertrauen aufgebaut, kann die Heilung beginnen'." „Das kann noch gut werden, Chefin. Ich weiß: Allein das Lesen eines Beipackzettels löst beim Patienten oft bereits Panik

aus..." „Das stimmt, Emma. „Anna-Maria, Ihre Beschreibung der Studie zu den Placebos geht weiter?" Anna-Maria nickt. „Zurück zum Beitrag. In diesem Fall glaubte der Patient, dass auf dem roten Areal die Schmerzsalbe aufgetragen worden war. Das Schmerzzentrum wie der Hypothalamus und die Insel reagierten auf diese Aussage. Der Glaube an das Schmerzmittel machte das. Auch bei einer Schmerzinfusion war der Ausschlag weniger, als bei einer Neutralinfusion mit Kochsalzlösung. Der Mediziner hatte zuvor den Patienten Glauben gemacht, dass er bei der neutralen Infusion ein Schmerzmittel verabreicht bekommen hatte. Rechnet die Versuchsperson nicht mit Schmerzlinderung, wirkt das Schmerzmittel zwar etwas, wenn die Versuchsperson darum weiß, wirkt es stärker." „Danke, Anna-Maria. Hippokrates hat schon gesagt: 'Kräuter wirken mit Worten!' Medikamente könnten reduziert, Nebenwirkungen vermieden werden."

„Ich will mal gerade nach unserem Patienten schauen, der an der Infusion hängt, die Schwermetalle chelatiert," sagt Emma und steht auf. „Er hat zwar einen Piepser, aber sicher ist sicher." „Chelatiert?", frage ich nach. „Maria-Julia, bei dieser Chelat-Kur geht es um die Verringerung und Beseitigung von Ablagerungen an den Gefäßwänden." „Wie lange geht denn so eine Kur?," will Ravidas wissen. „Das wird so lange fortgesetzt, bis die Beschwerden weg sind." „Um welche Beschwerden handelt es sich denn bei diesem Patienten?", fragt Anna-Maria nach. „Ich mag nichts ausplaudern. Mir fällt durch Deine gestellte Frage gerade eine andere Patientin ein. Diese Patientin will diese Kur nicht durchführen... Leider! Wenn diese Patientin sich entschließen könnte, eine solche Kur machen würde, wären sowohl ihre Befindlichkeitsstörungen, als auch der damit verbundene Energiemangel behoben."

Emma seufzt. „Ich weiß... Schade, Chefin..." „Ich habe noch eine Frage zu dem Patienten, der die Chelatkur durchführt. Bekommt der Patient vielleicht etwas für zu hause?", fragt Ravidas. „Ja wohl. Zu hause verwendet der Patient derzeit eine 'Nosode', das ist ein homöopathisch aufbereiteter Stoff. Davon einen einzigen Tropfen. Diesen reibt der Patient täglich abwechselnd rechts oder links in eine

Armbeuge ein. Die Menge steigert sich wochenweise bis auf fünf Tropfen. Übrigens: Bei Erstverschlimmerungen geht man auf die vorherige Dosierung zurück. Wenn alles rund läuft, beginnt ein neuer Zyklus. Auch dieses Mal wird mit einem Tropfen begonnen und bis auf fünf Tropfen erhöht. Dieses Mal allerdings werden die Tropfen unter die Zunge gegeben." „Merkt der Patient irgend etwas, seit er die Tropfen in seine Armbeuge einreibt?", will Anna-Maria wissen. „Danke für die Frage. Dieser Patient nicht, eine andere Patientin jedoch, die mit einer anderen Nosode eine Kur dieser Art durchgeführt hat, beklagte sich, dass sie wochenlang wie eine Chemiefabrik gestunken habe. Selbst ihre Unterwäsche bekam unter den Achseln einen fiesen gelben Schweißrand, der trotz Waschen nicht heraus ging." „Das ist ja der pure Wahnsinn, würde Emma sagen," werfe ich ein. Von wegen keine Wirkung!!!" Antonia schaut auf ihre Armbanduhr. „Es wird Zeit, meine Lieben. Maria-Julia magst Du mir bitte folgen?" Ich nicke und gehe mit ihr in Antonias Besprechungszimmer. Antonia schenkt uns Tee ein. Eine Weile hängen wir unseren Gedanken nach...

Wasser und Salz

„Maria-Julia, am Anfang von allem stehen Wasser und Salz. Dr.-med.F.Batmanghelidj hat in seiner dreijährigen Inhaftierung während der Khomeni-Revolution und auch später in den USA viele Menschen erfolgreich ausschließlich mit „Wasser trinken" behandelt." „Das hört sich unglaublich an!" „Ist aber nachweislich wahr. Kristallines Natursalz und vitales Wasser sind sozusagen die Grundnahrungsmittel. Wasser ist elementar. Das beste Wasser stammt direkt aus einer artesischen Quelle. Solch eine Quelle bringt Wasser hervor, das aus eigener Kraft aus seinem Ursprung hervor sprudelt – ohne menschliche Hilfen. Besser geht es nicht. Dieses Wasser wird immer kühl bleiben. Auch ohne Kühlung." „Das war mir neu..." „Sie sind nicht die einzige, Maria-Julia. Ich wollte noch etwas zum Wasser an sich ergänzen. Ohne Wasser existiert kein Leben. Wir selbst sind eigentlich vor allem Wasser. Als Baby zu mehr als neunzig Prozent, als Greise zu zirka fünfundvierzig Prozent. Hier spätestens sollte jedem einleuchten, was mit „Jungbrunnen" gemeint ist..." Ich hänge an Antonias Lippen. „Was macht das Wasser nun in uns? Es reguliert den Stoffwechsel, indem es die Nährstoffe zur Zelle transportiert und Abfallprodukte aus dem Körper aus schwemmt. Das Wasser ist notwendig, um die konstante Körpertemperatur von zirka siebenunddreißig Grad Celsius zu gewährleisten. Ein tolles Regelwerk. Bei hohen Außentemperaturen bildet sich Schweiß und verdunstet. Dabei entsteht Kühlung. Eine körpereigene Klimaanlage, sozusagen." „Interessant, Antonia.

Wie viel Wasser sollte ich täglich trinken?" Als Faustregel gelten normalerweise täglich dreißig Milliliter Wasser pro Kilogramm Körpergewicht: Fünfzig Kilogramm – mindestens eineinhalb Liter, sechzig Kilogramm mindestens 1,8 Liter und so weiter. In unserer Praxis sind wir noch ein wenig genauer. Weil wir die guten alten Überlieferungen der Astrologie in diesem Punkt beherzigen. Darüber reden wir, wenn wir entgiften. Für die Zeit bis dahin nehmen Sie bitte diese Richtlinie. Wasser ist eines meiner liebsten Themen. Wenn Sie wollen, erzähle ich Ihnen hierzu eine kleine wahre Geschichte?" „Immer wieder gern, Antonia. Ich liebe Ihre wahren Geschichten!" Ich habe mir während des Gespräches immer wieder Notizen gemacht und lege nun die Utensilien beiseite. „Danke für die Blumen, Maria-Julia. Antonia senkt den Kopf ein wenig und lächelt. „Erst vor kurzem hat sich folgendes zugetragen.

Meine Freundin, ich nenne sie mal Shiva, wurde gerade wegen eines guten Quellwassers von ihrer Tochter attackiert: 'So viel Geld für Wasser! Na, ja, Mütterlein. Du hast ja immer wieder was Neues zu bieten!' Und Shiva konterte: 'Mein liebes Kind, ich zitiere den alten Adenauer. Schon der hat einst gesagt 'Wer kann mich daran hindern, dass ich in ein paar Tagen etwas schlauer geworden bin?' Und was ich kaum verstehen kann ist die Tatsache, dass Du und Dein Vater es im Beruf ebenfalls mit Neuerungen zu tun habt... Nimm bitte zur Kenntnis, dass ich derzeit fast täglich Neues erfahre und versuche, das neue Wissen in meinen Alltag zu integrieren.

Wir drei sind inzwischen erwachsen, und deshalb erwarte ich von Euch Akzeptanz. Mein liebes Kind, trink Du weiterhin Deine Cola. And just for info: Die ist übrigens teurer als mein Wasser. Du weißt auch, was ich von diesem Getränk halte. Ich lasse Papa weiterhin seinen Sprudel kaufen. Ich trinke mein 'Lauretana'!''Da sind nicht einmal Mineralien drin. 'Du sagst doch immer, wie wichtig die sind', hat die Tochter gemeint. 'An dieser Bemerkung kann man erkennen, mein Tochterherz, dass Du Dich mit den Themen 'leeres Wasser' und 'bioverfügbare Aufnahme von Mineralien' bislang noch nicht ernsthaft auseinander gesetzt hast. Lass mich meinen Turn machen, ich lasse Euch ebenfalls zufrieden!' 'Du immer, mit Deiner 'Petersilie'." Als ich Antonia verwundert ansehe, fährt die fort: „Ich habe meiner Mutter seinerzeit ähnlich frech geantwortet, nämlich mit 'Rhabarber', 'Rhabarber'…" „Comprendo. Meine beiden Grazien attackieren mich ebenfalls, wenn ich neue Dinge einführe. Inzwischen rechtfertige ich mich nicht mehr. Sie werden schon noch dahinter kommen! Entschuldigung Antonia. Ich will Sie nicht unterbrechen."

„Maria-Julia, es gibt rein gar nichts, wofür Sie sich entschuldigen müssten. Wie schaut's aus? Rede ich heute noch über das wichtige Thema Salz? Passt Ihnen das zeitlich?" „Das geht in Ordnung. Emma wird eine kleine Weile auf mich warten müssen…" „Maria-Julia es geht um Natursalz. Unser Blut enthält die gleichen Salze in fast gleichem Mischungsverhältnis wie das Meerwasser und die darin enthaltenen Natursalze. Salze sind Mineralstoffverbindungen. Meerwasser und auch Blut sowie unser Organismus beinhalten nachweisbar jeweils einundachtzig stabile Elemente." Es klopft an der Tür. Antonia macht die Tür auf, Emma kommt herein. „Darf ich fragen…" „Bleiben Sie gleich hier, Emma. Setzen Sie sich.

Emma setzt sich neben mich. „Emma, Sie haben sich bereits mit dem Periodensystem und den stabilen Elementen auseinandergesetzt?" „Habe ich, Chefin. Das Periodensystem der Elemente endet beim Element dreiundachtzig als letztes 'stabiles Element'. Danach beginnen die 'instabilen Elemente' oder die 'radioaktiven Elemente'. Alle Welt redet von dreiundachtzig Elementen. Da die Elemente dreiundvierzig 'Technetium' und einundsechzig 'Prometium', aber weil sie radioaktive Elemente sind, die nur Millisekunden bestehen, gibt es nur einundachtzig stabile Elemente." „Ich bin beeindruckt, Emma." „Darf ich etwas lästern, Chefin?" Antonia nickt und grinst in Erwartungshaltung. „Der Mensch besteht aus siebzig Prozent Wasser und einem Rest Dreck, der dreißig Prozent ausmacht. Wasser besteht aus zwei Elementen, nämlich Wasserstoff und Sauerstoff. Bleiben einundachtzig weniger zwei. Und das macht letztendlich nur noch neunundsiebzig stabile Elemente aus." „Guter Ansatz, Emma!" Emma freut sich und sagt grinsend: „Dank Cola, Kunstdünger, der Kernkraftwerke an sich und deren Entgleisungen - wie Tschernobyl und Fukushima – sind bereits radioaktive Elemente im Menschen zu finden." Ich melde mich. „Emma, Hilfe! Aufhören!"

Antonia räuspert sich. „Danke, Emma. Ich mache weiter. Diese Elemente sind für unsere Körperabläufe notwendig. Handelsübliches Kochsalz ist durch einen Raffinierungsprozess gelaufen und besteht nur noch aus zwei Elementen: Natrium und Chlorid. Deshalb verwendet die gute Küche ausschließlich Salze ohne jegliche Zusätze, zum Beispiel Meer-, Himalaja-, Stein- oder Solesalz, Gourmetsalze wie Fleur de Sel, Bambus-Salz oder Kräutersalz." „Darf ich eine Frage stellen?" „Bitte, Maria-Julia." „Wie gewinnt man Meersalz?" „Um Meersalz zu gewinnen, leitet man es in flache Becken. Das Wasser verdunstet über Sonne und Wind, es bilden sich Salzkristalle heraus. Steinsalz ist zweihundert fünfzig Millionen altes Meersalz, das unterirdisch lagert und bergmännisch abgebaut wird. Wenn man Wasser in die unterirdischen Salzstöcke leitet, löst sich das Salz in dem vorbei strömenden Wasser und tritt als Sole an die Oberfläche. Dort gewinnt man durch Verdampfen dann Siede- oder Solesalz."

Die halbe Ernährung

„Ich möchte Sie beide herzlich begrüßen!" „Na ja, Maria-Julia habe ich im Laufe der Zeit schon einiges erzählt. Es hapert jedoch an einigen Knackpunkten und ich kann ihre gescheiten Fragen nicht zu meiner vollen Zufriedenheit beantworten..." „Das ist nicht ganz richtig, Emma. Du erklärst mir alles generell bis ins letzte Detail. Inzwischen verstehe ich einiges, aber längst nicht alles..." Michael kommt dazu, begrüßt uns und verabschiedet sich sofort wieder. „Meine Damen, ich habe einen Astrologietermin. Sie drei haben sicher auch ohne mich viel Spaß miteinander. Mein Vater pflegte immer zu sagen: 'Gut essen und trinken ist die halbe Ernährung!'" Damit ist er aus der Tür. „Ich wollte immer mal einen persönlichen Astrologietermin vereinbaren..." Emma schaut versonnen aus dem Fenster und dreht an ihrer Haarlocke. „Nicht nur um eine persönliche Beratung zu bekommen. Ich möchte die Zusammenhänge lernen zwischen Gestirnen und Menschen. Ich merke immer stark, wenn Vollmond ist. Dann habe ich Gelüste, die ich normalerweise gut im Griff habe. Dann denke ich mir: Was ist los mit Dir, Emma?, schaue an den Himmel und was sehe ich? Den vollen Mond.

„Emma, Sie haben recht. Insbesondere der Mondstand und die Mondphasen üben einen starken Einfluss auf uns aus. Es ist jetzt bewiesen, dass Menschen bei Vollmond schlecht beziehungsweise flacher und kürzer schlafen als sonst. Wissenschaftler der Universität Basel in der Schweiz haben das in einer Studie belegt. Weil unsere innere Uhr nach den Mondphasen tickt, richte ich in der Praxis auch die Behandlungen auf die Phasen des zunehmenden und abnehmenden Mondes aus...Habe ich Ihnen eigentlich erzählt, dass ich Michael bei einem solchen Astrologietermin kennen gelernt habe?" Emma rutscht nervös auf ihrem Stuhl hin und her. „Nee, Chefin." Dabei schüttelt sie ihre schöne Mähne. „Vielleicht hat sich Michael ja zuerst in mein Horoskop verliebt. Das wäre möglich..." Antonia lacht. „Und Sie, Chefin? Was hat Ihnen besonders gut an ihm gefallen?" „Emma, sei doch nicht so neugierig!", tadele ich meine Freundin. „Ach, das ist okay." Antonia seufzt. „Eine Sache, für den ich ihn bewundere, sind seine Eingaben. Da suche ich zum Beispiel meine Wärmflasche, finde sie nicht und frage Michael: 'Hast Du vielleicht einen Schimmer, wo die wohl sein könnte?' Und was antwortet Michael, nachdem er kurz seine Augen geschlossen hat: 'Ich sehe sie im hinteren Sessel rechts im Wohnzimmer.' Wo die Wärmflasche tatsächlich liegt." „Das nennt man hellsichtig, nicht wahr?" „Birgt allerdings einen Nachteil..." Emma und ich schauen Antonia fragend an. „Meine Damen, es gibt keine Geheimnisse... Eine Freundin hat uns die Freundschaft gekündigt, als sie das mitbekam... Themenwechsel, schlage ich vor."

Antonia führt uns in ihre Küche. „Ich habe heute Mittag ein kleines Menü vorbereitet, damit sie beide nicht in Theorie versinken." Emma und ich staunen. „Auf der Anrichte stehen vorbereitet Gemüse als Frischkost und Obst. Eine heiße Gemüsesuppe finden Sie auf dem Herd." Antonia zeigt auf eine Schale. „Hier sehen sie essbare Blüten, Staudensellerie, Mohrrüben, Mais, Rettich und braune Pilze. Auf dem Kühlschrank stehen die Getränke: Wasser mit und ohne Gas, Kaffee und Kräutertee." „Maria-Julia, ich habe Ihnen erklärt, dass bei kaltem Wetter warme Getränke bevorzugt werden sollten und dass das insbesondere für Wasser gilt." Ich nicke. „Zwei Thermokannen stehen vor Ihnen. 'Ayurveda Champagner' ist in der roten Kanne, Kräutertee in der grünen." Antonia lächelt mich an. „Meine Damen, Sie beide kennen die Aussage, dass eine halbe Stunde vor dem Essen und eine Stunde danach nichts mehr getrunken werden sollte. Heißes Wasser ist eine Ausnahme und kann 'zum' Essen getrunken werden." „Chefin, woran merkt man, ob man eher heißes Wasser bevorzugen sollte?" „Danke, Emma. Beim Hund ist es richtig, wenn die Nasenspitze kühl ist. Eine eher kalte Nasenspitze bei einem Menschen deutet darauf hin, dass dessen Magen Unterstützung benötigt. Heißes Wasser erwärmt den Verdauungsapparat..." Emma und ich fassen sofort an unsere Nasenspitze. „Warm. Na also."

Emma grinst. „Hätte ich mir denken können, Emma. Fühle bitte einmal meine Nase!" Emma tippt mir an meiner Nasenspitze. „Kühl. Tatsächlich. Dann ist glasklar, was Du jetzt trinkst, nicht wahr?" Ich muss lachen. Maria-Julia, ich hatte ohnehin vor, mir und Dir Champagner einzuschenken, meine Liebe..." Antonia meldet sich. „Mir bitte ebenfalls." Emma schenkt uns Wasser ein. Emma entdeckt eine Flasche Lauretana, die auf dem Kühlschrank steht. „Chefin, sagen Sie mir bitte, warum Lauretana Wasser so toll ist?" „Die Frage, die immer wieder gestellt wird: Ist Mineralwasser mit vielen Mineralien gut für mich? Die Antwort darauf: Mineralien, die in Wasser enthalten sind, können vom Organismus nicht aufgenommen werden. Dieses natürliche Wasser hier ist ein 'leichtes' Wasser', was bedeutet, dass es relativ wenig Mineralien beinhaltet. Das Lauretana ist unbehandelt und ungefiltert und bestens geeignet für die Zubereitung von Säuglingsnahrung." „Das ist wohl immer ein besonders gutes Zeichen, wenn Babys etwas bedenkenlos vertragen?" „So könnte man sagen, Emma.

Noch ein Gedanke zum Wasser. Es gibt einen faszinierenden Bildband von Masaru Emoto, der die Qualität des Wassers dokumentiert. Es geht um 'Wasserkristalle'. Wasser ist 'der' Informationsträger. Es speichert Worte, Musik, Gebete... Unglaublich! In der Praxis müsste das Buch im Wartezimmer im Bücherschrank stehen. Schauen Sie es sich an, Maria-Julia. Es wird Ihnen gefallen. Mich hat begeistert, dass jeder Wassertropfen eine eigene Identität hat. Wird ein Wassertropfen guter Qualität eingefroren, ergibt sich ein Kristall. Wird derselbe Tropfen aufgewärmt und erneut eingefroren, ergibt sich dieselbe Struktur..." „Wie beim Fingerabdruck eines Menschen..." „Sie sagen es, Maria-Julia... Wir haben bereits über Wasser gesprochen, das einer artesischen Quelle entspringt. Eine solche Quelle liegt tief im Innern eines Gebirges und gelangt von allein an die Erdoberfläche. Es behält generell seine Frische ohne weitere kühlende Lagerung. Das Wasser ist und bleibt stabil. Sie erinnern sich?" Ich nicke. „Was mir aufgefallen ist: Die Spanier kennen kaum gesprudeltes Wasser. 'Agua con gaz' ist durch die Gäste ins Land gekommen und wird für die Touristen eingekauft. In Spanien bekommt das gesamte weiße Dorf in Andalusien, in dem wir in den Ferien leben, Quellwasser ins Haus. Dieses Quellwasser ist stabil und muss nicht zusätzlich über Kohlensäure haltbar gemacht werden." „Die Kohlensäure dient dazu, das Wasser stabil zu halten?", frage ich nach. „Das ist richtig.

Allerdings: Manche Menschen brauchen ein Wasser, das Kohlensäure beinhaltet." „Ist Quellwasser ohne Kohlensäure nicht besser?" „Jein. Menschen mit zu wenig Magensäure beispielsweise vertragen säuerndes Wasser besser." „Ist ja spannend, Chefin. Woher weiß ich denn, was ich trinken soll? Woran kann ich oder der Behandler feststellen, ob zu viel oder zu wenig Magensäure produziert wird?" „Emma, früher gab es eine blaue Pille, die geschluckt wurde, um das herauszufinden. Relativ schnell färbte sich der Urin blau oder eben nicht blau. Diese Methode war schlicht und einfach. Aber diese Pillen wurden vom Markt genommen. Heute werden Schläuche geschluckt..." Antonia seufzt. „Es gibt Möglichkeiten, das herauszufinden, beispielsweise über äußere Merkmale..." „Und zwar?", will Emma wissen. „Trockene flache Lippen, insbesondere die Oberlippe. Die Gesichtshaut wirkt relativ gespannt. Menschen mit zu wenig Magensäure schätzen Saures und bevorzugen Wasser mit Kohlensäure."

Emma nickt. Wir haben inzwischen am Wohnzimmertisch Platz genommen und schauen in die schöne Landschaft aus dem großen Fenster. „Mit etwas Phantasie könnte diese schöne Aussicht hinter den weißen Dünen am Ostseestrand sein. Ich liebe diese Aussicht." Antonia lächelt. „Antonia, ich bewundere Ihren Ausblick. Wenn ich aus meinem Wohnzimmerfenster schaue, sehe ich in meinen schönen Garten." Emma nickt. „Meine Damen! Ich freue mich, dass Sie heute bei mir sind. Eine wichtige Erkenntnis: Nahrungsmittel nähren, Lebensmittel stärken. Jeder wählt über sein Essen, ob er sich stärkt, belastet oder schwächt... Wahrscheinlich werden Sie beide einiges von dem, was Sie heute hören, bereits kennen. Aber wiederholen bedeutet nicht nachsitzen, nicht wahr?" Emma und ich schmunzeln. „Mir geht es um nachhaltige 'Gesundheitsvorsorge'. Um mehr bewusstes Verhalten, wenn eingekauft oder gekocht wird. Nicht um die Frage, ob wir beim Empfang Asiaten unverwechselbaren Harzer Käse anbieten sollten." Ich muss schmunzeln. Emma grinst breit. „Ich wünsche mir für sie beide, dass diese Stunden heute Ihnen Freude bringen und zusätzlich natürlich noch einige neue Erkenntnisse." „Wir beide möchten uns bei Ihnen auch ganz, ganz lieb bedanken. Versprechen können wir gar nichts, aber wir haben beschlossen, dass wir uns bemühen werden, das, was wir hier hören, umzusetzen. Nicht wahr, Maria-Julia?" Ich nicke.

Antonia scheint gerührt zu sein. Sie hüstelt. „Ich habe gespürt, dass Sie sich beide ernsthaft um Informationen bemühen und ich freue mich insbesondere darüber, dass sie beide noch täglich richtig kochen. In den modernen jungen Haushalten wird der Herd oft lediglich zum Eierbraten benutzt... „Chefin, das kenne ich von mehreren Bekannten von mir. Die wusste nicht einmal, wie man prüft, ob Eier frisch sind!"„Du meinst Emma, dass die Eier auf glatter Fläche gedreht werden? Wenn sie sich schnell drehen, sind sie alt?" „Genau so, Maria-Julia. Dann sind die Eier alt oder bereits gekocht. Ich kenne noch folgende Methode für dem 'Frischetest': Ein großes Glas Wasser, in das das Ei hineingelegt wird. Man erkennt ein frisches Ei daran, dass es am Boden des Glases waagerecht liegen bleibt. Ein vielleicht zwei Wochen altes Ei steht senkrecht im Glas, ist aber noch von Wasser bedeckt. Bedenklich wird es, wenn das Ei aus dem Wasser heraus schaut. Dann ist es mindestens sechs Wochen alt." „Sie haben recht, Emma. Es ist absolut wichtig zu prüfen, ob Eier frisch sind! Denn, wenn Eier alt sind und gegessen werden, kann es zur Eiweißvergiftung kommen." „Geben wir da nicht Arsenicum album?" „Ja, das stimmt. Manche haben Glück und müssen nicht sofort ins Krankenhaus. In diesem Fall empfehlen wir zusätzlich, viel heißes Wasser zu trinken und geben außerdem noch Kaffeekohle wie Carbo Königsfeld."

„Chefin, ich habe kürzlich einen Beitrag im Fernsehen gesehen, in dem es um Kaffeekohle ging, und zwar in ungewöhnlicher Art und Weise. Es ging um 'schwarze Burger' in Japan. Da ist derzeit ein richtiger Boom auf schwarze Burger. Die Japaner kommen aus den kleineren Städten extra nach Tokio, um sich einen schwarzen teuren Burger zu essen. Das war schwarze Wurst in einem aufgeschnittenen schwarzen Brötchen mit Zwiebeln und Senf." „Davon habe ich noch nie gehört, Emma. Und das Brötchen und die Wurst werden über Kaffeekohle schwarz?"„Jein, Maria-Julia. Bei der Herstellung von beiden Zutaten wird pulverisierte Holzkohle hinzugetan. Das ergibt die schwarze Färbung. Ein Befragter gab mit einem Augenzwinkern an, dass dieser Burger wahrscheinlich gesünder sei..."„Ein interessanter Ansatz. Vielleicht macht es die Wurst bekömmlicher, Emma." Antonia schweigt. Emma grient. „Du hast noch etwas auf

Lager. Das sehe ich Dir an, Emma."„Stimmt. Chefin, darf ich noch einmal..." „Nur zu, Emma." „In diesem Beitrag gab es außerdem 'schwarzes Softeis'. Da gab es riesige Warteschlangen vor dem Stand, richtig verrückt waren die Japaner nach dem Eis." „Emma, womit genau haben die Betreiber das Eis schwarz gefärbt? Holzkohle geht dafür eher nicht, nehme ich an." „Chefin, das Eis bekam über Tintenfischsaft seine schwarze Farbe." Emma schüttelt sich. „Wahrscheinlich meinen Sie Sepia, Emma, die Absonderung des Tintenfisches?" „Richtig, Chefin. Was habe ich denn gesagt?" „Tintenfischsaft, Emma." „Uff. Entschuldigung. Für mich sah das Eis eher fies aus. Das Eis glänzte tiefschwarz. Aber der Japanerin, die befragt wurde, schmeckte es wohl gut... Na ja. Die Frau, der der Eisstand gehörte, mischte den Saft aus Sepia mit Sahne. Beide Zutaten gab sie in einen Mixer hinein. Sie meinte, es sei relativ leicht, ein schwarzes Softeis herzustellen. Allerdings ist der Saft relativ zähflüssig und deshalb müssen Sahne und Saft zusammen eine Minute lang - auf stark eingestellt - in den Mixer. Danach geht die schwarze Sahne in die Eismaschine. Unklar ist, welche anderen Zutaten vielleicht zusätzlich noch hinzugekommen sind." „Danke Emma für den Wissenszusatz. Sie erstaunen mich immer wieder mit ihren Eingaben." Antonia lächelt Emma an. „Meine Damen, zurück zum Ursprungsthema. Einverstanden?"

Wir nicken. „Die modernen jungen Haushalte setzen oftmals die Mikrowelle zum Auftauen oder Aufwärmen ein, bestellen Essen ins Haus oder essen Snacks und dergleichen. Oftmals erlebe ich in der Praxis, dass junge Frauen überhaupt keine Erfahrungswerte besitzen, was das Kochen anbelangt. Einmal aß eine Patientin ausschließlich Butterbrote... Vielleicht zum Abschwächen der schauerlichen Realität ein netter alter Spruch, der mir gerade einfällt: 'Wenn der Käse so dick ist wie die Butter und die Butter so dick ist wie das Brot, dann kann das Brot so dick sein wie es will...' Emma und ich lachen. Wer sich so etwas wohl ausdenkt... Antonia lächelt.„Apropos Chefin. Da gab es eine ganz schaurige Aussage im Werbefernsehen. Mit dem Slogan 'So schmeckt das Leben! wurden – gänzlich ohne Schamröte - panierte Fischstäbchen beworben. Nein, es war Backfisch! Was ist daran lebendig, Chefin?" Antonia schaut uns ernst an.

„In der Werbung ist vieles erlaubt. Denken Sie an die Medikamente, die beworben werden..." Wir schweigen einen Augenblick und hängen unseren Gedanken nach.

„Wenden wir uns von den Dingen, die schwach an Sinn sind, Sinnvollem zu. Wie sieht es beim Menschen aus? Ein Computer ist ein hilfreiches Instrument, wenn seine Programme richtig laufen. Ist es beim Menschen nicht auch so? Wichtig sind außerdem die Programme, die programmiert wurden und installiert sind. Eine Ebene der Programme beim Menschen sind Gewohnheiten. Entstanden aus Erziehung, Suggestionen und Erfahrungswerten." Wir nicken. „Ich kann heute keine Erklärung abgeben, die auf alle Menschen zutrifft. Dafür ist unsere Spezies zu unterschiedlich. Schon Sie zwei verkörpern unterschiedliche Naturelle und Stoffwechseltypen. Darauf komme ich ein anderes Mal zurück... Heute will ich Ihnen beiden allgemein nachzuvollziehende Realitäten bewusst machen, die Ihnen helfen können, über Essen und Trinken mehr Freude und Power im Leben zu bekommen. Ich werde Ihnen Lebensmittel vorstellen, die mit allerbesten Zutaten und viel Liebe zubereitet werden – und allesamt schmecken!

„Bekomme ich heute vielleicht einen Diätplan?," frage ich Antonia. „Nein, Maria-Julia, Diätkuren sind nur Halbheiten. Ziel einer Beratung sollte sein, Ihnen beizubringen, selbst die richtige Wahl treffen zu können. Letztendlich sollten Sie Ihrem natürlichen Instinkt vertrauen lernen..." Emma meldet sich zu Wort. „Ideal ist, mit Genuss und ohne Reue zu essen." Antonia schmunzelt. „Emma, da Sie gerade von Genuss sprechen, will ich gleich erwähnen, dass es ein paar Dinge gibt, die bis zum Erreichen des Ideals verboten sind: normales Salz, Zucker, Milch und Milchprodukte. Verbot bei den Getränken: Alkohol und Obstsäfte. Bohnenkaffee, Kakao und schwarzer Tee sollten eingeschränkt und in jedem Fall ohne Milch und Zucker getrunken werden. „Kein Kuchen mehr nachmittags?", stöhne ich auf. „Maria-Julia, für eine Weile ist das angebracht. Isolierter Zucker verursacht viele Störungen im Stoffwechsel eines Menschen, führt zur Vitaminverarmung und macht sogar gesunde Lebensmittel für einen belasteten Organismus unverträglich. Vielleicht ein Trost:

Nach drei Wochen der Enthaltsamkeit sind Patienten in der Lage, unbeschadet zu sündigen und genießen ihr Stück Kuchen mit Sahne doppelt." Lassen Sie uns zurück in die Küche gehen. Das Essen wartet.

Emma begutachtet die Frischkost. „Chefin, dieser Salat hier ist besonders knackig. Gibt es einen Grund dafür? Meine Gemüse kommen zwar aus dem Ökoladen, aber so knackig sind sie nicht!" „Ein Trick, Emma. Ich habe sie für eine halbe Stunde in Quellwasser mit Mineralien gelegt." „Das ist neu!" „Das kennen Sie nicht, Emma? Ich habe die Packung hier. Schauen Sie. Es nennt sich 'Drüfusan' und ist ein Komplexmittel aus Schüßlersalzen. Von Syxyl. In der Praxis verordne ich Drüfusan oft Kindern, die sich in einer Wachstumsphase befinden oder Kindern, deren Lymphsystem ich unterstützen möchte." „Wie viel braucht man?", will Emma wissen. „Einen Teelöffel gebe ich auf eine Schüssel Wasser, in das ich die geputzten Gemüse hinein gebe. Das ist alles…" „Maria-Julia, hast Du mitgeschrieben?" „Claro, das habe ich Dir vorher versprochen, Emma." „Es gibt noch ein kleines Geheimnis, liebe Emma. Achten sie einmal auf Salate, die noch mit Wurzelwerk angeboten werden?" „Sie meinen, die Wurzeln sind nicht abgeschnitten worden?" „Richtig. Der Salatkopf samt Wurzelwerk steckt in einer Plastikhaube.

Ein weiterer Tipp: In meinem Haushalt werden ebenfalls die Preisschilder beachtet und jeder 'Strichcode' abgestrichen…" „Das habe ich einmal mitbekommen," erinnert sich Emma laut. „Chefin, das haben Sie einer Patientin mit dem Armtest gezeigt, nicht wahr?" „Richtig, Emma. Der abgestrichene Strichcode testet stark, der nicht abgestrichene schwach." „Antonia, könnten Sie mir das mit dem Strichcode bitte einmal etwas genauer erklären?" „Natürlich, Maria-Julia. Dieser 'EAN-Code' dient erst einmal zur eindeutigen Identifikation eines Produkts. Vor der Einführung dieses Systems war es für die Kassiererinnen bedeutend arbeitsintensiver als jetzt. Des weiteren geht es um die geometrische Struktur dieser Codes. Frische natürliche Produkte verderben mit dieser Struktur schneller. Interessant ist die Tatsache, dass in Bioabteilungen von Ladenketten seit einiger Zeit Strichcodes auf den Preisetiketten bei ab gepacktem

Gemüse und Obst bereits maschinell abgestrichen worden sind. Es scheint, dass das Wissen um solche Phänomene sich verbreitet..." Wir trinken unser Wasser aus.

„Ich habe übrigens die Salate nach den fünf Elementen angeordnet." „Fünf Farben und die fünf Geschmacksrichtungen?" „Richtig Emma. Jedes der fünf Elemente steht sowohl für eine Farbe, als auch für einen Geschmack. Das sieht appetitlich aus und ist gesund: Stellen Sie sich heute einen bunten Salatteller zusammen, der diese Voraussetzungen erfüllt! Außerdem besteht die Möglichkeit, fehlende Farben über essbare Blüten zu ergänzen oder sie einfach der Schönheit wegen einzusetzen." „Diese zarten Blüten sehen hinreißend aus!" Antonia lächelt mich an.„Emma, bekommen Sie die Kombination von Farben, Organen und den dazu gehörigen Elementen zusammen?" „Will es versuchen Chefin." Emma räuspert sich. „In der Traditionellen Chinesischen Medizin steht die Farbe Grün für Leber-Galle und Holz, Rot für Herz-Dünndarm und Feuer, Gelb für Milz-Magen-Bauchspeicheldrüse und Erde, Weiß für Lunge-Dickdarm und Metall, Schwarz für Blase-Nieren und Wasser." „Sehr gut, Emma. Das Schwarz ist mehr Braun ausgefallen. Schwarzes Gemüse ist relativ selten... Zu der Aufzählung von Emma möchte ich noch die Geschmacksrichtungen ergänzen. Die sind: Sauer, bitter, süß, scharf und salzig. Sauer und salzig ist das Dressing, bitter der Radiccio, süß die Möhren und der blanchierte Mais, scharf der Rettich."

„Chefin hier steht nicht nur ein Öl, sondern mehrere Öle..." „Gut aufgepasst, Emma. Ich habe verschiedene Öle zur Auswahl dazu gestellt: Omega3 und Omega6, schon fertig gemischt im Ölladen, gutes Olivenöl, was nicht auf der Zunge brennt, Walnussöl, Haselnussöl, Leinöl, Kürbiskernöl und noch etwas Besonderes: 'Arganöl'.. Vielleicht probieren Sie einmal eine kleine Menge von einer Sorte, die Sie noch nicht kennen?" „Una buena ideal! Kürbiskernöl werde ich testen..." „Mmh, lecker. Interessant. Und wie grün das ist! Kanntest Du das Kürbiskernöl, Emma?" „Ja, aus dem Urlaub in Österreich, aber zu hause habe ich keines im Augenblick. Ich probiere einmal das Leinöl, Maria-Julia." Emma verzieht ihr Gesicht. „Eher bitter.... Das finde ich gewöhnungsbedürftig. Chefin, wozu nimmt man das denn üblicherweise?" „Ich verwende Leinöl in Verbindung mit Kartoffeln. Pellkartoffeln mit Leinöl und Quark war früher einmal eine Art 'Arme Leute Essen'..." „Meine Damen, probieren Sie das Arganöl. Schnuppern Sie daran und verkosten Sie etwas davon, bitte." Emma und ich tun wie uns geheißen. Ich schnuppere und schmecke. „Tatsächlich, das ist etwas ganz besonderes," stelle ich fest. Emma stimmt dem zu „Fantastisch. Mmh, wie das duftet... Wo kommt das Arganöl her?" „Es stammt aus dem Süden von Marokko, Emma. Die Früchte sehen fast aus wie Oliven. In einer grünen Schale steckt der harte Kern und in dem Kern der Samen, der das Öl ausmacht. Die gesamte Arbeit wird von Frauen der Region ausgeführt, die damit ihre Familien unterhalten. Ich habe eine Fernsehsendung dazu gesehen. Die Frauen wissen um die Wirkung auf weiche, glatte Haut und die gesundheitlichen Vorzüge. Sie verehren diese seltenen Bäume, die zum Weltkulturerbe gehören, und ernten die Arganfrüchte erst, wenn sie von allein vom Baum gefallen sind. Eine schwere langwierige Arbeit ist die Gewinnung von Arganöl. Die Frauen singen zusammen, wenn die Arbeit es zulässt. Bei schwierigeren Passagen der Arbeit sind sie hoch konzentriert und schweigen. Hinterher wird wieder gesungen." „Hätte ich gern einmal miterlebt", meint Emma. „Unverhofft kommt oft!". Ein Spruch von Ihnen, Emma. Also bitte!" Emma muss lachen.

Antonia geht zum Buffet und wendet sich uns zu. „Wenn Sie sich bitte bedienen wollen. Neben den fünf Salaten steht Ume Su als Essigersatz. Ich habe es zwei zu eins mit Quellwasser verdünnt und das Öl wählen Sie bitte selbst dazu. Hier stehen auch die Mühlen mit Meersalz und Pfeffer. Frischer Koriander und Petersilie befinden sich in den kleinen Schälchen hinten rechts. Davor stehen rechts in den Schälchen - als pflanzliches Eiweiß - geröstete Sonnenblumenkerne und Kürbiskerne. Bedienen Sie sich. Zu Beginn einer Mahlzeit immer etwas Eiweiß essen. Emma und ich entscheiden uns für die Mozzarellabällchen.

„Bitte, zuerst ein, zwei Mozzarellabällchen essen, danach erst die Frischkost." Ich nicke. „Eiweiß zuerst, nicht wahr?", fragt Emma nach. Antonia nickt mit dem Kopf. Wir füllen unsere Teller und setzen uns. „Meine Damen, die Größe der Salatportion bestimmt die Jahreszeit. Im Sommer ist kühlender Salat angesagt, im Winter sollte nur eine kleine Portion Frischkost als Vorspeise gegessen werden. In der kalten Jahreszeit sind wärmende Speisen ideal." Ich melde mich. „Meine Töchter haben als sie klein waren, gerne Möhren roh geknabbert oder andere Gemüse..." Antonia nickt. „In jungen Jahren ist das Verdauungssystem meistens noch gut in der Lage, selbst schwer verdauliche Zellulose zu cracken. Ältere Menschen tun sich meistens schwer mit Frischkost..." „Wahrscheinlich wegen des stumpfen Gebisses..." „Emma, bitte..." „Entschuldigung, Chefin. Ich wollte etwas ganz anderes sagen... Ich erinnere mich an meine Tante Hethy. Sie hat in gesunden Tagen immer alles gegessen, und zwar in beachtlichen Mengen. Aber als sie zuletzt schwerkrank ans Krankenbett gefesselt war, da ging nur noch Kraftbrühe, die in sie reingelöffelt wurde..." „Themenwechsel, meine Damen. Ich habe eine klitzekleine kulinarische vegetarische Überraschung für Sie." Antonia holt aus einem Küchenschrank ein kleines Glas mit dunkelbraunen Kaffeebohnen heraus. „Was ist das?", fragt uns Antonia. „Das sieht aus wie Kaffeebohnen", antworte ich. „Nein, das sind keine Kaffeebohnen." „Kaffeebohnen sind anders in der Form, Maria-Julia. Schau mal genau hin." Recht hat sie, die Emma. Aber was ist das denn in dem Glas?" Antonia gibt uns jeweils ein Stück davon in die Hand. „Probieren Sie bitte." „Lecker, nussig," finde ich. „Interessant!", meint Emma. Antonia schmunzelt. Meine Damen, das sind geröstete Samen der Buche, Bucheckern. Ich habe Sie als Geschenk bekommen. Das ist schon harte Arbeit, diese aus den relativ harten Schalen zu befreien und danach zu rösten. Ungeröstet sind diese Samen leider giftig. Das Gift der unbehandelten Bucheckern nennt sich 'Fangin'. Schon durch leichtes Rösten wird es unwirksam und – wie sagten Sie beide eben – Bucheckern schmecken lecker, nussig und interessant. Das finde ich auch!"

Das Süppchen

Der Teller mit Salat ist aufgegessen. Antonia stellt Gemüsesuppe auf den Tisch. „Sie haben sich für eine Eiweißsorte entschieden. Bitte, deshalb wieder als erstes ein, zwei Mozzarellabällchen verzehren, danach erst die Suppe." „Eiweiß vor jedem Gang zuerst, nicht wahr?", fragt Emma nach. Antonia nickt mit dem Kopf. „Die Suppe schmeckt köstlich. Ein außergewöhnlicher Geschmack. Da ist etwas drin, was ich nicht benennen kann. Interessant. Findest Du nicht auch, Emma?" „Finde ich auch, Maria-Julia. Sagen Sie Chefin, was ist alles drin und wie haben sie die Suppe zubereitet?" „Ich freue mich, dass sie Ihnen schmeckt. Zuerst einmal nehme ich generell zum Kochen reines Quellwasser." „Aha! Chefin, ich habe bislang immer nur darauf geachtet, dass ich morgens das Wasser aus der Leitung einige Minuten habe laufen lassen, damit es nicht abgestanden und eventuell belastet war..." „Das ist gut, Emma. Mir schmecken Getränke und Gerichte mit Quellwasser besser, ich meine immer das zugesetzte Chlor zu schmecken... Zurück zur Suppe und den Zutaten. Ich habe drei Möhren, eine fingerbreite Scheibe Rotkohl, zwei Zucchinis und ein Händchen Blumenkohl erst in den Mixer und danach das Ganze in den Topf mit siedendem Wasser gegeben. Darin befanden sich bereits drei Teelöffel Brühe und drei normal große in kleine Würfel geschnittene Kartoffeln. Zehn Minuten vor Schluss habe ich die Wärme reduziert, dann die orientalische Mischung 'Garam Masala' und auch 'Curry' dazu gegeben, um die Gewürze gut zur Entfaltung zu bringen. Gewürze aus verschiedenen Kulturen vermögen ihren Mahlzeiten durch köstliche Aromen einen Hauch von Exotik zu verleihen. Probieren Sie selbst... Übrigens: Das Ganze hat gerade mal knapp eine halbe Stunde gebraucht..." Emma staunt. „Das ist ideal für Berufstätige..." „Allerdings, und viel, viel bekömmlicher als jede noch so angepriesene Tütensuppe." Emma und ich schweigen und genehmigen uns eine zweite Portion. „Den Rotkohl hätte ich nicht raus geschmeckt. Du vielleicht, Emma?" „Nee. Und orientalisch war es auch nur einen Hauch. Lecker! Richtig gut finde ich das Rezept. Damit kann man Gäste überraschen..."

„Heute ist es ja - wie vom Wetterdienst vorhergesagt - etwas frisch draußen. Vielleicht machen Sie es irgendwann einmal wie ich, wenn es gerade passend ist: Die Suppe ist zwar, wenn man zeit knapp ist, schnell zubereitet, aber unsere Suppe heute köchelt bereits seit heute Morgen auf dem Herd. Je länger, je lieber... Diese Suppe macht uns dadurch schön warm, obwohl keine Chilis drin ist..." Emma und ich löffeln unsere Gemüsesuppe der besonderen Art mit Genuss aus. Dann fragt Emma: „Jetzt gibt es Pudding oder was anderes Süßes? „Bestimmt nicht Emma." „Das ist richtig, Maria-Julia. Wenn sie beide mögen, vielleicht noch etwas Obst als Nachtisch?" Emma und ich schütteln beide verneinend den Kopf. „Darf ich noch eine Frage loswerden, Chefin?" „Nur zu, Emma."

„Sie sind 'Vegetarierin'. Welche Beweggründe waren für Sie entscheidend?" „Eine gute Frage, Emma. Soll ich ethisch, ökologisch oder ökonomisch diese Frage beantworten?" Emma runzelt die Stirn und schaut ihre Chefin groß an.„Ich beantworte Ihre Frage erstens einmal ethisch: ich könnte Tiere nicht selbst töten und delegiere dieses Tun auch nicht an andere. Ich halte auch kein Schwein in einem Stall und gebe ihm Futter, um als Gegenwert eines Tages sein Fleisch zu begehren und zu vertilgen. Nein, das entspricht mir nicht. Zweitens ist es ökologischer Nonsens, Tiere zu essen. Denn mittlerweile ist mehr als bekannt, dass die Massentierhaltung über das produzierte Methangas das Gegenteil von Klimaschutz bedeutet. Drittens ökonomisch: Durch die Masttierhaltung werden biologische und ökologische Ressourcen vernichtet und Menschen das wertvolle Getreide als Nahrung weggenommen. Hunger auf der Welt müsste nicht sein... Als ich Vegetarierin wurde, gab es noch Stirnrunzeln, vereinzelte Lacher und die ernst gemeinte Frage: 'Bist Du krank?' Das hat sich inzwischen komplett geändert. Gottlob auch die Auswahl der Speisen, wenn man essen geht. Früher ließ man schlicht Fleisch oder Fisch weg und nannte das vegetarisch..." „Danke, Chefin, und bitte vielleicht noch eine Frage?" „Bitte, Emma."

„Vegetarisch ist nicht 'vegan'. Können Sie bitte mit den Unterschied sagen. Vielleicht eine Kurzform?" „Gerne. Zirka 600.000 Veganer gibt es inzwischen in Deutschland, Tendenz zunehmend. Die

Küche der Veganer ist eine rein pflanzliche. Es gibt fabelhafte einfache Rezepte für reine Pflanzenkost, Tofugerichte und auch zum Backen. Laktosefrei ist garantiert... Die Zivilisationskrankheiten werden durch Weglassen von tierischen Eiweiß ausgegrenzt... Die Tatsachen sind lange bekannt, aber wer kennt sie?" Antonia seufzt, dann fährt sie fort: „Veganer kaufen im Normalfall bewusst im Bioladen ein oder direkt ab 'Bauer des Vertrauens' ihr Gemüse und Obst, Nudeln und Reis, ihren Tofu... „Ich wollte ein paar Worte zum Eiweiß sagen. Maria-Julia, ich habe Ihnen gleich zu Beginn gesagt. Wichtig ist es bei tierischem Eiweiß, sich idealerweise auf 'eine' Sorte festzulegen, auch bei mehreren Gängen. Im Restaurant einmal zu schwelgen mit einer Fischplatte oder unterschiedlichen Fleischgängen ist okay, wenn es bei der Ausnahme bleibt. Bei regelmäßigem Ausufern jedoch verursacht das gesundheitliche Probleme: nämlich Probleme über zu viel Harnsäure!" „Wir sind artig heute, Chefin. Wir essen ausschließlich Bällchen aus Mozzarella..."

Zucker direkt und indirekt

Wir helfen Antonia, das Geschirr in die Spülmaschine zu packen „Etwas Obst vielleicht?" Wir lehnen ab. „Ein Espresso. Reinste Arabicabohnen, eine Röstung ganz ohne Zucker." Emma ist begeistert. „Gerne, Chefin. Wenn ich mich nach den Behandlungen mit Maria-Julia treffe, gibt es jedes Mal einen Espresso. Antonia gibt einen Pad in den Kaffeeautomaten und schaltet ihn ein. Schon nach kurzer Zeit strömt ein herrlicher Kaffeeduft an meine Nase. Ich kann nicht widerstehen. „Mir bitte einen Kaffee, Antonia?" Antonia freut sich und bedient mich. Ich atme den aromatischen Duft ein. „Meine Damen, Wasser – sowohl trink bereit, als auch heiß – sowie Kräutertee stehen für Sie bereit. Bald sitzen wir gut gelaunt am runden Tisch im gemütlichen Wohnzimmer. Emma und Antonia genießen ihren Espresso, ich meinen Kaffee.

„Antonia, ich habe vor kurzem ein Wort im Bioladen aufgeschnappt. 'Tsampa'." „Darf ich?" Emma schaut Antonia an. Antonia nickt. „Maria-Julia, das ist das tibetische Grundnahrungsmittel aus Gerste. Nach der Ernte wird das Getreide geröstet und gemahlen und anschließend mit Milch, Joghurt oder Tee zubereitet. Tsampa isst man sowohl ungekocht oder zu Brei gekocht, süß oder salzig. Auch in Europa hat es als Energiespender seinen Einzug gehalten." „Emma, hast Du schon mal Tsampa gegessen?" „Ja, Maria-Julia. Ich habe Tsampa als Bällchen kennen gelernt. Da wird Bier mit dem Mehl vermengt. Schmeckt ganz passabel. Tibeter lieben ihr Tsampa! Ich habe mir sagen lassen, dass fast jedes Gericht etwas Tsampa enthält." Ich liebe Emmas Ausführungen... „Dankeschön, Emma." „Chefin, und jetzt gibt es eventuell als Überraschung etwas Süßes?"

Ich streichele kurz Emmas Hand. Sie kann es einfach nicht lassen... „Emma, ich werde ernsthaft auf Ihre Frage antworten." Antonia räuspert sich. „Fast alle Menschen haben seit ewigen Zeiten ein Bedürfnis nach etwas Süßem. In unserer Wohlstandsgesellschaft, besonders in den westlichen Ländern, haben wir uns inzwischen an einen viel zu hohen Zuckerkonsum gewöhnt. Zucker ist jedoch ein erbitterter Feind gesunder Zellatmung. Zucker ist auf Dauer gefährlich, weil er den Insulinspiegel zu lange im oberen Bereich hält. Das macht fett oder lagert viel Fett ein. Nachdem der Blutzuckerspiegel rapide nach oben gerutscht ist, saust er ebenso rapide wieder nach unten. Dadurch entstehen Heißhunger, Verlangen nach Süßem und Erschöpfung. Ein ewiger Kreislauf. Die Kunst besteht darin, den Blutzuckerspiegel lange stabil zu halten; Berg- und Talfahrten programmieren Probleme.

Im Märchen macht süßlicher Getreidebrei satt und zufrieden. Ich verrate Ihnen ein Rezept, was lange satt macht und köstlich schmeckt. "Bereiten Sie duftenden Basmati Vollreis auf eine vielleicht neue Art zu. Nehmen Sie zur einen Hälfte Basmati Vollreis, zur anderen Hälfte ein Gemisch aus Hirse und Bulgur." „Mit Wasser kochen?", will Emma wissen. „Entweder mit Wasser oder mit Gemüsebrühe ohne Zwiebeln aus dem Reformhaus. Heben Sie knackiges Gemüse darunter, reichen etwas Eiweiß dazu, und fertig ist ein schmackhaftes Gericht, was lange vorhält." „Was ist 'Bulgur'?", fragt Emma. „Weizengrütze, mein Schätzchen!" „Richtig, Maria-

Julia." Antonia lächelt mich an. „Das war ein kleiner Schlenker, der für Ihre Kochpraxis bestimmt interessant sein wird.

Nun wieder zur Theorie. Die Kohlenhydrate werden zu Glucose. Die Zellen wandeln die Glucose, zusammen mit Insulin und Sauerstoff, in Energie für den Menschen um. Wird diese Energie nicht sofort benötigt, wird sie als Speicherzucker umgewandelt in der Leber und in den Muskeln deponiert oder zu Fett weiter verarbeitet und im Fettgewebe gespeichert. Das Wissen um die Wirkung verschiedener Lebensmittel auf den Blutzucker ist wichtig." Antonia schenkt sich Kräutertee nach. „Da gibt es diesen Index?", fragt Emma. Antonia nickt. „Der 'glykämische Index' ist das Maß dafür, wie schnell der Blutzuckerspiegel nach dem Verzehr von Kohlenhydraten ansteigt. Besonders wichtig ist das für Zuckerkranke oder für eine Ernährungsumstellung bei Übergewicht. Je schneller die Zuckermoleküle ins Blut gelangen, desto mehr Insulin wird produziert, um den Blutzuckerspiegel konstant zu halten. Steigen die Insulinwerte schnell, verbrennt der Stoffwechsel das Fett schlechter und lagert es ein, anstatt es in wertvolle Energie umzuwandeln. Es geht schlicht darum, gezielt die richtigen Lebensmittel auszuwählen.

Lebensmittel haben einen niedrigen, mittleren oder hohen glykämischen Index. Bei mittleren oder niedrigem Index steigt der Blutzuckerspiegel durchschnittlich oder nur geringfügig an." „Können Sie mir Beispiele zu den unterschiedlichen Werten geben?" „Maria-Julia, ich gebe an Ihre Freundin weiter. Emma, mögen Sie antworten?" „Okay, Chefin. Joghurt, Obst, Hülsenfrüchte oder Gemüse haben einen niedrigen Index. Einen mittleren glykämischen Index haben Salzkartoffeln und ungesüßte Fruchtsäfte. Einen hohen Index haben Weißbrot, Cornflakes, Cola oder Honig." „Ihre Freundin weiß Bescheid und wie sieht es bei Ihnen aus, Maria-Julia?" „Antonia, die Lebensmittel kann ich mir gut merken. Alles, was in Kuba auf dem Speiseplan stand, als ich jung war, ist wohl goldrichtig!" Antonia nickt.

„Meine Damen, es gibt einen Stolperstein. Es ist nicht nur der Zucker 'direkt', sondern außerdem die Nahrungsmittel aus Mehl, die mittels Speichel und dem darin enthaltenen Verdauungsferment Amylase, sich sofort in Zucker umwandeln." „Welche Nahrungsmittel meinen Sie?", will ich von Antonia wissen. „Ich meine insbesondere Cerealien, sprich Getreide, Brötchen, Mischbrote, Weizenbrot, Müslis, Cracker, Salzbrezel und und und." „Was geht stattdessen, Chefin?" „Emma, da wären Brot aus angekeimten Körnern, Reis, Dinkel, Hirse, Bulgur oder Weizengrütze, Quinoa, Süßkartoffeln..." „Mannomann", stöhnt Emma.

Antonia gönnt sich eine kleine Verschnaufpause. „Meine Damen, indirekten Zucker findet man im gesamten Komplex der Fertigprodukte, dazu kommen die Light Produkte sowie die verarbeiteten Sojaprodukte. Sie enthalten oft ebenso viel Zucker und darüber hinaus schädliche Chemikalien. Damit ist jede Leber überlastet..." Emma schaut traurig aus... „Die Leber hat zwei Hauptaufgaben. Einmal zerlegt sie Fette und darüber hinaus filtert sie schädliche Substanzen. Diese zweite Aufgabe kann jedoch nicht vollständig erfüllt werden, wenn die Leber ständig mit dem Zerlegen von Fetten überlastet ist." „Chefin, darf ich eine Zwischenfrage stellen?" Antonia nickt. „Was kann ich zu mir nehmen, bevor das eigentliche Essen im Restaurant kommt? Brot ist ja nicht so toll..." „Gute Frage, Emma. Brot ist wirklich nicht so toll... Wenn Sie vor dem Essen im Restaurant eine Handvoll Nüsse essen, können sie das Brot auslassen und die eigentliche Mahlzeit kann genossen werden?" „Das probiere ich aus..."

Antonia schmunzelt. „Apropos Essen im Restaurant. Wer diszipliniert ist, trinkt ein großes Glas normal temperiertes Wasser schon zu hause. Oder aber er bestellt es sich im Lokal und trinkt es dort eine halbe Stunde vor dem Essen." „Das Timing wird schwierig sein." „Das ist mir klar, Emma. Einen Versuch ist es wert. Sie wissen warum?" „Vielleicht der Einfachheit wegen..." „Meine Damen, ein großes Glas frisches, klares Wasser vor jeder Mahlzeit zu trinken, verbessert den Verdauungsprozess, weil es die Ausschüttung zahlreicher Verdauungshormone anregt. Die Nährstoffe aus der Nahrung können gut aufgenommen werden." Mein Kaffee ist ausgetrunken.

Ich schenke mir heißes Wasser ein... Emma registriert das und hält mir ihr Glas hin... Ich bediene sie. Antonia räuspert sich.

„Organe und Systeme, unsere Hormone, unsere Nerven, alle brauchen sie 'gutes Fett' zum reibungslosen Gelingen. Die darin enthaltenen lebenswichtigen Fettsäuren lassen sich auch aus pflanzlichen Quellen decken. Vegetarier können ungestraft auf fette Seefische wie Lachs und Makrele verzichten... Die einzige Omega-3-Fettsäure, die wir auf jeden Fall mit der Nahrung aufnehmen sollten, ist die Alpha-Linolensäure, die ausschließlich in Pflanzen vorkommt. Der Körper vermag sie nicht selbst herzustellen. Spitzenreiter unter den Nüssen ist die Walnuss oder natives Walnussöl, dann das Leinöl aus Leinsamen und Hanföl - das über keine rauscherzeugenden Substanzen verfügt - sowie das Rapsöl. Wichtig für alle Fette ist, dass sie 'industriell unverarbeitet' sein müssen." „Also 'nativ', Chefin. Und was gibt es aus tierischem Ursprung?", will Emma wissen. „Gute Antwort, gute Frage, Emma. Tierisch insbesondere die gute Sauerrahmbutter." „Keine Margarine?" „Nein. Margarine ist ein Kunstprodukt und bereitet unserem Körper Probleme, ebenso wie hydrierte Öle und gehärtete Fette. Wir benötigen die guten Fette um die Fließfähigkeit der Blutkörperchen zu verbessern. Das hält die Gefäße elastisch ,was sich wiederum günstig auf Herz und Kreislauf auswirkt. Ein anderer Aspekt: Gutes Fett hilft, bereits angesetztes Fett, zum Beispiel eine Bauchrolle, wieder abzutragen."

Ich seufze ein paar Mal, Emma dreht an ihrer Haarlocke. „Ich habe übrigens was Wissenschaftliches, was ich gern zum Thema beitragen würde. Darf ich, Chefin?" „Natürlich, Emma. Nur zu." „Ich finde toll, dass das, obwohl es so lecker ist, auch noch gegen Gefäßkrankheiten hilft..." Emma macht eine Kunstpause. „Nun sag schon, Emma, melde ich mich zu Wort." „Also, eine neue Studie liefert den Beweis: Durch dunkle Schokolade werden die Arterien elastischer und weniger weiße Blutkörperchen lagern sich in unseren Blutgefäßen ab. Das wirkt einer Arterienverkalkung entgegen. Der Bericht ist aus der Fachzeitschrift 'The FASEB Journal'. Der niederländische Wissenschaftler Diederik Esser und seine Kollegen waren von der Universität Wageneingen." „Ich bewundere immer wieder Deine Recherchen und Dein unglaubliches Gedächtnis, Emma." „Dieser Bemerkung schließe ich mich an. Hört sich gut an, Emma.

Das wird den Menschen gefallen, die gerne dunkle Schokolade essen." „Ich muss zum gesunden Schokoladenverzehr etwas anmerken, was ich vergessen habe. Darf ich?" „Aber bitte doch, Emma." „Eine andere wissenschaftliche Studie hat das mit der dunklen Schokolade bestätigt. Jedoch etwas eingeschränkt. Der Verzehr dunkler Schokolade macht nur wissenschaftlich Sinn, wenn die Darmflora in Ordnung ist!" „Das macht für mich Sinn. Danke Emma für den Nachtrag." Emma hüstelt und druckst ein wenig herum. „Chefin, mir ist gerade eine Frage in den Sinn gekommen. Kennen Sie das homöopathische Mittel, dass bei einer Verkalkung am Schultergelenk gegeben wird?" „Bei begrenzten Kalkablagerungen wird Hapagophythum oder die Teufelskralle eingesetzt, und zwar in einer D 6." „Wie oft?" „Fünf Tropfen in Wasser über den Tag verteilt, Emma." „Dankeschön, Chefin." Antonia nickt. „Meine Damen, wissen Sie, dass zirka siebzig Prozent unserer Kraft bei herkömmlichem Essen zum 'Verdauen' benötigt werden? Die restlichen dreißig Prozent verbrauchen die Nerven und unsere 'Baustellen', um sich zu regenerieren. Heilung kostet den Körper viel Kraft! Sie trinkt einen Schluck heißes Wasser und fährt fort: „Wie klug, bei ernsthaften Erkrankungen den Hunger abzustellen! Oder hatten Sie beide bei einer ernsthaften Erkrankung je Hunger?" Emma schaut mich an und ich sie. Wir schütteln beide verneinend den Kopf. „Dadurch fällt die Verdauungsleistung aus und der Körper kann seine ihm verfügbare Kraft für die Heilung einsetzen..." „Bei meinen Töchtern habe ich mich immer gefreut, wenn sie wieder Hunger hatten. Ab diesem Moment wusste ich, dass sie über den Berg sind..."

Seelenlust

„Genau. Das ist es, Maria-Julia. Wussten Sie, dass viele kleine Mahlzeiten verhindern, dass der Stoffwechsel richtig funktioniert? Es wird verdaut und verdaut und verdaut... Es gibt Ausnahmen, aber normalerweise gilt die Faustregel für gesunde Menschen: Drei sättigende Mahlzeiten pro Tag. Fünf Stunden Pause dazwischen. Mit etwas Eiweiß beginnen." „Die Werbung läuft genau anders, Chefin. Hier mal eben eine Zwischenmahlzeit, da eine Belohnung usw." Antonia nickt bestätigend mit dem Kopf. Immer mal wieder etwas zu essen ist angesagt, wenn jemand aufgepäppelt werden soll. Dann gibt es manchmal auch noch Pudding um 3:00 Uhr nachts, wenn der Kranke Lust darauf hat. Teresa von Avila hat gesagt: 'Tue deinem Leib etwas Gutes, damit deine Seele Lust hat, darin zu wohnen'. Wichtig ist aufzuhören, wenn der Leib gesättigt ist. Dazu noch ein hübscher Spruch: 'Eine' Portion nährt, zwei oder mehr beschweren Körper und Seele'. „Maria-Julia, schreibst Du mit?" „Emma, wie soll ich denn sonst alles behalten und mit Dir besprechen?" „Lob, Lob! Großes Lob, Maria-Julia." Antonia sieht Emma an und schweigt. Emma schluckt und hüstelt. „Entschuldigung! Ich bin schon ruhig, Chefin."

„Sie haben eine 'vorgeburtliche' Batterie mitgebracht, meine Damen. Die Batterie Ihres Lebens sozusagen. Die gilt es gut zu pflegen. Solange Sie noch nicht durch Hausmauern gehen und frei durch die Lüfte fliegen können, brauchen Sie weitaus mehr als Licht und Liebe. Um an neue Energie zu kommen, brauchen Sie täglich neuen Brennstoff. Ausschließlich zu atmen reicht noch nicht..." „Die Lichtnahrung! Das Buch habe ich gelesen..." Emma fängt Antonias Blick auf. „Ich bin schon ruhig, Chefin." Emma seufzt. „Danke Emma. Das Thema ist komplex. Dafür reicht die Zeit heute nicht. Später gerne." Emma nickt. „Ich habe gerade vom Brennstoff gesprochen. Ein Auto braucht eine aufgeladene Batterie, regelmäßig einen Ölwechsel, Winterreifen, Benzin. Beim Auto tanken Sie nicht irgend ein Benzin. Nein, Ihr Wagen braucht - um unnötige Kosten zu vermeiden - den richtigen Brennstoff: Normal, Super oder Diesel." Antonia schaut uns aufmerksam an. „Meine Damen, wie sieht es mit Ihnen aus?" „Den Gedanken werde ich Stephan präsentieren!" Emma hält mir ihren erhobenen Daumen entgegen. „Neben der guten Qualität, die in Ihren Tank hineinkommen sollte, gibt es weitere Kriterien, die es zu beachten gilt.

Der kleine Unterschied

Wie sieht es aus, Maria-Julia? Sie bekochen sich und Ihre Lieben. Sind Sie gewohnt, viel tierische Produkte zu verarbeiten?" „Ja und nein. Ich komme gut ohne Fleisch und Fisch zurecht. In Kuba haben wir als Nationalgericht schwarze Bohnen mit Reis und Gemüse gibt es jeden Tag. Obst sowieso. Mein Mann hat gerne ein Stück Fleisch oder Fisch auf dem Teller. Insbesondere liebt er Schnitzel." Antonia trinkt einen Schluck heißes Wasser. „Wissen sollten Sie beide, dass Pfannengerichte, Bratensoßen und fette Wurst schwer verträglich und daher verboten sind, mit Ausnahme des Spiegeleis und des gebratenen Fleisches. In das Fleisch zieht beim Braten kein Fett hinein, sondern es geht heraus. Deshalb ist der Sonntagsbraten gut verträglich. Kochen und Schmoren mit viel Fett macht Nahrungsmittel für etliche Patienten unverträglich. Unerhitzt werden dieselben Nahrungsmittel gut vertragen. Die Kochhitze zieht das Fett in das Gargut und erschwert sowohl die Verträglichkeit, als auch die Verdauungsleistung.

Nehmen Sie als Vorbild die mediterranen Länder. Dort gibt man gutes natives Öl zum Schluss auf das Gemüse, den Fisch usw." „Das stimmt, Chefin. In Italien habe ich das kennengelernt. Ich fand das Essen lecker. Das Kochen und Schmoren mit Fett Probleme oder Unverträglichkeiten bereiten, war mir bislang nicht bewusst. Vielleicht vertrage ich deshalb keine geschmorten Kohlgerichte?" „Das wäre denkbar, Emma. Wie sieht es mit rohem Kohl als Salat aus?" „Weißkohlsalat vertrage ich." „Das macht Sinn. Kohlsalat ja - geschmorter Kohl nein." Emma hebt die Schultern und seufzt.

„Maria-Julia, Ihr Nationalgericht kombiniert Hülsenfrüchte und Reis, was ein hochwertiges pflanzliches Eiweiß ergibt. Dazu wird Gemüse gereicht. Dieses Gericht macht satt und verhilft zu einer guten Verdauung... Vielleicht lassen sich die tierischen Produkte ab heute etwas reduzieren, wenn Sie Ihren Speiseplan zusammenstellen? Streng genommen ist tierisches Eiweiß für Menschen ungeeignet. Von Natur her ist der Mensch auf Nüsse und Früchte programmiert. Fachchinesisch – wie Ihre Freundin es ausdrücken würde - ist ein

Mensch ein 'Frugivore'. Auch wenn alle Welt darauf besteht, dass wir wegen unserer zwei Eckzähne fleischfressende Wesen sind..." Emmas Gesichtsausdruck wechselt. Sie hüstelt. „Es hat sich gezeigt, dass die meisten Patienten zu viel tierisches Eiweiß zu sich nehmen und zu fett kochen. Um es nicht zu vergessen: Ein Butterbrot, was erst viele Stunden später gegessen wird, ist schwerst verträglich." „Ein Hasenbütterchen ist schwerst verträglich?" „Sie sagen es, Emma...

Zurück zum Thema: Tierische Produkte sollten Verdauungshilfen bekommen. Carpaccio wird beim Italiener mit Balsamicoessig, Öl und Pfeffer serviert, Lachs im Lokal mit Meerrettich, Würstchen an der Bude mit Senf usw. Und vergessen Sie nicht die Menge Radi, die in Bayern verzehrt wird... Tiere stehen am Ende der Nahrungskette und enthalten deswegen mehr Umweltgifte als Gemüse, Obst und Hülsenfrüchte. Schlachtvieh hat meistens Medikamente bekommen und etliche Impfungen hinter sich. Das hinterlässt Rückstände im Fleisch. Ein anderer Aspekt ist natürlich der Stressfaktor der Tiere. Die Tiere spüren, dass sie sterben werden und haben Angst. Diese Angst der Tiere bringt zusätzlich Stresshormone ins Essen. Die werden von den Menschen mit gegessen..." Ich seufze. Emma meldet sich. „Mir fällt eine wahre Geschichte dazu ein. Darf ich sie erzählen?" „Nur zu, Emma."

„Ich habe einmal mit meiner Mutter im Sauerland auf einem Bauernhof übernachtet. In der Nacht waren wir vom Gejammer irgendwelcher Tiere aufgewacht. Das ging durch Mark und Pfennig!" Emma zeigt mir ihre aufgestellten Haare an ihrem Unterarm. Sie seufzt. „An Schlafen war nicht zu denken... Am frühen Morgen hörte plötzlich dieses Gejammer auf. Beim Frühstück fragten wir nach und erfuhren, dass Schlachtvieh inzwischen von einem Viehtransport abgeholt worden war..." Emma schluckt. Ich streichle sanft und beruhigend eine Weile ihren Rücken. „Danke Emma für die Geschichte. Genau das meinte ich mit 'zusätzlichen Stresshormonen', die ins Essen gelangen. Die Ängste der Tiere speichert sich im Gewebe ab und wird mit gegessen. Ein ewiger Kreislauf."

Gutes Mastfutter

Eine Weile ist es still... Antonia beginnt von Neuem. „Eine Mahlzeit, die 'erhitztes' tierisches Eiweiß enthält, führt zu einer erhöhten Konzentration von weißen Blutkörperchen im Blut und belastet das Immunsystem. Der spezielle Ausdruck dafür lautet: 'Verdauungsleukozytose'. Weiße Blutzellen beseitigen diese 'Erreger'. Eigentlich ist das ja 'artfremdes Eiweiß' sowie giftige Stoffe, die von den weißen Blutkörperchen angegangen und aus dem Blut gefiltert werden. Bei unerhitztem Gemüse und Salaten, Früchten oder Nüssen kommt es nicht zu diesem Effekt. Es empfiehlt sich in jedem Fall, eine kleine Portion Frisches - wie unseren kleinen Salat heute - als Vorspeise zu essen. Emma und ich sitzen still nebeneinander.

„Maria-Julia, wir haben bereits über die Kuhmilch gesprochen. Im Säuglingsalter ist der höchste Eiweißbedarf. Die Muttermilch mit ihrem passenden Eiweißanteil – zirka 1,8 Prozent - ist die ideale lebendige Nahrung, die in der Lage ist, das Geburtsgewicht eines kleinen Erdenbürgers in einem 'dreiviertel' Jahr zu verdoppeln. Das ist beachtlich!" Antonia räuspert sich. „Es gibt eine Steigerung. Eine Kuh mit dem passenden Eiweißanteil ist eine ideale lebendige Nahrung, die in der Lage ist, das Geburtsgewicht ihres Kalbes bereits in einem 'halben' Jahr zu verdoppeln. Alle Lebewesen werden mit Milch ihrer eigenen Gattung versorgt, und zwar 'ausschließlich' im Babyalter. Der Mensch ist wohl das einzige Lebewesen auf unserer Erde ist, dass sich Milch ausborgt... Emma kratzt sich am Kopf und nagt an ihrer Unterlippe. Ein weiterer Gedanke zur Kuhmilch. Kuhmilch ist ein gutes Mastfutter. Wenn Patienten die tagtägliche Milchration weglassen, purzeln automatisch Pfunde und selbst ein länger bestehendes Doppelkinn verschwindet..." Antonia schaut aus dem Fenster.

„Magst Du noch einmal Champagner trinken, Maria-Julia? Ich meine Ayurveda Champagner!" Emma stupst mich an. „Gerne. Schenke mir bitte nach." Antonia schaut uns an, lächelt und fährt fort. „Ich erinnere mich an Zeiten, als ich mit einer kleinen Milchkanne ausgestattet zum Milchbauern ging und Milch holte, um daraus

Pudding zu kochen. Will sagen: Milch gab es damals nur in kleinen Mengen. Selbst beim Bauern, bei dem ich als Kind in den Ferien zu Besuch war, gab man die Milch den kleinen Kälbchen zur Aufzucht. Wir Kinder bekamen gelegentlich ein Glas Milch und waren damit glücklich. Die Milchepidemie wurde erst ausgelöst, als die Bauern von Getreidewirtschaft auf Milchwirtschaft umgestellt haben. Zeitgleich kamen die Werbekampagnen. Seither ist Milch, meist sogar in größeren Mengen, in fast jedem Haushalt vertreten." „Emma, sind Sie so nett und schenken mir ebenfalls Champagner nach?" Emma grinst und schenkt Antonia nach.„Meine Damen, ein Gedanke zur Qualität unserer Milch. Im Handel kaufen wir aus gesundheitlichen Gründen Milchprodukte, die pasteurisiert sind. Also Milch und Produkte daraus, die erhitzt worden sind. Wird Eiweiß jedoch erhitzt, wird es in seiner Struktur verändert!"

Meine Damen, aufgepasst!" Antonia räuspert sich. „Wenn ein kleines Kalb ausschließlich pasteurisierte Milch trinkt, stirbt es spätestens nach drei Wochen..." Emma hüstelt. „Chefin, das muss ich erst einmal verkraften. Das bedeutet, dass unsere Milch uns belastet?" „Sie sagen es Emma. Es macht für den Körper einen gewaltigen Unterschied, ob ich gelegentlich einen Cappuccino mit aufgeschäumter pasteurisierter Milch trinke oder sie täglich für unterschiedliche Zwecke verwende. Die ebenfalls tote H-Milch ist sogar so fein verperlt, dass Rückstände davon im Blut nachgewiesen worden sind... Gut zu wissen ist auch, dass Fleisch, Fisch und Eier ebenfalls sehr viel mehr Eiweiß enthalten als Muttermilch." Emma und ich schweigen. Nach einer Weile öffnet Antonia ein Fenster. „Ich nehme an, Ihnen beiden ist frische Luft jetzt auch willkommen. Ich habe den Eindruck hier ist 'dicke Luft'?" „So kann man das ausdrücken, Chefin..."

„Emma, was erzählen wir Kindern mit einer laufenden Nase oder Allergie?" Emma räuspert sich. „Lymphknoten und Mandeln schwellen über Fremdeiweiß wie Kuhmilch und Produkte daraus an und das verursacht Schmerzen. Man nennt das 'geschwollene Mandeln'. Kindern mit einer laufenden Nase erzählen wir, dass es fleißige Polizisten gibt, die auf ihre Gesundheit aufpassen. Die schnappen sich Einbrecher und sperren sie ein. Diese Polizisten würden sich freuen, weniger Einbrecher fangen zu müssen und bitten um ihre Unterstützung. Die Polizisten versprechen mit dieser Mithilfe eine rasche Besserung. Die dicken Mandeln werden dünn und die Schmerzen gehen weg, wenn sie Kuhmilch und Produkte daraus mindestens für drei Monate weg lassen. Die Aussicht gibt bei den Knirpsen den Ausschlag..." Antonia lächelt. „Danke, Emma. Wie viele Operationen könnten vermieden werden... Maria-Julia, hält sich Deine Tochter an das Verbot mit der Kuhmilch?" „Tut sie, Antonia. Kathy hat bereits zwei Kilo abgenommen." „Das ist ein 'gewichtiger' Grund. In jedem Fall bekommt das Lymphsystem eine Auszeit zum Erholen."

Wärme ist gleich Leben

„Der menschliche Leib wird selbst unter extremen Bedingungen konstant auf siebenunddreißig Grad Celsius gehalten. Kälte entspricht Stagnation. 'Wärme' bedeutet Leben. Der Körper kann seine Aufgaben erst wahrnehmen, wenn die Voraussetzungen dafür geschaffen sind. Wird es draußen unbehaglich und knackig kalt, friert man leichter." „Am besten entspannt man in kuschelig warmen Räumen vor einem knisternden, wärmenden Kaminfeuer, nicht wahr?" Emma grinst. „Das unterschreibe ich gerne, Emma..." Antonia räuspert sich. „Meine Damen, Sie wissen, wie wichtig es ist, den Körper über Kleidung warm zu halten: Wollsocken, Fäustlinge, Mütze, ein wärmender Schal um Nacken und Hals... Eine weitere Möglichkeit, uns zu wärmen, sind lang gekochte Mahlzeiten wie Eintöpfe aus Gemüse oder Hülsenfrüchten. Die verschaffen uns ein Vielfaches mehr an Wärmeenergie als lediglich kurz gekochtes Gargut oder ein frischer Salat." Emma und ich schauen uns an und seufzen zeitgleich.

„In der chinesischen Tradition spielt die 'Temperatur der Kräfte' seit jeher eine wichtige Rolle. Unterschieden wird zwischen wärmenden, kühlenden und neutralen Kräften, die ins Gleichgewicht zu bringen sind. Speziell die Wärmeenergie des Essens spielt eine wichtige Rolle. Im alten China wurde das zum Beispiel folgendermaßen beherzigt: Eigens für das frisch vermählte Paar wurde eine Suppe hergestellt, die drei Wochen ununterbrochen geköchelt hatte. Diese Wärmeenergie, die die Suppe aufgeladen hatte, bescherte den Brautleuten gute Nachkommen, erzählt man sich..." „Ist ja lustig. Findest Du nicht auch, Maria-Julia?" Ich nicke schmunzelnd.

„Meine Damen, Sie beide sind wahrscheinlich zu jung, um diesen 'guten alten Herd' zu kennen. Solch ein Prachtstück war mit Schamottsteinen aus gemauert, wurde mit Kohle oder Briketts befeuert, hatte auch die Funktion eines Backofens und im Unterbau permanent Glut. Heißes Wasser gab es immer. Im Winter köchelte ein köstlich duftender Eintopf oder eine heiße Suppe auf dem Herd. Die Töpfe blieben auf dem Herd – selbst über Nacht... Das Fantastische war die Tatsache, dass am zweiten Tag die Köstlichkeiten noch besser als am Tag zuvor schmeckten. Meine Oma hatte seinerzeit einen Herd dieser Art, einen Grude-Herd." Antonia lächelt. „Bei meiner Oma habe ich nie gefroren, obwohl ich als kleines Mädchen draußen im dicken Schnee oft tüchtig herum getollt bin. Ich erinnere mich wie gesagt besonders an ihre leckeren Eintöpfe und die vielen schmackhaften Kartoffelgerichte. Nein, gefroren habe ich bei meiner Oma nie. Erstaunlich im Nachhinein..." Antonia schaut aus dem Fenster. Nach einer Weile schenkt sie sich Wasser nach, trinkt davon und spricht weiter. „Die Wärme des Essens wird vom Körper gespeichert. Ein ansonsten gesunder Vitaminsaft auf nüchternen Magen baut leider keine Wärmeenergie auf..." „Muss ich meinem Stephan sagen. Obwohl er leicht friert, trinkt er wegen der Vitamine seinen kalten Orangensaft morgens..." Ich muss husten. Emma klopft mir auf den Rücken. „Meine Damen, was mir gerade einfällt: Das Grüne der Kartoffel bitte immer entfernen von der Knolle, natürlich auch an Möhren. Das ist giftig." „Solanin ist das, nicht wahr?" „Richtig, Emma." „Die Kartoffel kann nicht weglaufen. So hilft ihr dieses Gift, Fraßfeinde von ihr fern zu halten." „Maria-Julia, sag schon. Ist das nicht spannend?"

Ich nicke. „Finde ich auch, Emma." Antonia schmunzelt. „Gerichte, die mit viel Wärme in Berührung gekommen sind wärmen, ein knackiger gesunder Salat, vitaminreiche Säfte, Eis oder Joghurt senken die Körpertemperatur. Große Salatteller mit einem Dressing aus Joghurt sind für Menschen mit kalten Händen und Füßen deshalb wenig vorteilhaft, insbesondere in der kälteren Jahreszeit. Ein kleiner Salat – wie gerade eben - muss reichen. Zum Mittag deswegen, weil mittags die Verdauungskapazität stärker ist als abends. Salat ist abends schwerer verdaulich und deshalb sollte Salat abends vermieden werden." „Wenn ich abends mit mit meinem Mann essen gehe, bestelle ich meistens einen Salatteller. Wegen der Kalorien..." „Maria-Julia, es wird sich wahrscheinlich nach unserer heutigen Begegnung einiges an Ihren Gewohnheiten ändern..." Ich seufze. „Maria-Julia, Sie könnten abends wahlweise eine Gemüseplatte, Wok-Gemüse, eine Gemüsesuppe oder Gemüsepfanne bestellen."

„Toll. Immer nur Gemüse..." Ich versuche zu vermitteln. „Emma, stell Dich nicht so an. Ob Du beim Franzosen, Griechen oder Italiener einkehrst oder beim Thai, Libanesen oder Türken. Sämtliche Nationalitäten schnippeln Gemüse. Du kennst viele leckere aromatische Gerichte. Den Geschmack bestimmen Gewürze und frische Kräuter. Zum traditionell gewürzten Gemüse werden Fleisch oder Fisch aufgetischt, ein passender Wein ausgesucht..." Emma nickt. „Ist so was von lecker," bestätigt Emma und leckt sich die Lippen. „Mit etwas Hühnchen oder Fisch..." „Vielleicht mögen Sie rohen oder geräucherten Fisch als Alternative zum gebratenen oder gekochten Fisch, Emma?" „Was habe ich gelernt? Unerhitztes Eiweiß kann der Körper besser verwerten!" „Gut aufgepasst, Emma." Emma überlegt. „Es gibt Carpaccio vom Rind bei meinem Italiener..." Antonia grinst und fährt fort. „Gewürze und Kräuter sorgen nicht nur für den speziellen Geschmack, sondern bewirken im Idealfall eine gute Verdaulichkeit und Verwertbarkeit der Speisen. Ich komme später noch einmal speziell auf 'Kräuter' zu sprechen... Meine Damen, die Rhythmen des Jahres sind es wert, beachtet zu werden. Essen und Trinken helfen uns sowohl kältere Perioden, als auch Hitze zu überstehen. Das ist möglich und keine Hexerei: Warme Gerichte wie lang gekochte Gemüsesuppe oder Hülsenfrüchte und heißes Wasser oder Tees helfen, über die aufgenommene Wärmeenergie die Körpertemperatur gut zu halten - und nicht zu frieren. Gute Öle helfen, Sonne besser zu verkraften."

„Meine Damen, unterschieden wird zwischen fett löslichen und wasser löslichen Vitaminen. Die bekanntesten wasser löslichen Vitamine sind Vitamin C und die B-Vitamine. Vitamine sind Substanzen, die unser Körper für alle lebenserhaltenden Vorgänge braucht. Sie müssen regelmäßig übers tägliche Essen aufgenommen werden. Dafür revanchieren sie sich: Sie helfen bei lebenswichtigen Stoffwechselvorgängen, beispielsweise wenn Eiweiß, Fett und Kohlenhydrate aus der Nahrung in Energie umgewandelt werden. Außerdem wirken Vitamine mit beim Aufbau wichtiger körpereigener Substanzen wie Hormone, Enzyme und Blutzellen.

Vitamin C und alle restlichen wasserlöslichen Vitamine gibt es mehr als reichlich in Sprossen und Keimen, aber auch in Obst, Sauerkraut und insbesondere auch in Paprika-Gemüse." „Darf ich eine Zwischenfrage stellen? Sie hatten als Emma damals bei Ihnen zum Essen eingeladen war Paprikagemüse eingelegt. Können Sie mir bitte kurz sagen, wie Sie das zubereitet haben?" „Na gut, Maria-Julia. Die Paprikaschoten werden in den Backofen geschoben und anschließend enthäutet, danach von mir in natives Olivenöl eingelegt mit Gewürzen wie Oregano und Kräutern der Provence. Länger als eine Woche liegt es meistens nicht in dem herrlichen Gemisch, dann ist es aller Wahrscheinlichkeit nach aufgegessen. Aber es schmeckt auch zu gut zu frischen Fladen..." Das nehme ich Antonia ohne Nachprüfung ab.

An erster Stelle steht jedoch die Wärmeenergie für den Körper. Deshalb muss man nach anderen Möglichkeiten Ausschau halten, um die Vitamine in den täglichen Speiseplan zu integrieren. Eine Alternative, sprich ausgesprochene 'Vitaminbomben' sind 'milchsauer vergorene' Produkte und frische Sprossen. Sauerkraut, Rote Beete und andere milchsauer vergorenen Gemüse werden unerhitzt verzehrt..." „Chefin," platzt Emma dazwischen:„Wenn ich diese milchsauer eingelegten Dinge koche und erhitze, sind logischer Weise die Vitamine weg?" „Emma, wie Sie vorhin selbst bemerkt haben. Vitamine reagieren empfindlich auf Hitze. Das erhitzte Gemüse schmeckt und wärmt, die Vitamine jedoch haben dann einen untergeordneten Stellenwert..." „Ist logisch..." Antonia beginnt von Neuem: „Vitaminbomben sind unerhitztes milchsauer vergorenes Gemüse und frische Sprossen aus Mungbohnen, Alfalfa oder Weizenkeimen. Sprossen werden kurz blanchiert. Damit sind sie leicht verdaulich und können ohne Reue genossen werden." „Chefin, eine Frage zum eingelegten Gemüse: Meinen Sie die Methode, mit der früher Sauerkraut mit Salz und Druck?" „Genau, Emma. Die Methode kennen die meisten Omas noch von der Vorkriegszeit. Da gab es einen großen Topf aus Steingut mit Sauerkraut im Keller. Gesund war das und herrlich hat das geschmeckt! Milchsauer vergorenes Gemüse ist in der Welt bekannt.

In Japan ist 'Miso' beliebt, das für eine lauwarme Brühe oder Suppe geschätzt wird. Eine Patientin aus Griechenland erzählte mir von 'Trackanas'. Das ist milchsauer vergorener Weizen. Eine andere Patientin von mir war für ein Jahr in Korea. Da gab es anstelle Blumen bei Einladungen ein Glas 'Vergorenes' für die Gastgeberin. Das wurde 'Gimschi' genannt. In Korea gehören eine Suppe, Reis und Gimschi traditionell zu jeder Mahlzeit. Insbesondere Chinakohl, aber auch Rettich, Gurken und Lauch werden über Salz und Druck fermentiert. Unerwärmtes Gimschi dient in Korea als Vitamin-C-Spender für den Winter." „Chefin, wenn ich diese milchsauer eingelegten Dinge koche, sind logischer Weise die Vitamine weg?" „Emma, wie Sie vorhin selbst bemerkt haben. Vitamine reagieren empfindlich auf Hitze. Das Gemüse schmeckt und wärmt, die Vitamine jedoch haben bei dieser Variante einen untergeordneten Stellenwert..."

Antonia schaut kurz aus dem Fenster und beginnt von Neuem. „Meine Damen, eine Überlegung zum Frühstück. Das Nachtmahl des Vorabends sollte bei der Wahl eines Frühstücks berücksichtigt werden. Gab es ein leichtes Essen abends? Oder sind Sie morgens immer noch satt? Wenn dem so ist, empfiehlt es sich, lediglich etwas frisches kühlendes Obst oder warmes Obstkompott als Energielieferanten zu sich zu nehmen." „Frage: Ich muss bedenken, ob mir eher warm oder kalt ist. Richtig?" „Emma, das ist richtig." „Hatten Sie ein leichtes Abendmahl, eignet sich zum Frühstück Brot oder Toast aus vollem Korn, beispielsweise aus Dinkel. Sie erinnern sich. Brot muss gut gekaut werden. Das Verdauungsferment Amylase im Speichel bewirkt, dass das Vollkorn sofort in Energie umgewandelt wird. Über das 'volle' Korn entsteht relativ lange Zeit ein ausgeglichener Blutzuckerspiegel." Emma überlegt kurz und meldet sich.

Das Arbeitspferd

„Keine Marmelade, Schokoaufstrich oder Honig auf den Toast?" „Das ist richtig, Emma. Eine nette Alternative ist eine Mischung aus fünfzig Gramm Sonnenblumenkernen und Mandeln. Persönlich nehme ich generell mehr Mandeln als Sonnenblumenkerne... Die Zutaten werden über Nacht eingeweicht und am nächsten Morgen püriert. Ich mischen einen klein geschnittenen Apfel unter die Masse und gebe etwas Zimt, Ingwer oder Minze dazu. Sie wissen bereits warum?" „Zimt und Ingwer wärmen beide und Minze kühlt eher. Lecker sind alle drei." Antonia nickt. „Chefin, Sie haben es vorhin bereits erklärt..." Emma hüstelt. „Können Sie mir bitte trotzdem noch einmal erklären, wie sich das mit dem Zucker bei 'normalen' Brötchen und Baguette verhält?" „Gern, Emma. Normales weißes Mehl und Produkte daraus wandeln sich beim Verzehren über den Speichel sofort in Zucker um." „Das bedeutet, dass letztendlich Salzbrezel aus Weißmehl letzten Endes Zucker sind?" „Ja wohl, Emma. Ein interessanter Gedanke übrigens... Antonia schaut einen Augenblick ins Leere. Der Verzehr von Süßigkeiten oder von süßen 'Teilchen' vom Zuckerbäcker bewirkt eine drastische Erhöhung des Zuckerspiegels. Stellen Sie sich eine Kurve vor.

Nach dem Verzehr von Süßem ergibt sich eine steile Kurve, die sofort nach oben schnellt, um danach drastisch wieder nach unten zu fallen. Über diese extremen Bedingungen fällt der Zuckerspiegel 'unter' das normale Maß. Bereits nach nur wenigen Minuten wird Insulin ausgeschüttet, um den Blutzuckerspiegel zu senken. Die Ausschüttung von Insulin ruft als eine Steigerung des Appetits hervor:

Heißhunger ist vorprogrammiert." Antonia seufzt. „Meine Damen, unvernünftiges Verhalten verursacht körperlichen Schaden, außerdem hinterlässt diese über schnelle Berg- und Talfahrt psychische Spuren. Die Stimmung schwankt von 'himmelhoch jauchzend bis zu Tode betrübt'... Zu allem Übel ist Zucker der Hauptgrund für Karies – bei Erwachsenen und natürlich auch bei Kindern." Ich habe still zugehört, meine Notizen gemacht und beschlossen, meine Süßigkeiten bewusst einzuschränken. Ich seufze. „Chefin, haben Sie mir nicht mal erzählt, Chefin, dass es seinerzeit gezuckerte Tees gab, die den Babys mega wahnsinnig zugesetzt haben? Kamen die bereits angelegten Zähne nicht später schwer geschädigt und ganz schwarz zum Vorschein?" Ich schaue Emma und ihre Chefin irritiert an. „Ganz richtig, Emma. Über den Zucker gibt es nicht nur Karies, sondern eine ganze Liste von sogenannten 'Zivilisationskrankheiten'. Maria-Julia, ich bitte Sie, sich zu informieren. Ich habe einiges in der Praxis, was Sie dazu lesen können. Emma wird Ihnen entsprechende Lektüre heraussuchen, wenn Sie wollen?" „Gerne."

„Meine Damen, es ist mir in letzter Zeit etwas aufgefallen. Immer, wenn ich durch die Stadt gehe, kommen mir auffallend viele Menschen entgegen, die irgend etwas Essbares in ihren Händen halten. Das habe ich früher nicht so empfunden. Frage an Sie zwei. Irre ich mich?" „Nein, Chefin. Das ist richtig beobachtet. Sogar in den Kaufhäusern an den Wühltischen haben die Völkerstämme noch etwas in der Hand." „Die Erfahrungen habe ich weniger gemacht," wende ich ein. „Ich schon, mich befremdet das regelrecht," meint Emma. „Es gibt einen Grund für dieses Verhalten. Die Ursache nennt sich 'Heißhunger'. Auch der Heißhunger hat eine Ursache. Die Antwort heißt 'Mangel'! Mangel führt zu Heißhunger. Ist beispielsweise das Frühstück unzureichend ausgefallen, entsteht bereits nach zwei Stunden Heißhunger auf etwa zwischendurch. Irgend etwas muss her, um den entstandenen kleinen Hunger zu stillen oder an ein Mehr an Energie zu kommen."

Ich kenne das, Antonia. Wenn sich beispielsweise meine Einkäufe zu lange hingezogen haben, esse ich selbst gerne einmal zwischendurch ein süßes Teilchen. Entweder direkt beim Bäcker oder später zu hause. Am liebsten allerdings in einer Konditorei." „Alles ist eine Sache des Maßes, Maria-Julia. Wenn ich solche Gelüste gelegentlich verspüre, ist das okay. Wenn ich jedoch tagtäglich eine süße Zwischenmahlzeit brauche, dann stimmt bereits etwas nicht mit mir." „Täglich habe ich das bislang nie gemacht," beteuere ich. Antonia lächelt. „Meine Damen, es ist unbestritten: Eine Tasse Kaffee oder der Verzehr eines süßen Teilchens verbessert unmittelbar das allgemeine Befinden. „Meine Damen, wohin führt dieses unbedachte Verhalten? Im schlimmsten Fall reicht irgendwann selbst eine Kanne Kaffee nicht einmal mehr aus, um sich fit zu fühlen... Meine Damen, ich stelle mir ein abgekämpftes Arbeitspferd oder ein Muli vor. Das Tier ist erschöpft und bleibt stehen. Es hat Durst und Hunger. Was geschieht? Die Peitsche sorgt dafür, dass es weiter geht." „Chefin, die Peitschen entsprechen Kaffee und Süßem?" Antonia hebt ihre Schultern und nickt. „Tierquälerei. Das Bild ist klar," vermeldet Emma. Ich setze das Beschriebene um. Wir drangsalieren und quälen unsere Körper. Wir erzwingen Leistung, obwohl dieser Körper energielos ist ...

Gemüse mal anders

„Maria-Julia und natürlich auch Emma! Sie benutzen beide Mehl im Haushalt?" Wir nicken. Ich melde mich als erste zu Wort: „Antonia, ich vermeide Fertigprodukte. Ich binde meine Soßen mit Mehl und ich backe auch gern. Ich mische das Mehl Typ '405' mit Mondamin und..." „Stopp! Antonia, eine Frage: Wissen Sie, was das bedeutet: Mehl Typ '405'?" Ich ziehe die Schultern hoch. Auch Emma schaut Antonia fragend an. „Chefin, darüber habe ich mir bisher noch nie Gedanken gemacht..." „Die Zahl '405' besagt, dass vierhundert fünf Milligramm Mineralien auf einhundert Gramm Mehl kommen. Bei frisch gemahlenem Vollkornmehl wären das zweitausend Milligramm auf einhundert Gramm Mehl. Das macht einen beträchtlichen Unterschied." „Wer weiß darüber denn bescheid? So etwas muss man erst mal wissen," stelle ich überrascht fest. „Meine

Damen, in der Zeitung kommen zwar gelegentlich Mitteilungen über solche Dinge, aber in Wirklichkeit muss man sich selbst bemühen, etwas mehr Einblick in die Materie zu bekommen, oder?" Ich seufze. „Etwas Wissenswertes, was wahrscheinlich ebenso nicht bekannt ist, ist die Tatsache, dass das Mehl mit Aluminium gebleicht und darüber weiß und länger haltbar ist." „Aluminium bringe ich durch Dich immer mit Alzheimer in Verbindung, Emma."

„Sie sind eine gute Schülerin, Emma!" Emma freut sich über das Lob und lächelt. „Meine Damen, es kommt noch besser: zuvor wurde das Saatgut zusätzlich mit Quecksilber gebeizt, um Insekten Einhalt zu gebieten. Diese Vorgehensweise seit 1984 in Deutschland verboten. Nicht verboten ist eine Verbindung aus Quecksilber namens Thiomersal, die immer noch in Impfstoffen enthalten ist. " „Aber warum?", will ich wissen. „Maria-Julia, entstanden sind diese Praktiken beim Mehl in der Zeit der Industrialisierung. Auf einmal wurden größere Mengen Mehl benötigt, um die ständig wachsende Menschenschar zu versorgen. Die wertvollen Fettsäuren im Vollkorn stecken im Keimling und in den Schalen. Bei längerer Lagerung wird das Mehl des vollen Korns durch Oxidation ranzig.Aus diesem Grund entfernt man die Keimlinge mit den Randschichten des Vollkorns. Die Keimlinge werden als teure Weizenkeime verkauft und die mineralstoffreiche Kleie bekommen die Tiere als hochwertiges Fressen. Das zusätzliche Bleichen mit Aluminium hinterlässt ein weißes, 'reines' Mehl, das lange lagerfähig ist und sich vorzüglich Backen eignet. Fest steht, dass Mehl in dieser Form Menschen auf Dauer unfruchtbar macht. Darüber gibt es Forschungen. Im Wartezimmer gibt es eine Bücherliste und auch die meisten der Bücher, die darauf aufgelistet sind, liegen aus. Meine Empfehlung: Stöbern Sie beide..." „Wir werden uns schlau machen, nicht wahr, Maria-Julia?" Ich nicke zustimmend. Es gibt noch Einiges, was ich dazu lernen sollte, stelle ich fest.

„Meine Damen, eine Empfehlung zu den 'Soßen'. Gut finde ich, Maria-Julia, dass Sie Soßen selbst herstellen und keine Fertigsoßen verwenden. Wenn bislang allerdings mit dem Mehl Typ 405. Es macht Sinn, anstelle des normalen Mehls 'Pfeilwurzelmehl' oder 'Johannisbrotkernmehl' zu nehmen. Beide unterstützen die Verdauungsorgane." „Wie werden diese Mehltypen verarbeitet?, will Emma wissen. „Beide Bindemittel koche ich unter Rühren noch einmal auf, nachdem die Zutaten gründlich verquirlt in die Soße gekommen sind. Der Geschmack ist in beiden Fällen absolut unauffällig. Das Johannisbrotkernmehl könnte ebenso kalt eingerührt werden. Und weil es kalt verarbeitet werden kann, ist es ebenfalls ein ideales Medium für kalte Soßen oder Nachtisch.." „Ich habe einmal bei Ihnen zu hause vegetarisch gegessen. Damals gab es eine mega leckere Soße zum Gemüse. Wissen sie noch?...", fragt Emma. „Meine Soßen bestehen meistens aus dem Gemüse, dass gerade auf den Tisch kommt. Eine Portion dieses bereits fertig zubereiteten Gemüses und dem Sud daraus wird gebunden mit:

Pfeilwurzelmehl oder
Mehl aus Johannisbrotkernen oder
Nussmus oder
etwas Vollreis oder
einigen gekochten Kartoffeln.

Das ist absolut keine Hexerei." Antonia schaut uns lächelnd an. „Einen Teil des Gemüses und ein wenig Sud gebe ich kurz in den Mixer mit Kartoffeln, Reis, Nussmus und Pfeilwurzelmehl als Bindemittel. Übrigens: Man kann diese etwas 'eingedickte' Soße ebenfalls als köstlichen Brotaufstrich verwenden. Zumindest am nächsten Tag: Gut gekühlt über Nacht aufbewahrt... Ich nehme an, Emma, dass ich das Gemüse an diesem speziellen Tag mit Nussmus gebunden habe. Der Geschmack erinnert an Sahne. Nur etwas feiner, meine ich." „Chefin, ich erinnere mich ganz genau... Es gab Brokkoli mit gerösteten Mandelsplittern und Butter-Zitronen-Soße und hinterher Mangosorbet." Antonia fällt ihr ins Wort. „Emma, bitte." „Chefin, bitte können Sie mir nur noch schnell verraten, wie man ein Mangosorbet zaubert und wie der Brotaufstrich zubereitet wird, den ich einmal mittags probiert habe?" „Na gut, Emma."

Antonia räuspert sich. „Den Brotaufstrich bereite ich zu aus zweihundert fünfzig Gramm Sonnenblumenkernen. Die weiche ich über Nacht ein. Zu diesen durchfeuchteten Sonnenblumenkernen gebe ich fünfhundert Milliliter Quellwasser, sechs Esslöffel Mandelmilch, einen Esslöffel Saft einer unbehandelten Zitrone und zuletzt einen Teelöffel Meersalz. Das alles wird kurz im Mixer püriert. Anschließend füge ich zwei bereits gekochte Pastinaken und etwas frischen Dill hinzu. Das Ganze noch einmal kurz in den Mixer - fertig!" „Maria-Julia, hast Du alles mitgeschrieben?" „Ja! Habe ich, Emma." „Gut." „Meine Damen, ein Sorbet mache ich aus pürierten reifen Früchten und dazu gebe ich Agar Agar oder Johannisbrotkernmehl zum Andicken und verfeinere es mit etwas Butter..." „Das könnte ich ebenfalls mit einer reifen frischen Ananas machen?" „Selbstverständlich, Emma. Eine Ananas ist etwas Besonderes. Sie bringt jeden Körper auf Touren. Diese Frucht enthält Bromelain. Dieses pflanzliche Enzym hemmt Entzündungen und regt sowohl die Durchblutung, als auch die Verdauung an. Eine Ananas sollte jedoch nie über fünfundvierzig Grad erhitzt werden, weil übermäßige Hitze das Enzym zerstört. Empfehlenswert ist, Johannisbrotkernmehl zum 'kalten' Andicken zu verwenden. Mit etwas flüssiger Sahne verfeinern. Fertig." „Chefin, eine Papaya ist ebenfalls reich an Enzymen, nicht wahr?" „Das ist richtig, Emma.

Eine reife saftige Frucht kann man roh essen und mit etwas Zitronensaft beträufeln. Das ist sehr schmackhaft. Um ein Sorbet aus dieser Frucht herzustellen, verwenden Sie dieselbe Herstellungsweise wie eben besprochen. Eine Papaya hilft unserem Körper, das Wachhormon Serotonin zu bilden. Das hält selbst bei Dunkelheit wach..." „Interessant. Irgendein schmackhaftes Getränk, habe ich bei Ihnen zu hause probieren dürfen. Was war das?" „Emma, Sie meinen ein Frappe, nehme ich an. Dazu werden Reismilch und Eis püriert." „Dankeschön. Chefin, Sie haben von Bindemitteln gesprochen. Im Norden von Deutschland arbeitet man mit Hafergrütze. Das Rezept kenne ich vom Grünkohlgericht..." „Das stimmt. Ich habe das nie gekocht. Ich weiß von einer Bekannten, das dieses Gericht eines von denen ist, das einem Geduld abverlangt..."

„Maria-Julia, Emma! Vom Kochen zum Butterbrot. Vielleicht eine kleine wahre Geschichte dazu?" Emma nickt. Ich strahle. „Ich saß vor ein paar Tagen in der Badewanne und bekam Hunger. Michael bemerkte das, eilte in die Küche und kam mit kleinen Streifen Brot mit Butter und Frischkäse aus Ziegenmilch zurück. Es sah appetitlich aus und ich biss herzhaft hinein. Ich gab einen unbekannten Laut von mir und Michael fragte besorgt nach. „Es ist nichts", beruhigte ich in. „Was ist das für ein Brot?" „Ich habe es heute entdeckt. Das Rezept des Brotes ist uralt und wohl sehr leicht bekömmlich. Es nennt sich Essener Brot und wird aus angekeimtem Bioweizen hergestellt. Ganz ohne Backvorgang. Dir schmeckt es?" „Ich habe mit vollen Backen zustimmend genickt." Antonia lächelt. „Der helle Wahnsinn!", hätte Emma gesagt. Emma errötet leicht. „Ja, wenn ich solche Sprüche von mir gebe, führe ich immer Sie als Quelle an, Emma!" Antonia lacht und Emma und ich stimmen mit ein. „Ich nehme das als Kompliment, Chefin." „Das dürfen Sie auch." „Können wir das Essener Brot einmal bei Ihnen probieren?" „Gern. Ich wollte ohnehin gerade vom Brotaufstrich sprechen.

Das Butterbrot

Der Volksmund nennt es Butterbrot. Das sagt eigentlich alles. Das Hasenbütterchen scheidet aus. Gegen ein frisch zubereitetes Vollkornbrot mit Butter und etwas Meersalz darauf ist nichts einzuwenden. Vollkornbrot ist reich an Vitaminen, Mineralien und Ballaststoffen. Übrigens: Körnerbrot ist nicht zwangsläufig aus vollem Korn. Ob mit Sesam, Sonnenblumen- oder Kürbiskernen verfeinert, kann es allerdings ausschließlich aus weißem Mehl sein, das mit Malz gefärbt ist. Man sollte den Bäcker kennen..." Emma und ich schauen uns an. „Meine Damen, gute Butter und gutes Salz sind okay, süße Aufstriche fallen weg, solange es Blähungen gibt. Empfehlenswert sind außer Butter auf dem guten Brot ebenfalls pflanzliche Aufstriche oder vollwertige tierische Produkte." „Was sind denn vollwertige tierische Produkte?", fragt Emma. „Roher Schinken, Bündner Fleisch oder Lachs, geräucherte Makrele usw. Die sind allesamt unerhitzt und dadurch nicht denaturiert." „Noch eine Frage. Inzwischen gibt es nicht nur eine Sorte Butter?" „Danke Emma. Butter aus Sauerrahm sollte es vorzugsweise sein und keine aus Süßrahm oder mit Margarine gemischt. Reicht das erst einmal?" „Danke, Chefin. Also Butter aus Sauerrahm ist die wertvollste.

Und wie sieht es mit Müsli aus?", will Emma wissen. „Müsli als Fertigmischung enthalten meistens Zucker und verursachen Blähungen. Auch selbst zubereiteter Frischkornbrei aus vollem Korn oder angekeimten Körnern verursacht lästige Blähungen, wenn im Laufes des Tages Zucker oder Weißmehl verzehrt werden. Um lästige Blähungen zu vermeiden, müssen Zucker in jeglicher Form und Weißmehl über eine lange Zeit strikt vermieden werden..." „Ist Honig auch davon betroffen?", will ich wissen. „Danke für die Frage, Maria-Julia. Ob Zucker, guter Honig direkt vom Imker oder andere 'gute' Süßen wie Ahornsirup, Birnendicksaft und Melasse verursachen allesamt Blähungen in einer Kombination mit Müsli." „Jetzt verstehe ich, warum ich immer diesen Blähbauch nach dem Frühstück habe. Was ich alles versucht habe... Ich habe die Kaffeesorte gewechselt, danach auf Schwarztee umgestellt und zum Schluss Kräutertee getrunken. Der dicke Bauch blieb allerdings bestehen. Claro!" „Maria-Julia, das wusste ich auch nicht." „Ab heute haben Sie die Chance, etwas zu ändern, meine Damen."

Ich seufze. „Auch das Wissen um die Erntezeit der heimischen Produkte geht langsam verloren. In der heutigen Zeit sind jederzeit Obst und Gemüse verfügbar, und zwar als riesiges Angebot aus der ganzen Welt!" Emma und ich nicken zustimmend. „Betrachten wir zusammen einmal die Jahreszeiten. Sie achten auf ihre Körpertemperatur und auf das Thermometer und werden zu jeder Zeit des Jahres wissen, welche Lebensmittel ideal dazu passen und werden in der Lage sein, die passende Art der Zubereitung zu nutzen." Ich seufze. „Das wird eine Zeit brauchen, Chefin!", gibt Emma zu bedenken. „Mag sein, ich bin jedoch davon überzeugt, dass die Saat der guten Vorsätze heute gesät worden ist." Emma und ich lächeln.

„Meine Damen, schauen wir uns die Jahreszeiten an. Im Frühjahr erfreuen Sie sich an den ersten bunten Blumen, die aus der harten Wintererde aus dem Schnee heraus schauen. Sie sehnen sich nach den ersten frischen Köstlichkeiten, sie lechzen nach Vitaminen..." „Muss ich zugeben, Chefin. Nach der kalten Jahreszeit ist mir im Frühling immer nach Grünfutter..." „Wir sind uns einig, Emma. Nach dem Frühling kommt der Sommer. Im heißen Sommer suchen Sie Kühlung. Frisches Obst, Melonen, Gazpacho, Salate sowie gute kalt gepresste Öle sind wichtig." „Mir fallen Eiscafé, Gin Tonic und Sekt mit Rosmarinsirup ein..." „Rosmarin unterstützt das Herz! Gut, Emma." Emma schaut lächelnd zu Boden. „Weiter geht's. Im Herbst bereiten Sie sich bitte auf den Winter vor. Öfter einmal Gerichte wie Eintöpfe aus Gemüse oder insbesondere mit Hülsenfrüchten helfen, die kältere Jahreszeit besser zu verkraften. Hülsenfrüchte möchte ich besonders erwähnen. In vielen Kulturen findet man Nationalgerichte aus Hülsenfrüchten, die hochwertiges Eiweiß enthalten: In Kuba, Ihrer Heimat sind es schwarze Bohnen. In Griechenland sind es dicke weiße Bohnen, im Orient sind es Kichererbsen, in Sri Lanka rote Linsen, in Japan Mungbohnen als Nudeln. Ideal als schnelles Gericht, übrigens. Das Garen beansprucht gerade mal vier Minuten." Nudeln aus Mungbohnen kenne ich noch nicht... „Stimmt es, Chefin, weshalb die Kichererbsen im Orient besonders geliebt werden?" „Unsere Emma. Ja, das stimmt. Sie werden tatsächlich für die Steigerung beziehungsweise die Erhaltung der 'Potenz' eingesetzt, der Volksmund nennt sie Potenzkugeln." „Damit könnten die Umsätze von Kichererbsen erheblich angehoben werden..."

Emma errötet leicht. „Chefin, ich bin schon wieder still!" Antonia seufzt. Ich melde mich zu Wort. „Antonia, Sie haben von einem 'Kartoffelbrei Tricolor' gesprochen. Können Sie mir bitte etwas zum Thema 'Tricolor' sagen?" „Gerne, Maria-Julia. Es ist einfach, diese Kreationen zu zaubern. Die Kartoffeln stampft man zuerst von Hand, danach wird der Brei mit dem Schneebesen locker geschlagen und ihm etwas zum Färben dazugeben: Rote Beete, Tomate, Spinat, Kurkuma oder Curry und und und." „Das habe ich verstanden. Ich gebe dem Brei etwas natürlich Färbendes hinzu." „Antonia, ich habe ins Kochwasser von Pasta einmal Kurkuma getan und sie damit gelb gemacht. Meine Hände haben allerdings ebenfalls etwas mitbekommen. Kurkuma färbt wie die Hölle!, Maria-Julia." Antonia grinst. „Vorsicht ist die Mutter der Porzellankiste!" Emma grinst. „Meine Damen!" „Bin ja schon friedlich, Chefin." „Das trifft sich gut!" Antonia schaut Emma voll an. Emma zieht die Schultern kurz an und schürzt ihre Lippen. Antonia beginnt erneut. „Wichtig sind die Übergänge der Jahreszeiten. Wird es draußen langsam kühl oder kalt sollte ich mir morgens ein wärmendes Frühstück zubereiten."„Ich esse morgens meistens Sahnequark oder Sahnejoghurt mit Früchten. Das kühlt?" „Richtig, Emma.

Vielleicht ein Tipp: In der kühleren Jahreszeit schneiden Sie eine oder zwei Ökobananen klein und geben sie mit etwas Quellwasser, Ingwer, Zimt und Vanille in eine kleine Teflonpfanne, köcheln die Mischung kurz durch – und fertig ist die neue Mischung." „Hört sich lecker an. Das werde ich versuchen. Dankeschön." „Immer wieder gern, Emma. Beliebt sind auch Spiegeleier mit Toast. Unbekannter hingegen sind andere Sitten: Buchweizen-Pfannkuchen aus Russland beispielsweise oder eine heiße Gemüsesuppe mit Algen." „Eine bestimmt Sorte? Ich kenne nur die Spirulina Algen."„Danke Emma. Algen hat es mindestens so viele Sorten wie Kartoffeln. Da können wir uns gelegentlich einmal mehr drüber unterhalten. Ich empfehle die Kombu Alge. Nun zu den gerade erwähnten Spirulina Algen. Diese Algen bieten mir eine gute Möglichkeit, etwas zu schwärmen. Die blaugrünen Spirulina Algen bieten uns einige der wertvollsten Nährstoffe, die die Natur zu bieten hat. Sie unterstützen kraftvoll das Immunsystem, sind leicht verdaulich und sind wie ich gehört habe ein Lieblingsprodukt vieler Sportler, wenn es um Ausdauer geht." „Ich wollte Sie nicht unterbrechen, aber ..." „Ist schon gut, Emma. Es geht um ein wärmendes Frühstück. Nicht nur im Märchen macht ein leckerer Brei satt und warm. Das gilt auch heutzutage. Ein Brei aus leicht verdaulichen Getreideflocken beispielsweise - mit einer Zimtstange, etwas echter Vanille und Anis sowie einem Schuss süßer Sahne verfeinert - schmeckt nicht nur kleinen Leckermäulchen. Dazu gedünstete Apfelstückchen... Himmlisch! Oder vielleicht ein Bratapfel. Auch der ist schnell zubereitet. In jedem Fall riecht es verführerisch durchs ganze Haus..." „Die Sahne ist okay?", frage ich nach. „Eine wichtige Frage. Bei den Vermeidungen rund um die Milch geht es um das Milcheiweiß. Bei der sauren und süßen Sahne spielt das Eiweiß eine untergeordnete Rolle. Die beiden Produkte bestehen hauptsächlich aus Fett. Genießen Sie einen Kaffee fortan mit Sahne oder auch Obst mit Sahne..." „Das ist lustig. Ich trinke meinen Kaffee generell mit Sahne. Und Baileys schätze ich auch. Das ist Whisky mit Sahne, soviel ich weiß..." „Dann läuft ja einiges richtig... Noch etwas Wichtiges, woran Sie sich orientieren können:

Ich habe satt

Nach einer guten Mahlzeit sollten Sie generell noch in der Verfassung sein, denken zu können und - immer noch einen flachen Bauch haben! Wenn beides der Fall ist, haben Sie alles richtig gemacht!" „Das ist gut. Das muss ich mir merken. Wenn ich nach dem Essen erschöpft bin und meinen Hosenknopf öffnen muss, war etwas falsch, nicht wahr?" „Genau das meine ich, Emma. Die Portionen sind meistens zu reichlich... Vielleicht noch etwas, was hilfreich ist. Nach relativ kurzer Zeit - es handelt sich um zwanzig Minuten - stellt sich beim Menschen ein natürliches Sättigungsgefühl ein. Wenn Sie sich bemühen, langsam zu essen - bekanntermaßen sollte alles gut durch gekaut werden - essen Sie nachweislich weniger. Etwas, das sich in jedem Fall günstig bemerkbar macht: Über die langsam eingenommene Mahlzeit sind die Verdauungsenzyme des Speichels in der Lage, intensiv und trotzdem ohne Stress ihre Arbeit zu tun. Außerdem verbessert sich Ihr Geschmack. Soweit die Studien, die mir bekannt sind." „Wusstest Du das, Emma?" „Du meinst das mit dem Sättigungsgefühl?"

„Maria-Julia, dazu gab es eine Studie in dem Heft 'Ernährung heute', die hat von dem Sättigungsimpuls nach zwanzig Minuten berichtet und darauf hingewiesen, dass es gesund ist, langsam zu essen. Lesen, Verinnerlichen, Tun! Ein weiter Weg. Aber ich lerne laufend immer wieder dazu, wahrscheinlich hört das nie auf..." „Emma, das ist das Leben! Dadurch bleiben wir jung! Was mir gerade einfällt: Maria-Julia, Ihre Behandlungen verlaufen durch die Jahreszeiten. Vielleicht überlegen und besprechen wir gemeinsam, mit welchen Gerichten Sie Ihre Familie überraschen können?" „Una buena idea. Antonia, am liebsten würde ich einmal bei mir zu hause mit Ihnen beiden zusammen kochen. Zur Zeit bin ich ziemlich unsicher."

Ich seufze. Ich merke, dass ich Groll im Bauch spüre... „Was alles an Informationen und gut gemeinten Ratschlägen kursiert!" Ich räuspere mich: Beugt Erkältungen vor und denkt an Vitamine. Presst Euch Orangen aus! Selbstverständlich gibt es diese Empfehlungen im kalten Winter! Ich hüstele. „Zucker zaubert Energie! Frage: Für wie lange? Und die Meinung : Salz ist schlecht! Man sollte unterscheiden zwischen minderwertigem Natriumchlorid, dem Salz, das normalerweise in der Küche benutzt wird oder Streusalz für die Straße und wertvollem unbehandeltem Steinsalz oder Gourmetsalzen wie Fleur de Sel, Bambus-Salz, Kräutersalz oder unbehandelten Meersalz!" Ich bin außer Atem. „Maria-Julia, beruhigen Sie sich! Sie haben völlig recht. Regen Sie sich nicht weiter auf! Wichtig ist, dass Sie diese Dinge für sich verinnerlichen. Drei Tipps für Sie und Ihre Freundin:

1. Essen Sie vorzugsweise Produkte aus Ihrer Umgebung.
2. Essen Sie Produkte der Saison.
3. Essen Sie biologisch angebaute Gemüse, Obst, Getreide, Hülsenfrüchte."

Die Kräutlein

Antonia steht auf und wandert langsam auf und ab. Ich möchte etwas zu 'Kräutern' nachtragen... Das Wissen um Pflanzen und Kräuter ist alt, so alt wie die Menschheit. Pflanzen verhelfen uns zu Nahrung und Atemluft. Für Hildegard von Bingen oder auch Hippokrates war Nahrung gleichzeitig Medizin. Und in vergangenen Zeiten standen im östlichen Kulturkreis Heilkundige häufig in Verbindung mit buddhistischen Mönchen. Diese Heilkundigen waren speziell an der spirituellen Kraft der Pflanzen und Kräuter interessiert. Durch ihre Intuition vermochten diese Heilkundigen, das gesamte Wirkspektrum der Pflanze zu erfassen: Körper, Psyche und Spiritualität. In früheren Zeiten genügten die einfachsten und gewöhnlichsten Pflanzen, um sämtliche Leiden zu kurieren. Kräuter kundige fanden heraus, dass leichte und bittere Kräuter 'Depressionen' lindern und mentale Kräfte fördern. Der moderne Patient nimmt bei länger anhaltenden Verstimmungen Antidepressiva ein. In der Naturheilpraxis braucht es danach etliche Zeit, um diese wieder auszuleiten. Mir fällt gerade eine Patientin ein, die über zwei Jahre gebraucht hat, um diese Mittel wieder auszuschleichen..."

Antonia seufzt. „Ausscheidende Heilkräuter helfen, Abhängigkeiten aufzugeben. Kräuter mit starker und kräftiger Natur fördern persönliches Wachstum und Entwicklung, sanfte und milde Pflanzen und Kräuter Transformation und Vollendung. Salzig schmeckende Substanzen - beispielsweise Seetang - helfen, Energie zu speichern und vermitteln ein Gefühl von Vertrauen und Sicherheit. Saure Kräuter verbessern die Konzentration und die Nutzung innerer Reserven. Süße Kräuter schenken Mitgefühl und Liebe." „Maria-Julia, hast Du alles notiert?" „Exactamente, Emma!" Antonia lächelt. „Meine Damen, solche Einsichten in die Psyche mögen eine größere Bedeutung haben für Gesundheit und Harmonie als die Verwendung der Heilpflanzen auf rein körperlicher Ebene. Das war und ist hohe Schule. Wir drei beginnen mit der Grundschule, wie es sich gehört. In der heutigen Zeit benutzen wir vorzugsweise Kräuter aus dem Garten zum Würzen und glücklicherweise helfen sie gelegentlich, um Zipperlein auszukurieren."

„Chefin, gibt es eine Möglichkeit, mehr über die 'Pflanzenheilkunde' zu erfahren?" „Ja wohl, Emma. Es gibt eine gute Schule: Die Heilpflanzenschule Alruna, die bietet Kurse an. Zu finden unter vergessenes-wissen.de." Ich schaue Emma an. „Notiert, meine Liebe!" „Dankeschön, meine Beste!" Antonia räuspert sich. „Maria-Julia hat etliche Blumentöpfe mit Kräutern. Ich als Single habe ausschließlich Petersilie und Basilikum." „Emma, es schmeckt viel besser, wenn man frische Kräuter ans Essen gibt", gebe ich zum Besten. „Mein

Anliegen ist, Sie zu sensibilisieren und Zusammenhänge wahrzunehmen. Beispielsweise die Krallenfinger, insbesondere bei Frauen und das aufgeregte Verhalten von Frauen, die fast nur Hähnchen verzehren oder den Schweinenacken bei Männern, die Schweinenacken und Haxen vom Schwein bevorzugen." Emma und ich schauen Antonia ungläubig an. „Oh je, meine Damen. Habe ich Sie beide irritiert? Natürlich verändert sich nichts nach einer oder zwei Mahlzeiten... Allerdings wird auf Dauer Aussehen und Wohlbefinden von dem beeinflusst, 'was' man isst. Eine Umstellung lohnt sich! Ich verrate Ihnen einige Tricks..."

Apfelduft

Emma stöhnt auf. „Wählen Sie Gemüse und Obst nicht nur mit den Augen aus, sondern wie Zwergnase. Schnuppern Sie! Ein Apfel 'duftet', sonst lassen Sie ihn liegen. Am besten kaufen Sie direkt aus kontrolliert biologischem Anbau. Meiden Sie Produkte, die zur Konservierung chemisch behandelt wurden! Das sind 'Nahrungsmittel', aber keine 'Lebensmittel'. Zu Ihrer Stärkung brauchen Sie 'Lebensmittel'. Inzwischen werden Sie überall ein großes Angebot aus biologischem Anbau finden: Es gibt einen Wochenmarkt, Ökoläden und viele Abteilungen mit biologischen Produkten." Antonia macht eine kleine Kunstpause. „Meine Damen, es gibt zu bedenken: Das Tier steht am Ende der Nahrungskette und und die aus ihm produzierten Produkte enthalten wesentlich mehr Umweltgifte als pflanzliche Produkte wie Gemüse, Obst, Getreide und Hülsenfrüchte." Ich seufze.

„Man sollte wissen, dass es sowohl wasserlösliche, als auch fett lösliche Gifte gibt. Die fett löslichen Gifte bleiben als Film auf der Erde zurück, werden von den Pflanzen aufgenommen, diese wiederum von den Tieren gefressen und in deren Fettgewebe gespeichert. Zu dieser Belastung kommen weiterhin Antibiotika, Pestizide, Anabolika und Psychopharmaka. Vorm Schlachten entwickeln viele Tiere Angst, andere leiden unter täglichem Stress wie die Hühner in den Legebatterien. Das ergibt weitere Stresshormone... Antonia schaut uns beide ernst an. „Was meinen Sie? Macht es Sinn, einen Bauern ihres Vertrauens zu finden, um unbesorgt Eier sowie andere tierische und pflanzliche Produkte zu kaufen?" Emma und ich nicken gleichzeitig zur Bestätigung.

„Heutzutage gibt es selbstverständlich ebenfalls gute Quellen im Fachhandel. Aber machen sie ruhig einmal eine Frischeprobe mit den Eiern, wenn sie vom Einkauf nach Hause kommen. Das kann ja nicht schaden." „Chefin, ich achte beim Kauf darauf, dass ich gute Eier aus 'ökologischer Haltung' erwische." „Das freut mich zu hören, Emma. Die 'Tierhaltung' kann man übrigens auf jedem Ei im Handel lesen. Ökologische Haltung erscheint auf dem Ei als Null. Eine Eins steht für Freiland und eine Zwei für Bodenhaltung. Danach sollte man die Augen schließen und sich wünschen, dass diese tierfeindliche Haltung bald abgeschafft werden wird, weil keine Nachfrage nach solchen Eiern mehr besteht. Es bleibt abzuwarten, wie bewusst die Käufer auf Dauer sind."

„Chefin, in früheren Zeiten war vieles einfacher als heutzutage. Ich erinnere mich noch gut an eine alte Tradition in meiner Familie, mütterlicherseits. Sowohl meine Urgroßmutter, als auch meine Großmutter gaben einem geschwächten Familienmitglied ein in Rotwein verquirltes 'rohes' Ei - sozusagen frisch von der Henne - zur Stärkung mit dem Spruch: Das hilft Dir wieder auf die Beine!" Ich nicke. Dieses Hausmittel kenne ich auch. „Eine Frage noch, Chefin. Werden Eier in anderen Praxen eigentlich immer noch verboten, wenn das Blutbild einen hohen Cholesterinwert aufweist? Bei uns dürfen die Patienten Eier essen, nicht wahr?" „Emma, gut das Sie nachfragen. Neue Studien widerlegen, dass Eier den Cholesterinspiegel erhöhen. Eier sind gut fürs Herz. Schauen wir uns die Inhaltsstoffe einmal genauer an. Das Lecithin senkt das LDL-Cholesterin. Desweiteren wird der Cholesterinspiegel ohnehin nur etwa zu dreißig Prozent über das tägliche Essen verändert. Soviel zum Cholesterinspiegel.

Was hat das Ei noch Gutes in sich? Da wäre Vitamin D in Kombination mit Vitamin K. Damit schützt man die Gefäße und verhindert, dass sich Calcium an den Wänden ablagert. Eier enthalten außerdem die Vitamine A und E, Eisen, Calcium sowie acht Gramm Protein für zahlreiche Prozesse im menschlichen Körper, wenn ich es richtig in Erinnerung habe. Pro Ei rechnet man neunzig Kilokalorien. Deshalb gelten Eier als kalorienarm. Der Nährwert eines Eis ist sowohl in rohem oder gekochtem Zustand gleich. Natürlich macht es einen Unterschied, ob Hühner ausschließlich Körner picken oder ob sie auch frische Pflanzen fressen durften." „Fressen Hühner nicht auch Schnecken?", fragt Emma. „Liebe Emma, das tun sie." „Da war noch etwas...", hüstelt Emma. „Und Insekten vertilgen sie ebenfalls, wenn sie natürlichen Freiraum bekommen. Entschuldigung, Chefin." „Emma, da gibt es nichts zum Entschuldigen. Um das Thema Eier ranken sich noch zwei wichtige Dinge, die ich Ihnen jetzt gerne zum Nachdenken anbiete. Einerseits tötet man jedes Jahr Millionen männlicher Küken, weil sie keine Eier legen, verfüttert sie als Lebendfutter in Zoologischen Gärten oder böse Zungen munkeln, dass sie als Chicken Wings auf dem Teller landen. Das allein ist schlimm genug. Lagerung und Herkunft der Eier selbst werden zu Problemen. Eier weisen nämlich eine immens hohe Anzahl von Fäulnisbakterien auf, bedeutend mehr übrigens als Fleisch oder Fisch..." Emma zieht eine krause Stirn.

„Zum besseren Verständnis. Alle weiblichen Geschöpfe der Gattung Säugetiere scheiden über die Menstruation Giftstoffe aus. Deshalb haben Frauen, die 'ohne' Pille zur Verhütung auskommen, eine längere Lebenserwartung. Diese Frauen befreien sich allmonatlich über ihre Menstruationsblutung von belastenden Stoffen." Emma schaut mich mit hochgezogenen Augenbrauen an. „Meine Damen aufgepasst: Ein Ei kann mit Salmonellen vergiftet sein, obwohl die Untersuchung der Henne ohne jeglichen Befund verlaufen ist. Das Ei kann belastet sein, obwohl die Henne selbst eventuell frei von Erregern ist..." „Das ist harter Tobak, Chefin... Und 'wie' sollen die Mädels verhüten?" Antonia schaut Emma ernst an. „Emma, ich empfehle Ihnen dazu ein Buch: Kosmobiologische Empfängnisplanung von Shalila Sharamon. Erschienen im Winpferd Verlag. Wahrscheinlich ist es im Antiquariat erhältlich..." Antonia merkt Emma an, dass sie mit dieser Aussage noch nicht zufrieden ist. „Emma, selbst in der heute gängigen Astrologie scheint das Thema Empfängnisverhütung verloren gegangen zu sein... Ich helfe Ihnen gern. Aber bitte zu einem anderen Termin, wenn es recht ist. Das Thema heute ist umfangreich genug..." „Entschuldigung. Ich wollte nur..." „Ist schon in Ordnung, Emma. Soviel ich weiß, gibt es dieses Jahr noch einen Astrologiekurs bei Michael. Da erfahren sie alles Wichtige zum Thema Empfängnisverhütung oder Fruchtbarkeit. Man kann sogar das Geschlecht des Kindes bestimmen. Wollten Sie nicht einen Astrologiekurs bei Michael besuchen?" Emma nickt. Antonia wendet sich mir zu.

„Backen Sie mit Eiern, Maria-Julia?" „Sonntags mache ich gerne Waffeln. Emma liebt sie." Ich wende mit Emma zu. Die grinst. „Ich backe meine Waffeln mit Eiern. Wie bereite ich den Teig denn zu ganz 'ohne' Eier?" „Maria-Julia, das ist einfach. Anstelle der Eier nimmt man Sojamehl. Ein Ei entspricht einem Esslöffel Sojamehl und zwei Esslöffeln Quellwasser. Mein zusätzlicher Tipp: Wasser mit Kohlensäure macht Teig lockerer. Waffeln kann man ebenfalls als ungesüßte Beilage zu vielen Gerichten dazugeben. Das freut insbesondere die Senioren... Meine Damen, nun das Rezept für Sie zum Mitschreiben:

> 500 Gramm Dinkelmehl
> 1 Backpulver
> 1 Prise Meersalz
> ½ Liter Wasser
> 1 Messerspitze natürliche Vanille
> Stevia oder Xylitol zum Süßen nach Belieben

Ich schreibe eifrig mit und werde das Rezept in naher Zukunft ausprobieren... „Was mir gerade in den Sinn kommt: Eier werden häufig wegen des Lecithins gegessen. Lecithin ist wichtig insbesondere für die Nerven, aber auch für die Organe des menschlichen Körpers. Es ist am gesamten Stoffwechsel beteiligt... Übrigens gibt es Lecithin als Nahrungsergänzung. Ich mag es als granuliertes Konzentrat aus Soja." „Chefin, wie nimmt man das?" „Emma, entweder pur. Dann lässt man es im Mund etwas zergehen oder das Lecithin wird in ein Getränk eingerührt oder ins Essen gegeben... Es schmeckt relativ unauffällig." „Das werde ich besorgen und ausprobieren, Emma. Ich gebe Dir etwas davon ab zum Probieren?" „Kann ich mich mit anfreunden, Maria-Julia." „Stimmt es eigentlich, dass Soja gut bei Osteoporose ist?" „Man sagt, Soja fördert die natürliche Aufnahme von Calcium in den Knochen und beugt Knochenabbau vor - ebenso wie Vitamin D, das Sonnenschein-Vitamin.

„Chefin, ich habe gelesen, dass Vitamin D auch wichtig für die Entwicklung des Gehirns ist?" „Emma, ich kenne die Studien. Es gibt Studien, die besagen, dass ein großer Zusammenhang besteht zwischen der Vitamin-D-Konzentration im Körper und dem Denkvermögen. Es fördert danach die kognitiven Fähigkeiten. Das belegten Tests. Die Teilnehmer mit der größten Vitamin-D-Konzentration schnitten bei den Tests zur Messung der Geschwindigkeit der Informationsverarbeitung am besten ab." Antonia schweigt einen Moment. „Meine Damen, Vitamin D ist ein Tausendsassa. Es erfüllt zahlreiche wichtige Funktionen im Körper. Es stärkt das Immunsystem, das Herz, die Haut, Prostata, Brust und Nieren. Darüber hinaus besteht die Auffassung, dass ein Mangel sich als erhöhtes Risiko für Diabetes und Fettleibigkeit zeigt..." „Chefin. Kennen Sie Gemüse, das dieses Vitamin D enthält?" „Ich meine Champignons enthalten das Sonnenvitamin. Die Empfehlung lag bei einhundert Gramm pro Woche. Was sicherlich zu wenig ist..." Antonia räuspert sich. "Meine Damen, ein wichtiger Aspekt heutzutage ist die Vermaßung unserer Nahrungsmittel und zudem die Möglichkeit, Produkte aus der ganzen Welt und zu jeder Jahreszeit auf dem Tisch zu haben. Das Gespür für lebendige Nahrung und natürliche Lebensweise scheint verschüttet... Was alles wird einem Körper zugemutet! Erst wenn sich Störungen der Gesundheit oder gar Schmerzen melden, fangen wir an, über unsere Lebensgewohnheiten und unser tägliches Essen und Trinken nachzudenken..." Emma und ich hören still zu.

Ayurveda-Champagner

„Beim Stichwort 'Störungen' fallen mir zwei Tipps ein. Ich wiederhole sie bewusst, weil sie immens wichtig sind: Zum einen ist es ideal, dem Darm und der Verdauung zuliebe, frühmorgens 'regelmäßig' nüchtern ein bis zwei Gläser gut warmes bis heißes Wasser mit je einem Teelöffel 'Sole' zu trinken." „Chefin, darf ich etwas fragen?" „Emma, nur zu." „Bitte einmal erklären, wie Sole zubereitet wird?" „Ich bereite mir Sole zu, indem ich einige Brocken Himalajasalz in ein Einmachglas gebe, das ich zuvor mit Quellwasser aufgefüllt habe. Die Salzbrocken schmelzen anfangs zögerlich, mit der Zeit jedoch lösen sie sich völlig auf. Eine gesättigte Lösung Sole entsteht bereits nach zwanzig Minuten." Ich wundere mich, dass die Zubereitung von Sole so schnell geht.

„Trinken von Sole generell, jedoch insbesondere das Trinken von Sole morgens nüchtern, fördert die Verdauung und den Stuhlgang. Ich wiederhole mich, wenn ich daran erinnere, dass das Trinken von warmem bis heißem Wasser ebenfalls Verdauungstrakt und Stuhlgang fördert. In jedem Fall fällt es den meisten Menschen leichter, 'mehr' Wasser zu trinken als üblicherweise. Meine Damen, wir sind mitten drin und trinken ihn bereits, unseren besonderen Champagner und wir leben immer noch..." Wir lachen und prosten uns mit unseren Wassergläsern zu. „Eine Steigerung: Für 'Dauerfröstler' gibt es 'Ingwer', der sanft Infekte bekämpft. Sein 'Gluthadion' regt die weißen Blutkörperchen an und stärkt das Immunsystem. Bei Kälte geht nichts über eine Kanne heißen Ingwertee, der über den Tag verteilt getrunken wird." „Wie bereite ich den Tee zu?", will ich von Antonia wissen. „Es gibt mittlerweile sogar Fertigprodukte. Frisch zubereitet schmeckt er jedoch wesentlich besser. Es gibt zwei Methoden. Ich bevorzuge die zweite. Zwei bis drei Scheiben Ingwer in einer Tasse mit heißem Wasser übergießen und zehn Minuten ziehen lassen, dann trinken. Nun zur zweiten Version. Dafür kocht man zehn Minuten lang fein in drei bis fünf Scheibchen geschnittenen frischen Ingwer in Wasser, seiht den Sud ab und gießt das gut wärmende Getränk in eine Thermosflasche."

Emma meldet sich zu Wort. „Ingwer gibt es frisch und wie Trockenobst in Tüten. Ich habe vor kurzem auf so einer Tüte gelesen, dass Ingwer schon seit fünftausend Jahren als Gewürz geschätzt wird." „Gut aufgepasst, Emma. Der beste Ingwer kommt von den Fidji-Inseln in der Südsee. Dieser Ingwer ist eher mild. Riechen tut er nach Zitronen, schmeckt leicht scharf und würzig. Schlicht fein!" „Chefin, gibt es eine Firma, die Sie für Gewürze empfehlen können?" Antonia nickt. „Die Firma Brecht bietet schon über viele Jahre hervorragende Ware. Unbestrahlt aus biologischem Anbau, frisch. Vertrauen Sie bitte beide auf Ihre ererbten Möglichkeiten, Qualitäten zu erkennen." Emma lächelt mich an und fragt Antonia: „Chefin, Sie haben vorhin von warmem Wasser gesprochen. Welches Wasser soll es sein? Leitungswasser?" „Danke Emma für diese Frage. Normales 'Leitungswasser' sollte mindestens zwanzig Minuten bei offenem Deckel geköchelt werden, damit das Chlor entweicht. Dazu habe ich noch eine kleine Aufgabe für Sie beide. Stellen Sie bitte einmal ein Glas Leitungswasser zwei Wochen lang irgendwo abgedeckt hin... Nach vierzehn Tagen schauen Sie genau hin und anschließend sprechen wir noch einmal darüber..." Emma und ich schauen uns und anschließend Antonia verständnislos an. „Meine Damen, probieren Sie es bitte aus! Volvic, Evian, Gerolsteiner oder dergleichen kann sofort im Wasserkocher erhitzt werden. Da ist kein Chlor drin, das entweichen muss. Aus diesem Grund wird bei den Patienten Quellwasser favorisiert."

Emma rutscht auf ihrem Stuhl hin und her. „Emma, Sie wollen was fragen?" „Jein, eher sagen, Chefin. In Restaurants bestellen sich Gäste ein kaltes Pils zum Essen. Ich zitiere Anton: 'Arschkalt soll es sein. Das ist falsch, nicht wahr?" „Körper feindlich! Was verursacht ein getrunkenes eiskaltes Getränk? Es senkt die Temperatur des Verdauungstraktes. Der braucht erst einmal zusätzliche Energie, um die Verdauungsleistung überhaupt zu schaffen. Diese zusätzliche Energie zieht der Körper irgendwo anders ab." Ich melde mich: „Ist das ein großer Vorteil?" „Ja. Mit dem heißen Wasser hilft man dem Körper, leichter zu verdauen. Die Energie, die dadurch eingespart wird, steht dem Körper für andere Arbeiten zur Verfügung." „Und man ist weniger müde nach dem Essen und bleibt klar im Kopf? War das nicht so?", fragt Emma nach. „Gut aufgepasst, Emma."

Verdauungsfeuer

„Gewürze und Kräuter helfen, Schweres zu verdauen. Eine gute Verdauung ist ein Schlüssel zum Wohlbefinden. Maria-Julia, zum Notieren vielleicht einige Gewürze, die sowohl den Gaumen stimulieren, als auch das Verdauungsfeuer anfachen: Curry, bitte ohne Zwiebeln. Warum? Man sollte Zwiebeln und Knoblauch bei empfindlichem Magen und Blähbauch weglassen. Hinzu kommen Pfeffer, Paprika, Kreuzkümmel, Muskatnuss, Majoran, Oregano, Bohnenkraut, Ingwer, Koriander, Asa foetida, Gelbwurz oder Kurkuma und Kardamon, Galgant und Bertramwurzel. Orientalischen Touch gibt es über die Mischungen: 'Garam Masala' und 'Arabische Küche'. Um tierische Produkte besser zu verdauen helfen: Rettich, Meerrettich, Senf, Pfeffer, Kümmel oder auch Essig, beispielsweise Balsamico Essig. Zu feurigem Paprika fällt mir die fesche Julischka aus Buda-Budapest ein. Ohne Paprika ist ein Original Gulyas, Szegediner Kraut oder ein Hirtenspieß undenkbar..." „Chefin, noch ein Spruch von meiner lieben Oma: Wenn's Arscherl brummt, ist's Herzerl g'sund!" Ich muss lachen und auch Antonia schmunzelt. „Chefin, eine Frage zum Meerrettich. Ist es wahr, dass der mehr Vitamin C hat als Zitronen?", fragt Emma nach. „So ist es. Der Meerrettich ist die schärfste Pflanze, die bei uns einheimisch ist. Der Meerrettich verfügt jedoch nicht nur über einen scharfen Geschmack, sondern treibt einem beim Schälen oder Raspeln der Wurzeln schon einmal die Tränen in die Augen... Wie schaut es aus in in Ihrem Gewürzschrank, Maria-Julia?" „Ganz gut, ich habe etliche davon zu hause. Die fehlenden Gewürze habe ich mir notiert. Ich freue mich schon auf unseren jahreszeitlichen Austausch und die Rezepte. Wichtig ist mir, dass ich die Gewürze bewusst einsetze." „Maria-Julia, genau darum geht es.

Um bewusstes Tun." „Chefin, darf ich einmal...?" Antonia nickt. „Habe letzte Woche gelesen, dass unser bewusstes Tun und Handeln gerade mal zehn Prozent ausmacht. Zehn Prozent, das ist doch gar nichts! Dazu gab es weitere Studie der Harvard Universität die ergeben hat, dass ein Mensch heutzutage bis zum achtzehnten Lebensjahr zirka einhundert fünfzigtausend negative Suggestionen verarbeiten muss. Ist doch irre, oder?" Antonia nickt. „Insbesondere deshalb, Emma, weil die meisten gar nicht wissen, dass letztlich absolut alles abgespeichert wird auf der großen Festplatte, die wir Unterbewusstsein nennen: Beispielsweise ein Horrorfilm, vor dem man vorm Fernseher eingeschlafen ist... Restlos alles! Das macht es wichtig und sinnhaft, diesen vielen Einflüssen bewusst Aufbauendes entgegenzusetzen." „Das wird meine Töchter in Erstaunen versetzen. Sie schauen zur Zeit ziemlich genau hin, was ihre Mama anstellt..." „Maria-Julia, das ist verständlich. Alte Muster werden aufgebrochen. Unsicherheiten kommen an die Oberfläche. Wirklich interessant." Antonia seufzt und schließt kurz ihre Augen.

Eine Portion nährt

„Mein letzter Tipp galt insbesondere den Gewürzen, die uns helfen, unser Essen leichter und besser zu verdauen." „Eine gute Verdauung ist der Schlüssel zum Wohlbefinden", merke ich an und bin über mich selbst erschrocken. Emma grinst. „Ganz genau, Maria-Julia", lobt mich Antonia und lächelt mich an. „Meine Damen, mein zweiter Tipp ist folgender: Auch wenn es noch so gut schmeckt – bitte aufhören, wenn Sie gesättigt sind. Eine Portion nährt, zwei oder mehr beschweren Körper und Seele." Ich seufze. „Emma und ich kennen das. Wenn wir zwei so richtig zulangen – weil es ja so lecker ist – haben wir am nächsten Tag unsere Problemchen. Nicht wahr, Emma?" Emma verzieht ihr Gesicht. „Ein paar Worte zu Getreide aus vollem Korn und Kartoffeln. Sie enthalten reichlich Kohlenhydrate in Form von Stärke. Diese versorgen die Muskulatur und das Gehirn mit Energie und sind eine wichtige Energiequelle. Vollkornprodukte liefern sogenannte 'sekundäre Pflanzenstoffe', Vitamine, Mineralien und Ballaststoffe. Vollkornprodukte senken nachweislich das Risiko, Diabetes zu bekommen..."

„Sind die sekundären Pflanzenstoffe nicht die Ursache, weshalb beim Zwiebelschneiden die Augen tränen, die Tomaten rot und Chilis scharf sind?" „Ich bin beeindruckt Emma. Richtig gut!" Emma spielt mit ihrer Haarsträhne und grinst. „Apropos Tomaten. Stimmt es, Chefin, dass Tomaten vor Sonnenbrand schützen? „Ja wohl, das stimmt, Emma. 'Lycopin' heißt der Wirkstoff, der den Tomaten nicht nur die rote Farbe verleiht, sondern auch einen Basisschutz gegen Sonnenbrand aufbaut. Mithilfe des roten Pflanzenfarbstoffes Lycopin schützen sich Tomaten, Chilis oder eine rote Grapefruit vor den schädlichen Wirkungen der UV-Sonnenstrahlung. Tomatenmark hat am meisten davon. Lycopin gilt als Geheimtipp bei Befindlichkeitsstörungen der Prostata." Emma zieht ihre Augenbrauen hoch. „Meine Damen, vom Lycopin in roten Früchten zu den Vitaminen des B Komplexes.

Unseren Vitamin-B Bedarf decken wir vegetarisch insbesondere über Vollkornprodukte und Hülsenfrüchte." Antonia wendet sich Emma zu. „Um mit Ihren Worten weiter zu reden: Die 'Normalos' essen Carpaccio, Bündner Fleisch, rohen Schinken oder Lachs sowie Eier und Milchprodukte, um ihre B-Vitamine einzuwerfen." Emma grinst breit. „Emma, eine Frage: Welche Besonderheit gilt bei magenschwachen Menschen?" „Chefin, bei magenschwachen Menschen muss immer an eine zusätzliche Gabe von Vitamin B12 als Injektion gedacht werden. ihre Schwäche ist, selbst kein Vitamin B 12 aus der aufgenommenen Nahrung aufzunehmen und zu verwerten." „Sehr gut, Emma." „Antonia, meine Schwiegermutter hatte vor einigen Jahren schon einmal einen Magenkatarrh. Dafür hat sie ein Mittel empfohlen bekommen. Es handelt sich um das Palsaneu Trinkmoor..." „Maria-Julia, eine gute Verordnung. Interessant wäre zu erfahren, wer genau dieses Mittel ihrer Schwiegermutter verordnet hat..." „Ich glaube, dass hat ihr eine Apothekerin mitgegeben, die selbst gute Erfahrungen mit dem Moor gemacht hat. Können Sie mir bitte etwas dazu sagen?"

„Gern, Maria-Julia. Dieses Moor ist über einen Humifizierungsprozess unter Luftabschluss über Jahrtausende entstanden..." „Bitte, noch einmal. Ich schreibe mit", entschuldige ich mich bei Antonia. „Das geht in Ordnung!" Antonia räuspert sich. „Das Moor enthält Huminsäuren und verwertbares Eisen. Ein Drittel des Tagesbedarfs, das ist enorm. Wir verordnen es deshalb gerne in der Praxis, weil Eisen insbesondere für die Durchblutung und den Transport von Sauerstoff in das Gewebe zur Energiegewinnung wichtig ist. In dieser natürlich vorkommenden Form kann es besonders gut vom Körper aufgenommen werden. Huminsäuren in ihrer kolloidalen Form haben sowohl adstringierende, als auch absorbierende Eigenschaften und bilden einen schützenden Film auf den Schleimhäuten des Magen-Darm-Traktes." Soviel Gutes habe ich nicht vermutet. „Antonia, wie nimmt man das Trinkmoor?"

„Etwa eine halbe Stunde vor den Mahlzeiten anfangs einen Teelöffel einnehmen, später eventuell auf einen Esslöffel erhöhen. Es gibt zwei Möglichkeiten der Einnahme. Einmal pur und nach spülen mit einem Schluck Wasser oder in etwas Wasser auflösen und trinken. Es ist absolut geschmacksneutral." „Sieht nur schauerlich aus," tönt Emma. „Genau so ist es, Emma. Reicht Ihnen das, Maria-Julia? „Dankeschön. Das war sehr interessant. Ich darf eine weitere Frage stellen?" „Maria-Julia, selbstverständlich." „Was außer Spinat und Fleisch beinhaltet eigentlich genügend Eisen?" „Maria-Julia, eine gute Frage. Eisen ist für den Menschen wichtig, weil es als Baustein des roten Blutfarbstoffs am Sauerstofftransport im Körper maßgeblich beteiligt ist und bei der Blutbildung mitwirkt. Fangen wir mit dem Spinat an. Generationen von Kindern wurden mit Spinat gequält, weil er über einen großen Eisenanteil wichtig fürs Wachstum sein sollte. Es handelte sich indes um einen Schreibfehler in einer Tabelle... Und zwar hatte sich eine Sekretärin seinerzeit bei einer Tabelle mit einer Kommastelle um eine Kommastelle geirrt. Spinat ist weitaus weniger eisenreich, als es anscheinend immer noch im Umlauf ist..." Bei mir ist es jetzt angekommen... Ich seufze.

Für Fleisch gibt es durchaus pflanzliche Gegenspieler. Ein sich bewusst ernährender Vegetarier, der Vollkorn und Vollkornprodukte, Hülsenfrüchte, Nüsse und Samen, unterschiedliches Gemüse, Kräuter und regelmäßig Beeren und Früchte isst, hat selten eine Mangelerscheinung. Schauen Sie Michael an. Sowohl seine Eltern, als auch seine Großeltern waren Vegetarier. Tiere merken übrigens, wenn jemand noch niemals Fleisch gegessen hat. Sie verhalten sich 'zahmer'. Es gibt dazu eine schöne wahre Geschichten. Aber das ein anderes Mal..." Antonia schmunzelt. Emma räuspert sich. „Ich kenne von Ravidas eine herrliche kleine Kurzgeschichte zum Thema Spinat. Darf ich sie bitte vortragen?" Antonia nickt. „Immer wenn der kleine Ravidas aus Holland über dem Teller mit Spinat das Gesicht verzog, ermutigte ihn seine Mama mit den Worten: 'Mein kleiner Liebling, das ist der Spinat von Popeye (+ Olive)!' In Holland kannten alle Jungen diesen Namen. Popeye war 'der' Held und erledigte jeden Schurken mit Leichtigkeit, wenn er sich zuvor mit Spinat gestärkt hat. Für ihn und viele andere Kinder stand dieser Spinat für Mut und Kraft!" Antonia schmunzelt.

Ich erwähnte bereits die der fett löslichen Vitamine. Ich möchte ein wenig mehr dazu sagen. Die fett löslichen Vitamine sind A – D – E – K . Natürliche Quellen sind beispielsweise Oliven, Nüsse und Saaten, gute Öle daraus, Fisch sowie gute Butter. In einer Apothekenzeitung las ich: Wer Nüsse regelmäßig isst, lebt einer Studie der Harvard-Universität in Boston zufolge gesünder und länger. Eine Handvoll Nüsse täglich wurden dreißig Jahre lang – man höre und staune - von den mehr als fünfundsiebzig tausend Frauen und zweiundvierzig tausend Männern gegessen. Die Ergebnisse waren erstaunlich!" „Und schmecken wider Erwarten gut", meldet sich Emma. „Chefin, zu den Fetten fällt mir was Interessantes ein. Darf ich?" Antonia nickt.

„Meine Freundin Jo hat einen Sohn, der eine Expedition in die Antarktis gemacht hat. Ich weiß nicht, wie viel Ghee, also Butterfett, sie für diesen Trip hergestellt hat. Über Tage hat das gedauert. Ihr Sohn hatte sie darum gebeten, weil er dieses Fett für seine Grundversorgung gebraucht hat, um nicht zu erfrieren." „Hat er die Kälte gut vertragen?", will ich wissen. „Ja, hat er. Ich weiß noch, wie glücklich die Mutter war, als er gesund wieder bei ihr eingetroffen ist. Trotz einiger Widrigkeiten, die es dort in der Einöde und Kälte gegeben hat. Aber seine Grundversorgung war wohl perfekt..."

„Danke, Emma. Vielleicht ist jetzt besser verständlich, warum manche Menschen im kalten Winter Probleme bekommen. Sie nehmen einerseits zu wenig gutes, leicht verwertbares Fett zu sich und andererseits sind sie zu leicht bekleidet. Zu beachten gilt: Baumwolle kühlt, Wolle wärmt. In der kalten Jahreszeit sind deshalb Baumwollsocken weniger ideal oder eher unangebracht. Ebenso falsch sind vitaminreiche aber leider kühlende Zitrusfrüchte, beste Säfte oder gar Speiseeis. Sie haben beide sicher auch schon beobachtet, dass selbst im frostigen Winter Kindern Eis in ihre kleinen Fäustchen geschoben wird. Noch ein weiser Spruch des chinesischen Philosophen Laotse: Durch Bewegung überwindet man Kälte, durch Stillhalten überwindet man Hitze." Emmas Stirn kräuselt sich.

„Mannomann, Chefin! Ich habe bisher zwar zugehört, aber nicht richtig hingehört und wahrscheinlich eher unkontrolliert alles Mögliche angestellt und nach geplappert. Gerade jetzt geht mir ein Licht auf, wie das mit den Erkältungskrankheiten so funktioniert…" Emma schürzt ihre Lippen. „Alles gut, Emma. Ein wichtiger Merksatz: Erkältung kommt von kalt. Sei es als physische Unterkühlung oder in Form einer seelischen 'Coolness.'" Ich atme tief aus. „Liebe Antonia. Mir läuft es passend zum Thema gerade in diesem Moment eiskalt über meinen Rücken… Ich bin dankbar, dass ich hier bin!" Antonia lächelt. „Dankeschön, Maria-Julia, für dieses Kompliment. Ich möchte Ihnen in diesem Zusammenhang eine kleine wahre Geschichte erzählen. Diese Geschichte handelt von Zitrusfrüchten. In einem Gespräch mit einem Biologen der Universität Düsseldorf habe ich vor kurzem erfahren, dass er manchmal seine Erstsemester den Vitamin C Gehalt von Zitrusfrüchten bestimmen lässt. Dabei ergibt sich, dass es immer häufiger vorkommt, dass dieser Wert bei nahezu Null liegt. Einerseits liegt das wohl an den mangelnden Mineralien im Boden durch falsche Düngung, anderseits gerade auch daran, dass Zitrusfrüchte aus markttechnischen Überlegungen heraus bis zu 'fünf' Jahre in speziellen Kühlhäusern gelagert werden. Zusätzlich werden sie mit 'Orthophenyl' und 'Thiabenzol' gewachst, sprich konserviert, um den Zellstoffwechsel zu unterbrechen." „Warum denn so etwas?", frage ich entsetzt. Emma setzt sich aufrecht hin. „Liegt doch auf der Hand, Maria-Julia. Wahrscheinlich sind die Lagerkosten geringer als der Verlust durch ein Überangebot auf dem Markt. Es geht mal wieder um den Profit. Ist doch logisch, Maria-Julia." Ich stöhne auf und seufze tief.

„Tröste Dich, Maria-Julia. Ich bin ebenfalls entsetzt, das über die Zitronen und deren langer Lagerung zu erfahren. Was mich allerdings schlicht umhaut ist die Tatsache, dass es blödsinnig ist, im Winter Riesenmengen Orangen auszupressen.. Ich habe das gemacht, um eine Erkältung zu verhindern!" Emma kratzt sich am Hinterkopf. „Genau das habe ich zum vermeintlichen Wohl meiner gesamten Familie angetan, Emma." Emma zieht einen Flunsch. „Heute haben Sie erfahren, welche Alternativen es für Zitrusfrüchte in der kalten Jahreszeit gibt?" Antonia schaut mich an und ich antworte: „Vitamin C habe ist reichlich im Sauerkraut vom Fass und in Sprossen..." Antonia lächelt mich an. „Gut aufgepasst, Maria-Julia. Bislang habe ich von Essen und Trinken gesprochen. Jedoch: Essen und Trinken ist nicht alles. Es gibt sicherlich Menschen auf dieser Welt, die bereits ihr Naturell kennen, ihre körperliche Verfassung beachten und die jeweiligen Jahreszeiten. Kurzum: was, wie viel und warum sie etwas zu sich nehmen."

Antonia macht eine kleine Pause. „Es gibt ein Handicap. Ein Mensch wird trotz aller Bemühungen krank werden, wenn er sein 'Seelenheil' vernachlässigt! Essen und Trinken allein sind nicht ausreichend, um gesund zu bleiben. Essen und Trinken haben sich erfahrungsgemäß als bester Einstieg in ein bewusstes Leben bewährt." Eine kurze Weile ist es still im Zimmer. „Vielleicht noch einmal lüften?", unterbricht Antonia. Wir nicken zustimmend. Emma öffnet ein Fenster. „Einige Tipps: Obst und Gemüse bitte getrennt und nicht direkt nebeneinander lagern." „Beispielsweise Tomaten neben Äpfeln?" Antonia nickt. „Genau, Emma. Bitte, waschen Sie Salat, Gemüse und Obst gründlich, jedoch nur kurz. Lassen Sie beides nicht im Wasser liegen. Vitamine reagieren empfindlich. Noch irgendwelche Fragen zu dem Thema?" Emma fragt unsicher: „Ich habe bisher das ganze Jahr über Obst gegessen und Obstsäfte getrunken. Sollte ich damit aufhören?" „So viel ich weiß, Emma, haben Sie warme Hände und Füße, selbst im Winter. Sie betrifft das deshalb weniger. Emma, Sie sollten Obst und Obstsäfte meiden, wenn Sie einen schlechten Tag haben oder ein paar Tage um Ihre Monatsregel herum. Zu diesen Zeiten gönnen Sie Ihrem Körper bitte warme Getränke.

Anders schaut es bei Ihrer Freundin Maria-Julia aus. Bei ihr ist im Augenblick Wärme angesagt. Obwohl draußen angenehme Temperaturen gemessen werden, erinnere ich an die Wärmflasche bei den Infusionen..." Ich stimme Antonia zu. „Ich würde allerdings gerne Obstsaft trinken oder Obst essen!", gestehe ich. „Das kann ich gut verstehen, Maria-Julia. Sie lernen derzeit, die Bedürfnisse Ihres Körpers wahrzunehmen. Sie lieben Ihren Körper und respektieren ihn. Aus diesem Grund lassen sie kühlendes Obst, Obstsäfte und Salate weg, wenn es draußen ungemütlich kalt ist. Wenn es Ihnen besser geht, reduzieren sie kühlendes Obst, Obstsäfte und Salate während der kühlen oder kalten Jahreszeit auf eine kleine Portion." Ich seufze. „Ich gelobe Besserung!"

Apropos Frischkost

„Der Mensch braucht etwa ein Drittel seiner Nahrung 'lebendig', um seine Funktionen zu erhalten. Damit sind gemeint: grüne Salate und Salat aus Gemüse, Vergorenes, Sprossen oder Keimsaat. Auch tierische Produkte, die unerhitzt verzehrt werden, gelten als lebendige Nahrung." „Chefin, ich darf noch einmal nach fragen?" Antonia sieht Emma freundlich an. „Sicher doch, Emma." Emma räuspert sich. „Es geht mir um die tierischen Produkte. Sie meinen abgehangenes Fleisch? Das hat ausschließlich im Rauch gegangen und wurde weder gekocht, gesotten oder gebraten. Habe ich das richtig verstanden?" „Ja wohl, das ist richtig. Der Italiener kennt das Carpaccio vom Rind und Fisch, der Japaner macht Sushi aus rohem Fisch, der Schweizer liebt Bündner Fleisch, im ersten Weltkrieg bekamen die Kinder Schinkenspeck geschickt. Heutzutage ist Speck wenig attraktiv, die Menschen bevorzugen Tatar und Kaviar. Alle diese tierischen Produkte enthalten gutes verwertbares Eiweiß, allerdings sollte die

Menge beachtet werden, sonst kommt es zu Komplikationen..." Emma ist zufrieden. „Danke, Chefin."

„Einige Worte noch zum Obst. Solange Ihnen tendenziell kalt ist, empfehle ich Ihnen einen Bratapfel mit Zimt. Der schmeckt Ihnen?" Ich nicke. „Bratäpfel mag ich mit einer Soße mit Vanille oder Zimt." Mir läuft augenblicklich das Wasser im Mund zusammen. „Ein Quantum Trost, Maria-Julia. Ihnen wird bald weniger kalt oder anders ausgedrückt wesentlich wärmer sein als im Augenblick und damit ändern sich die Regeln..." Emma schaut mich grinsend an. Sie weiß, dass ich liebend gerne wieder Obst essen würde oder einen Fruchtsaft. Immerhin bin ich Kubanerin. „Als Nachtisch mittags können Sie probeweise einmal eine Sorte Obst essen, Maria-Julia. Spüren Sie in sich hinein, ob Ihnen das bekommt. Ich nehme an, das wird klappen. Fruchtsäfte werden im übrigens als Obst gerechnet. Ein Gemüse- oder Fruchtsaft müsste mit Quellwasser verdünnt als Schorle - bitte schluckweise - getrunken werden. Sonst hat Ihre Bauchspeicheldrüse zu viel Stress und Sie leiden vielleicht unter Blähungen." „Warum?", frage ich nach.

„Stellen Sie sich die vielen Äpfel oder Karotten vor, die in einer Portion Saft stecken. Diese Menge Äpfel oder Karotten, die Sie nacheinander essen müssten, würden Sie mehr oder weniger gründlich kauen. Dabei würde sich automatisch Speichel bilden. Allein das Kauen dieser Portion würde eine Weile Zeit in Anspruch nehmen. Die Verdauungsdrüsen würden ihre Säfte nach und nach zur Verdauung bereitstellen." Antonia macht eine kleine Pause. „Mal eben Trinken oder Hinunterschlucken funktioniert zwar, aber die Verdauungsorgane haben dadurch reichlich Stress. Bei einem Überangebot an zu verarbeitendem Obst oder Gemüse sieht man diese Überforderung im Gesicht - durch eine rote Nase und rote Wangen." Ich verstehe."Schluck weise also..." Antonia nickt. „Idealerweise 'vor' den Mahlzeiten. Als Aperitif, wie es heute heißt." Ich seufze. „Rohkost kühlt und ist aus diesem Grund derzeit unerwünscht. Erwünscht sind Vitamine. Diese Vitamine stecken zwar in Obst und Gemüse, aber wussten Sie beide, dass Sprossen viel mehr Vitamine haben als Obst?" Emma und ich schauen Antonia erstaunt an. „Tatsächlich? Und ich dachte immer, die wären nur etwas für Ökos." Antonia muss grinsen. „Sie haben es vielleicht noch nicht mitbekommen, Emma, aber unseren ernsthaft erkrankten Patienten verordne ich generell Keimlinge aus dem Sprossengarten. Frage an Sie beide: Muss jemand erst ernsthaft erkranken, um gute Geschenke der Natur anzunehmen?" Ich frage nach. „Kann man die fertig kaufen?" Antonia hüstelt. „Kann man. Aber je frischer sie sind, desto mehr Vitamine enthalten sie."

Emma meldet sich. „Wie genau macht man die selbst?" „Es gibt die Keimsaat sowie Keimgläser und Apparate zum Keimen in Reformhäusern und Bioläden usw. Ich bevorzuge für meinen Haushalt die Gläser. An drei aufeinander folgenden Tagen bestücke ich die Gläschen mit Keimsaat, gieße sie jeweils morgens und abends und schütte danach das überflüssige Wasser wieder weg. Nach drei, vier Tagen ist Erntezeit. Die kleinen, sehr harten Samen knipse ich ab. Vorsorglich, wegen der Zähne. Die kleinen Vitaminbomben verwende ich als essbaren Dekor für die Gerichte. Das sieht fast so hübsch aus wie die essbaren Blüten..." Emma meldet sich. „Die essbaren Blüten kann man im Internet bestellen, habe ich gesehen." Ich staune. „Emma, Du bist unglaublich. Was Du alles raus findest..." Antonia stimmt mir zu. „Genau diese Eigenheit schätze ich besonders an Emma!"

Meine Freundin errötet leicht. „Nicht zu vergessen sind bitte die milchsauer vergorenen Gemüse, über die wir vorhin gesprochen haben. Manche schätzen diese sauer-salzigen Köstlichkeiten fürs Abendbrot. Meine Damen, wir sind am Ende. Sind Sie zufrieden mit dem, was Sie erfahren haben? Emma und ich schauen uns an und erheben uns. Ich antworte als erste: „Antonia, ich bin mehr als überrascht. Ich dachte, ich wäre gut informiert... Danke kann ich nur sagen." Antonia lächelt. „Und Sie Emma?" „Mir geht es ähnlich wie Maria-Julia. Das war heute heftig, Chefin. Ich habe mir das wesentlich weniger umfangreich vorgestellt. Auch ich habe mir eingebildet, ich sei mit der Thematik vertraut." Emma seufzt. „Dankeschön! Eine letzte Frage: Haben wir eigentlich über Kalorien gesprochen?" Antonia nickt. „Nein, Emma. In der Praxis zählen wir keine Kalorien, wir hungern auch nicht. Wir essen Gescheites in guter Qualität, in einer Menge, die uns satt macht. Das sind oft anfangs sogar größere Mengen als die gewohnten..." Ich räuspere mich. „Antonia, können Sie mir bitte später einmal eine Einkaufsliste zusammen stellen?" „Antonia, Sie meinen eine Vorratsliste für die Grundausstattung?" Ich nicke. „Maria-Julia, das erledige ich sofort. Ergänzen Sie bitte ihre Notizen." Das habe ich nicht erwartet. Wir setzen uns erneut.

„Gemüse und Obst der Saison, Vollreis, Hirse, Weizengrütze oder Bulgur, Haferflocken, Dinkelflocken, Polenta. Glasnudeln aus Mungbohnen oder Reis für die schnelle Küche..." Ich frage nach. „Kalmut für die Schönheit kommt noch dazu, nicht wahr?" Antonia schaut mich kurz lächelnd an. „Richtig, Maria-Julia, Kalmut kann ergänzt werden. Brot gehört ebenfalls auf die Liste: Roggenknäckebrot aus vollem Korn und/oder Sauerteigbrot aus Roggenmehl. Hülsenfrüchte: rote Linsen, Azukibohnen, Kichererbsen. Dazu kommen Tofu, Ziegenfrischkäse, Büffelmozzarella... Mandeln, Cashewkerne, Haselnüsse, Walnüsse, Paranüsse, Sonnenblumenkerne, Kürbiskerne. Sauerrahmbutter, native Öle von Oliven, Sonnenblumen, Walnüssen, Raps, Sesam... Milchsauer vergorenes Sauerkraut... In Wasser und Salz eingelegte grüne und schwarze Oliven. Meersalz, Tamari, Kombualgen. Unbehandelte Zitronen... Ume Su und Balsamicoessig ohne Zucker..." Antonia macht eine kleine Pause und schaut aus dem Fenster. „Ich komplettiere die Einkaufsliste: Gutes Quellwasser, Kräutertee, grüner Tee, Biokaffee, Getreidekaffee. Zum Süßen: Für Getränke Stevia oder Xylitol, für den Abendtee guten trüben Honig. Brauner Zucker oder Honig ausschließlich bei Hefekuchen, weil der sonst nicht aufgeht. Für Rührkuchen kann man ebenfalls ohne Nebenwirkungen Stevia oder Xylitol verwenden. Soviel zum Thema 'süß'. Weiterhin sollten auf der Liste stehen: Frische Gartenkräuter wie Bohnenkraut, Thymian, Rosmarin, Oregano, Basilikum, Zitronengras, Koriander oder Petersilie..." Antonia holt kurz Luft.

„...sowie gute Gewürze wie Paprika, frischer Pfeffer aus der Mühle, Curry ohne Zwiebeln und ohne Knoblauch, Kreuzkümmel, Muskatnuss, Koriander, Asa foetida, Kurkuma und vielleicht noch Galgant für die Kartoffelgerichte. Antonia nimmt sich einen Schluck

Wasser. „Zimt und Ingwer... Senf, Meerrettich und Pfeffer als Verdauungshilfe insbesondere für die tierischen Produkte: Eier, geräucherter Fisch, frischer Matjes, Carpaccio, Bündner Fleisch, Geflügel, Tatar ohne Schweinefleisch..." Antonia atmet tief aus, schaut uns beide lächelnd an. „Reicht Ihnen das, meine Damen?" Antonia hat alles auf den Punkt gebracht... Ich nicke. „Ich glaube, das Thema ist unerschöpflich, Chefin!", stöhnt Emma. Antonia pflichtet ihr bei. „Das mag sein, Emma. Meine Damen, lassen Sie alles, was Ihnen zu Ohren gekommen ist, erst einmal sacken. Schlafen Sie ein paar Mal darüber. Vielleicht ergeben sich Fragen. In jedem Fall: Beginnen Sie, das Gehörte umzusetzen. Es geht wie immer um den ersten Schritt."

*

Antonia schaut auf die Karteikarte von mir. „Maria-Julia, seit sechs Wochen kommen Sie nun zur Behandlung in die Heilpraxis. Ihre Hände und Füße haben inzwischen ihre Eisigkeit eingebüßt. Die Wärmflaschen bei den Infusionen gehören der Vergangenheit an. Nach eigenen Angaben schlafen Sie besser durch und ab und an höre ich Ihr Lachen in der Praxis. Mein Eindruck ist, dass Sie gelassener und deutlich stabiler sind. War das alles korrekt?" Ich widerspreche. „Jein. Meine Gesichtshaut ist wieder glatter!" Wir lachen. „Antonia, darf ich Ihnen dazu etwas erzählen? Ich bin etwas durcheinander. Ich habe letzte Woche einen Schamanen kennen gelernt!

Mein Auto war gestern in der Inspektion und deshalb bin ich per Bus in die Stadt gefahren. Ein sympathischer älterer Mann setzte sich neben mich. Ich kannte ihn nicht, aber er schien mir vertraut zu sein. Die Begegnung war ungewöhnlich. Er erzählte mir von Gespenstern, die sich von schlechter Energie nähren. In Kuba glaubt jeder an Geister und Gespenster. Vielleicht können Sie mir etwas zu diesem Thema sagen?" Antonia schenkt sich eine Tasse Tee ein. „Möchten Sie vielleicht auch noch?..." Ich nicke. Antonia schaut mich ruhig an. „Erst einmal eine Geschichte, bei der es um Träume geht." Antonia hüstelt, bevor sie weiter redet: Ich könnte Ihnen dazu zwei wahre Geschichten erzählen, die mir besonders gefallen haben, wenn Sie wollen?" Antonia überlegt.

Träume sind Schäume?

„Wie war das gleich?" Antonia schließt kurz die Augen. „Eine Patientin, ich nenne sie mal Ira, erzählte mir, dass sie nach dem Tod ihres Vaters in finanzielle Not geraten war. Ira grübelte und suchte nach Lösungen für ihr Problem. Alles schien erfolglos zu sein. Da setzten ihre Träume ein. Drei Träume an nacheinander folgenden Nächten..." Antonia schlürft einen Schluck Tee. „Ihr Vater erschien ihr und machte sie mit einem ihr unbekannten Vorgang vertraut. Der betraf den Vater selbst und einen gemeinsamen Freund. Der war nach Aussage ihres Vaters wohl ein wenig schlitzohrig und verschlagen. Der Vater hatte ihm Geld geliehen, und zwar eine beträchtliche Summe - so unter Freunden per Handschlag. Der Herr Papa schilderte seiner Tochter Ira genau bei welcher Gelegenheit, wo und wann das geschehen war. Er ließ sie das alles – wohlgemerkt im Traum – wiederholen. Nach den drei Traumnächten meinte der Vater, es sei an der Zeit, den Pflichtbesuch bei seinem alten Freund anzutreten. Er war überzeugt, dass Iras Not damit ein Ende hatte, weil er wusste, dass der Schuldner inzwischen in der Lage war, jetzt sofort zu bezahlen. Ich schaue Antonia mit großen Augen an. „Nun. Die Aktion verlief erfolgreich. Ira bekam auf der Stelle das Geld. Auch ohne Papiere. Der Mann war dermaßen überwältigt von der Tatsache, dass sie aber auch alles bis ins haarkleinste Detail kannte. Die beiden Freunde hatten so manchen Deal gemeinsam gemacht. Ohne jeglichen Mitwisser..." Ein gutes Ende, finde ich. „Das ist wirklich bemerkenswert, dass es geklappt hat. Der Schuldner hätte sich vielleicht nie bei Ira gemeldet?" Antonia seufzt. „Das wäre möglich gewesen." Ich bin mir sicher.

„Gespenster gibt es – keine Frage. Nicht nur nette Gespenster. Die weniger netten nähren sich insbesondere von negativen Gedanken und Gefühlen. Geister halten sich gerne an Gewässern auf. Das

Element des Wassers tut ihnen gut. Übrigens: hellsichtige Erwachsene sowie kleine Kinder können sie manchmal sehen... „Was meinen Sie, soll ich Ihnen eine wahre Geschichte zum Thema 'Geister und Gespenster' erzählen, Maria-Julia?" Habe ich richtig gehört? „War das eine Frage? Bitte, gerne!" Ich bin gespannt auf das, was ich jetzt erfahren werde. „Maria-Julia, es ist eine recht lustige wahre Geschichte. Sie stammt vom Großvater meines Freundes, Richard. Richard erzählte sie mehr als einmal seinem Sohn Paul Helmut Hermann und der erzählte sie wiederum seinem Sohn Michael. Michael kennen Sie bereits." Antonia hält kurz inne. „In dieser Geschichte geht es um eine Begebenheit, die sich am Wörtersee zu einer Zeit ereignete, als Großvater Richard noch lebte..." Antonia bemerkt meine leere Teetasse. „Noch ein Schlückchen Tee, Maria-Julia?" Ich nicke. „Ich nehme mir auch noch einen Tee..." Antonia lächelt.

„Ein Mann war im See ertrunken und hatte verpasst, ins Licht zu gehen. Vor seinem Tod glaubte er, dass mit dem Tod alles vorbei sei. Er war verwundert, dass es ihn immer noch gab... Phasenweise war er darüber traurig oder wütend. Wenn er jedoch so richtig mit seinem Schicksal haderte, dann entwickelte er so viel Energie, dass er für Menschen kurz sichtbar wurde – als Gespenst. In diesen Augenblicken seiner sichtbaren Erscheinung wollte er den Lebenden zeigen und beweisen, dass es ihn noch gab... Zu jener Zeit gab es bereits Fahrräder mit Kette und Schutzblech. Das Gespenst wurde am Wörtersee bekannt als 'Der Fahrradfahrer ohne Licht'. Nun zur Geschichte. Ein junger Gendarm hatte seinen neuen Dienst angetreten. Er wurde gewarnt, nachts keine Streife am See zu machen, weil dort ein Gespenst umgehe. Und bisher aber auch jeden zu Tode erschreckt habe. Er jedoch meinte, Gespenster gäbe es ohnehin nicht und mit all dem Spuk hätte er absolut nichts an seiner Polizeimütze. Er trat unbeirrt seinen Nachtdienst am See an. Für ihn stand fest, Gespenster gibt es nicht, wenn schon, dann nur im Film. Vielleicht oder wahrscheinlich sogar handelt es sich dabei um zwielichtige Zeitgenossen, die mit haarsträubenden Geschichten ihre Mitmenschen in Schrecken versetzen, um ungestört ihrer Tätigkeit nachzugehen. Damit ist jetzt Schluss, nahm er sich fest vor. Er würde diesen Spuk beenden.

An jenem Abend war es ziemlich kühl und feucht und ein dichter Nebel stieg auf. Man konnte die Hand vor Augen nicht mehr erkennen. Pünktlich zu Mitternacht lichtete sich die Nebelfront und das Licht der ersten sichtbaren Sterne drang zaghaft durch den Nebel in dieser finsteren Neumondnacht. Die Geräusche der Nacht bestanden aus dem leisen Plätschern des Sees am Ufer. Ansonsten war es still. Aus dem stockfinsteren Nichts drang auf einmal ein Geräusch in das amtliche Ohr. Er hörte das typische Schlagen einer Fahrradkette ans Schutzblech. Der Fall war klar: Da kam ein Fahrradfahrer 'ohne' Licht auf seiner Straße daher. „Das geht nicht!", beschloss er zugleich. Das gehört geändert. Geduldig positionierte er sich mitten auf der Straße. Tatsächlich. Aus dem Dunklen tauchte nach einer kurzen Weile ein Radfahrer auf. Forsch zückte er seine Taschenlampe mit rotem Licht, schwenkte sie mit seinem rechten Arm hin und her und rief: 'Bitte anhalten!' Als das keine Wirkung zeigte, wiederholte er die Aufforderung ein weiteres Mal, nur etwas lauter. Aber der Radfahrer reagierte immer noch nicht. Unser tapferer Gendarm machte sich bereit, diesen Unhold zu stoppen. doch es kam anders...

Keine zehn Meter vor ihm erhob sich der Radfahrer samt Fahrrad mit dem eintönigen Klappergeräusch in die Luft, drehte eine Schleife über seinem Kopf, setzte langsam wieder auf der Straße auf und fuhr wieder zurück in das Dunkel, aus dem er gekommen war... Der Gendarm stand wie angewurzelt auf der glänzend nassen Straße. Ihm war abwechselnd kalt und heiß, feine Schweißperlen standen auf seiner Stirn. Seine Kehle war trocken und wie zugeschnürt. Er brauchte dringend etwas Schnaps, um das Geschehene herunterzuspielen..." Ich atme tief aus. „Tolle Geschichte. Was ist aus dem Gendarmen geworden?" Antonia lächelt. „Der Gendarm machte fortan keinen Streifengang mehr nachts am See und ließ sich sofort versetzen - zurück nach Wien." Ich nicke. „Das kann ich nachvollziehen. Was für ein Ding! So etwas hat sich tatsächlich zugetragen? Unglaublich!" Mein Verstand verneint das Gehörte, jedoch ganz tief in mir drinnen weiß ich, dass so etwas möglich ist." Ich atme hörbar aus.

Acht gleich kreativ

„Heute Morgen kam ein alter Schlager im Radio: 'Mit siebzehn hat man noch Träume'... Als ich das Lied hörte, habe ich beschlossen, Sie auf meine Tochter Sonja anzusprechen. Ich hoffe, dass Sie mir helfen können!" Antonia schaut mich fragend an. „Was immer ich tun kann, um Ihnen beizustehen und zu helfen, will ich gerne tun. Danke für Ihr Vertrauen. Wo drückt denn der Schuh zur Zeit?" Ich überlege. „Mit meiner Sonja ist es schlimm. Sie streitet sich zur Zeit nicht nur mit mir und meinem Mann, sondern mit allen und jedem, sogar mit ihren Lehrern hat sie Theater. Ich musste schon außerhalb des Elternsprechtages in die Schule. Ich habe mich mit den Lehrern auf die einschießenden Hormone geeinigt." Ich atme kurz tief aus. „Seit kurzem kennt sie ihren Enrico. Dadurch ist es besser geworden... Fällt Ihnen vielleicht etwas zu meiner Großen ein?" Antonia malt den Geburtsstern auf. „Maria-Julia, das Geburtsdatum ist der ...?" Ich ergänze: „8.8.1992, Quersumme 10." Antonia lacht kurz auf. „Intellektuell, intuitiv und wissend! Sonja hat die Götter wohl bestochen?" Ich schaue verwundert. Antonia fängt diesen Blick auf und bekräftigt das vorher Gesagte. „Was man selbst kann, an Wissen geerbt oder erworben hat, wird von ihrer Tochter wahrscheinlich als normal erachtet und nicht als Vorteil genutzt. Ihre Tochter ist gesegnet! Irgend wann einmal kann sie diese ererbten Möglichkeiten sicher gut einsetzen." Antonia schaut schweigend aus dem Fenster für eine kleine Weile. Dann wendet sie sich mir erneut zu.

„Ein so kreatives Geschöpf wie Ihre Tochter braucht Freiräume. Vielleicht kommt sie über den Stress in der Schule zur Zeit wenig oder gar nicht dazu, ihren Neigungen nachzukommen?" Ich nicke. „Das stimmt, Antonia. Meine Tochter wünscht sich, Designerin zu werden. Sie skizziert Modelle und schneidert, wann immer sie Zeit dazu findet. Ich habe früher selbst Mode entworfen und geschneidert, deshalb kann ich Ihren Wunsch verstehen. Allerdings haben mein Mann und ich nach reiflichem Überlegen eher Bedenken, was diesen Wunsch betrifft. Wir haben ihr davon abgeraten." Antonia schließt kurz ihre Augen. „Maria-Julia, bei dieser Zahlenfolge sollte ihre Tochter dem Beruf nachkommen, den sie sich wünscht. In dem Beruf Ihrer Wahl wird sie aller Wahrscheinlichkeit nach erfolgreich sein. Wenn ein kleines Mädchen beispielsweise mit diesen Geburtszahlen den Wunsch hätte, Zirkusprinzessin zu werden, würde ich den Eltern raten, sich darum zu kümmern..." Antonia und ich lachen. „Meinen Sie wirklich, dass 'Designerin' ein guter Beruf wäre?" Antonia nickt. „Ich denke, Sie und ihre Tochter sollten sich gemeinsam schlau machen. Solide Schneiderlehre, Praktikum, vielleicht ein Studium...Ich selbst kenne zu wenig von dem Metier.." Damit habe ich nicht gerechnet! Ein völlig neuer Ansatz! „Ich werde das mit Sonja bereden. Mal sehen, was und wie sie sich das gedacht hat..." Antonia lächelt mich an. „Maria-Julia, ich habe dazu eine wunderschöne wahre Geschichte für Sie parat?", fragt sie schelmisch. „Liebend gerne, Antonia."

Antonia räuspert sich. „Meine Tochter Elisabeth war etwas jünger als jetzt ihre Sonja. Sie hatte ebenfalls mit etlichen Schülerinnen und Lehrern Knatsch. Die Situation war ziemlich verzwickt. Meine Tochter fühlte sich schlecht dabei und wollte dringend etwas daran ändern. Deshalb besuchte sie mich eines Tages und fragte mich: „Kann ich in dieser verzwickten Angelegenheit irgendwas Produktives tun? Ich bin es leid und ich Null Bock, so wie es läuft. Entschuldigung bringt nichts. Alles ist verhakt und kompliziert. Ich dachte an eine Deiner geistigen Lösungen?" Antonia nimmt sich einen Schluck Tee. „Lass mir eine kleine Weile", sagte ich zu ihr. „Vielleicht trinkst Du im Wartezimmer noch eine Tasse Tee?" Mein Töchterlein tat wie ihr geheißen und ließ mich allein in meinem Refugium zurück. Ich überlegte eine Weile und hatte eine Idee: „Mein liebes Kind, ich glaube, ich kann Dir helfen. Du hast eine gute Vorstellungskraft, wie wir beide wissen. Könntest Du Dir eine Lichtkugel vorstellen?" Sie vergewisserte sich: „Einen Ball aus Licht? Ich nickte. Ja, so könnte man sagen." Meine Tochter schloss ihre Augen und lächelte prompt. „Geil! Null Problem!" Ich war fürs erste zufrieden. Gut. Kannst du Dir auf irgend eine Weise auch eine Deiner an Deinem Schlamassel beteiligten Person vorstellen?"

Elisabeth schloss erneut ihre Augen und lächelte sogleich wieder. „Null Problem, Mama!" Ich war erstaunt. „Phantastisch, Elisabeth! Dann stelle Dir bitte eine Deiner beteiligten Personen in einer Lichtkugel vor? Klappt das?" Meine Tochter schloss ein weiteres Mal ihre Augen und lächelte bereits nach kurzer Zeit. „Null Problem!, war ihr erneuter Kommentar." Unverkennbar meine Tochter, stellte ich fest und schmunzelte. „Gut und jetzt mal an die Arbeit, Elisabeth! Diese Übung zweimal am Tag. Morgens beim Aufstehen, abends vorm Einschlafen. Einverstanden?" Ihre Antwort kam prompt. „Das lässt sich machen, Mama. Mal sehen was passiert...." Einige Tage später fragte ich sie: „Wie machst du das denn eigentlich – bei so vielen Menschen? Wie bekommst du das hin?" Meine Tochter grinste. Ich habe mir ausgedacht, dass die Menschen – einer nach dem anderen – auf einem Fließband stehen und mit einer Lichtdusche besprüht werden. Das geht ganz toll! Super einfach!" Ich war sprachlos. „Welch geniale Idee, Elisabeth." Antonia nimmt sich noch einen Schluck Tee. „Maria-Julia, vielleicht erzählen Sie die Geschichte Ihrer Tochter?"

*

Im Hinausgehen erwischt mich Emma. Wir gehen vor die Tür. Bevor sie mich fragen kann, beginne ich zu berichten. „Ich habe Deiner Chefin von der derzeit schwierigen Phase von Sonja erzählt." Emma seufzt. „Ojeh. Ich sag es ja immer: Wer einmal die Unschuld verloren hat..." Ich seufze. „Emma! Lass das! Antonia erzählte mir in diesem Zusammenhang eine Begebenheit, die ihre Tochter betraf, als diese in Schwierigkeiten war." Emmas Gesicht erhellt sich. „Du meinst die wunderschöne Geschichte mit der Lichtdusche auf dem Fließband?" Ich nicke.„Genau. Diese Begebenheit werde ich meiner Großen erzählen. Die beschäftigt sich gerade im Augenblick mit Esoterik und Spiritualität." Emma sieht mich überrascht an. „Interessant, Maria-Julia. Das ist mir neu. Wie kommst Du darauf?" Leise antworte ich. „Mir sind vor kurzem Bücher in ihrem Zimmer aufgefallen.", gestehe ich Emma. „Du hast Antonia erzählt, dass sie Designerin werden möchte?" Ich nicke. „Richtig. Ich habe Antonia erzählt, dass Sonja gerne in ihrer Freizeit Modelle entwirft, schneidert und den Wunsch hat, Designerin zu werden. Außerdem habe ich ihr gesagt, dass Stephan und ich ihr davon abgeraten haben. Antonia reagierte nicht darauf, sondern fragte nach dem Geburtsdatum von Sonja. Sie hat einige Zeit gebraucht, um mir eine Empfehlung zu geben. Ich bin von einem gänzlich anderen Ergebnis ausgegangen..." Ich muss husten. „Maria-Julia, bitte, spanne mich nicht auf die Folter. Was hat Antonia vorgeschlagen?"

Ich räuspere mich. „Antonia hat mich beziehungsweise Stephan und mich gebeten, an erster Stelle Sonjas Glück im Auge zu behalten, wohlwollend Sonjas Wunsch zu entsprechen und unserer Tochter tatkräftig dabei zu helfen, ihren Berufswunsch zu realisieren. Ist das nicht bemerkenswert?" Emma steckt ihre Arme aus und lächelt. „Das sind genau die Dinge, für die ich dankbar bin, in dieser Heilpraxis gelandet zu sein. Normalerweise grübelst Du über Probleme, machst Dir Gedanken und Deine Gedanken kreisen unentwegt um denkbare Lösungen. Alle Beteiligten sind mit diesen rein logisch gefundenen Lösungen unglücklich. Unerwartet kommt mit einmal ein Gespräch ganz anderer Art zustande und schon ordnen sich die Dinge komplett anders und alle sind zufrieden. Antonia betont immer, dass Lösungen immer zum Wohle aller gefunden werden müssen, um befriedigend zu sein. Das hat was." Ich kann das nur bekräftigen. „Du hast recht. Die Kleine, unsere Kathy, hat mich ebenfalls nachdenklich gemacht. Kathy hat spontan beim ersten Termin erzählt, dass ihre Beschwerden zeitgleich mit dem Auszug von Omi Hilde aufgetreten sind..." Emma nagt an ihrer Unterlippe.„Ist durchaus denkbar, Maria-Julia. Interessant!"

Eine Weile hingen wir zwei unseren Gedanken nach. Dann stupse ich Emma an. „Soll ich Dir noch was Lustiges erzählen?" Emma muss nicht antworten. Ich beginne. „Emma, ich habe den Reis auf die neue Art gekocht: Hälfte Basmati Vollreis, die andere Hälfte Hirse und Bulgur. Mit Gemüse drin..." Emma will es genau wissen. „Mit Wasser?" Ich schüttele den Kopf. „Nein, mit Gemüsebrühe ohne

Zwiebeln aus dem Reformhaus. Pardon, habe ich vergessen zu sagen. Ich stelle den Topf mit dem gekochten Gemüsereis in der Küche ab, um schnell noch für kleine Mädchen zu verschwinden... Zwischenzeitlich ist mein Stephan hungrig von einem Kundenbesuch zurückgekehrt. In Windeseile hat er fast die gesamte Abendmahlzeit aufgegessen., die ursprünglich für alle Familienmitglieder bestimmt war. Ich habe mich mehr als gewundert, versichere ich Dir..." Emma schmunzelt. „Hat ihm also gemundet, Deinem Schatz! Ist Dir denn klar, was das bedeutet?" Ich bin irritiert. „Was meinst Du?" Emma zieht ihre Stirn kraus. „Nun, der Gute hat offensichtlich einen großen Bedarf - will sagen Mangel - an Mineralien und B-Vitaminen. Denn die sind in solch einem Gericht reichlich vorhanden..." Meine Emma! Das macht Sinn! „Aha. So habe ich das noch gar nicht gesehen, Emma."

Lachsack

„Maria-Julia, inzwischen haben wir Ihre Termine umgestellt. Maria-Julia, immer wenn es noch irgendwo hakt mit der totalen Beseitigung von Befindlichkeitsstörungen und der Patient gut bei Kräften ist, setze ich den 'Lachsack' ein." Habe ich richtig gehört? „Den Lacksack?", frage ich nach." Antonia lächelt. „Dazu eine kleine wahre Geschichte. Das 'trockene CO2 Gasbad' oder die 'geschlossene Kohlendioxid-Behandlung' wird in unserer Praxis hier ziemlich respektlos 'Lachsack' oder 'Goldener Harlekin' genannt. Diese lustigen Namen haben sich Patienten aus dem bella Italia, nämlich Luisa und Luigi ausgedacht. Der Patient wird in einen Beutel aus Plastikfolie gelegt, den man mit einem Klettband abdichtet. Anfangs meist nur bis zur Taille, später bis zur Brust oder zum Hals. Über einen Schlauch leitet man das Kohlendioxid ein. Die Dauer der Behandlung beträgt fünfundvierzig bis sechzig Minuten. Dabei wird es angenehm warm in dem Beutel. Bei angenehmer Musik entspannt sich der Patient.

Anfangs waren die Kunststoffsäcke noch golden. Luisa steckte in einem solchen goldenen Beutel wie ein in Goldpapier eingewickeltes Bonbon. Ich gab Luisa einen Spiegel. Sie betrachtete sich und bat mich, ein Photo für ihren Luigi zu schießen. Diesen Wunsch habe ich ihr natürlich erfüllt. Seinerzeit gab es noch kein Handy mit einer Funktion als Fotoapparat in Deutschland. Alle Fotos mussten erst einmal entwickelt werden. Na ja. Als das Ergebnis vorlag, haben alle tüchtig gelacht. Am meisten Luigi. 'Du siehst aus wie ein 'goldener Harlekin'!" Ich lächele. „Eine schöne Geschichte! Was genau macht dieser 'Lachsack' mit mir?", frage ich Antonia. „Maria-Julia, das will ich Ihnen gerne erklären. Da gab es einmal wieder den berühmten Zufall, den es gar nicht gibt. Dazu eine kleine wahre Geschichte?" Ich nicke. „Ich habe einen Kollegen, der Mike heißt. Eines Tages rief er mich an mit den Worten: 'Es ist soweit. Ich kann mich bei Dir revanchieren! Du solltest unbedingt die geschlossene Kohlendioxid-Behandlung kennen lernen. Du bist doch eine, die immer Hilfe zur Selbsthilfe groß schreibt! Kümmere Dich. Das wird eingesetzt bei Durchblutungsstörungen und sogar zum legalen Doping für Sportler, die nicht ins Gebirge kommen, um zu trainieren.' Von einem geschlossenen Kohlendioxidbad hatte ich noch nie etwas gehört. 'Wo kann ich die Behandlung kennen lernen?', fragte ich Mike. 'Da fährst Du nach Aachen zum Dr. Robert Kovarik, der hat das nach Deutschland gebracht.' Ich bin meiner Neugier gefolgt und habe mir die Behandlung angeschaut. Ich war begeistert und habe sie sofort übernommen, Maria-Julia. Antonia lächelt.

Der große Trick

„Für die Aufrechterhaltung unserer Gesundheit ist ein voll funktionsfähiges Kapillarsystem von größter Bedeutung. Durch vermehrte Sauerstoffversorgung der Organe über die Kapillaren gewinnt der Körper an Energie. Die Durchblutung der Muskulatur steigert sich und zaubert gerötete Wangen. Haben Sie eine Idee, um wie viele Kapillarenkilometer es sich handelt?, Maria-Julia?" Ich passe. „Hier im Flyer des Schiele Kreislauftrainings steht es. Ich zitiere: Rein rechnerisch stehen bei geschätzten dreißig Milliarden Kapillaren zwanzigtausend Kapillarenkilometer bei einer Gesamtoberfläche von etwa neunhundert Quadratmetern zur Verfügung." Der reine Wahnsinn, finde ich. „Der Mensch ist schon ein Wunderwerk. Was mir noch einfällt. Auch der 'Stoffwechsel' wird optimiert." Ich melde mich. „Was bedeutet 'Stoffwechsel'?" Antonia schließt kurz ihre Augen. „Stoffwechsel bedeutet, dass Nährstoffe von den Zellen aufgenommen und Rückstände abgegeben werden. Im Volksmund nennt man diese Rückstände 'Schlacken'.

Das Kohlendioxid-Gas ist das Endprodukt unseres Stoffwechsels. Hinter dieser Tatsache verbirgt sich der große Trick der Methode. Durch das CO_2-Verfahren wird ja dem Körper in Ruhe eine solche Situation vorgetäuscht, die sonst nur bei Anstrengung vorkommt. Die dadurch angesagte Gegenregulation sorgt für gesteigerte Sauerstoff-Zufuhr, Schlacken-Entsorgung und intensivste Auffüllung der zellulären Speicher mit energiereichen Verbindungen. Diese Effekte werden oft sogar noch Stunden nach der Behandlung beobachtet. Ich als Behandler habe keine Möglichkeit, die Durchblutung gezielt zu forcieren. Der 'innere Arzt' mit seiner ihm eigenen Weisheit bestimmt, welche Gebiete Durchblutung benötigen. Mithilfe der Pathophysiognomie kann ich während der Ruhepause an den leicht geröteten Reflexzonen im Gesicht des Patienten erkennen, wo genau die Behandlung gewirkt hat. In Deutschland ist diese Behandlung kaum bekannt.

Diese Anwendung kommt ursprünglich aus der Tschechoslowakei und wird in den Kurorten dort auch heutzutage noch praktiziert." Ich kombiniere. „Antonia, Sie meinen, ich bekomme eine bessere Durchblutung und habe in der Zukunft wieder warme Pillefüße, wie Emma sagen würde?" Antonia schmunzelt. „Genau das meine ich. Wollen Sie das mal ausprobieren? Ich nicke. „Maria-Julia, hierzu eine wahre Geschichte. Eine Patientin, ich nenne sie mal Melina, fuhr zur Kur nach Marienbad. Dort trank sie aus den Quellen Heilwasser und bekam tagtäglich genau diese CO_2-Behandlungen. Das hat ihr gut getan. Die Krankenschwester fragte beim abschließenden Gespräch: 'Wie haben Ihnen unsere Beutel mit CO_2 gefallen?' Melina antwortete wahrheitsgemäß: 'Ich fühle mich ausgesprochen wohl damit. Diese Behandlung kenne ich bereits aus Bochum. Das ist im Ruhrgebiet von Deutschland. In meiner Heilpraxis haben wir dafür einen lustigen Namen, und zwar nennt man den Beutel bei uns 'Lachsack' oder 'Goldener Harlekin'. Wahrscheinlich hat Melina auch die Geschichte von Luisa und Luigi erzählt.'"

*

„Was war heute dran?" Ich lege meine Kladde auf den Tisch und schaue auf meine Notizen. Du hast schon bestellt?", frage ich Emma. Emma nickt und zeitgleich erscheint Claudio mit seinem Tablett. „Zuerst einmal habe ich mich über das Gespräch mit Antonia daran erinnert, dass es noch vor ein paar Jahren weder ein Handy noch eine Möglichkeit gab, es zu benutzen. Beispielsweise schnell mal ein Foto mit dem Handy zu machen. Die Technik hat rasante Fortschritte gemacht." Emma nickt. „Ich erinnere mich an eine Werbung im Fernsehen. Immer mal wieder wird eine elektrische Zahnbürste beworben, die über eine spezielle App mit dem Handy des Benutzers verbunden ist. Dadurch erfährt der Verwender, ob er die Zähne gut und lange genug geputzt hat." So etwas gibt es? Brauche ich so etwas? Eher nein, nehme ich an. Emma macht sich über ihre Flasche Wasser her und ich schenke mir mein Wasser in ein Glas. „Interessant, Emma. Ich habe meinen Mädels, als sie klein waren, eine Eieruhr als Zeitmesser für die Putzdauer eingestellt. Der Trend geht heute unaufhaltsam zur Technik." Emma zieht die Brauen hoch. „Was gefällt Dir daran nicht, Emma?" Emma seufzt. „Maria-Julia, überlege doch mal. Wo führt dieser Technikwahn aller Wahrscheinlichkeit hin? Ich sage es Dir hier und jetzt: Die Menschen mutieren freiwillig zum 'gläsernen Menschen'! Emma rutscht unruhig auf ihrem Stuhl hin und her. Irgend etwas plagt sie. Über was hast Du Dich tatsächlich aufgeregt, Emma. Sag schon!"

Emma knatscht. „Du hast recht, Maria-Julia. Ich habe richtig dicke Wut im Bauch! Da gibt es jetzt Armbänder, die Dir genau sagen, was Du wann tun sollst. Damit haben sowohl Dein Handyhersteller, Dein Provider, als auch der Erfinder der App Zugriff auf Deine Befindlichkeiten. Du gestattest freiwillig, dass die alle an Deine absoluten Vertraulichkeiten kommen, die Du sonst wahrscheinlich nur Deinem Arzt erzählst – unter dem Siegel der Verschwiegenheit!" Ich bin erstaunt. „Was Du nicht sagst, Emma." Wir schweigen eine Weile und trinken Espresso und Kaffee. Emma räuspert sich: „Dabei begann alles ganz harmlos mit dem Einstellen des Weckers mittels Handy, inzwischen haben Halbwüchsige oder aus meiner Sicht Menschen mit wenig Gespür fürs Wesentliche ein Programm installiert, das alle ihre Aktivitäten aufzeichnet und ihnen sagt, wann sie sich bewegen, etwas essen, was sie essen sollen usw. Abends beglückwünscht das Programm den Anwender mit :'Sie haben alles geschafft' oder ähnlich." Emma schnauft. Ich staune. „Solche Gedanken habe ich mir darüber noch gar nie gemacht. Du meinst, dass sei eine Art der Überwachung?", frage ich ungläubig. „Nun früher hat man sich aufgeregt, wenn ein anderer einem etwas vorschreiben wollte. Heute gibt man der anonymen Technik Geld dafür. Maria-Julia, allen Ernstes, meinst Du, dass diese Entwicklung zu einer Kommunikation nach innen passt? Wohl eher nicht. Da hört wahrscheinlich auf Dauer keiner dieser Anwender mehr hin oder vergisst gar, dass solche Schätze in ihm schlummern und nur darauf warten, von ihm entdeckt zu werden..." Emma hüstelt und ihre Augen scheinen Funken zu sprühen. „Der Supertechnikfreak bekommt wahrscheinlich in Erwartung auf 'Toilettenpapier mit Sensor' glänzende Augen! Darüber hinaus wird ihm sein Handy sagen, ob er sich richtig den Arsch abgeputzt hat!" Ich bin entsetzt! „Emma!" Emma zieht einen Flunsch. Einen Moment ist Ruhe angesagt. Ich trinke mein Wasser aus.

Emma schnaubt. „Es kommt noch besser: Es ist Hackern tatsächlich gelungen, ins Wohnzimmer von Normalos zu gucken. Das machen schätzungsweise zigtausend angeschmuddelter Charaktere ebenfalls. Igitt, igitt!" Ich höre das zum ersten Mal. Das finde ich unglaublich unverschämt. „Und wie genau machen diese Hacker das?", frage ich Emma. „Die benutzen Dein Smart TV und Handy!" Ich begreife das nicht, was Emma sagt. „Wie? Mein Handy? Emma, bitte etwas genauer!" Emma erklärt: „Diese Superhelden schauen über Deine Kamera im Handy in Dein Wohnzimmer und sehen Dir zu, wie Du Deine Lieben bewirtest, Deinen Mann streichelst, sobald Deine Töchter sich verabschiedet haben..." Ich beginne zu verstehen... „Klar. Im fasse zusammen: Zum einen ist Dein Handy eine Art Wanze, mit der man Dich aufspüren kann und zum anderen kann das Handy zur Lifeshow benutzt werden. Richtig, Emma?" Emma nickt. „So etwas geht tatsächlich?" Ich schüttele den Kopf. „Was es alles gibt... Wie gehst Du damit um, Emma?" Emma setzt sich aufrecht hin. „Ich habe meine eventuellen Verfolger ausgetrickst. Schau hier!" Emma deutet auf einen kleinen schwarzen Plastikstreifen auf ihrem Handy. Bitte genau dorthin, wo eine kleine Öffnung für die Kamera angebracht ist. Ich bin sprachlos und beginne zu schwitzen. Emma hüstelt. „Weiter Emma. Was kommt noch alles?" Emma hat bestimmt noch ein paar Extras parat...

„Maria-Julia, es könnte passieren – weil alles miteinander vernetzt ist – dass Dir die Hacker die Heizung ausstellen. Die Heizung geht wieder an... Und jetzt wissen die Einbrecher, dass Du auf dem Weg bist!" „Emma! Erschreckend! „Du sagst es. Es gibt eine weitere Steigerung der Katastrophen... Eine Uni hat ein Programm geschrieben, das auf Dein Handy mittels 'sms' geschmuggelt wird, was 'keine' Meldung verursacht. Du kriegst es also gar nicht mit!" Ich bin entsetzt. „Tatsächlich, Emma?" „Realo, Maria-Julia." Emma seufzt. „Dieses Programm kann selbstständig Bilder machen, wenn man das Handy auf dem Tisch ablegt oder herum trägt, beispielsweise ins Badezimmer oder Schlafzimmer... Darüber hinaus gibt es eine Software, die diese Bilder zusammenfügt und eine komplette Ansicht des Umfeldes zeigt. Desweiteren gibt es ein Programm, das die Frontkamera des Handys nutzt, um aus der Reflektion des Auges den Bildschirm Deines Smartphones auszulesen. So werden Passwörter erspäht usw." Ich atme tief durch. „Danke, Emma. Ich bin sprachlos! Ich werde meine Kamera abkleben und weitergeben, was ich gehört habe - an meine Familie und viele andere." Soviel Schreckliches muss ich sofort weg spülen. Ich bestelle mir eine weitere kleine Flasche Wasser.

„Willst Du gar nicht hören, Emma, über was ich heute ein wenig mehr weiß als gestern?" Emma seufzt. „Claro, Maria-Julia. Wenn Du sagst, dass Du heute ein wenig schlauer als gestern bist, wird das stimmen! Sprich!" Ich räuspere mich. „Heute haben wir über den Lachsack gesprochen." „Maria-Julia, Du redest von unserem absoluten Trumpf im Ärmel!" „Das freut mich zu hören, Emma. Du hast mir im Zusammenhang mit dem Lachsack von den geröteten Reflexzonen im Gesicht erzählt." „ Das ist richtig. Ich könnte Dir allgemein etwas über Reflexzonen erzählen, wenn Du magst?" Ich nicke. „Überall am Körper gibt es Reflexzonen. Nicht nur im Gesicht, sondern ebenfalls unter den Fußsohlen, an den Händen, am Kopf usw." Ein spannendes Thema, finde ich. „Emma, die Ohrakupunktur fasziniert mich." Emma nickt. „Maria-Julia, ich finde Folgendes interessant. Das Ohr beinhaltet den gesamten Menschen. In der chinesischen Medizin wird das Ohr als eingerollter Embryo beschrieben, der auf dem Kopf steht. Das Ohrläppchen ist der Schädel, der äußere Rand der Ohrmuschel die Wirbelsäule..." Ich staune. „Es scheint richtig zu sein, denn es entlastet, bei Rückenschmerzen den Außenrand der Ohren zu massieren. Probiere das mal aus, Maria-Julia." Das werde ich ausprobieren beim nächsten Mal... „Danke, Emma, für diesen Tipp." Emma strahlt. „Immer wieder gern!. Alles ist im Körper miteinander vernetzt. Das Wunderbare daran ist, dass, wenn Du es schaffst, die Muskeln Deines Gesichts zu harmonisieren, entspannt sich zeitgleich auch Dein Körper. Oder im Umkehrschluss: Wenn sich dein Körper entspannt, dann sieht man das auch im Gesicht. Wenn so etwas regelmäßig praktiziert wird, verhilft das jedem Gesicht zu einer sichtbaren Verjüngung." Ich umarme meine Freundin spontan. „Emma, toll!" Emma löst sich geschickt aus meiner Umklammerung. „Sag mal Emma. Kannst Du Störungen an solchen Reflexzonen - zum Beispiel am Rücken - auch mit Deinen Händen ertasten?" Emma nickt. „Ich kenne einen hübschen Spruch von Antonia dazu. 'Man muss lernen, mit den Händen zu sehen und mit den Augen zu spüren!" Ich seufze. „Emma, was für ein Spruch!" Emma schaut mich liebevoll an. „Maria-Julia, meine liebe Freundin, meine Prinzessin von der Hülsenfrucht!" Ich bin verunsichert. „Emma!" Emma seufzt. „Maria-Julia, das ist ganz lieb gemeint, wirklich!"

Brief an den Geliebten

Der heutige Abend gehört mir. Alle sind ausgeflogen. Ich lege mir eine Schreibunterlage und mein Briefpapier auf meiner Bettdecke zurecht und setze mich aufs Bett. Ich habe mir eines meiner Lieblingsstücke aufgelegt: das Violinkonzert von Tschaikowsky. Gespielt von Anne-Sophie Mutter. Ich genieße die Musik und schreibe. Ich schreibe einen Brief an meinen Mann.

Mein Geliebter!
Sieh Dich bitte an, lieber Stephan, mit meinen liebevollen Augen. Sei gewiss: Ich bin froh, Dich besser zu kennen... Ich sehe und höre Dir gerne zu und bin immer wieder erstaunt, was Du alles kennst und kannst. Allein die Freude scheint Dir abhanden gekommen zu sein... Du gibst Dir viel Mühe, nicht zu sagen, wer Du wirklich bist. Das gelingt Dir großartig. Manchmal hast Du mich fast überzeugt mit Deinem Tun. Ich dachte für einen kurzen Augenblick, dass alles so stimmt. Für mich ergeben sich grundlegend die Fragen an Dich: Härte statt Herz? Leistung statt Leben? Du magst Dich fragen, was ich mir wünsche: Geh liebevoll mit Dir um. Dann wirst Du auch mich wieder lieben können. Sei wieder mein romantischer Liebhaber. Lass uns wieder träumen...
In Liebe, Maria-Julia

Das Herzzentrum

„Alle Kulturen jeder Zeitströmung haben dem Herzen eine besondere Bedeutung zugeordnet. Maria-Julia, ich freue mich auf unsere heutige Sitzung und beginne mit einem Zitat von Novalis: 'Das Herz ist der Schlüssel der Welt und des Lebens.' Das gefällt mir und wird sofort von mir notiert. „Eine Tasse Tee, Maria-Julia?" Ich nicke. „Gerne, Antonia." Ich puste in mein Teeglas und nippe daran. Leider ist er noch zu heiß. „Es geht ums Herz beziehungsweise das Herz als Zentrum. Es birgt ein Geheimnis, das Herzzentrum. Im Sprachgebrauch heißt es: 'Das Herz am richtigen Fleck haben'. Der 'Kleine Prinz' sagt: „Nur mit dem Herzen sieht man richtig gut"." Ich erinnere mich gut. „Das kleine Büchlein habe ich meinen Töchtern früher desöfteren mal vorgelesen. Sie haben diesen kleinen Prinzen geliebt." Antonia stimmt mir zu. „Maria-Julia, das Büchlein ist ein wirkliches Kleinod." Antonia trinkt einen Schluck..

„Schon im alten Ägypten wacht die Göttin Ma'at sorgsam über die Gewissenswaage. In Ägypten bedeutete das Herz den Sitz des bewusstseins und des sittlichen Willens. So befindet sich im ägyptischen Tarot, dem Tarot aus dem sich später alle anderen Formen entwickelten, die achte Karte, bei der es um die menschliche Qualität des Herzens geht. Am Tage des Todes wird das Herz auf eine der Schalen dieser Gewissenswaage gelegt. Eine Straußenfeder liegt in der Gegenschale. Das Herz wird nicht gewogen im Sinn der bürgerlichen Moral, dem geltenden Gesetz, sondern es geht um die Gerechtigkeit im Sinn der Reife und Weiterentwicklung. Bei Bestehen der Prüfung 'blühen acht Blumen am Fuße der Waage und strecken sich dem Himmel entgegen'. Zu Füßen der Waage lauert das Krokodil, dessen Höllenrachen das zu schwer befundene Herz verschlingen wird.

Im alten China, in der Traditionellen chinesischen Medizin, der TCM, ist das Herz der Kaiser der Organe. Zum Herzen gehört das Hormonsystem, was unter großer Hitze leidet. Suchen wir Schutz vor übermäßiger Hitze, dann meiden wir sie. Setzen wir uns ausgedehnten Sonnenbädern aus - eventuell auch noch mittags - geht es uns wie dem Frosch, dem kontinuierlich heißes Wasser in das bereits heiße Nass dazu gegeben wird. Er bemerkt nicht, dass es immer noch heißer und bedrohlich für ihn wird – und stirbt." Ich mache einen zweiten Versuch. Dieses Mal klappt es. Der Tee hat jetzt die richtige Temperatur und schmeckt wie immer köstlich.

Es ist doch interessant, dass in Ländern mit hohen Temperaturen Olivenbäume wachsen, oder? Aus den Früchten, den Oliven, wird qualitativ hochwertiges kalt geschlagenes Speiseöl gewonnen, was den Menschen hilft, genau den Schutz aufzubauen, um Hitze und extreme Sonne leichter zu vertragen. Die Gefäße erhalten über den Verzehr von Olivenöl mit seinen fett löslichen Vitaminen einen inneren Schutz und die Sonne wird besser vertragen. Tierische Produkte wie rotes Fleisch - insbesondere die versteckten Fette darin – belasten das Gefäßsystem. Außerdem hat Fleisch mehr oder wenige viele gesättigte Fettsäuren sowie Purine, die bei Menschen mit einer Harnsäure-Stoffwechselstörung zu Gicht führen können." Ich melde mich zu Wort. „Die guten unerhitzten Öle haben bei Ihrem Vortrag kürzlich über das tägliche Essen eine wichtige Rolle gespielt..." Antonia nickt. „Das stimmt. Das Ergebnis einer groß angelegten Untersuchung über einen Zeitraum von acht Jahren mit über ein hundertzwanzig tausend Menschen hat übrigens gezeigt, dass sich allein schon mit schlichten dreihundert Einheiten Vitamin E das Risiko für eine Erkrankung an den Herzkranzgefäßen um über vierzig Prozent senken lässt. Das Risiko der Kontrollgruppe, die 'kein' Vitamin E zusätzlich eingenommen hatte, war unverändert hoch geblieben. Das spricht doch für gutes Speiseöl, oder?" Ich nicke. „Allerdings." Es klopft. Emma kommt herein. „Ich wollte nur...", druckst Emma herum. „Haben Sie gerade Zeit, Emma?" Emma nickt. „Dann setzen Sie sich bitte. Ich spreche gerade vom für mich wichtigsten Organ des Menschen. Es geht um das Herz." Emma setzt sich neben mich.

Das Herz aus Stein

„Das Herz ist der Sitz des Lebens und des Geistes. Analog dem Herzschlag schlägt das Gewissen und gibt den Takt des Lebens vor. Wer gegen sein Gewissen lebt, der wird herzkrank werden..." Antonia schaut mich eindringlich an. „Das ist ja interessant, Antonia. Das bedeutet: Ich werde am Herzen erkranken, wenn ich gegen mein Gewissen lebe?" Antonia nickt. „Das meine ich, Maria-Julia. Mein Herz soll mein Gewissen sein. Meine Entscheidungen sollten aus dem Herzen heraus getroffen werden. Dann bin ich echt und wahrhaftig..." Ich schaue Emma an. „Das wird gelegentlich schwierig sein?" Ich seufze. „Antonia, wenn Sie sich nach Ihrem Herzen verhalten, werden Sie sich nie 'verbiegen' müssen. Damit geht es automatisch dem Rücken besser. Letztendlich ist es immer besser, wenn Sie ihrem Herzen folgen - für sich und andere. Das bedeutet nicht, aus Faulheit seinen Launen zu folgen oder sich taktlos zu verhalten unter dem Deckmantel der Wahrhaftigkeit und Wahrheitsliebe. Wahre Entscheidungen des Herzens erkennt man immer daran, dass sie dem Wohle aller Wesen dienen."Ich bin mehr als beeindruckt. Es entsteht eine Pause. Antonia trinkt einen Schluck Tee. „Ein weiterer Gedanke: Sich selbst und anderen vergeben hält das Herz jung. Ansonsten versteinert das Herz. Die Medizin für dieses hart gewordene Herz ist 'Nitroglyzerin'. Wissen Sie, wofür Nitroglyzerin normalerweise Verwendung findet, Maria-Julia?" Ich nicke. „Wird das nicht bei Sprengungen eingesetzt?" Antonia bejaht das. „Nitroglyzerin ist ein Sprengstoff!" Ich habe mir nie irgendwelche Gedanken zu dieser Thematik gemacht. Ich bin gespannt, was Stephan dazu sagen wird. „Wie kommt es dazu, dass ein Herz versteinert? Herz und Blut gehören zusammen. Das Blut wiederum mit dem Leben. Frage: Kann Leben aus einer Pumpe kommen? Ich komme darauf zurück. Das Herz fördert pro Herzschlag zirka 70 Milliliter Blut. In einer Stunde rund 300 Liter. Das ist die Menge, die eine große Badewanne fasst. Das Herz hat keine Ferien und es schlägt ohne Pause." Ich bin beeindruckt und schreibe fleißig alles auf. „Unser Herz verdient unsere Hochachtung, nicht wahr?" Antonia nickt. „Diese Aussage ist steigerungsfähig! Das hochsensible Herz ist zweifelsohne leistungsfähig und schlägt zudem ohne Wartung, meine Damen, ein Leben lang. Eine Pumpe schafft das nicht. Dieser Tatbestand könnte jeden von uns zum Nachdenken anregen..." Emma und ich nicken.

„Biologisch ist das Herz ein Hohlmuskel, etwas größer als die Faust. Der Herzschlag entzieht sich weitgehend unserer Kontrolle. Yogis der Spitzenklasse sind in der Lage, ihr Herz auf ganz ganz langsamen Betrieb bewusst umzuschalten. Dazu gibt es viele interessante belegte Beispiele. Ein Laie schafft es gerade mal, den Atem mehr oder weniger lange anzuhalten... In Zeiten der Ruhe schlägt ein Herz rund siebzig mal pro Minute, bei körperlicher Belastung kann es auf das Dreifache ansteigen. Auch bei emotionaler Erregung rast das Herz sofort beim ersten Gedanken los. Das ist aus Gründen der Vorsorge auch notwendig, denn der Kreislauf muss beschleunigt werden, damit der Körper weiterhin gut durchblutet wird und den Muskeln ausreichend Sauerstoff als Energie zur Verfügung steht. Zurück zur Frage: Wie kommt es dazu, dass ein Herz versteinert? Fast alle Menschen werden ohne Herz-Kreislauf-Erkrankungen geboren, weil sie die Voraussetzungen für ein funktionierendes System mitbringen. Sauerstoff und Nährstoffe gelangen durch die Adern in alle Organe des Körpers. Das reicht normalerweise gut aus, um allen Anforderungen des Lebens gerecht zu werden. Sauerstoff ist ein lebenswichtiger Stoff. Atmen - richtiger weise einatmen - hilft, Sauerstoff aufzunehmen. Während der Sauerstoff unseren Zellen gut tut, produziert die Erzeugung von Energie ein Nebenprodukt, nämlich 'Freie Radikale'. Freie Radikale sind hoch reaktive Sauerstoffverbindungen. Die entstehen im Körper durch Einflüsse wie UV-Strahlung, Abgase, Medikamente und Umweltgifte. In geringen Mengen sind sie hilfreich beim Angriff auf Viren und Bakterien. In hohen Mengen sind sie schädlich.

Forschungsarbeiten belegen, dass es bestimmte Schlüssel-Antioxidantien gibt, nämlich Vitamin C und E, Gluthadion, Liponsäure und Coenzym Q 10. Antioxidantien sind Verbündete im Kampf gegen freie Radikale. Sie werden in 'OPAC-Werten' gemessen, englisch Oxygen Radical Absorbance Capacity oder Redoxkapazität für Sauerstoffradikale. Anhand dieses Wertes bestimmen Wissenschaftler die oxidative Wirkung eines Lebensmittels. Antioxidantien scheinen sich gegenseitig zu recyceln oder zu regenerieren und es ist schwer, optimale Mengen von Antioxidantien über die Nahrung und auch Gewürze zu bekommen. Deshalb sind Nahrungsergänzungen, die bioverfügbar sind, eine feine Sache." Ich frage nach. „Antonia, habe ich richtig zugehört? Sie haben gerade Gewürze erwähnt?" Antonia bestätigt meine Nachfrage.„Das ist in der Tat bemerkenswert. Die höchsten OPAC-Werte, die je gemessen wurden, hatten die Gewürznelken, beziehungsweise das Nelkenöl. Blaubeeren galten vor der Messung der Nelken als Superobst mit einem Wert von 2.000 Einheiten pro

Gramm. Das Nelkenöl weist jedoch einen Wert von 10,5 Millionen pro Gramm auf. Weitere ätherische Öle mit hohen Werten stehen uns mit Oregano, Salbei, Zimt und Thymianöl zur Verfügung... Ich schreibe eifrig mit. „Zusammenfassend kann man sagen, dass Gewürze zwar mehr Antioxidantien enthalten als Obst und Gemüse. Zu bedenken ist allerdings, dass davon lediglich kleinere Mengen eingesetzt werden im täglichen Gebrauch." Genau das war mir gerade in den Sinn gekommen... Ich trinke Tee und stelle mir ein versteinertes Herz vor. Ich atme tief durch.

„Um die physischen Zusammenhänge besser zu verstehen, hole ich ein wenig aus. Ich beginne mit der Arteriosklerose, gemeinhin der Gefäßverkalkung. Diese 'Verkalkung' ist eine Abdichtung für die Gefäße, die als Nebenwirkung quasi 'Anker' für Blutgerinnungsstoffe bildet. Je nach Ort des Geschehens sprechen wir vom Hirnschlag, dem Herzschlag oder der Thrombose. Diese Erkrankung kommt nicht plötzlich aus heiterem Himmel. Voraussetzung auf der materiellen Ebene ist ein Mangel an Kollagen. Kollagen hält die Gefäße geschmeidig und versetzt diese in die Lage, sich mühelos den Gegebenheiten eines Körpers anzupassen. Der Körper kann jedoch Kollagen nur in Anwesenheit von Vitamin C bilden. Zusammengefasst lässt sich sagen: Die Gefäße werden porös durch einen Mangel an Kollagen und Vitamin C. Damit die Blutgefäße nicht reißen, werden sie als Vorsorge vom Körper insbesondere mit Cholesterin abgedichtet und versiegelt. Das hat jedoch eine Nebenwirkung: die Adern werden unelastisch und verhärten. Das Blut quält sich nun durch die mit Ablagerungen verengten Gefäße. Das erhöht zwangsläufig den Blutdruck. Außerdem trinken viele Menschen zu wenig Wasser. Dadurch wird die Konsistenz des Blutes 'zähflüssig' und ein erhöhter Druck, der Bluthochdruck, ist jetzt zwingend erforderlich, um den Körper weiter zu versorgen. Diese Schraube kann nur zurück gedreht werden, wenn man an der 'richtigen' Stelle ansetzt und den 'Mangel' an Vitalstoffen behebt." Wir schweigen für eine kurze Weile. „Maria-Julia, noch eine Botschaft: Bei Mangel an Kollagen verliert außerdem die Optik des Gesichtes und des Körpers." Ich horche auf. „Wie kann man die Schraube zurück drehen?" Ich bin gespannt, was genau Antonia antworten wird. „Über die Gabe von Vitamin C in ausreichendem Maße werden die Gefäße wieder elastisch und halten den Druck des Lebens aus. Ideal wirkt die zusätzliche Einnahme des Eiweißbausteins Arginin. Dieser wird in Stickstoffmonoxid umgewandelt. Das verbessert die Durchblutung und schützt die Gefäße vor Ablagerungen. Wir kombinieren Vitamin C und Arginin zusätzlich mit Antioxidantien wie im OPC und den B-Vitaminen. Einem Infarkt kann auf diese Weise vorgebeugt werden. Halten sich die Patienten sich daran, ist es immer wieder schön zu beobachten, wie sich deren Blutwerte verbessern." Emma meldet sich zu Wort.

„Chefin, Sie betonen immer wieder, dass jede Befindlichkeitsstörung oder Krankheit mit einem Mangel einhergehen. Füllt man den entstandenen Mangel nicht auf, verschlechtert sich der Zustand des Patienten, nicht wahr?" Antonia nickt. „Das ist richtig, Emma." Emma rutscht unruhig auf ihrem Stuhl hin und her. „Was genau wollten Sie wissen, Emma?" Emma nickt. „Richtig. Mir ist gerade der Arthritispatient ein, dem sie neulich gesagt haben, dass durchblutungsfördernde Salben für sein Knie nicht ausreichen, um es zu retten, sondern Calcium, Silizium, Magnesium, Strontium u.a. Mineralien und Spurenelemente aufgefüllt werden müssen, um degenerierten Knorpel wieder aufzubauen und eine Beweglichkeit zu ermöglichen. Sie haben ihm etwas von einem Test erzählt? Könnten Sie vielleicht..." Antonia räuspert sich. „Das ist in der Tat ein bemerkenswerter Test. Es gibt eine Versuchsreihe mit Patienten, die drei Monate lang Hühnerknorpel eingenommen hat. Aus dieser Studie geht hervor, dass Hühnerknorpel den eigenen Knorpel wieder aufbaut. Soweit zum Test."

Gegen Verschleiß von Knorpel gibt man normalerweise Chondroitin und Glucosamin. Natürlicher Hühnerknorpel enthält jedoch nicht nur Chondroitin und Glucosamin, sondern ebenfalls Hyaluronsäure, Fett und Wasser. Wir arbeiten in unserer Praxis erfolgreich mit 'HCK', was Hyaluronsäure-Chondroitin-Komplex bedeutet. Das hat als Nebenwirkung schöne, pralle Haut. Ebenfalls ist es wichtig, genügend klares Wasser zu trinken, damit der Knorpel nicht weiter austrocknet und elastisch bleibt. Emma hat recht. Ohne den Mangel an Vitalstoffen zu beheben, ist in Zukunft ein künstliches Knie von Nöten. Oder bei einem anderen Patienten eine künstliche Hüfte..." Ich notiere mir 'HCK'.

Claro! „Chefin, Sie haben dem Patienten noch Tipps gegeben. Die habe ich leider nicht mitbekommen." Emma schaut auf ihre Uhr. „Die Behebung der Mangelerscheinungen ist eine Sache, die andere die, eine Veränderung des Lebensgewohnheiten anzustreben: etwa aufzuhören zu rauchen, sich mindestens dreißig Minuten täglich zu bewegen und auf eine gesunde Ernährung umzusteigen." Emma steht auf. „Chefin, die Pflicht ruft. Ich muss..." Antonia lächelt Emma an. „Das ist schön, dass Sie Ihre Termine im Kopf haben..." Emma strahlt. „Danke, dass ich zuhören durfte, Chefin!" Jetzt sind Antonia und ich allein im Zimmer.

„Ich habe noch eine Frage zum Calcium. Eine Nachbarin hat mir neulich erzählt, dass eine russische Freundin von ihr Eierschalen auskocht, trocknet, pulverisiert und anschließend mit dem Saft einer unbehandelten Zitrone trinkt. Ist das empfehlenswert?" Ich bin auf Antonias Antwort gespannt. „Das scheint ein altes Rezept aus der Volksheilkunde zu sein. Meine Frage an Sie: Was nimmt man, um Kalk zu lösen?" Damit kenne ich mich aus. „Für den Wasserkocher nehme ich Entkalker. Im Badezimmer haben wir früher Zitronensaft genommen und heutzutage nehme ich Badreiniger. Von Emma habe ich erfahren, dass es auch mit Vitamin-C-Pulver aus der Drogerie funktioniert. Emma nimmt das Vitamin-C-Pulver für ihre Kaffeemaschine." Antonia lächelt. „Das freut mich zu hören. Man kann auch Produkte rund um Essig nehmen wie Essigessenz aus dem Haushalt sowie Essigreiniger oder aber verdünnte Salzsäure. Das allerdings erfordert Aufmerksamkeit und gute Handschuhe." Wir lachen. „So wie das Vitamin-C-Pulver den Kalk vom Kaffeekocher löst, genauso löst die Säure der Zitrone Calcium aus der Eierschale. Dieses Calcium kann dadurch als Citrat vom Körper verstoffwechselt werden." Hätte ich in der Schule besser aufgepasst! „Chemie war nie meine Stärke." Antonia lächelt mich an. „Ich möchte noch ein paar wichtige Bemerkungen zum Thema Calcium aus Eierschalen hinzufügen: Zuerst einmal sollte sichergestellt sein, dass sowohl die Legehennen gesund, als auch die Eier in bakteriell normalem Belastungsspektrum liegen. Als Vorsorge sollten deshalb die zerstoßenen Schalen aufgekocht werden, um Salmonellen und ähnliches abzutöten." Ich muss schlucken. „Wer denkt schon über so etwas nach?" Ich schüttele angewidert den Kopf. Antonia fährt fort. „Nun zum Zitronensaft. Der ist richtig und wichtig, wenn er lange genug auf die zerstoßenen Eierschalen einwirken kann. Das sollte gut eine Woche lang sein. Wenn die Schalen gut ausgekocht, getrocknet und pulverisiert lange genug in Zitronensaft eingelegt waren – schlicht alles gut und richtig gehandhabt wurde – ergibt sich eine gute Lösung." Mein Gott! Komplizierter geht es wohl kaum! Ich seufze. „Ich habe noch eine Frage, bitte: Wie schreibt man Calcium?" Antonia scheint überrascht. „Calcium mit zwei C ist international und Calcium mit K und Z ist eher in Deutschland, Österreich und der Schweiz gebräuchlich. Beide Formen sind richtig. Auch Citrat kann mit C oder Z geschrieben werden." Gut, dass ich gefragt habe. „Maria-Julia. Jetzt gerade fällt mir eine für Sie passende Herzsalbe ein, die Ihren Schlaf unterstützen wird. Ich habe noch ein Muster für Sie. Warten Sie bitte einen Augenblick!"

*

Heute scheint die Sonne. Emma wartet bereits auf mich und nickt Claudio zu, als sie mich sieht. Die Bestellung ist erledigt. Bald schon stehen Wasser, Kaffee und Espresso vor uns auf dem Tisch. „Emma, ich habe von Deiner Chefin eine Herzsalbe bekommen. Damit ich besser und tiefer schlafe. Leider habe ich sie zu hause vergessen." Emma schaut interessiert. „Hast Du Dir den Namen notiert und und weißt Du, aus was die Salbe besteht?" Ich nicke. „Zur Komplettierung meiner Aufzeichnungen habe ich mir das vom Beipackzettel abgeschrieben. Die Salbe heißt 'Aurum/Lavandula comp.', ist von Weleda und besteht aus drei Komponenten: Aurum metallicum, Lavendelöl und Rosenblütenextrakt. Ganz zart duften tut die, sage ich Dir. Herrlich! Ich nehme sie seit gestern, und zwar aufs Herzchen und um meinen Bauchnabel herum. Vielleicht merkst Du ja bald schon, dass ich ruhiger geworden bin..." Emma zieht ihre Stirn kraus.

„Schaun wir mal, Maria-Julia. Das kann noch gut werden!" Emma grinst. „Später habe ich Antonia das mit den Eierschalen erzählt. Ich meine die russische Freundin meiner Bekannten. Du erinnerst Dich?"

Emma nickt. „Maria-Julia, ich erinnere mich. Hast Du Antonia mal gefragt, ob das sinnvoll ist, was die Gute praktiziert?" Ich versuche eine Wiedergabe, Emma... „Die Antwort lautet: Jein. Wichtig ist die Einwirkung der Zitronensäure, die das Calcium aus der Eierschale löst, damit dieses Calcium als Citrat vom Körper überhaupt verstoffwechselt werden kann. Mindestens eine Woche sollten die Schalen im Zitronensaft liegen. Ferner gab Antonia zu bedenken, dass die Eierschalen bereits belastet sein könnten. Deshalb sollten die zerstoßenen Schalen in jedem Fall aufgekocht werden, um die Salmonellen und ähnliches abzutöten!" Ich schüttele mich. „Maria-Julia, machen wir das nach?" Emma trinkt wie üblich ihre Flasche Wasser in einem Zug leer. Ich schenke mir von meinem Wasser ein. „Was für eine Frage! Ich glaube nicht, Emma. Übrigens, ich habe mir im Internet mal Deine Seite angeschaut: emma-hb.fit"

Emma spielt an ihrer Haarlocke. „Hat Dir meine Seite gefallen?" Ich nicke. „Hat sie. Ich war erstaunt, Michael mit Zehnstern und Astrologie auf Deiner Seite vorzufinden." Emma schließt kurz ihre Augen. „Ich verwalte die angebotenen Kurse. Ich habe versäumt, Dir das zu sagen, stelle ich gerade fest. Sorry." Emma wirkt unsicher. Sie atmet tief aus. „Interessant, Emma. Warum genau tust Du das?" Emma räuspert sich. „Für mich springt heraus, dass ich die Kurse in Zehnstern und Astrologie umsonst wahrnehmen kann. Ich freue mich für Emma. „Wir beide nehmen bitte zusammen an den Kursen teil, Emma? Versprochen?" Emma nickt. „Eine Frage zu Deiner Bezeichnung auf Deiner Internetseite, Emma. Wie bist du auf dieses 'hb' gekommen?" Emma lacht kurz auf. „Mich haben vor Urzeiten die Werbungen der gleichnamigen Zigarettenmarke HB immer und immer wieder zum Lachen gebracht. Da gab es ein HB-Männchen, das bei jeder Gelegenheit an die Decke ging. Irgendwie wie ich. Oder?" Emma schaut mich grinsend an. „Diese witzige Werbung habe ich irgendwann einmal ebenfalls gesehen. Eine Frage noch. Dieses Mal bestellst Du meine Vitalstoffe. Wie mache ich das demnächst?" Emma räuspert sich. „Wenn Du selbst bestellen möchtest, gebe ich Dir meine Kontaktdaten und die kostenfreie Telefonnummer." Das werde ich hin bekommen... Ich trinke meine Flasche Wasser leer und genieße meinen aromatischen Kaffee. Emma nippt an ihrem Espresso.

Indirekte Rede

„Ich habe noch etwas Spezielles auf dem Herzen, Emma. Irgendwie traue ich mich nicht, meinem Mann zu sagen, dass ich seine Mutter gerne aus dem Heim holen würde. Er ist doch felsenfest der Meinung, dass sie da bestens aufgehoben ist." Emma schaut mich forschend an. „Maria-Julia, Du wünscht Dir, dass Hilde bei Euch sein sollte?" Ich nicke. „Ja, Emma. Dann wären wir wieder eine richtige Familie und Kathy hätte wieder ihre geliebte Oma im Haus." Emma nagt an ihrer Unterlippe. „Wie soll das gehen, Maria-Julia? Ursprünglich hatte Hilde eine eigene Wohnung. Die habt ihr aufgelöst, oder?" Ich seufze. „Richtig, Emma. Unser Haus ist ein großes Haus. Wir könnten ihr das Appartement geben, das wir als Gästezimmer fast immer leer stehen haben." Emma knabbert an ihrer Unterlippe. Urplötzlich strahlt sie mich an. „Maria-Julia, ich habe eine Idee, wie Du das Deinem Stephan sagen kannst." Emma schnippst mit den Fingern. „Tatsächlich, Emma?" Emma nickt. „Ja. Wir nennen das 'indirekte Rede' in der Praxis. Da sind schon tolle Sachen mit passiert." Emma hat mich neugierig gemacht. „Sag schon Emma, wie geht das?" Emma räuspert sich. „Gemach. Gemach. Lass mich kurz nachdenken..." Ich trinke meinen Kaffee, Emma ihren Espresso. Nach einer kurzen Weile beginnt Emma zu schmunzeln. Ihr ist eine wahrscheinlich eine wahre Geschichte zu diesem Thema eingefallen. „Eine wahre Geschichte dazu erzähle ich Dir jetzt nicht, sondern ich halte mich an das Procedere. Einverstanden, Maria-Julia?" Ich nicke. „Du redest deutlich und normal laut - in einem stillen Kämmerchen mit Deinem Mann." Habe ich das richtig interpretiert? „Du meinst, Emma, Stephan ist gar nicht dabei, wenn ich mit ihm rede?" Emma nickt. „Genau. Du bist allein und redest 'indirekt' mit ihm. Du sagst ihm auf diesem Wege deutlich, was Dir wichtig ist und warum das so ist. Es sollte von Dir eventuell auch ein Verbesserungsvorschlag kommen. Bitte achte darauf, dass Deine Bitte 'zum Wohle aller' gereicht. Das ist es." Mmh!

Ich frage nach. „Emma, das mache ich genau wie oft?" Emma schaut mich ernst an. „Nur ein einziges Mal, Maria-Julia! Du schickst Deinen Wunsch ans Universum. Denk an einen Taxifahrer. Du sagst dem Taxifahrer einmal die Richtung und Du kommst wahrscheinlich sicher und gut am Ziel an. Wenn Du ihn jedoch immer wieder in seiner Fahrtrichtung unterbrichst , dauert die Fahrt wahrscheinlich länger..." Emma strahlt mich an. „Meine gute Tat für heute habe ich weg!" Emma grinst. „Mal etwas anderes. Hast du inzwischen Deine Geschichte mit Tomm aufgeschrieben?" Emma zieht die Schultern hoch. „Habe mich erfolgreich drumherum gedrückt..." Ich erinnere Emma an Ihre eigenen Worte: „Versprochen ist..." Emma macht weiter. „..versprochen! Ich weiß!" Emma seufzt und trinkt ihren Espresso aus. „Übrigens: Maria-Julia, für Dich habe ich einen Supertipp!, und zwar einen Buchtipp. Es geht um die Macht der Worte. Insbesondere der ausgesprochenen. Das Buch heißt: 'Sprachmagie'. Ich übe täglich, sage ich Dir." Emma überrascht mich über wieder. „Ich bin sprachlos, Emma." Ich trinke meinen Kaffee und sehe, dass Emma etwas in ihrer Tasche sucht.

„Ich habe noch etwas für Dich mitgebracht! Eine grüne Tinktur. Vielleicht nur öfter einmal ansehen, Maria-Julia. Grün balanciert das Herz-Chakra aus und harmonisiert die Gefühle." Ich umarme meine Freundin und flüstere ihr ein 'Dankeschön' ins Ohr. Emma lächelt. „Maria-Julia,ich habe eine Bitte an Dich. Es geht um die Kraft des Herzens. Dir, Maria-Julia, sei Dein herzliches Lachen ein Zeichen, dass es Deinem Herzen wieder deutlich besser geht. Wenn ich geschwächt bin, reagiere ich über meine Sprache: ich rede entweder schneller oder leiser und spreche auch undeutlich. Ich versuche, das abzustellen, aber es gelingt mir nicht. Wenn Du das demnächst mitbekommst, Maria-Julia, gibst Du mir bitte eine geheime Botschaft?" Ich überlege. „Emma, 'schneller' kann ich bestätigen, 'leiser' weniger, 'nuscheln' gelegentlich... Mmh! Vielleicht gebe ich Dir das als Zeichen? Schau her." Ich fasse mir ans Herz. Emma strahlt. „Maria-Julia, Du bist und bleibst die Beste!"

*

„Darf ich Sie bitte mal was fragen?" Antonia sieht mich aufmerksam an. „Selbstverständlich, Maria-Julia, worum geht es?." Ich räuspere mich.„Es geht um Aspirin als Prophylaxe für meinen Mann." Ohne meine Zustimmung abzuwarten, schenkt uns Antonia Tee ein. Inzwischen ist es zu einem Ritual geworden, das unsere gemeinsame Stunde begleitet. „Von Aspirin profitieren nur Patienten, die bereits koronare Erkrankungen haben und an einer Herzschwäche leiden. Eine Alternative für die Patienten sind 'Cayenne Pfeffertropfen'. Insbesondere bei tendenziell kalten Händen und Füßen haben sich diese Tropfen bewährt. Man nimmt sie dreimal bis fünfmal täglich. In Wasser verdünnt oder pur auf die Zunge. Insbesondere pur eingenommen, entsteht ein Gefühl, ein Loch würde gerade in die Zunge gebrannt...." Ich bin überrascht. „Tatsächlich? Eine Bekannte von mir nimmt sie. Ich habe mir seinerzeit den Namen zwar notiert, allerdings bin ich der Angelegenheit nicht nachgegangen. Spricht etwas dagegen, dass Stephan die Tropfen mal ausprobiert?" Antonia schaut mich groß an. „Maria-Julia, Sie kennen meine Meinung zum Probieren aufs Geratewohl. In jedem Fall putzen die Cayenne Pfeffertropfen die Gefäße und halten das Adersystem elastisch. Vielleicht fängt ihr Mann mit dreimal drei bis fünf Tropfen pur auf die Zunge an. Weniger ist mehr..." Ich überlege kurz. „Vielleicht stellen Sie ein Rezept dafür aus?" Antonia denkt nach. „Die Tropfen könnten Sie selbst herstellen. Interessiert?" Ich nicke und schaue Antonia erwartungsvoll an. „Maria-Julia, Sie besorgen sich eine Pipettenflasche aus der Apotheke, im Reformhaus von Brecht eine Packung Cayenne Pfeffer und geben ihn in eine normale Flasche Korn oder Wodka. Wenn Sie etwas Besonderes herstellen wollen, ist der Mondstand wichtig. Bei Neumond setzt man die Tinktur an. Nach vierzehn Tagen ist Vollmond. Einen Monat später ist wieder Vollmond. Beim dritten Vollmond - auf die Stunde genau – wird die Tinktur durch ein feines Sieb gegeben. Die Cayenne-Pfeffertropfen sind fertig und können in Pipettenflasche und Vorratsflasche abgefüllt werden. Ich überlege. Woher bekomme ich einen Mondkalender? Emma wird wahrscheinlich einen besitzen, aber... „Die Mondkalender sind wahrscheinlich vergriffen?" Antonia nickt. „Das nehme ich an. Es gibt eine App 'MoonWorx'. Darüber lässt sich der genaue Zeitpunkt ermitteln. Vielleicht mache ich die Tropfen mit Emma zusammen? Ich werde sie fragen. Mir fällt ein, dass ich Antonia heute etwas fragen wollte.

„Wie sieht es bei Durchblutungsstörungen an den Beinen aus? Es geht um einen Bekannten von Stephan." Antonia trinkt einen Schluck Tee. „Maria-Julia, mit schlimmen Beinen ist nicht zu spaßen. Oftmals werden bestehende Symptome fehl interpretiert. Beinschmerzen werden beispielsweise als Probleme der Bandscheiben oder des Rückens gedeutet. Die schwierigste Form einer Durchblutungsstörung an den Beinen ist eine 'periphere arterielle Verschlusskrankheit', abgekürzt 'PAVK'. Fünfundsechzig Prozent der Engpässe treten in den Oberschenkeln und Knien auf, fünfundzwanzig Prozent der Verschlüsse im Becken. Die Schlagadern der Beine sind häufig durch Gefäßablagerungen verengt. Hat der Mensch zusätzlich auch noch Diabetes, sind häufig die Unterschenkel betroffen. In Ruhe reicht die Blutversorgung noch aus, doch sobald die Muskeln mehr Energie benötigen, kommt es zum Engpass. Der betroffene Mensch bleibt stehen. Daher der Name: Schaufensterkrankheit." Ich höre interessiert zu und schreibe mit. „Antonia, ist das eine schlimme Krankheit?", frage ich nach. „Das will ich meinen. Wichtig ist ein wirkungsvoller Schutz vor einer Thrombose. Ursache dafür ist eine schlechte Blutqualität, zu dickflüssiges Blut. Ein Blutpfropf kann sich bilden und sich an einer engen Stelle eines Blutgefäßes festsetzen und damit den weiteren Blutfluss blockieren. Dahinter liegendes Gewebe wird nicht mehr versorgt, was zusätzliche Probleme schafft. Besonders gefährlich ist es, wenn der Blutpfropf sich löst und in die Lunge, zum Herzen oder ins Gehirn wandert. Das löst einen Infarkt aus." Das habe ich noch nicht gewusst. Ich seufze. „Maria-Julia, selten macht sich ein Erkrankter klar, dass durch eine Fehlversorgung mit Blut das Gewebe quasi untergeht. Gewebe muss entfernt werden und schlimmstenfalls droht der Verlust des betroffenen Beins." Ich atme tief ein und aus. „Antonia, warum in aller Welt denn so etwas?", will ich wissen. „Ansonsten besteht Lebensgefahr über eine Blutvergiftung." Mein Gott, wie schrecklich! „Antonia, was tut denn die Medizin für diese Menschen mit den Gefäßproblemen?" Ich schaue Antonia eindringlich an. „Maria-Julia, Engpässe kann man weiten mit Ballon und Stent, Medikamente können über ein Bein-Katheder verabreicht werden, längere Verengungen werden über eine Umleitung um den Gefäßstau herum mit einem Bypass überbrückt." Das hört sich nach viel Technik an. Ich habe fürs erste alles mitgeschrieben und bin gespannt, was Emma dazu sagt.

„Bei uns in Deutschland werden solche Eingriffe von den Kassen bezahlt. In anderen Ländern ist das anders. In Amerika müsste der normale Patient zirka neunzig tausend Dollar selbst aufbringen. Im Idealfall kann er das..." Ich kann es kaum glauben... „Du meine Güte, Antonia. Gibt es eine alternative Möglichkeit für gefährdete Personen?" Antonia schaut mich ernst an. „Maria-Julia, bei entsprechender Veranlagung und einem Blutbild mit speziellen Parametern machen wir in unserer Praxis eine Infusionsfolge mit einer Chelatlösung. Nach sechzig bis siebzig Anwendungen sind die Ergebnisse sichtbar und nachweisbar zufriedenstellend und eine Operation kann vermieden werden. Die Erfolge sind wirklich und wahrhaftig nachweislich. Hinzu kommt, dass die Patienten in Folge Verantwortung für sich selbst übernehmen und ihr Leben sinnvoller gestalten." Das kann ich mir gut vorstellen. Ich nicke. „Das wichtigste ist die Qualität des Blutes, was da durch die Gefäße strömt. Sonst sind die neuen Gefäße auch bald wieder verschlossen. Eine befreundete junge Ärztin berichtete mir schon vor mehreren Jahren, dass sich bereits während einer Bypass-OP die Gefäße wieder zusetzen." Wie schrecklich! Ich mag es mir nicht vorstellen, was die armen Patienten mitmachen. „Tatsächlich? Gibt es vielleicht eine Apparatur, womit man die Blutqualität sichtbar machen kann?" Antonia nickt. „Gibt es. Die Qualität des Blutes kann mit einem Dunkelfeldmikroskop oder dem modernen Graufeldmikroskop sichtbar gemacht werden." Ich trinke meinen Tee aus, Antonia schenkt mir nach. „Das ist hochinteressant!, Antonia." Antonia pflichtet mir bei. „Ist es auch. Mithilfe dieser Diagnostik bekommt ein Patient die Möglichkeit, Verbesserungen seiner Blutqualität nicht nur zu spüren, sondern ebenfalls unter dem Mikroskop die Veränderungen zu sehen." Wir schweigen eine Weile.

„Kann man zur Erhaltung der Blutqualität etwas Vorbeugendes über Essen und Trinken machen?" Antonia seufzt. „Maria-Julia, ein

Verbot von Transfetten könnte bereits viele Leben retten. Diese Transfette stecken in industriell gefertigten tiefgekühlten Mahlzeiten, Margarine sowie in Knabberartikeln. Viele Studien haben belegt, dass diese chemisch veränderten billigen Nahrungsfette ein Risiko für die Gesundheit darstellen. Die Forscher der Harvard Universität in den USA nehmen an, dass bereits geringe Mengen dieser künstlich gehärteten Fette der Gesundheit immens schaden, insbesondere dem Herzen und der Bauchspeicheldrüse. Es gibt pflanzliche Erzeugnisse, die unerhitzt die Gefäße unterstützen. Das sind Walnüsse, Soja und Raps mit mehrfach ungesättigte Fettsäuren sowie pflanzliche Öle und gute Butter." Antonia lächelt. „Das freut die Vegetarier." Und was essen Nicht-Vegetarier?", hake ich nach. „Maria-Julia, in normaler Mischkost sind mehrfach ungesättigte Fettsäuren beispielsweise in fettem Seefisch enthalten. Das freut die Normalos, würde Emma sagen." Jetzt lächele ich. „Antonia, das mit den Ölen und der guten Butter habe ich bereits zu hause eingeführt. Ich habe gelesen, dass Margarine Phytosterin enthält, was es Arterienverkalkung auslösen kann? Wie kommt es zu einer solchen Behauptung?" Antonia seufzt. „Wahrscheinlich deshalb, weil das Phytosterin dem Cholesterin stark ähnelt." Mir kommt ein Gedanke und ich lache kurz auf. „Antonia, ich schaue mir inzwischen auf jedem abgepackten Artikel die Inhaltsstoffe genau an. In einer Dose Kichererbsen und einer Packung Büffelmozzarella war beispielsweise nur Wasser und Salz drin, also Salzlacke. Das habe ich mit gutem Gewissen mitgenommen. Wenn die Liste länger wird, halte ich mich bereits zurück und packe den Artikel wieder zurück ins Regal." Antonia schmunzelt. „Noch eine Frage.

In Stephans Familie gab es Venenentzündungen. Gibt es Hausmittel für Venenentzündungen?" Antonia nickt. „Ein altes Hausmittel bei Venenentzündungen, einer Thrombose und sogar bei offenen Beinen ist 'fein gehobelter Rotkohl'. Dieser wird in ein Tuch und anschließend für zirka eine halbe Stunde auf die betroffene Stelle gelegt. Die Beine werden in dieser Zeit hochgelegt. Der Farbstoff des Rotkohls heißt 'Anthocyan'. In unserer Praxis empfehlen wir Patienten, diese seit langer Zeit bewährte Maßnahme zusätzlich einmal bis zweimal täglich durch zuführen. Ebenfalls wirksam sind Umschläge mit 'Retterspitz äußerlich'. Die Tinktur wird nach Empfehlung unverdünnt oder bis zu 1 : 5 verdünnt mit Quellwasser als Umschlag auf das betroffene Areal gegeben. Ein Wolltuch dient als Abdeckung. Ansonsten geben wir Retterspitz in einer Verdünnung von 1 : 2 oder 1 : 3 für viele schmerzende chronische Beschwerden: Knie, Schultern, Rücken, Magen, Leber usw..." Ich schreibe eifrig mit. Des weiteren empfehle ich bei Venenschwäche, regelmäßig ein gutes OPC-Präparat einzunehmen mit einer Dosis von zweihundert bis vierhundert Milligramm täglich sowie ein natürliches Vitamin-C-Präparat. Frisches Obst kann beide Präparate kaum ersetzen. Der Reifegrad der Frucht ist entscheidend. Erst völlig ausgereifte Früchte enthalten ausreichend OPC und Vitamin C. Das Pflücken noch unreifen Obstes, der Transport, Verpackung, Verteilung und Lagerung vereiteln die Wertigkeit der Inhaltsstoffe. Letztendlich verursachen diese Maßnahmen Mangel an Vitaminen und weiteren Vitalstoffen." Ich schreibe. Antonia schaut in ihrem Telefonregister nach.

Qualität des Blutes

Emma ist bereits in Sichtweite. Auch Claudio hat sie gesehen und bringt unverzüglich Espresso, Kaffee und Wasser. Emma begrüßt ihn mit einer herzlichen Umarmung. „Wie war es heute?", fragt mich Emma, als sie ihren Mantel ablegt und mir gegenüber Platz nimmt. „Gut, meine Liebe. Antonia hat von den 'Cayenne Pfeffertropfen' gesprochen. Kennst Du die Tropfen?" Emma schaut mich mit großen Augen an. „Hast Du die Tropfen noch niemals bei mir im Bad gesehen?", fragt sie ungläubig. „Nein, Emma. Ich habe von Antonia gehört, dass man die Tropfen auch selbst herstellen kann mit Cayenne Pfeffer, hochprozentigem Alkohol und dem richtigen Mondstand. Wir könnten zusammen einmal Hexenküche spielen, aber vielleicht kannst Du erst einmal die Tropfen nächstes Mal zu uns mitbringen? Dann könnte Stephan die Tropfen einmal testen." Emma nickt. „Wenn du meinst. Abgemacht!" „Was war noch, Maria-Julia?" Ich hole meine Kladde aus der Tasche und sehe nach.

„Emma, ich liebe meine Notizen. 'Richtiges' Fett ja 'falsches' Fett nein oder die Vermeidung von Transfetten. Emma überlegt kurz. „Aha, Du hast Antonia nach Verhaltensweisen für Essen und Trinken bei Venenentzündungen gefragt und Antonia ging es insbesondere um gute Fette? Und... Nichts vor sagen, Maria-Julia! In diesem Zusammenhang hat Antonia bestimmt ebenfalls von gutem OPC und Vitamin C gesprochen?" Ich bin beeindruckt. „Das stimmt, Emma! Was Du alles weißt!" Ich trinke Wasser und probiere einen Schluck Kaffee. Leider ist er noch zu heiß... „Hast Du das mitgekriegt, Maria-Julia? OPC ist was zum Jungbleiben!" Vielleicht weiß Emma mehr? „Wunderbar! „Erzähle mir von dem Wundermittel!" Emma macht eine Kunstpause, indem sie ihre Flasche Wasser leert und an ihrem Espresso nippt...

„1997 wurde von einem unabhängigen US-Labor in Chelmsford, Massachusetts, OPC unter anderem auf die antioxidative Wirkung untersucht. Die Abkürzung OPC steht übrigens für Oligomere Procyanidine. Das OPC kommt überall in der Natur vor, insbesondere in Traubenkernen, anderen Kernen von Früchten sowie in Baumrinden, insbesondere in der Rinde von Pinien. Vitamin C ist ein wichtiges Einzelvitamin. Es ist u.a. für die Elastizität der Blutgefäße verantwortlich. OPC ist das stärkste bekannte Antioxidans und zirka zwanzig mal stärker als Vitamin C oder zirka vierzig mal stärker als Vitamin E. Schlicht der Wahnsinn! OPC stärkt die Blutgefäße. Es heftet sich an Kollagen und Elastin und kann bereits innerhalb von 24 Stunden die Widerstandskraft der Blut- und Lymphgefäße verdoppeln." Mehr Information kann niemand verkraften. „Kompliment, Emma, für Deine Ausführungen. Das hört sich gut an..." Emma lächelt. „In Rotwein, Maria-Julia, ist OPC reichlich drin. Aber soviel Rotwein kann niemand trinken, er müsste ihn schon saufen. Das bringt andere gesundheitliche Probleme mit sich..." Emma mal wieder. Ich überlege. „Emma, habe ich das richtig verstanden? OPC gibt es nur in rotem Wein?" Emma nagt an ihrer Unterlippe. „Jein. Weintrauben enthalten große Mengen OPC, und zwar in Schale und Kernen. Beim roten Wein bleiben die Schalen und Kerne noch zwei bis drei Wochen im Saft liegen und werden mit vergoren. In dieser Zeit gelangt reichlich OPC hinein. Beim Weißwein werden diese Substanzen direkt beim Auspressen ab gefiltert. Allerdings gibt es eine Ausnahme beim Weißwein. Das ist der weiße griechische Retsina. Er erhält ebenfalls reichlich das begehrte OPC." Ich lache auf. „Darüber erklärt sich vielleicht, warum Stephan gerne Rotwein trinkt?" Emma schmunzelt. „Da könntest Du recht haben, Maria-Julia."

Ich schaue auf meine Notizen. „Antonia hat bei Venenproblemen zusätzlich 'Wickel mit rotem Kohl' oder 'Retterspitz äußerlich' empfohlen." Emma nickt. „Okay. Beides macht Sinn. Gerade fällt mir etwas anderes ein. Ich komme gleich wieder auf die Venenentzündungen zu sprechen. Mir ist das 'Ölziehen' in den Sinn gekommen. Eine einfache und wirksame Entgiftung. Kennst Du das?" Ich schüttele den Kopf. „Das Ölziehen nimmt die 'Schlacken' aus dem Mund und dient der gründlichen Reinigung der Mundhöhle. Manche Kenner der Methode schwören beim Ölziehen auf die vorbeugende Wirkung gegen Infekte." Ich habe mitgeschrieben. Irgendwann werde ich alles ordentlich als Register anlegen, nehme ich mir vor. „Interessant. Wie funktioniert das Ganze?" Emma trinkt ihren Espresso aus. „Da wird ein Kaffeelöffel 'Sonnenblumenöl' oder das 'Mundöl mit Kräutern' von Hildegard von Bingen morgens nüchtern in den Mund gegeben und quasi durch die Zähne gezogen und gekaut. Dies sollte so zwei bis drei Minuten dauern, damit sich das Öl mit dem Speichel vermischt und so zu einer milchigen Lösung emulgiert. Sobald das Öl nussig schmeckt, spuckt man es aus. Danach erst werden die Zähne geputzt. Die Zähne sind nie weißer als danach." Das Mundöl hatte mir schon einmal eine Freundin empfohlen... „Gibt es von der Hildegard von Bingen vielleicht eine Zahncreme?", frage ich nach. „Gibt es, Maria-Julia. Mit Kräuterextrakten wie Eisenkraut, Myrrhe und Wermut... Da war noch etwas dabei... Egal, die Zahncreme hatte eine gute Bewertung." Emma kratzt sich am Hinterkopf.

„Emma, ich habe Antonia von einem Bekannten erzählt. Der arme Mensch hat Durchblutungsstörungen an den Beinen und leidet schrecklich darunter. Der Mann sieht ganz fahl aus..." Emma überlegt. „Wahrscheinlich hat Antonia von der Verschlusskrankheit, der PAVK, geredet." Ich nicke. "Emma, mir ist klar geworden, wie entscheidend eine gute Blutqualität ist, insbesondere um keine Thrombose auszulösen." Ich trinke meinen Kaffee. „Diese Sicht bringt Vorteile. Wenn man auf eine gute Blutqualität achtet, bleibt die Durchblutung der Beine dauerhaft optimal. Die hinlänglich bekannte Betrachtungsweise ist das leider nicht. Die Blutqualität wird außer Acht gelassen! Die Gefäße verengen sich und der einzige Ausweg scheint eine Erweiterung der Gefäße zu sein. Durchblutende Medikamente werden verabreicht, aufgetretene Engpässe weitet man mit Ballon und Stent, längere Verengungen werden über eine Umleitung um den Gefäßstau herum mit einem Bypass überbrückt." Emma seufzt. Ich nehme Emmas Hand. „Emma, Emma! Ich glaube Dich zu verstehen. Diese üblichen Maßnahmen sind zwar eine Lösung, aber für Dich und mich keine befriedigende." Jetzt seufze ich. „Recht hast Du, Emma. Die Lösung ist nur kurzfristig eine Lösung, und zwar, weil die Gefäße durch eine schlechte Blutqualität sich wieder verstopfen, nicht wahr? Ihr macht wie ich gehört habe Infusionen mit 'Chelat'?" Emma nickt.

„Stimmt. Diese Infusionen sind eine wichtige Säule bei Gefäßstörungen. Antonia empfiehlt zusätzlich ein Gefäßtraining wie beispielsweise Radfahren oder Tanzen." Ich bin erstaunt. „Tanzen könnte mir gefallen, Emma." Emma lächelt. „Denke ich mir, Maria-Julia, mir fällt noch ein Mittel ein. Der Name ist 'Pycnogenol'. Das Mittel besteht aus einem Extrakt der Rinde einer französischen Kiefer. Ein Antioxidans aus der Natur. Es sorgt selbst bei dieser extremen Belastung der Gefäße für eine spürbare und sichtbare Verringerung von Schwellungen der Beine, Knöchel und Füße. Antonia schreibt bei Patienten, die einen Langstreckenflug gebucht haben, ein Rezept aus, sozusagen als wirksame Vorbeugung. Vor dem Abflug eine Kapsel und nach 6 Stunden noch einmal eine Kapsel. In der Schweiz wird das Mittel als nicht verschreibungspflichtiges Präparat gegen Veneninsuffizienz angeboten. Findet Stephan unter: www.gall.at." Meine Emma, meine Kommandante! Ich seufze.

„Maria-Julia, Du hast mit meiner Chefin über Cayenne Tropfen gesprochen. Hat Antonia Dir in diesem Zusammenhang Näheres über 'Aspirin' erzählt?" Ich schüttele den Kopf. „Warum fragst Du danach?" Emma druckst herum. „Na ja! Es gibt zwei 'Erfinder' sozusagen. Lass Stephan recherchieren. Ist spannend, sag ich Dir."

Emma hat mich neugierig gemacht. „Wenn Du so geheimnisvoll tust, Emma, werde ich Stephan in jedem Fall bitten, zu recherchieren..." Emma grinst. „Mach das! Plötzlich bekommt ihr Gesicht einen ernsten Ausdruck. „Wichtig zu wissen ist jedenfalls, dass Kinder unter 14 Jahren auf 'keinen' Fall Aspirin bekommen dürfen. Das kann tödliche Folgen haben, das Reye Syndrom!" Ich atme erleichtert auf. „Emma, das hätte bei uns schief gehen können. Gottlob haben die Schutzengel meiner Mädchen ihren Dienst getan."

*

„Liebe Maria-Julia. Darf ich Sie einmal etwas Persönliches fragen?" Antonia schaut mich interessiert an. Ich nicke. „Bitte verraten Sie mir, was sich nach gut einem halben Jahr in ihrer Familie verändert hat?" Ich überlege kurz. „Derzeit arbeite ich daran, dass meine Schwiegermutter zu uns nach Hause zurück kommt. Ich möchte, dass unser Haus umgestaltet wird. Mein Mann ist wie Sie wissen Architekt. Wir haben in unserem Haus ein größeres Appartement als Gästezimmer und einen riesiges Dachgeschoss..." Genau das scheint mir im Augenblick das Wichtigste zu sein. „Maria-Julia, was sagt er zu Ihren Plänen?" Ich schmunzele. „Noch gar nichts hat er dazu gesagt. Offiziell weiß er noch gar nichts von meinen Absichten. Ich rede 'indirekt' mit ihm!", gestehe ich Antonia. „Emma?" Ich nicke. „Zum Wohle aller?" Antonia schaut mich aufmerksam an. „Zum Wohle aller!" Antonia entspannt sich. Ich konzentriere mich kurz. „Was hat sich nach kurz einem halben Jahr verändert? Meine Töchter haben sich beide verändert. Die Kleine, Kathy, verhält sich mir gegenüber anders, seit sie in naturheilkundlicher Behandlung ist und die Große, Sonja, seit sie schwanger ist. So wie es aussieht, ist es die ganz große Liebe. Vielleicht bekomme ich bald einen Schwiegersohn? Wer weiß..." Ich seufze. „Herzlichen Glückwunsch, Maria-Julia! Das hört sich gut an."

Wir lächeln uns an. Ich werde Antonia fragen, ob ich Stephan vorbeischicken soll. Ich räuspere mich. „Stephan sollte etwas für sein Herz tun! Ich mache mir Sorgen um ihn. Er muss wohl selbst kommen?" Ich hätte nicht fragen müssen. Ich weiß es bereits... „Das sollte er. Bei unserem Konzept hier ist seine Mitarbeit angesagt und Verständnis für sich selbst. Deshalb sollte ihr Mann nicht nur in die Heilpraxis kommen, weil Sie es wünschen, Maria-Julia. Aus freien Stücken sollte das passieren." Ich seufze erneut „Antonia, das fällt mir schwer. Ich mache mir Sorgen, weil sein Vater seinerzeit Herzprobleme hatte." Antonia überlegt kurz. „Es muss nicht immer das Herz sein. Wenn jemand beispielsweise oft über Magenbeschwerden oder Verdauungsprobleme klagt, könnte gegebenenfalls ein geschwollener Leib aufs Herz drücken." Ich bin fürs erste erleichtert. „Wie gesagt: Aus freien Stücken sollte er in die Heilpraxis kommen. Alles andere bringt nichts." Antonia schenkt mir Tee nach.

Herz vor Hirn

„In seinem Buch „Aus dem Herzen leben" beschreibt Drunvalo Melchizedek ausführlich die Geheimnisse, die unser inneres Heiligtum noch heute aufwirft. Er schreibt:" Man weiß um das Paradox, dass in der Embryonalentwicklung das Herz anfängt zu schlagen, bevor sich das Gehirn bildet. Man fragt sich, kraft welcher Intelligenz der Herzschlag beginnt und reguliert wird. Zum großen Erstaunen der Wissenschaftlichen Welt haben die Wissenschaftler am Heart-Math-Institut entdeckt, dass das Herz sein eigenes Gehirn besitzt – mit richtigen Hirnzellen. Es sind nur wenige, nur etwa Vierzigtausend, trotzdem sind es Gehirnzellen und offenbar braucht das Herz nicht mehr davon. Das war eine enorme Entdeckung und hat all jene bestätigt, die seit Jahrhunderten von der Intelligenz des Herzens gesprochen haben." Ich habe den Buchtitel aufgeschrieben. „Das ist nicht nur spannend, das ist hoch spannend!" Antonia lächelt. „Jeder Körper reagiert auf negativen Stress in vielfacher Form. Wie also reagiert ein Mensch auf negativen Stress?" Antonia trinkt einen Schluck Kräutertee. „Das Nervensystem wird hochgefahren, rote Blutkörperchen werden gebildet, um im Fall einer Verletzung vorbereitet zu sein, gegen mögliche Infektionen werden weiße Blutkörperchen produziert. Stress verbraucht Energie. Für vermehrt benötigte Energie stellt der Körper Blutzucker bereit. Die Nebennieren schütten vermehrt Cortisol aus, um Energiereserven zu mobilisieren. Das treibt den Blutdruck hoch, weil sich die Gefäße verkrampfen und verengen..." Ich bin überfordert. „Allein vom zuhören wird mir schwindelig," stelle ich fest. „Maria-Julia, es setzt mich gleichermaßen immer wieder in Erstaunen, was ein Körper alles tut, um uns zu Diensten zu sein. Obwohl wir Menschen anatomisch alle gleich ausgestattet sind..." Antonia trinkt einen Schluck Tee „...bewertet ein jeder seine Eindrücke und Sinnesreize individuell auf der Basis seiner Persönlichkeit. Verhaltensmuster und Entscheidungen hängen davon ab, ob und wie ein Mensch mit Stress umzugehen lernt beziehungsweise wie viel Kraft einem Menschen zur Verfügung steht, um mit Stress umgehen zu können.

Eine Flut an neuen Informationen wird gefiltert, sortiert und verarbeitet. Täglich wird ein jeder mit einer Fülle von Informationen und äußeren Eindrücken bombardiert: Werbung, Fernsehen, Rundfunk, Zeitung, Internet, Gameboy, X-Box, PC-Spiele, Handy usw. Diese Flut an neuen Informationen wird gefiltert, sortiert und verarbeitet. Unsere vertrauten traditionellen Strukturen in Gesellschaft und Familie verändern sich: Großfamilie, kleine Familie, Single Haushalte. Diese vielfältigen Inputs werden von spezifischen Fühlern oder Rezeptoren erfasst, in Nervenimpulse umgewandelt und an die entsprechenden Hirnareale weiter geleitet. Unser Gehirn verarbeitet und bewertet die ankommenden 'Informationen der äußeren Welt' im Sinne einer Kosten-Nutzen-Analyse nach den bisherigen persönlichen Erfahrungen. In der Folge induziert es der jeweiligen Situation angemessene Reaktionen sowohl im Verhalten, als auch im Stoffwechselgeschehen. Emotionen, Aufmerksamkeit oder Motivation beeinflussen umgekehrt wiederum nicht unerheblich die Fähigkeit der Wahrnehmung. Obwohl wir glauben, die Fähigkeit zur Objektivität zu besitzen, sind unsere Wahrnehmungen durchwegs subjektiv, da gleichzeitig Gefühlsempfindungen damit verknüpft sind. So kommt es, dass derselbe Sinnesreiz bei verschiedenen Personen unterschiedlich empfunden und erlebt wird." Eine kurze Weile ist es still im Raum.

„Was tut der Mensch in diesem Fall? Verändert er sein Leben? Befreit er sich vom Druck des Lebens? Nein! Tut er nicht. Der Mensch wirft Pillen ein. Vielleicht entlastet er seine Verkrampfungen über eine Massage oder durch eine Magnesiumgabe, wahrscheinlich nimmt er einen Betablocker. Der belastete Mensch drosselt damit sein Ventil, das den täglichen Druck anzeigt. Damit übersteht der moderne Mensch sein Leben, das ihn täglich überfordert und seinen hohen Blutdruck ursächlich bewirkt. Ach, Maria-Julia!" Antonia seufzt. „Maria-Julia, von meiner Oma kenne ich einen schönen Spruch: 'Du musst immerzu fließen, sprach Gott zur Quelle und zum Menschen, sonst wird ein Sumpf daraus." Wir beide schweigen eine Weile. Ich trinke von meinem Kräutertee.

*

„Kaum zu glauben, Emma. Ich berichte Dir mal von einem kleinen Wunder!" Ich lehne mich genüsslich zurück und schaue meine Freundin voll an.„Maria-Julia, mache es nicht so spannend! Los, Maria-Julia, erzähl. Habt Ihr im Lotto gewonnen?" Ich seufze. „So in etwa, Emma. Nein die Wahrheit ist, Stephan hat mich gestern Abend mit einem leckeren Essen überrascht - und wir waren allein. Die Mädchen hatte er ins Kino geschickt, beginne ich meine Erzählung." „Er hat Dich vielleicht verführt wie in alten Zeiten?" Emma mal wieder. „Ach, Emma. Lass mich mal weiter erzählen. Es ist etwas Unglaubliches passiert! Die indirekte Rede hat gekappt!" Emma ist überrascht und rutscht näher an mich heran. „Das ist ja toll! Erzähl!"

„Erst hat er sich schwer getan. Als Stephan bewusst wurde, dass ich seine Überlegungen befürworte, haben wir uns in den Armen gelegen und geschluchzt." Emma schaut mich groß an. „Vielleicht ein wenig genauer, bitte!" Ich seufze. „Claro, Emma. Stephan will das große Appartement umbauen in eine kleine Wohnung für seine Mutter und ein kleines Fremdenzimmer mit Minibad. Den Dachboden will er ausbauen. Den größeren Teil für Sonja als Wohnung und einen Raum für mich. Desweiteren wird er die beiden jetzigen Mädchenzimmer für Kathy zusammenlegen. Sind das nicht tolle Neuigkeiten?" Emma ist überwältigt. "Mannomann! Wahnsinn! Wieder eine wahre Geschichte zum Merken und irgendwann weiter erzählen. So was glaubt doch erst mal keiner. Oder? Du erlebst es bitte jetzt selbst einmal!" Ich nicke. "So ist es. Stephan meint, dass er mit diesen Umbauaktionen noch vor Weihnachten fertig sein wird..." Ich tupfe meine Augen trocken, bin allerdings nicht mehr in der Lage weiter zu sprechen. Ich falle Emma in ihre Arme. "Freu, freu, sage ich nur..." Emma streichelt sanft meinen Rücken. "Du bist eine wirkliche Freundin, Emma. Du hast meine Vergangenheit akzeptiert, wünschst mir alles Gute für die Zukunft und lässt mich in der Gegenwart so sein, wie ich bin. Dankeschön!" Emma atmet tief durch. "Das nennt man Freundschaft, Maria-Julia." Ich widerspreche. "Nein, Emma, das nennt man nicht Freundschaft, das ist Liebe! Das weiß ich, seit ich den Film 'Zwischenleben' mit Shirley McLaine gesehen habe..."

*

Noch mit einem Lächeln im Gesicht höre ich laute Fußtritte, die sich auf mich zu bewegen. Ich öffne meine Augen, sehe mich im Spiegel... Ich realisiere langsam, ganz langsam, dass Kathy die Treppe hinauf stürmt... Ich höre sie nach mir rufen. Ich bin wieder im Hier und Jetzt. Ich habe heute Geburtstag und erwarte Gäste. Ich sitze immer noch im Schlafanzug mit meinem neuen schönen Chiffonschal vor dem großen Spiegel im Ankleidezimmer, als es klingelt. Ich stehe auf und öffne die Tür. Es ist meine Freundin Emma. Sie darf mir im Schlafanzug gratulieren. Das tut sie mit Küsschen links und rechts und drückt mir dabei ein in rotes Lackpapier eingeschlagenes Geschenk in meine Hände. "Packe es bitte aus. Bitte!" Ich knüpfe sorgfältig ihr Geschenk auf. "Etwas Schönes?" Emma schmunzelt. Ich wickle zwei weiße Schriftzüge aus Holz aus: 'Liebe' und 'Danke'. "Das ist ja toll! Wo hast Du denn diese Prachtexemplare her?", frage ich nach. „Maria-Julia, die sind von der Frau, von der ich die schönen Engel letztes Weihnachtsfest gekauft habe. Deiner war ebenfalls von ihr. Bei ihr habe ich die Schriftzüge das erste Mal gesehen. Magst Du sie leiden?" Ich protestiere. „Was für eine Frage. Ich bin richtig angetan davon. Wie kommst Du auf die Worte 'Liebe' und 'Danke'?", will ich wissen. „Nun, das sind dieselben Worte wie auf den Gläsern Deiner beiden Töchter, die sie Dir zum Muttertag geschenkt haben.

Weißt Du denn, warum ich gerade diese mehrsprachig eingravierten Begriffe gewählt habe?" Emma schaut mich erwartungsvoll an.„Durch Zufall?" Emma zieht ihre Stirn kraus. „Zufall, Maria-Julia! Schon wieder vergessen?" Ich seufze. „Entschuldigung, Emma!" Emma spielt an ihrer Haarlocke. „Ist schon okay. Ich habe bewusst 'Liebe', 'Danke' und 'Freude' ausgewählt. Ich erinnerte mich an ein Gespräch mit Antonia. Seither haben gerade diese drei Worte eine besondere Bedeutung für mich. Du bist ab heute in der glücklichen Lage, diesen Begriffen des öfteren zu begegnen. Du findest einen Platz für mein Geschenk?, will Emma wissen. „Was für eine Frage. Tolle Wahl, wirklich. Ich freue mich sehr, Emma. Ich finde bestimmt einen Ehrenplatz dafür, versprochen!" Ich schließe meine Freundin in die Arme. Emma schließt die Augen. „Wollte ich immer mal nachfragen, Maria-Julia. Auf Deinen Gläsern sind die Gravuren mit 'Liebe' und 'Danke' in den unterschiedlichsten Sprachen eingraviert. Bei Danke steht beispielsweise wie ich mich erinnern kann: 'Thank you', 'Merci', 'Gracias', 'Grazie' und 'Tack'. Welche Nation sagt denn tack?" Ich schmunzele. „Das ist in Schweden. Übrigens zur Ergänzung eventueller Bildungslücken: in Dänemark heißt das 'takke'." Emma grinst breit. „Tack für die Auskunft, Maria-Julia. Bin gerade mal wieder ein bisschen schlauer geworden. Themenwechsel. Kommt er nun, Dein glutäugiger drahtiger Angelo?", fragt Emma nach. „Du lernst ihn gleich kennen, Emma. Schau nicht so... Bitte! Er sah zwar gut aus damals, aber es war nie etwas zwischen uns, nicht das Geringste. Stephan, er und ich sind lediglich zusammen quer durch Kuba gefahren." Emma seufzt. „Ja dann..." Emma verdreht ihre Augen. „Sag einmal, was hat Dir Stephan eigentlich heute geschenkt?" Meine Emma mal wieder. „Neugierig warst Du ja nie!"

Ich atme tief durch. „Sag schon!" Ich hole uns ein Glas Champagner und nehme sie mit in mein Zimmer. Schon bald sitzen wir uns gegenüber und Emma schaut mich erwartungsvoll an.

Traum und Wirklichkeit

„Ich will Dir etwas erzählen. Ich hatte heute Nacht einen besonderen Traum. Etwas so Realistisches... Ich war in Kuba in der Zeit mit Roberto. Mein Traum beginnt mit einem Kompliment." Ich habe es mir inzwischen in einem Sessel bequem gemacht und bin wohl in Gedanken. Da werde ich von Emma in die Gegenwart versetzt „Erzähl endlich!!!" Ich entschuldige mich, hole tief Luft und erzähle Emma meinen Traum. Ich erinnere mich genau an das Gespräch mit Roberto... „Hübsch siehst Du aus, Maria-Julia." „Du meinst mein Kleid?" „Meine ich nicht. Ich meine Dich." Roberto schmollt. „Wenn Du mich schon fragst: Ist das Kleid neu?" „Ach, Roberto. Du bekommst das nie mit, wenn ich mir wieder mal was Tolles ausgedacht und geschneidert habe. Die Schleife mit dem Blütenmotiv habe ich selbst bedruckt. Schau, die Blüten kommen hier gleich noch einmal vor." Ich strecke Roberto demonstrativ meine neuen Schläppchen entgegen. „Komm setzen wir uns in den Sand, bitte ich." „Und die Krebse?, fragt er ängstlich." „Lieber Roberto. Die weißen kleinen Krebse sind zwar unsichtbar im weißen Sand, dennoch sehen wir in der grellen Sonne lediglich ihre Schatten. Außerdem glaube ich, dass die sicherlich mehr Angst vor uns haben... Komm, setze Dich zu mir." Ich breite ein Badetuch aus und strecke ihm meine Arme entgegen. Roberto setzt sich daraufhin vorsichtig zu mir. „Ich habe Dir etwas mitgebracht!" Ich funkele ihn an. „Eine Überraschung?" Ich hole eine Fotografie aus meiner Tasche und gebe sie ihm. „Da ist ein tolles Motorrad drauf," staunt Roberto.

Er sieht mich fragend an. „Ja, Dein Motorrad ab nächste Woche, Roberto." „Wie! Ein eigenes Motorrad für mich?" „Ja wohl, ein oder besser demnächst Dein Motorrad! „Du hast bestimmt irre lange gearbeitet dafür! Das kann ich doch gar nicht annehmen...Roberto streicht sich über seine dunklen krausen Haare. Unter seiner tiefen Bräune erkenne ich eine leichte Röte. „Claro, ich habe die letzten Jahre meine komplette Freizeit in das Unternehmen Motorrad investiert: Etliche Bilder für Touristen gemalt, Fotos gemacht für Postkarten, Kleider genäht und verkauft... Das Arbeiten hat sich gelohnt. Über diese Arbeit kenne ich inzwischen so viele Leute, die wieder jemanden kennen... Ich bin gut vernetzt und wie Du siehst: Es hat geklappt! Es ist doch Dein Herzenswunsch, ein eigenes Motorrad zu besitzen. Oder?" Roberto hört mir mit leicht geöffnetem Mund zu. „Ich habe mir diese Überraschung für Dich schon die ganzen vielen Jahre, die wir uns kennen, fest vorgenommen..." Roberto ist ganz blass geworden. „Claro, Maria-Julia. Es war immer mein Wunsch, ein eigenes Motorrad zu haben...! Das Du das hinbekommen hast ist ein richtiges kleines Wunder! Toll! Ich bin überwältigt!"

Nach einem kurzen Blick auf seine Armbanduhr wird Roberto plötzlich hektisch. „Das ist nun wirklich zu dumm. Ich muss dringend zurück in die Stadt. Ist das in Ordnung für Dich? Willst Du vielleicht wieder mit mir zurück?" Ich kann nicht weg. Ich habe dafür einen ganz besonderen Grund. „Nein, ich möchte noch hier bleiben. Ich muss Dir heute Abend etwas Wichtiges sagen!" Nachdem sich Roberto bereits eine Weile verabschiedet hat, kommt ein junger blonder Mann auf mich zu und ich küsse ihn zart auf den Mund.. „Maria-Julia, hast Du Roberto alles gebeichtet?" Ich seufze. „Heute Abend werde ich es ihm sagen, Stephan." Dann habe ich mich an ihn geschmiegt ... „Ach, Maria-Julia. Das ist sooo romantisch. Ist es wahrhaftig so gewesen?" Ich nicke und meine Augen schwimmen. Wir trinken noch einen Schluck von dem köstlichen Getränk und ich erzähle weiter: „Etwas stimmt nicht, denke ich. Ich meine, ein zaghaftes züchtiges Zwacken an meinen Hüften zu spüren und realisiere - dass ich geträumt habe! Jemand will, dass ich aufwache, denke ich und mein zaghaftes 'Noch ein kleines Weilchen bitte, lasst mich...'nützt rein gar nichts. Emma grinst. „Wenn Du magst, liebe Emma, wirst Du jetzt den heutigen frühen Morgen miterleben. Schließe bitte Deine Augen Emma..." Emma gehorcht und sieht aus wie ein lächelnder Smilie mit rosigen Wangen.

„Es dringt ein leckerer vertrauter Duft von frisch zubereitetem Kaffee in meine Nase. Behutsam öffne ich meine Augen und sehe meine beiden Mädchen vor dem Bett stehen: Frisch, schön, prustend und sich biegend vor Lachen. „Unsere Mama hat tatsächlich verschlafen!!! Heute ist der 11. August, Mama! Du feierst Deinen Geburtstag! Herzlichen Glückwunsch!!! 'Happy birthday to you', 'happy birthday to you', singen Stephan und unsere Töchter aus vollem Hals. In Windeseile wird mein champagnerfarbenes schweres Seidenlaken zurückgeschlagen, die Kissen gezupft, ein Fenster schräg geöffnet und frische Luft strömt ins Schlafzimmer. „Du hast Glück, das Unwetter von heute Nacht hat sich verzogen. Der Wettergott meint es mal wieder gut mit Dir. Sogar die Sonne grüßt Dich," bemerkt Kathy. „Ist unsere Mama nicht wunderschön?", flüstert Sonja ihrer Schwester ins Ohr."„Ja, finde ich auch. Wenn ich mal soooo alt bin, möchte ich genau sooo aussehen." Kathy kichert. Das war zum Mithören gerade laut genug. Ich freue mich über das Kompliment meiner Töchter. Emma sitzt immer noch andächtig mit geschlossenen Augen auf ihrem Sessel und und schmunzelt. „Damit nicht genug. Ich bekomme von meinem Mann das größte Kompliment überhaupt: „Maria-Julia! Ich habe überall nach Dir gesucht und Dich auf Kuba gefunden. Ich liebe Dich! Hier bitte eine wunderschöne CD mit Love Songs für Dich. Titel Nummer 3 habe ich extra für Dich reserviert." Mit diesen Worten gibt er mir wie damals einen hauchzarten Kuss auf den Mund. Zärtlich streichelt er über mein Haar. Dabei spricht er leise: „Meine Allerliebste! Dein Teint gleicht zarter Milchschokolade, Deine wunderschönen schwarzbraunen Augen schauen in meine Seele! Stephan musste sogar kurz husten. Stell Dir vor, nach so vielen Jahren ist er immer noch etwas durcheinander, wenn er mich lange anschaut..." Emma öffnet ihre Augen und lächelt. „Maria-Julia, genieße es. Eine solche Beziehung kommt soooo selten vor. Ihr beide gehört ausgestopft. Erzähle bitte weiter..." Damit rückt sie sich in eine bequeme Position in ihrem Sessel und schließt erneut ihre Augen. Ich räuspere mich und erzähle weiter.

„Noch etwas Wichtiges, hat Stephan mir zu geraunt. Maria-Julia, Du hast mir zwei herrliche Töchter geschenkt! Dafür wollte ich mich heute in aller Form bedanken!" Dabei hat er die beiden Mädchen zu sich herangezogen. Sonja und Kathy strahlten mit ihrem Vater um die Wette." Ich atme tief durch. „Ich sehe das richtig vor mir, Maria-Julia. Weiter, bitte!", drängelt Emma. „Diese hier nenne ich 'Maria-Julia'!"Mit diesen Worten überreicht mir Stephan feierlich eine duftende rote samtige Freilandrose und gesteht mir flüsternd, dass er mich selbst mit zugebundenen Augen an meinem zarten Rosenduft erkennt... Seinerzeit wunderte Stephan sich, dass ich generell, nachdem ich die Räume lüftete, morgens und abends ganz leicht die Räume mit meiner speziellen Mischung damit besprühte... Ich hatte ihm erklärt, das echtes Rosenwasser alles zu harmonisieren vermag und als Geschenk zusätzlich die Luft mit zartem Rosenduft erfüllt. Besonders Kinder und empfindsame Menschen schätzen das und nach einem anstrengenden Tag voller Stress schneidet Rosenwasser die Gedankenfäden ab. Du kennst das, Emma. Manchmal gebe ich extra einen Tropfen Rosenöl auf auf mein Tuch oder aufs Kopfkissen..."

Plötzlich klingelt mein Handy. 'Spricht dort das Kind des Tages der Geburt, ich meine des Geburtstages? Alles Liebe zum Geburtstag! Bis nachher!' Das warst Du, liebe Emma..." Ich streichele Emmas Arm und atme tief durch. Ich war schier überwältigt heute früh: Der Traum, meine Familie und Du. Und alles auf nüchternen Magen... Wie ging es weiter heute morgen? Es braucht nicht lange und ich bin wieder in meiner Erinnerung... Ich bedanke mich erst einmal herzlich für den gelungenen Einstand bei meinem Dreigestirn und bitte um einen Kaffee. Der kommt prompt auf einem Tablett mit meinem Frühstück. Ich genieße den aromatischen Kaffee, esse mein leicht angewärmtes Schokocroissant, bestreiche es mit frischer Butter und strahle wahrscheinlich wie ein Honigkuchenpferd. 'Was für ein schöner Start in meinen Geburtstag, Maria-Julia Winter!!! Das wird heute noch gut werden, die Zeichen stehen gut für dieses, mein vierundvierzigstes Lebensjahr!', denke ich gerade, als Kathy zu quengeln beginnt.

„Packe bitte Deine Geschenke aus," drängelt Kathy. „Das hat keine Zeit bis nach dem Duschen? Heute möchte ich übrigens ein

Bad mit meiner 'Lebensfreude' von Kneipp. Das könnt ihr zwei mir gleich schon einmal einlassen. Bitte perfekt neununddreißig Grad. Das Badethermometer liegt neben der Wanne", versuche ich einzulenken. „Nein. Immer gleich auspacken, Mama. Geschenke werden immer sofort ausgepackt! Sonst platzen Deine großen Lieblinge vor Neugier. Du hast das Nachsehen..." Ich seufze. „Das ist ein Argument, dem ich mich natürlich beugen werde, liebe Kathy. Dann will ich mal auspacken. Es sind drei Geschenke?" Die Mädchen nicken. „Eins ist von Papa, eins von Oma Hilde und eines von uns beiden." Ich nestele an dem kleinsten Päckchen herum, knibbele die Knötchen des roten Bändchens auf und heraus kommt – eine überdimensionale Malschürze. „Eine tolle Idee. Schön, wenn ich mir ab jetzt nicht jedes Mal um die Anziehsachen besondere Gedanken machen muss. Kommt her! Ich nehme meine Beiden nacheinander in die Arme und küsse beide auf die Stirn. Ich halte meine Augen geschlossen – so wie Du jetzt Emma - und genieße den frischen Duft der beiden: Wie der leibhaftige Frühling. Herrlich! Dann fällt mein Blick auf Kathy. Mit ihren schwarzen feinen halblangen Haaren, ihrem von Natur aus gebräunten Teint und ihren grünen Augen unter ewig langen Wimpern sieht sie bildhübsch aus, stelle ich bewundernd fest. Ich registriere, dass Kathy's Babyspeck wohl endgültig weg ist. Sie erblüht zur jungen Frau! Mein Blick fällt auf ihr weißes Outfit. Ob Oma ihr das wohl spendiert hat?, frage ich mich. Entzückend dieses Baumwollshirt, das aussieht wie ein Minikleid aus meiner Jugendzeit. Ein bisschen über dem Busen gesmokt, darunter Leggings und Cloggs. Was für ein hübschen Mädchen! Sie könnte glatt ein Model für Teenis sein.

Daneben meine Große, Sonja. Sie ist ebenfalls wunderschön anzusehen mit ihrem zarten, hellen Teint, dem brünetten Haar und den großen grünen Augen. Alle Zerrissenheit der letzten Jahre ist von ihr gewichen, seit sie schwanger ist. Ich schaue Sonja liebevoll an. Sie trägt selbstbewusst ein sehr enges T-Shirt... Die Zeiten haben sich verändert. Als ich jung war, trug man voluminöse Zelte, um den Bauch zu verstecken... Ich registriere urplötzlich: Sonja wird Mama, Kathy Tante, ich Oma, Stephan Opa und Oma Hilde Uroma! Kaum zu glauben... Sonja freut sich auf ihr Baby. Inzwischen hat sie verinnerlicht, dass sie immer im Schoße ihrer Familie gut aufgehoben ist. Da habe ich wohl einiges richtig gemacht und gut gearbeitet. Darauf bin ich stolz und sehr, sehr dankbar... Die Mädchen haben Spaß, dass sie die richtige Wahl getroffen haben und lassen sich gern in die Arme schließen. Im Augenblick ist die Welt der beiden mehr als in Ordnung. „Jetzt noch die anderen beiden Geschenke," bettelt Sonja. „Nur immer mit der Ruhe." Ich taste zuerst das lila Paket, danach das rosa Päckchen ab. Ich hab absolut keine Ahnung, was das wohl sein könnte... Ich entscheide mich für das lila Paket. Genau wie vorhin lasse ich mir mit dem Auspacken Zeit. Wenn etwas liebevoll eingepackt worden ist, sollte es ebenfalls liebevoll ausgepackt werden, finde ich. „Was haben wir denn hier?" Ich packe eine besonders schöne Staffelei mit wenigen Handgriffen aus. „Die ist aber schön!, stelle ich bewundern fest." „Die - hat Papa gedacht - kannst Du benutzen oder als Raumteiler im Wohnzimmer mit einem Deiner neuen oder alten Bilder aufstellen," erklärt Kathy mit geröteten Wangen. Stephan nimmt mich nach dieser Erklärung in die Arme und drückt mich herzlich an sich. „Du hast gehört, was Du damit machen sollst!", fragt er mich. Wir lachen. „Jetzt noch das kleine rosa Päckchen, bitte." Kathy muckt auf. „Da fehlt noch Omi Hilde dazu und Du bist noch im Schlafanzug, Mama!" Ich lächele Kathy an. „Bin ich, Tochterherz. Das muss Oma Hilde heute halt ertragen. Du magst Omi Hilde holen?" Schon ist Kathy entschwunden und bald schon kommt sie mit ihrer Oma zurück. Hilde ist immer noch eine schöne Frau, stelle ich bewundernd fest. Herrlich himmelblaue Augen hat sie und flott sieht sie aus. Mit ihrem hellen Teint und dem flotten Kurzhaarschnitt, der ihre weißen Haare wie ein feines Netzwerk um ihren Kopf schmiegt. Einige Fransen hat sie dekorativ in die Stirn gezogen. Ob Kathy das verursacht hat? Ihren Mund hat sie zart rosa geschminkt. Sie duftet hinreißend nach einer unnachahmlichen Mischung aus Vanille und Lavendel. Fast zum Anbeißen. Ich liebe ihren Duft. Lange Zeit habe ich mich gewundert, dass Hilde nie den Namen des Parfums preisgegeben hat. Der Duft wurde von ihr extra in einen neutralen Pumpzerstäuber umgefüllt. Eines Tages war ich just 'zufällig' genau in dem Augenblick dazu gekommen, als sie den Flacon gerade wieder einmal umfüllte. Hilde versteckte den Flacon augenblicklich vor mir hinter ihrem Rücken, errötete zart und gab mir zögernd die Flasche mit dem Originalduft in die Hand: 'Pour un homme' von Caron. Ein Männerduft! Das also war der Grund für die Geheimhaltung gewesen... Wir beide haben uns seinerzeit lange in den Armen gelegen, herzlich gelacht und einen Pro Secco geschlürft... Ich bewundere meine Schwiegermutter für Ihr Lebensmotto: 'Haltung, Fassung, Würde!' Heute Morgen hat mich Oma Hilde zur Begrüßung in die Arme genommen und mir einen dicken Kuss auf die Wange gedrückt. Ich entferne wie jedes mal nach einem Kuss die rosa Spuren ihres Lippenstiftes mit einem Taschentuch. „Entschuldige bitte, Maria-Julia. Immer vergesse ich den Lippenstift nach dem Auftragen abzutupfen." Ich lächele Hilde an. „Schon vergessen, meine Teure, aber ..." Ich habe Mühe, dieses kleine rosa Etwas auf zumachen. Hilde hat offensichtlich ihren Spaß! „Deutsche Wertarbeit, sage ich Dir, liebe Schwiegertochter." Irgendwann ist es vollbracht! Aus diesem eben noch fest verschnürten klitzekleinen rosa Bündel explodiert plötzlich ein wunderschöner super leichter Chiffonschal in herrlichen Farben. Ich bin hin und weg, würde Emma sagen. „Ist der wundervoll! Du musst verrückt sein, Hilde. Der hat bestimmt ein Vermögen gekostet!" Und was antwortet mir diese liebe Seele? „Ich weiß, mein Schatz! Du kennst meine Maxime: 'Schenke aus einer 'warmen' Hand. An diesem Schal stand 'Maria-Julia' dran. Der war für Dich reserviert! " Hilde seufzt. „Ach Omi", tröstet Kathy sie und streichelt ihre Hände. „Lass gut sein, Kathy. Du jedenfalls, liebes Geburtstagskind, wirst umwerfend damit aussehen an Deinem Geburtstag heute. Wenn Du magst?" Und ob ich mag. Ich stehe auf und stolziere aus dem Schlafzimmer. Ich dekoriere dabei den neuen super leichten Traum von Nichts über meinem matt schwarzen seidenen Schlafanzug. „Ich möchte jetzt mein Bad nehmen!" Kichernd schiebe ich die ersten Gäste des heutigen Tages aus meinen Gemächern...

*

„Übrigens, Kathy: Hast Du bitte an die Sektflöten von Oma Hilde gedacht?" Kathy zieht eine Schnute. „Die stehen wie die Zinnsoldaten auf dem ersten Stehtisch in der Wohnküche. Frisch aus der Spülmaschine und mit dem Gläsertuch poliert, wie Du es liebst, Mama." Ich sollte demnächst erst einmal selbst nachschauen! Danke, Kathy. Wir reichen sonst nicht mit den Gläsern..." Immerhin hört sich das nach einem triftigen Grund für meine Nachfrage an, oder? „Ich weiß, Mama!" Ich seufze. „Das Buffet wird wie früher immer auf dem Sidebord aufgestellt, sowohl anfangs die Kuchen und später die Häppchen..." Kathy wirkt genervt. „Ich weiß, Mama." Ich wende mich Stephan zu. „Ist der Kühlschrank ausgeräumt und mit Getränken gefüllt?" Stephan grinst mich an. „Ja wohl, gnädige Frau, das habe ich schon gestern Abend gerichtet. Alles im grünen Bereich." Ich bin erleichtert. „Dann kann es losgehen, meine Lieben! Ich bedanke mich bei Euch beiden." Ich drücke Kathy einen kleinen Kuss auf ihre Stirn. Dann ist sie weg.

Übrigens: Magst Du noch einen Kaffee mit mir trinken, Stephan?" Er schüttelt verneinend den Kopf. „Damit kannst Du mich jetzt nicht locken, vielleicht hast Du einen Prosecco?" Ich überlege kurz. „Einer müsste angebrochen im Kühlschrank stehen. Magst Du ihn holen?" Stephan setzt sich in Bewegung. Ich schaue abwesend in den schönen Garten. Schon ist Stephan mit gefüllten Gläsern zurück. So kenne ich ihn, meinen Stephan. Schlicht liebenswert. Und wie er ausschaut! Wie in meinem Traum heute Morgen. Ich muss durch atmen. Seit dem Kurzurlaub in Spanien ist sein Teint leicht gebräunt. Das Bäuchlein der letzten Jahre ist verschwunden. Schlank und rank ist er wieder wie einst, als ich mich in Kuba wie vom Blitz getroffen in diesen blonden schönen Mann aus Deutschland verliebt habe. Kurze Zeit später war er 'mein' Mann geworden... „Irgend etwas nicht in Ordnung?" Stephan schaut mich fragend an. „Alles ist super. Zum Wohl, mein Liebling!" Stephan erhebt sein Glas. „Auf Dich, mein schönes Geburtstagskind!" Wir prosten uns zu.

„Sag mal Stephan, haben wir vielleicht noch einen Augenblick Zeit, um die geheimnisvolle Nummer 3 zu hören? Ich bin neugierig auf die avisierte Liebeserklärung!" Stephan ist für einen kleinen Moment verlegen. „Das ich daran nicht selbst gedacht habe. Entschuldige bitte!" Stephan verschwindet kurz und kommt in Rekordzeit mit der CD zurück. Ich schaue auf die CD und lese: Johannes Kalpers, Die Stimme des Herzens' Nummer 3: 'Dann kamst Du'. Bald sitzen wir einträchtig Händchen haltend auf der kleinen Couch und lauschen der herrlichen Stimme.

'Dann kamst Du -
und die laute Welt blieb still.
Nur ein Blick -
und es war nichts mehr wie es war.

Ich wusste, was ich will,
weil ich meinen Traum in Deinen Augen sah.
zum Schluss:
Denn der Mensch mit dem ich leben will – bist Du!!!'

Ich bin überwältigt, sitze stumm neben meinem Mann und weine. Stephan streichelt zärtlich meinen Rücken. Er gesteht mir, dass er oft an meinen Brief vom letzten Sommer denkt. Seither ist viel passiert... „Maria-Julia, Du bist der einzige Mensch auf der Welt, den ich kenne, der diese grenzenlose Liebe verströmt. Diese Liebe scheint ein großartiges Schönheitselixier zu sein!" „Ich hoffe, ich gebe Dir genug zurück?", fragt mich Stephan etwas unsicher. „Sei unbesorgt, mein Schatz! Freust Du Dich auf den Urlaub? Es ist seit Ewigkeiten unser erster gemeinsamer Urlaub!" Stephan schaut mich fragend an. „Was für eine Frage, Maria-Julia. Natürlich freue ich mich auf unseren Urlaub. Ich fahre eben noch in die Stadt. In einer Stunde bin ich zurück. Danach wartet noch eine Überraschung auf Dich!" Ich würde ihn gern verstehen... „Jetzt geht das nicht?", frage ich nach. „Die Zeit ist mir heute Morgen einfach entglitten. Für die Überraschung nachher hätte ich gerne ein bisschen mehr Zeit zur Verfügung! Ich liebe es übrigens, wenn Du schmollst!" Stephan grinst. „Maria-Julia, ich fahre jetzt und Du kannst Dich inzwischen für Deine Gäste umziehen!" Ich seufze. „'Hasta luego', Stephan!"

Ich schaue in den in Sonne getauchten wunderschön angelegten Garten. Er hat niemals prächtiger ausgesehen. Nun ja, Roland und

Oma Hilde haben mir tatkräftig geholfen. Beide haben als Kinder mit ihren Blumen gesprochen. Wie sagt man in Deutschland? Sie hatten einen 'grünen Daumen'? Wie sehr ich meinen Garten liebe! Wann immer ich es dieses Jahr einrichten kann, werde ich mich genau hier aufhalten und das genießen, nehme ich mir vor. In meiner Heimat Kuba spielt sich das Leben generell draußen ab, nur über die Mittagsstunden bleibt man im Haus. Mein Blick fällt auf die beiden Futterhäuschen. Ich frage mich, ob meine Freunde zu hause sind. Ja wohl, heute sind sie da. Drei kleine Dompfaffen mit leuchtend rotem Gefieder auf der Brust. Sie sind inzwischen recht zutraulich und manchmal hüpfen sie sogar nahe an die Fenster heran. Ich liebe diese hübschen Vögel und füttere sie das ganze Jahr, um ihnen immer wieder zuschauen zu können. Für einen kleinen Moment denke ich an die Sache mit den vielen Ameisen letztes Jahr. Das war lästig geworden. Als ich Antonia davon erzählte, riet sie mir, mit den fleißigen Tierchen zu reden. Wie so oft in diesem Jahr habe ich zugehört und - mit diesem Volk mental kommuniziert! Warum auch immer. Es klappte. Kurz nach meiner Übung waren die Ameisen plötzlich weg. Was alles zwischen Himmel und Erde passiert... Meine Gedanken wandern zurück zum heutigen Tag. Ich seufze. Ich sollte mich endlich anziehen. Ich habe Geburtstag und erwarte Gäste.

*

In Deutschland ist man pünktlich. Alles ist vorbereitet. Emma erscheint als erster Gast. Sie nimmt Platz und schaut versonnen in den Garten. „Ich bin ein wenig aufgeregt!", gestehe ich ihr. „Maria-Julia! Ich habe den Film 'The best exotic Marigold Hotel' gesehen. Daher weiß ich: 'Am Ende ist alles gut. Und wenn es nicht gut ist, dann ist es nicht das Ende!'" Sie schaut mich zuversichtlich an. „Danke Emma für die Aufmunterung. Ich liebe den Film und kenne das Zitat, das man dem herzigen Dev Patel in den Mund gelegt hat..." Ich wiederhole das Zitat. Emma hat ein eine Frage. „Was hast Du vor heute an Deinem Ehrentag? Darf ich mich freuen, Maria.Julia?" Meine ungeduldige Emma... „Ja wohl, darfst Du Emma.

Heute bekommen alle Gäste feinstes Blattgold auf den Prosecco. Außerdem habe ich mir etwas ganz Spezielles ausgedacht. Die Idee dazu ist mir in der Heilpraxis gekommen. Dort habe ich viele beeindruckende Geschichten gehört, 'wahre' Geschichten. Emma und Deine Geschichten liebe ich ohnehin. Ich werde mir von Euch allen wünschen, mir und allen Geburtstagsgästen eine wahre Geschichte zu erzählen, die sie berührt, bewegt und verändert hat. Ich bin gespannt, was wir zu hören bekommen." Emma zeigt mir ihren Daumen. „Eine tolle Idee von Dir, Maria Julia! Übrigens: Was für eine zusätzliche Überraschung hatte Dein Mann für Dich?" Ich seufze. „Die Überraschung waren Max und Moritz!" Ich beschließe, Emma das Geschenk zu zeigen. „Max und Moritz? Wer sind die denn?", fragt Emma ungeduldig. „Komm ich zeige sie Dir. Folge mir bitte!" Ich führe Emma in den Garten bis zum Teich. „Darf ich vorstellen: Max und Moritz!"

Emma schaut auf die beiden Kois. „Der mit dem einen Punkt ist Max, der mit den zwei Punkten ist Moritz! Sie werden mir Glück und immer währenden Wohlstand bescheren, hat Stephan gemeint." Emma ist begeistert. „Wahnsinn! Seit wann hast Du die beiden?", will sie wissen. „Die zwei Glücksbringer sind bereits gestern Abend angeliefert worden. An mir vorbei sozusagen. Wusstest Du, dass die Kois - um keinen Schock zu erleiden - mit einer Plastiktüte voller Wasser erst einmal in den Teich gesetzt werden, bis sich die Temperatur in der Plastiktüte mit der des Wassers im Teich angeglichen hat?" Emma nickt. „Klar, das ist bei allen Fischen so. Ich hatte jahrelang ein Aquarium. Dazu solltest Du wissen..." In diesem Moment ertönt die Türglocke. „Emma, lass mich bitte schnell einmal vorbei. Die Gäste kommen!"

Ende